Utz Maas

Phonologie

Einführung in die funktionale Phonetik des Deutschen

Westdeutscher Verlag

Die Deutsche Bibliothek – CIP-Einheitsaufnahme

Maas, Utz:
Phonologie : Einführung in die funktionale Phonetik des Deutschen /
Utz Maas. – Opladen ; Wiesbaden : Westdt. Verl., 1999
(Studienbücher zur Linguistik ; Bd. 2)
ISBN 3-531-12874-4

Der Westdeutsche Verlag ist ein Unternehmen der Bertelsmann Fachinformation GmbH.

www.westdeutschervlg.de

Höchste inhaltliche und technische Qualität unserer Produkte ist unser Ziel. Bei der Produktion und Verbreitung unserer Bücher wollen wir die Umwelt schonen: Dieses Buch ist auf säurefreiem und chlorfrei gebleichtem Papier gedruckt. Die Einschweißfolie besteht aus Polyäthylen und damit aus organischen Grundstoffen, die weder bei der Herstellung noch bei der Verbrennung Schadstoffe freisetzen.

Umschlaggestaltung: Horst Dieter Bürkle, Darmstadt
Druck und buchbinderische Verarbeitung: Druckerei Hubert & Co., Göttingen
Printed in Germany

ISBN 3-531-12874-4

Inhalt

Vorwort

Die Phonologie ist derzeit sicherlich eines der dynamischsten Gebiete der Sprachwissenschaft, und zugleich eines von denen, deren Relevanz für außersprachwissenschaftliche Anwendungsbereiche am deutlichsten auf der Hand liegt, z.B. für Rechtschreibfragen. Die virulente Reformdebatte der letzten Jahre hat zumindestens eines zustandegebracht: die Voraussetzungen für den Umgang mit der Orthographie sind ins Bewußtsein gerückt und es ist deutlich geworden, daß die Unterstützung ihres Erlernens im Unterricht eine vordringliche Aufgabe für die Lehrerausbildung stellt – zwangsläufig bezogen auf das Feld von Laut und Schrift, dessen Probleme nur im Rückgriff auf phonologische Methoden in den Griff zu bekommen sind. Insofern liegt die Notwendigkeit einführender Lehrveranstaltungen in die Phonologie im Rahmen nicht nur eines sprachwissenschaftlichen Studiengangs sondern auch in entsprechenden Studiengangsteilen der sprachlichen Lehramtsfächer auf der Hand. Dieser Motivationszusammenhang stellt allerdings die Machbarkeit keineswegs sicher. Vielmehr baut gerade die außerordentlich rasche Entwicklung in der gegenwärtigen Phonologiediskussion eine immer größer werdende Zugangshürde auf; seit etwa 15 Jahren verdoppelt sich die Anzahl der Richtungen (und damit auch die Anzahl der sie emblematisch charakterisierenden Symbolisierungen ...) in immer kürzeren Abständen, so daß nur noch die hauptamtlichen Phonologen einen genauen Überblick haben. Dadurch öffnet sich die Schere zwischen professioneller Spezialisierung und alltagsnahem theorie- und methodenfernen Basteln an lautstrukturellen Problemen immer weiter.

Aus dieser Problemkonstellation heraus ist diese Einführung entstanden. Sie geht zurück auf Lehrveranstaltungen an der Universität Osnabrück, wo Lehramtsstudiengänge, dabei auch die für derartige Probleme besonders sensibilisierten Grund-, Hauptschul- sowie Berufsschulstudiengänge, „integriert“ mit Magisterstudiengängen betreut werden müssen. Seit vielen Jahren biete ich in diesem Rahmen sowohl studiengangsspezifische Veranstaltungen an; auf die Lehrerausbildung bezogen z.B. einen in einen Orthographiekurs integrierten Grundkurs Phonetik und Phonologie des Deutschen in Verbindung mit Analysen von Schülerleistungen („Fehleranalyse“), im Magisterstudiengang Sprachwissenschaft theoriebezogene Veranstaltungen, insbesondere mit typologischer Ausrichtung; daneben aber auch integrierte Veranstaltungen für Studierende aller Studiengänge. Aus diesen Veranstaltungen ist ein Skript hervorgegangen, das hier in überarbeiteter Form vorliegt.[1]

Wie schon das Skript verfolgt auch das Buch mehrere Ziele:

- einerseits ohne spezifische Voraussetzungen die Grundlagen eines phonologisch kontrollierten Umgangs mit lautsprachlichen Problemen zu vermitteln, und zwar so, daß dabei zugleich auch ein systematischer Abriß der Grundstrukturen des Deutschen vermittelt wird;
- andererseits einen Zugang zu der spannenden Forschungsdiskussion auf dem Feld der Phonologie zu erschließen: Wer auch die in diesem Sinne mehr technischen Abschnitte (und Übungsaufgaben!) in diesem Band durchgearbeitet hat, kennt damit zwar nicht alle Spielarten dieser Sparte der Sprachwissenschaft - aber ihm bzw. ihr sollte es möglich sein zu verstehen, worum es bei einer Veröffentlichung aus diesem Feld geht.

Damit ist die Mehrfachadressierung dieser Einführung umschrieben:

- Sie soll brauchbar sein im Rahmen der Lehrerausbildung, aus der sie einen Großteil ihrer Motivation bezieht: der Ausbildung von Grund- und Hauptschul- bzw. Berufsschullehrern, denen die Fertigkeit vermittelt werden soll, die Schwierigkeiten, aber auch die Fähigkeiten ihrer Schüler im Feld von Laut und Schrift überhaupt zu sehen (und so angemessene Hilfestellungen suchen zu können). Von daher habe ich Wert auf einen phonetischen Zugang gelegt, der an der Selbstbeobachtung kontrollierbar ist. Die Übungsaufgaben bieten Trainingsmöglichkeiten, so daß ein entsprechender Kurs ohne weitere Vorkenntnisse durchgeführt werden kann. Im Horizont solcher Studiengänge ist zwar der Versuch unrealistisch, auf die aktuelle Forschungsdiskussion einzugehen; aber auch hier ist es nötig, diese als Fluchtpunkt der Arbeit im Blick zu behalten.
- Sie soll als Einführung in den auf die wissenschaftliche Forschung orientierten Studiengängen, etwa dem Magisterstudiengang Allgemeine Sprachwissenschaft, dienen können, für die ebenfalls solche elementaren Beobachtungsaufgaben als Einstieg unverzichtbar sind. Die zum Teil vorzüglichen Handbücher und Einführungswerke der neueren Phonologie stammen überwiegend aus dem englischsprachigen Raum - und legen zurecht großen Wert drauf, die methodischen Probleme an einem möglichst großen

[1] Unter dem Titel „Abriß einer funktionalen Phonetik des Deutschen“ ist das Skript seit 1994 auch außerhalb von Osnabrück zirkuliert - und ist so auch zitiert worden. Das und die Reaktionen von auswärtigen Fachkollegen haben mich dazu gebracht, es jetzt in Buchform zu veröffentlichen.

und breit gefächerten Material aus typologisch sehr verschiedenen Sprachen zu verdeutlichen. Das ist für eine professionelle Ausbildung unverzichtbar - dabei darf aber nicht die Konfrontation mit der eigenen Ausgangssprache übersprungen werden, gerade weil deren Strukturen sich unbefragt immer als Filter vor einen fremden Gegenstand schieben werden. Insofern ist auch hier ein gründliches (auch im Sinne von fundierendes) Durcharbeiten der Strukturen der Muttersprache wie in dieser Einführung unerläßlich.

So steht hier die Erarbeitung der Grundstruktur des Deutschen im Vordergrund, was auch den Untertitel erklärt. Der Gegenstand soll realistisch zugänglich werden, so wie er sich alltäglich präsentiert: in seiner regional-umgangsprachlich und besonders auch sprechstilistischen Differenzierung; die in den meisten Darstellungen (insbesondere auch bei denen zur Orthographie) meist unproblematisiert vorausgesetzten „Explizitformen“ der “Wortphonologie“ sollen als Idealisierungen verständlich werden. Das unterscheidet diese Einführung wohl von fast allen auf dem Markt zugänglichen, die auf diese Fragen allenfalls in Nebenbemerkungen eingehen. Aber ein vergleichender Horizont, in dem die Besonderheit des Deutschen zugänglich wird, gehört konstitutiv zu einer solchen Einführung. Allerdings habe ich hier nicht die Fülle verschiedener Sprachen, sondern nur einige Kontrastsprachen herangezogen, vorrangig solche, die mit dem Deutschen in Kontakt stehen und auch im schulischen Kontext von Bedeutung sind.

Eine solche Einführung muß ein Fenster auf die gegenwärtige Forschungslandschaft öffnen. Sie kann diese nicht ausführlich darstellen, aber sie muß zumindest die Zugangsschranken beseitigen, die vor den einschlägigen Fachveröffentlichungen stehen. Dazu dienen hier einige exemplarische Argumentationsstränge und Analysebeispiele, die zeigen sollen, daß die hier verwendeten unterschiedlichen Symbolisierungen der gegenwärtigen Ansätze eben das sind: symbolische Mittel, um damit Problemstrukturen durchsichtig zu machen. Zu den Übungsaufgaben gehört es entsprechend, Darstellungen in verschiedenen Formaten ineinander zu „übersetzen“. Nur wer zu solchen Übersetzungen in der Lage ist, versteht den Sinn der entsprechenden Vorschläge (und klebt nicht an spezifischen Symbolisierungen). Die hier angesprochenen allgemeinen Probleme der phonologischen Herangehensweise werden im einleitenden Kapitel diskutiert.

Die Darlegung der Grundstruktur im Hauptteil erfolgt im Sinne einer elementaren Einführung in der Regel ohne Literaturverweise - wobei es sich von selbst versteht, daß ich hier auf den Schultern von anderen agiere, insbesondere von denen, die die phonologischen Strukturen des Deutschen bisher exploriert haben; das in einer solchen einführenden Darstellung jeweils zu belegen, hätte den Text überfrachtet (und die hier angesprochenen Leser nur verwirrt); systematische Literaturangaben finden sich im Anhang. Nur in den kommentierenden Abschnitten wird gelegentlich in Verbindung mit der Diskussion von Forschungsproblemen auf die Literatur verwiesen (speziellere Literaturverweise dort in Fußnoten werden teilweise im Literaturverzeichnis nicht wieder aufgenommen).

Jeder Abschnitt enthält Übungsaufgaben, die zum Teil das Dargestellte wiederholen, zum Teil auch in Einzelproblemen weiterführen. Ausführliche Lösungen (bzw. Lösungsvorschläge) finden sich am Ende des Bandes. Dadurch soll diese Einführung auch in Kursen nutzbar sein, ohne daß auf weitere Hilfsmittel zurückgegriffen werden muß.

Wenn das Buch etwas taugt, dann ist das den Studierenden meiner Lehrveranstaltungen zu verdanken, die durch ihre Nachfragen, vor allem aber durch die hartnäckige Weigerung, unklare Darstellungen zu verstehen, mir diese Argumentation abverlangt haben – vermutlich wäre es dem Buch gut bekommen, wenn sie dabei noch hartnäckiger gewesen wären. Für die redaktionelle Bearbeitung der im Laufe der Jahre seit 1994 immer wieder revidierten Seminarskripte habe ich denen zu danken, die sie mit großem Engagement übernommen haben: Sabine Hoffmann, Martina Soetebeer und Birgit Stricker. An der Vorlage der jetzigen Buchfassung haben Susanne Dlubatz, Martin Ganteföhr und zuletzt Christian Albes mitgewirkt, der den Text zuletzt nochmals redaktionell bearbeitet und ein Register erstellt hat. Stefan Tröster, Helmut Spiekermann und Christian Albes danke ich für die Mithilfe bei den benutzen phonetischen Materialien (insbesondere der Erstellung und Auswertung der Sonagramme). Für kritische Hinweise, die ich mit Gewinn für die Überarbeitung genutzt habe, danke ich Peter Auer, Thomas Becker, Reinhold Greisbach, Bernhard Hurch, Michael Jessen, Sylvia Löhken, Peter Schlobinski, Tobias Thelen und Richard Wiese. Mit Christa Röber diskutiere ich seit langem die Möglichkeit und Notwendigkeit, Probleme des muttersprachlichen Grundschulunterrichts mit solchen sprachwissenschaftlich kontrollierten „Sachanalysen" durchzuarbeiten: Ihr verdanke ich eine Fülle von Anregungen.Für die sorgfältige redaktionelle Betreuung und die Geduld bei der langwierigen Genese des Buchs habe ich der Lektorin des Verlags, Frau Schichtel, zu danken.

Osnabrück im Sommer 1999
Utz Maas

1. Zu den Lernzielen dieser Einführung und zur Durchführung eines entsprechenden Kurses

Diese Einführung hat zwei Ziele, unabhängig davon, ob sie als Grundkurs im Studium absolviert wird oder im Selbststudium:

- ein *kognitives*: eine adäquate Vorstellung von den lautlichen Verhältnissen aufzubauen, und damit unter Umständen auch Gemeinplätze abzubauen, die einer solchen begrifflich geklärten Vorstellung entgegenstehen (gerade auch da, wo sie in Methoden des Anfangsunterricht verankert sind!),
- ein *methodisches*: das handwerkliche Rüstzeug für den Umgang mit solchen Fragestellungen zu vermitteln.

Beide Ziele sind gleichrangig: Im sprachdidaktischen Umfeld ist es wichtig, Vorstellungen von dem Verhältnis von Laut und Schrift zu bearbeiten, die einem diagnostischen Blick auf die Probleme und Möglichkeiten der Schüler im Wege stehen - vor allem solche, die mit der „Aura" des Natürlichen die didaktische Phantasie lähmen: Zu schnell (und zu oft) ist man hier mit Aussagen bei der Hand, eine bestimmte Struktur sei *notwendig*, „weil man das anders nicht aussprechen kann" oder „weil das die Aussprache erleichtert". Die Verwechslung von *natürlichen* (physiologisch bedingten) und *gelernten* Verhaltensweisen blockiert eine systematische Analyse[2]. Eine Relativierung der eigenen Sprachgewohnheiten ist nicht zuletzt für die pädagogische Spracharbeit unerläßlich - von daher sollten auch in praktisch-didaktisch ausgerichteten Studiengängen die kontrastierenden Hinweise zu anderen Sprachstrukturen als denen des Deutschen ebenso wie die auf regionale Varietäten und die sie fundierende historische Dynamik nicht ignoriert werden.

In den Kapiteln 3 bis 10 wird die Grundstruktur der phonologischen Analyse des Deutschen entwickelt. Diese Kapitel entsprechen dem Pensum eines Grundkurses zur Phonologie des Deutschen, wie er in der Lehrerausbildung im Fach Deutsch[3] erforderlich ist (insbesondere auch als Grundlage für die Beschäftigung mit der Orthographie). Einige zentrale Fragen werden in Hinblick auf die regionale und die sprechstilistische Variation sowie die sich darin ausdrückende sprachgeschichtliche Dynamik in den Anhängen zu Kap.

---

2 Ist das Essen mit Stäbchen oder mit Messer und Gabel schwerer? Die richtige Frage ist: Wem fällt das eine, wem das andere schwerer?

3 Aber auch in Veranstaltungen für den Anfangsunterricht in der Pädagogik.

8 und 9 sowie in Kap. 11 vertieft, die über das Grundpensum einer Einführung hinausgehen. Ein solcher Kurs dient zugleich als Propädeutikum für diejenigen, die sich auf ein systematisches Studium der Phonologie einlassen wollen: Für sie ist Kap. 12 als „Schnittstelle" angelegt, die in formale Repräsentationssysteme auch der neueren („nicht-linearen") Phonologie einführt.

Entsprechend der Mehrfachadressierung bietet das Buch unterschiedliche Nutzungsmöglichkeiten. Wer keine phonetischen Grundkenntnisse hat und diese vielmehr durch diesen Einführungskurs erwerben will, sollte zunächst Kapitel 3 durcharbeiten (in Verbindung mit den Grundbegriffen in Kapitel 2). Die methodische Zielsetzung, Symbolisierungstechniken als Mittel zur Lösung phonologischer Probleme zu erschließen, verlangt nicht nur deren elementare Einführung, sondern auch ein Verständnis für konkurrierende unterschiedliche Darstellungsformate, das mit Übungsaufgaben zur Übersetzung in verschiedene Formate geschaffen werden soll.

Neben Übungsaufgaben, die die Argumentation des jeweiligen Kapitels wiederaufnehmen und an neuem Beispielmaterial durchspielen, stehen solche, die weiterführen, u.U. auch die vorausgegangene Argumentation differenzieren. Sie sind mit einem $ (für *schwierig*) markiert, um bei Anfängern frustrierende Mißerfolgserlebnisse abzufangen. Für alle Übungsaufgaben gilt, daß sie sich als Anregungen verstehen: In einem entsprechenden Kurs sollten analoge Übungen konstruiert werden, die auf die spezifischen Lernschwierigkeiten und die dialektalen und idiolektalen Besonderheiten der Studierenden abgestellt sind.

Bewußt anders als bei vielen auf dem Markt verfügbaren Büchern steht hier die Einführung in die Phonologie nach der systematischen Darstellung der Lautstruktur des Deutschen: Deren Kenntnis ist (im deutschen Kontext) unverzichtbar für die Aneignung der phonologischen Analyse - allerdings sollte diese Darstellung im Horizont von anders strukturierten Sprachen stehen. Zum sicheren Umgang mit diesen Fragen dienen in Kapitel 4 bis 9 insbesondere die dort vorgegebenen Transkriptionsübungen, die zunächst einmal auf die Hochlautung abgestellt sind, wie sie die Aussprachewörterbücher (Siebs 1969, Mangold 1974, Krech 1982) vorgeben. Die entsprechenden Übungen sollen sicherstellen, daß diese Formen nicht wie Vokabeln gelernt werden, sondern vor dem Hintergrund von regionalen Varianten bestimmt werden, insbesondere solchen, die von den Teilnehmern des jeweiligen Seminars benutzt werden: Eine Hochlautung wie [ˈdiːns.tak] *Dienstag* ist also daraufhin zu überprüfen, ob Teilnehmer des Seminars nicht etwa [ˈdɪns.tax] sprechen, ob dem [k^{h}ɪnt^h] *Kind* nicht eventuell Formen wie [k^{h}ɛnt^h] oder auch [k^{h}i:nt^h] gegenüberstehen usw.

Als weitere Stufe zur Vergewisserung über die lautlichen Grundlagen der phonologischen Analyse sind auch satzphonetische Variationen zu bearbeiten, die auftreten, wenn nicht isolierte Formen („Wörter"), sondern Formen im verbundenen Text („Worte") analysiert werden (Kap. 11). Solche Variationen vermitteln den Zugang zu der prosodischen Grundstruktur: Tonverläufe, Akzentkonturen und dergleichen mehr; z.B. lautet das Artikelwort *der* (wie in *der Mann*) nicht nur [de:ɐ], sondern auch [dɛɐ], [dɐ], [də] u.a.; *hast du* lautet nicht nur [hast du:] sondern auch [hastə] usw. Den Horizont solcher regionaler und stilistischer Variation erschließen entsprechende Übungsaufgaben. Der regionalen Variation im Deutschen wird auch in den Anhängen zu Kap. 8 und 9 systematischer nachgegangen - als „Fenster" auf speziellere derartige Studienbereiche im Fach Deutsch.

Bei Vorkenntnissen aus einer Einführung in die Sprachwissenschaft kann der Einstieg in den Band mit Kap. 4 beginnen – das entsprechende Pensum einer Einführung in die Phonologie umfaßt dann die Kap. 4 bis 12. Allerdings ist gerade auch für die neuere Phonologie eine entsprechend ausgebildete phonetische Phantasie unverzichtbar, die es erlaubt, die Rückprojektion der Lautvorstellungen auf Buchstaben zu überwinden, die im Schrifterwerb mit der Fähigkeit, Buchstaben in Ketten zu reihen, erworben wurde: Laute sind nicht als aneinandergereihte Atome der Äußerung zu verstehen. Wo diese Grundlagen (bzw. die entsprechenden elementaren Analysetechniken) nicht gegeben sind, sollte Kap. 3 für einen phonetischen Vorkurs genutzt werden. Hier soll mit möglichst elementaren Beobachtungsressourcen der Umgang mit lautlichen Äußerungen trainiert werden. Phonetische Notationen werden dabei als Kürzel für Beobachtungskomplexe verwendet.

Zu den technisch aufwendigen Analyseverfahren der Phonetik kann hier wiederum nur ein Fenster geöffnet werden. Das ist bei einer solchen Einführung nötig, da diese einen Großteil der neueren phonetischen Darstellungen bestimmen, die v.a. mit den Verfahren der Lautspektrographie operieren. Um solchen Argumentationen und ihren entsprechenden Illustrationen zumindest folgen zu können, werden solche Darstellungen im Anhang herangezogen, in Verbindung mit einigen elementaren Grundbegriffen, die ihre Interpretation erlauben sollen. Darüber hinaus haben sie das Ziel, mit der nötigen (natur-)-wissenschaftlichen Autorität das Problematische der festsitzenden Vorstellungen von lautlichen Atomen zu verdeutlichen: Probleme der Segmentierung, Indikatoren für Koartikulation oder generell für globalere Steuerungseinheiten der Äußerung als den daraus zu abstrahierenden segmentalen Lauten lassen sich aber auch auf einer vorläufigen, wenig technischen Ebene fassen, und sind gegebenenfalls in entsprechenden Übungen anhand der im Anhang gegebenen Beispiele durchzuführen.[4]

Die systematische Einführung in die neuere Phonologie erfolgt in Kap. 12. Ziel ist hier ein Verständnis für das Unternehmen einer „phonologischen" Grammatik, die phonologische Strukturbedingungen abstrahiert und in systematischer Form faßt, so daß die phonologischen Besonderheiten, mit denen grammatische Formen bzw. lexikalische Einheiten voneinander abgegrenzt werden können, auf ein spezifisches Minimum in der Repräsentation beschränkt werden können. Ganz bewußt beginnt die Darstellung mit der Entwicklung einer solchen phonologischen Grammatik mit dem bis vor kurzem dominanten Aufbau eines komplexen Regelsystems: Nicht nur weil die meisten einschlägigen Darstellungen in dieser Argumentationsstruktur verfaßt sind, sondern auch weil ein Verfügen über dieses Analyseschema eine Sicherheit gibt, die durch ein zu schnelles Assimilieren neuerer Darstellungsformen nicht übersprungen werden soll. Am Ende dieses Kapitels steht eine Einführung in die Umformulierung solcher Regelsysteme in „deklarative", d.h. nicht extern strukturierte Darstellungsarten. Die Übungsaufgaben dieses letzten Teils sind entsprechend gestaffelt: zunächst durch die Aneignung von Matrixdarstellungen, die auf einer abstrakteren Ebene die Grundüberlegungen der phonetischen Analyse von Kap. 3 aufnehmen, dann die Repräsentation von Wortstrukturen mit Hilfe von fragmentarischen phonologischen Grammatiken, schließlich deren Umformulierung in nicht deklarative Darstellungen.

Die kommentierenden Teile des Bandes sollte man wie den Feuilletonteil einer Zeitung nutzen: Man sollte sie überfliegen und sich das herausgreifen, was interessiert. Hier finden sich Ausführungen für unterschiedliche Interessen: Wer das Buch im Kontext der Lehrerausbildung benutzt, findet Hinweise zur phonographischen Fundierung der Orthographie, wie sie insbesondere im Bereich des Anfangsunterrichts Probleme bereiten; wer systematischer an

---

[4] Gegen den Vorbehalt gegenüber den sophistizierten Techniken stehen Erfahrungen mit Grundschulkindern, die in der Konfrontation mit solchen Sonagrammen zu ihren eigenen Äußerungen (insbesondere wenn sie den Aufbau eines solchen Sonagramms auf dem Bildschirm nachverfolgen können) sehr rasch versuchen, sich einen Reim auf das Gesehene zu machen und sehr schnell recht prägnante Gestaltelemente in den Sonagrammen entdecken, mit denen Äußerungen differenziert werden können. Das spricht dafür, auch solche Darstellungstechniken möglichst früh in die Analyse beziehungsweise die Bearbeitung von sperrigen trivialphonetischen Vorstellungen einzubeziehen.

den Strukturen des Deutschen interessiert ist, findet Hinweise zur historischen Entwicklung, insbesondere auch zur Ausdifferenzierung des Deutschen im Horizont der verwandten Sprachen (etwa Hinweise zu den parallelen Entwicklungen in den skandinavischen Sprachen); wer mißtrauisch gegenüber der Vorstellung ist, daß die gewohnten Strukturen *natürlich* seien („Universalien" repräsentieren), findet Hinweise zu „ganz anderen" Strukturen in zum Teil ungewohnten Sprachen. Wer sich für nichts dergleichen interessiert, kann die Kommentare einfach überschlagen.

Anders als der Hauptteil, der mit den Übungsaufgaben ein *Arbeitsbuch* bildet, stellt der Kommentarteil eine Art *Lesebuch* dar, das im Anschluß an die jeweiligen Kapitel (bzw. in Verbindung mit den entsprechenden Hinweisen in den Kapiteln) genutzt werden kann, vor allem aber auch zum Nachschlagen, geleitet von dem ausführlichen Register im Anhang. In diesem Kommentarteil finden sich:

- unter der Rubrik *Typologischer Kommentar* durchnumerierte Abschnitte, mit denen die Besonderheit des Deutschen im Horizont der Sprachverschiedenheit deutlich werden soll. Diese Abschnitte sind für den Fortgang der Argumentation nicht erforderlich und können vor allem bei einem weniger an der Forschung orientierten Kurs ausgelassen werden. Es sei aber darauf verwiesen, daß inzwischen wohl kaum noch in einer Schulklasse das Deutsche die Muttersprache aller Kinder ist, sodaß es gerade für angehende Lehrer des „Muttersprachunterrichts" mehr als sinnvoll ist, sich über die Besonderheiten des Deutschen (und damit über die eventuellen Schwierigkeiten mit dem Deutschen bei Sprechern anderer Muttersprachen) eine Vorstellung zu machen (daher sind die Beispiele überwiegend auch aus in Deutschland präsenten Kontaktsprachen genommen: Russisch, Arabisch, Türkisch und dergleichen);
- unter der Rubrik *Ergänzende Kommentare / Weiterführende Probleme* finden sich wiederum durchnumerierte Abschnitte, die spezielle Probleme der Phonologie des Deutschen ansprechen, insbesondere solche der regionalen / dialektalen und stilistischen Variation sowie der dahinter greifbaren historischen Dynamik. Hier finden sich auch Hinweise zur For-

schungsdiskussion, zu den formalen Modellen der Darstellung und dergleichen[5].

[5] Die Kommentare werden pro Kapitel durchnumeriert. Verweise innerhalb der einzelnen Kapitel erfolgen mit den jeweiligen Ziffern (T 3: typologischer Kommentar 3; E 2: Ergänzender Hinweis 2), auf Kommentare in andern Kapiteln wird entsprechend mit Zusatz der Kapitelnummer verwiesen (4: T 3 verweist auf den typologischen Kommentar 3 in Kap. 4).

2. Orientierende Grundbegriffe

Phonetik und Phonologie haben es mit der *lautlichen* Seite der Sprache zu tun (griech. *phon-e* „Stimme“; *phon-e-t-ik-(os)* als adjektivische Bildung dazu, vgl. *Gramma-t-ik; Phonologie* gebildet mit *log- (os)* „Begriff, Lehre“). Die Abgrenzung zwischen beiden Gebieten ist nicht am Gegenstand ablesbar, sondern eine Frage des methodischen Zugangs, die rein konventionell mit den Termini *Phonetik* und *Phonologie* markiert wird (die von der Wortbedeutung her für diesen Unterschied nichts hergeben, sowohl in der älteren wie zum Teil auch wieder in der jüngeren Literatur weitgehend synonym benutzt werden).

Für die neuere (strukturale) Sprachwissenschaft ist die grobe, wie mir scheint aber sehr nützliche Grenzziehung bestimmend geworden, die von methodologischen Überlegungen ausgeht. Für den lautbezogenen Untersuchungsbereich heißt das (s. etwa Trubetzkoy 1939), daß zu unterscheiden sind:

- die Betrachtung der Laute gewissermaßen als Naturereignisse („naturwissenschaftlich“): *Phonetik*
- die Analyse der Nutzung der Lautunterscheidung für sprachliche Belange: *Phonologie.*

Insofern läßt sich Phonologie auch als *funktionale Phonetik* definieren. Zum Terminus *funktional* s. noch E 1.

Die Analyse der Laute kann (funktional) in sehr unterschiedlichen Bezugszusammenhängen erfolgen:

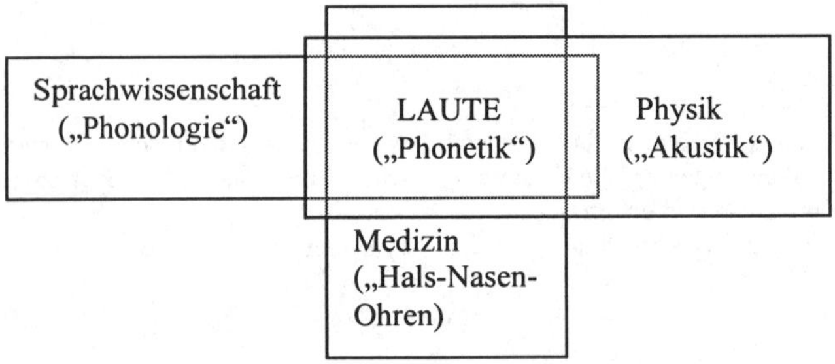

- in der *Physik* wird das *Lautsignal* analysiert (*Akustik*), insbesondere auch, um über eine mathematische Modellierung ingenieurswissenschaftliche Anwendungsbereiche zu erschließen (Signalübertragung etwa beim Telefon, Rundfunk); Lautsynthese (maschinelle Signalproduktion) und dergleichen; hier spricht man auch von *Signalphonetik*;
- in der *Medizin* wird sowohl die Laut*produktion* wie deren *Perzeption* zum Gegenstand in Hinblick auf pathologische Probleme (Hals-Nasen-Ohrenmedizin); schließlich in der Neurologie auch zentrale Verarbeitungsprobleme, auch in Hinblick auf Störungen wie in der Aphasie;
- schließlich wird in der *Sprachwissenschaft* die funktionale Nutzung von Lautdifferenzierungen relativ zu bestimmten Einzelsprachen (Sprachstrukturen) untersucht: Hier spricht man auch von *Symbolphonetik* (in dem Sinne, wie die Symbolisierung eine Grundfähigkeit ist, die in der Sprache eine spezifische Ausformung erfährt). Die *Phonologie* gehört zur Analyse dessen, was Sprachen unterscheidet (*sozial* beschränkt auf *gelerntes* Verhalten in einer Sprachgemeinschaft) - während Physik und Medizin Voraussetzungen für Sprache, ausgehend von der *biologischen* Grundausstattung des Menschen, betrachten. (Zu den terminologischen Fragen, s. auch *E 2*)

Das Verhältnis zwischen Phonetik und Phonologie läßt sich mit Hilfe des Begriffs von sprachlicher *Artikulation* auf verschiedenen Ebenen explizieren. Dabei verwende ich hier und so auch im folgenden den Begriff *Artikulation* (in Anlehnung an Sprachwissenschaftler wie André Martinet[6]) in einem allgemeineren Sinne und nicht nur, wie technisch sonst üblich eingeschränkt, auf die *artikulatorische Phonetik*. *Artikulation* (im etymologischen Sinne: *Gliederung*) bezeichnet die Formgebung eines Ausdrucks. Daher die im folgenden wiederholt verwendete Redeweise: Das, was ausgedrückt wird, wird durch eine bestimmte Form *artikuliert*. Auf der abstrakten Ebene läßt sich (wie in der älteren philosophischen Tradition üblich) sagen, daß ein Gedanke durch eine bestimmte Äußerung (oder: einen Satz) artikuliert wird. In Sprachen wie dem Deutschen ist ein Satz durch Worte (Wortformen) artikuliert, Wörter wiederum (außer im Falle von Partikeln) sind morphologisch (durch Morpheme) artikuliert, Morpheme wiederum phonologisch (durch Phoneme) usw.

---

[6] Bei Martinet allerdings in der umgekehrten Blickrichtung von der Bedeutung zur Lautung, so daß bei ihm die 1. Artikulation die grammatisch-lexikalischen Formen bezeichnet und die 2. Artikulation die phonologische.

Für den Aufbau des sprachlichen Zeichens kommen wir insofern zu dem folgenden Ebenenmodell, das insbesondere das angesprochene Verhältnis von Phonetik zu Phonologie zeigt.

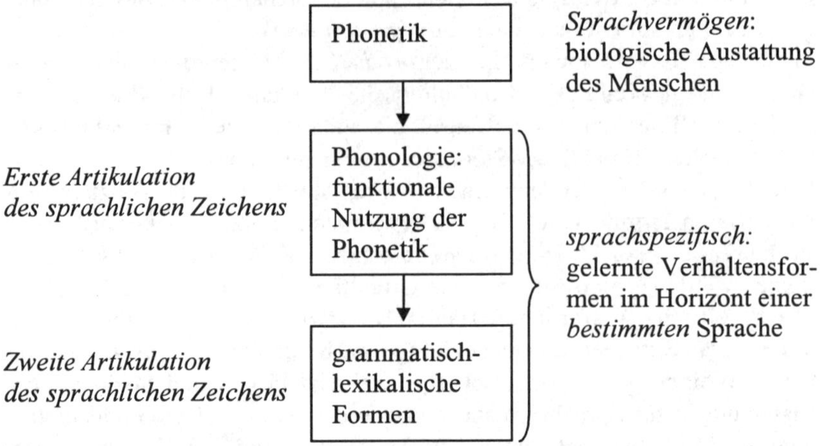

Die Nutzung der biologischen Ausstattung für eine Sprache (deren erste Artikulation) ist also *sekundär*; sie funktioniert primäre physiologische Mechanismen und Abläufe (Kauen bzw. die Nahrungszerkleinerung, Atmung, Kontrollmechanismen für das Gleichgewicht usw.) für die Sprachproduktion um. Daß es insofern kein eigenes Sprachorgan gibt, hat auch den Nebeneffekt einer großen Flexibilität: Der Effekt, bestimmte sprachliche Formen zu unterscheiden, wird im Zusammenspiel verschiedener artikulatorischer Momente erzielt. Da die physiologische Seite letztlich sekundär ist, kann der gleiche Effekt in verschiedenen Konstellationen eben auch verschieden erzeugt werden:

- Laute sind Klänge, produziert durch die Modulation der Stimme, die durch Kehlkopfvibrationen erzeugt wird. Allerdings ist die Identifizierung der Laute (in gewissen Grenzen) auch ohne eine grundlegende Stimme möglich, wie z.B. beim Flüstern,
- die supraglottale Artikulation stellt ein bestimmtes Verhältnis des oralen Resonanzraumes dar: aber wir hören die „gleichen Laute", wie eingeschränkt auch immer, wenn jemand beim Reden eine Pfeife im Mund hat, sein Essen kaut und dergleichen.

Aber auch jenseits solcher dramatischer Verschiebungen gilt, daß die Bezeichnung bestimmter lautlich-artikulatorischer Parameter, wie sie etwa in den Lautschriftsymbolen festgehalten sind, konventionell bestimmte *dominante* Artikulationsmomente isoliert. Manche Rätsel der Phonetik (etwa das berüchtigte Silbenproblem, s.u.) finden eine Lösung, wenn diese rigide Zuordnung aufgegeben wird, wie im folgenden zu zeigen ist. Eine perzeptiv einheitliche Wahrnehmung kann auf der artikulatorischen Seite eine sehr inhomogene Fundierung haben.

In Anlehnung an die Psychologie tut man gut daran, die Lautstruktur als *Gestalten* zu fassen, deren Gestaltqualität verloren geht, wenn man einen Teilaspekt an ihr isoliert (bei der Silbe etwa nur die Sonorität, nur die Druckverhältnisse und dergleichen., s.u.). Eine solche Lautgestalt, die im Sinne der ersten Artikulation genutzt werden kann, um Formen einer Sprache (also zweite Artikulation!) zu unterscheiden, heißt *Phonem*. Das entspricht der klassischen Definition eines Phonems als der „kleinsten bedeutungsunterscheidenden Einheit einer Sprache" (wobei der Akzent auf bedeutungs*unterscheidend* liegt) im Gegensatz zu bedeutungs*tragend*, wie es für die Einheiten der zweiten Artikulation gilt, deren kleinste Einheiten die Morpheme sind.

Ein Beispiel kann das damit Gemeinte verdeutlichen: Der lautliche Unterschied von *lesen* und *lösen* liegt in dem betonten Vokal[7]: [eː] ([ˈleː.zn̩]) gegenüber [øː] ([ˈløː.zn̩]); aber keiner diese Vokale trägt die Bedeutung (oder ein Bedeutungselement) dieser Wörter. Sie haben in diesem Zusammenhang keine feste Bedeutung, wie sich daran zeigt, daß ich die gleichen Vokale in ganz anderen Bedeutungskonstellationen finde, z.B. in *(ich) flehe* und *(die) Flöhe* ([ˈfleː.ə] versus [ˈfløː.ə]).

Streng genommen ist bei einem Phonem nicht gefordert, daß es *Bedeutungen* unterscheidet, sondern nur, daß es *Zeichen* unterscheidet, die in einer Sprache als verschieden gelten und dadurch verschiedene Bedeutungen ausdrücken *können* – aber noch nicht mal Bedeutung haben müssen. Phoneme bilden die Zeichen in einer Sprache, die *möglichen* Formen: Wir finden den gleichen Unterschied auch bei [ˈʀeːə] versus *[ˈʀøːə] – obwohl nur das erste ein existierendes Wort des Deutschen ist (*Rehe*).

Andererseits muß eine *bedeutungstragende* Einheit (ein *Morphem*) keineswegs größer als ein Phonem sein, vgl. etwa [ə] in der Bedeutung „erste Person, Singular, Präsens, Indikativ" in *(ich) laufe* ([ˈlaʊfə]) im Kontrast mit *lauf!* ([ˈlaʊf]), oder das [ə] in der Bedeutung „Plural" in *(die) Stoffe* ([ˈʃtɔfə]) im Kontrast mit *(der) Stoff* ([ˈʃtɔf]). Hier handelt es sich um feste Bedeutun-

---

7 Die hier schon gelegentlich verwendeten Lautschriftzeichen werden später systematisch eingeführt (s. Kap. 3 Anhang).

gen, die an dieses vokalische Element gebunden sind, wie sich daran zeigt, daß ich in der gleichen Weise ganze Reihen von Wortformen mit der gleichen Bedeutungsdifferenzierung unterscheiden kann. Wie sich noch zeigen wird, kann ein solches Morphem unter Umständen sogar kleiner als ein phonetisches Segment sein und nur durch ein Segmentmerkmal artikuliert werden, wie bei der „Umlautung" als Pluralmarkierung, vgl. z.B. *Vogel* gegenüber *Vögel* ([oː] gegenüber [øː]), *Bruder* gegenüber *Brüder* ([uː] gegenüber [yː]). Auch in solchen Fällen von möglichen Wörtern zeigt sich die Festigkeit von bedeutungstragenden Elementen: Es gibt im Deutschen kein Wort [ˈkʀɪʃ]; wenn ich aber gegenüberstelle: *(ein) Krisch* [ˈkʀɪʃ] – *(zwei) Krische* [ˈkʀɪʃə], dann ist klar, daß es sich bei der zweiten Form, was auch immer sie bedeuten soll, um eine Mehrzahl handelt – und daß das [ə] auch hier einen Plural ausdrückt.

Die phonologische Unterscheidung erfolgt im Horizont von möglichen Artikulationen in einer Sprache durch die Formelemente, die das Zeichen ausgliedern (sei es in der zeitlichen Abfolge bei der Artikulation bzw. der Gehörswahrnehmung, sei es in der linearen Struktur des graphischen Zeichens). Terminologisch bezeichnet man das mit der *paradigmatischen* Dimension des Zeichens im Gegensatz zu seiner *syntagmatischen* Dimension.

Paradigmatisch und *syntagmatisch* sind Grundbegriffe der sprachwissenschaftlichen Analyse[8], nicht nur der phonologischen Analyse. Terminologisch spricht man

- auf der *syntagmatischen* Ebene von dem *Kontrast* von Formelementen bei ihrer Beziehung in einer Äußerung: ihrem realen *Neben*einander in der Schrift bzw. ihrem *Nach-* oder *Vor*einander in der mündlichen Äußerung,
- auf der *paradigmatischen* Ebene von der *Opposition* von Formelementen bei den potentiellen Beziehungen zu den an der jeweiligen Position alternativen Elementen.

An einem Beispiel verdeutlicht: Bei dem Wort *(er) kannte* kontrastiert der Vokal [a] der betonten Silbe auf der syntagmatischen Ebene mit dem vorausgehenden [k] und dem folgenden [ntə] des Zeichens. Diese Segmente bilden gewissermaßen eine Nute für die Feder [a] - und damit für die anderen Laute, die zu ihm in dieser Nute in Opposition stehen. Schematisch läßt sich das wie folgt darstellen:

[8] Die Termini stammen aus dem Griechischen: *Paradigma* - das Beispiel, das für etwas anderes *gezeigt* werden kann; *Syntagma* - das "Zusammengesetzte" (vgl. auch zum gleichen Verb gebildet *taktisch* „auf die militärische Aufstellung bezogen").

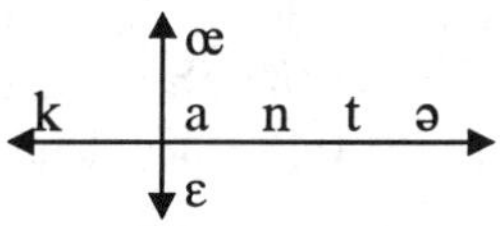

syntagmatisch: Beziehung im Raum / in der Zeit

paradigmatisch:
alternative Beziehung
(dargestellt sind die Minimalpaare *(er) kannte : konnte : kännte).*

Die paradigmatischen Oppositionen sind wie Federn (etwa bei vorgefertigten Holzstücken eines Schreiners, z.B. bei einem Parkett), bezogen auf eine komplementäre Nut(e), in die sie eingepaßt werden können. Daher benutze ich im folgenden auch die metaphorische Redeweise von *Nut* und *Feder* aus der Handwerkersprache (statt der in der einschlägigen Literatur im gleichen Sinne meist verwendeten Anglizismen *Slot* und *Filler*): Als *Nut(e)* kann ich einen Kontext festhalten und sehen, welche *Federn* hineinpassen (hier [ɪ] : [k^{h}ɪstə], [ʏ] : [k^{h}ʏstə] usw.)

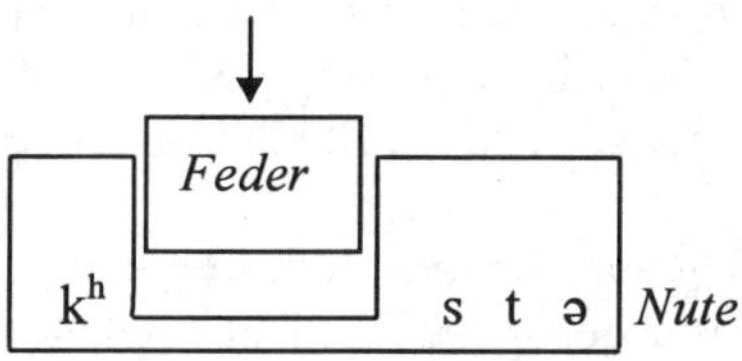

Jedes derartige Element ist als Feder zu isolieren - mit der komplementären Modifikation der Nute, z.B. mit den Federn [k^{h}]: [k^{h}ʏstə], [l]: [lʏstə] usw.

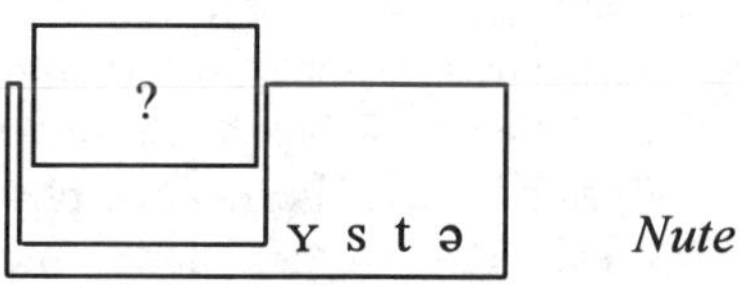

Auf dieser begrifflichen Grundlage läßt sich auch der Unterschied von erster und zweiter Artikulation deutlicher fassen, vor allem da, wo eine Einheit jeweils der ersten wie der zweiten Artikulation den gleichen materialen Ausdruck findet: bei [mɪstən] (wie in *misten wir das aus!*) ist das finale [n] ein minimales Ausdruckselement der ersten Artikulation, das in der Nute [mɪstə_] z.B. mit [l] kontrastiert: [mɪstəl] (die) *Mistel.* Aber in [mɪstən] artikuliert das [n] zugleich ein Morphem mit der entsprechenden grammatischen Bedeutung (hier der 1. PL, vgl. (ich) *miste* 1. SG, (du) *mistest* 2. SG usw.) -

während bei [mɪstəl] keine weitere Zerlegung der Form auf der Ebene der zweiten Artikulation möglich ist; [mɪstəl] ist ein „radikales“ Morphem, das allerdings als Stamm durch weitere Morpheme determiniert werden kann (vgl. im Plural (die) *Misteln*).

In den jüngeren Arbeiten zur Phonologie, die im Kontext der „Generative Grammatik“ genannten sprachwissenschaftlichen Richtung entstanden sind (grundlegend und insofern immer noch Bezugspunkt für die neueren Argumentationen: Chomsky / Halle 1968), hat sich eine zur älteren strukturalistischen Sicht gewissermaßen spiegelverkehrte Betrachtungsweise etabliert[9]: Ziel der sprachwissenchaftlichen Analyse ist die Rekonstruktion der *Wissensstrukturen*, auf die ein Sprecher (bzw. Hörer) in seiner Sprachpraxis zurückgreift - Wissen ist dabei im Sinne des *gewußt wie* zu verstehen, nicht eines bewußten und insofern auch artikulierbaren Wissens. Dabei sind verschiedene Wissensebenen zu unterscheiden:

- eine sprachstrukturelle Ebene, die Formen einer bestimmten Sprache, etwa des Deutschen, von solchen anderer Sprachen unterscheidet;
- eine innersprachliche Ebene, die die verschiedenen Formen einer Sprache (artikuliert mit den Strukturen dieser Sprache) unterscheidet;
- die Nutzung der biologischen bzw. physikalischen Randbedingungen, um Sprachformen zu artikulieren.

Die biologischen Randbedingungen der Sprachpraxis sind in gewisser Hinsicht allgemein an die menschliche Natur gebunden: Zu ihnen gehört insbesondere das, was im engeren Sinne Gegenstand der Phonetik ist. Für die neueren Arbeiten generativistischer Provenienz ist nicht (wie bei der älteren strukturalistischen Phonologie) die Abgrenzung zur Phonetik bestimmend, sondern geradezu das Bemühen um eine phonetische Fundierung, vor allem bei der die neuere Diskussion leitenden Suche nach sogenannten „Universalien“ der Sprachpraxis. Dabei wird das, was in diesen Arbeiten gerne als „angeborene Strukturen“ bezeichnet wird, möglichst weit über solche physiologischen Faktoren hinaus ausgedehnt. Insbesondere werden dabei auch die einzelsprachspezifischen Sprachstrukturen als Festlegungen von angeborenen Strukturpotentialen gefaßt: In diesen Arbeiten ist dann die Rede von „universalen Parametrisierungen“, die im individuellen Spracherwerb sprachspezifisch „gesetzt“ werden. Solche weitergehenden theoretischen Zielsetzungen der jüngeren Sprachwissenschaft sind außerhalb des Gegenstandsbereichs dieser Einführung.

---

9 Einige Hinweise zur Fachgeschichte finden sich in Kap. 12.

Die angesprochene Unterscheidung der drei Ebenen wird hier nur auf einer methodischen Ebene aufgenommen – im Sinne einer „Optimierung" der phonologischen Beschreibung, die als erste Artikulation der sprachlichen Formen zu explizieren ist:

- Die Struktureigenschaften, die Formen der zweiten Artikulation voneinander unterscheiden (etwa *Kopf* von *Zopf*, *Hand* von *Hund* und dergleichen), sind dabei im *Lexikon* der jeweiligen Sprache zu repräsentieren,
- die Struktureigenschaften, die alle Formen der zweiten Artikulation einer Sprache (etwa deutsch *Kopf, nahm, rot, Strauch* ...) gemeinsam haben, sind aus dieser lexikalischen Repräsentation zu abstrahieren und als das, wodurch sich diese Formen von den Formen der zweiten Artikulation einer anderen Sprache unterscheiden (etwa von marok. Arab. *nti* „du [fem.]", *qəd:* "Größe" *d:a* „er hat genommen"...), in einer *phonologischen Grammatik* der jeweiligen Sprache zu explizieren;
- die phonologische Grammatik ist schließlich so zu explizieren, daß sie gewissermaßen die Lautstruktur der jeweiligen Formen determiniert (im Idealfall: sowohl in Hinblick auf ihre Produktion, also im Sinne der artikulatorischen Phonetik, wie im perzeptiven Sinne, wie letztlich auch im akustischen). Dabei wird die phonologische Grammatik nach Möglichkeit phonetische Strukturzusammenhänge nutzen, die in neueren Darstellungen gerne als „Redundanzregeln" angesprochen werden, von denen eine phonologische Darstellung abstrahieren kann: Bei einer Darstellung des Deutschen wird man nicht eigens angeben, daß Vokale wie /i, a .../ ebenso wie Nasale (/m, n ../) stimmhaft sind; daß die Lösung eines Verschlußlautes (/p, t, g .../) durch den Druck der dann ausströmenden Atemluft erfolgt und nicht durch eingesaugte Luft; daß Vokale vor stimmhaften Folgekonsonanten länger dauern als vor stimmlosen und dergleichen.

Dabei sind solche phonetischen Zusammenhänge keineswegs natur*notwendig*, wie auch im Deutschen extreme Artikulationen zeigen, etwa die stimmlose Artikulation, auch von Vokalen und Nasalen z.B. beim Flüstern, die in anderen Sprachen auch zur vokalischen Kontrastbildung genutzt wird; in afrikanischen Sprachen bildet die *implosive* Artikulation von Konsonanten Kontraste und dergleichen mehr. Derartige Artikulationsformen sind aber in einer physiologisch determinierten Ordnungshierarchie nachgeordnet.

Um diese Zusammenhänge zu explizieren (bzw. für die Beschreibung zu nutzen), ist es üblich, von der *Markiertheit* von Artikulationsformen zu sprechen: Die weniger aufwendige (was auch immer das im einzelnen phonetisch heißt!) Artikulationsform ist *unmarkiert*. Sie tritt auf, wenn keine besonderen

Bedingungen gelten (in der von der Programmiertechnik bestimmten neueren Terminologie spricht man auch von einem *Default* - einer Regelung bis auf weiteres). Die Differenzierung von Formen in einer Sprache kann insofern als Resultat der Anstrengung verstanden werden, die „Trägheit" des biologischen Apparates zu überwinden:

- Jede Äußerung ist anstrengender als nichts zu äußern;
- jede artikulierte Äußerung ist anstrengender als eine unartikulierte (wie das unverständliche, sich einem langen modulierten [ɔ::] annähernde Lallen eines Betrunkenen zeigt);
- eine mit den extremen Kontrasten (offene, maximal konturierte Silben) artikulierte Äußerung ist „einfacher" als eine mit differenziert abgestuften Silbenrändern (daher beginnt der kindliche Spracherwerb überall auf der Welt mit Wörtern wie [pa.pa], [ma.ma] und nicht mit Formen wie [hɛʀpst] oder [ʃtʀo:m], die auch in vielen „Erwachsenensprachen" der Welt nicht vorkommen),
- im Sinne einer solchen Kontrastmaximierung sind stimmhafte Vokale ein „einfacherer" Kontrast zu Konsonanten in der Silbenstruktur als stimmlose, usw.

Der Bau der Sprachen unterscheidet sich nicht zuletzt durch das Maß der dabei geforderten Überwindung der Trägheit des artikulatorischen Apparates (daher die Vorstellung, daß eine andere Struktur als die gewohnte, „nicht aussprechbar" sei - bis man sie dann gegebenenfalls mit dem Erwerb einer Fremdsprache selbst lernen muß!). In den jüngsten Entwicklungen der Phonologie, der sogenannte „Optimalitätstheorie", wird der Aufbau einer Beschreibung konsequent von diesem Gesichtspunkt her entwickelt. Mit der Vorstellung dieses Ansatzes (in Kap. 12.5.) endet diese Einführung.

Zum Abschluß dieser einleitenden Grundbegriffe ist noch die Rede vom *Deutschen* zu klären. Damit ist zunächst die Sprache intendiert, die in Hinblick auf ihre lautliche Form in den Aussprachewörterbüchern des Deutschen festgelegt ist (Siebs, Mangold, Krech). Es handelt sich in gewisser Hinsicht um eine künstliche Norm, die relativ artifiziell ist und in gewisser Weise von der schon über 100 Jahre früher etablierten schriftlichen (orthographischen) Form für den öffentlichen Vortrag abgeleitet wurde. Zunächst war in der Kodifizierung ausdrücklich von der Bühne die Rede; von dort wurde die Norm später sehr viel einflußreicher auf die Funkmedien ausgedehnt. Die Spannung von artifizieller Norm und überregional praktizierter Ausgleichssprache war neben der Kodifizierung von Anfang an Forschungsgegenstand, jedoch ohne daß eine abschließende Darstellung vorläge (zu den Forschungstraditonen auf diesem Gebiet, angefangen bei den Arbeiten Vietors in der zweiten Hälfte des 19. Jahrhunderts, s. etwa Hakkarainen 1995). Nicht zuletzt, nachdem die neueren Forschungen zur Rezeption der Funkmedien gezeigt haben, daß eine zu künstliche „Hochsprache“ für viele Menschen eine Rezeptionsbarriere darstellt, setzt sich auch dort eine sehr viel variantenreichere, der Umgangssprache angenäherte Form (bzw. Formen) durch. In diesem Sinne sind auch die neueren Ausspracheworterbücher sehr viel „liberaler“ in der registrierten Norm (das gilt insbesondere für Krech 1982). Für eine - allerdings auf Westdeutschland beschränkte - Untersuchung der regionale Variation der „gehobenen“ Aussprache, auf die ich im folgenden öfters verweise, siehe König 1989.

Hintergrund für die relativ komplexen Verhältnisse im Gegenstandsbereich gesprochenes Deutsch sind die historischen Entwicklungen, wie sie insbesondere auch noch in den lokal bzw. regional gebundenen Dialekten sedimentiert sind. Für die argumentativen Zwecke der folgenden Darstellung genügt es, von einer geographischen Grobgliederung des deutschsprachigen Raumes auszugehen, wie sie das folgende Schema zeigt (eine leicht zugängliche Darstellung mit zahlreichen übersichtlichen Karten bietet König 1978).

Der kompakte deutsche Sprachraum, verstanden als Geltungsbereich der hochdeutschen Schriftsprache, läßt sich in einem Sechsfelderschema darstellen: Mit einer dreigeteilten Nord- / Südgliederung und einer West- / Ostgliederung[10]. Durch den südlichen Raum laufen die politischen Grenzen zu Österreich (A) und der Schweiz (CH), deren Grenze alledings nicht völlig kongruent zu der von West- und Ostoberdeutsch ist: Zwar ist die dialektale Grundlage der deutschsprachigen Schweiz alemannisch, aber in Österreich wird außer bairisch in der Region Vorarlberg auch alemannisch gesprochen.

Sprachgeschichtlich gesehen ist der so umschriebene deutschsprachige Raum erst seit Beginn der Frühen Neuzeit integriert (seit der Reformation im 16. Jhd.): Die niederdeutschen Dialekte setzen die alte sprachliche Gliederung fort, bei der das niederdeutsche Sprachgebiet mit dem Friesischen, Englischen, Niederländischen zu einem nordseegermanischen Sprachverband (im Gegensatz zum binnendeutschen Raum) gehört: Merkmale dafür sind im lautlichen Bereich etwa:

- die „unverschobenen“ Verschlußlaute: *appel* hdt. *Apfel*, *tein* hdt. *zehn*, *doll* hdt. *toll*, *maken*, hdt. *machen*, *Egge* hdt. *Ecke* usw.;

[10] Außen vor bleiben "auslandsdeutsche" Regionen mit zum Teil komplexen Verhältnissen insbesondere auch in Hinblick auf die dort praktizierte Variante des Deutschen.

- die Monophthongierung der alten Diphthonge: *boom* hdt. *Baum*, *gees*, hdt. *Geis* usw.

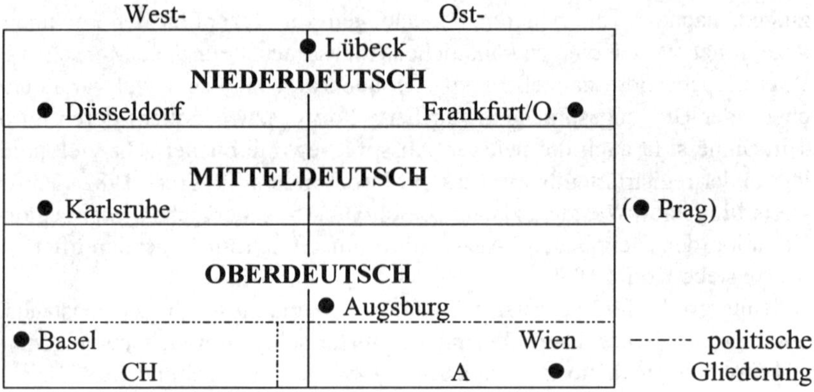

Der extreme Gegenpol ist das Oberdeutsche, wie es dialektal vor allem im alpenländischen Raum gesprochen wird, z.B. auch mit der „Verschiebung“ der velaren Verschlüsse *kxind* „Kind“, *kans* „Gans“ usw. Die mitteldeutschen Dialekte sind weitgehend als Übergangsvarietäten mit teils mehr niederdeutschem, teils mehr oberdeutschem Profil zu bestimmen. Von hier aus setzte sich die neuhochdeutsche Hochsprache durch[11], allerdings geprägt durch oberdeutsche Einflüsse, etwa in der frühen Durchsetzung der zunächst rein oberdeutschen Diphthongierung der alten Engevokale, vgl. *Haus*, aber ndt. *huus*, *weiß* aber ndt. *wiit*, *Beutel* ndt. *büüdel* u.a. Gegen diese setzte früh, greifbar seit dem Barock (im 17. -18. Jhd.), eine normierende Gegenbewegung ein, die, vor dem Hintergrund der Durchsetzung des Hochdeutschen auch in den Bildungsschichten Norddeutschlands, dem Hochdeutschen Formen oktroyierte, die so zum Teil nur im Niederdeutschen „autochthon“ waren, etwa die gerundeten Palatalvokale *ü, ö* [y, ø], die weitgehend im oberdeutschen[12] und auch im mitteldeutschen Raum in dieser Zeit entrundet waren (von daher die lange Zeit üblichen Dubletten *Küssen / Kissen*, *sprützen / spritzen* usw.). Noch die „Klassiker“ Goethe und Schiller reimten entsprechend „unhochdeutsch“, wie es unter der bei ihnen insofern reimfremden orthographischen Form noch zu fassen ist (sie reimen *Glück : Blick; Betörung : Verehrung ; Freude : Neide* usw.).

---

[11] Sinnfällig ist das schon an der Bezeichnung: *deutsch* und nicht mit oberdeutscher Lautverschiebung *teutsch*, vgl. schweizerisch *tütsch*.

[12] Außer im Alemannischen, also bes. auch nicht in der Schweiz.

Da die Ausgleichsprozesse der gesprochenen Sprache (anders als bei der orthographischen Norm) nicht nur noch nicht abgeschlossen sind, sondern sich vielleicht sogar immer stärker auf eine akzeptierte Toleranz gegenüber einer (allerdings begrenzten) regionalen Variation einpendeln, ist es problematisch, eine Phonologie *des* Deutschen vorzustellen. Mehr als es sonst schon bei sprachwissenschaftlichen Diskussionen über die „Akzeptabilität" herangezogener Formen der Fall ist, läuft eine Darstellung hier Gefahr, problematische Vorlieben zu verallgemeinern; zu beachten ist auch, daß sich besonders in Österreich und in der Schweiz eine Reihe regionaler Besonderheiten mit normativer Geltung stablilisiert haben. Im folgenden werden daher mit der Entwicklung der Grundstruktur, basierend auf der in den Aussprachewörterbüchern faßbaren Norm, die regionalen Varianten und die historische Dynamik zur Sprache kommen (das gilt besonders für die ergänzenden Kommentare E). Schon in Hinblick auf den Umfang und die Zielsetzung dieser Einführung ist damit keine umfassende Darstellung der Verhältnisse im gesprochenen Deutsch avisiert - wohl aber sollen zumindest exemplarisch die hier anstehenden Probleme deutlich (und tendenziell auch: bearbeitbar) werden

2.1. Ergänzende Kommentare

E 1: Zum Terminus *funktional*

Da ich den Terminus *funktional* im folgenden öfters verwende, soll er vorweg geklärt werden: Eine Funktion ist eine Zuordnung („Abbildung"); sie bezeichnet ein Verhältnis von X zu Y:

X erfüllt eine Funktion in Bezug auf Y

(in mathematischer Symbolisierung: F: X → Y)

Das entspricht durchaus dem alltäglichen Sprachgebrauch, wenn z.B. von der *Funktion* eines Bürgermeisters, eines Handtuchhalters und dergleichen gesprochen wird:

(F_1=) *Bürgermeister*: *Peter* → *Stadtverwaltung Osnabrück*

(F_2=) *Handtuchhalter*: *Haken* → *Küche*

Bei F_1 ist *Peter* Bürgermeister in der Stadtverwaltung von Osnabrück - das ist keine Eigenschaft, die ihm „an sich" zukommt: Diese *Funktion* („Wahlamt") kann auch Egon innehaben, und „für sich genommen" ist Peter ein Mann mit der Körpergröße 1,82, schwarzen Haaren usw..., der in Bezug auf andere Zusammenhänge auch andere Funktionen hat (Familienvater, Kegelbruder...). Als Handtuchhalter kann auch ein anmontierter Korkenzieher dienen - und an den gleichen Haken können auch Bilder angehängt werden.

Auf unseren Gegenstandsbereich übertragen:

Eine bestimmte vibrierende Bewegung des Zäpfchens ermöglicht das Gurgeln - es ist physiologisch die gleiche Bewegung, die wir für das (gerollte) uvulare [ʀ] ausführen: das letzte markiert also eine *Funktion* des Lautes im Sprachsystem des Deutschen.

E 2: Terminologische Fragen

Es ist üblich, auch hier wieder terminologisch zu differenzieren:

- In der Physik spricht man von der *akustischen* Analyse eines Signals, die apparativ umzusetzen ist.
- Davon zu unterscheiden ist die *auditive* Analyse eines *Hörers*, wie sie etwa auch in der Ohrenmedizin überprüft wird. Solche *perzeptiven* (Wahrnehmungs-) Analysen sind sehr komplex, offensichtlich gesteuert durch gelernte, *funktionale* Analysen (wir hören eine fremde Sprache anders als ihre muttersprachlichen Sprecher...).

Der terminologische Unterschied: *akustisch* versus *auditiv* hat sich eingebürgert; er ist nicht an der Terminologie festzumachen: *akustisch*, abgeleitet von gr. *aku-ō* „hören", *auditiv* von lat. *audi-ō* „hören"; um Irreführungen zu vermeiden, sollten aber die beiden Termini wie angedeutet differenziert werden (die sprachdidaktische Literatur verwendet meist *akustisch* für *auditiv*).

Zur *auditiven* Seite der Phonetik gehören auch die *Vorstellungen* von Lauten - in einem schwer zu trennenden Komplex von perzeptiven Strukturen und angelerntem Wissen (wir werden noch sehen, daß solche Vorstellungen von Lauten - etwa der Abfolge von Lauten nach dem Modell von Buchstabenketten - einer phonetischen Analyse geradezu im Wege stehen. Von daher ist die ältere Redeweise von Phonemen als „Lautvorstellungen" seit den 30er Jahren als irreführend aufgegeben worden (sie wirkt aber in der Sprachdidaktik fort).

2.2. Übungsaufgaben

Dieses Kapitel enthält keinen Lernstoff im engeren Sinne, wohl aber einige Grundbegriffe, die in der folgenden Argumentation benutzt werden und die insofern klar sein müssen. Daher sind zu den folgenden Aufgaben auch keine Lösungen angegeben; die Begriffe sind im Text erklärt.

1) Vergewissern Sie sich, daß Ihnen die in diesem Kapitel entwickelten terminologischen Festlegungen klar sind. Können Sie die folgenden Termini erklären?
bedeutungsunterscheidend / bedeutungstragend
paradigmatisch / syntagmatisch
Default
markiert / unmarkiert

2) Ordnen Sie ihren Heimatort (Studienort) in das dialektgeographische Koordinatensystem ein! Überprüfen Sie die Einordnung anhand genauerer Darstellungen (z.B. anhand der Karten in König 1978).

3. Phonetisches Hintergrundwissen[13]

Hier geht es nicht darum, eine systematische Einführung in die Phonetik zu liefern. Vielmehr sollen nur Grundbegriffe für diejenigen zusammengestellt werden, die keine phonetische Vorbildung haben.
Zu unterscheiden sind:

- die physiologischen Grundlagen der Phonetik (Kap. 3.1.)
- die Nutzung der phonetischen Möglichkeiten im Deutschen (Kap. 3.2.).

3.1. Allgemeine Grundlagen der Phonetik

Die folgenden Überlegungen argumentieren genetisch.[14] Der Gegenstand der Phonetik, die Produktion und Wahrnehmung von Lauten, beruht gewissermaßen auf einer sekundären Umfunktionierung unserer biologischen Ausstattung: Der physiologische Apparat ist phylogenetisch zu anderen, für unsere Lebenspraxis grundlegenderen Zwecken entwickelt worden als den sprachlichen (man kann ohne Sprache überleben, nicht aber ohne die anderen Funktionen dieses Apparates). Wir haben also keine „Sprechorgane", sondern wir nutzen für sprachliche Zwecke Organe, die ihre spezifische Form und Funktionspotentiale in der Anpassung an ganz andere Funktionen erhalten haben.

Die artikulatorischen Vorgänge sind direkt über das Abfühlen der Bewegungsabläufe, zum Teil über die optische Kontrolle etwa durch einen Spiegel zugänglich. Vieles kann auch indirekt durch physikalische Wirkungen kontrolliert werden (etwa der Rhythmus des Luftstroms am Flackern einer Kerze vor dem Mund und dergleichen mehr)[15].

---

[13] Dieses Kapitel ist im wesentlichen ein Wiederabdruck des phonetischen Anhangs in meinen Orthographie-Buch, Tübingen 1992: 362-383. Herrn Harsch-Niemeyer danke ich für die Erlaubnis zum Wiederabdruck an dieser Stelle.

[14] Als besonders klar und hilfreich habe ich hierbei die Arbeiten von Gerhart Lindner empfunden: 1975,1977.

[15] Erwachsene (insbesondere auch Studierende!) haben oft eine ziemliche Scheu, solche Beobachtungsformen im Seminar zu paktizieren. Sie sind aber unverzichtbar - und können als Eigen- wie auch als Fremdbeobachtungen großen Spaß machen (nicht nur Grundschülern, die dabei begeistert mitzumachen pflegen...).

Für eine Grunddefinition gehen wir aus von Sprechen und Hören, definieren Sprechen als das Produzieren von Äußerungen (Lauten), Hören als das entsprechende Rezipieren. Das folgende Schema kann die Pole der Betrachtung verdeutlichen.

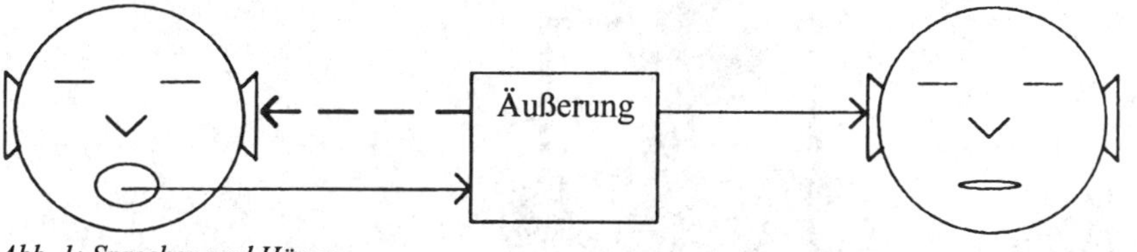

Abb. 1: Sprechen und Hören

Die gestrichelte Linie in der schematischen Darstellung zeigt eine Komplikation: Der Sprecher ist ja auch selbst Hörer seiner Äußerung. Diese Komplikation wird im folgenden nicht weiter berücksichtigt, da sie nur eine sehr nachgeordnete Rolle spielt: Wir nehmen unsere eigene Sprache vorwiegend auf anderen „Körperkanälen" wahr (vor allem durch die Knochenübertragung im Kopf); wenn diese ausgeblendet sind, wie es der Fall ist, wenn wir uns auf Tonbandaufnahmen hören, erscheint uns daher die eigene Stimme fremd.

Bei der Produktion gesprochener Sprache denkt man in der Regel an den Mund. Charakteristischerweise sind auch die üblichen Ausdrücke für Sprache mit einem etymologischen Rückgriff auf das dominante „Sprechorgan", das „Mundwerkzeug" Zunge, gebildet (heute im Deutschen nur noch poetisch *Zunge* für Sprache, früher aber wie in den anderen germanischen Sprachen üblich, ebenso im Lateinischen *lingua* und von daher in den meisten romanischen Sprache noch heute, im Griechischen *glossa* usw.). Aber die Sprachproduktion ist keineswegs so beschränkt lokalisiert. Auch wenn wir nur die Organe berücksichtigen, die unmittelbar an der Produktion der Laute beteiligt sind, ist die entsprechende Körperregion sehr viel größer. In gewisser Weise kann man sagen, daß der Mensch nahezu mit dem ganzen Körper spricht, daß das Verhältnis zur Sprachproduktion *leiblich* ist, siehe das folgende Schema Abb. 2 (mit der Eingrenzung der wichtigsten Körperzonen der Artikulation). Die physiologische Seite dieses Produktionsapparates kann die schematische „Innensicht" der organischen Ausstattung verdeutlichen (Abb. 3).

In einem globalen Durchgang durch die Regionen bzw. ihre Organe können wir uns anhand dieses Schemas zunächst die primären Funktionen des physiologischen Apparates deutlich machen. Dabei fungiert die Glottis (3) gewissermaßen als Achse, die den Gesamtapparat in zwei von der Funktionsweise her sehr unterschiedliche Bereiche teilt: den *infraglottalen* (unterhalb der Glottis liegenden) und den *supraglottalen* (oberhalb der Glottis liegenden) Bereich.

Abb. 2: Körperzonen der Artikulation

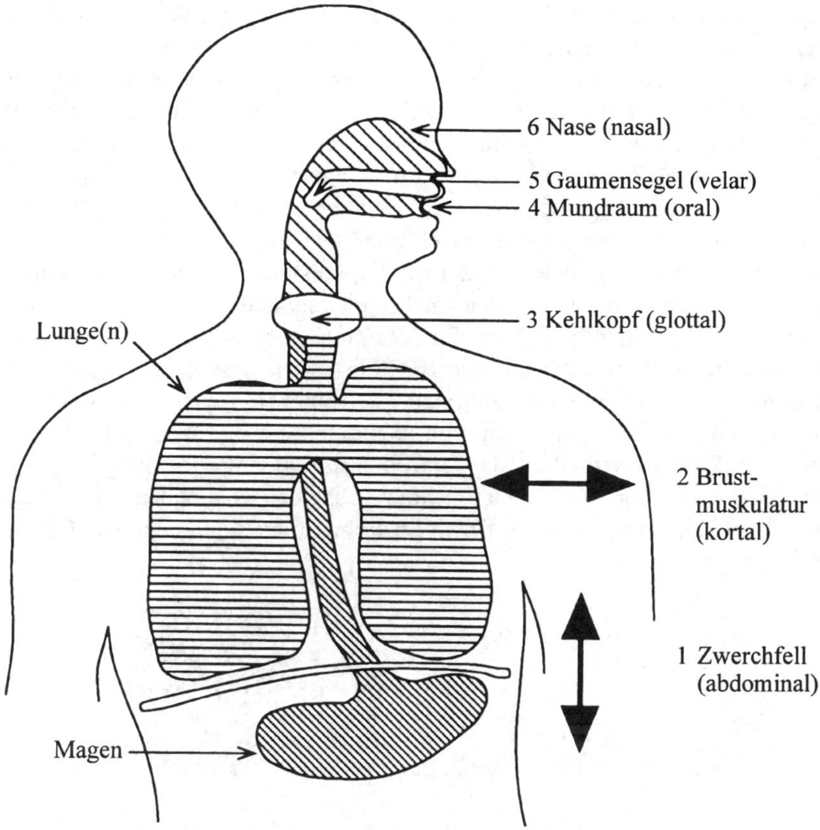

Abb. 3: Physiologie des Artikulationsapparates

Der *infraglottale* Bereich reguliert insbesondere die Atmung. Die Lungen selbst sind so etwas wie ein Blasebalg, der selbst nicht Bewegungen ausführt, sondern durch äußere Einwirkungen in Bewegung gesetzt wird. Sie werden von den Muskeln im Zwerchfell und im Brustkorb zusammengedrückt und auseinandergezogen. Das ergibt eine primär rhythmische Funktionsweise des infraglottalen Apparates, die die Sprachproduktion prägt.

Der *supraglottale* Bereich ist recht komplex. Er dient sowohl der Atmung wie der Nahrungsaufnahme. Er ist Ein- / Ausgang für den Atemtrakt, mit der Lunge durch die Luftröhre verbunden; ausschließlich der Atmung dient der Nasen"kanal" (wenn hier etwas Gegenteiliges geschieht, Speisenteile in die

Nase geraten, wird deutlich, daß der Apparat gestört ist...; andererseits kann aber mit einer Kanüle durch die Nase auch künstlich ernährt werden).

Der *orale* Trakt (von der Glottis bis zu den Lippen oft auch als „Ansatzrohr“ für die Sprachproduktion bezeichnet) dient der Nahrungsaufnahme bzw. Nahrungszubereitung: dem Abbeißen von Nahrungsteilen, deren Zerkleinerung, deren Zufuhr (Schlucken) zum Magentrakt, mit dem ihn die Speiseröhre verbindet. Aber der Mund ist zugleich auch eine Öffnung für den Atmungstrakt, und zwar eine sehr viel größere als die der Nase. Er wird insbesondere dann eingeschaltet, wenn der Organismus eine große Sauerstoffmenge benötigt wie bei anstrengenden Tätigkeiten. Diese Doppelfunktion des supraglottalen Traktes macht ihn für Störungen sehr anfällig. Luft kann in den Verdauungstrakt eintreten (durch Rülpsen zu beseitigen), Speiseteile können in den Atmungstrakt eintreten (Verschlucken, das schon sehr viel unangenehmer ist). Gegen solche Störungen soll der Kehlkopf (die Glottis) schützen, der gewissermaßen als Ventil den infraglottalen Atmungstrakt vor dem Eindringen von Speiseteilen schützt. Schematisch können wir ihn als Verschlußklappe deuten, die auf dem Luftröhrentrakt sitzt (siehe das folgende Schema):

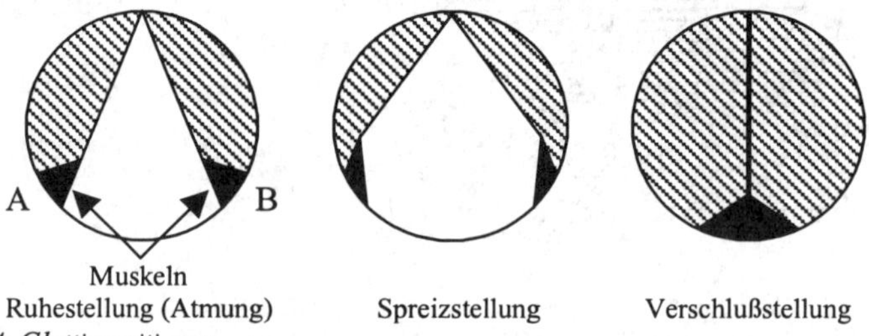

Abb. 4: Glottispositionen

Wenn die beiden Muskeln angespannt werden, verschließen sie den „Kanal“, anderenfalls ist dieser mehr oder weniger weit geöffnet und läßt Luft (gegebenenfalls aber auch anderes) durch. Danach kann die Glottis allerdings auch noch weitere Funktionen übernehmen. Sie bildet ja nicht nur einen Verschluß nach außen (gegen das Eindringen von Nahrungsteilen und dergleichen) sondern auch nach innen: Wenn der Brustkorb durch das Aufpumpen der Lungen aufgebläht ist, kann dieser Zustand durch das Verschließen der Glottis stabilisiert werden - was den Brustkorb, seine empfindlichen Weichteile, aber auch die Knochenausstattung gegen Verletzungen schützt, und was so bei großen Anstrengungen, wie dem Heben von Gewichten genutzt wird. Wenn der entsprechende Verschluß der Glottis dann wieder gelöst wird, ist das als ein deutliches Knacken zu hören (wir kennen das alle nach dem Röntgen, wenn wir auf die entsprechende Aufforderung des Arztes hin die angehaltene Luft ablassen). Zum Terminologischen s. E 1.

Ähnlich fungiert das *Gaumensegel* (5) als Ventil. Auch hier handelt es sich um einen recht komplexen Vorgang, den wir hier nur sehr schematisch zu betrachten brauchen. Es reguliert den Zugang zum Nasentrakt, indem es seinen Verschluß gegenüber dem Speisetrakt ermöglicht bzw. andererseits den Nasentrakt für die Atmung durch die Nase freigibt, wenn der Mund verschlossen oder mit der Nahrungsaufnahme beschäftigt ist. Der Verschluß selbst kann einerseits durch die Verengung des oberen Teils der Luftröhre erfolgen (*pharyngal*), andererseits durch den beweglichen Teil des Gaumensegels (das „Zäpfchen", das wir von den Erkältungen kennen), also *uvular*, gegenüber dem hinteren Teil der Zunge.

Der Mundraum selbst ist ein sehr differenziertes System für die Nahrungsaufnahme / -zerkleinerung. Das gilt hier insbesondere für seine vordere Öffnung, die Lippen, die einerseits verschlossen werden können (z.B. gegen das Eindringen von Wasser), die aber auch direkt die Aufnahme der Nahrung betreiben werden können (beim Saugen - ontogenetisch ja die primäre Weise der Nahrungsaufnahme, die von daher später regressiv noch sehr lustvoll besetzt ist). Der innere Teil des Mundraumes wird durch den beweglichen Unterkiefer genutzt, der durch hebelartige Bewegungen insbesondere die Zähne in Funktion setzt, die Nahrungsteile abbeißen, zerkleinern usw. (auch hier wieder eine lustvolle Tätigkeit, die diesen Bewegungsabläufen auch in anderen Funktionszusammenhängen anhaftet). Der mobilste Teil im Mundraum ist die Zunge, die recht plastisch mit ihren Formveränderungen den Mundraum gestalten kann: Auch sie hat die primäre Funktion, die Nahrung zuzubereiten (zu zerquetschen), sie dabei mit Speichel zu mischen und schließlich ihre Weiterbeförderung in den Magen in den Weg zu leiten (Schlucken).

Dieser außerordentlich komplexe Apparat wird in seinen Bewegungsabläufen koordiniert über die Selbstwahrnehmung (*Autokinese, propriozeptisch*). Die entsprechenden Wahrnehmungs- und Steuerungsmuster strukturieren auch andere Funktionen, die sekundär von diesem Apparat übernommen werden, wie eben insbesondere die Produktion von Sprachlauten.

Genetisch gesehen handelt es sich beim Sprechen wohl tatsächlich um einen Nebeneffekt, da die Aktivitäten des Apparates gewissermaßen zwangsläufig mit Geräuschen verbunden sind (Schmatzen, Rülpsen, Zähneknirschen,

-klappern und dergleichen mehr). Einige dieser Geräusche werden eben genutzt, um damit Sprachlaute zu erzeugen. Diese Differenz ist schon für die antiken Phonetiker grundlegend gewesen, die von Geräuschen im weiteren Sinne, den *psophoi*, die Laute der Äußerungen im engeren Sinne unterschieden, die *phonai* (von daher der Ausdruck *Phonetik*).

Bei der Nutzung des Apparates für die *Laut*produktion handelt es sich also um einen Filter gegenüber der breiten Palette von Geräuschmöglichkeiten, der zugleich auch ein Filter für die dabei benutzten Organe ist. Dieser Filter ist selbst wiederum eine kulturelle Leistung, keine physiologische Notwendigkeit. Von daher besteht auch die Möglichkeit, gewissermaßen kompensatorisch andere als die „Standardorgane" für die Sprechproduktion zu nutzen. Das ist etwa der Fall bei Patienten, die eine gravierende Operation im Atmungstrakt über sich ergehen lassen mußten und die darauf angewiesen sind, die infraglottale Quelle der Sprachlaute auf anderem Wege zu erzeugen. Sie können das z.B. mit einer aus der Speiseröhre (*Oesophagus*) austretenden Luftsäule, die dann von dem supraglottalen Apparat ganz „regulär" moduliert wird (das kann jeder nachvollziehen, der einmal versucht, mit den entsprechenden „Mundstellungen" die Vokale zu rülpsen).

Um diese Zusammenhänge zu verstehen, ist es nötig, sich über die artikulatorische Phonetik hinaus auch die Grundverhältnisse der auditiven Phonetik zugänglich zu machen. Lautliche Artikulation ist dadurch definiert, daß die mit diesem physiologischen Apparat sekundär bei einem anderen erzeugten Wirkungen (also die Gehörseindrücke) kontrolliert und für die soziale Interaktion genutzt werden. Der offensichtliche Vorzug dieser Art von interaktiver Beeinflussung besteht darin, daß sie ohne direkten Körperkontakt möglich ist, sogar ohne Blickkontakt (sie erlaubt den Kontakt bei Sichthindernissen oder insbesondere auch dann, wenn die Aufmerksamkeit im Sichtfeld durch anderes gebunden ist wie etwa bei intensiver Tätigkeit). Auch hier ist es wieder so, daß eine organische Ausstattung zur Sprachproduktion benutzt wird, die phylogenetisch und auch jetzt noch funktional primär anderen Zwecken dient: nämlich insbesondere zur räumlichen Orientierung und zur Kontrolle des Gleichgewichtes. So dient ein komplexer organischer Apparat zur Kontrolle des „Körpergefühls" in Hinblick einerseits auf die Lage im Raum, orientiert an der vertikalen Körperachse (Gleichgewicht), andererseits in Hinblick auf das horizontale Raumfeld durch den Vergleich von Signalen, die auf einen bestimmten Raumpunkt bezogen werden, sich aber beim Eingang in den beiden Ohren durch deren Distanz unterscheiden. Da die physiologischen Details hier nicht zu interessieren brauchen, gebe ich im folgenden nur eine schematische Darstellung.

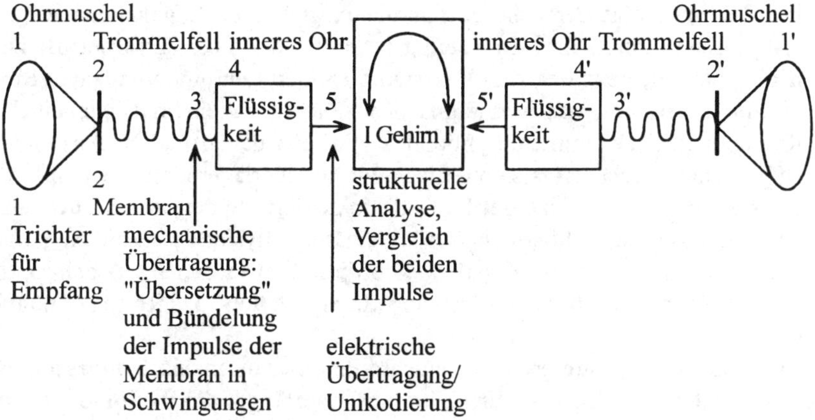

Abb. 5: Modell des Gehörsapparates

Zentral für die Funktionsweise dieses Apparates ist die Symmetrie der beiden Eingänge (linkes und rechtes Ohr), die im Zentralbereich (dem Gehirn) den Vergleich der beiden Eingaben und dadurch die Orientierung im Raum ermöglicht. Hier genügt es, nur die eine Hälfte dieser Ausstattung zu betrachten, da die andere Hälfte (markiert jeweils mit den entsprechenden „abgeleiteten" Nummern) symmetrisch ist.

1. Das *äußere Ohr* hat gewissermaßen als Trichter die Funktion, eingehende Signale zu sammeln, wobei die asymmetrische Form eine wichtige Funktion für die vertikale Orientierung hat;
2. *das Trommelfell* bildet einen Abschluß des inneren Systems, gewissermaßen als Schutzvorrichtung. Es funktioniert als eine Membrane, die die eingehenden Signale, als Erschütterungen des Trommelfells, für die Weiterleitung nach innen umkodiert;
3. die Erschütterungen des Trommelfells werden mechanisch durch ein System von Knöchelchen und Knorpeln weitergeleitet, dabei gebündelt und so schon in einer ersten Phase analysiert;
4. das *innere Ohr* hat insbesondere einen Flüssigkeitsfilter, der die zugeleiteten Schwingungen in Hinblick auf ihre Frequenzen weiter analysiert und gleichzeitig für die Weiterleitung umkodiert;

5. die Weiterleitung erfolgt als elektrische Impulse (die also ihrerseits durch die Umkodierung eine weitere Analyse erfahren haben) und die Übertragung in das zentrale Nervensystem;
6. im *Gehirn* erfolgt dann die strukturale Analyse der eingehenden Reize, insbesondere durch ihre Zuordnung zu anderen Reizen. Das betrifft zunächst die Differenz der vom linken und rechten Ohr einkommenden Reize, die es erlaubt, das Verhältnis des Körpers zu einem „angepeilten" Raumpunkt zu bestimmen. Schließlich wird hier das diffuse Spektrum der eingehenden, zunächst ja sich einfach additiv überlagernden Reize in Hinblick auf *relevante* Reize gefiltert, die fokussiert werden in der Differenz zum Hintergrund. Schließlich werden die so analysierten auditiven Reize mit Reizen aus anderen „Kanälen" koordiniert, etwa denen aus dem optischen Feld, die oft überhaupt erst eine „Interpretation" des Reizes ermöglichen.

Die Wahrnehmung resultiert also zunächst aus einer mechanischen Erschütterung des Trommelfells, eine Erschütterung allerdings, die nur indirekt von der Quelle verursacht wird (eine direkte Erschütterung durch unmittelbaren physischen Kontakt der „Quelle" mit dem Trommelfell führt in der Regel zu Verletzungen). Diese indirekte Übertragung markiert den Ort der *akustischen* Phonetik. Unmittelbare Quelle für die Gehörseindrücke sind Luftschwingungen, die von dem „Wahrgenommenen", also der Quelle (eventuell einem Sprecher) auf das Trommelfell übertragen werden. Die folgende Abbildung soll wenigstens eine ungefähre Modellvorstellung von diesem Vorgang geben; sie soll insbesondere helfen, die Vorstellung von „wandernden" Schallformen als wandernden Luftpartikeln durch eine etwas präzisere zu ersetzen.

Vereinfacht gesprochen bleiben die Luftpartikel am gleichen Ort. Man kann sich den Luftraum zwischen einer Quelle und dem „Empfang" (also vereinfacht zwischen Sprecher und Hörer) etwa wie einen Sack mit Gummibällen vorstellen, die bei einem Druck von außen darin zwar ihre Position nicht verändern, sich aber zusammenpressen und wieder ausdehnen. Jedes Element, das auf diese Weise angestoßen wird, gibt die entsprechende Bewegung an das benachbarte Element weiter; das sind Vorgänge, wie sie sehr anschaulich an einem Kornfeld beobachtet werden können, das vom Wind bewegt eine Wellenbewegung aufweist, bei der doch jede Pflanze an ihrer Stelle bleibt (oder an den Kreisen, die sich im Wasser ausbreiten, in das ein Stein geworfen wird, wo ebenfalls die Wasserpartikel selbst ihren relativen Raumpunkt beibehalten).

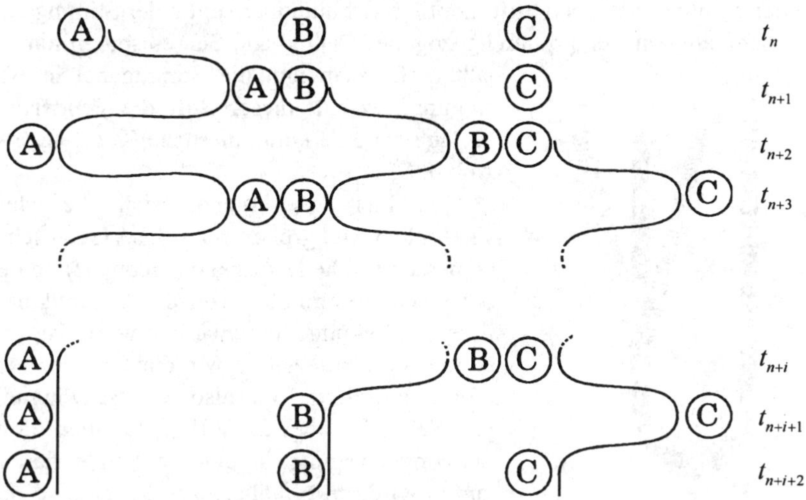

Abb. 6: Ausbreitung von Schallwellen

In der Abb. 6 ist gewissermaßen die Geschichte dreier Luftpartikel A, B, C dargestellt. Bei einem bestimmten Zeitpunkt t_n wird die Partikel A angestoßen und vorwärts bewegt. Beim Zeitpunkt t_{n+1} stößt sie an die benachbarte Partikel B. Bei dem Zeitpunkt t_{n+2} ist sie einerseits wieder von der Partikel B zurückgeprallt, während nun B ihrerseits vorwärtsgeschleudert wird und an die benachbarte Partikel C prallt. Bei dem Zeitpunkt t_{n+3} ist B seinerseits von C zurückgeprallt, stößt hier wiederum auf A, das seinerseits wiederum von der ihm benachbarten Partikel zurückprallt und die Bewegung erneut in Richtung auf B gemacht hat, während nun C seinerseits vorwärtsgeschleudert und an die benachbarte Partikel stößt; auf diese Art und Weise pflanzt sich die Bewegung durch den gesamten Raum fort, wobei die einzelnen Partikel aber nur um ihre Ausgangsstellung nach links oder rechts schwingen, bis sie an die jeweils benachbarten Partikel anstoßen. t_{n+i} bis t_{n+i+2} zeigen drei Phasen der „Nachgeschichte" dieses Prozesses: Bei t_{n+i+2} ist die Konstellation der Ausgangssituation t_n wieder erreicht.

Die Rede von Schwingungen erklärt sich also durch die periodischen Veränderungen. Das einfachste Gerät zur Messung und auch zur Erzeugung solcher Schwingungen ist eine Stimmgabel, deren Zinke, wenn sie angestoßen wird, periodisch ausschwingt, s. Abb. 7.

Eine einfache Konstruktion zur Messung und gleichzeitig zur graphischen Darstellung solcher Schwingungen besteht darin, daß man an das Ende einer solchen Stimmgabel einen Stift montiert, der auf einem unter der Stimmgabel in gleichmäßigem Tempo durchgezogenen Papierband Schreibspuren hinterläßt. Setzt man nun die Stimmgabel in Bewegung, so hält dieser Stift die Pendelausschläge als eine kontinuierliche Kurve fest, s. Abb. 8.

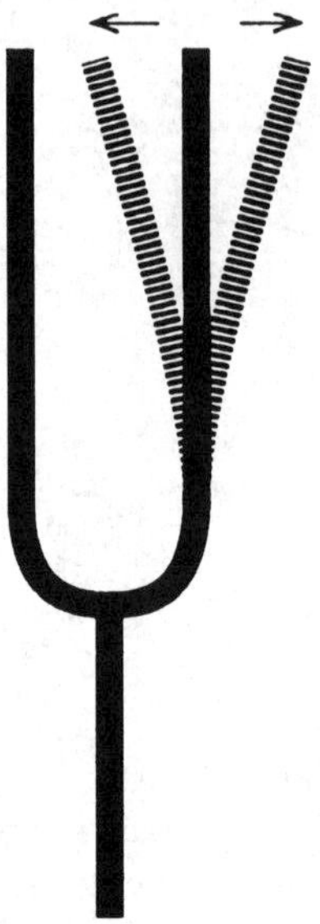

Abb. 7: Ausschlagen der Stimmgabel beim Anschlagen

Von hier aus ergeben sich die physikalischen Meßgrößen für solche Geräusche, gemessen als die Häufigkeit (Frequenz), in der bei einem bestimmten Ton die Gesamtkurve in einer Sekunde durchlaufen wird. Ist das einmal der Fall, haben wir die Grundeinheit von einem Hertz (d.h. also eine Schwingung pro Sekunde, abgekürzt Hz). Je öfter diese Schwingbewegung in einer Sekunde durchlaufen wird, desto höher bzw. heller wird der Ton wahrgenommen. Der Grad des Ausschlags (Amplitude) eines Meßgerätes wie hier der Stimmgabel zeigt die Intensität des Geräusches an (in Phon oder neuerdings meist in Decibel, abgekürzt db, gemessen), womit eine konventionelle Umrechnung der Intensität (Druckstärke) eines Geräusches auf eine Skala der Hörbarkeitsschwellen vorgenommen wird, s.u.

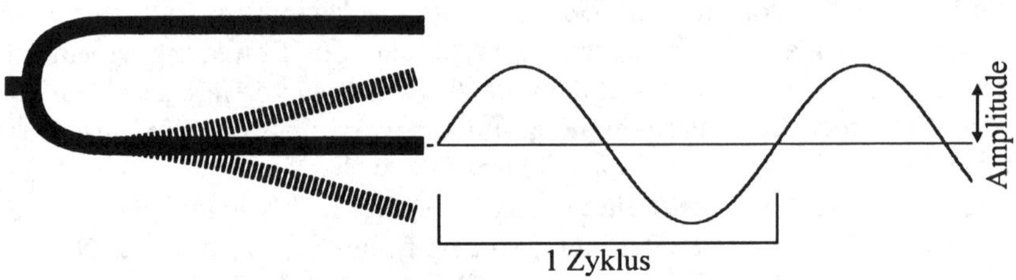

Abb. 8: Schwingen einer Stimmgabel

Mit einem solchen Verfahren lassen sich also Geräusche akustisch bestimmen: zunächst einmal in Hinblick darauf, ob es sich um periodische *Töne* handelt, die solche Schwingungen aufweisen, oder um ein diffuses Geräuschspektrum. Nun kommen in der Natur in der Regel nicht reine Töne vor, sondern *Klänge*, bei denen sich mehrere unterschiedliche Töne überlagern - die

Einzelheiten brauchen hier nicht zu interessieren, sie sind in den phonetischen Handbüchern nachzulesen. Solche *Klänge* können aber bestimmt werden durch die Zusammensetzung aus Tönen: wenn es sich um reine Klänge handelt, durch die „Grundfrequenz" und die sie weiterbestimmenden Frequenzbereiche, die sich wiederum als Vielfache von dieser Grundfrequenz bestimmen lassen.

Offensichtlich sind die menschlichen Laute ebenfalls in diesem Sinne zu analysieren. Das gilt so insbesondere schon von den an der Glottis erzeugten Lauten: Die Schwingungen prägen die „stimmhaften" Laute, also die Vokale und stimmhaften Konsonanten (besonders deutlich ist die Erzeugung der Stimmhaftigkeit eines Lautes wahrzunehmen, wenn man sich bei einer Lautabfolge KVKV..., z.B. *Papa*, die Ohren zuhält und so einen „externen" Höreindruck ausschaltet). Und schließlich ist der Apparat des Ohres ein Meßinstrument, das die Schwingungen eines Trommelfells in diesem Sinne weiter analysiert. Die skizzierte komplexe Analysevorrichtung ist dabei nötig, weil die Gehörseindrücke extrem komplex sind und eine differenzierte Analyse verlangen. Eine erste Möglichkeit zur Filterung eines komplexen Gehörseindrucks besteht in der Zerlegung des eingehenden Frequenzspektrums in Hinblick auf die unterschiedlichen Intensitäten in den verschiedenen Frequenzbereichen und schließlich in der Differenzierung von periodischen Spektren gegenüber einfachen Geräuschspektren, in denen die Erregungen gewissermaßen chaotisch verlaufen. Für die auditive Analyse sind allerdings gewisse biologische Grenzen gesetzt, die in etwa auch denen der Produktion entsprechen. Der Frequenzbereich, in dem eine Analyse möglich ist (bzw. die Lautproduktion kontrollierbar ist), reicht von etwa 20 Hz bis 20000 Hz. Die Grenzen im Intensitätsbereich liegen zwischen der sogenannten Hörschwelle, die als 0 db definiert ist, und der Obergrenze bei etwa 130 db. Bei diesem Wert wird eine Schmerzschwelle erreicht, die an der Grenze zur Körperverletzung liegt und in unserem Alltag durch tieffliegende Düsenjäger erreicht wird.

Der biologische Apparat, der für die entsprechenden primären Funktionen der Reproduktion entwickelt worden ist (Atmung und Nahrungsaufnahme auf der einen Seite, Gleichgewichtskontrolle und Raumorientierung auf der anderen Seite), wird also umfunktioniert, um die soziale Kontrolle der Interaktion zu ermöglichen: im Sprechen / Hören. Entsprechend dem bisher Gesagten lassen sich diese Momente in den unterschiedlichen Bereichen der Phonetik rekonstruieren:

- in der *artikulatorischen* Phonetik, die die Analyse der Lautungen so vornimmt, wie sie produziert werden, so daß die lautschriftlichen Darstellung als Instruktionen zu lesen sind, deren Befolgen zu dem gleichen Lautereignis führt,
- in der *akustischen* Phonetik, die die Lautereignisse instrumentell so analysiert, daß gleiche Ereignisse instrumentell identifizierbar werden,
- in der *auditiven* Phonetik, die rekonstruiert, wie die Zuordnung von Lautereignissen zu bestimmten Klassen in der Wahrnehmung erfolgt.

Die Ausbildung der entsprechenden phonetischen Disziplinen ist inzwischen weit fortgeschritten und Spezialwissen geworden. Als solches ist es nicht im Alltagswissen präsent und geht auch weit über das hinaus, was hier mit solchen vereinfachenden Überlegungen vermittelt werden kann, s. auch E 2.

In Hinblick auf die Zielsetzung dieses Buches ist es wichtig sich klarzumachen, daß diese wissenschaftlichen Anstrengungen letztlich nichts anderes tun, als das Wissen zu explizieren bzw. zu rekonstruieren, das jeder Sprecher / Hörer mit seiner Sprachbiographie erworben hat. Ausgangspunkt dafür ist die lebensnotwendige (und insofern auch dem eigentlichen Spracherwerb vorausgehende) Kontrolle der Organe. Die bereits angesprochene Umnutzung der primären Organe für die Sprachproduktion erklärt aber auch, daß die Kategorien ihrer primären Kontrolle auch noch bei ihren „intellektuellen" Funktionen im Sprechen / Hören präsent sind, daß gewissermaßen auch die „intellektualisierte" Sprache in den Kategorien der biologischen Funktionen *gelebt* wird. Die „intellektualisierten" Strukturen der Sprechsprache sind homolog zu den Mustern biologischer Funktionsabläufe. Die rhythmische Gliederung der Äußerung durch die infraglottale Erzeugung der resonierenden Luftsäule entspricht Mustern, die gelebt werden in der Bandbreite vom langsamen Atemrhythmus beim Einschlafen bis hin zum hektischen Atemrhythmus bei großer Anstrengung. Die Modifizierung der Laute im supraglottalen Bereich entspricht biologischen Nutzungen der entsprechenden Organe wie beispielsweise den Saugbewegungen der Lippen (von daher der Affektivwert labialer Artikulation wie bei dem „Grundwort" *Mama*[16]). „Enge" Lautbildungen mit Kontakt bzw. Reibung der vorderen Zunge am vorderem (harten) Gaumen entsprechen dem Affektbereich von hier entstehenden „biologisch näheren" Vorgängen wie dem Abschmecken wohlschmeckender (süßer) Speisen oder auch erotischen Funktionen wie beim Zungenkuß und dergleichen. Das ist die Grundlage für die Lautbildung von

[16] Ebenso wie bei *Papa* – daß bei *Mama* der nasale Atmungstrakt genutzt wird, verweist auf den besonderen oralen Kontakt zur Mutter.

Verkleinerungsformen: die Palatalisierung in *Schätzchen* gegenüber *Schatz*, *Küßchen* gegenüber *Kuß* usw. Komplementär dazu ist die primäre Erzeugung von Lauten durch die Organe, die im hinteren Mund und Rachentrakt das Schlucken, Würgen u.ä. besorgen, also Lautbildungen wie *Drachen, knacken* usw. Ähnlich wirkt sich das Zusammenspiel von infraglottaler Gliederung und supraglottaler Artikulation bei rhythmisch / artikulatorisch expressive Bildungen aus wie *ritsch-ratsch, ruck-zuck* und dergleichen, bei denen die Artikulation homolog zu entsprechenden Bewegungsabläufen ist; vgl. auch die „gedehnte" Artikulation und die entsprechende Bedeutung bei *wohlig, sudeln, trödeln* gegenüber *trotten, paddeln* usw. mit „gebremsten" Vokalen (siehe dazu E 3).

In Hinblick auf die akustische Wirkung der Artikulation kann man sie als Quelle für ein entsprechendes Bündel von Schallwellen betrachten. Sie erzeugt zunächst im Kopf als Resonanzkörper (insbesondere dem supraglottalen Ansatzrohr, eventuell mit zugeschaltetem Nasentrakt) einen spezifisch schwingenden Luftkörper, der dann seinerseits die umgebenden Luftpartikel in die entsprechende Bewegung versetzt. Die organischen Modifizierungen dieses Resonanzkörpers wirken dabei genauso, wie die unterschiedlichen Formen der Resonanzkörper in Musikinstrumenten wirken. Unter diesem Gesichtspunkt können die Einwirkungen der verschiedenen leiblichen Elemente auf die Sprachproduktion betrachtet werden. Der infraglottale Bereich ist am wenigsten der modifizierenden Kontrolle zugänglich; über die rhythmische Gliederung: Pulsierung, Druckfrequenz, auch eventuelle Intonationsverläufe hinaus bildet er so etwas wie eine Konstante bei der Artikulation. Sie ist aber im Sinne ihres biologischen Primates auch die Grundschicht für die sprachliche Gliederung (Silbengliederung, Akzentgliederung, Tonverlauf) - und als solche auch eine primäre Wahrnehmungskategorie, die insbesondere eben auch ontogenetisch als früheste Kategorie der Sprachwahrnehmung dem Kind zugänglich ist (so etwa bei dem schon kleinkindlichen Spaß an rhythmischer Sprechproduktion - und auch der Freude beim Hören von vorgesprochenen rhythmischen Äußerungen). Zu den physiologischen Grundlagen der rhythmischen Sprachgliederung s. noch E 4.

Oberhalb der Glottis setzt dann vielfältig modifizierbare Artikulation ein, die entsprechend ihrer Kontrollierbarkeit auch zur Ausbildung entsprechender Wahrnehmungskategorien führt. Dieser obere Trakt kann in Abb. 9 schematisch) dargestellt.

Das Schema zeigt zunächst den primären Resonanzraum der Mundhöhle (A), der durch die vorgestülpten Lippen noch erweitert werden kann (B) und zu dem ein weiterer Resonanzraum, der Nasenraum (C), zugeschaltet werden kann.

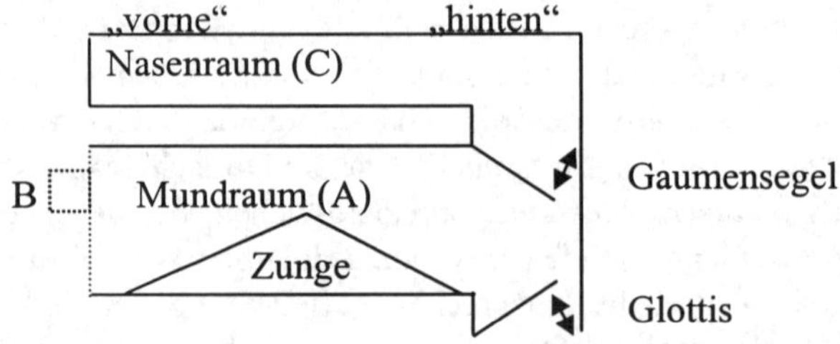

Abb. 9: Schematische Darstellung des Resonanzraumes der sprachlichen Artikulation

Durch die Aktivitäten der Zunge erhält der primäre Resonanzraum A eine spezifische Form, die als das Verhältnis der beiden Teilräume gefaßt werden kann, die durch die Zerlegung des gesamten Raumes A in den Raum vor dem Engepunkt zwischen Zungenoberfläche und Gaumen (A') einerseits und dem Raum danach (A") andererseits gebildet werden. Je weiter die Masse der Zunge nach vorne, zum Mundausgang hin, verlagert wird, je kleiner also A' im Verhältnis zu A" wird, desto heller erscheint der Laut (daß die „Helligkeit“ des Gehörseindrucks von einem solchen Verhältnis im Resonanzraum abhängt, kann man sich schön an dem Geräusch klarmachen, das eine mit Wasser vollaufende Flasche erzeugt: Je kleiner der dicke Raum des Flaschenbauches beim Vollaufen im Verhältnis zum engen Raum des Flaschenhalses wird, desto heller wird der erzeugte Ton). Das erklärt im übrigen auch die im vorausgehenden angesprochene assoziative Verknüpfung von hellen Lauten, die also durch die Verlagerung der Zungenmasse in den vorderen Raum des harten Gaumens gebildet werden, mit affektivisch / erotisch besetzten Ausdrücken bei lautmalerischen Gesten.

Die Glottis selbst ist einerseits, wie gesagt, ein Ventil, das beim Schließen das Entstehen einer schwingenden Luftsäule ver-hindern kann, sie kann aber auch selbst als Quelle für die Erzeugung einer spezifisch schwingenden Luftsäule fungieren. Das ist der Fall, wenn der Glottisverschluß durch eine heftige Bewegung gesprengt wird und diese Bewegung dann als Knacklaut [?] wahrgenommen wird. Wenn die Glottis der Luftsäule freien Durchlaß gibt, modifiziert sie diese allerdings nur minimal durch die entsprechenden Reibegeräusche, die in das angesprochene „chaotische“ Spektrum der Geräuschlaute eingehen. Wichtiger ist die Erzeugung von stimmhaften Lauten durch die periodische Schwingung der Glottis bei Engestellung der entsprechenden Muskeln. Hier gibt es übrigens dann charakterische Differenzen, gebunden an die unterschiedliche biologische Ausstattung bei Männern und Frauen: bei Frauen ist die Grundfrequenz der an der Glottis erzeugten Schwingungen höher (etwa zwischen 200 und 400 Hz) als bei Männern (etwa zwischen 100 und 200 Hz).

Diesen primären Modifizierungen der Luftsäule durch die an der Glottis erzeugten Schwingungen kommt eine wichtige Funktion zu: Sie geben dem erzeugten Laut eine spezifische Schallfülle (zurecht dann auch als „Stimme“ bezeichnet), die sie weithin hörbar macht. Stimmlose Laute, insbesondere stimmlose Verschlüsse, hört man gewissermaßen nur negativ, durch den Kontrast / das Fehlen eines stimmhaften Lautes in stimmhafter Umgebung. Das gilt im übrigen nicht nur für die stimmlosen Konsonanten, sondern auch für die stimmlosen Vokale, die in Extremfällen genau zu diesem Zweck erzeugt werden: Beim Flüstern etwa im Beichtstuhl, das ja dazu dienen soll, daß die Äußerung über eine größere Distanz nicht wahrgenommen werden soll, wie es bei stimmhaften Lauten, auch wenn sie leise gesprochen werden, der Fall wäre (zum Flüstern s. auch E 8).

Die Schallfülle eines Lautes ist also ein *skalarer* (abstufbarer) Begriff, für den in einer etwas technischeren Redeweise im folgenden auch der Terminus *Sonorität* benutzt wird. Wie bei vielen skalaren Begriffen kann der entsprechende Terminus auch hier sowohl als Bezeichnung für die Dimension wie für den positiven Pol auf dieser Dimension verwendet werden (vgl. entsprechend etwa bei *groß*: als Bezeichnung der Dimension in der Frage *wie groß ist er ?* oder als positiver Pol in der Aussage beziehungseise der Antwort auf eine solche Frage: *er ist nicht groß, er ist klein.*). Als positiver Wert auf der *Sonoritätsskala* bezeichnet *sonor* das Überwiegen der *Stimm*resonanz eines Lautes gegenüber seinen *Geräusch*anteilen (zur Sonoritätsskala s. weiter Kap. 6: E 4).

Die Funktion der weiteren supraglottalen Modifikationen ergibt sich durch ihre spezifische Funktion. Das betrifft oberhalb der Glottis zunächst den weichen Gaumen, der die Zuschaltung des nasalen Resonanzraumes regelt. *Orale* Laute sind solche, bei denen der nasale Resonanzraum blockiert ist, *nasale* Laute solche, bei denen der orale Trakt blockiert ist, wobei sie in der Qualität durch den Ort differieren, an dem jeweils die Blockierung vorgenommen wird: Sei es durch die Zunge im Kontakt mit dem weichen Gaumen, durch die Zunge im Kontakt mit dem harten Gaumen oder den Zähnen oder schließlich durch die Lippen. Die unterschiedlichen Resonanzräume, die dadurch entstehen, bedingen den unterschiedlichen Gehörseindruck. Schließlich gibt es eine dritte Möglichkeit von *nasalierten* Lauten, bei denen beide

Resonanzräume, der orale und der nasale, zugleich genutzt werden: das ist insbesondere bei Nasalvokalen der Fall, die es auch im Deutschen gibt, die hier aber keine distinktive (bedeutungsunterscheidende, s. Kap. 1) Funktion wie im Französischen haben, auf das in diesem Zusammenhang meistens verwiesen wird.

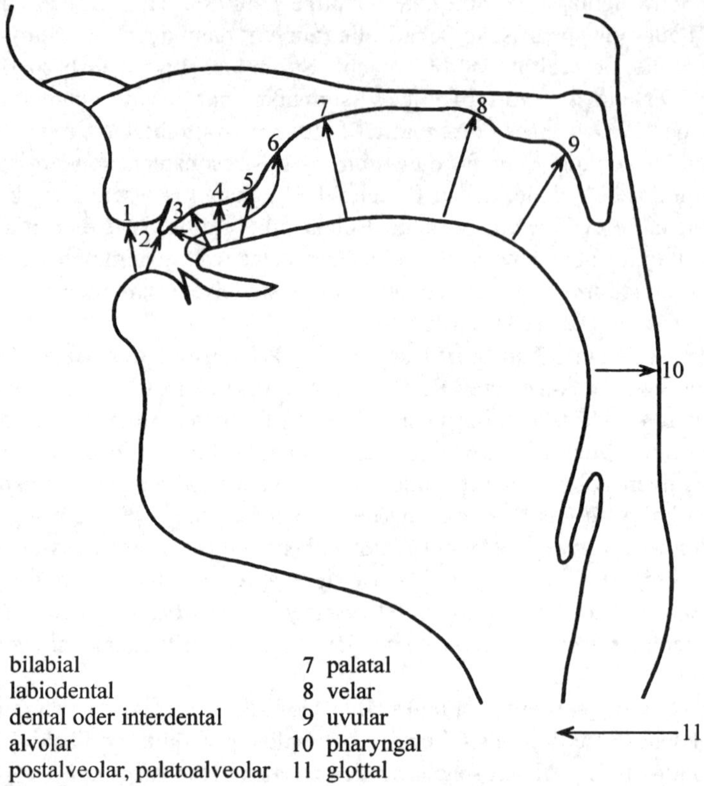

1 bilabial
2 labiodental
3 dental oder interdental
4 alvolar
5 postalveolar, palatoalveolar
6 retroflex
7 palatal
8 velar
9 uvular
10 pharyngal
11 glottal

Abb. 10: Postitionen der Artikulatoren (nach P. LAGEFOGED, A Course in Phonetics. *New York usw. 1975, S. 6).*

Die mobilste Quelle für die supraglottale Modifizierung des Resonanzraumes ist die Zunge, die durch ihre große Plastizität in der ganzen Bandbreite vom hinteren weichen Gaumen bis zu den Zähnen oder sogar den Lippen den Resonanzraum modifizieren kann. In der artikulatorischen Phonetik ist es üblich, den Mundraum in Hinblick auf die Kontaktposition bzw. maximale

Engeposition zwischen Zungenoberfläche und oberem Mundraum topographisch zu zerlegen, vgl. Abb. 10.

Die entsprechend ausgegrenzten Zonen sind terminologisch festgelegt (zur Terminologie s. E 5) und erlauben es so, durch die Kombination von Zonen der Zungenoberfläche mit Zonen des oberen Mundraumes genetisch die Laute zu definieren (hinzu kommen noch eventuell Modifizierungen der vielgestaltigen Zungenform).

Die Form des oralen Resonanzraumes ist schließlich noch durch den Winkel bestimmt, den der Unterkiefer mit der Vertikalen des Kopfes bildet. Diese Differenz ist jedoch relativ unbedeutend, sie wirkt in der Regel (jedenfalls im Deutschen) nur verstärkend in der gleichen Richtung wie der durch Zunge und oberen Mundraum gebildete Öffnungsgrad.

Die Lippen bestimmen mit ihrer Form die Mundöffnung (daher spricht man bei den entsprechenden Lauten auch von *gerundeten, gespreizten* usw. Lippen; das läßt sich bei der Artikulation schön mit einem Spiegel verfolgen). In Hinblick auf den Gehörseindruck ist allerdings nicht diese Form bestimmend, sondern die bei der Produktion dieser Form entstehende Veränderung des Ansatzrohres, wo eine Lippenrundung notwendig mit einem Vorstülpen und insofern der Verlängerung des Ansatzrohres verbunden ist.
In der artikulatorischen Phonetik hat man sich vor 100 Jahren auf ein Zeichensystem verständigt, das die Differenz zwischen den Lauten symbolisiert, indem jedem Zeichen eine Instruktion zugrunde liegt, wie dieser Laut zu produzieren ist. Dieses Zeichensystem trägt nach dem Namen der Internationalen Phonetischen Assoziation IPA[17] den Namen des IPA-Alphabetes. Die zuletzt revidierte Form von 1993 ist im Anhang abgedruckt. Zu anderen Lautschriftsystemen s. E 6.

Irreführend bei solchen phonetischen Darstellungen ist allerdings, daß dabei von isolierten Lauten die Rede ist, die in eine sequentielle Abfolge gebracht werden, um eine Äußerung darzustellen. Nun besteht eine Äußerung aber nicht aus einem Ablauf von Lauten: Bei [pik] folgt nicht ein Laut [i] auf einen Laut [p] und auf [i] folgt nicht wiederum ein Laut [k]. Die Artikulation besteht auch nicht aus einer abrupten Abfolge solcher Organstellungen: Es wird ja auch nicht der Kopf mit solchen Stellungen ausgewechselt (wie etwa bei einer Orgel der Abfolge der Töne die Benutzung unterschiedlicher Orgelpfeifen entspricht), sondern ein und derselbe Resonanzraum wird durch die Bewegungsabläufe der Organe modifiziert (so wie ja auch die Lautverände-

[17] Gelegentlich auch entsprechend der Reihenfolge dieser Termini in dem französischen Namen API.

rung beim Vollaufen einer Flasche kontinuierlich ist). Was die phonetische Darstellung leistet, ist gewissermaßen nur die Angabe von Idealpositionen oder Grenzwerten, die in der Artikulation erreicht oder jedenfalls doch angenähert werden müssen, damit die entsprechenden Laute wahrgenommen werden. Gegenüber diesen Idealpositionen oder ihren Annäherungen besteht aber eine Artikulation zum überwiegenden Teil (man kann sagen zu über 90%) aus „Übergängen" zwischen diesen Lauten - oder richtiger gesagt: aus Bewegungsabläufen, die durch solche Idealpositionen orientiert sind. Bei einer Abfolge, die wir in phonetischer Umschrift mit [pik] wiedergeben, ist der Laut [i] durch ein folgendes [k] und ein vorausgehendes [p] gesteuert, so wie auch das initiale [p] durch das folgende [i] und das finale [k] durch das vorausgehende [i] gesteuert sind. Die Laute sind also im physiologischen Sinne nicht als isolierte Laute definiert, sondern durch den Sprechbewegungsablauf (hier gilt es, sich vor der Rückprojektion von einer Buchstabenkette zur Repräsentation einer Äußerung freizumachen, die in der Äußerung eine analoge Abfolge einer „Lautkette" sehen will). Sehr eindrucksvoll wird das klar, wenn man Gelegenheit hat, in einem Röntgenfilm das verwirrende Ineinandergreifen von Bewegungsabläufen der unterschiedlichen Organe zu verfolgen.[18] Zu den begrifflichen Problemen von *Steuerung* und *Koartikulation* s. E 7.

Dem Problem der Sprachbewegungsabläufe bzw. der kontinuierlichen Koartikulation der Laute entspricht die Schwierigkeit bei der akustischen Analyse, Laute zu segmentieren. In den Lautspektren (*Sonagrammen*, wie sie auch hier im Anhang abgedruckt sind) zeigt sich deutlich die koartikulierte Beeinflussung. Die Lautspektrographie erlaubt darüber hinaus mit der Synthese von Lauten aus solchen Spektren eine weitergehende Kontrolle solcher Zusammenhänge: Zerschneidet man das Spektrum einer Abfolge [ek] so, daß man meint, ein [e] zu isolieren, wenn man die Unterbrechung des Lautflusses vor dem Verschluß und der folgenden Explosion abschneidet, so hört man bei der „Synthese" dieses Segmentes (der lautlichen Umsetzung seines Spektrums) trotzdem immer noch [ek] - nämlich ein [e], das durch einen folgenden velaren Konsonanten „koartikuliert" ist. Umgekehrt ist das weggeschnittene Segment keineswegs eindeutig. Montiert man ein [k] mit dem Spektrum [a], so ist der daraus resultierende Gehörseindruck ein [at] (d.h.. der entsprechende Konsonant ist, koartikuliert durch das [e], palatal und nicht

[18] Auch die ansonsten außerordentlich instruktiven Röntgenaufnahmen zur Lautproduktion (vorzüglich etwa zum Deutschen der „Atlas" von Wängler 1976) zeigen von der Lautproduktion nur genausoviel wie etwa das Zielfoto von einem Rennen.

velar wie ein durch [a] koartikuliertes [k]). Die Redeweise von Lauten ist also immer nur gerechtfertigt relativ zu einer spezifischen lautlichen Umgebung, in der ein Laut als solcher identifiziert ist. Der Akt der Identifizierung der Laute, insbesondere die Klassenbildung von Lauten aus solchen Segmenten in unterschiedlichen Umgebungen ist ein über die „phonetische" Wahrnehmung hinausgehender Akt kognitiver Verarbeitung.

Ein spezielles Problem der Sprechbewegungsabläufe und der ihnen korrespondierenden Wahrnehmungen sind die „Anschluß"formen der Vokale an die folgenden Konsonanten, mit denen ich im Text öfter operiere (*loser* versus *fester Anschluß* wie bei (*ich*) *rate* versus (*die*) *Ratte*). Dabei handelt es sich um ein perzeptiv-intuitiv ebenso markantes[19] wie phonetisch notorisch schwierig zu explizierendes Phänomen. Im „mehrdimensionalen" phonetischen „Raum" ist der Unterschied in der Aussprache von *Rate : Ratte, bieten : bitten, roten : Rotten* und dergleichen offensichtlich mehrfach fundiert: Die Vokale sind qualitativ und quantitativ verschieden [biːtn̩] versus [bɪtn̩], insbesondere aber sind die „Übergänge" von den Vokalen zum folgenden Konsonanten verschieden: Bei *losem* Anschluß „trudelt" die vokalische Artikulation gewissermaßen aus, bevor der folgende Konsonant einsetzt (symbolisierbar als [ʀɑː→tn̩]), während bei *festem* Anschluß der Verschluß des Konsonanten die vokalische Artikulation gewissermaßen abbricht (symbolisierbar als [ʀa┘ tn̩]). Diesem Wahrnehmungseindruck korrespondiert bei phonetischen Messungen

- ein unterschiedlich steiler Abbau der Intensitätskurve der Vokale (auf dem Oszillogramm),
- möglicherweise auch unterschiedliche Grade der Koartikulation des Vokals durch die folgenden Konsonanten,
- unterschiedliche Verläufe der Grundfrequenz (produziert durch die Stimmlippenschwingungen), die bei losem Anschluß zum Abfallen tendiert, während sie beim festen Anschluß zum Anstieg tendiert (entspre-

[19] Entsprechend stoßen Anfänger beim Schreibenlernen darauf, wenn sie versuchen, sich auf die zu lernenden graphischen Unterscheidungen einen lautlichen (phonetischen) Reim zu machen; z.B. wenn sie als Grundlagen der orthographischen "Schärfung" wie bei *Ratte* einen "gebremsten" Selbstlaut (= Vokal in festem Anschluß) entdecken, s. Maas 1992, besonders S. 239.

chend der „antizipierten" Muskelspannung des folgenden Konsonanteneinsatzes).

Verkompliziert wird dieses Bild durch eine große regionale (und unter Umständen auch individuelle) Variation. Die Differenz von losem / festem Anschluß charakterisiert insbesondere die norddeutsche Aussprache (damit aber die Hochlautung!), während die süddeutsche eine phonetisch andere Lösung für diese Anschlußopposition hat (im bairischen Raum), bzw. sie wohl nicht aufweist (im alemannischen Raum). Die Anschlußprobleme werden später wieder aufgenommen (s. Kap. 8.2.). Die Hinweise an dieser Stelle sollten nur zeigen, wieviel komplexer die phonetische Basis unseres Sprechens ist, als es das Standardwissen der Handbücher suggeriert - wie sehr auf der anderen Seite aber auch unorthodoxe Lautbeobachtungen, wie sie sich oft bei Schülern finden, die sich bemühen, die Fundierung des Schrifterwerbs zu kontrollieren, solchen komplexen Strukturen korrespondieren können.

Aus diesen Überlegungen folgt als Fazit, daß die Grundeinheit der Lautanalyse keineswegs die *Laute* sind, wie wir es gewohnt sind, als Rückprojektion von den Buchstaben unseres Alphabets anzunehmen, sondern größere Einheiten, insbesondere die Silben, die den Rahmen für die lautliche Koartikulation bilden.

3.2. Zur (funktionalen) Nutzung der phonetischen Möglichkeiten

Bei den bisherigen Überlegungen ging es darum, wie die leiblich-organische Ausstattung genutzt wird, um *Laute* zu produzieren - im Gegensatz zu *Geräuschen*, also darum, wie in lautlicher Form Worte bzw. Äußerungen differenziert werden. Das erfolgt in einem begrenzten Inventar, in dem das Kontinuum physikalisch verschiedener Lautereignisse diskreten Typen zugeordnet wird. Die Laute, von denen wir als Elementen sprechen, mit denen sprachliche Formen differenziert werden und die insofern auch Gegenstück zu den Schriftzeichen unserer Alphabetschrift sind, sind also abstrakte Größen, die nur als Gegenstück zu analytischen Operationen faßbar sind. Laute sind also etwas anderes als die leiblich unmittelbaren Wahrnehmungskategorien, wie sie schon als Grundlage für die silbische Gliederung (Wahrnehmung) angesprochen wurden: Laute sind das Ergebnis einer Analyse des lautlichen Stroms so, wie er in seiner Gliederung in der Äußerungswahrnehmung greifbar wird (das gilt so auch für die analytische Kategorie der Silbe!).

Vielleicht kann ein Bild helfen, um das Problem der lautlichen Differenzierung von Äußerungen zu verdeutlichen. Nehmen wir an, ich sollte jemandem für eine Wanderung eine Geländebeschreibung geben. Vielleicht werde ich dazu ein Skizze zur Hilfe nehmen wie die folgende, bei der der gewundene Weg zu den eingezeichneten Orientierungspunkten führt.

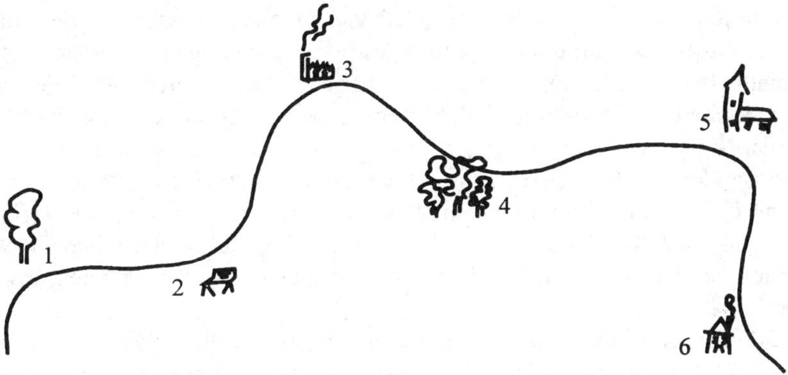

Abb. 11: Wegbeschreibung

Eine solche Skizze gibt nicht naturalistisch den gesamten Verlauf des Weges wieder, sondern nur die markanten Punkte, die anzusteuern sind: 1. ein alleinstehender Baum, 2. eine Bank, 3. eine kleine Fabrik, 4. eine Baumgruppe, 5. eine Kirche, 6. ein alleinstehendes Haus. Die Instruktion lautet entsprechend, jeweils diese Fixpunkte anzupeilen, also 1→ 2→ 3→ 4→ 5→ 6. Zwischen diesen Fixpunkten muß keine gradlinige Verbindung bestehen, sondern der Gang wird von den Gegebenheiten des Geländes abhängig sein, die unter Umständen zu einem recht gewundenen tatsächlichen Verlauf führen können: Die tatsächliche Verlaufslinie ergibt sich zwangsläufig durch die Adaptierung der Zielvorgabe an das Gelände.

In der Weise, wie ein solches Instruktionsschema von der tatsächlichen Gangart abstrahiert, entspricht es der Abstraktionsleistung bei der Lautidentifizierung des Gesprochenen. Mit den Lauten identifizieren wir gewissermaßen auch nur die Fixpunkte; der tatsächliche artikulatorische Verlauf ist zumindest innerhalb der Silbe eine Frage des phonetischen „Geländes", der phonetischen Koartikulation bzw. Steuerung. Das ist zugleich eine indirekte Definition von Silbe: Die Silbe ist die Domäne solcher Steuerungen. Wenn wir von Konsonanten sprechen, z.B. von einem *p*, dann fassen wir diesen immer als Rand einer Silbe, sei es initial *pV*, oder final *Vp* (V hier als Variable für den Silbenkern). Die Artikulation dieses Konsonanten ist durch die Koartikulation durch den jeweiligen Silbenkern bestimmt. Wir können also etwa ein *p* weniger abstrakt notieren als p^a oder $^a p$, also ein vokalisch durch ein *a* koartikuliertes *p* als initialen oder finalen Silbenrand, spiegelverkehrt dazu können wir mit einem a^p und $^p a$ ein konsonantisch durch ein *p* koartikuliertes *a* als Silbenkern notieren.

Für die lautliche Abfolge im „Gelände" bestehen bestimmte Beschränkungen über der Kombinierbarkeit. Diese Beschränkungen liegen auf unterschiedlichen Ebenen. Es ist sehr wohl möglich, eine lautliche Abfolge *ptktp* zu artikulieren – aber nur artikulatorisch: diese Abfolge ist nicht als solche zu hören. Nicht nur die einzelnen Laute sind also Bezugspunkt für die Lautanalyse, sondern auch die Art, wie sie abfolgen, zusammengesetzt sind (*syntagmatisch*). Allerdings stellt diese Redeweise in gewisser Hinsicht die Verhältnisse auf den Kopf, da es sich ja nicht um die Zusammenstellungen von Lauten handelt, sondern um die isolierende Abstraktion von Lauten aus einem solchen Lautfluß.

Bei diesen syntagmatischen Beschränkungen ist zu unterscheiden zwischen solchen, die physiologisch bedingt sind, wie bei der eben besprochenen Abfolge *ptktp*, und solchen, die kulturell fixiert sind. Die Sprachen unterscheiden sich strukturell untereinander dadurch, welche Lautfolgen bei ihnen zulässig sind (woraus ja nicht zuletzt Probleme beim Fremdspracherwerb und auch bei der Übernahme von Schriftsystemen von Sprachen mit anderer Struktur resultieren). Was einem Deutschen als unaussprechbar erscheint, *kann* physiologisch unmöglich sein, kann aber auch als negatives Spiegelbild ein kulturelles Muster des Deutschen widerspiegeln. So hat z.B. das Griechische konsonantische Kombinationen, die im Deutschen ausgeschlossen sind, etwa im griechischen Wort *ptôsis* „der Fall", wo beim Lösen des labialen Verschlusses noch ein linguodentaler Verschluß besteht. Dieses Wort ist im Griechischen unterschieden von Wörtern wie *tosos* oder *pôs*. Solche Strukturmerkmale bestimmen in einer Sprache Wortgestalten, die es z.B. sofort erlauben, eine Abfolge wie *ptôsis* als nicht-deutsches Wort zu identifizieren.

Sobald man in diesem Sinne von strukturellen Mustern einer Sprache spricht, spricht man auch von *Phonologie* im Gegensatz zu *Phonetik*, die auf die physiologische (naturwissenschaftlich zu explorierende Basis) der Artikulation und der Wahrnehmung zielt. In der Phonologie untersucht man kulturelle Muster, deren Kontrolle bei der Aneignung einer Sprache erworben wird und die ihrerseits dann gegebenenfalls die Grundlage für die Aneignung der Schrift sind. In diesem Sinne gehört zu den kulturellen Mustern, die das Deutsche charakterisieren (und die zur „Monitor"kompetenz, der Kontrolle der [Selbst-]Wahrnehmung eines Sprechers des Deutschen gehören), daß das Vokalspektrum *a, e, i, y, ö, o, u...*[20] sprachliche Formen („Wörter") in betonter Silbe differenziert. In unbetonter Silbe dagegen kommen diese Vokaldifferenzen im Normalfall nicht vor, sie sind auf wenige markierte Ausnahmen beschränkt. So haben wir einen Kernbestand von „einheimischen" Wörtern, die in unbetonter Silbe nur die reduzierten Vokale [ə] und [ɐ] haben wie in ['ʔapfəl] *Apfel*, ['ʔakɐ] *Acker*, ['ʔaugə] *Auge*, während davon abweichende Wortgestalten dadurch als Fremdwörter markiert sind: Das gilt eindeutig bei einer so vollmundigen Form wie *Avocado*, das gilt in diesem Sinne aber auch für *Auto* oder sogar für Eigennamen wie *Maria*, das sich auf diese Weise als eine gelehrte Form der Kirchensprache erweist.

In der phonologischen Untersuchung fassen wir mit einem *Lautsystem* die Lautdifferenzen (die phonetisch explorierbar sind), die genutzt werden, um Wörter einer bestimmten Sprache zu unterscheiden. Wir unterscheiden z.B. die beiden Wörter *Acker : Ocker* ['ʔakɐ] : ['ʔɔkɐ]; der Unterschied von [a] : [ɔ] markiert also Phoneme, die miteinander in Opposition stehen, deren Austausch aus einer Form eine andere macht (der Gegensatz der beiden Phoneme ist also paradigmatisch - im Gegensatz zu dem syntagmatischen Kontrast in einer gegebenen Form, wie er hier etwa zwischen [a] bzw. [ɔ] und dem folgenden [k] besteht). Eine phonologische Opposition ist also gebunden an das Vorkommen in einer bestimmten Nute (s.o.). Wir können das auch notieren als a : ɔ / ʔ_ kɐ [21].

Streng genommen stehen im Deutschen also z.B. [ə] : [a] nicht in Opposition, da sie nie in den gleichen Positionen vorkommen. Eine Form wie ['ʔəkɐ] klingt nicht deutsch - d.h. eben nicht, daß sie lautlich unmöglich sei. Man kann sie sehr wohl aussprechen, und sie klingt so, wie ähnliche Formen in Sprachen wie dem Türkischen oder Arabischen klingen. Auch hier gilt also wieder: phonologische Kontraste sind das Ergebnis von Vergleichsoperationen. Die Phoneme des Deutschen sind nicht einfach da, sondern sind das Ergebnis einer entfalteten kognitiven Analyse.

Vor dem Hintergrund dieser Überlegungen klärt sich die Frage danach, worin das Lautsystem des Deutschen besteht, wie also die im Deutschen vorkommenden lautlichen Differenzierungen phonologisch genutzt werden (für die zweite Artikulation, letztlich für eine grammatische Aufgabe: die Charakterisierung verständlicher Texte). Üblicherweise beginnt eine solche Untersuchung mit den Vokalen, die den Vorteil haben, in Isolation faßbar zu

---

[20] Lautschriftlich [a, e, i, y, ø, o, u].

[21] Lies: [a] kontrastiert mit [ɔ] in der (betonten) Nute zwischen [ʔ] und [kɐ].

sein (in diesem Sinne gibt es seit der Antike eine Tradition, mit den Vokalen, den „Selbstlauten“, die Lautbetrachtung im Unterricht der Aneignung der Schrift zu beginnen, da hier die Laute gewissermaßen in Rückprojektion von den Buchstaben zu fassen sind).

In reiner Form allerdings sind Vokale mit wörtlicher Funktion eine Ausnahme. Man muß hier schon zu etwas merkwürdigen Formen greifen wie *i* (*Ih! eine Spinne* - also als Ausruf des Ekels) oder im süddeutschen / bairischen Raum die Reduktion für *ich* etwa in *i bi scho do* oder auch der Ausruf *a* in *ah, ist das schön!*, im Süddeutschen auch die Reduktionsform des unbestimmten Artikels *ein*: *a* in *a Sauwetter isch des*. Selbst für diese „Grundlaute“ (die *Selbst*laute) gilt also, daß sie nicht als Atome der Lautproduktion zu fassen sind, sondern in der Regel nur als Abstraktion von Eigenschaften einer komplexen Äußerung faßbar sind. Wie schon angesprochen gilt dabei, daß die so zu fassenden Eigenschaften an *kulturelle* (nicht-natürliche) Normen gebunden sind, was selbst für so elementare Eigenschaften gilt wie die angesprochene Grundbestimmung der Vokale als *stimmhafte* Laute (die mit der Vibration der Glottis gesprochen werden ohne zusätzliche *Geräuschbildung* im oralen Trakt). Aber auch im Deutschen haben wir in Extremfällen stimmlose Vokale, die in manchen Sprachen in Opposition zu stimmhaften stehen, so immer dann, wenn wir flüstern, wie also in der Beichtstuhlsprache. Andererseits können Vokale auch sehr wohl ohne Glottisbeteiligung artikuliert werden; so kann man etwa die gesamten Vokale auch rülpsen, indem man die qualitativen Differenzierungen im oralen Trakt an einer Luftsäule vornimmt, die in der Speiseröhre produziert worden ist.

Ziel dieser Vorüberlegungen ist das Freisetzen von *phonetischer Phantasie* gegenüber den Fesseln der Rückprojektion der mühsam in der Schule erworbenen Alphabetschrift auf die Wahrnehmung des Lautlichen: Die Vorstellung von einer Äußerung als eine Abfolge von Lauten ist das Ergebnis eines komplexen Abstraktionsprozesses, der im operationalen Umgang mit der zweiten Artikulation der Sprache ausgebildet wird: Das Kind muß lernen, daß von allen Lautgesten, die einen Wahrnehmungseindruck [k^hu:] *Kuh* hervorrufen, nur das festzuhalten ist, was die Differenz zu [t^hu:] *tu*! ausmacht; dagegen ist die Differenz im Anlaut bei [k^hu:] gegenüber [k^hi:l] *Kiel*; die mehr oder weniger am harten Gaumen vorverlagerte Verschlußbildung des Zungenrückens (im Deutschen!) dabei irrelevant. Welche Momente solcher Lautgesten im Deutschen phonologisch genutzt werden und welche nicht, wird in den folgenden Kapiteln behandelt.

Vorweg gilt es erst einmal, die Perspektive von außen (gewissermaßen die Perspektive des Kindes bei Beginn des Spracherwerbs, jedenfalls in der vorliterarisierten Entwicklungsphase) wiederzugewinnen und die Lautproduktion als eine Koordination von mehr oder weniger unabhängigen artikulatorischen Gesten zu sehen, die in einer sprachspezifischen Weise koordiniert und genutzt werden, um beim Hörer die lautlichen Eindrücke hervorzurufen, die in der jeweiligen Sprache (hier: dem Hochdeutschen) mit den entsprechenden Formen der zweiten Artikulation symbolisch verbunden werden.

Die Analyse solcher Sprachbewegungsabläufe und der damit verknüpften Wahrnehmungseindrücke ist seit über hundert Jahren das Feld der sprachwissenschaftlichen Phonetik im engeren Sinne, deren Erfolg seit den 50er Jahren zeitweise durch die brisante Entwicklung der akustischen Phonetik etwas in den Hintergrund gedrängt wurde. Erst in der jüngsten Zeit schließen sprachwissenschaftlich motivierte Forschungsansätze wieder explizit an diese älteren Arbeiten an[22]. In dieser Einführung geht es nicht um diese sophistizierte Modellierung phonetischer Prozesse. Daher kann hier auf die älteren Konzeptualisierungen zurückgegriffen werden, die sich einer analytischen Darstellung der Bewegungsabläufe der verschiedenen Artikulatoren bedienen (so insbesondere schon um die Jahrhundertwende von Otto Jespersen entwikkelt). In den Arbeiten des amerikanischen Phonetikers Kenneth Pike (besonders Pike 1947) wird als Training eine entsprechende schematische Darstellung von Äußerung gefordert, die ich als Vorstufe für die folgenden Analyseschritte übernehme: Ohne eine solche Dynamisierung der Vorstellung von der Lautprojektion besteht auch bei einer noch so differenzierten Anwendung der Lautschrift die Gefahr, die Äußerung doch als Abfolge entsprechend „atomisierter" Segmente zu sehen.

Für diese Zwecke genügt es, in einer groben Typisierung die Artikulatoren zu isolieren bzw. in ihren Bewegungsabläufen zu schematisieren, die für die jeweilige Argumentation von Belang sind.

So läßt sich die Artikulation von [bat] (wie in norddt. *Bad*) als eine Veränderung in der Zeit (*t*) von zwei Artikulatoren, den Lippen und der Zunge, darstellen: Bei den Lippen mit einer ja / nein Darstellung der Aktivität (markiert: Ihre Vorstülpung bzw. Schließung), bei der Zunge ihre relative Position (0 = Kontakt, 1 = offen). Bei den Darstellungen im folgenden lege ich eine Segmentierung mit einer IPA-Notation zugrunde:

---

[22] Das gilt insbesondere für die Forschungsgruppe von Cathrine P. Browman und Louis Goldstein in den Haskins Laboratorien der Yale Universität, New Haven (USA), s. dazu den diesem Neuansatz gewidmeten Diskussionsband der Zeitschrift *Phonetica* 49/1992.

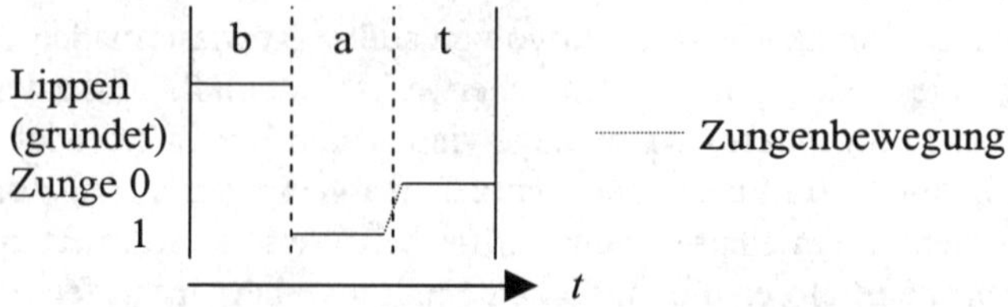

Konventionell kann man festlegen, daß die Schreibrichtung von links nach rechts der Zeitachse entspricht, sodaß diese nicht ausdrücklich dargestellt werden muß (im folgenden lasse ich den t-Pfeil weg). Um den Unterschied von [bat] zu [pat] darstellen, kann man die Aktivität eines weiteren Artiklators, der Glottis, hinzunehmen (markiert: die Vibration der Stimmlippen):

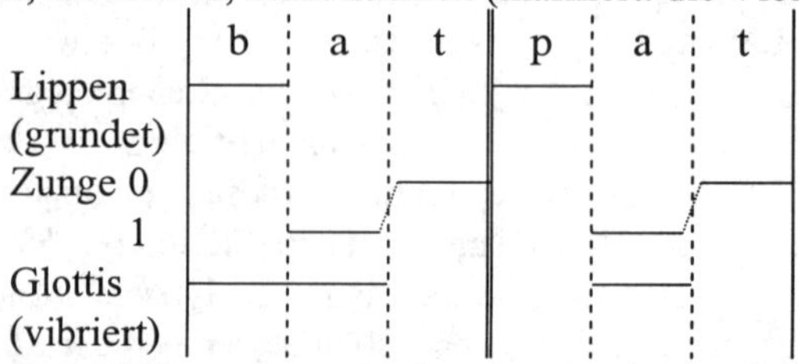

Andere Differenzierungen können durch eine feinere Skalierung der Zungenposition erreicht werden, z.B. indem man eine Engestellung mit Geräuschbildung als 1 gegenüber dem Verschluß (= 0) und der Öffnung (= 2) differenziert, wie bei [pas] gegenüber [pat]:

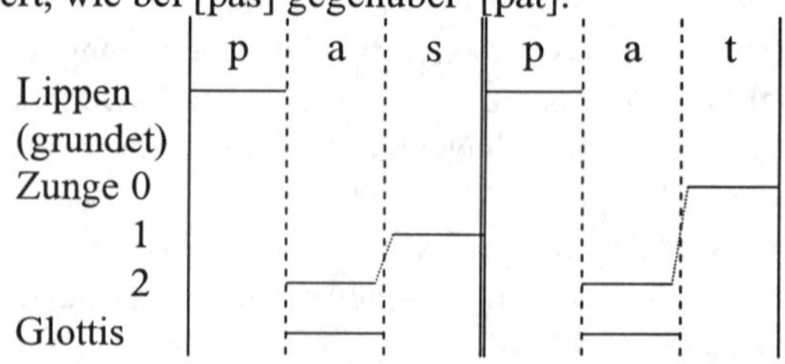

Eine noch feinere Skalierung erlaubt es, Vokale zu unterscheiden, etwa 2 = enge Vokale, 3 = offene Vokale, wie bei [pit] gegenüber [pat]:

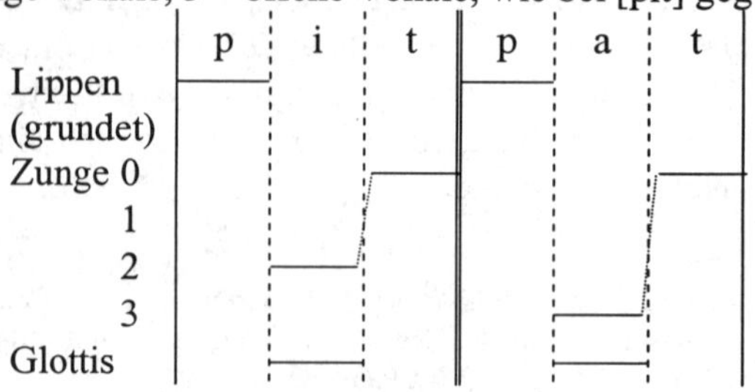

Wenn das Konstruktionsprinzip solcher Modellierungen erfaßt ist, sollte es keine Schwierigkeiten machen, eventuell gewünschte weitere Differenzierungen einzubauen. Ein komplexeres Beispiel kann das zeigen: *Oma kocht Mus*, in Lautschrift [ʔoːmak^{h}ɔxtmuːs](ein Lautsegment kann einem mehrgliedrige Buchstaben entsprechen wie bei <ch>). Bei der folgenden Modellierung wird die Zungenstellung noch weiter differenziert mit den Graden von 0 – 5; bei der Glottis markiert 0 die geschlossene Position, 1 die intermittierend geschlossene (Vibration), 2 die gespreizte Position. Dicke Linien markieren jeweils die spezifizierten Artikulationsweisen, die entsprechend dem eingangs gegebenen Instruktionsmuster für eine Wanderung den Orientierungspunkten entsprechen.

Wo im Sinne der phonologischen Nutzung der phonetischen Möglichkeiten keine kontinuierlichen Veränderungen angegeben sind, habe ich eine punktierte Verbindungslinie gezogen, die eine Vorstellung von dem gibt, was auf dem Wege zwischen zwei solchen idealen Fixpunkten an Artikulationsvorgängen im „Gelände“ erfolgt.

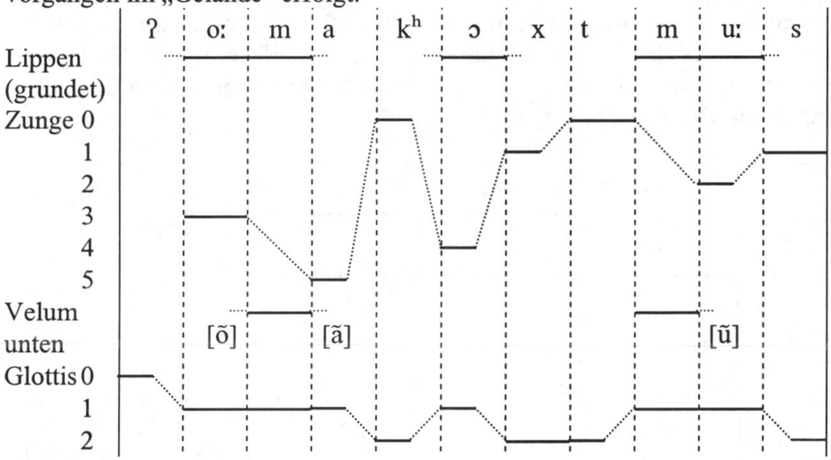

Das bisher benutzte Raster erlaubt es nicht, Unterschiede darzustellen, die davon abhängen, ob Zungenmasse weiter vorne oder hinten im Mundraum verlagert ist, wie bei [t] vs. [k] oder auch bei *Geld* / *Gold* (wo ein zusätzlichenr Unterschied bei der Lippenstellung vorliegt). Eine „feinkörnigere“ Modifizierung des Rasters, die diesem Unterschied Rechnung trägt, verlangt eine entsprechende Repräsentation des vorderen / hinteren Raumes für die Verlagerung der Zungenmasse. Bei dem folgenden Schema stellt die gepunktete (••••) Linie die vordere Positionierung dar, die gerade Linie die hintere Position.

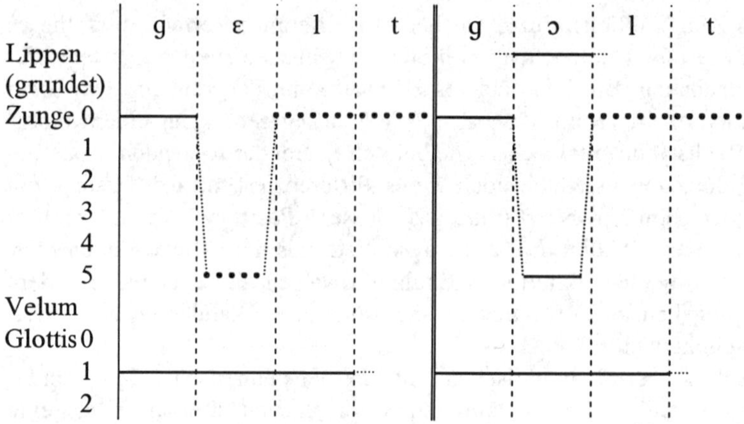

Die Schemata zeigen, daß diese Gesten zumindest teilweise unabhängig voneinander sind - insofern bestehen hier für das Sprechen auch Koordinationsprobleme, wie sie oben schon mit *Koartikulation* und *Steuerung* angesprochen wurden (s. E 7). Gesten können sich z.B. überlagern, wie sich bei der Realisierung von *Tisch* zeigt, die sich bei Schreibanfängern auch in Schreibungen wie *Tüsch* ausdrückt[23]:

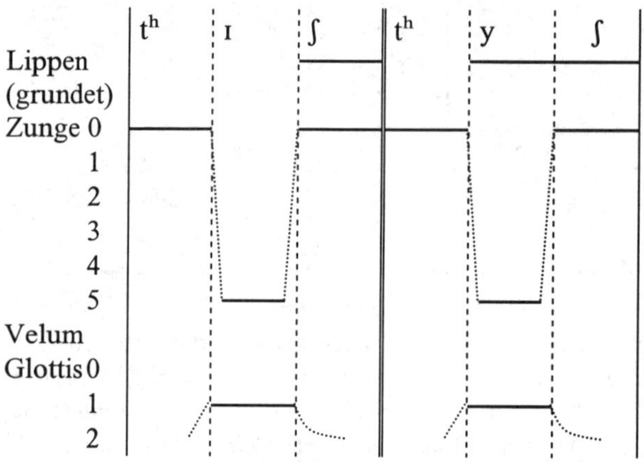

[23] Die folgenden Darstellungen abstrahieren wieder von der vorne/hinten-Verlagerung der Zungenmasse. Zur Übung sollte die schematische Darstellung in dieser Hinsicht ergänzt werden!

Bei *Tüsch [tʰʏʃ] kommt nicht etwa ein *anderer* Vokal vor als bei *Tisch*, sondern die Lippenrundung setzt einfach früher ein: Die Sychronisierung der Artikulatoren Zunge und Lippe ist anders.

Das ist auch die Pointe beim Auftreten von ansonsten mysteriösen „Übergangslauten", wie etwa bei *Gans* [gans] neben *ganz* / **Gantz* [gants] (vgl. damit *ganz* [gants]):

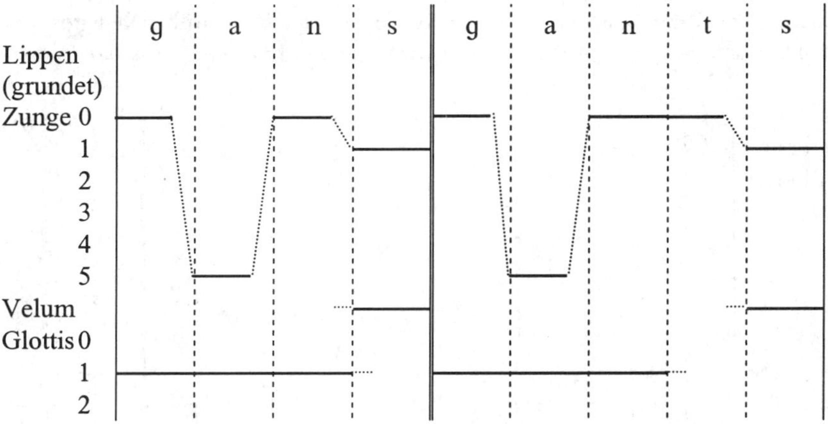

In [gants] erscheint kein neuer Laut [t] auf der Bildfläche, sondern die beiden artikulatorischen Gesten, das Schließen des Velums (Abschalten des nasalen Resonanzraumes) und der Übergang vom alveolaren Verschluß zur Friktion (Zunge 0→1) sind nicht exakt synchronisiert. Macht man sich die Schwierigkeit der Synchronisierung so verschiedener artikulatorischer Gesten wie der des Velums und der Zunge deutlich, ist offensichtlich, daß die vollständige Synchronisierung, wie sie die Hochlautung verlangt, eher die erstaunliche Ausnahme sein wird.

Insofern sind solche Darstellungen ein vorzügliches Mittel, um insbesondere auch das Verhältnis von orthoepisch[24] geforderter Lautung und sprechsprachlichen Varianten (unter *allegro*-Bedingungen[25]) durchsichtig werden zu lassen. Die Koordination / Synchronisation der gesturalen Bewegungsabläufe ist offensichtlich vom Sprechtempo abhängig: Wenn die gleiche Anzahl

[24] *Orthoepisch*: Nach den Vorschriften für die Hochlautung (*ortho-* „richtig"; *episch* „auf das Reden [gr. *epos*] bezogen").

[25] S. dazu genauer Kap. 11, wo die verschiedenen Sprechregister (darunter *allegro*) diskutiert werden.

von Lautgesten, die zur Identifikation einer Äußerung notwendig sind, in einer kürzeren Zeitspanne zu vollführen sind, bleibt entweder für die einzelnen Gesten (bzw. Segmente) weniger Zeit - mit dem Ergebnis, daß sie unter Umständen nur annähernd ausgeführt werden (Vokale weniger gespannt artikuliert werden, Verschlüsse nur noch als Frikative o.ä.) - oder daß sie zwar vollständig ausgeführt werden, aber sich überlappen. Dann kommt es zu den vielfältigen Assimilations- und Reduktionserscheinungen, die die normal gesprochene Rede charakterisieren und die in Kap. 12 ausführlicher besprochen werden; vgl. die sprechstilistisch variierenden Formen von *haben*[26]:

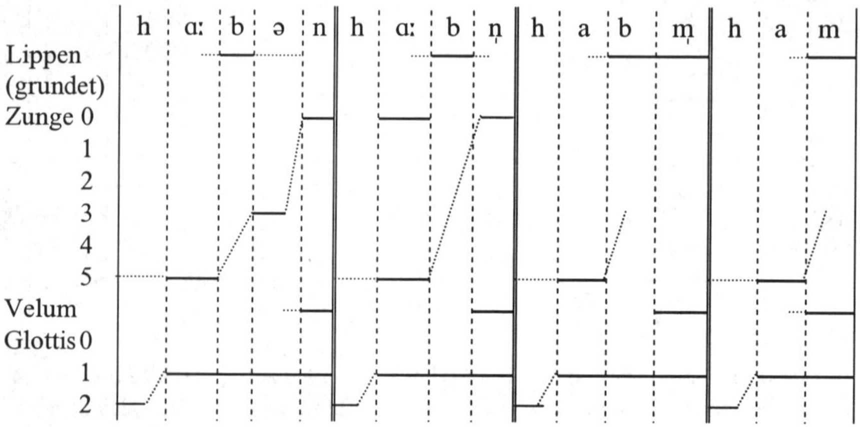

Auch hier werden nicht bestimmte Laute gegen andere vertauscht, wie es bei den Buchstaben der graphischen Repräsentation der Fall ist, sondern die Phasierung der verschiedenen Artikulatoren ist unterschiedlich synchronisiert. Bei [ham] ist nur noch der Kontrast von zwei Phasen vorhanden, einer ersten nicht-labialisierten ohne nasale Resonanz mit einer zweiten labialisierten mit nasaler Resonanz. In diesem Sinne ist hier auch die gestrichelt angedeutete Bewegung der Zunge zu sehen: Von einer peripheren Position in der ersten Phase zur zentralen „Ruhe"-position in der zweiten Phase (unabhängig davon, ob diese mit vokalischen Resonanzen eines [ə] verbunden ist oder nicht).

[26] Zur „vokalischen" Darstellung des [h] s. die Übungsaufgabe.

3.3. Anhang: Das IPA (die *Lautschrift*)

Wie in sprachwissenschaftlichen Darstellungen üblich, bediene ich mich hier des IPA-Systems (s. E 6). Für die Standardzuordnung von Zeichen zu Lauten können die folgenden Wortformen des Deutschen als Anhaltspunkt dienen (in der Hochlautung zu verstehen!) bei denen die unterstrichenen Buchstaben den entsprechenden Laut repräsentieren. Da dem Erlernen des phonetischen Transkribierens die orthographischen Gewohnheiten im Wege stehen, habe ich bei den illustrierenden Beispielswörtern möglichst unterschiedliche orthographische Varianten zur Repräsentation desselben Lautes angeführt. In den folgenden Kapiteln 7 bis 10 werden die so gefaßten lautlichen Erscheinungen des Deutschen systematischer besprochen. Die zuletzt 1996 revidierte Version des IPA wird im Anschluß daran reproduziert[27].

IPA-Zeichen	Beispielwörter in hochdt. Lautung (orthographisches Gegenstück kursiv)
p	*Paul, Oper, koppeln, Erbse, Schub*
t	*Tal, Theater, Bote, Lotto, Rad, Stadt*
k	*Kopf, Canada, Chaos, Lake, Backe, Fuchs, Tag*
b	*Bulle, Bhopal, Kabel, Krabbe,*
d	*Deich, Adel, buddeln, Buddha*
ɡ	*Garten, grün, Guerilla, Lager, Egge, Spaghetti*
f	*faul, Vater, Phon, Hefe, Affe, Frevel, Motiv*
s	*Sandwich, City, Masse, große, Küste, faßte, Garçon, Haus, muß (muss)*
ʃ	*Schule, Schnalle, Stamm, Chef, Flasche, Fashion, lasch*
ç	*Chemie, Küche, nicht, Märchen, Predigt, König*
x	*lachen, Don Quijote, kracht, Krach*
v	*Wagen, Vase, ewig, Inventar*
z	*Saal, Zero, Dose, Gaze, Dussel, puzzeln*
ʒ	*Genie, Journalist, Garage, Ingenieur, Orangeade*
ʝ	*jeder, Koje, Mayonaise, Tanja, Nation, Detail*
ʀ(ʁ)	*Rose, Krug, Ware, Knarre, Garten, wirr**
pf	*Pferd, Pflug, stopfen, Kopf*
ʦ	*Zunge, zwei, heizen, Katze, becircen, Flöz, Schatz*

27 Seit der Revision von 1993 macht das IPA einen Unterschied zwischen [ʝ] und [j]: [ʝ]] ist ein Frikativ, [j] ein Halbvokal. Ich notiere bei den deutschen Beispielen meist wie in dem älteren IPA [j]. Das hier in Frage stehende Geräuschspektrum ist sehr sprecher- (und sprechstil-) – abhängig, allenfalls bei der Konturierung der Silbe A ↔ R ist das [ʝ] stabil [ˈʝeːdɐ] *jeder*, aber [naˈtsjoːn] *Nation*, [deˈtɑːj] *Detai*l. Insofern notiere ich das [ʝ] nur bei derartigen „Explizitformen“. Zu den besonderen Problemen der Notation des Deutschen mit dem IPA s. Richter 1973 und Kohler 1990.

ʧ	*Tschako, Cevapcici, tratschen, Matsch, Match*
ʤ	*Dschungel, Maharadscha, Budget*
m	*Mund, Omen, Trommel, Amt, Brom, fromm*
n	*Nase, König, Kanne, Rente, Kahn, Mann*
ɲ	*Bretagne*
ŋ	*singen, sinken, Ingo, lang*
l	*Last, Male, Schnalle, Malheur, also, Saal, Knall*
h	*Huhn, Uhu*
ʔ	*[ʔ]Eis, be[ʔ]eiden, The[ʔ]ater, [ʔ]an[ʔ]ecken*
iː	*Igel, Krise, Biene, Genie*
i	*Idee, Kritik*
ɪ	*Irrtum, intakt, Mitte, Kritik*
yː	*üben, Uerdingen, Bühne, Gemüt, Duisburg, Psyche, früh, Menu, Revue, Debut*
y	*Usance, Büro, Physik,*
ʏ	*üppig, Ypsilon, küssen, Gerüst, Gymnasium*
eː	*edel, Met, Mehl, See*
e	*lebendig, Detail*
ɛː	*Ähre, käme*
ɛ	*Äste, Essen, entgegen, Fest*
ə	*betragen, Liebe*
øː	*Öse, trösten, Friseur*
ø	*Ökonomie, Zölibat*
œ	*öffentlich, können, Gehöft, Flirt*
uː	*Uhu, Busen, Hut, Blues, Boots, Tabu, Filou, Coup*
u	*Uran, Ouvertüre, Kurier, Akku,*
ʊ	*unter, Mutter, munter, Journalist, Goodwill*
oː	*ohne, Moore, groß, Moos, famos, Goal, Soest, Voigt, Zoo, froh, Depot*
o	*oral, Moral, Kolumbus, Auto*
ɔ	*Ochs, offen, Sorge, konträr*
ɑː	*Atem, Rate, Kahn, nah, Etat*
a	*alt, Ratte, kann, Cup, Firma*
ɐ	*ergänzen, verantworten, Kur, Oper*
aɪ	*Ei, Heimat, Kaiser, Leier, Meyer, Ceylon, zwei, Geweih, Kai, Email*
aʊ	*aus, Haus, Couch, Klausur, Bau, rauh, Kakao*
ɔʏ (ɔɪ)	*Treue, Bläue, heute, Häute, pneumatisch, scheu, Boy, Efeu*

THE INTERNATIONAL PHONETIC ALPHABET (revised to 1993, corrected 1996)

CONSONANTS (PULMONIC)

	Bilabial	Labiodental	Dental	Alveolar	Postalveolar	Retroflex	Palatal	Velar	Uvular	Pharyngeal	Glottal
Plosive	p b			t d		ʈ ɖ	c ɟ	k ɡ	q ɢ		ʔ
Nasal	m	ɱ		n		ɳ	ɲ	ŋ	ɴ		
Trill	ʙ			r					ʀ		
Tap or Flap				ɾ		ɽ					
Fricative	ɸ β	f v	θ ð	s z	ʃ ʒ	ʂ ʐ	ç ʝ	x ɣ	χ ʁ	ħ ʕ	h ɦ
Lateral fricative				ɬ ɮ							
Approximant		ʋ		ɹ		ɻ	j	ɰ			
Lateral approximant				l		ɭ	ʎ	ʟ			

Where symbols appear in pairs, the one to the right represents a voiced consonant. Shaded areas denote articulations judged impossible.

CONSONANTS (NON-PULMONIC)

Clicks		Voiced implosives		Ejectives	
ʘ	Bilabial	ɓ	Bilabial	ʼ	Examples:
ǀ	Dental	ɗ	Dental/alveolar	pʼ	Bilabial
ǃ	(Post)alveolar	ʄ	Palatal	tʼ	Dental/alveolar
ǂ	Palatoalveolar	ɠ	Velar	kʼ	Velar
ǁ	Alveolar lateral	ʛ	Uvular	sʼ	Alveolar fricative

VOWELS

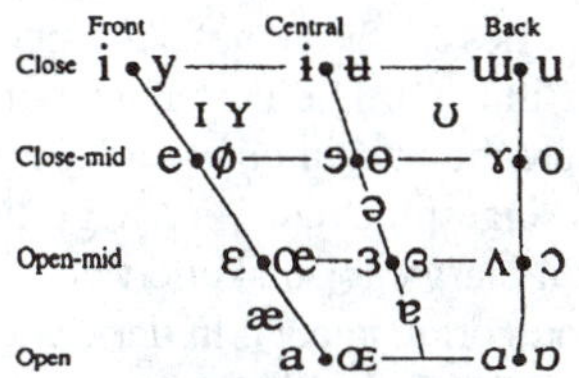

Where symbols appear in pairs, the one to the right represents a rounded vowel.

OTHER SYMBOLS

ʍ	Voiceless labial-velar fricative
w	Voiced labial-velar approximant
ɥ	Voiced labial-palatal approximant
ʜ	Voiceless epiglottal fricative
ʢ	Voiced epiglottal fricative
ʡ	Epiglottal plosive
ɕ ʑ	Alveolo-palatal fricatives
ɺ	Alveolar lateral flap
ɧ	Simultaneous ʃ and x

Affricates and double articulations can be represented by two symbols joined by a tie bar if necessary. k͡p t͡s

DIACRITICS Diacritics may be placed above a symbol with a descender, e.g. ŋ̊

̥	Voiceless	n̥ d̥	̤	Breathy voiced	b̤ a̤	̪	Dental	t̪ d̪
̬	Voiced	s̬ t̬	̰	Creaky voiced	b̰ a̰	̺	Apical	t̺ d̺
ʰ	Aspirated	tʰ dʰ	̼	Linguolabial	t̼ d̼	̻	Laminal	t̻ d̻
̹	More rounded	ɔ̹	ʷ	Labialized	tʷ dʷ	̃	Nasalized	ẽ
̜	Less rounded	ɔ̜	ʲ	Palatalized	tʲ dʲ	ⁿ	Nasal release	dⁿ
̟	Advanced	u̟	ˠ	Velarized	tˠ dˠ	ˡ	Lateral release	dˡ
̠	Retracted	e̠	ˤ	Pharyngealized	tˤ dˤ	̚	No audible release	d̚
̈	Centralized	ë	̴	Velarized or pharyngealized	ɫ			
̽	Mid-centralized	e̽	̝	Raised	e̝ (ɹ̝ = voiced alveolar fricative)			
̩	Syllabic	n̩	̞	Lowered	e̞ (β̞ = voiced bilabial approximant)			
̯	Non-syllabic	e̯	̘	Advanced Tongue Root	e̘			
˞	Rhoticity	ɚ a˞	̙	Retracted Tongue Root	e̙			

SUPRASEGMENTALS

ˈ	Primary stress	
ˌ	Secondary stress	ˌfoʊnəˈtɪʃən
ː	Long	eː
ˑ	Half-long	eˑ
̆	Extra-short	ĕ
|	Minor (foot) group	
‖	Major (intonation) group	
.	Syllable break	ɹi.ækt
‿	Linking (absence of a break)	

TONES AND WORD ACCENTS

LEVEL			CONTOUR		
e̋ or	˥	Extra high	ě or	˩˥	Rising
é	˦	High	ê	˥˩	Falling
ē	˧	Mid	e᷄	˦˥	High rising
è	˨	Low	e᷅	˩˨	Low rising
ȅ	˩	Extra low	e᷈	˧˦˧	Rising-falling
ꜜ		Downstep	↗		Global rise
ꜛ		Upstep	↘		Global fall

3.4. Ergänzende Kommentare

E 1: Terminologisches

Die physiologischen Einzelheiten sind in diesem Kontext nicht so wichtig. Anatomisch bezeichnet der *Kehlkopf* (Larynx) den gesamten organischen Apparat, der den Zugang zum Magen- und Lungentrakt regelt, während die *Glottis* (oft auch „Stimmritze“ genannt) nur den Teil davon bezeichnet, der den Zugang zum Lungentrakt reguliert.

E 2: Probleme der Selbstwahrnehmung

Ein Problem bei der auditiven / akustischen Analyse ist die Differenzierung gegenüber der Selbstwahrnehmung, die ja den erworbenen spontanen Grundkategorien zugrunde liegt. Die Selbstwahrnehmung erfolgt überwiegend über die mechanische Übertragung der Schwingungen durch die Kopfknochen (insbesondere bei der großen Resonanz des Nasalraumes läßt sich das auch mechanisch durch die Vibration des Kopfes „fühlen“). Die Differenz zwischen diesem „spontanen“ Eindruck von der eigenen Sprache und ihrer Fremdwahrnehmung über eine Tonbandaufnahme hatte ich ja schon angesprochen. Hier liegt ein spezifisches Problem der auditiven Phonetik, das hier nicht weiter diskutiert zu werden braucht, da die Entwicklung der phonetischen Kategorien ja auch in der Sprachentwicklung sozial gesteuert über die „Fremdwahrnehmung“ bei anderen Sprechern verläuft.

E 3: Phonetische Konnotationen

Die Weise, die Sprachproduktion zu *leben*, macht gerade nicht das Spezifische an Sprache aus, sondern ist gewissermaßen eine regressive Schicht der sprachlichen Bedeutung. Dieses Verhältnis wird gerade in der außersprachwissenschaftlichen Diskussion gerne zum Gegenstand von weitreichenden Überlegungen gemacht, wo in der Regel aber nicht hinreichend sorgfältig differenziert wird (der Urtyp solcher sprachtheoretischer Diskussionen findet sich in Platons „Kratylos“). Sowenig es angeht, diese homologe Erlebnisschicht der Sprache zu ignorieren, so wichtig die darin fundierte „Lautstilistik“ für die Sprachpraxis ist (nicht nur aber insbesondere selbstverständlich für die Dichtung), so deutlich ist aber auch, daß von hier aus nicht die Funktion der Sprachlaute gefaßt werden kann: Die funktionale Nutzung der Sprachlaute verhält sich zu diesen „primären Deutungen“ gewissermaßen wie eine Form zu dem geformten Material. Es ist zu offensichtlich (und ja auch von den Gegnern solcher reduktionistischer Sprachauffassungen immer wieder eingewandt worden), daß die Sprache überwiegend Bildungen aufweist, die sich materiell von den expressiven nicht unterscheiden, ohne in irgendeinem nachvollziehbaren Sinne die gleichen „primären Bedeutungskomplexe“ aufzuweisen, vgl. etwa mit *Drachen, Rachen: machen, Sachen;* mit *Küssen : müssen; Eichen* (Dimin. zu *Ei*): *eichen* (Holzart, Tätigkeit) u.a. mehr.

Allenfalls kann man davon sprechen, daß expressiv deutbare Formbildungen durch Formentsprechungen assoziative Felder aufspannen (so wie ein Magnet Eisenfeilspäne auf einer Platte orientiert). Derartige Felder lassen sich, ausgehend von bestimmten Formbildungselementen, definieren, z.B. Bildungen mit anlautendem *kna-* und folgendem „bremsenden“ Konsonanten: *knallen, knacken, knattern, knabbern...* - ohne aber, daß die Umkehrung möglich ist, die alle Formen mit einer solchen Lautstruktur auf ein solches „primäres Bedeutungsfeld“ reduzierte (vgl. etwa *knapp, der Knappe* usw.). Hinzu kommt, daß solche Bildungsweisen ganz offensichtlich an die einzelsprachlich unterschiedlichen phonologischen Strukturen gebunden sind, die denn auch dazu führen, daß expressive Bildungen von Sprache zu Sprache sehr verschieden sein können.

Schließlich können solche „regressiven“ Bedeutungen auch sekundär durch die kulturelle Aufnahme, Bestätigung oder Zensierung von physiologischen Lautgesten aufgebaut werden. Ein in diesem Zusammenhang viel diskutiertes Problem ist die in allen europäischen Sprachen beobachtbare Substitution des in den älteren Sprachstufen apikal artikulierten Zungen-*r* durch den postvelaren Reibelaut. Hier hat es auch schon Auffassungen gegeben (z.B. bei dem ungarischen Phonetiker Fónagy 1983), die bei dem apikalen [r] von einer erotisierten Artikulation sprechen (als „eregierter“ Laut an der Zungenspitze), die nur männlichen Sprechern zukommt, weshalb nach dieser Auffassung diese Laut-bildung zuerst von den Frauen aufgegeben worden sei. Wie dem nun auch sei, wichtig daran ist in diesem Zusammenhang nur, daß diese primäre Schicht des biologisch-leiblichen Erlebens zur Ausbildung von Wahrnehmungskategorien - insbesondere bei der Selbstkontrolle - führt, die jedem Kind zur Verfügung stehen, wenn es beginnt, sich die Schriftsprache anzueignen. Es kommt hier darauf an, die phonetischen Differenzierungen in Übungen umzusetzen, die diese Art von Sprachwissen nutzbar machen.

E 4: Die physiologischen Grundlagen der rhythmischen Sprachgliederung

Grobe Modellierungen phonetischer Verhältnisse wie hier im Text laufen Gefahr, als strikte physiologische Reduktion mißverstanden zu werden. Die phonologischen Strukturierungen der Äußerung, wozu auch die Akzentkontur gehört, stellen aber zunächst einmal Wahrnehmungsstrukturen dar, die unter Nutzung des physiologischen Apparates produziert wird. Gerade bei der Akzent- (und davon ausgehend auch: bei der Silben-) Theorie hat die unzureichende Differenzierung dieser beiden Perspektiven immer wieder zu Mißverständnissen geführt, so insbesondere in der Diskussion um die sogenannte Motortheorie der Silbe, die zunächst von dem US-amerikanischen Phonetiker Stetson entwickelt wurde (Stetson 1951, zur neueren Forschung s. etwa Lieberman / Blumstein 1988).

Der physiologische Mechanismus kann nicht isoliert betrachtet werden, sondern muß im Zusammenwirken mit der äußeren Umgebung analysiert werden. Grundlegend ist in diesem Zusammenhang der Rhythmus des Atmens, der als Umgang mit dem atmosphärischen Außendruck verstanden werden muß; die Differenz zum Außendruck muß durch Muskelaktivität herbeigeführt werden: als Schaffung von Unterdruck beim Einatmen, als Schaffung von Überdruck beim Ausatmen. Der Rhythmus, in dem das geschieht, ist abhängig vom Sauerstoffbedarf des Organismus - daher heftigeres und schnelleres Atmen bei großer Anstrengung, „flacheres“, langsameres (und stetigeres) Atmen beim Schlafen ...

In einem einfachen Modell sind zunächst die beiden Phasen des Ein- und Ausatmens zu unterscheiden (*t*: Ablauf der Zeit):

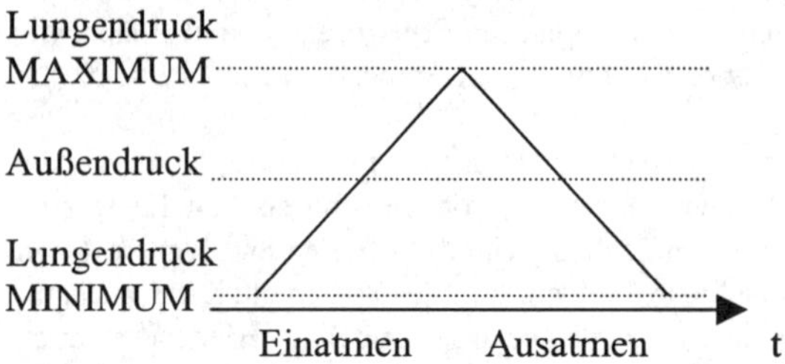

Dabei ist allerdings die geforderte Muskelaktivität nicht stetig: Beim Einatmen ist sie nur gefordert, um einen Überdruck zu erzeugen - das „Auffüllen“ des Unterdrucks bis zum Pegel des Außendrucks erfolgt gewissermaßen von außen. Umgekehrt ist sie bei Ausatmen nur gefordert, um einen Unterdruck unter dem Pegel des Außendrucks zu erzeugen - der Abbau des Überdrucks erfolgt gewissermaßen wieder von außen (die Grundabläufe, um die es sich hier handelt, sind den meisten wohl vom Aufblasen und besonders auch vom Ablassen der Luft aus einer Luftmatratze oder dergleichen vertraut). Ein Modell der Aktivität des Organismus, das die rhythmischen Empfindung eher spiegelt, sieht in etwa so aus:

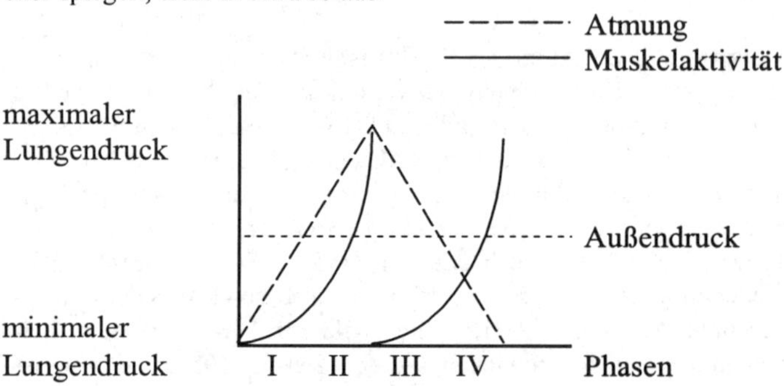

Phase I = Aufbau des Lungendrucks durch die Differenz innen – außen
Phase II = Aufbau des Lungendrucks durch Muskelaktivität
Phase III = Abbau des Lungendrucks durch die Differenz innen – außen
Phase IV = Abbau des Lungendrucks durch Muskelaktivität

Wenn die Atemluft zusätzlich noch zum Sprechen genutzt wird, wird dieser Rhythmus von dem des Sprechens überlagert. Dabei muß die Muskelaktivität zunächst einmal regelnd eingreifen, um die Luftvorräte so zu bewirtschaften, daß sie für die Äußerung reichen - mit einem Atemtakt können schließlich so unterschiedlich komplexe Äußerungen wie

Peter!

Peter ist weg

Peter ist schon ins Kino vorausgegangen

Peter wollte nicht auf uns warten und ist schon gegangen ....

artikuliert werden: Es ist offensichtlich, daß hier eine unterschiedlich haushälterische Aktivität des Organismus gefordert ist, bei der in komplexen Äußerungen deren Bestandteile (also: die Silben) mit anteilmäßig entsprechend knappen (und zeitlich entsprechend kurzen!) Quanten artikuliert werden müssen. Das ist möglich, weil die Muskelaktivität hier verzögernd vor allem in den Druckabbau eingreift (also auch schon in Phase III bzw. auch in Phase I).

Ein realistischeres Modell als das bisher entwickelte, das derartigen Differenzierungen als Grundlage für die Produktion des Sprechrhythmus Rechnung trägt, würde rasch außerordentlich komplex werden und kann hier nicht vorgestellt werden. Sinn dieser Überlegungen ist es, deutlich zu machen, daß für die Sprachwahrnehmung nicht einfach physiologische Vorgänge wie die Atmung fundierend sind, sondern daß die dabei entwickelte Eigenaktivität des Organismus auch die Fremdwahrnehmung als analoges Analyseprogramm steuert (Analyse durch die „Synthese" eines entsprechenden Lautereignisses beim Hörer).

E 5: Zur Terminologie der artikulatorischen Phonetik

In Hinblick auf die Terminologie, die international auf lateinische Wurzeln zurückgeht, ist noch anzumerken, daß die Adjektivbildungen in der Regel von dem zugrundelegenden nominalen Stamm aus durch das Suffix *-al* gebildet werden, also von *labi(es)* „Lippen": *labial, dent(es)* „Zähne": *dental* usw. Wenn allerdings der nominale Stamm seinerseits schon auf *l* ausgeht, tritt das Suffix *-ar* an, also *vel(um)* „(Gaumen)segel": *velar, alveol(es)* „Zahnrand": *alveolar* usw.

E 6: Lautschriftsysteme

Die Vielfalt an Lautschriftsystemen, die im Umlauf sind, erschwert den Zugang zu diesem Gebiet ungemein. Entstanden sind diese Systeme in den Grundzügen im vorigen Jahrhundert, als auf der einen Seite die Beschäftigung mit „exotischen" Sprachen es notwendig machte, Notationsformen für „ganz andere" Laute als die den Europäern gewohnten zu finden, und als auf der anderen Seite die Dialektologie dazu zwang, auch minutiöse Lautdifferenzen im landschaftlichen Kontrast zu notieren. Die an der Entwicklung dieser Notationssysteme beteiligten (Sprach-) Wissenschaftler griffen dabei zurück auf die Traditionen der orthographischen Reformen seit dem Mittelalter, als Schreiber, Grammatiker, Drucker mehr oder weniger spontan versuchten, das schulisch überlieferte Schriftsystem (in der Regel das des Lateinischen) an andere Sprachen anzupassen, indem sie es mit eigenen Zeichen beziehungsweise mit Zeichenmodifkationen (sogenannte *Diakritika*) erweiterten.

Diese Entwicklungen erfolgten weitgehend unverbunden in verschiedenen Disziplinen und nationalen Traditionen, wo sie sich dann verfestigten. Seit dem Ende des 19. Jhd. bemüht sich die internationale Gesellschaft der Phonetiker (International Phonetic Association, IPA) um eine Vereinheitlichung. Dem daraus hervorgegangen Lautschriftsystem (evenfalls mit *IPA* abgekürzt), zuletzt 1996 revidiert, folge ich hier - und möchte auch die Nutzer dieses Buches zum gleichen Vorgehen animieren, um die verwirrende Zeichenvielfalt auf diesem Gebiet zu reduzieren. In den ersten Jahren der PC-Nutzung hat sich diese Situation noch erheblich verschlimmert, weil dort zunächst nur sehr eingeschränkte Zeichensätze verfügbar waren - und viele Sprachwissenschaftler auf eigene Faust improvisierten. Nachdem es jetzt keine Mühe bereitet, den IPA-Zeichensatz auf seinem eigenen PC zu installieren, gibt es dafür keine Entschuldigung mehr[28].

Andererseits sind die Vorschläge der IPA keineswegs unproblematisch - und haben konkurrierende Systeme durchaus ihre Vorzüge. Das IPA steht einerseits unter der (wie ich es hier deutlich zu machen versucht habe: überholten) Vorstellung, daß es gewissermaßen ein Inventar von absolut definierbaren Grundlauten gäbe, die jeweils durch besondere Zeichen darzustellen sind - und denen gegenüber weitere Laute als Modifikationen anzusehen sind. Die Repräsentation solcher Zeichen verursachte in Zeiten des Bleisatzes zwar Kosten, bereitete aber keinerlei grundsätzliche Probleme. Das änderte sich mit der Entwicklung der Drucktechniken, vor allem den für die kleinen Auflagen sprachwissenschaftlicher Veröffentlichungen im Laufe dieses Jahrhunderts üblicher werdenden Reproduktionen vom Manuskript. Hier wurde es nötig, die Ressourcen der Schreibmaschinentypen optimal zu nutzen, die sich durch Sub- und Super-skripte (möglich durch eine halbe Walzendrehung mit Rückstellen des Zeichentransports), gedrehte Zeichen (durch einen invers eingespannten Papierbogen) und dergleichen erheblich erweitern ließen - im Extremfall noch durch von Hand hinzugefügte Diakritika.

Solche Systeme boten (und bieten) mit der ihnen eigenen Systematisierung einen erheblichen Vorteil gegenüber dem IPA: Die verwendeten Diakritika erlauben es, phonetische Merkmalanalysen transparent zu halten (vgl. dazu etwa die Notierung der gerundeten Palatalvokale in einem solchen System - das im übrigen der deutschen

---

[28] Anders ist es allerdings, wenn es nicht nur um die Text*darstellung* mit speziellen Fonts sondern um die *Verarbeitung* mit dem Rechner geht. Für diesen Zweck sind immer noch Hilfslösungen auf der Basis des eingeschränkten ASCI-Zeichensatzes erforderlich, von denen das SAM-PA (Speech Assessment Method Phonetical Alphabet) allgemeiner verbreitet ist.

Orthographie entspricht – im Gegensatz zu den in Klammern gesetzten IPA-Zeichen, die keinerlei Zusammenhang bei den Vokalreihen zeigen[29]:

palatal, ungerundet	*palatal, gerundet*	*velar, gerundet*
i e (i e)	ü ö (y ø)	u o (u o)

Ähnlich beim *Öffnungsgrad*, vgl.

e : ę , o : ǫ ; aber in IPA e : ɛ , o : ɔ

Auch etwa im konsonantischen Bereich, die Opposition von koronal versus dorsal (in Verbindung mit unterschiedlichem Oberflächenprofil des Zungenrückens):

s : š, z : ž; aber in IPA: s : ʃ, z : ʒ

u.a. mehr. Das bringt manche Sprachwissenschaftler dazu, an solchen Notationsweisen für spezifische Zwecke festzuhalten - dergleichen sollte aber, um der Einheitlichkeit der Darstellung willen, auf spezifische, dazu auch eigens markierte Kontexte beschränkt bleiben[30].

E 7: Koartikulation versus Steuerung

In phonetisch differenzierteren Darstellungen als in dieser Einführung wird genauer zwischen Steuerung und Koartikulation unterschieden. Die Steuerung der Artikulation eines Segmentes *a* durch ein anderes Segment *b* hat im strengen Sinne der Segmentierung zur Folge, daß zwischen *a* und *b* ein weiteres „Übergangssegment" *c* auftritt, das auch als |a'b'| dargestellt werden kann.

Bei der Koartikulation überlagern sich dagegen (teilweise) die Artikulationen von *a* und *b* , darstellbar als *a* × *b*. Schematisch:

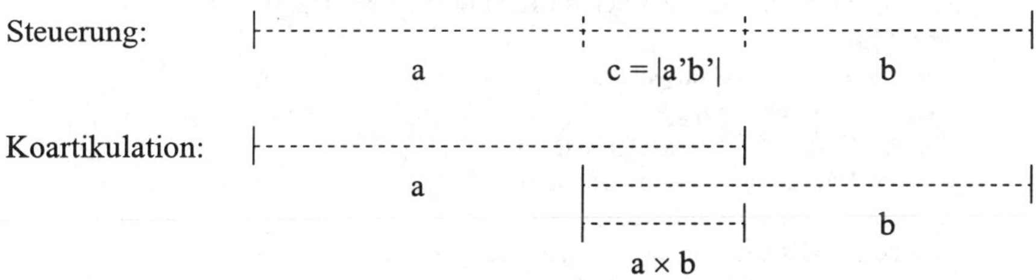

E 8: Zum Flüstern

Die Probleme des (stimmlosen) Flüsterregisters sind nicht zuletzt im Zusammenhang mit dem Schulunterricht (beziehungsweise der Ausbildung dafür) wichtig. So wird

---

[29] Allerdings sind die an dem dt. orthographischen System angenäherten Notierungen nicht unproblematisch: Die „Trema"-Notierung (mit den beiden übergesetzten Punkten) entspricht hier ja der „Umlautung" (S. Kap. 7: E1), repräsentiert also auch das [ɛ] <ä>, das mit der Korrelation der Lippenrundung nichts zu tun hat - während das gerundete Gegenstück (API [œ]) nur mit einer weiteren Hilfsnotierung so zu repräsentieren wäre (etwa [ɔ̈]).

[30] Für die verschiedenen Zeichensysteme s. Pullum /Ladusaw, Phonetic Symbol Guide, Chicago: Univ. of Chicago Press 1986.

ziemlich generell in der Grundschule mit den Kindern geübt, den Unterschied zwischen stimmhaften und stimmlosen Lauten durch die Selbstkontrolle des „Brummens" im Kehlkopf zu finden - etwa durch die Aufforderung des Lehrers, den Finger an den Kehlkopf zu legen. Da die Kinder bei dieser Gelegenheit aber meistens leise sprechen oder sogar nur flüstern, sind sie im Modus einer Sprachproduktion ohne Stimmbeteiligung, bei dem die Kinder kein „Brummen" spüren können. Wenn sie dann aber vom Lehrer gesagt bekommen, daß das, was sie da empfinden, „stimmhafte" Laute ausmache, kann das Ergebnis nur Verwirrung und Unsicherheit sein, was dazu führt, daß die spontan erworbenen Kategorien zur Lautwahrnehmung von der Schule durch eine von ihr erzeugte verbale Konfusion entwertet werden. Viele Pädagogen sehen in den so produzierten Unsicherheiten (bei Lehrern wie Schülern!) eine Bestätigung für ihre Ablehnung eines Grundschulunterrichts, der systematisch Probleme der sprachlichen Form behandelt – wo es darum gehen muß, ein methodisch brauchbares Rüstzeug für einen solchen Unterricht zu entwickeln.

3.5. Übungsaufgaben

1) Beschreiben Sie die phonetischen Voraussetzungen für den Gebrauch der folgenden IPA-Transskriptionszeichen:
a) in einem artikulatorischen Modell (Angabe der Artikulatoren und gegebenenfalls ihrer Modifikation);
b) nach dem perzeptiven Eindruck (ungefähre Umschreibung).
Beispiel: [p]
i) *Verschluß* des Artikulationskanals,
Verschluß durch die *Lippen*,
Stimmbänder offen für den Luftstrom,
weitere Artikulatoren ohne Bedeutung;
ii) Unterbrechung der Lautierung,
gegebenenfalls bei Wiedereinsetzen der Lautierung
intensives Geräusch (mit „[p]-Färbung").
An folgenden Beispielen: a) [b]; b) [z]; c) [o]; d) [y]; e) [ʔ]

2) Geben Sie für die folgenden Ausdrücke eine IPA-Umschrift und nach dem Modell im Text ein artikulatorisches Ablaufmodell:
a) *Apfel*; b) *Avocado*; c) *Steilpaß*; d) *Opa backt Kuchen*;
e) Vergleichen Sie das Modell von *Opa backt Kuch(en)* mit dem von *Oma kocht Mus* im Text: Geben Sie die Unterschiede an! (Hinweis: Um den Vergleich zu vereinfachen, können Sie die beiden letzten Segmente von *Kuch(en)* weglassen).

3) Geben Sie eine IPA-Transkription des folgenden Textes (aus: Wallraff, Ganz unten, 1985) auf der Basis der im dritten Abschnitt des Kap. 3 festgelegten Konventionen. Lesen Sie sich dazu den Text laut vor und machen Sie nach Möglichkeit eine Tonbandaufnahme, die Sie abhören und transkribieren können! Schreiben Sie

Wort für Wort in Explizitformen (d.h. auch Reduktionssilben mit Schwa [ə])! Notieren Sie eventuell Varianten der Aussprache!
Bevor wir nach und nach zu unseren Einsatzorten gefahren werden sollen, müssen wir in einer angrenzenden Zwei-Zimmer-Wohnung warten, die als Aufenthaltsraum dient und mit herabhängenden Tapeten, schmierigen Fenstern und ohne Toilette auf ihre Art signalisiert, welchen Status wir hier einnehmen.

4) $ Überlegen Sie, ob die Ablaufmodelle im Text ausreichen, um [h] darzustellen.
   a) Differenzieren Sie die Darstellung der Glottisaktivitäten so, daß [kɔʁn] *Korn* anders als [hɔʁn] *Horn* dargestellt ist.
   b) In vielen phonetischen Büchern wird [h] als eine Modifikation der vokalischen Artikulation behandelt (im Deutschen nur als vokalischer Einsatz [ʰV], in anderen Sprachen wie z.B. dem Arabischen auch als vokalischer Ausgang [Vʰ]. Versuchen Sie eine entsprechende Modifikation der Modellierung am Beispiel von *Uhu* [ʔu:hu] gegenüber *nachhier* [naxhiɐ].

4. Die prosodische Gliederung der Äußerung: Akzent und Intonation

Die erste Artikulation der Sprache gliedert Zeichen aus: bei der gesprochenen Sprache als Figuren im lautlichen Kontinuum der Äußerung. Im empirischen Sinne sind nur Äußerungen beobachtbar und mit phonetischen Kriterien zu gliedern. Die Grundkategorien dazu sollen in diesem Kapitel betrachtet werden.

Äußerungen erstrecken sich in der Zeit. Entsprechend diesem sequenziellen Verlauf soll von ihren Teilen vorläufig nur als von ihren *Segmenten* die Rede sein, wie sie sich bei der prosodischen Gliederung (zum Terminus *prosodisch* s. E 1) als Resultat von *Kontrasten* fassen lassen. Bei völliger Gleichheit (Homogenität) wäre eine Gliederung willkürlich (z.B. kann ein anhaltender gleichförmiger Pfeifton nach Zeitstrecken geteilt werden): Sie wäre keine "objektive" Grundlage für eine (intersubjektive) "Kommunikation". Eine nicht-willkürliche Ausgliederung beruht also auf einem Kontrast (Kontrasten) im Signal, also der Abfolge von Verschiedenem, dessen Differenz das Signal gliedert. Diese Abfolge gibt dem Signal eine *Kontur* (so wie man bei einer Plastik, einer Bergsilhouette und dergleichen auch von einer Kontur spricht).

Auf dieser vorläufigen Ebene sind die Segmente durch eine Gliederung der Äußerungskontur in *Maxima* und *Minima* zu fassen:

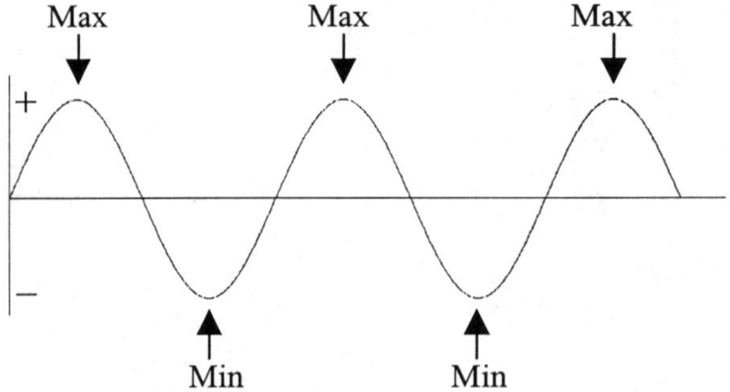

Für das folgende gehe ich bei der Gliederung allein von den Maxima aus, bei denen die verschiedenen (auch instrumentell meßbaren) phonetischen Indikatoren konvergieren.

Entsprechend dem in Kap. 3 Entwickelten gibt es verschiedene physiologische Mechanismen, die sprachlich *genutzt* werden, um solche Konturen im Gesprochenen zu etablieren. Die verschiedenen Artikulationsquellen/ -modifikatoren wirken hier zusammen / überlagern sich. Die Grundkontur der Äußerung ist rhythmisch, fundamental, insoweit sie die subglottalen[31] Artikulatoren nutzt (zu den Problemen s. besonders Kap. 3: E 4). Diese subglottal produzierte Kontur ist selbst schon komplex:

- bestimmt durch die rhythmischen *Bewegungen* der Bauch- und Rückenmuskulatur, die den Atemstrom regulieren (aus den bzw. in die Lungen),
- bestimmt durch den *Druck* des Atemstroms, der infraglottal aufgestaut wird (deutlich etwa beim "Sprengen" des Glottisverschlusses),
- bestimmt durch die Periodizität der Glottisvibration, die den Atemstrom passieren läßt (langsamere und schnellere Bewegungen des Glottisventils).

Dieser Gliederung entspricht der *Akzent* - ein notorisch schwieriges Problem der Phonetik, das nichts (physikalisch) Eindeutiges bezeichnet. Im allgemeinen verwendet man den Terminus relativ abstrakt als Verweis auf die phonetischen Strukturmerkmale, die einem Segment eine (relative) *Prominenz* gegenüber anderen Segmenten geben, unabhängig davon, ob beziehungsweise wieweit diese Prominenz in *Druck*verhältnissen, *Ton*verläufen und/ oder sonstigen Kontureigenschaften (*Quantitäten*, s.u.) fundiert ist. Dem entspricht auch der weitgehend synonyme Terminus zu Akzent: *Betonung*[32]. Wie komplex und problematisch der Akzentbegriff ist, wird sofort deutlich, wenn man die aus der eigenen (Mutter-)Sprache gewöhnte Bündelung solcher Akzentindikatoren als inkongruent zu der einer anderen Sprache erfährt. Für dortige Muttersprachler können "unbetonte" Silben "länger" sein als die betonten und können komplexere Tonverläufe aufweisen. Einmal mehr wird hier deutlich, daß die *erste Artikulation* eine sprachspezifische Strukturierung ist und keine physikalische Angelegenheit.

Die genannten Artikulatoren (und eventuell noch andere) wirken zusammen - aber keineswegs notwendig kongruent. So ist es sinnvoll, bei diesen Artikulatoren, die in der Regel als *prosodisch* zusammengefaßt werden, zumindest analytisch zu differenzieren (s. E 2).

---

[31] Manchmal auch *infraglottal* genannt.

[32] Beim Terminus *Betonung* ist an damit zusammenhängende Wörter wie *tonisch*, *Tonikum* und dergl. zu denken, die alle durch das zentrale Bedeutungsmoment der *Stärke* (Vitalität...) charakterisiert sind. In der neueren Diskussion wird wie auch hier bei mir der Terminus *Akzent* bevorzugt, um die begriffliche Isolierung des Momentes des *Ton*verlaufs auch terminologisch markieren zu können.

Bei der folgenden Argumentation ist offensichtlich, daß die hier *Segmente* genannten Gliederungseinheiten der Äußerungen als Korrelate der prosodischen Struktur in etwa dem entsprechen, was in der Regel *Silben* genannt wird. Den Silben korrespondieren die hier als Segmente angesprochenen (und bei den folgenden Analysen so markierten) Einheiten nur als relative Maxima der Äußerungskontur: Wie im folgenden Kapitel genauer zu entwickeln sein wird, sind die Silbenkerne (*Nuklei*) die jeweils sonorsten Segmente eines größeren Äußerungsabschnitts, bei dem diese prosodischen Artikulatoren (Druck, Ton"modulation" und dergleichen) eine maximale Ausprägung erfahren. Die Klärung der Silbenkategorie hängt aber an dem hier noch ausgeklammerten Grenzproblem (s.u.).

Grundlegend für die Strukturanalyse der Äußerung ist also mit der prosodischen Gliederung die Zerlegung in Segmente, die in der angesprochenen Vorläufigkeit auf Silben bezogen werden können - nicht die Zerlegung in *Worte*. Das widerspricht den nicht zuletzt im (Recht-) Schreibunterricht erworbenen Gewohnheiten, nach denen wir „spontan" die Lautstruktur auf *Wörter* beziehen: Auch die Hochlautung, wie ich sie hier zugrundelege, ist schließlich kodifiziert in *Wörterbüchern* (und wird deklariert als *Aussprache* der schriftlich fixierten Wörter). Bevor aber die Struktur der Wörter bestimmt werden kann, muß die Struktur der Äußerung analysiert werden, in der (oder gegebenenfalls auch: als die) Wörter ja nur vorkommen. Die Klärung der (phonologischen) Grundlagen des Wortbegriffs erfolgt im nächsten Kapitel.

Daß solche rhythmischen Konturen tatsächlich eine relativ autonome Schicht der ersten Artikulation der Sprache darstellen, zeigt sich an ihrer (in den meisten Sprachkulturen der Welt beobachtbaren) Nutzung für poetische, mnemotechnische und ähnliche Zwecke. Eine solche metrische Kontur kann gegenüber den weiteren qualitativen Konturmerkmalen isoliert werden: Sie kann als Metrum für einen Vortrag vorgegeben sein, der in dieser Formvorgabe ein Thema variiert (so in der Improvisationstechnik von "Barden", wie sie bei vielen nicht-literaten Kulturen goutiert und gefeiert wird wie beispielsweise auf dem Balkan bei den Serbokroaten, in den Pyrenäen bei den Basken oder im Atlas bei den Berbern). Zu den metrischen Traditionen und der dafür benutzen Begrifflichkeit s. E 3 [33].

---

[33] Ein entsprechend probates Mittel, sich prosodische Strukturen (metrische Strukturen, aber etwa auch die Intonation einer Äußerung) deutlich zu machen, ist es, sie auf der Abfolge von Unsinnssilben zu wiederholen: *lalala*... Wo entsprechende technische Hilfsmittel (z.B. ein Sonagraph) nutzbar sind, läßt sich das auch apparativ verifizieren.

Solche metrischen Strukturen finden sich als feste Vorgabe der „Dichtung“ nicht zuletzt bei Kinderliedern und -versen. Der Spaß, den Kinder schon in einem frühen Stadium des Spracherwerbs daran haben, macht ihre fundamentale Rolle in der Sprachpraxis deutlich. Man kann solche Strukturschemata symbolisieren, etwa indem man mit x das prominente Segment bezeichnet, mit - das nicht prominente:

x - x / x - x
Hänschen klein / ging allein
x - x - x - x
in die weite Welt hinein

oder

x - x / x - x
Ich und du / Müllers Kuh
x - x - / x - x
Müllers Esel , das bist du

Für Kinder haben solche Texte ihren Reiz gerade in der Variation und Wiedererkennung solcher Strukturen (hier im Muster : x-x(-) / x-x). Die ausgetüftelte Poetik mit manieristischen Formen der Kunstdichtung baut diesen elementaren Reiz nur aus.

Die Grundeinheit der rhythmischen Gliederung einer Äußerung ist der *Takt*: Die Grundabfolge von starken (prominenten: *Hebungen*) und schwachen Segmenten (die gewissermaßen den Schatten zu den starken bilden: *Senkungen*). Die Beispiele von eben sind schon recht komplex. Elementarer (und ihnen in der Sprachbiographie auch meist vorausgehend) sind Verschen, die von Erwachsenen im körperlichen Spiel mit Kleinkindern genutzt werden, wobei sie Berührungen am Körper der Kinder, Fingerbewegungen auf ihrem Körper und ähnliches begleiten[34]: Das rhythmische Muster läßt die Kinder gespannt auf die Fortsetzung warten (und deren Eintreffen sie oft mit lauten Krähen begrüßen - lange vor dem Erwerb der artikulierten Sprache!). Bei den folgenden dreitaktigen Versen besteht jeder Takt aus der Abfolge einer *Hebung* und einer *Senkung* (x -) - als Konstante gegenüber der unterschiedlichen sprachlichen „Füllung“ (die Takte hier mit / getrennt):

x - / x - / x -
Pitsche Patsche Peter
x - / x - / x -
hinterm Ofen steht er

---

[34] Eine schöne Sammlung solcher Verse bei H.M. Enzensberger, *Allerleirauh*, Frankfurt: Insel 1961. Daraus stammen auch die Beispiele hier.

Die „Füllung" der Takte respektiert offensichtlich nicht die wörtliche Struktur: Der Takt kann hier von einem Wort gefüllt werden (*Peter*) aber auch von zwei Worten, wobei das zweite schwach (*enklitisch*: „angelehnt" an das starke[35], also in dessen Schatten) steht (*steht er*).

Die Unabhängigkeit des metrischen Schemas gegenüber der Füllung ist noch deutlicher bei Nonsens-Wörtern, vgl.

x - / x - / x -
Ene Mene Mintzen
x / x / x -
Wer backt Plintzen

Auch hier haben wir die gleiche Versorganisation mit drei Takten[36], im ersten Vers auch die Binnenstruktur (x -), im zweiten Vers zum Teil aber nur die Hebungen. Wenn man sich die Verse vorspricht, wird man merken, daß hier (anders als im ersten Vers) spontan nach der Hebung jeweils eine kurze Pause gemacht wird (und das einsilbige Wort der Hebung gedehnt gesprochen wird). Entscheidend für die Taktgliederung sind also allein die Hebungen.

Vergl. dazu auch Beispiele wie das folgende, gesprochen in Verbindung mit dem Greifen nach den benannten Fingern des Kindes:

x - - /x -
Das ist der Daumen
x - - - /x -
der schüttelt die Pflaumen
x - - /x
der liest sie auf
x - - /x
der bringt sie heim
- - - - x - - - -/ x
und der kleine Wix ißt sie ganz allein

Die metrische Gliederung der sehr unterschiedlich umfangreichen Verse folgt offensichtlich einem semantisch- syntaktischen Parallelismus: Ein deiktisches Element (*das*, *der* ...) steht zu Beginn jeden Verses und bezeichnet das *Thema*, am Ende steht das davon Prädizierte (das *Rhema*) - auch hier wird eine Probe auf den Vortrag zeigen, daß der unterschiedliche Umfang durch eine

[35] *Enklitisch* ist gebildet zu griechisch *klinein* „sich anlehnen", *Klisis* „Neigung". Man unterscheidet die *Enklise* als „Anlehnung" an ein vorausgehendes Element von der *Proklise* an ein folgendes.

[36] Möglich sind allerdings hier wie bei allen Beispielen auch andere Taktierungen, z.B. *min*(x)*tzen*(x) zweitaktig. Für das Verständnis der Argumentation hier und im folgenden ist allein wichtig, daß auch so, wie von mir angeführt, taktiert werden *kann*.

Variation des Sprechtempos kompensiert wird: der letzte Vers wird extrem schnell gesprochen, so daß alle Verse wieder, wie auch die Takte - mit der eventuell die fehlenden Senkungen kompensierenden Pause - in etwa gleich lang dauern (die gleiche Menge an Atemluft verbrauchen ...). In diesem Sinne zählt dann auch der lange „Auftakt" im letzten Vers nicht, während alle anderen Takte mit der Hebung einsetzen.

Wo die Takte mit einer gleichen Anzahl von Segmenten gefüllt werden, ist es üblich, mit der antiken Metrik von *Füßen* zu sprechen:, insbesondere von

- einem *Trochäus*: x -
- einem *Daktylus*: x - -
- einem *Jambus*: - x

In der gleichen Tradition bezeichnet man ein Metrum, in dem ein schwaches Segment fehlt (durch eine Pause oder sonst prosodisch kompensiert wird) als *katalektisch*.

Bei Sprachen wie dem Deutschen, die durch einen starken Druckakzent artikuliert sind, ist es üblich, auf der *Wort*ebene (wie bei den oben angesprochenen Takten) die Füße von der ersten prominenten Silbe an (ihrem *Kopf*) auszugliedern und insofern keine jambischen Füße anzusetzen, sondern gegebenenfalls nur einen Auftakt vor dem Kopf des Fußes zuzulassen (zur inversen Gliederung bei Versen, s. Kap. 5: T4).

Mit dem metrischen Muster von Füßen lassen sich nun auch komplexere solcher Kinderverse analysieren: die beiden Ausgangsbeispiele (*Hänschen klein* ...und *ich und du*) zeigten so viertaktige Verse mit einer Zäsur in der Mitte; mit einem trochäischen Metrum, das aber vor der Zäsur und am Versende katalektisch sein kann. Das oben bereits für die Anfangsverse analysierte Beispiel lautet vollständig:

x -/ x -/ x -/
A *Pitsche patsche Peter*
x -/ x - /x -/
B *hinterm Ofen steht er*
x -/ x -/ x -/ x/
C *flickt die Strümpf und schmiert die Schuh*
x -/ x -/ x -/x/
D *kommt die alte Katz dazu,*
x -/ x -/ x -/ x/
E *frißt die Schmeer und frißt die Schuh,*
x - / x -/ x -/x /
F *frißt den Peter noch dazu.*

x -/ x -/ x -/ x/
G *Frißt die Schuh und frißt die Schmeer,*
x -/ x-/ x -/ x/
H *frißt mir alle Teller leer.*

Also wieder eine ganz reguläre Abfolge von vier trochäischen Füßen, die außer bei A und B am Versende katalektisch sind.

Die bisher besprochene prosodische (rhythmische) Gliederung der Äußerung beruht auf ihrer Konturierung durch Stärkeabstufungen - in der üblichen Terminologie: dem *Akzent* durch Grade der *Druckstärke*. Dem entspricht bei der Produktion ein größerer Energieaufwand bei der prominenten Silbe - und bei der Perzeption eine größere Lautstärke. Allerdings gilt auch hier wieder, daß es sich nicht um die absoluten Werte handelt, die etwa an einem Signal abzulesen wären. Zwar zeigen z.B. Sonagramme (s. im Anhang) die im Signal an einer bestimmten Stelle vorhandene Energie - aber maßgeblich für die Wahrnehmung als stark / prominent ist wiederum (s. auch Kap. 3: E 4) der Rückgriff bei der Analyse auf die zur Produktion des entsprechenden Lautereignisses notwendige Energie. Das gilt nicht nur für die relative Stärke im Vergleich zum Kontext (die relative Konturierung findet sich bei laut gebrüllten Äußerungen genauso wie bei leise geflüsterten), gegebenenfalls kalibiriert auf die Stimmlage des Sprechers; das gilt vor allem auch relativ zu den sonstigen Randbedingungen des Geäußerten.

Bei der Betrachtung von Sonagrammen fällt so zunächst irritierend die anscheinend große Energie in den Reduktionssilben (mit einem [ə] als vokalischem Kern) auf, die unter Umständen größer sein kann als die der prominenten Silbe. Aber ein Schwa ist ein von der Produktion her minimal aufwendiger Laut - hier reicht ein geringer Energieaufwand um eine „starkes" Lautereignis zu produzieren. Bei anderen Lauten (nicht nur bei Verschlußlauten, auch z.B. bei „engen" Vokalen [i, y, u]) ist dagegen für eine Äußerung, die sie distinkt wahrnehmbar machen soll, eine erheblich größerer Energieaufwand erforderlich. Der Hörer stellt das gewissermaßen bei seiner Perzeption in Rechnung, gewichtet die gehörten Lautereignisse entsprechend.

Dazu trägt bei, daß die Druckverhältnisse im Signal ja auch nicht isoliert sind: Sie verbinden sich (oder auch: bewirken) weitere Lautqualitäten, insbesondere bei der Modulation der Grundfrequenz (Tonhöhe): Da diese durch die Vibration der Glottis bei ihrem Gesprengtwerden durch den darunter gestauten Atemdruck erzeugt wird, leuchtet ein, daß mit dem Größerwerden des Drucks auch die Grundfrequenz steigt. Insofern finden die Druckverhältnisse auch in Modulationen der Grundfrequenz einen Ausdruck.

Diese kann nun allerdings auch unabhängig variiert werden (und auch hier gilt wieder, daß es nicht die absoluten Frequenzverhältnisse sind, die zählen, wie es schon die große Differenz in der Grundfrequenz bei Individuen, nicht nur Männern gegenüber Frauen, s.o. Kap. 3, erfordert). Tatsächlich nutzen wir im Deutschen die Modulation der Grundfrequenz für die pragmatische Markierung der Äußerung: Eine „fallende" Kontur, bei der die Frequenz der Glottisschwingungen abnimmt, entspricht dem Ablauf eines Atemtakts, bei dem die in die Äußerung investierte Energie an ihrem Ende abfällt - und signalisiert so auch das Ende einer Mitteilung / Aussage wie bei einer „normal" gesprochenen informierenden Äußerung (ich notiere die Intonationen zunächst durch die entsprechenden orthographischen Schlußzeichen; hier für die terminale[37] Kontur den '.' , s. E 2):

Hans kommt morgen .

Gegenüber einer solchen *terminalen* Kontur signalisiert der Nichtabfall der Intonation (also das Halten der Frequenz der Glottisschwingungen, eventuell, trotz einer eintretenden (kleinen) Pause, daß die Äußerung nicht beendet ist (nicht-terminal durch ein ',' markiert):

Kommt Hans morgen , gehen wir ins Kino .

Oder auch mit gleicher Wortstellung:

Hans kommt morgen, wenn er Zeit hat.

Ein Steigen der Kontur (Zunahme der Schwingungsfrequenz) signalisiert ebenfalls, daß die Äußerung nicht als Mitteilung beendet ist, sondern einer Ergänzung durch den Gesprächspartner bedarf, daß es sich also um eine Frage handelt:

Kommt Hans morgen ?

Oder auch mit gleicher Wortstellung:

Hans kommt morgen?

Derartige prosodische Gliederungen (also solche der ersten Artikulation) werden systematisch für grammatische Zwecke (also die zweite Artikulation) genutzt. Diese beiden Betrachtungsebenen sind systematisch auseinanderzuhalten, sinnvollerweise auch in der Terminologie, s. die folgende exemplarische Zuordnung der Terminologie:

---

[37] *Terminal*: die Äußerung schließend.

erste Artikulation	*zweite Artikulation*
Silbe	Morphem (NICHT: *Endsilbe u. dgl.)
Fuß	
Äußerungskontur (Tonverlauf, Pausengliederung u.dgl.)	Satz

Ein besonderes Problem bilden dabei die *Grenzsignale*, die solche Einheiten für den Hörer ausgliedern. Derartige prosodische Strukturen können immer von *Kontrast*markierungen überschrieben werden – was die Argumentation mit (kontextfreien) Beispielen problematisch macht.
Über die Grundmuster hinaus spielt die Intonation mit der Akzentuierung zusammen, um weitere pragmatische Informationsstrukturen zu signalisieren, so insbesondere die Gliederung in das, was im *Fokus* der Äußerung steht, gegenüber dem Hintergrund. Der Hintergrund wiederum wird in das gegliedert, was für die Äußerung vorausgesetzt wird (das *Thema*: θ) gegenüber dem, was davon ausgesagt wird (das *Rhema*: ρ) ; der Fokus liegt insofern innerhalb des Rhemas. Schematisch läßt sich das an einem Beispiel verdeutlichen, das die Position des *Satzakzentes* (im einfachen Fall: die Markierung des Fokus) verdeutlicht, wobei die Folgezeilen im weiteren der wachsenden syntaktischen Komplexität entsprechen (die Akzentuierung ist durch Majuskeln notiert):

1) # \`S # *lAUf!*

2) X_θ Y_ρ *Hans lÄUft.*

3) V W_ρ [Fokus] *Hans kauft BIEr*

Nur bei diesem einfachen Beispiel sieht es so aus, als ob der Satzakzent final steht; tatsächlich ist er an die syntaktische Struktur gekoppelt, wie sich bei komplexeren Ausdrücken zeigt, bei komplexen Prädikaten wie bei

Hans will EInkaufen
Hans will BIEr einkaufen,

oder bei adverbialen Ergänzungen:

er wird nach Möglichkeit BIEr einkaufen
er wird sein HAUs nach Möglichkeit verkaufen,

oder bei Funktionsverbgefügen, die eine große Kohäsion haben:

sie spielten Emilia GalOtti

sie brachten Emilia GalOtti auf die Bühne

sie werden Emilia GalOtti auf die Bühne bringen.

Kontrastbedingungen sind nicht grammatisch geregelt (nicht auf der zweiten Artikulation strukturiert): Hier ist jede Art von Hervorhebung möglich, die implizit oder auch explizit durch die Abweichung von einem ansonsten korrespondierenden Gegenstück definiert ist, vgl.

(Hans hat Bier gekauft) : Hans wIll Bier kaufen

sie werden Emilia Galotti auf die BÜHne bringen : (nicht auf CD).

Die relative Eigenständigkeit der prosodischen Struktur macht sie unabhängig von ihrer wörtlichen Füllung: Ich kann sowohl mit einem Satz als auch mit einem Wort eine Mitteilung machen oder fragen, wie in den folgenden Beispielen:

- fragend (steigend ↑) bei *Peter ?* und *bist du da?,*
- konstatierend (fallend ↓) bei *Peter .* und *Peter ist weg .*

Auch hier gilt wieder, daß die Segmente der komplexeren, längeren Äußerungen in proportional kleineren Anteilen an dem prosodischen Muster partizipieren, als das bei den Segmenten der einfacheren Äußerungen der Fall ist. Im Grenzfall ist noch nicht einmal artikuliertes wörtliches „Material" erforderlich, um eine durch die prosodische Struktur pragmatisch interpretierbare Äußerung zu tun, wie es jeder aus dem vielgestaltigen *hm* in Gesprächen kennt (konstatierend / zustimmend *hm* ↓, nicht-unterbrechend / Fortsetzung unterstützend *hm* →, fragend *hm* ↑ und dergleichen).

In Sprachen wie dem Deutschen ist die prosodische Kontur einer Äußerung also auf mehreren Ebenen artikuliert, wovon ich hier die Akzentuierung (Druckakzent) und die Intonation (Tonverlauf) isoliert habe. Mit einer entsprechenden Symbolisierung läßt sich so die Kontur beliebiger Äußerungen darstellen[38].

Wir erweitern dazu die Notierung einer Abfolge von starken (x) und schwachen (-) Segmenten um die Auszeichnung der hervorgehobenen Hebung (des Äußerungs*fokus*). Die Tonhöhe wird durch die Positionierung dieser Markierungen oberhalb einer Grundlinie notiert; sie ist im Prinzip beliebig skalierbar: H = hoch, T = tief, M = mittel usw. Die Grundlinie („tief") entspricht in etwa der Tonhöhe bei einem entspannt gesprochenen

[38] S. O. v. Essen 1964, dem ich hier weitgehend folge (auch bei den Übungsaufgaben - allerdings mit einer modifizierten Notationsweise).; dort finden sich auch weitere Übungen.

Vokal [ɑ:::::][39]. Da es nicht auf die absolute Lage ankommt, werden jeweils nur so viele Stufen verwendet, wie zur Diskriminierung nötig sind. Die Kontur ergibt sich als Verbindungslinie durch die so markierten Konturpunkte.

H   ˈx
T -   -
sie singen

H   ˈx
T - - - - -
wir a mü sier ten uns

Wem es schwerfällt, die Intonation von den damit artikulierten Äußerungen zu trennen, kann versuchen, die Kontur zu pfeifen oder sie auf Nonsens-Silben zu modellieren (*lalala..*) - das ist ein probates Mittel zur Isolation von Tonverläufen.

Wo ein Konturverlauf in einem Segment stattfindet („verschleifende" Kontur in der letzten Silbe und dergleichen), wird das durch den Zusatz einer entsprechenden Richtungsmarkierung (↑oder ↓) notiert.

H   ˈx↓
T -
er läuft

H   -↑
T ˈx
kommst du?

Auch bei einer fragenden Kontur fällt die Grundfrequenz zum Ende der Äußerung hin ab (entsprechen dem nachlassenden Atemdruck); eine „naturalistischere" Symbolisierung müßte das zum Ausdruck bringen.

Bei einer kontinuierlich steigenden Kontur sind Zwischenstufen erforderlich, etwa

H   -↑
M - - -
T ˈx
kennen Sie das schon?

Daß die prosodischen Konturen unabhängig von der wörtlichen Füllung sind, wird besonders bei kontrastierenden Äußerungen deutlich:

[39] Ein Problem der Messungen ist es, daß die "Grundlinie" über die Dauer der Äußerung hinweg nicht konstant bleibt, siehe E 2.

```
H        ˈx                              ˈx
M   -                               -   -   -
T             -   -   -   -     -                  -
  ________________________   ________________________
  der Mai  ist  ge kom men    der Mai  ist  ge kom men
```

```
H        ˈx                    ˈx
M   -                       -   -
T            -   -   -     -            -
  ___________________   ___________________
  die Hunde  bellen      die Hunde  bellen
```

Bei komplexeren Konturen ist unter Umständen ein Vorlauf möglich (entsprechend dem Auftakt der oben besprochenen rhythmischen Gliederung im Takt) bei dem die Intonation zum Fokus hin abfällt (alternativ: ein Vorlauf mit stetig tiefer Tonlage):

```
H     -           ˈx
M          -
T                -        -    -    -
  ______________________________________
  schon  der  Versuch  ist  strafbar
```

```
H   -       ˈx
T       -        -    -
  ____________________________
  du  verstehst  mich  nicht
```

Eine Äußerung kann mehrere inhaltliche Schwerpunkte haben; in der Regel trägt dann der letzte (die letzte Hebung) den Hauptakzent:

```
H      x  -
T   -          x    -   -   x   ˈx  -  -
  ____________________________________________
  mit  jedem  Schritt wurde  Hans  langsamer
```

Die angesprochene nicht-terminale (weiterführende) Kontur ist entsprechend darzustellen:

```
H          x  -  -  -
T   -  -                  ˈx  -
  ___________________________________
  Als  es  Abend  wurde,  kam  er
```

oder auch

```
H          x  -  -  -                 ˈx
T   -  -              -   -   -   -       -
  _____________________________________________
  Als  es  Abend  wurde,  war  keiner  zuhause
```

vergl. mit dem Vordersatz

```
H            ˈx  -
T   -  -  -       -
  _________________
  es  wurde  Abend
```

4.1. Ergänzende Kommentare

E 1: Zum Terminus *Prosodie*

Die Orientierung der traditionellen Phonetik (Phonologie) an einem alphabetischen Schriftsystem bzw. an dessen Erwerb ist der Grund dafür, daß diese Konturen oft als *supra*segmental bezeichnet werden: *Segmental* war die Notierung der Äußerung in einer Buchstabenkette - falls nötig (für Vortragszwecke und dergleichen) wurden über der Zeile (lat. *supra*) Konturmarkierungen ("Akzente", Längenzeichen und ähnliches) gesetzt. Aus dem Griechischen kommt der entsprechende Terminus *prosodisch* (*pros* - "dazu" , *od-ō,* "vortragen, singen"), die wörtliche lateinische Übersetzung von *Prosodie* ist *Accent* (< *ad-cent-*: *ad* „dazu", *cant-ō* „singen").

Die praktische Folge davon ist, daß unter Prosodischem recht verschiedenes verstanden werden kann, abhängig davon, was jeweils unter Segmentalem (Nicht-Prosodischem) verstanden wird: Übereinstimmung besteht, daß die (Satz-) Intonation zur Prosodie zu rechnen ist. U. U. wird aber bei einem sehr engen Verständnis von segmentaler Phonologie auch die Silbenstruktur oder sogar die Quantität dazu gezählt.

E 2: Zur phonetischen Prosodie-Forschung

Gerade in diesem Feld ist die Forschungssituation noch sehr offen. Die neueren sprachwissenschaftlichen Arbeiten begnügen sich oft mit einer relativ abstrakten Modellierung, ausgehend von prosodischen Strukturen, die Äußerungselementen fest zugeordnet werden (insbesondere Wörtern im Lexikon), und dem Hinweis auf eine komplexe Interaktion von prosodischen Indikatoren in der Äußerung, die es kaum möglich macht, die abstrakt postulierten Strukturen empirisch zu verifizieren. Umgekehrt mißt die traditionelle Phonetik Äußerungen für bestimmte apparativ erfaßbare Indikatoren aus (F_0-Verläufe[40], Intensität, Quantitäten, zeitliche Gliederung) und ordnet diese eher impressionistisch bestimmten Funktionen zu (zum Beispiel pragmatischen Kategorien wie Frage, Aussage und ähnlichem), s. etwa Cutler/Ladd 1983 für einen instruktiven Versuch, unterschiedliche Ansätze der gegenwärtigen Forschungslandschaft aufeinander zu beziehen.

Eine Modellierung kann helfen, die Probleme der phonetischen Forschung zu verstehen (zugleich als Erläuterung bestimmter Grundbegriffe in der einschlägigen Literatur). Auch hier gilt es (wie in Kap. 3 angedeutet), die Fundierung der Prosodie in der Nutzung physiologischer Gegebenheiten im Blick zu behalten. Eine Äußerung erfolgt als Artikulation einer Atmungseinheit (s. Kap. 3: E 4) - sprachliche Bedeutung haben nur Strukturen, die physiologisch nicht notwendig sind. Die globale Struktur einer Äußerung ist bestimmt vom Druckaufbau und -abbau in der Zeit (t).

[40] F_0 bezeichnet die Grundfrequenz (mit *F* für einen Formanten), s. Kap. 3.1.

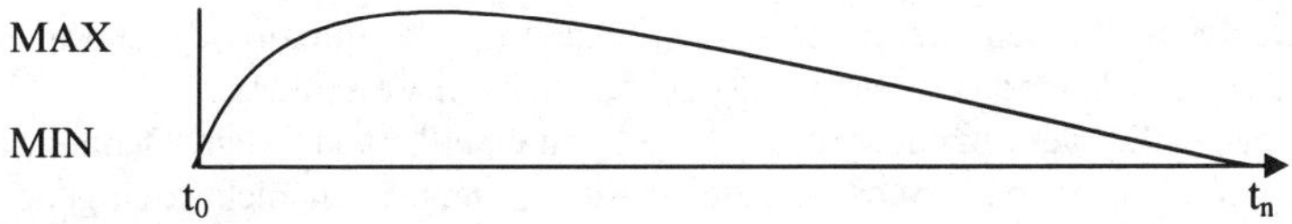

Schema A

Die „natürliche" Kontur kann genutzt werden, um die Äußerung zu gliedern, z.B. in zwei Sätze:

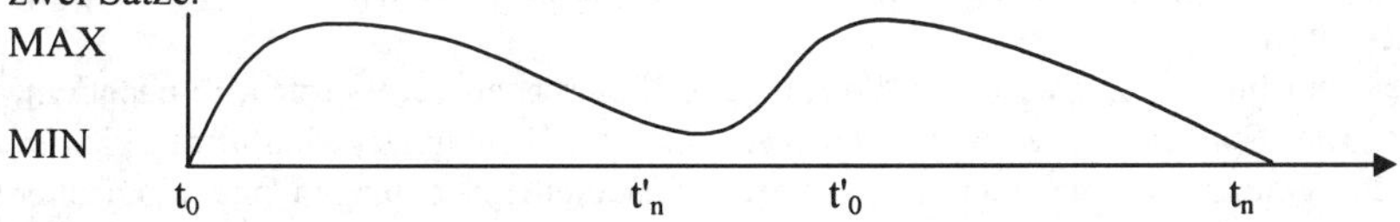

Schema B

Zwischen t'_n und t'_0 muß keineswegs eine Pause stehen, um die Gliederung transparent zu machen. t'_n beziehungsweise t'_0 sind nicht physiologisch erzwungen: der Druckanstieg bei t'_0 markiert vielmehr unter Nutzung des Schemas A einen neuen Äußerungsabschnitt. *Druckanstieg* steht hier für eine Reihe von durch die Messungen noch zu differenzierenden Indikatoren wie beispielsweise großer Atemdruck (Anstieg der Intensität), größere Spannungen bei den Stimmlippen, damit gegebenenfalls größere Frequenz der Stimmlippenvibration (Anstieg bei F_0), größere Dauer der initialen Segmente bei t'_0. Diese physiologischen Konturelemente können innerhalb eines Äußerungsabschnittes genutzt werden, um deren Segmentierung zu artikulieren (um eventuell Sätze, Wortgruppeneinsätze, Wörter auszugliedern). In einer weniger abstrakten Idealisierung der Satzkontur als bei Schema A ergibt sich die folgende Modellierung:

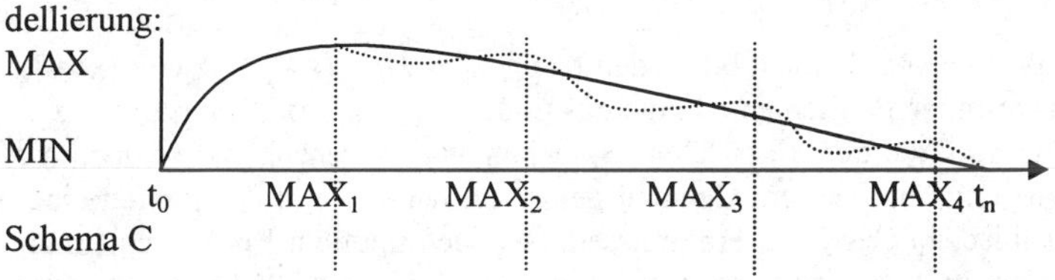

Schema C

Die in Schema C modellierte Äußerung hat vier Maxima (z.B. 4 "Hebungen" in den Wortgruppen). Die Probleme der prosodischen Messung sind hier deutlich: das Maximum 4 ist ein Maximum relativ zu der vorausgegangenen und der folgenden Senkung. Es ist jedoch kein absolutes Maximum, sondern liegt niedriger als die Senkung nach dem Maximum 1!

Nimmt man hinzu, daß die verschiedenen derartigen Indikatoren für diese Konturierung dissoziiert sein können (und sprachspezifisch unterschiedlich genutzt werden), wird deutlich, wie komplex die Aufgaben der phonetischen Forschung in diesem Feld sind. So kann beispielsweise der Indikator *Dauer* Verschiedenes zeigen:

- bei t'_0 als Begleiterscheinung der ansteigenden Spannung (das initiale Segment der Äußerung ist relativ länger als sonstige Segmente, auch bei Verschlüssen),
- bei t'_n wird der Abfall der Spannung in der Regel von einer "präpausalen" Dehnung der letzten Silbe (ihrem Silbenkern) begleitet, die – wenn auch nicht zwingend notwendig - sehr oft verbunden ist mit einem Ansteigen der Spannung zur Artikulation der Äußerungskontur,
- bei den relativen Maxima im Satz (M_i) drückt sich das Ansteigen der Spannung durch eine relativ größere Dauer des Silbenkerns aus, mit dem die Kontur artikuliert wird.

Dabei sind hier noch große sprachspezifische Differenzen zu erwarten, je nachdem, ob in einer Sprache Tonverläufe, Dauerverhältnisse, Spannungsverhältnisse "phonologisch" genutzt werden oder ob sie dort nur Begleiterscheinungen phonologischer Strukturen sind.

E 3: Zur metrischen Terminologie

Im Vorgriff auf die später (s. Kap. 6) weiter differenzierte Begrifflichkeit, soll hier schon die Terminologie der suprasegmentalen Analyse im Rückgriff auf die antiken Rhetorik- beziehungsweise Metriktradition erläutert werden, aus der sie zum größten Teil stammt.

Die Grundeinheit der metrischen lautstrukturellen Analyse („unterhalb" von größeren Einheiten wie beispielsweise der *Strophe*) ist der *Vers* (beziehungsweise die *Zeile*). In Hinblick auf den Vortrag ist dieser in feste rhythmische, letztlich also zeitlichmessende (daher der Terminus *Metrik*) Einheiten gegliedert, die mit sprachlichen Formen „gefüllt" sind: den *Metren*. Die Metren werden nach ihrer rhythmischen Kontur, die man als *Füße* klassifiziert, mit den schon im Text genannten Mustern differenziert:

- *fallend* (das prominente Element bildet den Kopf): *Trochäus* [x -], *Daktylus* [x - -],
- *steigend* (das prominente Elemente bildet das Ende): *Jambus* [- x], *Anapäst* [- - x].

Die prosodische Struktur der klassischen Sprachen war silbenzählend, wobei die Silben selbst wiederum nach ihrem Gewicht gemessen wurden, mit der Einheit einer *More* (μ). Die silbischen Gewichtsverhältnisse lassen sich mit dem Konstituentenmodell explizieren, das in Kap. 6 systematisch entwickelt wird; nur die Konstituenten des Reims zählen dabei in metrischer Hinsicht, schematisch also bei einer schweren Silbe (2μ):

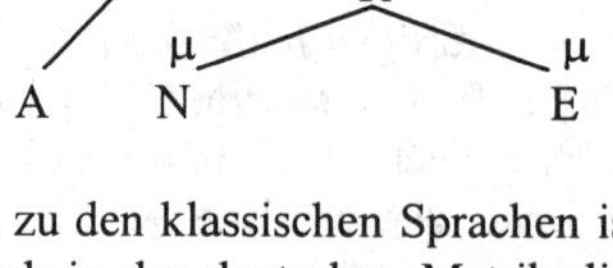

Im Gegensatz zu den klassischen Sprachen ist das Deutsche durch einen Wortakzent liefert, der auch in der deutschen Metrik die Gliederung eines Verses in *Takte* bestimmt, bei denen für die Binnenstruktur nur die Anzahl der prominenten Elemente zählt (die *Hebungen*) – entsprechend der Entwicklung des Deutschen zu einer *akzentzählenden* Sprache ohne phonologische Quantitätenoppositionen (s. Kap. 8.3.). Demgegenüber war die antike Metrik durch ein homogenisierendes Maß für alle Formen in einem Vers bestimmt, die sogenannte *Silbenschwere*, auf die sich auch die überlieferte Terminologie bezieht.[41]

Es handelt sich also um eine silbisch-quantifizierende Metrik, die eine feste quantitative Grundeinheit kennt, den im Text schon erwähnten *Fuß*, der in Vielfachen eines Silbengewichts gemessen wird, mit der *More* als der Maßeinheit: Im Standardfall (sprachspezifische Einzelprobleme können hier nicht diskutiert werden) wird ein einfacher, also unverzweigter Reim (der also nur aus seinem Nukleus besteht) *leicht* gemessen (einfach: 1μ), ein verzweigender Reim (gleich von welcher Komplexität: ein Langvokal, ein Kurzvokal mit einem silbenschließenden Konsonanten oder auch einer silbenschließenden Konsonantengruppe) als *schwer* (2μ). Ihre Flexibilität (als Gegengewicht gegen das sonst unvermeidliche „Leiern" des Vortrags!) erhält die Metrik durch einen Verrechnungsmodus: zwei leichte Reime „wiegen" im Metrum genauso schwer wie ein schwerer. Das erlaubt es, in einer entsprechend schweren metrischen Nute eine Silbe (gegebenenfalls ein einsilbiges Wort) mit einem schweren Reim, aber auch zwei Silben mit leichten Reimen (gegebenenfalls auch zwei entsprechende einsilbige Wörter) zu verwenden.

Ein vielzitiertes klassisches Beispiel (Vergils *Äneis,* Vers 1) kann das verdeutlichen: Die antike Epik ist wie auch in diesem Beispiel in der Regel in *Hexametern* verfaßt, mit der Gliederung eines Verses in sechs (gr. *hexa*) Metren. Diese sind *Daktylen* (x - -), wobei als flexibler metrischer „Joker" der *Spondeus (* x x) fungierte, der die beiden leichten Reime (beziehungsweise Silben) des Daktylus (analog auch beim *Anapäst*: - - x) mit einem schweren Reim (beziehungsweise einer schweren Silbe) aufwog. Der Hexameter ist in der Mitte durch eine Zäsur untergliedert, vor der ein *katalektischer* Fuß stehen kann – und meist auch steht -, der die leichten Endsilben des Metrums einspart (gewissermaßen als Äquivalent oder als Markierung der die Zäsur markierenden Pause):

[41] Es gibt allerdings eine terminologische Differenz zwischen der griechischen und der lateinischen Tradition (an die die deutsche Metrik anschließt), die Verwirrung stiften kann: in der griechischen Terminologie kommen Jambus und Trochäus nur paarig in einem entsprechend genannten Metrum vor. Es besteht also die folgende Korrepondenz:

	Jambus	Trochäus	Daktylus
gr./lat. *Fuß* = lat. *Metrum*	[- x]	[x -]	[x - -]
gr. *Metrum*	[- x - x]	[x - x -]	[x - -]

arma virumque canō Trōjae quī prīmus ab ōrīs [Z.2 vēnit][42]
„Die Waffen und den Mann besinge ich, der als erster von den Gestaden Trojas [gekommen ist]".

Das Lateinische hatte (wie das Griechische) ursprünglich keinen festen Wortakzent, nutzte die dynamische Hervorhebung (den sogenannte Iktus) nur satzprosodisch. Die prosodische Wortgliederung erfolgte durch die quantitative Silbenstruktur in Verbindung mit Tonverläufen. In der lateinischen Sprachgeschichte änderte sich diese Struktur, wie an den Weiterentwicklungen in den romanischen Sprachen greifbar wird, die den Quantitätengegensatz in Verbindung mit der Ausbildung fester Akzentschemata aufgegeben haben (ähnlich wie die germanischen Sprachen, s. Anhang zu Kap. 7). Die metrische Struktur von Vers 1 der Äneis kann mit der zugrundeliegenden Syllabierung wie folgt dargestellt werden (jetzt in einer angenäherten phonetischen Umschrift - die lateinische Orthographie notierte in der Regel die Quantitätengegensätze im Vokalismus nicht: Ich notiere den Kontrast von schweren und leichten Silben durch die Angabe der Struktur des Reims (±verzweigt) und fasse die Metren durch Unterstreichung zusammen:

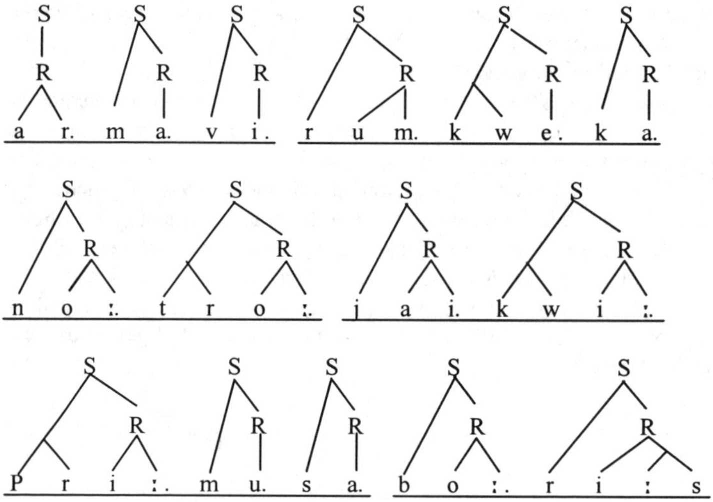

---

[42] Um die grammatische Struktur des ersten Verses durchsichtig zu machen, hier eine Glossierung:

arm-a	*vir-um-que*	*can-ō*	*Troj-ae*
Waffen-AKK.PL	Mann-AKK.SG-und	sing:-1.SG.PRÄS	Troja-GEN.SG
qui	*prim-us*	*ab*	*or-is*
REL.NOM.SG	erst:-NOM.SG.M	von	Küste-ABL.PL

Die metrische Struktur operiert hier unabhängig von der Wortstruktur, und die silbische Struktur der Wörter in Isolation wird im syntaktischen Kontext (im *Sandhi*[43]) aufgebrochen. Insbesondere dadurch, daß das Lateinische keinen Glottisverschluß kannte, werden wortanlautende Vokale mit dem Endkonsonanten des vorausgehenden Wortes *resyllabiert* (wie es z.B. auch im Französischen der Fall ist, dort *liaison* „Bindung" genannt) wie beispielsweise die Syllabierung *pri.mu.s a.b o.ris.*

Die metrische Struktur gerade dieses Textes (der die mythologische Geschichte von der Gründung Roms erzählt) war bis in die Neuzeit prägend, wurden an ihm doch im Lateinunterricht in der Regel die metrischen Muster geübt - auch wenn die prosodische Struktur der späteren Aussprache des Lateinischen entsprechend der Muttersprache der Lerner (gleich ob romanisch oder germanisch) eine völlig andere war. Das ist einer der Gründe für die bis heute verbreitete Konfusion bei der metrischen Begrifflichkeit.

Das quantifizierende metrische Schema der Antike setzt eine homogene Abfolge von gleichmäßig meßbaren Silben im Vers (beziehungsweise der Äußerung) voraus. Es ist Sprachen wie dem Deutschen nicht angemessen, die durch eine dominante rhythmische Gliederung in prominente und reduzierte Silben artikuliert werden. Hier ist es denn auch zumindest bei der älteren Dichtung sinnvoller, statt von *Füßen* nur von *Takten* zu sprechen, die durch eine bestimmte Zahl von *Hebungen* (prominenten Silben) gemessen werden, während die Anzahl der unbetonten Silben („*Senkungen*") unbestimmt ist. Dadurch; daß die Hebungen immer auch die (betonten) Stammsilben von „Inhaltswörtern" sind, bekommt die (alt-)germanische Dichtung ein eigenes, von der „klassischen" Antike sehr verschiedenes Gepräge, bei dem die wörtliche Struktur der Äußerungen gerade hervorgehoben wird (unterstrichen noch durch feste Wortgrenzen, stabilisiert eventuell durch den Glottisverschluß und eine ganz andere Spannung von repetitiver Form und semantischer „Füllung" entsteht.

Ein Beispiel aus dem *Heliand*, der altsächsischen Bibeldichtung, kann das verdeutlichen; das das Muster der germanischen epischen Dichtung mit einer *Langzeile* (Vers) zeigt, die ebenfalls durch eine Zäsur in zwei *Halbverse* gegliedert wird (den sogenannte *An-* und den *Abvers*); jeder Halbvers hat zwei *Takte* (der gesamte Vers also vier Takte), die jeweils eine Hebung haben, schematisch also:

________	________	________	________	Vers (= Langzeile)
	↑Zäsur			
________	________	________	________	Halbverse (An- und Abvers)
____	____	____	____	Takte
--x---	-x----	x-----	-----x-	Hebungen (eine H. pro Takt)

[43] *Sandhi*: kontextgebundene lautliche Form (aus der indischen Grammatikterminologie: sanskrit. *sam-* „zusammen", *dhi-* „Setzung").

Anders als bei der Metrik der antiken silbenzählenden Sprachen Griechisch und Latein lassen sich hier die Hebungen aber nicht mechanisch durch Abzählen der Verse finden, sondern umgekehrt: Das metrische Schema ist durch die Auswahl von zwei Hebungen im Vers, die allerdings jeweils mit einem Wortakzent (Stammakzent) korrespondieren sollen, zu realisieren.

Zwischen den Zeilen besteht eine synktaktische Bindung: Der Abvers ist immer syntaktisch mit dem folgenden Anvers integriert, wodurch der Text einen charakteristischen *Hakenstil* erhält:

Dieser steht in einer Spannung zu der metrisch-poetischen Reimintegration in der Zeile, die durch den *Stabreim* der Hebungen gesichert war: zumindest der Anfangsrand der ersten Hebung im Abvers (des ersten Takts) mußte mit dem Anfangsrand einer der beiden Hebungen im Anvers „staben" (aber auch reichere Stabreime waren möglich).
Ein Beispiel kann das verdeutlichen (Vers 1308- 9):

frofre an iro rikia salige sind ok the sie hir frummo gilustid rincos that
Trost in ihrer Welt selig sind auch die sie ihres Vorteils gelüstet Männer daß
sie rehto adomien thes motun sie werden an them rikia drohtines
sie gerecht urteilen dessen müssen sie werden in dem Reich Gottes

([sie sollen bekommen] Trost in ihrer Welt // Selig sind auch die Männer, die darauf bedacht sind, daß sie gerecht urteilen // das soll ihnen im Reich Gottes [vergolten] werden)

Die metrische Struktur dieser Verse kann am besten wieder mit einer angenäherten lautlichen Umschrift verdeutlicht werden, bei der ich den Kern der unbetonten Silbe mit zentralisierten Vokalen notiere, gegebenenfalls mit [ə], wofür zumindest das graphische Schwanken der Schreiber bei diesen Vokalen spricht (die in dem lateinischen graphischen Bezugssystem dafür kein eigenes Zeichen vorfanden): Die Takte trenne ich mit einem / , die Zäsur mit //, die Hebungen sind durch Unterstreichung notiert:

ˈfroː. frə / an. ʔɪ. rʊ. ˈriː. kɪa // saː. lɪ. gə. sɪnd. ʔoːk. θe. siə. hiːr. ˈfrum. mʊ / gə. ˈlus. tɪð
rin. kʊs. θat. siə. ˈrex. tʊ / a. ˈdoː. miən // θes. moː. tʊn. siə. wɛr. dən. an. θɛm. ˈriː. kɪa / ˈdrox. tɪ. nəs

Es ist deutlich, daß hier keinerlei quantifizierende Konstanz das Metrum bestimmt, sondern die Takte allein durch die Hebungen isoliert werden - diese können taktinitial stehen, aber auch erst nach einem langen Auftakt, wie hier zu Beginn der beiden

Abverse. Die Stabreime verbinden im ersten Vers mit *f(r)* den Hauptstab des Abvers mit der ersten Hebung des Anvers, im zweiten Vers staben jeweils die erste und die zweite Hebung des Abverses mit der jeweiligen des Anverses. Ein Beispiel für einen Stabreim mit Glottisverschluß zeigt der folgende Vers (V. 345):

Hiet	*man*	*that*	*alla*	*thea*	*elilendium*	*man*	*iro*	*oðil*	*sohtin*
Hieß	man	daß	alle	die	fremden	Männer	ihren	Besitz	suchten

(Man befahl, daß alle Menschen in der Fremde ihren Heimatsitz aufsuchten)

hiət. man. θat. ˈʔal. la / θea. ˈʔe. lɪ. lɛn. dɪʊm. man // ʔi. rʊ. ˈʔoː. ðil / ˈsoːx. tɪn

Hier stabt der Glottisverschluß des Hauptstabes im Abvers mit beiden Hebungen im Anvers.

Die weiteren Formbindungen der Poetik haben denn auch die Bezeichnungen für weitere phonologische Kategorien bereitgestellt wie insbesondere den *Reim*. Dieser beruht auf der Zerlegung der Silbe in ihren sonoren Kern - der auch allein für die Gewichtung in der quantifizierenden Metrik zählt - und das komplementäre Element, den Anfangsrand, dessen Übereinstimmung bei sonstiger Differenz den germanischen Stabreim ausmacht, wie die letzten Beispiele schon gezeigt haben (vgl. auch die in diesem Sinne archaischen Formeln wie *Mann und Maus, Kind und Kegel, Haus und Hof*). Insofern ließe sich auch *Stab* als Terminus für den silbischen Anfangsrand nutzen - was allerdings (wohl wegen der dominanten Orientierung an der antiken Tradition) nicht üblich ist. Anders ist es mit dem Endreim, der üblicherweise allein im Blick ist, wenn von Reim die Rede ist: Die Übereinstimmung im sonoren Kern (und eventuell im Endrand) der Silbe bei gleichzeitiger Differenz im Anfangsrand (*Reh : Schnee; Maid : Kleid*) - von daher ist es üblich, diese Konstituente als *Reim* zu bezeichnen.

Gewissermaßen als Erbe der alten Taktorganisation können allerdings auch noch komplexere Strukturen im Reim genutzt werden, die im Schatten der betonten Silbe noch unbetonte Folgesilben haben - in der poetischen Diktion als *weibliche* gegenüber den *männlichen* Reimen bezeichnet, die diesen Ausgang (oft auch *Kadenz* genannt) nicht haben (*Rose : Hose ; Kleider : Neider* usw.). In der älteren, vor allem der epischen Dichtung, wie z.B. im Nibelungenlied, war die Praxis hier noch toleranter - auch Reime mit zwei auf die betonte folgenden unbetonten Silben waren möglich, vgl. dort etwa in Strophe 867 a-b:

Suln wir gouche ziehen / sprach aber Hagene
des habent lützel ere / so guote degene

(Sollen wir Kuckucke aufziehen / sprach aber Hagen
davon haben geringe Ehre / so gute Helden)

Die Reimwörter zeigen hier die metrische Struktur *'ha. gə. nə* gegenüber *'de. gə. nə*. Das läßt sich im Licht der metrischen Umstrukturierung des Deutschen als zwei daktylische Füße bestimmen - gegenüber der üblicheren, eingeschränkten Form des weiblichen Reims mit trochäischen Füßen. Aber auch diese aus der älteren metrischen Tradition geerbten Komplikationen ändern nichts daran, daß der Kern des Endreims die Konstituente der betonten Silbe ist, die in der silbenstrukturellen Terminologie auch das Etikett Reim erhält: der zum Anfangsrand komplementäre Teil der Silbe, der ihren sonoren Kern enthält.

E 4: Zum Terminus *Silbe*

Der Terminus stammt aus der antiken Sprachdidaktik und ist von daher mit einer Unklarheit behaftet, die sich bis in die neueste Phonologiediskussion fortsetzt. Die Wortbildung *syllaba* (gr. *<syn- la[m]b[an-ō]* "zusammenfassen") verweist auf die synthetische Methode des antiken Leseunterrichts, der von isolierten Buchstaben ausging, nach deren Erlernen diese zu einer Folge "zusammengefaßt" wurden, eben den *Silben* (wie es der synthetische Leseunterricht ja bis heute tut) - aber fundiert in die „prosodischen" Konturen, insofern auch abhängig von diesen (das ist der gemeinsame Bezugspunkt).

Entgegen dem oft zu Lesenden ist die Kategorie *Silbe* seit der Antike eine feste Grundkategorie der Sprachbetrachtung, und zwar vor allem auch in praktisch finalisierten Kontexten: nicht nur denen des elementaren Schulunterrichts, sondern vor allem auch denen des routinierten Umgangs mit der Schrift. Bis lange ins Mittelalter schrieb man ohne Wortzwischenräume (in *scriptio continua* „kontinuierlicher Schreibweise"), was für das Lesen eine Technik des Zusammenfassens von Buchstabengruppen erforderte – die als *Syllabieren* gelernt wurde. Darauf nahmen auch frühe Vorgaben für die Wortbrechung am Zeilenende Rücksicht, die hier eine Silbengrenze forderten. Auf der anderen Seite war das Schreiben eine weitgehend professionalisierte Tätigkeit: Texte wurden diktiert. Das Diktieren erforderte eine spezifische Technik, die wiederum auf dem Syllabieren beruhte. Erst die Volksschulpädagogik der Moderne mit ihrer „ganzheitlichen" Ausrichtung auf Wortbilder brach mit dieser Tradition.

Allerdings hat die pädagogische Tradition des Syllabierens durch ihre Ausrichtung auf alphabetschriftliche Texte eine andere Perspektive als die hier ins Werk gesetzte Lautanalyse, die komplexe Signale ausgliedert, wobei die Silbe gegenüber ihren lautlichen Strukturmerkmalen ("den Lauten") primär ist. Ich behalte den konventionellen Terminus *Silbe* bei, entwickle diese aber nicht in der Tradition des antiken Leseunterrichts durch das Syllabieren von Segmentketten, denen jeweils (zirkulär) die Merkmale zugeschrieben werden, die allein durch die Silbenstruktur definiert sind. Bis zur Karikatur deutlich ist die Zirkularität der Argumentation bei Merkmalen wie [± silbisch] in der Tradition von Chomsky 1968, die insofern mit gutem Grund seit etwa 20 Jahren wieder aus der segmentalen Phonologie verschwinden (s. dazu Kap. 12).

Eine Nachbemerkung zum Terminologischen: Neben Wortbildungen mit dem griech.-lat. *syllaba* (wie in *syllabieren, ambisyllabisch* u.ä.), gibt es auch solche mit dem eingedeutschen Wort *Silbe* (wie *silbisch, beidsilbig* u.ä.), und schließlich auch hybride deutsch-lateinische Bildungen wie *silbifizieren* u.dgl. Dabei handelt es sich um stilistische Vorlieben, keine begrifflichen Unterscheidungen.

4.2. Typologischer Kommentar

T 1: Prosodische Typologie

Die in diesem Kapitel vorgestellten prosodischen Strukturen der Äußerung werden wohl in allen Sprachen der Welt genutzt: Das gilt für die Hervorhebung eines Elementes durch größeren Druck (zur Fokussierung, insbesondere aber zum Kontrastieren) genauso wie für die verschiedenen Tonverläufe, von denen der abfallende Verlauf gewissermaßen physiologisch die Beendigung einer Äußerung signalisiert. Das heißt dann auch, daß ein anderer Tonverlauf insofern auch die Nichtbeendigung, eine Bitte um Ergänzung oder dergleichen signalisiert. Zwischen den Sprachen bestehen aber erhebliche Unterschiede, inwieweit solche prosodischen Muster grammatisch genutzt werden beziehungsweise inwieweit sie mit anderen Markierungen verknüpft sind. Für eine ganze Reihe von Sprachen gilt das gleiche wie für das Deutsche: Eine entsprechende prosodische Markierung ist als Instruktion für den Hörer meist stärker als andere grammatische Markierungen (stärker z.B. als die fehlende Fragesatz-Wortstellung im Deutschen oder Französischen, als die fehlende Fragepartikel im Russischen oder marokkanischen Arabischen). Allerdings sind die Beschreibungen der meisten weniger gut bekannten Sprachen gerade auf diesem Gebiet sehr unzureichend.

Die greifbarsten typologischen Unterschiede liegen vermutlich nicht so sehr in diesen prosodischen Strukturen der Äußerung selbst als vielmehr in ihrer Interaktion mit wortstrukturellen Gliederungen, um die es im folgenden Kapitel geht.

4.3. Übungsaufgaben

1) Bestimmen Sie die metrischen Schemata der folgenden Kinderverse (vgl. Enzensberger, Allerleirauh, S. 18, 19, 221):

a) *Ene mene mintzen,*
wer backt Plinzen?
Wer backt Kuchen,
der muß suchen.

b) *Pitsche patsche Küchelchen,*
mir und dir ein Krügelchen,

mir und dir ein Tellerchen,
sind wir zwei Gesellerchen.

c) *Grüß Gott, grüß Gott, was wollen Sie?*
Zucker und Kaffee.
Da haben Sie's, da haben Sie's.
Adje, adje, adje.
So warten'S doch, so warten'S doch,
sie kriegen noch was raus!
Behalten Sie's, behalten Sie's,
wir müssen jetzt nachhaus.

d) *Pfannenflicken, Pfannenflicken*
ist die schönste Kunst.
die rechte Hand, die linke Hand,
die geb ich dir als Unterpfand.
da hast du sie, da nimmst du sie,
da hast' sie allesamt.

e) *Knusper, knusper, knäuschen,*
wer knuspert an meinem Häuschen?
Der Wind, der Wind,
das himmlische Kind.

f) *Eins zwei drei,*
backe backe bei,
bicke backe Pfannenstiel,
sitzt a Manderl auf der Mühl,
hat a staubigs Hüeterl auf,
mit ana großen Federn drauf.

g) *Itzen ditzen,*
Silberschnitzen,
itzen ditzen daus
und du bist draus!

h) *Schickle scheckle,*
Bohnensteckle,
Schnellebelle,
Trillebille,
Gnuppe, Knolle, Knopf.

2) $ In einem Liedtext („Es lebe der Sport!") von Rainhard Fendrich (1982), der in einem angenäherten Wiener Dialekt singt, finden sich die folgenden Verse:

weil ein flammendes Inferno
schaut man immer wieder gern an.

Offensichtlich paßt hier die hochdeutsche Form weder metrisch noch im Reim. Versuchen Sie, die bairische Dialektform zu erschließen und geben Sie sowohl die hochsprachliche wie die dialektale Form in Transkription.

3) Notieren Sie nach dem Muster im Text die prosodische Kontur zu den folgenden Sätzen! Bei e) und f) sollen die Kontraste markiert werden (das jeweils hervorgehobene Segment ist unterstrichen)

a) *es regnet .*
b) *benimm dich!*
c) *du siehst's.*
d) *regnet es?*
e) *<u>verlaß</u> dich nicht darauf! /*
   verlaß dich nicht <u>da</u>rauf!
f) *du kannst <u>kommen</u>, wenn du Lust hast. /*
   du kannst kommen, wenn du <u>Lust</u> hast.

4) $ [Zur Katalexe] In der „tageszeitung“ (*taz*) erschien 1997 eine Karikatur in zwei Bildern , die auf einen Mitarbeiter Kai Bezug nahm. Man sah jeweils einen Mann vor seinem Briefkasten: Auf dem linken Bild war darin eine Zeitung, auf dem rechten war er leer. In einer Sprechblase las man links „Kai, `ne taz!!“, rechts „Keine taz“. Transkribieren Sie die beiden Äußerungen und analysieren Sie ihre metrische Struktur.

5. Die Ausgliederung der Äußerung I: Das Wort

Das Wort ist gegenüber den in Kap. 4 behandelten prosodischen Äußerungsstrukturen, darunter auch die vorläufig als silbisch bestimmte Segmentstruktur, eine sekundäre Kategorie: eine Einheit der zweiten Artikulation, die vor allem an paradigmatische Oppositionen gebunden ist (die grammatische Familie von morphologischen Varianten; lexikalische Substituierbarkeit und dergleichen). Ob beziehungsweise wieweit ihm auch phonetische Kriterien (der ersten Artikulation) korrespondieren, wird sich im folgenden zeigen.

Die Sprachen der Welt unterscheiden sich danach, ob sie solche Konturmerkmale auch für die zweite Artikulation nutzen, insbesondere zur Ausgrenzung von Wörtern (also primär lexikalisch-grammatischen Einheiten). Das Deutsche gehört zu den Sprachen, die eine recht klare derartige Gliederung aufweisen: Im Zusammenspiel von Akzentmustern und (phonotaktischen) Beschränkungen der Silbenkonturen ist das Deutsche eine wortprominente Sprache (s. dazu T 1). Bemerkenswerterweise spielen Tonverläufe bei der Wortausgliederung im Deutschen nur eine sehr nachgeordnete Rolle (nur in Verbindung mit der Anschlußkategorie sind sie von Belang, s. Kap. 3 und zum Typologischen s. T 2).

Die Ausgliederung der Wortstruktur nimmt die analytische Begrifflichkeit des vorigen Kapitels auf, auch was den Rückgriff auf die *Silbe* betrifft, die als analytische Kategorie offensichtlich auch zur Ausgliederung des Wortes benötigt wird. Ein Wort kann offensichtlich einsilbig sein (*Hund*, *rot*) , aber auch komplexer, also eine Abfolge von Silbe (*Hunde*, *rote*, *Avocado*). Allerdings bestehen komplexe Wörter im Deutschen keineswegs aus einer homogenen Kette gleichartiger Silben, wie es in einem einfachen Verkettungsmodell zu repräsentieren wäre:

NICHT:

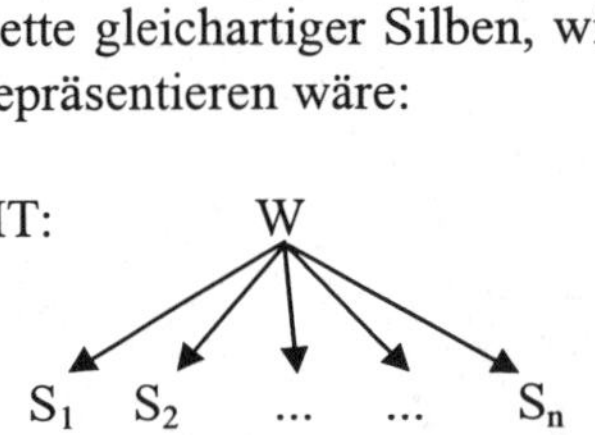

(zu Sprachen, für die ein solches Verkettungsmodell Sinn macht, s. T 3). Vielmehr zeigt das Wort im Deutschen eine hierarchische Struktur, die sich mit den gleichen metrischen Kategorien beschreiben läßt, wie sie im letzten Kapitel für die Gliederung der Äußerung benutzt worden sind, insbesondere die Organisation in *Takte / Füße*.

Dabei gilt es allerdings, sich über den Wechsel in der Betrachtungsebene klar zu sein. Von der prosodischen Gliederung (Akzent...) kann nur bei einer Äußerung die Rede sein: Eine Form wie /ˈhʊn.də/ ist streng genommen nur dann als Trochäus zu bezeichnen, wenn sie so in einer Äußerung vorkommt, sei es als deren Bestandteil wie z.B. in [#ˈhans.ˈmaː.kaɪ.nə.ˈhʊn.də#] *Hans mag keine Hunde* oder auch alleine als (Einwort-) Äußerung [#ˈhʊn.də#]. Immerhin ist es so, daß Wörter in der Regel die untere Grenze für die Komplexität von Äußerungen bilden - als Einwortäußerungen etwa als Antwort auf Fragen:

A: *Was sind das da hinten*?

B: *Hunde.*

Nur unter sehr besonderen Bedingungen (meist bei metasprachlichen Äußerungen) können auch Segmente, die kleiner als Wörter sind, Äußerungen bilden, etwa bei der Vergewisserung über ein eventuell Mißverständnis, wie z.B. (*Vortrag* versus *Vertrag*)

A: *Hat er Vortrag* gesagt?

B: *ver-*. [ODER: *ver-, nicht vor-*.]

In diesem Sinne wird in phonologischen Darstellungen in der Regel das Wort als minimale Äußerung zugrundegelegt. Einwortäußerungen werden in der Regel besonders deutlich und langsam gesprochen - daher die häufige Formulierung, daß es um die Phonologie der *Explizitformen* der Wörter geht[44], die zum Wissen der (zumindest der muttersprachlichen, schriftsprachlich geschulten) Sprecher des Deutschen gehört, von dem die „weniger expliziten" Formen mehr oder weniger regelhaft abzuleiten sind. Im didaktischen Kontext ist eine solche Sichtweise nicht zuletzt durch die Orthographie motiviert, die sich in ihrer phonographischen (lautbezogenen) Komponente auf solche Explizitformen stützt. Zu der Frage, wieweit die empirisch beobachtbare Familie von Wortformen von einer jeweiligen solchen Explizitform ableitbar ist, s. Kap. 12.

Darüber hinaus gibt es aber noch einen systematischen Grund, bei der phonologischen Analyse die Struktur der Wortformen zu isolieren. Als fundamentale Einheit der zweiten Artikulation strukturieren Wortformen in wortprominenten Sprachen wie dem Deutschen (s. T 3) die Interpretation einer Äußerung - und spiegelverkehrt dazu auch deren Produktion. Das Wort

[44] S. in diesem Sinne etwa P. Eisenberg 1995.

steht in einer Spannung zum Satz, der Nuten definiert, in denen es als Feder fungiert (zur Begrifflichkeit, s. Kap. 2). Die Wortform muß mit den syntaktischen Vorgaben verträglich sein (von der Wortart bis zu der durch die spezifische Nute geforderten morphologischen Form). Das gleiche gilt für die Äußerung des Satzes in Hinblick auf die prosodische Struktur. Auch bei einer Argumentation von „oben nach unten", die also von „ganzheitlichen" Kategorien (Äußerung / Satz) zu Elementkategorien (Wort / Morphem beziehungsweise Silbe / Laut) voranschreitet, hat die Struktur der letzteren eine Eigenwertigkeit. Allerdings ist diese durch die notwendige Verträglichkeit mit der Makrostruktur begrenzt (zu den Differenzen der Forschungsansätze "von oben nach unten" gegenüber von "unten nach oben", s. E 1).

So müssen alle „Inhaltswörter" eine phonologische Struktur haben, die es möglich macht, sie in einer „Fokusnute" zu artikulieren: Sie müssen also betonbar sein. Das wiederum heißt, sie müssen in dem Fall, daß sie mehrsilbig sind, eine potentielle prosodische Struktur haben, die vorgibt, welche Silbe gegebenenfalls die betonte ist. Das gilt letztlich aber auch für die Funktionswörter[45] (und damit eben: für alle Wörter): Auch diese können (zumindest unter Kontrastbedingungen) fokussiert werden; sie müssen also ebenfalls, wenn sie mehrsilbig sind, prosodisch gegliedert sein.

Zwar wird unter „normalen" Gesprächsbedingungen eine Äußerung wie *wir werden morgen fahren* in Norddeutschland etwa wie folgt gesprochen: [vɪ.veɐn.ˈmoɐ.gŋ̍.ˈfɑːn]; aber das hier an zweiter Stelle artikulierte Wort *werden* kann in anderen Kontexten fokussiert sein; es hat daher die potentielle trochäische Form [ˈveɐ.dən], die sich z.B. bei einer insistierenden Äußerung auch findet wie in:

A: *Ihr fahrt ja doch nicht.*

B: *Wir werden* [ˈveɐ.dən] *fahren.*

Von daher ist es zulässig, Wortformen auch phonologisch gegenüber ihrem Äußerungskontext zu isolieren und ihnen dabei auch eine prosodische (metrische) Struktur zuzuweisen. Ob sie mit dieser gesprochen werden, ist abhängig vom Kontext; s. dazu auch die im vorigen Kapitel behandelten Probleme der metrischen Vorgaben, in die gegebenenfalls Worte eingepaßt werden (wo z.B. auch betonte Silben nicht mit einer Hebung im Takt zusammenfallen mußten).

In diesem Sinne kann die syntaktisch vorgegebene metrische Struktur des Satzes mit den Nuten für die Wörter unterschieden werden von der metri-

---

[45] Sammelbezeichnung für grammatisch fungierende Wörter wie Präpositionen, Artikel u.dgl., die außer zur Markierung eines Kontrastes nicht akzentuiert werden.

schen Struktur dieser Wörter selbst, die als Federn in den Satznuten fungieren. Als symbolische Darstellungsweise bietet sich eine Differenzierung der im vorigen Kapitel entwickelten an: Die dort (mit einem x) ausgezeichneten „Hebungen“ lassen sich gewissermaßen als Gipfel einer metrischen Kontur interpretieren, die auch die Binnengliederung der Wörter umfaßt (wer metaphorische Bilder liebt, kann sie als die sichtbare Spitze von metrischen Eisbergen sehen, deren große Masse ja unter der Wasseroberfläche verborgen ist); zur Darstellung mit einer sogenannte Gitterstruktur, s. E 2.

In einer hierarchischen Ordnung, die für die metrische Gliederung „von oben nach unten“ abzuarbeiten ist, müssen als zunehmend „lokalere“ Artikulation des Ganzen der Äußerung (hier und im folgenden syntaktisch als Satz vorausgesetzt) die folgenden Ebenen unterschieden werden:

- *A* - die Makrogliederung der Äußerung, nochmals getrennt in:
- *A 1* für den *Äußerungsfokus* und
- *A 2* für die *Thema - Rhema-Gliederung* (der Fokus wird hier der Einfachheit halber als Teil des Rhemas verstanden),
- B als die *Wortnuten* in der syntaktischen Struktur,
- C der eventuelle (syntagmatische) Ausbau der Wortformen (die *Silbenstruktur des Wortes*), parallel zu den weiteren Spezifizierungen der „lexikalischen Einsetzung“.

Auf jeder dieser Ebenen erhalten die entsprechenden Elemente eine Markierung (x). Die metrische Kontur der Äußerung ergibt sich dann durch das relative Gewicht (die Anzahl) der auf dem jeweiligen Segment (der Silbe) versammelten Markierungen.

Schematisch kann das wie folgt skizziert werden, wobei ich ein Grundschema der syntaktischen Strukturen des Deutschen voraussetze (die Äußerung wird als Folge ihrer Segmente mit einer Strecke ----- symbolisiert):

Äußerung	#--#
A 1. *Äußerungsfokus*	#------------------------------------ x ------#
A 2. *Thema - Rhema-Gliederung*	#-------- x ------------------------ x ------#
B. *Wortnuten*	#---- x - x --------- x ----------- -x - x --#
C. *Silbenstruktur des Wortes*	#- x -x - x -------- x ------------ x - x --#
Relative Gewichtung der Silben[46]:	1 2 3 2 4 2

Das Beispiel *Oma kocht Mus* (s.o. Kap. 3.2.) kann die Funktionsweise verdeutlichen:

46 Als Ergebnis der Addition der Anzahl der x-Markierungen in den Säulen des Gitters.

Äußerung	#[ˈʔoː.ma ˈkɔxt ˈmuːs]#
A 1. *Äußerungsfokus*	#---------------------------------- x --- #
A 2. *Thema - Rhema-Gliederung*	#- x ------------------------------- x --- #
B. *Wortnuten*	#- x -------------- x ------------- x --- #
C. *Silbenstruktur des Wortes*	#- x -- x --------- x ------------- x --- #
Relative Gewichtung der Silben:	3 1 2 4

Nun kennt das Deutsche aber nicht nur „volle“ Silben wie hier auf der Ebene C, die wie hier als „betonbar“ eine Markierung erhalten, sondern auch reduzierte Silben, die nur im Schatten von „betonten“ Silben vorkommen. Sie sind im Deutschen insbesondere für die morphologische Variation der Wortformen bestimmend (als Flexions- und Wortbildungsaffixe), vgl. in diesem Sinne trochäische Formen wie (Explizitformen mit Schwa!): *Hunde* [ˈhʊn.də], *Bücher* [ˈbyː.çɐ] , *(wir) laufen* [ˈlaʊ.fən] , *(wir) liefen* [ˈliː.fən] usw.

Für diese Wortformen ist es charakteristisch, daß sie im Paradigma mit Formen ohne eine solche Reduktionssilbe alternieren, vgl. *Hund* [ˈhʊnt], *Buch* [ˈbuːx] , *lauf! (Ipt.)* [ˈlaʊf] , *(er) lief* [ˈliːf] usw. Will man die metrische Struktur dieser Formen einheitlich für das jeweilige Wort (im Sinne der lexikalischen Konstanten der zweiten Artikulation, s.o.) definieren, gehört die trochäische Struktur dazu - wobei die einsilbigen Formen einen „katalektisch“ (s. voriges Kapitel) degenerierten Trochäus aufweisen[47].

Dieser Besonderheit der Wortausgliederung ist nun auch in der „metrischen Ableitung“ Rechnung zu tragen. Wir benötigen dazu eine weitere C-Ebene C 2, auf der *alle* Silben, einschließlich der Reduktionssilben bei einem eventuellen entsprechenden Ausbau einer Wortnute eine Markierung erhalten, wie in dem folgenden Beispiel *Susi ißt Bananen*:

Äußerung	#[ˈzuː.zi ˈʔɪst ba.ˈnaː.nn̩]#
A 1. *Äußerungsfokus*	#---------------------------------- x ----- #
A 2. *Thema - Rhema-Gliederung*	#- x ----------------------------- x ----- #
B. *Wortnuten*	#- x -------------- x ------------- x ----- #
C 1. *betonbare Silben*	#- x - x --------- x --------- x - x ----- #
C 2. *alle Silben*	#- x - x --------- x --------- x - x - x-- #
Relative Gewichtung der Silben:	4 2 3 2 5 1

[47] Was damit recht anspruchsvoll umschrieben ist, ist letztlich nichts anders als das feste Elementarwissen des Grundschulunterrichts, daß solche einsilbigen Wortformen zu ihren „verlängerten Formen“ zu stellen sind. Anders gesagt: Dieser didaktische „Trick“ erhält auf diese Weise eine strukturelle Fundierung!

Diese Akzentkonturen sind, wie im vorigen Kapitel im Zusammenhang mit der Intonation angedeutet, zumindest partiell grammatikalisiert. Das gilt so z.B. für themafreie Äußerungsstrukturen, wie sie sich etwa in Fragen finden: *kommst du ?*

Äußerung	#[ˈkɔmst	du: ↑]#
A 1. *Äußerungsfokus*	#--- x -------------------------#	
(A 2. *Thema - Rhema-Gliederung*) entfällt		
B. *Wortnuten*	#--- x ------------------- x ----#	
C 1. *betonbare Silben*	#--- x ------------------- x ----#	
C 2. *alle Silben*	#--- x ------------------- x ----#	
Relative Gewichtung der Silben:	4	3

In diesem Schema läßt sich nun auch die Variation mit der üblichen, nicht markierten (nicht hervorhebenden) Artikulation einer solchen Frage als [ˈkɔms.tə ↑] darstellen:

Äußerung	#[ˈkɔms.	tə ↑]#
A 1. *Äußerungsfokus*	#--- x -------------------------#	
(A 2. *Thema - Rhema-Gliederung*) entfällt		
B. *Wortnuten*	#--- x --------------------(x)---#	
C 1. *betonbare Silben*	#--- x -------------------------#	
C 2. *alle Silben*	#--- x -------------------- x ---#	
Relative Gewichtung der Silben:	4	(2) / 1

In diesem Fall kann man sich darüber streiten, ob die Reduktion des enklitischen Personalpronomens noch als Wort zu markieren ist - daher habe ich die Gewichtung (2) eingeklammert - viel spricht dafür, diese Formen nach dem Muster eines Trochäus der flektierten Formen zu interpretieren (vgl. *(ich)* [ˈkɔ.mə] - auch als Antwort auf eine entsprechende Frage).

Das wird vor allem deutlich, wenn bei solchen Fragen die rhematische Struktur komplexer wird, vgl. *kommst du mit ?* in einer entsprechenden „allegro"-Sprechweise[48] [ˈkɔms.tə mɪt ↑]:

[48] S. Kap. 11 zu den Stilregistern.

Äußerung	#['kɔms.	tə	mɪt↑]#
A 1. *Äußerungsfokus*	#---------------------------- x ---#		
(A 2. *Thema - Rhema-Gliederung*) entfällt			
B. *Wortnuten*	#--- x -----------(x)------- x ---#		
C 1. *betonbare Silben*	#--- x --------------------- x ---#		
C 2. *alle Silben*	#--- x ----------- x -------- x --- #		
Relative Gewichtung der Silben:	3	(2) / 1	4

In solchen Fällen zeigen sich die Konsequenzen eines Analyseschemas, das von oben nach unten verfährt: Unabhängig von der unterschiedlichen wörtlichen Artikulation (*mitkommen* als ein Wort [trennbares Verb] gegenüber adverbialen Ausdrücken, die dem Verb „frei" gegenüber stehen) ist das prosodische Muster das gleiche wie bei *kommst du nachhause?, kommst du morgen?, kommst du zur Party?*

Noch deutlicher ist das bei der prosodischen „Entfaltung" einer nicht nur einwortigen, sondern einsilbigen Äußerung wie *Hans ?,* die unter Umständen zweisilbig ist als ['hɑː. n̩s↑] artikuliert wird:

Äußerung	#['hɑː.	n̩s↑]#
A 1. *Äußerungsfokus*	#-- x ----------------------------#	
(A 2. *Thema - Rhema-Gliederung*) entfällt		
B. *Wortnuten*	#-- x ----------------------------#	
C 1. *betonbare Silben*	#-- x ----------------------------#	
C 2. *alle Silben*	#-- x ----------------------- x --#	
Relative Gewichtung der Silben:	4	1

Die Ebene C 2 zeigt sich so als keineswegs nebensächlicher Wurmfortsatz der Wortformen; vielmehr liefert sie die Folie, auf der überhaupt die prosodischen Kontraste entfaltet werden können: Das trochäische Konturmuster [x -] verlangt insofern eine zweisilbige (fallende, also mindestens 2 - 1 gewichtete) Struktur - diese wird durch „Überdehnung" auch da hergestellt, wo sie im Lexikon gar nicht angelegt ist (und insofern auch aus den lexikalischen Repräsentationen nicht „hochgerechnet" werden kann). In dieser Perspektive sind es eher die Wortformen mit mehr als einer betonbaren Silbe, die problematisch erscheinen.

Nun ist aber offensichtlich, daß eine solche „Silbenepenthese[49]" nicht in jedem Fall eintritt: Das gilt für die katalektischen Versausgänge nicht anders als für die oben schon erwähnten einsilbigen Formen. In der älteren metrischen Theorie erklärte man die katalektischen Metren durch die Pausen, die gewissermaßen als Moren mitgezählt wurden (s. Kap. 4: E 4). Phonetisch gesehen liegt keineswegs in jedem Wortende einer Äußerung eine Pause vor (im Sinne einer Unterbrechung des Artikulationsstroms, wie er sich tatsächlich bei stimmlosen Verschlüssen findet). Der Eindruck einer Pause ist allerdings tatsächlich in der Artikulation einer finalen betonten Silbe fundiert, die vor allem in ihrem vokalischen Kern relativ gedehnt artikuliert wird, sodaß in gewisser Hinsicht auch hier von einer prosodischen Entfaltung (wenn auch nicht mit einer silbischen Epenthese) gesprochen werden kann. Wie auch immer die phonetischen Einzelheiten hier bestellt sind, so können wir davon ausgehen, daß das minimale artikulatorische Grundschema ein Fuß ist - und zwar im Deutschen ein Trochäus (x -). Wo ein „degenerierter" Trochäus vorliegt (ein katalektisches Metrum), ist davon auszugehen, daß die Artikulation der prominenten Silbe (der Hebung) Spuren , die die „eingesparte" Schattensilbe kompensieren. Die katalektischen Formen können im folgenden mit dem Pausenzeichen (#) notiert werden, das dabei die entsprechenden phonetischen Modifikationen in der prominenten Silbe symbolisiert. Bei einer vorausgehenden Reduktionssilbe gibt es keine entsprechenden Veränderungen, also braucht es auch kein solches Zeichen (zu der Möglichkeit katalektischer Wortformen s. auch T 4).

Damit ist das metrische Grundmuster der Wortform im Deutschen (als Potential für eine minimale Äußerung) als Trochäus definiert, entsprechend der morphologischen Struktur der Wortform aus Stamm und Endung. Ebenso definiert ist damit auch die katalektische Nebenform, notiert mit dem Pausenzeichen #, entsprechend einer ∅-Endung[50]:

	x	-		x		(-)
metrisch (Trochäus)	['hʊn .	de]	neben	['hʊnt		#]
morphologisch	{hund-+	-e}	neben	{hund-	+	-∅}

Das Deutsche hat keine jambischen Strukturen, läßt aber auch in der Wortbildung (wie im Satzrhythmus) *Auftakte* zu, insbesondere als unbetonte Präfixe:

[49] Einfügung einer Silbe, s. Kap. 12 für eine formalere Betrachtung von Epenthesen.

[50] ∅ symbolisiert bei der morphologischen Analyse eine „leere" Nute.

x - x -

[gə. ˈbʊn. dn̩] *gebunden* vergl. [ˈbɪn. dn̩] *binden*

Problematisch ist die Analyse allerdings bei einer ganzen Reihe von Formen, die aus anderen Sprachen entlehnt sind und nur teilweise den phonologischen Strukturen des Deutschen angepaßt sind. Hier können sogar durch unterschiedliche Grade der Anpassung Kontraste von Minimalpaaren entstehen, z.B. *August* [ˈʔaʊ.gʊst] (*Vorname*) versus [ʔaʊ.ˈgʊst] (*Monat*); die grammatische Terminologie hat ziemlich durchgängig das trochäische Muster - im Gegensatz zu der sonstigen Verwendung der (etymologisch gleichen) Wörter, vgl.:

	als grammatischer Terminus	sonst
Subjekt	[ˈzʊp . jɛkt]	[zʊp .ˈjɛkt]
Objekt	[ˈʔɔp . jɛkt]	[ʔɔp .ˈjɛkt]
Perfekt (perfekt)	[ˈpɛʁ . fɛkt]	[pɛʁ . ˈfɛkt]
Aktiv (aktiv)	[ˈʔak . tif]	[ʔak . ˈti:f]
Passiv (passiv)	[ˈpa . sif]	[pa . ˈsi:f] (neben: [ˈpa. sif])

Daß bei Formen wie [zʊp .ˈ jɛkt], [ʔak . ˈti:f] keine prosodische Fremdmarkierung durch ein jambisches Akzentmuster vorliegt, zeigt die paradigmatische Struktur der Formen, etwa in flektierten Formen wie [zʊp .ˈ jɛk .tə], [ʔak . ˈti: . və]: Auch hier ist also eine Analyse als (degenerierte) Trochäen mit Auftakt begründbar, die eine einheitliche Analyse des Wortschatzes im Deutschen sicherstellt. Dabei zeigt sich die für das Deutsche grundlegende Wortpromienz (s. T 3), die durch die Subsumption der Silben eines Wortes unter die von der prominenten (betonten) Silbe dominierte prosodische Kontur sichergestellt wird.

Besonders deutlich wird das bei komplexen Formen, die durch die Wortbildung zustandekommen, also bei Erweiterungen, die nicht in ein Flexionsparadigma integriert sind. Dabei sind *Ableitungen* von *Zusammensetzungen* zu unterscheiden.

Ableitungen sind mit Ausnahme von (alles in allem marginalen) Präfixbildungen, die in metrischer Hinsicht als Auftakte zu werten sind, problematisch, wenn sie nach der prominenten Silbe (Hebung) und vor der Reduktionssilbe (Senkung)[51] weitere Silben aufweisen, so daß sie als daktylisch (oder noch komplexer) angesehen werden können; vgl.

x - - x -

Jünglinge [ˈjʏŋ. lɪ. ŋə], aber „regulär“[52] *Mädchens* [ˈmɛ:t. çn̩s] mit einer nicht silbenbildenden Endung, ebenso *Häuschen* [ˈhɔʏs . çn̩], aber vgl. *Häuser* [ˈhɔʏ . zɐ].

Diese Komplikationen, ebenso wie die noch problematischeren Ableitungen mit einem „peripheren“ Vokalismus, insbesondere Diphthongen, wie in *Gerechtigkeiten* [gə . ˈʀɛç . tɪ (k). kaɪ . tn̩], *Schönheiten* [ˈʃø:n . haɪ . tn̩], vgl. auch *Urteile* [ˈʔʊʁ .taɪ . lə] u.a., werden in den späteren Kapiteln im Zusammenhang mit der Artikulation der Silbenstrukturen diskutiert. Gleiches gilt für die (keineswegs kleine) Gruppe von Wortstrukturen, die nicht als komplexe Wortformen analysierbar sind, aber nicht das trochäische Grundmuster (mit eventuell einfachem Auftakt) aufweisen, wie in *Forelle* [fɔ . ˈʀɛ . lə], *Akademie* [ʔa . ka . de . ˈmi:].

Zusammensetzungen sind auf der prosodischen Ebene dadurch definiert, daß sie zwei (oder mehr) Wortakzente haben, die aber durch eine hierarchische Abstufung zu einer Wortkontur integriert sind. Auf der Ebene B stehen sie in einer Wortnute - haben dort also auch nur eine Markierung. Im Gegensatz zur Ebene C 1 sind bei ihnen aber nur weitere betonte Silben (Nebenakzente) vorhanden, die jeweils auch wieder Füße (Trochäen) bilden.

Bei der Diskussion komplexerer Beispiele werden schnell die Probleme der Wortphonologie deutlich: Wortkonturen sind nur virtuell definierbar, beobachtbar sind nur die Konturen von Äußerungen, die durch Worte artikuliert werden. Allerdings gibt es Verträglichkeitsbedingungen: Die Hebung einer Satzkontur kann z.B. nicht durch die Reduktionssilbe eines Wortes artikuliert werden u. dgl.; eine metrische (Teil-) Kontur kann nicht so aussehen wie

```
              x
              x
     x    x   x
#   gə. laʊ. fən #
```

(zu den Veränderungen, die erforderlich sind, wenn eine solche Kontur unter Kontrastbedingungen produziert werden soll, z.B. als Korrekturäußerung, s.

---

[51] Zur hier schon terminologisch benutzten Silbentypologie (prominente Silbe, Reduktionssilbe) s. Kap. 6.

[52] Jedenfalls im Norddeutschen. Von der normativen Grammatik wird die für den Numerus nicht markierte Form *Mädchen* (Singular wie Plural) gefordert.

Kap. 8). Allerdings kann es so zu „Verzerrungen“ kommen wie bei den angesprochenen einsilbigen Äußerungen:

x
x x
[ˈhɑ. ns] *„Hans!“*

Diese Zusammenhänge bestimmen auch die regionale Variation im Deutschen, also die gesprochene Sprache außerhalb der Hochlautung, wo sich unterschiedliche Formen der „Einpassung“ des Wortmaterials in präferierte (und dispräferierte) metrische Muster finden, etwa für *Geländer* in der Hochlautung:

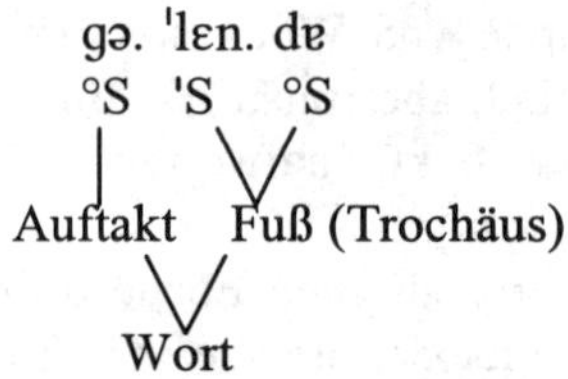

aber süddeutsch, etwa im Bairischen:

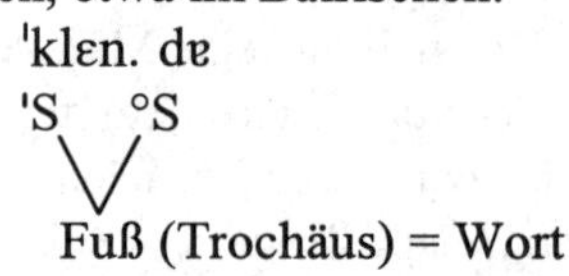

Hier zeigt sich eine Dynamik der metrisch gesteuerten Reduktion, die noch weiter bei der einsilbigen (katalektischen) Reduktion geht: *gehe* [ˈgeː] neben [ˈgeːə]. Diese Zusammenhänge werden in Kap. 11 wieder aufgenommen.

Bei Zusammensetzungen aus trochäischen Wortformen ist die prosodische Struktur offensichtlich *rekursiv*[53] aufgebaut, indem die jeweiligen Trochäen selbst wieder als nach dem trochäischen Muster (x -) abgestufte Elemente in „Super-Trochäen“ eingehen, die in der gleichen Weise wie bei dem bisherigen Schema durch eine Kumulation von Markierungen dargestellt werden können; bei den folgenden Beispiele etikettiere ich die Ebenen mit ST für die „supertrochäische“ und mit T für die trochäische Gliederung „ˌ“ bezeichnet einen stärkeren Nebenakzent:

ST	x	-	-	-
T	x	-	x	-
Gartenlaube:	[ˈgaʁ .	tn̩ .	ˌlaʊ .	bə]

[53] Mit „zyklisch“ wiederkehrenden Strukturen, s. Kap. 12.3. für eine Explikation.

ST 1	x	-	-	-	-	-
ST 2	x	-	-	-	x	-
T	x	-	x	-	x	-
Gartenlaubendächer:	[ˈgaʁ .	tn̩ .	ˌlaʊ .	bn̩ .	ˌˌdɛ .	çɐ]

Bei komplexen Wortzusammensetzungen spiegelt die Akzenthierarchie die internen Determinationsbeziehungen der Zusammensetzung. Derartige Kontraste kann man beliebig basteln, wie beispielsweise das in diesem Sinne zweideutige Kompositum *Damendoppelfehler*:

ST 1	x	-	-	-	-	-
ST 2	x	-	-	-	x	-
T	x	-	x	-	x	-
Damendoppelfehler	[ˈdɑː .	mn̩.	ˌdɔ .	pl̩ .	ˌˌfeː .	lɐ]

(im Unterschied zum Fehler im *Dameneinzel* ...)

ST 1	x	-	-	-	-	-
ST 2	x	-	x	-	-	-
T	x	-	x	-	x	-
Damendoppelfehler	[ˌdɑː .	mn̩.	ˈdɔ .	pl̩ .	ˌˌfeː .	lɐ]

(im Unterschied zu einem einfachen Fehler, den Damen machen)

Üblich sind solche Kontraste da, wo eines der Elemente des Kompositums zu einer Art Affix wird, wie es besonders bei Formen der Fall ist, die zum Nachdruck verwendet werden[54]: Ironischerweise sind solche Elemente prosodisch zu „Auftakten" abgestuft, vgl. Kontraste wie (das prominent betonte Element in Majuskeln): *BOMbensicher* versus *bombenSIcher*, *HUNdeelend* versus *hundeElend*, *SAUmagen* versus *SauMAgen* (wie in „der verdammte Magen ...") und dergl.

Allerdings haben nicht alle Wortzusammensetzungen eine solche hierarchische Integration. Sogenannte *kopulative* Komposita, bei denen die Bestandteile gleichwertig miteinander verknüpft werden, zeigen auch keine Akzentintegration, vgl. etwa bei zusammengesetzten Farbbezeichnungen:

- *determinativ* (XY = eine Art von Y): *taigagrün* [ˈtaɪ . ga . ˌgʁyːn]
- *kopulativ* (XY = sowohl X wie Y): *ockergrün* [ˈʔɔ . kɐ . ˈgʁyːn]

Probleme tauchen bei solchen Formen auf, wenn im Vorderglied ein degenerierter (katalektischer) Trochäus steht, sodaß zwei gleichrangige betonte

[54] In der Grammatik des Deutschen ist hier gelegentlich von *Halbpräfixen* die Rede.

Silben unmittelbar aneinanderstoßen. Um (in besonders deutlicher Aussprache) eine Abstufung zu vermeiden, wird hier dann eine kleine Pause artikuliert: *schwarzweiß* [ˈʃvaʁts#ˈvaɪs]. Bei häufigen Bildungen findet sich demgegenüber meist wohl das integriertere fallende Muster: *rotgrün* [ˈʀo:t. ˌgʁy:n] prosodisch in einer Reihe mit *dunkelgrün* [ˈdʊŋ . kəl . ˈgʁy:n] (aber bei der Hervorhebung, etwa zur Abgrenzung im politischen Raum [ˈʀo:t. ˈgʁy:n]). Lexikalisierte Formen zeigen wohl regulär das integrierte Muster: *Hosenrock* [ˈho: . zən . ˌʀɔk].

Ein komplexeres Beispiel kann das Verhältnis von prosodischer Satzstruktur, wie sie im 4. Kapitel besprochen wurde, und Wortstruktur verdeutlichen (zu den Analyseebenen s.o.):

Nach dem gemeinsamen Abendessen gingen wir meist spazieren.

```
Äußerung #[ˌnɑ:x. dm̩. gə. ˈmaɪn. za. mn̩. ˈʔɑ:. bn̩t. ʔɛ. sn̩. ˌgɪ. ŋŋ̍. və. ˈmaɪst. ʃpa. ˈtsi:. ʀn̩]#
A1.     Fokus:
         #------------------------------------------------------------------------------------------------x-------#
A2.1.   Nebenfokus:
         #-------------------------------------------x----------------------------------------------------x-------#
A.2.2.  rhematische Gliederung:
         #-------------------------x-----------------x-------------------------------------x--------------x-------#
B.      Wort:
         #-----x-------------------x-----------------x----------x--------x-----------------x--------------x-------#
C1.     Volle Silben:
         #-----x-------------------x---x-------------x----------x--------x-----------------x-------x------x-------#
C2.     alle Silben:
         #-----x-----x------x------x---x------x------x-----x----x----x---x----x----x-------x-------x------x---x---#
         #[ˌnɑ:x. dm̩. gə. ˈmaɪn. za. mn̩. ˈʔɑ:. bn̩t. ʔɛ. sn̩. ˌgɪ. ŋŋ̍. və. ˈmaɪst. ʃpa. ˈtsi:. ʀn̩]#
```

In diesem Beispiel gibt es keine Thema - Rhema-Gliederung im eigentlichen Sinne. Im Vorfeld des finiten Verbs steht allerdings ein komplexes situierendes Element, so daß die gesamte Äußerung in zwei Makrotakte (Atemgruppen) aufgebrochen wird. Dabei erhält das komplexe Element im „Auftakt“ analog zum Thema einen (Neben-) Fokus (A.2.1.); die weiteren prominenten Elemente werden hier der Einfachheit halber auf einer Ebene A.2.2. als „rhematisch“ markiert.

Auf der Ebene B wird ein Kompositum als Folge von Wörtern behandelt. Umgekehrt werden hier enklitische Formen, die phonologisch in die Kontur des sie „stützenden Worts“ (im folgenden auch: *Wirtswort* genannt) integriert sind, nicht als Wörter markiert: der definite Artikel [dm̩] (zu unterscheiden von dem Demonstrativ [ˈde:m]), das Personalpronomen [və]. Im Unterschied etwa zur Antwort auf eine Frage: *Wer will noch ein Bier?* - [viɐ]. Zu den Reduktionsformen s. Kap. 9.

5.1. Ergänzende Kommentare

E 1: Zu den Differenzen der Forschungsansätze „von oben nach unten“ gegenüber „von unten nach oben“

Die phonetisch-phonologische Tradition geht von Segmenten aus, repräsentiert ihre Analyse also strikt lokal. Prosodische Strukturen werden dann "von unten nach oben" aus bestimmten Konfigurationen lokaler Erscheinungen hochgerechnet. Das von mir hier zugrundegelegte Vorgehen operiert demgegenüber "von oben nach unten", isoliert zunächst die von der lokalen Artikulation unabhängigen prosodischen Strukturen (die an pragmatische Bedeutungen gebundenen Konturen) und erst dann ihren Ausbau auf lokaler Ebene (in Hinblick auf "virtuelle" Strukturvorgaben des Lexikons). Eine solche Umkehr der Argumentationsrichtung wird seit etwa 15 Jahren auch in der phonologischen Forschung diskutiert (s. für Literaturhinweise etwa Hayes 1995: 116-117). Hayes selbst interpretiert den Unterschied in der Analyserichtung in seinen Fallstudien dort als empirische Frage - was der weiteren Forschung vermutlich die Richtung zeigt.

E 2: Zur metrischen Gitterstruktur

Solche Darstellungsformen sind seit Mitte der 70er Jahre üblich geworden. Für einen Überblick über die damit verbundenen Ansätze, s. die entsprechenden Kapitel in Goldsmith 1995 oder Kenstowitz 1995; eine für die neuere Diskussion wichtige Monographie haben 1987 Halle und Vergnaud vorgelegt. Die systematische Ausarbeitung dieses Ansatzes findet sich derzeit bei Hayes 1995. Diese Darstellungen dienen dort der expliziten Modellierung von Äußerungsstrukturen (s. Kap. 12), nicht wie hier der heuristischen Analyse von Äußerungen. Dem entspricht, daß auch bei diesen "nicht-linearen" Ansätzen die prosodischen Strukturen in der Regel aus segmentalen "hochgerechnet" werden, die mit der lexikalischen Repräsentation der Wortformen kodiert sind. Ein Vorgehen wie das meine hier "von oben nach unten" erscheint mir allerdings auch aus pragmatischen und systematischen Gründen erforderlich, sowohl bei Sprachen mit einem Wortakzent wie dem Deutschen, wie auch bei Sprachen ohne Wortakzent (s. T 1).

In der Grundidee stimmt das hier praktizierte Verfahren mit den genannten Modellierungen überein: Prosodische (metrische) Konturen sind prinzipiell ablösbar von der segmentalen Artikulation und werden so repräsentiert. Bei einem Formalismus im Sinne einer konsistenten Modellierung (s. Kap. 13) sind bestimmte Wohlgeformtheitsbedingungen zu beachten, die für eine heuristische Symbolisierung wie hier im Text nicht entscheidend sind, die aber auch auf ein entsprechendes Vorgehen "von oben nach unten" übertragbar sind. Auch bei einem Durchgang durch die Ebenen $A_1 \rightarrow A_2 \rightarrow B \rightarrow C$ ist die silbische Verortung der "Hebungen" Konstruktionsprinzip: Die

Darstellung hier[55] zeigt das im Erscheinungsbild der Gitterkonstruktion, die gewissermaßen spiegelverkehrt zu einer Konstruktion "von unten nach oben" ist.

	'ʔo:.	ma'	kɔxt'	mu:s				
A_1				x				x
A_2	x			x	x			x
B	x			x	x		x	x
C	x	x	x	x	x	x	x	x
					'ʔo:.	ma'	kɔxt'	mu:s

Die theoretische Pointe des hier gewählten Verfahrens läuft darauf hinaus zu zeigen, daß sich die Äußerungskontur gewissermaßen die Elemente in der wörtlichen Artikulation *sucht*, mit der sie artikuliert wird. Insofern ist eben die virtuelle (lexikalische) Wortbetonung bei Sprachen wie dem Deutschen entscheidend, weil die kritischen Konturmomente der Äußerung (im Regelfall) in wortprominenten Silben artikuliert werden - aber es gilt eben nicht das Umgekehrte: Wortprominente Silben im Sinne der "Explizitformen" müssen nicht prominente Elemente der Äußerungskontur artikulieren.

5.2. Typologische Kommentare

T 1: Wortprominente Sprachen

Die grammatische Struktur von Sprachen wie dem Deutschen ist dadurch bestimmt, daß sie zwischen der syntaktischen Struktur der Sätze und den morphologischen Minimaleinheiten der Morpheme noch die der Wörter kennt, die (mit Ausnahme der Partikel) morphologisch komplex und durch ihre relativ große syntaktische Autonomie gegenüber den „gebundenen Morphemen" abgegrenzt sind. Andere Sprachen haben diese Struktur nicht - oder jedenfalls nicht in dem strukturdominanten Maße, wie es im Deutschen der Fall ist (daher der Ausdruck *wortprominent*). Das ist auf der einen Seite so bei den Sprachen von dominant „isolierendem" Typ der Fall (vor allem ostasiatischen Sprachen wie Vietnamesisch oder auch bei dem älteren Chinesischen

[55] Die folgende Darstellung ist gegenüber der im Text „abgespeckt", indem sie nur noch die x-Markierungen aufweist: Die aus Gründen der Anschaulichkeit in die Gitterdarstellungen im Text eingetragenen – haben ja keinen eigenen prosodischen Wert, sondern markieren nur die Abwesenheit eines x.

u.a.), die keine (oder nur marginal) morphologische Komplexität kennen, wo also keine systematische Unterscheidung von Wörtern und Morphemen vorgenommen werden kann. Auf der anderen Seite gilt das auch für Sprachen mit einer reichen Morphologie, deren freie Formen in der Regel aber die Struktur von Sätzen haben (und auch so, d.h. als Prädikation in einer Äußerung) vorkommen, wie es in vielen sogenannte polysynthetischen Sprachen wie dem Eskimo und vielen Indianersprachen Amerikas der Fall ist. Hier ist im Extremfall keine systematische Unterscheidung von Wörtern und Sätzen möglich. Im Gegensatz zu wortprominenten Sprachen wie dem Deutschen beruht die Struktur solcher Sprachen auf dem Verhältnis von Morphem und Satz.

T 2: Zum Wortakzent

Eine ganze Reihe von Sprachen sind im phonologischen Sinne nicht *wortprominent.* Sprachen wie z.B. das Französische oder das marokkanische Arabische kennen im großen und ganzen solche grammatisch genutzten "Grenzsignale" der ersten Artikulation überhaupt nicht, beim Französischen spricht man auch von der Differenz von *grammatischem* und *phonologischem Wort* (=Akzenteinheit). Wie in vielen anderen Sprachen wird auch hier die Äußerung mit einem Akzent konturiert (mit # notiere ich die Äußerungsgrenzen). Dieser Akzent ist im Französischen immer final - das gilt selbstverständlich auch, wenn die Äußerung nur aus einem Wort besteht, insbesondere beim Abfragen isolierter Wörter: *boulangerie* /#bu.lã.ˈʒri#/ „Bäckerei“, *achète* /#a.ˈʃɛt#/ „(er) kauft“, *croissants* /#krwa.ˈsã#/ „Croissants“ usw., aber in einem Sprechtakt, mit entsprechender Resyllabierung (s. dazu Kap. 3: E 3) /#i.la.ʃɛt.dɛ.krwa.sã.dã.la.bu.lã.ˈʒri#/ „er kauft Croissants in der Bäckerei“.

Das marokkanische Arabische (genauso wie das Berberische in Marokko) nutzt die Akzentkonturierung in Verbindung mit der Intonation zur Markierung der pragmatischen Funktion einer Äußerung: Eine terminale Kontur wird paroxyton (auf der vorletzten Silbe) betont, eine nicht terminale oxyton - und zwar unabhängig von der segmentalen Artikulation dieser Silben. Wenn z.B. das letzte Wort einer Äußerungssequenz /kət.bʊ/ „sie haben geschrieben“ ist, wird es terminal als /ˈkət.bʊ ↓#/, nichtterminal (weiterführend oder fragend) als /kət.ˈbʊ ↑#/, artikuliert.

Die phonologische Kontur des Deutschen ist durch den starken (Druck-) Akzent geprägt: Ihm ist die Wortkontur untergeordnet. Das zeigt sich insbesondere in dem unterschiedlichen silbischen Ausbau, je nach der relativen Position der Silbe im Akzentschema. Viele Sprachen kennen das nicht. Selbst wenn sie eine Wortakzentuierung kennen, haben bei ihnen betonte und unbetonte Silben prinzipiell die gleiche Struktur - wobei in solchen Sprachen die Akzentuierung (außer zu kontrastiven Zwecken) zumeist aber eher durch Tonverläufe als durch Druckkonturierung erfolgt. Das ist so z.B. im Türkischen der Fall, dessen - verglichen mit dem Deutschen eher restriktiver - Silbenfilter für alle Silben, unabhängig von der Akzentposition wirkt. Der Akzent selbst ist im Türkischen wortfinal und hat damit wortbegrenzende Funktion. Bei solchen „agglutinierenden“ (morphemverkettenden) Sprachen, deren Morphemketten außerordentlich umfangreich werden können, stellt das (zusammen mit der Vokalharmonie, s. Kap. 7: T 2) ein sehr hilfreiches Ausgliederungskriterium bei Äußerungen dar, vgl. etwa zu *çocuk* /tʃo.ˈdʒuk/ „Kind“: *çocuklar* /tʃo.dʒuk.ˈlar/ „Kinder (Pl.)“, *çocuklarïmiz* /tʃo.dʒuk.la.rɨ.ˈmɨz/ „unsere Kinder“, *çocuklarïmizïn* /tʃo.dʒuk.la.rɨ.mɨ.ˈzɨn/ „von unseren Kindern“ usw. – die Morphemketten können noch so komplex werden, sie werden durch eine einheitliche Harmoniereihe zusammengehalten.

Verglichen mit der Akzentkonturierung im Deutschen sind Sprachen wie das Finnische besonders „irritierend“: Das Finnische hat eine global gesehen recht ähnliche phonologische Wortkontur wie das Deutsche mit einem Intialakzent und - bei längeren Wortformen - Nebenakzent(en), kennt dabei aber keine Reduktionssilben. Auch bei morphologisch sehr komplexen Formen (durch agglutinierende Prozesse wie im Türkischen) zeigen die Vokale in allen Silben die „periphere“ (nicht-zentralisierte) Qualität, vgl. Formen wie[56] *venyttämättänikin* „auch ohne daß ich dehne“ [ˈve.nyt.tɛ.ˌmɛt.tɛ.ˌni.kin]. Auch die Quantitätenkontraste sind akzentunabhängig, wie schon die langen (geminierten) Konsonanten in diesem Beispiel zeigen. Zum Vokalismus vgl. Oppositionen wie *tuule* [ˈtuː.le] „blase ! (Ipt.)“ aber *tuulee* [ˈtuː.leː] „er bläst“. Wie schon dieses Beispiel zeigt, sind Langvokale in unbetonten Silben durch die morphologische Nutzung der Quantitätenopposition sogar ausgesprochen häufig.

T 3: Töne

So wie die Profilierung der Äußerung durch die Akzentuierung in einigen Sprachen (wie im Deutschen) zur Wortausgliederung genutzt wird, findet sich das oft auch anders als im Deutschen durch die Modulation der Grundfrequenz. Im Unterschied zur [Satz-] *Intonation* spricht man hier von *Tönen.* Da das im Deutschen nicht der Fall ist, sei hier nur in typologischer Hinsicht auf diese artikulatorische Möglichkeit verwiesen. Sie findet sich besonders in Sprachen, die die anderen phonologischen Artikulationsmöglichkeiten zur Differenzierung der Formen nur sehr restriktiv nutzen, die

- auf der paradigmatischen Ebene sonst nur relativ geringe Segmentinventare aufweisen,
- auf der syntagmatischen Ebene sonst nur sehr einfach strukturierte Wortformen beziehungsweise Silbenstrukturen aufweisen, die wie z.B. das Vietnamesische nur einsilbilbige Wortformen zulassen, oder nur offene Silben wie das Samoanische (s. Kap. 6: T1), oder wie z.B. das Chinesische nur durch einen Nasal im Reim erweiterte Silben und dergleichen.

Die Tonsysteme können dabei sehr unterschiedlich sein, wobei die Domäne der Töne bei Sprachen mit mehrsilbigen Wortformen jeweils die Silbe ist. Man unterscheidet gewöhnlich:

[56] S. H. Fromm, *Finnische Grammatik*, Heidelberg: Winter 1982, hier S. 41.

- *Registertöne*, bei denen die relative Tonhöhe (Größe der Frequenz) diskriminierend ist, sich bei mehrsilbigen Formen eine Kontur im Kontrast der Töne der verschiedenen Silben ergibt,
- *Konturtöne*, bei denen der Tonverlauf innerhalb einer Silbe diskriminierend ist (fallend, steigend, gleichbleibend, auch fallend-steigend, steigend-fallend und dergleichen).

Die Verhältnisse in diesen Sprachen können sehr komplex sein, nicht zuletzt durch die Interaktion dieser Töne mit äußerungsprosodischen Strukturen (Intonation, Akzentuierung), vor allem aber auch durch die Interaktion der Tonstrukturen in syntagmatisch verknüpften Wortformen (*Tonsandhi*).

Allerdings ist die Nutzung der Modulation der Grundfrequenz keinesfalls so exotisch, wie es der übliche (und von mir hier wiederholte) Verweis auf die überseeischen „Tonsprachen" zu implizieren scheint. Unter dem Gesichtspunkt eines Szenarios ihrer Genese handelt es sich um die Verselbständigung einer Begleiterscheinung der Wortkonturierung, wie sie oben als Bestandteil des komplexen Syndroms „Akzent" angesprochen wurde. Das findet sich nun auch in den germanischen Sprachen, gewissermaßen als Kompensation für den Wortformenabbau auf der syntagmatischen Ebene infolge der starken Dominanz der Betonung und der Unterordnung der unbetonten Silben unter die betonte, die bis zu deren Verlust geht (s. Kap. 8: T 1). Der Aufbau einer komplexen Tonkontur in der betonten Silbe bewahrt dabei die Spur der alten syntagmatischen Komplexität.

Das läßt sich sehr schön an den festlandskandinavischen Sprachen Schwedisch und Norwegisch verfolgen, die Wortformen mit einem einfachen Akzentmuster, bei denen die betonte Silbe einen fallenden Tonverlauf hat, von solchen mit einer komplexen Kontur kontrastieren, bei der der Tonverlauf nach dem Abfall wieder ansteigt (hier gibt es allerdings eine große dialektale Variation, auf die hier nicht einzugehen ist[57]).

Im älteren Skandinavischen, vor der Reduktion der nicht-hauptbetonten Silben, war die Hauptbetonung offensichtlich von einem Tonanstieg und -abfall begleitet (ich notiere hier ↑↓) - das war bei Einsilblern wie auch bei mehrsilbigen Formen der Fall. Nicht-betonte Silben hatten diese Kontur nicht - aber eine andere, nehmen wir der Einfachheit halber an: eine nicht-absteigende. (notiert als →). Dadurch ergab sich ein unterschiedlicher Tonverlauf für ein- gegenüber mehrsilbigen Formen:

- einsilbig: schwed. *ˈbur* ↑↓ „Bauer" (= Behausung, vgl. Vogel*bauer*, auch Nach*bar*), norweg. ˈ*sval*↑↓ „Laubengang am Haus" (zu *sval* „kühl", das wiederum mit dt. *schwül* zusammenhängt),
- mehrsilbig: *ˈ*buran* „geboren" ˈ*bu* ↑↓ *.ran* →, norweg. *ˈ*svala* „Schwalbe" (wie das dt. Wort aus altem **swalwo:n*), also ˈ*sva* ↑↓ *.la* →.

---

[57] Zu den schwedischen Tönen s. etwa Bertil Malmberg, *Uttalsundervisning*, Stockholm: Almqvist & Wiksell 1967 (mit zahlreichen Illustrationen); zur historischen Entwicklung etwa Einar Haugen, *Scandinavian Language Structures*, Tübingen: Niemeyer 1982, insbs. S. 22 ff.

Die Reduktion der zweiten Silbe (der unbetonten Silbe mit einem Schwa-Vokal, der keine Tonmodulation zu artikulieren erlaubt), führte zu einer Verlagerung der komplexen Tonkontur auf die betonte Silbe, sodaß die Formen jetzt mit einer meist noch durch eine fallend-steigende (↓↑) Kontur profilierten betonten Silbe lauten: schwed.-norweg. *ˈbu* ↓↑ *.rən* , ˈ*sva*↓↑ *.lə*.

Wortformen konnten durch enklitische Formen prosodisch komplexer werden, ohne daß das aber Auswirkungen auf die Akzentkontur hatte. Das gilt insbesondere für die Suffigierung des bestimmten Artikels (für belebte Substantive *-en*). Dadurch ergeben sich Minimalpaare, die nur durch die Tonverläufe diskriminiert werden (distinktiv für den einfachen Akzent ist die fallende Kontur, die ich jetzt alleine notiere):

buren (bur + en) „der (Vogel-)Bauer": *ˈbu* ↓*.rən* , aber *buren* „geboren" *ˈbu* ↓↑ *.rən* ; norw. *svalen (sval + en)* „der Laubengang": ˈ*sva*↓ *.lən* , aber *svalen (svale + [e]n)* „die Schwalbe": ˈ*sva*↓↑ *.lən*.

Analoges findet sich auch in deutschen Dialekten, so insbesondere im Rheinischen[58]. Hier gibt es häufige Minimalpaare durch die zum Teil bis zur Apokope[59] weitergegangene Reduktion der unbetonten Silbe: *le:t* ↓„Leid", *le:t* ↓↑ „Lied". Diese Kontur artikuliert hier vor allem die Kontraste der Flexion, beispielsweise wenn Formen mit dem endungslosen Kasus *rectus* durch einen fallenden von den früher suffigierten obliquen Kasus mit einem Konturton unterschieden werden: *bo:m*↓ „Baum", aber *om bo:m* ↓↑„auf dem Baum", so auch bei den Substantivierungen von (flektierten) Adjektiven: *do:f*↓„taub", aber *dɛ do:f*↓↑„der Taube" usw.

Um eine analytische Perspektive zu gewinnen, ist es wichtig, sich klar zu machen, daß die verschiedenen Artikulationsmöglichkeiten, darunter auch die Tonverläufe, untereinander prinzipiell funktional äquivalente Ausdrucksformen der ersten Artikulation sind, daß die verschiedenen Sprachen von ihnen nur unterschiedlichen Gebrauch zur Differenzierung der Formen der ersten Artikulation machen. Das zeigt gerade die Phonologisierung der Tonkonturen der genannten germanischen Sprachen sehr schön - weil sie dort offensichtlich parallel zu anderen (funktional äquivalenten) Entwicklungen in der Mehrheit der Sprachen abgelaufen sind. Das mit dem Schwedischen und Norwegischen eng verwandte Dänische hat die Tonverläufe nicht phonologisiert - dafür hat es parallel zu dem Konturton der beiden anderen festlandskandinavischen Sprachen eine andere (innerhalb des Germanischen nicht weniger „originelle") Lösung zur Kompensation der Reduktion der unbetonten Silbe entwickelt, den sogenannten *stød* (dt. „Stoß"). Die inselskandinavischen Sprachen, insbesondere das

[58] S. etwa Ferdinand Münch, *Grammatik der ripuarisch-fränkischen Mundart,* Bonn: Bouvier 1904.

[59] *apo-kop-*[*-e* / *-ieren* usw.] aus dem griechischen: *apo-*"weg" (vgl. deutsch *ab-*) *kop-*[*t-ein*] "schneiden". *Apokope* bezeichnet den Wegfall eines Wortbestandteiles, in der Regel am (rechten) Wortrand, wie bei *(ich) laufe* [ˈlaʊfə] > [ˈlaʊf]. Die entsprechende Erscheinung im Wortinnern bezeichnet man als *Synkope* (Verb: *synkopieren*), gebildet mit griechisch *syn-* "zusammen", synkopieren also "zusammenschneiden" (vgl. Bildungen wie *zusammenstutzen*), wie bei *Herbst* [ˈhɛrbəst] > [ˈhɛrpst].

Isländische, kennen die Reduktion der unbetonten Silben nicht - entsprechend auch nicht diese prosodischen Reaktionen darauf.

Der *stød* ist phonetisch eine Glottalisierung des Reims der betonten Silbe, phonetisch auch als dort artikulierter Glottisverschluß beschreibbar[60]; im Dänischen ist das Auftreten des Glottisverschlusses also nicht wie im Deutschen (und den anderen germanischen Sprachen) an den Anfangsrand der betonten Silbe gebunden.

Die im Dänischen mit dem *stød* markierte Form ist aber genau spiegelverkehrt zum Schwedisch-Norwegischen die alte einsilbige Form, die als betonte an einen komplexen Reim gebunden war: Dieser wurde im Endrand mit der Glottalisierung markiert: Ist der verzweigte Reim vokalisch, liegt die Glotalisierung im Vokal, sonst im (sonoren) konsonantischen Endrand. Der Silbenfilter für die einsilbige Form (vor Pausa) kann also etwa wie folgt dargestellt werden:

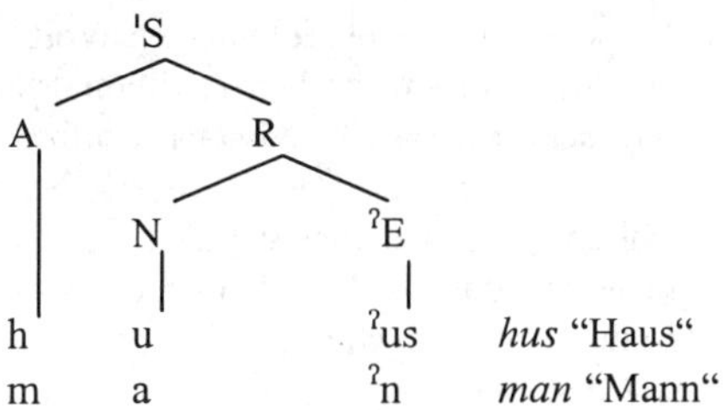

Durchsichtiger läßt sich die Glottalisierung prosodisch als Eigenschaft der Silbe darstellen, die segmental im Reim artikuliert wird (die stärker markierte Kante im Baum zeigt die segmentale Artikulation):

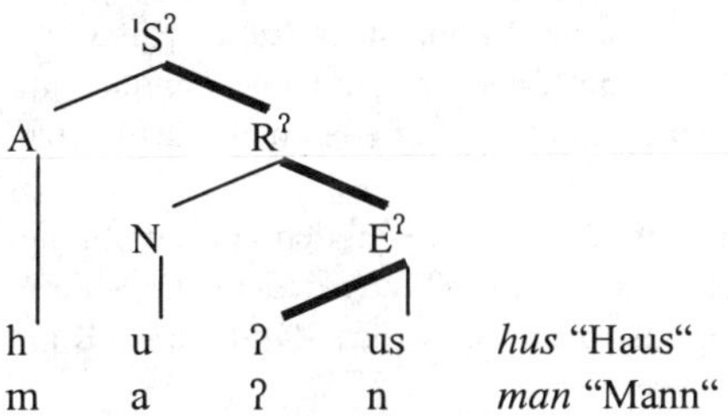

Die (alten) zweisilbigen Formen zeigen diese Glottalisierung nicht; dadurch finden sich in der Wortbildung Dubletten wie *tal* „Zahl" ['taˀ:l] aber *tale* „sprechen, erzählen" ['taː.lə], auch innerhalb des Flexionsparadigmas (vgl. oben zum Rheinischen) *hilse* „grüßen (Infinitiv)" ['hɪlzə] aber *hils!* „grüß!" ['hɪˀls], auch als Minimalpaare:

[60] Zum Verhältnis von Glottalisierung und Glottisverschluß s. auch Kap. 11: E 4. Die Glottalisierung des *stød* wird hier mit einem hochgestellten [ˀ] dargestellt.

sand „Sand“ ['saˀn], aber *sandet* „sandig“ ['sa.nəð]. Vor allem durch die auch im Dänischen eintretende Enklise des definiten Artikels (belebt *-en*; unbelebt *-et*), der prosodisch keine Konsequenzen hat (s.o. zum Schwedisch-Norwegischen), lassen sich eine ganze Reihe solcher Minimalpaare bilden, z.B. *and* „Ente“ [ʔaˀn] und auch *anden* „die Ente“ [ʔaˀnən], aber *anden* „der andere“ [ʔanən].

T 4: Trochäus versus Jambus als metrische Grundstruktur

Für das Deutsche (beziehungsweise die germanischen Sprachen) ist bei der Wortkontur das fallende (trochäische) Muster dominant. Das entspricht bei den Sprachen der Welt, die einen festen Wortakzent haben, auch dem weitaus häufigsten Muster – da, wo steigende (jambische) Muster regelhaft vorkommen, stellt sich immer die Frage, ob es sich tatsächlich um einen Wortakzent handelt (s. T 1) oder nicht vielmehr um Tonverläufe (s. T 2)[61].

Interessant ist nun das Verhältnis von solchen sprachstrukturell dominanten Wortkonturen zu ihrer poetischen Nutzung (Verskonturen). In der poetischen Tradition des Deutschen gilt das jambische Versmaß (vor allem der jambische Pentameter [fünfhebiger Vers]) als das wichtigste Metrum, was recht gut der Spannung von poetischer Metrik und alltagssprachlicher metrischer Struktur entspricht (s. Kap. 4: T 2).

Trochäisch gebaute Verse sind in einer Sprache mit dominant trochäischer Wortkontur zwangsläufig leiernd, weil sie die Wortkonturen nur verketten:

Peter Meier kaufte sieben Rosen
[x -] [x -] [x -] [x -] [x -]

Eine „poetischere“ Spannung entsteht erst, wenn z.B. ein jambisches Muster über eine solche Wortfolge gelegt wird:

und Peter Meier kaufte sieben Rosen
[- x][- x][- x][- x][- x] <->

(die letzte Silbe von *Rosen* ist „extrametrisch“, vgl. den „klingenden Reim“ *Ro<sen> : Do<sen>*). Daher ist der Jambus das „klassische“ Metrum der Kunstdichtung im Deutschen (z.B. im jambischen Pentameter bei Schiller) – aber eben nicht das bevorzugte Metrum von Kinderversen.

Flexibel nutzbar ist das jambische Versmaß im Deutschen, weil dem Vers nicht die prosodische Kontur des isolierten Wortes (die „Explizitform“) zugrundeliegt, sondern das Wort in seiner syntaktischen Einbindung, also z.B. mit seinen Enklitika (s. Kap. 4). So kommt es zu jambischen Wortgruppen wie

er sagt , der Mann
[- x] [- x]

Die poetische Metrik, also die kunstvoll ausgebaute Spannung zwischen Vers und alltagssprachlicher Kontur geht darüber hinaus – mit mehr oder weniger konventionalisierten Mitteln, wie etwa der trochäische Eingang beim jambischen Pentameter. Ein

---

[61] Zum Stand der Diskussion s. etwa Hayes 1995.

Beispiel dafür ist der Eingang von Vers 2845 in Schillers „Maria Stuart“ (der folgende Vers 2846 hat eine extrametrische Silbe):

E: *Sagt! Ist das Urteil abgefaßt?*
[x -] [- x][- x] [- x]
B: *Es liegt*
bereit, wie du befohlen [- x].
[- x] [- x] [- x][-
E: *Sterben soll sie*
x] [- x] <->

T 5: Zu den Möglichkeiten katalektischer Wortformen („degenerierte Trochäen“)

Einsilbige Wortformen erscheinen für Sprecher des Deutschen trotz dessen trochäischer Grundstruktur so selbstverständlich, daß die Argumentation mit degenerierten "Trochäen" ausgesprochen gekünstelt erscheinen mag. Sie erhält aber außer als Argumentationsfigur für eine einheitliche Strukturierung der Daten vor allem auch typologisch einen Sinn, wenn berücksichtigt wird, daß nicht alle Sprachen solche degenerierten Strukturen zulassen. Für derartige grundlegende sprachliche Strukturmuster gilt, daß ihre Verbreitung nicht so sehr genetischen "Vererbungslinien" in Sprachgruppen folgt als vielmehr arealen Mustern sprachlicher Kontaktzonen. Sprachen, die keine degenerierten Trochäen zulassen, muß man daher außerhalb Europas und der damit zusammenhängenden Sprachräume (insbesondere außerhalb der afro-asiatischen Sprachen) suchen, z.B. in Australien[62]. Die Morphologie dieser Sprachen ist zwar relativ transparent (agglutinierend), aber es gibt eine morphophonologische Variation, die zum Teil an solche Filterbedingungen geknüpft ist. So werden z.B. unbelebte Substantive im Absolutiv (Objektskasus und Kasus des nichtagentiven Subjekts) in der Regel ohne ein Suffix markiert, allerdings erhalten einsilbige Stämme eine Art „Dummy“suffix:
-pa, das insbesondere auch dazu dient, konsonantischen Wortausgang zu unterbinden.

kata- „Kopf“: Absolutiv *kata*
taaɳ- "Erhebung": Absolutiv *taaɳ-pa*

Verben werden in unterschiedlichen Klassen flektiert, wobei die Imperativbildungen bei mehrsilbigen Stämmen meist den reinen Stamm zeigen. Einsilbige Stämme werden dagegen immer um ein entsprechendes silbisches Affix erweitert:

kaɭpa- "klettern": Imperativ *kaɭpa*

aber

tʲu-"stellen": Imperativ *tʲu ra*

[62] Für einen Überblick s. R. M. W. Dixon, *The Languages of Australia*, Cambridge: Cambridge University Press 1980. Die Beispiele im folgenden nehme ich aus dem Pitjantjatjara, einer Western-Desert-Sprache (im Innern Australiens gesprochen).

pu-"schlagen": Imperativ *pu-wa*

Entsprechend erfolgt auch die Integration einsilbiger Lehnwörter aus dem Englischen in einer trochäischen Form:

englisch *boot* - *pu:ta*

englisch *bus* - *pa:tʲa.*

Im einzelnen sind die Verhältnisse noch etwas komplexer, da es (allerdings marginal) auch einige einsilbige Wörter gibt, z.B. ɲaa „was", kaa „und / aber" und andere. Da die Langvokale in dieser Sprache als vokalische Geminaten gewertet werden müssen, von denen der erste Vokal den Akzent trägt, haben auch diese Formen eine quasi-trochäische Struktur.

5.3. Übungsaufgaben

1) Transkribieren Sie die folgenden Formen und explizieren Sie die Wortkonturen (Wortaktzente) in Gitterstrukturen mit vier Ebenen: W1 „Supertrochäus", W2 Trochäen, S1 betonbare Silben, S2 alle Silben:
a) *Oberlehrer ,*
b) *rosarot* (Kopulativkompositum)
c) *Hemdhose* (Kopulativkompositum)

2) Geben Sie aufgrund einer Transkription die Äußerungskontur in einer Gitterstruktur des folgenden Satzes:
Gustav liebt nur seinen Dackel (d.h. sonst niemanden).

3) $Trochäische Strukturen kontrollieren auch komplexere sprachliche Praxien wie insbesondere Ellipsen. Zeigen Sie die Fußstrukturen bei a) und b). Überlegen Sie, warum (ob) c)[63] eine Ausnahme ist. (Die Lösung setzt ein Verständnis von Ellipsen voraus)
a) *Haus- und Gartentüren*
b) *Schwarzweiß- und rotgescheckte Kühe*
c) *Gold- und silberne Medaillen*

4) Finden Sie noch eine andere Leseweise des im Text benutzen Beispiels *Damendoppelfehler* und stellen Sie sie metrisch dar!

5) In einem Vorstellungsgespräch sagt eine Bewerberin von einer Konkurrentin, daß sie ein bestimmtes Buch mit einer anderen Autorin [tsʊ.ˈza.m̩.gə.ˌʃʁiː.bm̩] habe. Analysieren Sie die Bedeutung dieser prosodischen Struktur.

[63] Das Beispiel verdanke ich Bernhard Hurch.

6. Die Ausgliederung der Äußerung II: Die Silbe

Für die weitere Argumentation ist es erforderlich, den bisher nur partiell geklärten Silbenbegriff weiter zu präzisieren. Bei der Ausgliederung prosodischer Strukturen war die Silbe schon in den vorigen Kapiteln in Hinblick auf ihren sonoren Kern in den Blick gekommen (als jeweiliges Maximum auch der prosodischen Artikulatoren). Der „Rest" der Silbe baut sich als Rand um diesen Kern auf.[64] Daher gilt auch hier (wie schon oben beim Wort), daß eine Silbe nicht einfach eine lineare Kette aus ihren Segmenten ist, wie es das Schriftbild mit seiner Buchstabenkette suggeriert und wie es auch in neuren phonologischen Arbeiten öfters präsentiert wird (s. E 1). Eine Darstellung wie die folgende (von jetzt an steht *S* für Silbe) verdeckt also Strukturen (L_i steht hier für einen beliebigen Laut):

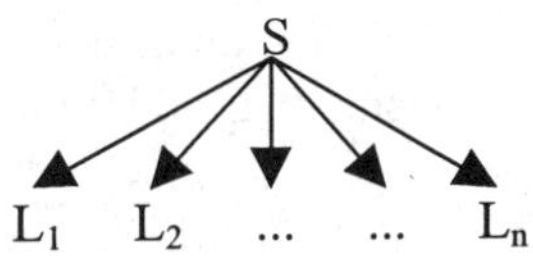

In metrischer Hinsicht läßt sich die Ausgliederung einer Äußerung auf verschiedenen Ebenen mit zunehmend reicherer interner Strukturierung fassen. Schreibt man eine Äußerung als Kette von Lautschriftzeichen auf, findet auf der ersten Analyseebene die Segmentierung der Silben statt, schematisch (x steht im folgenden als Variable für ein Lautschriftzeichen):

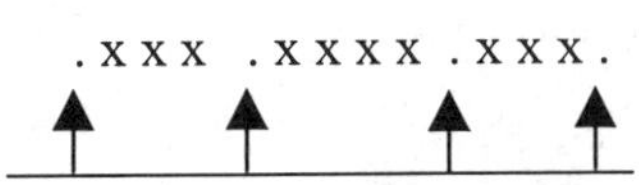

Auf den nächsten Ebenen wird den so ausgegliederten Silben dadurch eine interne Struktur zugewiesen, daß ihr Kern identifiziert wird (statt vom *Kern* soll im folgenden vom *Nukleus* die Rede sein, mit *N* als abkürzendem Etikett, damit *K* als Kürzel für Konsonant reserviert bleiben kann):

---

[64] Tonkonturen artikulieren gewissermaßen per Definition nur sonore Segmente der Äußerung, also insbesondere Silbenkerne (Vokale).

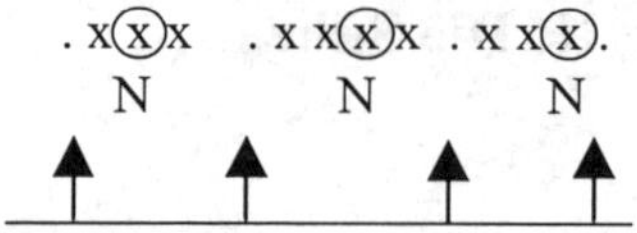

Die zum Nukleus komplementären Segmente der Silbe bilden ihre Ränder, wobei unterschieden werden kann in den Anfangsrand (A) vor dem Kern und den Endrand (E) nach dem Kern. Während der Nukleus nur aus einem Segment besteht, können die Ränder komplexer sein (in der Schematisierung durch Unterstreichung markiert). Dadurch ergibt sich in dem schematischen Beispiel als vollständige Kategorisierung (komplexe Konstituenten werden durch Unterstreichung zusammengefaßt):

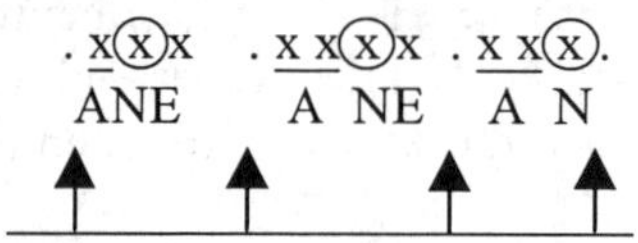

Später (in Kap. 8) wird ausführlicher begründet, daß die Bindung des Endrandes an den Nukleus enger ist als die an den Anfangsrand: E bildet mit N den Reim (R) einer Silbe im Kontrast zum Anfangsrand. Die unterschiedlich enge Bindung der Segmente in einer Silbe an den Kern kann durch ein spiraliges Umfahren eines jeden Segmentes sukzessive vom Kern aus dargestellt werden. Die Zusammenfassung der Elemente im Reim wird ebenfalls wieder durch Unterstreichung dargestellt:

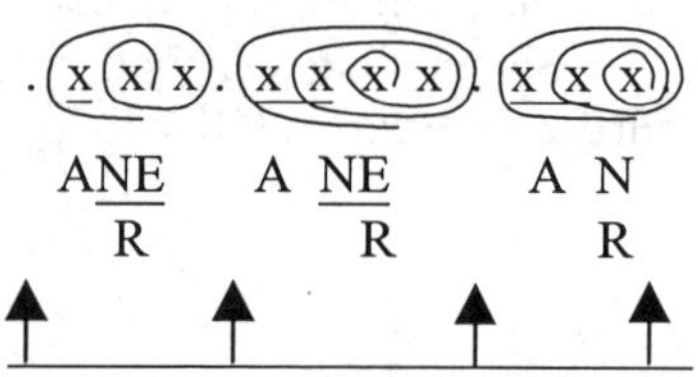

Zwei Wortbeispiele können zunächst die Spiralmodellierung illustrieren: *bunt* und *Haus*:

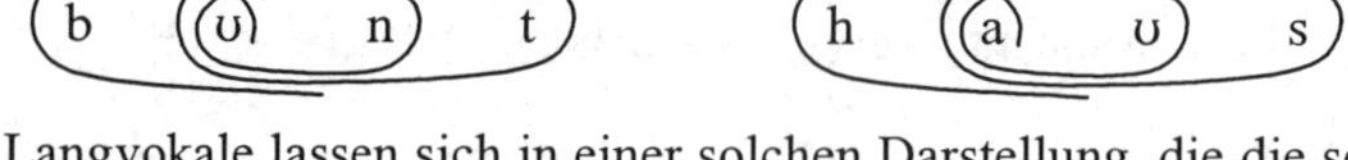

Langvokale lassen sich in einer solchen Darstellung, die die segmentale Artikulation der Silbe durchsichtig machen soll, am besten als Verdoppelung des

entsprechenden Vokalzeichens darstellen (die IPA-Notation ist nur eine Verallgemeinerung davon, indem das [ː] wie bei der musikalischen Notation ein variables Wiederholungszeichen für das vorausgehende Segment ist):
Boot:

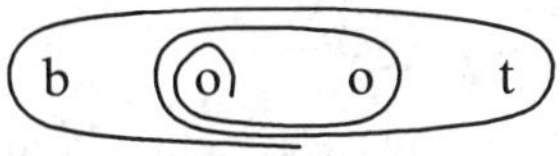

Diesem Aufbau der Silbe entspricht offensichtlich auf der lokalen Ebene bei den Segmenten ein entsprechend unterschiedliches Potential (im Sinne einer *funktionalen* Betrachtung, s. Kap. 2: E 1), das traditonell als unterschiedliche Grade an *Sonorität* gefaßt wird:

- maximale Sonorität für den Kern der Silbe, im optimalen Fall: eine *vokalische* Qualität,
- minimale Sonorität für den Rand der Silbe, im optimalen Fall eine *konsonantische* Qualität,

Im Modell kann das als eine fallende Sonorität vom Kern zum Endrand hin (entsprechend der engen Bindung an den Kern), und eine steigende Sonorät im Anfangsrand zum Kern hin (entsprechend einer schwachen Bindung an den Kern) dargestellt werden:

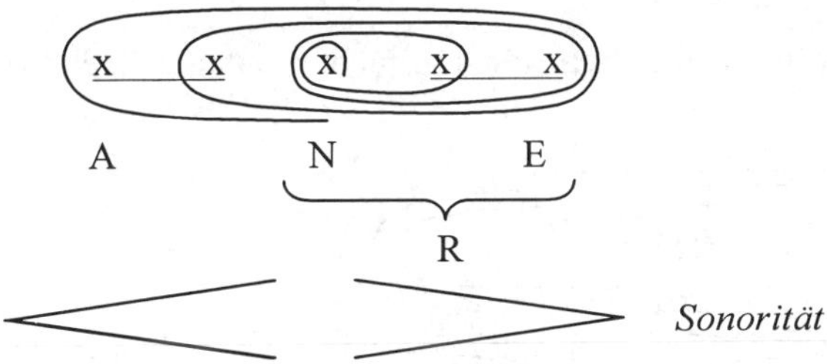

In manchen Sprachen, darunter vor allem das Deutsche, können die Verhältnisse allerdings komplexer sein, wie schon das Beispiel der Langvokale gezeigt hat (s.o. zu *Boot*), bei dem im Reim die Sonorität zwar nicht monoton fällt, aber doch auch nicht steigt.

Auf dieser Basis ergibt sich auch die Gliederung mehrsilbiger Formen, denen mit einem Spiralmodell eine entsprechende interne Konturierung zugewiesen werden kann:

rote:

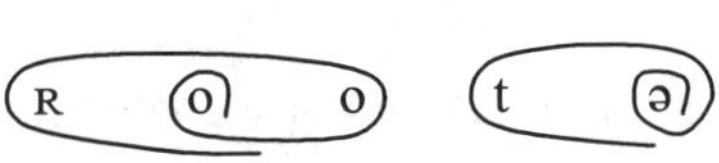

verlaufen:

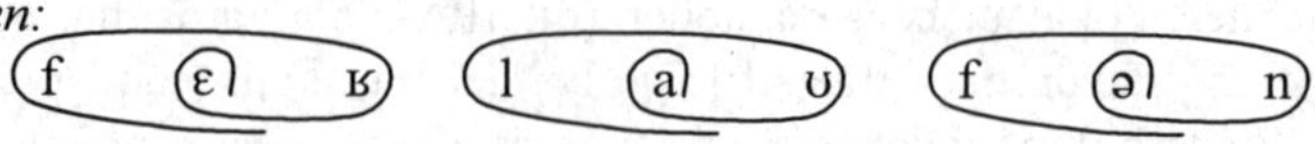

oder[65]:

Das Deutsche ist in Hinblick auf die Silbenstruktur eine ausgesprochen komplexe Sprache, vor allem was den Ausbau der Silbenränder an den Wortgrenzen anbetrifft: Die Spiraldarstellung mach die Komplexität der Silbenstruktur unmittelbar durchsichtig, wenn die enge Bindung von Kern und Endrand durch die rechtsläufige Spiralbindung repräsentiert wird. Eine offene Silbe mit einfachem Anfangsrand zeigt sich so als einfache Spirale wie bei *See* [zeː]:

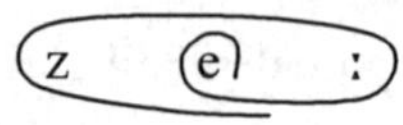

Komplexere Endränder haben eine Verdichtung der Windungen zwischen Anfangsrand und Reim zur Folge wie bei *seht* [zeːt]:

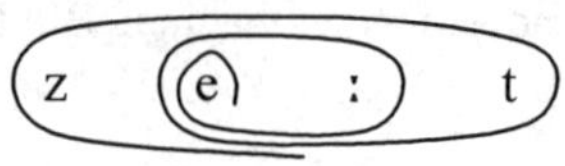

Die Sonoritätskonturen müssen in den Rändern nicht monton steigend (oder fallend) verlaufen:

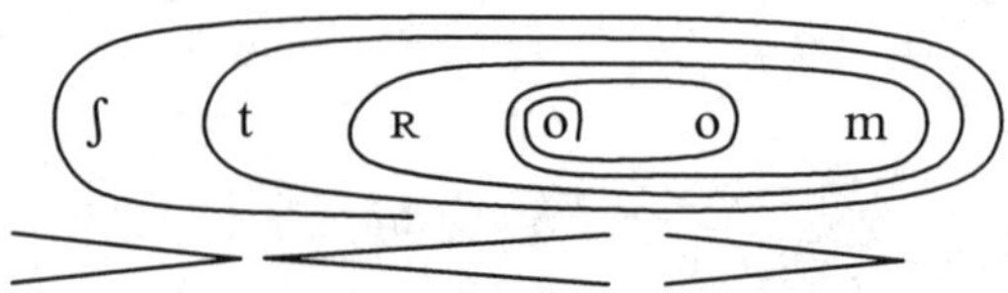

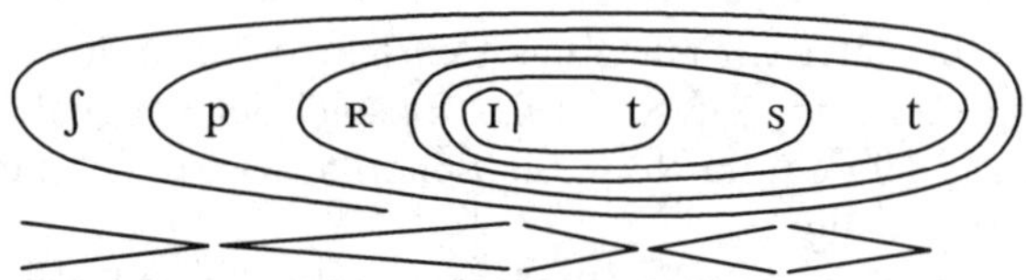

An diesen Beispielen wird deutlich, daß im Deutschen die Sonoritätskontur nicht die einzige Grundlage der Silbenbildung ist, sondern daß diese von weiteren prosodischen Faktoren bestimmt wird, wozu traditionell vor allem

[65] Im folgenden gebe ich nicht bei allen Beispielen eine Darstellung der Varianten, verweise darauf nur im Text.

die Druckkontur gerechnet wird (s. E 8). Die phonologischen Strukturen des Deutschen resultieren aus der spezifischen Spannung zwischen der sonoritätsbedingten und der akzentbedingten Syllabierung. Das ignorieren viele Darstellungen, die das Deutsche nach dem Muster silbenkonstanter Sprachen beschreiben (s. Kap. 4: E 3 zum Unterschied von silbenzählender und akzentzählender Metrik). Demgegenüber wird in den folgenden Kapiteln die Architektur der Silbe im Detail in Abhängigkeit von der prosodischen Struktur analysiert, wobei die Sonoritätskontur mit ihrem polaren Gegensatz von *A* gegenüber *R* so etwas wie eine analytische Achse für die Betrachtung ist (bei *Strom* und *spitz(t)* wird sich zeigen, daß jeweils das [t] bzw. das [p] den Gegenpol zu dem sonoren Maximum im Kern bilden und insofern auch als eigene „Kerne" des Anfangsrandes betrachtet werden können). Derartige Komplikationen finden sich nur in ganz wenigen Sprachen (zur Typologie des Silbenbaus, s. T 2).

Macht die Spiraldarstellung die Sonorätsverhältnisse in der Silbe auch plastisch deutlich, so wird sie doch bei komplexeren Silbenstrukturen sehr bald unübersichtlich (wenn die „Schnecken" zu viele Windungen haben). In den gängigen phonologischen Arbeiten findet sich denn auch keine Spiralen sondern sogenannte *Baumgraphiken*, die den Darstellungen auch in syntaktischen Arbeiten entsprechen (s. dazu E 3 und systematisch Kap. 12). Baumgraphiken dienen zur Darstellung eines Konstituentenmodells, das es erlaubt, komplexe Konstituenten in ihrer hierarchischen Binnenstruktur darzustellen (s. auch E 4).

Zur Explikation der Silbenstruktur werde ich nur noch die so eingeführten Konstituenten mit den Abkürzungen: S[ilbe], A[nfangsrand], R[eim], N[ukleus] und E[ndrand], verwenden, mit der entsprechenden graphischen Darstellung:

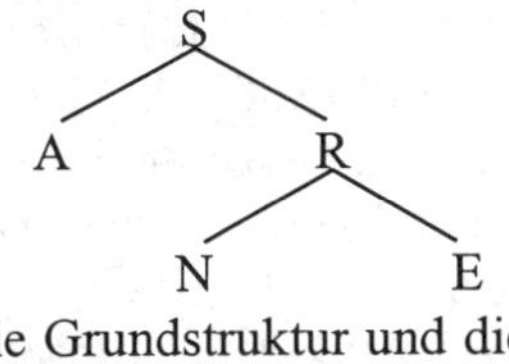

Die Grundstruktur und die Begrifflichkeit sind bei beiden Modellen letztlich die gleichen; der Unterschied liegt vor allem im Darstellungszweck: Das Spiralmodell hat den analytischen Vorteil, daß es zur Gliederung vorgegebener Transkriptionen dient - bei dem Konstituentenmodell besteht die Gefahr, die abstrakten Kategorien als das Grundlegende zu sehen, mit denen die Analyse [das Hinschreiben!] beginnt, s. aber Kap. 9 Übung 2).

Diese silbische Kontur ist fundamental, wie nicht zuletzt ihre poetische Nutzung zeigt, die gerade auch in kindlichen Abzählreimen deutlich ist (s. Kap. 4: E 2): Der Reim hat seine Bezeichnung vom üblichen [*End-*] *Reim*verfahren:

[*Hänschen kl*]*ein* [*ging all*]*ein*,

Stabreime isolieren den Anfangsrand:

Kind und Kegel, Haus und Hof, Mann und Maus.

Der kritische (im Sinne von: für die Argumentation entscheidende) Terminus bei diesem Silbenbegriff ist der der *Kontur*. Einer solchen Sichtweise steht, wie bereits oben (s. Kap. 4: E 3) diskutiert, das Bild von der Silbe als einer einfachen Kette von Atomen entgegen, das letztlich aus dem antiken Leseunterricht stammt. Die neueren phonetischen Ansätze, wie sie seit der zweiten Hälfte des 19. Jhd. unternommen wurden (vor allem wichtig: Eduard Sievers), gingen demgegenüber von der Vorstellung der Silbengliederung als einer solchen der *Konturierung* einer Äußerung aus, wie das schon in Kap. 3.1. eingeführt worden ist. Sievers unterschied mehrere Ebenen der Konturierung, die weitgehend unabhängig voneinander und damit auch inkongruent gegliedert sein können (s. auch E 7):

- die *Konturierung der Sonorität,* bei der die Silbe (in diesem Sinne also: die *Sonoritätssilbe*[66]) eine perzeptive Größe ist, die durch ein Sonoritätsmaximum in der Äußerung bestimmt wird, wobei mehrsilbige Äußerungen mehrere solche Maxima aufweisen, getrennt duch entsprechende Sonoritätsminima,
- die *Konturierung des Drucks* beziehungsweise der Intensität der Äußerung, durch die eine Äußerung eine rhythmische Einheit wird beziehungsweise in rhythmische Einheiten gegliedert wird (auch das ist zunächst eine perzeptive Gliederung, die aber meist auch direkt als artikulatorische - etwa mit dem Atemdruck als grundlegender Gliederung - verstanden wird).

Während die Druckkonturierung als prosodischer Faktor die Silbe als Einheit herausstellt, erlaubt die Sonoritätskontur eine weitere Ausgliederung auf der „lokaleren" Ebene der Segmentierung und hat dadurch für die neuere phonologische Diskussion eine Schlüsselrolle bekommen. Mit ihr lassen sich Laute danach bestimmen, wieweit sie Potentiale für die Artikulation entsprechender Maxima oder Minima der Sonorität bieten. Während die konkrete Silbengliederung eine Frage von relativen Maxima / Minima im zeitlichen Verlauf der Äußerung ist, können die die Äußerung artikulierenden Laute (als qualitative Klassifikation der jeweiligen Segmente verstanden) auf einer

66 Von E. Sievers *Schallsilbe* genannt.

absoluten Skala nach ihrer Sonoritätsstufe (oft auch *Schallfülle* genannt) in eine quantifizierende Ordnung gebracht werden.

In der neueren phonologischen Diskussion werden unterschiedliche Sonoritätsskalen gehandelt, die sich vor allem dadurch unterscheiden, wieweit sie solche perzeptiven Bewertungskriterien mit artikulatorischen Bedingungen (Lautgesten) zu verknüpfen suchen. Im folgenden definiere ich für das Lautinventar von Sprachen wie dem Deutschen[67] eine solche Skala, auf die ich auch in der weiteren Diskussion (und bei den Übungsaufgaben) zurückgreife (für eine detailliertere Begründung und weitere Hinweise zur Diskussion s. E 5). Bei ihr werden drei Grobklassen unterschieden, die jeweils noch eine Feingliederung erlauben:

Rangstufe	Phonetische Qualität	Laute (in IPA)	
1	Vokale, nasal	ã ẽ õ	
2	Vokale, oral, offen	a ɑ	Vokale
3	Vokale, oral, halb-offen	e ɛ o ɔ ø œ	
4	Vokale, oral, geschlossen	i y u	
5	Halbvokale	ɪ̯ ʏ̯ ʊ̯	
6	Liquiden	l r ʀ	(konsonantische) Sonanten
7	Nasale	m n ŋ	
8	Frikative, oral, stimmhaft	v ð z ʝ ʒ ʁ	
9	Frikative, oral, stimmlos	f θ s ʃ ç x χ	Konsonanten (konsonantische Geräuschlaute)
10	Plosive, oral, stimmhaft	b d g	
11	Plosive, oral, stimmlos	p t k	
12	Glottale	h ʔ	

Selbstverständlich kann man versuchen, zwischen den so gleich bewerteten Lauten noch weiter zu differenzieren. Je feiner allerdings die Abstufung ist, umso problematischer wird das Hantieren mit diesen Kriterien. Das betrifft insbesondere die Stufen 8 – 10, bei denen ich Frikative als sonorer als Plosi-

[67] Nasalvokale (Stufe 1) werden im Deutschen phonologisch nicht genutzt. Halbvokale (Stufe 5) sind im Deutschen relativ offen [ɪ̯ ʏ̯ ʊ̯], s. Kap. 7; diese Differenzierung ist bei den Vokalen der Stufe 4 (die ungespannten Engevokale. [ɪ ʏ ʊ]) nicht aufgenommen, s. dazu E 5. Das gleiche betrifft die Vokale der Reduktionssilbe ([ə ɐ]), die im folgenden wie offene Vokale der Stufe 2 behandelt werden..

ve, und erst in einer feineren Abstufung stimmhafte Segmente als sonorer als stimmlose behandle; in anderen Darstellungen wird die Stimmhaftigkeit als dominantes Kriterium gewertet, finden sich die Laute der Klasse 10 als sonorer als die der Klasse 9 eingestuft, s. auch E 5.

Die Sonoritätssilbe ist also durch eine steigend-fallende (Sonoritäts-)Kontur charakterisiert:

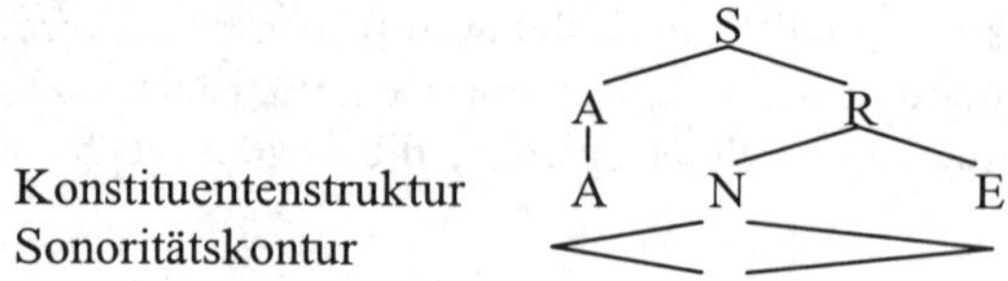

Die Sonoritätskontur gibt für die (segmentale) Artikulation der Silbe einen Filter vor: Die Ränder werden relativ zum Nukleus durch eine geringere Sonorität artikuliert (die absoluten Werte sind nicht von Belang, es geht nur um den relativen Kontrast). Das gilt für einfache, aber erst recht für komplexere Kontraststrukturen, bei denen die Ränder intern gegliedert sein können, dabei aber eine stetige Kontur (steigend im Anfangsrand, fallend im Endrand) aufweisen müssen:

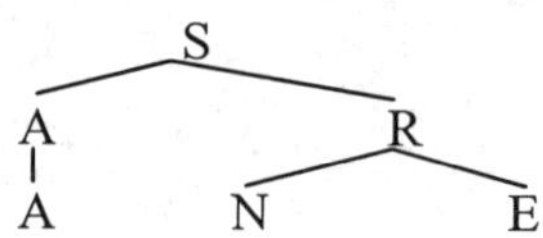

Konstituentenstruktur	A	N	E	
	[b	a	l]	*Ball*
Sonorität	10	2	6	
	[p ʁ	a	l]	*prall*
Sonorität	11, 8	2	6	
	[b	a	s t]	*Bast*
Sonorität	10	2	9, 11	

Sonoritätskontur

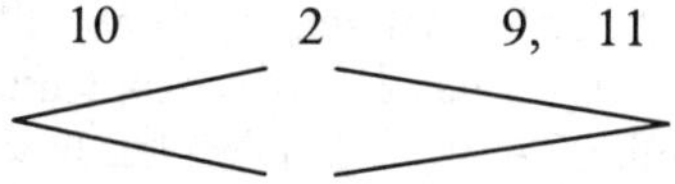

In Hinblick auf die Sonoritätskontur lassen sich die Silben unterteilen in:

- *geschlossene Silben*, bei denen der Endrand konsonantisch artikuliert ist (mit einer fallenden Kontur vom Kern aus)
- *offene Silben*, ohne Endrand wie in der ersten Silbe von *Batist* [ba.ˈtɪst]

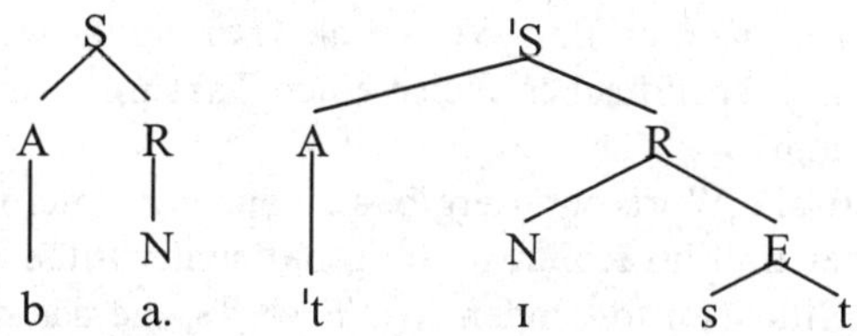

Batist

- bzw. mit einem nicht-konsonantisch (also vokalisch) artikulierten Endrand, wie es auch z.B. bei Langvokalen der Fall ist, etwa bei *See* [ˈzeː] oder in der „Geminaten"notation [ˈzee]:

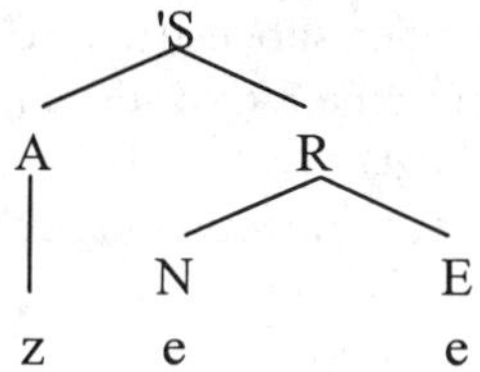

See

Nichtmonotone[68] Konturen in den Rändern bilden „Nebensilben" (ein Terminus von E. Sievers), wie bei dem schon diskutierten Beispiel Strom [ˈʃtʁoːm] bzw. [ˈʃtʁoom]:

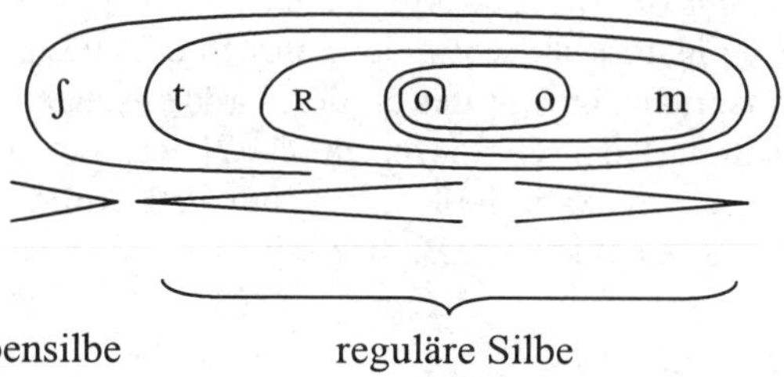

Komplexe Wortformen zeigen mehrere solcher Sonoritätssilben, die auf (weiteren) prosodischen Ebenen, insbesondere durch den (Druck-) *Akzent* gegliedert sind. Sprachen wie das Deutsche sind insbesondere dadurch phonologisch komplex, daß die akzentuelle (*metrische,* s.o. Kap. 4) Konturierung nicht einfach zu der segmentalen (Sonoritätskonturierung) *hinzu*kommt, sondern mit dieser interagiert: Der Ausbau der Silben auf der segmentalen Ebene (und damit ihre Artikulation durch eine Sonoritätskontur) hängt nämlich von

[68] *Monoton* hier so viel wie stetig fallend bzw. steigend.

ihrer Position in der metrischen Kontur des Wortes ab (beziehungsweise artikuliert seinerseits wiederum in spezifischer Weise einen Takt im jeweiligen Metrum beziehungsweise Fuß).

Die für das Deutsche spezifische Wortkontur ergibt sich aus der Unterordnung unter den Akzent, im Grenzfall im Kontrast von prominenter Silbe (im folgenden 'S) und reduzierter Silbe (im folgenden °S): 'S ↔ °S, die das metrische Muster des Trochäus bilden. Beide Silbentypen sind in ihrer internen Architektur in komplementärer Weise durch den Akzent bestimmt – sie zeigen ihr spezifisches Profil vor der Folie der vom Akzent nicht geprägten (nicht-prominenten, nicht-reduzierten) Silbe, die im Wortschatz (der Wortbildung, also auf der Ebene der zweiten Artikulation) allerdings eine relativ marginale Rolle spielt, zumindest aber als Grenzwert der silbenstrukturellen Analyse zugrundegelegt werden mußt (s. Kap. 8.3. für eine Skizze der historischen Dynamik, die diesen Verhältnissen zugrundeliegt).

Im folgenden wird also für das Deutsche von einer silbentypologischen Grundunterscheidung[69] in

- *prominente Silbe,*
- *Reduktionssilbe* und
- *nicht-prominente, nicht-reduzierte Silbe*

ausgegangen werden, die in den folgenden Kapiteln zugrundegelegt und zugleich ausdifferenziert wird:

Die prominente Silbe *maximiert* gewissermaßen die silbische Kontrastkontur: *A* ↔ *R*. *A* ist obligatorisch; wo in der Schrift im Deutschen kein Anfangsrand erscheint, entspricht ihm (in der an der norddeutschen Sprechweise orientierten Hochlautung) der Glottisverschluß [ʔ] wie bei *iß*!. Der *Reim* verlangt obligatorisch eine vokalische Konstituente als Kern, die qualitativ auch den ganzen Reim belegen kann, z.B. in: *(die) Kuh.*

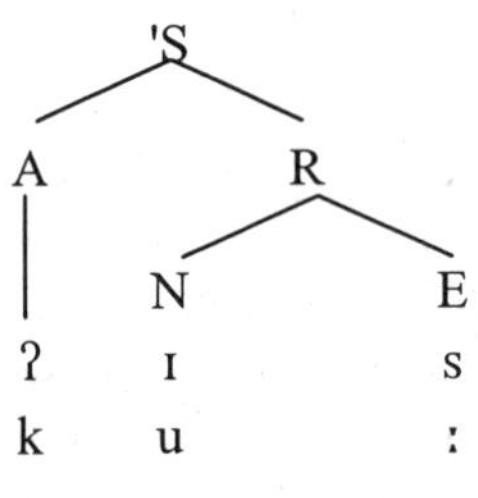

iß!
Kuh

[69] Hier ist nochmals zu betonen, daß diese Silbentypologie die akzentdominante Sprache Deutsch charakterisiert – sie macht für Sprachen ohne Wortakzent (z.B. für das Lateinische, s. Kap. 4: E 3) keinen Sinn..

Bis auf den weiter unten genauer zu besprechenden Fall des *festen Anschlusses* eines Kurzvokales der betonten Silbe an den folgenden Konsonanten im Anfangsrand der Reduktionssilbe ist der Endrand immer obligatorisch. Das entspricht im Spiralmodell einer vom Kern aus notwendigen mindestens einmaligen Windung nach rechts. Bei silbenisolierender Sprechweise - bei der aus jeder Silbe gewissermaßen ein phonologisches (Pseudo-) Wort wird, von einer Pause (#) gefolgt - wird so zwangsläufig ein Langvokal substituiert: Aus *Mutter* ['mʊtɐ] wird ['mu:# 'tɐ] (s. dazu weiter unten).

Spiegelverkehrt dazu ist eine Silbenstruktur, die ich schon als *Schattensilbe* angesprochen habe, die gewissermaßen nur als Schatten der prominenten Silbe vorkommt: Die *Reduktionssilbe* (im folgenden °S) verlangt keine Ränder und weist im Kern nur einen Reduktionsvokal auf, das Schwa, das auch entfallen kann, wenn die sonore Kontur der Silbe durch einen sonoren Konsonanten sichergestellt wird (vgl. unten II mit I bei *laufen*). In der Reduktionssilbe ist der Kontrast A ↔ R minimiert, nicht nur bis zum Fehlen von A, sondern unter Umständen sogar bis zum vollständigen Verlust der Silbigkeit (s. Kap. 9 zur "Absorption" von Hiaten):

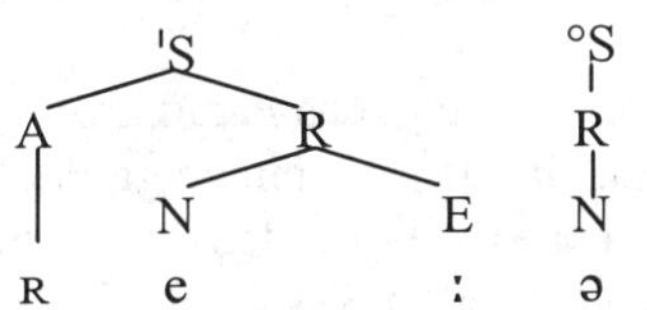

Rehe

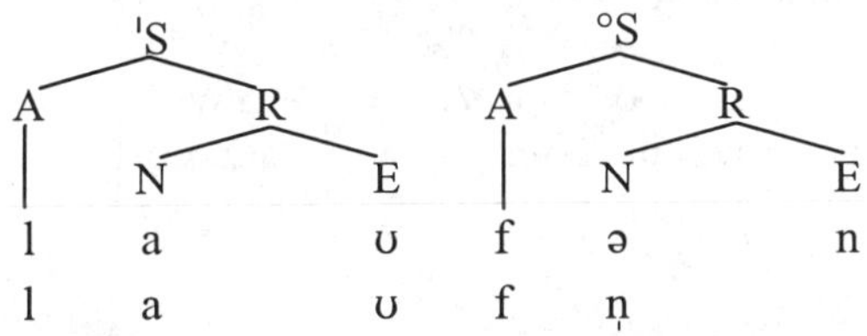

laufen (I)

(II)

Im Spiralmodell läßt sich das dadurch darstellen, daß die Reduktionssilbe auch als linksläufige Spirale modellierbar ist:

aber auch:

'S und °S bauen den für den deutschen Wortschatz charakteristischen Grundtyp auf, den Trochäus der Flexionsformen, die in der Regel nur Schwa (oder "silbische" Konsonanten) als Kern der Schattensilbe aufweisen:

'S °S 'S °S
(*im*) *Garten* (*ich*) *laufe*

So ergibt sich eine phonologische Charakterisierung von Strukturen der zweiten Artikulation: *Partikel* haben (definitionsgemäß) keine paradigmatische Variation, zeigen also in der Regel keinerlei Füße: Präpositionen wie *ab*, *auf*, *in*...., Konjunktionen *und*, *weil*, *wenn*, *denn*..., vgl. auch die "endungslosen" Adverbien: *gut*, *schnell* ebenso wie *hier*, *jetzt*, *dort*... ; aber attributiv findet sich ein Trochäus:

'S °S 'S °S
guter (*Wein*) *schnelles* (*Auto*)

Bei solchen Charakterisierungen gilt es, das Verhältnis von erster zu zweiter Artikulation im Blick zu behalten: Zwischen phonologischen und morphologischen Strukturen besteht keine 1-1-Beziehung. Entsprechende Zusammenhänge müssen also *schwach* formuliert werden: Partikel müssen keine Fußstruktur aufweisen - sie können es aber in marginalen Fällen sehr wohl wie bei *oder*, *hinten*, *über*...

Wo dagegen *volle* Wörter keinen Fuß aufweisen, zeigt das Paradigma, daß es sich dort um einen "degenerierten" Fuß handelt: Die Flexion zeigt, daß zu diesen Wörtern (beziehungsweise Mitgliedern dieser Wortarten) zumindest die Möglichkeit der *Fußbildung* gehört (s. auch E 5 und T 3):

'S °S 'S °S
Haus - (*nach*) *Hause* *Frau* - *Frauen* *usw.*

Nun gehen aber nicht alle Wortformen in dieser Fußorganisation auf: Wörter wie

'S S S S 'S S 'S S
Haustür, *Avocado*, *Frühling*

zeigen neben den prominenten Silben weitere, nicht-reduzierte Silben, die nicht den Reduktionsvokal aufweisen. Diese Silben zeigen den typologischen „Normalfall“: einen Silbenbau, der nicht in Funktion der Akzentkontur zu beschreiben ist – weder prominent als Maximierung der Baupotentiale noch reduziert als deren Minimierung.

Die Einzelheiten des metrischen Aufbaus deutscher Wörter sind hier nicht Gegenstand. Der komplexeste und zugleich durchsichtigste Fall liegt bei Wortzusammensetzungen vor, deren Bestandteile ein eigenes Akzentmuster (und damit einen nicht-reduzierten Vokalismus) in die dazugehörige Wortbildung einbringen:

'S 'S 'S °S 'S °S

Haus + *Tür* oder auch mit zwei Trochäen *Gartenpflanze*.

Bei solchen Zusammensetzungen wird eine Hierarchie zwischen den nicht-reduzierten Silben hergestellt: Hier wird einer der prominenten Akzente zum "Nebenakzent" abgestuft: *'Haus,tür*.

Im Deutschen besteht eine Präferenz für das Vorziehen des Hauptakzents: Es gibt aber die Möglichkeit des Kontrastes

'S °S 'S °S 'S °S 'S °S

'über,setzen / *,über'setzen*

Hier kommen also offensichtlich noch Bedingungen der zweiten Artikulation hinzu.

Schwieriger zu behandeln sind Fälle morphologischer Komplexität, deren Bestandteile weder potentiell eigene Wörter (=Trochäen) sind noch (final stehende) Flexionsmorpheme (Reduktionssilben, soweit nicht nur konsonantisch in die Endränder integriert). Wir können in einer ersten Näherung unterscheiden:

- *Präfigierungen* als Sonderfall der Komposition, bei der das erste Element nur von einer Reduktionssilbe artikuliert wird (als Auftakt i.S. von Kap. 5):

  [gə'laʊfn̩] *gelaufen* (*ge+lauf+en*), [bə'kɔmn̩] *bekommen* (*be+komm+en*)
- *Suffigierungen*, die den Stamm erweitern und mit der Flexionsendung (Reduktionssilbe) gegebenenfalls eine *daktylische* Erweiterung des *Trochäus* bilden [x - -]:

  'S S °S

  ['jʏŋlɪŋə] *Jünglinge*

Der *Trochäus* zeigt sich als Grundmuster bei den "endungslosen" ("daktylisch-degenerierten") Formen wie *Jüngling*.

Die Silben, mit denen Suffixe artikuliert werden, können zwar Reduktionssilben sein (vgl. das Morphem *-el-* in *hüsteln* mit *husten*), sie sind dann metrisch irrelevant, gehen mit der Flexionsendung in einem Trochäus auf (vgl. auch die morphologisch-lexikalische Differenz)[70]:

[70] In einer Reihe neuerer Darstellungen wird dieser Kontrast für das Deutsche kategorisch postuliert; in den mir vertrauten Varietäten des Deutschen findet sich aber eher eine freie Variation bei diesen Formen.

- substantivisch *im Dunkeln* , verbal *verdunkeln*
  'S °S
  [dʊŋkl̩n],
- adjektivisch *(in einem) dunklen Zimmer*
  'S °S
  [dʊŋkln̩].

Hier treten aber auch Silben auf, die nicht den Vokalismus der Reduktionssilbe zeigen wie schon das [ɪ] in *Jüngling*. Andererseits finden sich solche Silben auch, ohne daß sie in der Wortbildung eine Funktion haben, etwa bei *Hering* [heːʀɪŋ] verglichen mit *Jüngling* (falls man überhaupt *Jüngling* noch als transparente Wortbildung *jung+ling* ansehen will). Die einfachste Lösung besteht darin, auch in ihnen abgestufte prominente Silben zu sehen, entsprechend Diphthongen wie in *Schönheit* [ˈʃøːn ˌhaɪt]. Vor der Folie der trochäischen Grundstruktur im deutschen Wortschatz sind alle Fälle solcher "bunteren" Silbenstrukturen ohne interne Wortbildungszäsur. Daneben finden sich aber eine Reihe von weiteren Formen, die phonologisch gesehen *fremd*markiert sind, und zwar unabhängig von der Etymologie des Wortes, nicht nur bei tatsächlich aus fremden Sprachen entlehnten Wörtern, wie

S S 'S S
Avocado

sondern auch bei gut heimischen (germanischen) Wörtern wie

S 'S °S	S 'S °S
Forelle	*Holunder*.

Auf den Bau dieser hier mit S notierten Silbe gehe ich in Kap. 7 genauer ein. Deutlich ist schon so, daß die hier vorzunehmenden Differenzierungen zur zweiten Artikulation der Sprache gehören. Sie werden in Kap. 10 in Hinblick auf Wortstrukturen nochmals im Zusammenhang aufgenommen. Dabei wird auch die Frage komplexer Wortformen zu behandeln sein, die in den folgenden Kapiteln ausgeklammert werden.

Morphologisch (-lexikalisch) komplexe Formen, insbesondere Zusammensetzungen (s. Kap. 5) verkomplizieren vordergründig das Bild auch bei der Silbenstruktur. Bei Wörtern wie *Gartenpflanzen* finden wir die charakteristische trochäische Struktur gewissermaßen auf zwei Etagen: In sie gehen zwei Formen ein, die jeweils selbst trochäisch artikuliert sind durch die Kontur einer prominenten und einer Reduktionssilbe:

'S °S	'S °S
(*Garten*;	*Pflanzen*)

Beide zusammen bilden wiederum eine trochäische Gesamtstruktur, bei der, für das Deutsche charakteristisch, die erste prominente Silbe ihre Prominenz erhält, die zweite relativ abgestuft wird (*Nebenakzent*):

'S °S 'S °S

'Garten ,pflanzen

(mit den eingeführten x und - als Bewertung für die metrische "Stärke" der Silbe an den Kanten):

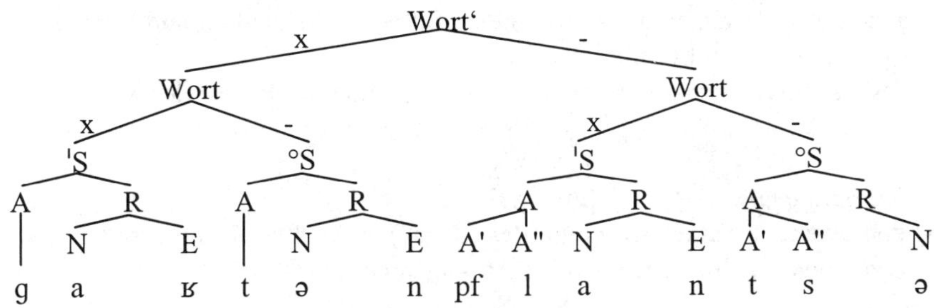

Diese Probleme gehören offensichtlich zum Aufbau eines Wortes, (s. Kap. 11) und sind abhängig von Strukturen der zweiten Artikulation, vor allem bei den in dieser Hinsicht "flexiblen" Verben, vgl. den Bedeutungsunterschied bei *'über,setzen* versus *,über'setzen.* Abhängig von Strukturen der zweiten Artikulation (insbesondere Determinationsstrukturen) sind die zyklischen (rekursiven) Abstufungen bei überkomplexen Bildungen, die durch eine übergesetzte Rangzahl repräsentiert werden können:

1 5 3 4 6 2
Oberbauingenieur (= Ingenieur spezialisiert auf Oberbau)

2 5 1 4 6 3
Oberbauingenieur (= höherer Rang eines Bauingenieurs)

Hier stellt sich allerdings die Frage, ob solche beliebig tief zu staffelnden Akzenthierarchien tatsächlich noch eine perzeptive Grundlage haben, oder ob nicht diese Rangunterschiede ab einer gewissen Tiefe nivelliert werden.

Grundsätzlich gilt hier: Basis der Artikulation ist eine Grundstruktur, die bei einem Wort auf der lexikalischen Ebene einen Kern definiert. Bei einem weiteren Ausbau eines komplexen Wortes wird diese Struktur Zug um Zug mit einer komplexeren Kontur ausgebaut, wobei die Elementarkontur eventuell "zyklisch" Verwendung findet (hier vor allem das trochäische Muster). Ein Grenzwert für einen solchen Ausbau und seine Differenzierung braucht nicht definiert zu werden - wo es von der Äußerungssituation her notwendig ist, können solche Differenzierungen *ad libitum* gemacht werden, wo nicht, können sie verschwinden (s. auch Kap. 11).

Bei dem vorherrschenden Ansatz von "unten nach oben" spielt allerdings die Festsetzung der Werte eine andere Rolle, ist von ihnen der Algorithmus abhängig, mit dem die Wortkontur aus den Eigenschaften der Bestandteile errechnet werden soll.

Diese Fragen können hier ausgeklammert werden: alle Silben, die zwar nicht den Hauptakzent tragen, aber doch einen Nebenakzent in dem hier angedeuteten Sinne, sind als prominente Silben zu behandeln und weisen die entsprechenden Strukturmerkmale auf:

- insbesondere die eventuell vokalische Belegung des Endrandes, vgl.

ˈS °S

'Gartengeˌmüse [...myː. zə]

- den eventuell festen Anschluß des (Kurz-) Vokals bei leerem Endrand an den Konsonanten des folgenden Anfangsrandes (s. Kap. 8.2.), vgl.

ˈS °S

'Gartenˌrettich [...ʀɛ↲ tɪç]

Auf diese Fragen komme ich in Kap. 11 zurück, wo dann zugleich mit einer formaleren Darstellungsweise die Struktur der metrischen Verhältnisse des Wortes skizziert wird. Der Hauptteil der Darstellung (Kap. 7 – 9) entwickelt den Kern der Wortphonologie des Deutschen im Rahmen der ersten Artikulation. Fixpunkt ist dabei die Akzentkontur, die durch den segmentalen Aufbau des Wortes artikuliert wird, vor allem durch den Kontrast von prominenter und nicht-prominenter Silben. Dieser Akzentkontur entsprechen die angeführten unterschiedlichen Silbenbautypen, die lokal durch unterschiedliche Ausbaupotentiale ihrer Konstitutenten charakterisiert sind. Dabei ist für das Deutsche von drei grundlegenden Silbentypen auszugehen, deren Kontrast die jeweils spezifische Wortkontur ausmacht:

I. S *nicht-prominente, nicht reduzierte* Silbe

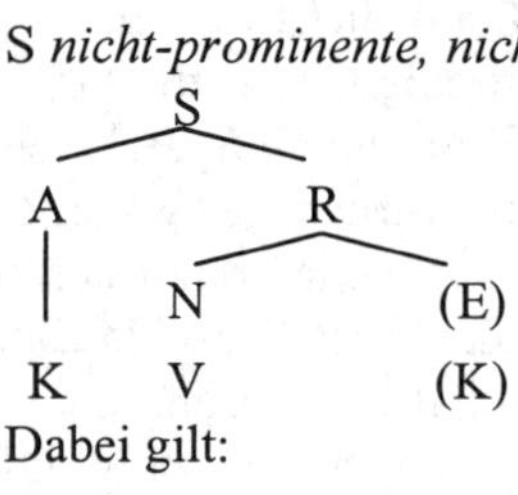

Dabei gilt:

A obligatorisch: konsonantisch *K*[71];
N obligatorisch: Vokal *V*;
E fakultativ, nur konsonantisch *(K)*.

II. 'S *prominente* Silbe

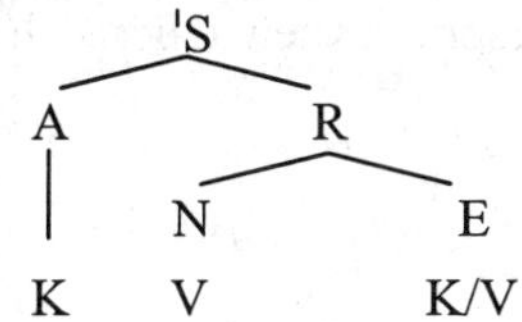

Dabei gilt:
A obligatorisch: konsonantisch;
N obligatorisch: Vokal;
E obligatorisch (fakultativ: konsonantisch und / oder vokalisch).

III. °S *Reduktionssilbe*

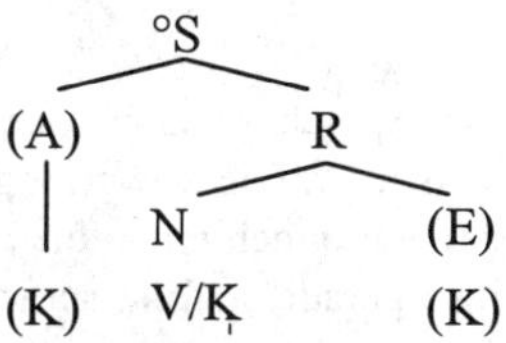

Dabei gilt:
A fakultativ (konsonantisch);
N obligatorisch: Reduktionsvokal oder fakultativ auch mit (sonoren) Konsonanten belegbar;
E fakultativ, nur konsonantisch.

Im folgenden wird der Aufbau der drei Silbentypen (und damit die Artikulation der Wortkontur) jeweils gesondert betrachtet, einschließlich der Frage, ob nicht eventuell weitere Typen anzusetzen sind (s. Kap. 9 für die Frage einer "erweiterten Reduktionssilbe").

Die Bindung der Wortphonologie (Silbenstruktur) an die Akzentkontur charakterisiert das Deutsche als eine (wort-) akzentprominente Sprache – im Gegensatz zu Sprachen, deren Wortformen als Ketten von einheitlich gebau-

---

[71] Allerdings nicht in allen Varietäten. In einigen wird der Glottisverschluß nicht systematisch genutzt, ist der Anfangsrand bei S fakultativ: *Elefant* [ele'fant] neben [ʔele'fant], s. Kap.7.

ten Silben gebildet sind (silbenprominente Sprachen, s. Kap. 5: T 1). Insofern ist es wichtig, die phonetischen Randbedingungen der Syllabierung zu beachten, sowohl allgemeiner Art wie ihre sprachspezifische Nutzung bzw. Beschränkung. Im Sinne von Kap. 3 sind dabei jeweils die Bedingungen der Produktion einer Äußerung (die Artikulation) und die der Wahrnehmung zu unterscheiden, die unter Umständen sogar in Widerspruch zueinander stehen können, s. dazu E 8.

6.1. Ergänzende Kommentare

E 1: Zur Darstellung der Silbenstruktur

In den meisten neueren "nicht linearen" Phonologieansätzen wird aus sogenannten „Einfachheitsgründen“ versucht, mit "schwächeren" Silbenmodellen auszukommen, z.B. in der sogenannten CV (= Konsonant- Vokal)[72] –Phonologie

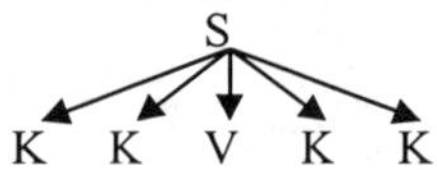

Was hier „eingespart“ wird, ist aber eine offensichtlich in der Sprachpraxis wirksame Kategorienebene (A versus R), ohne die die Beschreibung ärmer ist. Die Bewertungssysteme für die Einfachheit einer Beschreibung sind in der Regel ohnehin dubios. Ich bleibe daher bei dem *reicheren* Silbenmodell, das im übrigen gerade auch in sprachdidaktischer Hinsicht eine gute Tradition seit der antiken Grammatik hat.

E 2: Spiralmodelle

Spiralmodelle erlauben es, Makrostrukturen in Hinblick auf ihre Kerne zu repräsentieren. Insofern sind sie auch in der Phonologie nicht auf die Darstellung der Silbenstruktur festgelegt, sondern es läßt sich z.B. auch die trochäische Struktur eines Wortes darstellen:

rote:

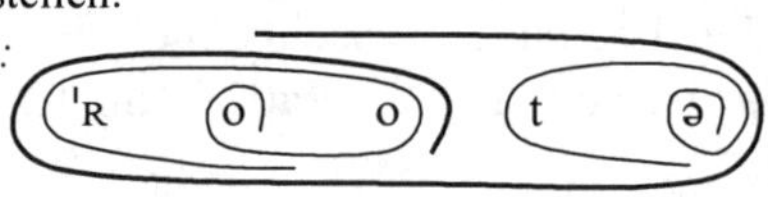

---

[72] Verwirrend ist, daß auch im Deutschen oft die englischen Abkürzungen (Consonant, Vowel) verwendet werden. Diese sind alleine dann (relativ) unproblematisch, wenn sie nicht phonetisch als *Konsonant* und *Vokal* interpretiert werden, sondern nur abstrakte Symbole in einem Ableitungsmechanismus sind, die in Ersetzungsregeln fungieren, wie es in vielen dieser abstrakteren phonologischen Darstellungen tatsächlich auch der Fall ist. Aber auch hier wäre es weniger irreführend, dann auch willkürliche Symbole zu verwenden wie X und Y. Weiter unten Kap. 12 komme ich auf die Probleme der abstrakten Repräsentation zurück.

Das gilt auch für komplexere Formen wie *kratzte:*

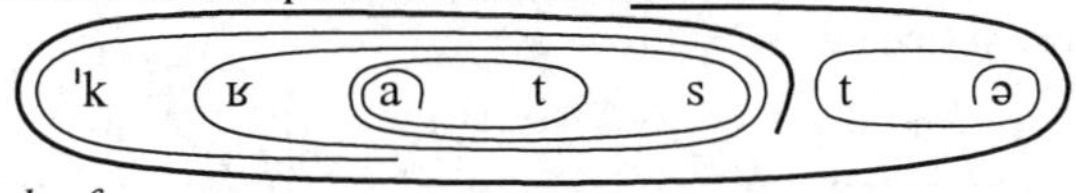

oder *verlaufen:*

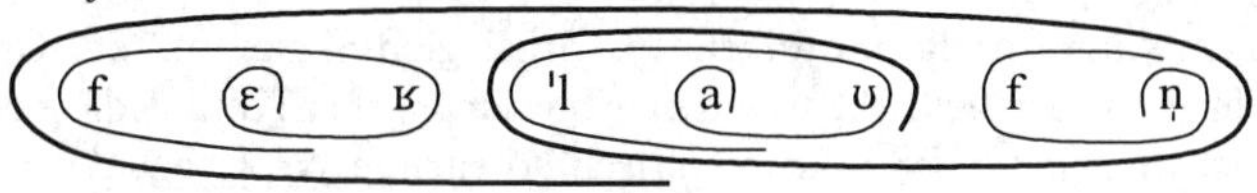

E 3: Baumdiagramme

Für diejenigen, die mit neueren sprachwissenschaftlichen Arbeiten nicht vertraut sind, ist bei solchen Darstellungen die Rede von einem *Baum*diagramm zwangsläufig etwas mystifizierend. Das terminologische Bild erklärt sich daher, daß es zunächst üblich war, solche Diagramme von der Spitze auf der Grundlinie her zu entwickeln. Dann macht die Metaphorik auch der weiteren damit verbundenen Termini einen gewissen Sinn, vgl.

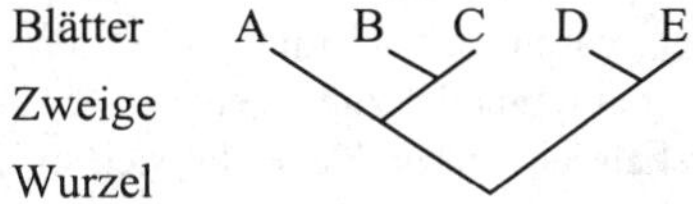

E 4: Zur Konstituentenstruktur der Silbe

Eine weitergegehende Analyse im Konstituentenmodell zielt darauf zu zeigen, daß jede Konstituente einen Kern hat, der um ein Komplement erweitert werden kann. In neueren Arbeiten faßt man erweiterte Konstitutenten auch als sogenannte *Projektionen* aus ihrem Kern auf, die mit einem abgeleiteten Symbol für ihren Kern etikettiert werden (im folgenden verwende ich dazu die Notierung mit einem *). Die Erweiterung des Nukleus um einen Endrand ist also ein N*, die Erweiterung des N* um einen Anfangsrand ein N**. N** ist aber die Silbe; für N* soll im folgenden *Reim* stehen, wie es das Diagramm zeigt.

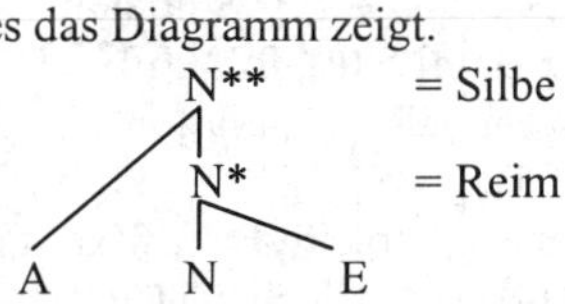

E 5: Zur Sonoritätssilbe und zur Schallfüllenskala

Die Schallfüllenskalen gehen auf den Mediziner-Phonetiker Oskar Wolf zurück, der eine solche Skala 1871 als Ergebnis eines perzeptiven Experimentes publizierte[73]: „In einer Allee zur Nachtzeit" ließ er von einem im Vortrag geschulten Sprecher isolierte Laute „mit klarer Stimme rufen" und überprüfte, in Schritten gemessen, in welcher

[73] S. von ihm *Sprache und Ohr. Akustisch-physiologische und pathologische Studien*, Braunschweig: Vieweg 1871, S. 71.

Entfernung diese noch identifizierbar wahrnehmbar waren. Seine Skala sah wie folgt aus (Zahlenangaben beziehen sich auf Schritte):

a	o	e	u	ʃ	m, n	s	f	k, t	r (wohl ʁ)	b	h
360	350	330	280	200	180	170-175	67	63	41	18	12

In den Grundzügen stimmen alle im folgenden vorgelegten Skalen mit der Ordnung von Wolf überein - mit der bemerkenswerten Abweichung bei [ʃ], auf die noch zurückzukommen ist (hier hatte der strikt empirisch arbeitende Wolf gegenüber seinen meist spekulativeren Nachfolgern etwas Richtiges in den Blick bekommen).

Nun ist eine solche rein perzeptive Bewertung allein keine ausreichende Basis für die Sprachbeschreibung, die Perzeption *und* Artikulation Rechnung zu tragen hat, dabei insbesondere eben auch der Tatsache, daß wir in erheblichem Maße unsere Wahrnehmung durch die Artikulation modellieren (das *sprachlich* Gehörte so wahrnehmen, wie wir selbst einen solchen Eindruck artikulatorisch produzieren würden: *Analyse durch Synthese*, s. Kap. 2). Schließlich wird man eine solche reine Stärkeskala bei den verschiedenen Lauten qualitativ interpretieren müssen - handelt es sich doch um sehr unterscheidliche Arten von Lautereignissen, sowohl im Gehörseindruck wie bei der Produktion, die dabei nach Möglichkeit aufeinander zu beziehen sind.
Das folgende ist eine differenziertere Sonoritätsskala als die im Text, die sich in der relativen Bewertung stimmhafter Plosive gegenüber stimmlosen Frikativen auch von dieser unterscheidet (- das ist ein strittiger Bereich). Die Parameter der Skala sind jeweils perzeptorisch und artikulatorisch definiert; Erläuterungen nur exemplarisch und bei unklaren Kriterien:

PARAMETER	PHONETISCHE DEFINITION	MERKMALSORDNUNG
KLANG	reiner Klang / keine supraglottale Hemmung	[+ vokal] > [- vokal] z.B. [a] > [k]
VOKALISCH	keine (geringe) Geräuschanteile	
STIMME	periodischer Laut/ Glottisvibration	[+ Stimme] > [- Stimme] z.B. [a] > [k], [b] > [p]
NASAL	nasale Resonanz	[+ nasal] > [- nasal] z.B. [ã] > [a]
DAUER		u.a. [+ frikativ] > [- frikativ] z.B. [s] > [t], aber auch [ts] > [t]
OFFEN	(nur bei Vokalen)	[+ offen] > [- offen] z.B. a > e
VORNE	nur im oralen Trakt: Labiale Laute werden mit Velaren zusammengefaßt	[+ vorne] > [- vorne] z.B. i > u; s > x; t > p, k

Die Parameter sind nach der Wertigkeit von links nach rechts geordnet: Die positive Wertung in einem höherwertigen Parameter (mit einem * markiert) führt zu einer höheren Einstufung. Bei gleicher Wertung in einem bestimmten Parameter entscheidet die erste Differenz in den jeweils nächsten Parametern. Bei den Vokalen wird beim Öffnungsgrad nach einer Skala differenziert (1 ½ 0). Wo ein Parameter zwar zu spezifizieren ist, diese Spezifizierung aber nicht relevant für die Einstufung ist, wird sie eingeklammert.

	KLANG	VOKALISCH	STIMME	NASAL	SUPRA-GLOTTAL	DAUER	GERÄUSCH	OFFEN	VORNE
ã	*	*	*	*	(-)	*	-	1	-
e	*	*	*	*	(-)	*	-	½	*
õ	*	*	*	*	(-)	*	-	½	-
a ɑ	*	*	*	-	(-)	*	-	1	-
ə ɐ	*	*	*	-	(-)	*	-	1	-
e ɛ ø œ	*	*	*	-	(-)	*	-	½	*
o ɔ	*	*	*	-	(-)	*	-	½	-
i y	*	*	*	-	(-)	*	-	0	*
u	*	*	*	-	(-)	*	-	0	-
ɪ ʏ	*	*	*	-	(-)	*	*	0	*
ʊ	*	*	*	-	(-)	*	*	0	-
r ʀ ʁ	-	*	*	-	*	*	(*)	-	-
l	-	*	*	-	*	*	(*)	-	-
m n ŋ	-	-	*	*	*	*	(*)	-	-
ð z ʒ ʝ	-	-	*	-	*	*	*	-	*
v ɣ	-	-	*	-	*	*	*	-	-
d	-	-	*	-	*	-	(*)	-	*
b g	-	-	*	-	*	-	(*)	-	-
θ s ʃ ç	-	-	-	-	*	*	*	-	*
f x χ	-	-	-	-	*	*	*	-	-
t	-	-	-	-	*	-	(*)	-	*
p k	-	-	-	-	*	-	(*)	-	-
h	-	-	-	-	-	*	*	(*)	-
ʔ	-	-	-	-	-	-	(*)	(*)	-

Die Klassifikation wie auch die gewählten Kriterien (Parameter) beinhalten Probleme - vieles an solchen Klassifikationen ist zirkulär, da man sich oft ein Kriterium sucht, das zu einer vorgegebenen Klassifikation paßt und es nicht wirklich unabhängig analysiert. Auch in der Abstraktheit der Parameter liegen Probleme: So sind ja Labiale im strengen Sinne des Artikulationstrakts [+ vorne], aber die sie charakterisierende Vorstülpung der Lippen macht die entsprechenden Laute dumpfer, gibt ihnen also eine geringere Schallfülle (p < t, u < i usw.)[74], daher die Klassifikation in der Tabelle. Bei vielen dieser Parameter bestehen auch Abhängigkeiten, die nur zum Teil klar sind.

So sind z.B. die Schwalaute (im Deutschen [ə ɐ]) aufgrund der so entwickelten Kriterien sehr schallvoll. Daß sie im Deutschen eine Reduktionssilbe artikulieren (s. Kap. 8), liegt nicht an ihren Sonoritätseigenschaften sondern an anderen Konturkriterien (s. dort zur Frage der Druckkontur). Daher sind sie hier als maximal schallvolle Oralvokale klassifiziert. Andererseits ist die Zentralisierung der Artikulation auf der perzeptiven Seite durchaus ein Kriterium bei der Frage der Distinktheit der Laute: Zentrale Vokale sind als relativ offene Laute zwar schallvoller als enge Vokale - aber global gesehen ist eine *distinkte* Wahrnehmung um so besser möglich, je peripherer („gespannter") die Artikulation ist (die Distanz von [i] zu [u] ist größer als von [ɪ] zu [ʊ]). In diesem Sinne (ohne daß das bei den Parametern explizit zum Ausdruck kommt) sind in der Tabelle die peripheren [a ɑ] als schallvoller gewertet als die zentralen [ə ɐ].

Mit einer solchen Differenzierung der Parameter lassen sich Klassen der Skala im Text differenzieren. So sind die Liquiden durch einen hohen Anteil „vokalischer" Qualitäten charakterisiert (und tatsächlich sind sie z.B. auf Sonagrammen kaum trennscharf gegenüber Vokalen zu segmentieren). Dabei gilt dann - auch hier wieder ohne daß das in den Kriterien der Tabelle explizit wird - [r] > [l].

Schließlich sei noch darauf hingeweisen, daß in einigen Arbeiten (vor allem ausgehend von Untersuchungen von Theo Vennemann) auch mit einer inversen Ordnung operiert, bei der die zur Schallfülle inverse sogenannte „konsonantische Stärke" als Maß gilt. Da solche Skalen spiegelverkehrt zueinander sind, stellen sie keine weiteren Probleme.

E 6: Metrische Struktur und Orthographie

Die grundlegende Rolle des Trochäus in der Prosodie des Deutschen erklärt auch die darin fundierte grundlegende morphologische Konstantschreibung der deutschen Orthographie, die von Formen mit ausgebildetem Fuß ausgeht, in der Grundschuldidaktik expliziert in der Verlängerungsregel:

'S °S

Hund wie *Hunde* usw.

E 7: Zum Verhältnis von metrischer und Silbenstruktur

Es ist gerade auch in didaktischer Perspektive wichtig, sich über das Verhältnis von *metrischer* (= Fuß-) und *silbischer* Strukturierung klar zu sein. Die *Füße* artikulieren

---

[74] Übrigens ein Zusammenhang, der offensichtlich spontan früh in der Sprachentwicklung greifbar wird: Da eine tiefe Stimme für Jungen als sehr männlich gilt, „kompensieren" sie ihren fehlenden Stimmbruch oft mit der heftigen Labialisierung (im arabischen Raum werden die dort charakteristischen „emphatischen" [velarisierten / pharyngalisierten] Laute so von Kindern durch labialisierte kompensiert...).

die primäre Kontur einer Äußerung; sie selbst werden durch *Silben* artikuliert. Eine Äußerung im Deutschen ist im angesprochenen Sinne primär durch *Trochäen* artikuliert. Das gilt auch wenn ein sonst (im entsprechenden Kontext) einsilbiges Wort isoliert geäußert wird, vgl. Rufe wie

ˈS S ˈS S ˈS S

Emil! [ˈʔe:. mil] und auch *Hans!* [ˈha:. ans], *Jörg!* [ˈjø:. ɐk]

Das ist insbesondere bei didaktisch gern praktizierten Techniken der Silbenisolierung (Silbenklatschen und dergleichen) zu beachten, die insofern unter Umständen ganz andere metrische (und silbische!) Strukturen nach sich ziehen können, als die Lerner sie in ihrer sonstigen Sprechweise beobachten.

E 8: Zur Dissoziation von Druck- und Schallsilbe

Sievers unterschied im Sinne der damals schon lange etablierten Argumentation zwischen der rhythmischen Kontur der *Drucksilbe* und der Sonoritätskontur der *Schallsilbe*, die nur bei losem Anschluß (s. Kap. 3.1.) kongruent verlaufen. Im Modell läßt sich das wie folgt symbolisieren[75]:

- die Druckkontur mit solider Linie (———)
- die Schallkontur mit gepunkteter Linie (------)

ʀ ɑ : t ə *Rate*

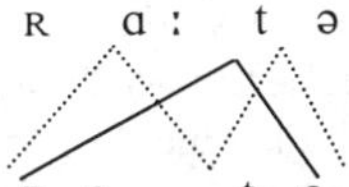

ʀ a t ə *Ratte*

Die einheitliche Druckkontur bei Formen wie [ʀatə] *Ratte* ist verantwortlich dafür, daß hier nicht zwei isolierte Silben zu artikulieren sind, so daß die beiden Schallsilben auch untrennbar sind - während aufgrund der intrinsischen Eigenschaften der Segmente (ihrer Sonorität) doch eine Gliederung in zwei Schallsilben wahrnehmbar ist.

Zwar ist nicht geklärt, worin genau das phonetische Korrelat der Sieversschen *Drucksilbe* besteht, aber daß neben der Sonoritätskontur noch (mindestens) eine andere Konturierungsebene besteht, liegt auf der Hand. Modulierendes Sprechen bzw. Singen macht den grundlegenden Sachverhalt offensichtlich: Auf einem sonoren Laut, der nahezu beliebig lange „gehalten" werden kann, etwa [ɑ::::...], kann eine Kontur moduliert werden: durch die Änderung der Tonhöhe (Grundfrequenz), des Atem-

[75] Anzumerken ist, daß die hier gemalten Druckkonturen nicht die derzeit greifbaren Kurven der akustischen Analyse wiedergeben; z.B. zeigen die Hüllkurven der Oszillogramme oder auch Energieverläufe, wie sie die gängigen Analysealgorithmen produzieren, die jetzt bequem auf jedem PC mit Soundkarte herstellbar sind, deutlich auch bei festem Anschluß zwei Maxima für die zwei Silben. Das genaue Korrelat für die Sieversche Druckkontur im Signal bleibt noch zu finden. Aber hier geht es - wie bei Sievers - um eine Analyse des perzeptiven Eindrucks, die auf einer analytisch anderen Ebene liegt - auch wenn man die Korrelation mit der akustischen Analyse gerne hätte.

drucks und anderes mehr. Bei offensichtlich invariant bleibender Sonorität (Schallfülle) ergeben sich so prosodisch ausgegliederte Einheiten. Ob man sie als Silben bezeichnen will, ist eine Frage des theoretischen Status, den man diesem Terminus beimißt: Betrachtet man die Silbe als eine *phonetische* Randbedingung, handelt es sich hier um Silben, betrachtet man sie als *phonologisches* Strukturelement, also eines der ersten Artikulation (s. Kap. 2), kann davon in solchen Fällen selbstverständlich nicht die Rede sein.

E 9: Die Silbenkontur in artikulatorischer gegenüber perzeptiver Sicht

Geht man von der Silbe als einer Kontur mit den Polen A ↔ R aus, ist in perzeptiver Hinsicht die Maximierung dieses Kontrastes optimal, also mit maximaler Sonorität bei R und minimaler bei A. Dem entsprechen offene Silben, wie sie frühkindliche Äußerungen (Wörter") vom Typ *Papa* oder *Tata*[76] bilden. Der Ausbau der Silben mit einem komplexen Reim führt insofern zu weniger optimalen Strukturen; er geschieht unter dem Zwang der Differenzierung der sprachlichen Formen (also der zweiten Artikulation). Relativ optimal sind in diesem Sinne noch Silben, deren Reim durchgehend sonor ist: offene Silben mit einem durchgehend vokalischen Reim wie bei *See* oder *Mai* oder doch Silben, die mit einem Sonoranten geschlossen werden, wie bei *Ball* oder *Kamm*. Nicht plausibel erscheinen in dieser perzeptiven Sicht aber Beschränkungen wie die „Auslautverhärtung" im Deutschen, die bei Plosiven und Frikativen gerade die stimmhaften Konsonanten im Endrand nicht zuläßt (s. Kap. 8).

Eine phonetische Interpretation dieser Beschränkung ist aber auf der Artikulationsseite möglich: Bei diesen Artikulatinen, die in Hinblick auf ihre Artikulation im oralen Trakt oft auch als „Hemmungslaute" zusammengefaßt werden, bedeutet die Stimmhaftigkeit eine zusätzliche Hemmung im Kehlkopf, die mit einer größeren artikulatorischen Energie erkauft werden muß. Der Einsatz maximaler konsonantischer Energie wird aber im Sinne der Polarisierung von A ↔ R bei A präferiert: Der

---

[76] *Mama*, mit sonorem A, ist in diesem Sinne nicht optimal. Seinen spezifischen Status in der frühkindlichen Sprachproduktion hat dieses „Wort" durch Äußerungsaktivitäten, bei denen der orale Trakt (und insbesondere die zusammengedrückten Lippen) zu lustvollen anderen Tätigkeiten als denen der Sprache benötigt werden und die Atmung auf die Öffnung des Nasentrakts angewiesen ist. Das erklärt auch die in vielen Sprachen der Welt bestehenden Konnotationen des Wortes (aber im Pitjantjatjara, s. Kap. 5: T 5, bedeutet *mama* „Hund" – selbst in diesem Bereich handelt es sich nicht einfach um Natürliches).

Kontrast *stimmhaft / stimmlos* ist in A insofern der „unmarkierte Fall“, in E dagegen der „markierte“ Fall, der in vielen Sprachen wie z.B. dem Deutschen auch nicht zugelassen ist. Spiegelverkehrt zu dieser Beschränkung sind Entwicklungen wie die sog. *r-Vokalisierung* (*Tür* [ˈtyɐ], s. Kap. 8.2.), die die Silbenkontur durch einen durchgehend vokalischen Reim optimiert. Derartige Zusammenhänge bilden den Hintergrund für die detaillierten Betrachtungen in den folgenden Kapiteln, sie werden insbesondere in Kap. 11 in Hinblick auf die Dynamik in unterschiedlichen Sprachregistern betrachtet. In Kap. 12 werden dann auch Theorieansätze betrachtet, die solche Erklärungszusammenhänge systematisch in die Beschreibung hineinnehmen (wie etwa die sog. Optimalitätstheorie, s. Kap. 12.5.).

6.2. Typologische Kommentare

T 1: Zur Typologie der Sonoritätssilben

In der neueren sprachwissenschaftlichen (und damit auch: phonologischen) Diskussion ist weitgehend die Zielsetzung dominant, zu universalen Strukturen zu kommen. Wie schon mehrfach angesprochen, besteht dabei die Gefahr, zu schnell aus unzureichend kontrollierten (differenzierten) Befunden zu extrapolieren. Die Sonoritätskontur ist nur eine Dimension, die die Syllabierung bestimmt - neben weiteren (prosodischen) Faktoren, die wie etwa der Artikulationsdruck die Einheit (und damit die Abgrenzung) der Silben bestimmen (oder bestimmen können: s. Kap. 5: T 1 für die unterschiedlichen Akzentverhältnisse in den Sprachen).

Dabei ist in jedem Fall gewissermaßen axiomatisch davon auszugehen, daß Silbenstrukturen phonologische Einheiten der ersten Artikulation sind - die die Struktur einer Sprache bestimmen. Sprachen mit einem starken Druckakzent erlauben die segmentale Integration auch bei nicht stetiger Sonoritätskontur, wie das im Deutschen für die stark betonte prominente Silbe charakteristisch ist:

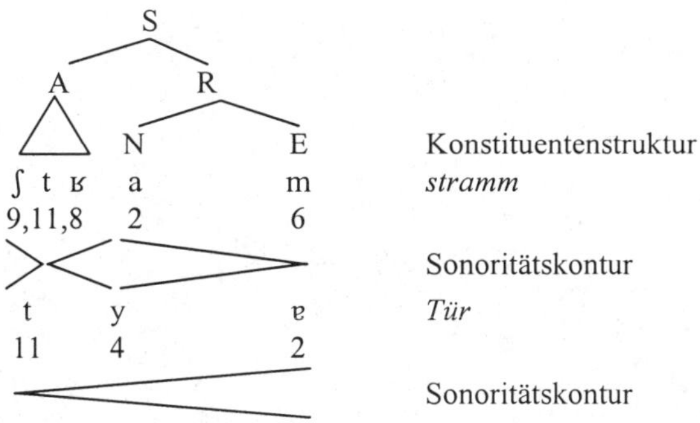

Andererseits ist das Deutsche relativ restriktiv bei der untersten Schwelle für Kontraste innerhalb der Ränder, wo andere Sprachen sehr viel „liberaler" sind: anlautende Folgen wie /ml/ oder /kt/ sind im Deutschen nicht möglich, während sie in Sprachen, die ihm ansonsten phonologisch recht ähnlich sind wie z.B. das Russische, im zentralen Bereich des Wortschatzes vorkommen, vgl.

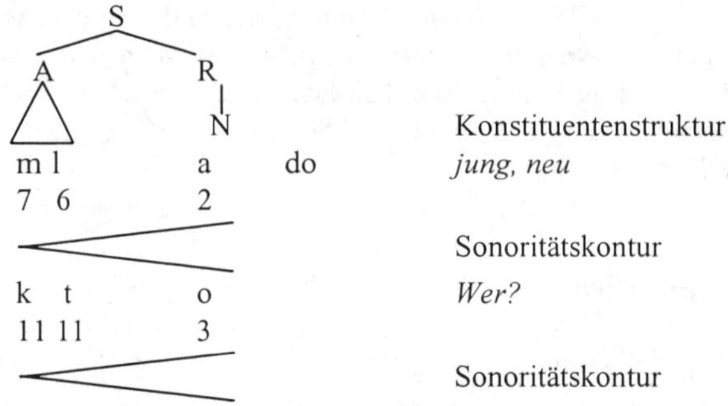

Solche typologischen Differenzen zwischen den Sprachen zeigen vor allem beim Fremdspracherwerb ihre Folgen - wobei mit der wachsenden sprachlichen Heterogenität der Bevölkerung in Ländern wie der BRD das auch für das immer noch sogenannte „Muttersprachfach" Deutsch gilt.

Viele Sprachen tolerieren überhaupt keine komplexen Ränder - dabei sind komplexe Endränder noch problematischer als komplexe Anfangsränder (im Sinne der silbischen Grundkontur A ←→ R). Dazu gehört z.B. das Türkische. Die Konsequenz davon ist bei türkischen Deutschlernern, daß sie die komplexen Ränder deutscher Wörter oft „aufbrechen", d.h. durch die epenthetische Kopie der silbischen Kerne in mehrsilbige Ketten auflösen, etwa:

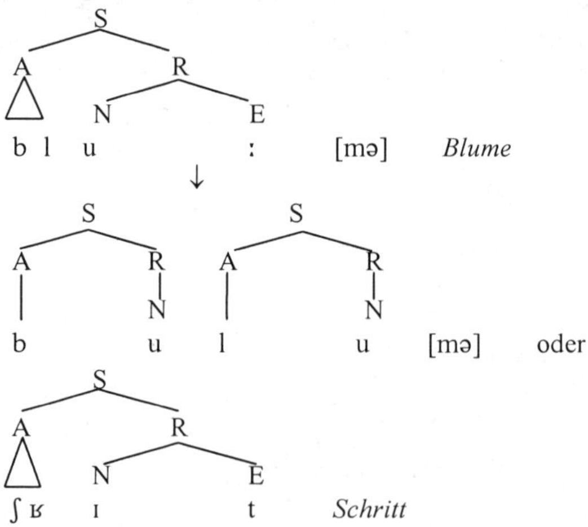

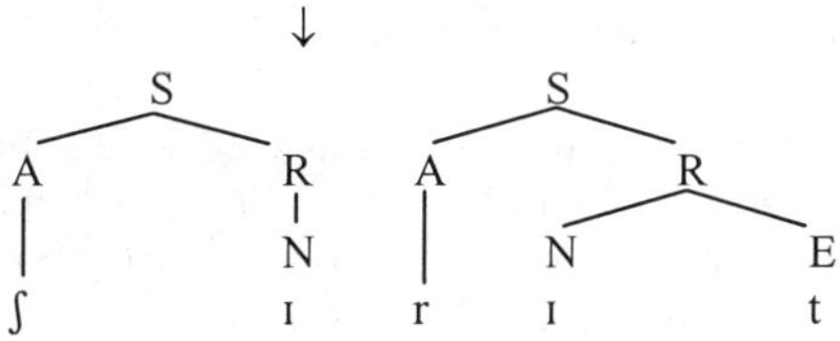

(Im übrigen schreiben türkische Schüler solche Wörter dann auch oft entsprechend: *Bulume*, *Schirit* u.ä.).

Viele Sprachen sind noch restriktiver: Sie erlauben nur offene Silben mit der einfachen Struktur K V (bei ihnen entfällt auch die Notwendigkeit einer eigenen Konstitutente Reim: Hier ist es tatsächlich ausreichend, auf der silbenstrukturellen Ebene von einer einfachen „K V - Schicht" auszugehen!). In solchen Sprachen werden dann die Wortformen schon im Kernbereich des Wortschatzes schnell zu extrem langen Silbenketten - soweit diese Sprachen nicht auf weiteren prosodischen Ebenen Wortformen differenzieren können (wie insbesondere mit Tonkonturen, s. Kap. 5: T 2). Das ist insbesondere dann der Fall, wenn zugleich auch noch das segmentale Inventar dieser Sprachen zur Artikulation der silbischen K V - Konstitutenten sehr beschränkt ist wie in Sprachen wie Samoanisch: z.B. *fa.le.ʔo.ˈlo.a* „Laden". In diesem Muster werden auch hier Entlehnungen aus anderen Sprachen adaptiert, beispielweise aus dem Englischen entlehnt im Samoanischen: *ʔai.si.ku.ˈli.mi* „ice-cream", *ha.mu.ˈpe.ka* „hamburger".

T 2: Sonoritäts- versus Öffnungssilben

Für Sprachen wie das Deutsche ist es fundamental, daß der silbische Kontrast von Kern und Anfangsrand durch eine Sonoritätskontur artikuliert wird (der Kern muß sonor sein). Andere Sprachen wie z.B. das marokkanische Arabische haben diese Beschränkung nicht. Hier ist die Silbe primär durch das definiert, was die älteren arabischen Phonetiker im Sinne ihres Verständnisses der Konsonanten als *Öffnungsbewegung* (arab. *haraka*^{t}) definierten: Eine Silbe ist hier notwendig durch ein öffnendes Segment als Anfangsrand definiert, wobei die Öffnung selbst dann noch sonor artikuliert sein kann, es aber nicht sein muß[77]. (Das erklärt im übrigen auch die semitische Schrift, die primär Zeichen für die (konsonantischen) Anfangsränder hat, sekundär auch für (konsonantische) Endränder- aber keine für die Nuklei.)

Formen wie marokkanisch arabisch (im folgenden: mar. arab.) [k$^{<}$təb] *er hat geschrieben* sind, so betrachtet, also zweisilbig - die erste Silbe besteht aus dem (verschlußgelösten!, hier mit $^{<}$ symbolisiert) velaren Konsonanten [k], die zweite aus dem verschlußgelösten [t] als Anfangsrand und [b] als Endrand. Verbale Formen sind im Arabischen jambisch; daher erhält die zweite Silbe hier ein zusätzliches Schwa als sonore Füllung der zweiten konsonantischen Öffnung (vgl. dagegen [k$^{<}$tɛb] *es ist*

---

[77] S. dazu W. Fischer, Silbenstruktur und Vokalismus im Arabischen, in: *Zt. d. Deutschen Morgenländischen Gesellschaft 117* / 1967 : 30 - 77.

vorbestimmt, mit einem grammatisch gesetzten Vokal in der zweiten Silbe, also ohne Schwa).

Die phonologischen Strukturen von Sprachen wie dem Arabischen (oder etwa auch ihm entsprechend, dem Berberischen) können hier nicht im einzelnen entwickelt werden. Dieser typologische Hinweis sollte aber deutlich machen, daß im Gegensatz zu den meisten (gerade auch jüngeren) phonologischen Arbeiten Silbenstruktur und Sonoritätskontur nicht schon auf einer theoretischen Ebene gleichgesetzt werden können.

T 3: Zur Grammatikalisierung metrischer Schemata

Im Gegensatz zu anderen Sprachen sind im Deutschen die verschiedenen metrischen Schemata über den fundamentalen Trochäus hinaus nicht grammatikalisiert. Anders ist es z.B. im mar. arab., wo der prosodische Gegensatz *fallender / steigender* Syllabierung (entsprechend also dem Gegensatz von *Trochäus / Jambus*) grammatikalisiert ist. Notiert man mit x die starke (vokalische) Syllabierung eines *Radikals*[78], so ergibt sich:

[x -] für nominale Bildungen

[- x] für verbale,

wobei bei x die Vokalisierung (Syllabierung) durch ein Schwa erfolgt, falls aus grammatisch-lexikalischen Gründen keine anderen Vokalisierungen gegeben ist, s. T 2 zu [k$^{<}$tɛb]). So finden sich mit den drei Radikalen °t l f°, die eine Grundbedeutung von „Verlorengehen" haben, Formkontraste wie:

[təlf] „Verlust" (mit der [x -] –Syllabierung, also nominal)

[tlef] „es ist verloren gegangen" (mit der [- x] –Syllabierung, also verbal)

6.3. Übungsaufgaben

1) Stellen Sie die Silbenstruktur der folgenden Wörter auf der Grundlage einer IPA-Transskription mit dem Spiralmodell dar!
a) *Knast,* b) *Ei*, c) *Kugel*, d) *Honig,*
e) *Sprache,* f) *Matrose*, g) *Dinosaurier.*

2) Machen Sie eine Transkription der folgenden Wörter (mit der Markierung der Betonung und der Silbengrenzen)! Ordnen Sie den Lauten ihren Sonoritätswert (mit der einfachen Skala aus dem Text) zu und bilden Sie die Sonoritätskontur! Schwalaute ([ə ɐ]) erhalten den Wert 2.
Modellbeispiel *Konto:*

[78] In der arabischen Grammatik bezeichnet man mit *Radikalen* lexikalische Invarianten in einer Wortfamilie, meistens Konsonanten. Das entspricht in etwa Strukturen, wie sie sich auch im Deutschen bei ablautenden Formen finden: °r f° bei *(ich) rufe, (ich) rief, (der) Ruf* usw. Wie in diesem Beispiel notiere ich Radikale zwischen ° °.

ˈk	ɔ	n.	t	o
11	3	7	11	3

$< \; > \quad <$

a) *braun,* b) *Tiger,* c) *Strick,* d) *Auto,*
e) *Schlamassel,* f) *Gans,* g) *ganz,* h) *Wrack,*
i) *Dussel,* j) *Eisenbahn,* k) *chthonisch,* l) *Schiffahrt,*
m) *verbeamten,* n) *beäugen*

7. Die unmarkierte Silbe: nicht prominent, keine Reduktionssilbe

Von ihrer Architektur her ist die unmarkierte Silbe der „Normalfall", von dem aus die Sonderfälle des Silbenbaus entwickelt werden können. Diese architektonische Sicht entspricht aber nicht der Nutzung dieses Silbentyps, der keineswegs am häufigsten vorkommt bzw. beim Blick auf den Wortschatz geradezu als untypisch für das Deutsche erscheint – und daher in den meisten einführenden phonologischen Darstellungen des Deutschen keine oder nur eine marginale Erwähnung findet. Aufgrund der für das Deutsche charakteristischen metrischen Kontur (s. Kap. 5) ist dieser Silbentyp gewissermaßen dadurch negativ definiert, daß er nicht in das dominante polarisierte Raster von Prominenz- / Schatten- Silbe fällt (s. auch T 1).

Die Kategorie „unmarkierte Silbe" bezieht sich auf die mit S bezeichneten Silben in Fällen wie

S S ˈS S		S ˈS °S	
[ʔa.vo.ˈkaː.do]	*Avocado,*	[ho.ˈlʊn.dɐ]	*Holunder,*
ˈS S		S ˈS °S	
[ˈpɪ.tsa]	*Pizza,*	[fo.ˈʀɛ.lə]	*Forelle.*

Hier handelt es sich offensichtlich nicht um Reduktionssilben, da ihr Nukleus durch ein reiches Vokalspektrum artikuliert wird. Für das weitere Vorgehen ist jetzt festzulegen, daß dabei nicht die *absoluten* phonetischen Differenzen im Visier sind, sondern die *relativen.* Phonetische Differenzen lassen sich auf einem Kontinuum beliebig fein etablieren, wodurch letztlich auch keine Wiederholung einer sprachlichen Form phonetisch identisch ist. In der hier leitenden *phonologischen* Zielsetzung (s. Kap. 2) geht es nur um die phonetischen Unterschiede, mit denen sprachliche Formen differenziert werden (können) – also um *Oppositionen.* Zwei Formen, die sich nur in Hinblick auf eine phonetische Eigenschaft unterscheiden, nennt man ein *Minimalpaar* - die jeweilige Eigenschaft ist mit solchen Kontrasten als *phonologisch* (distinktiv) etabliert.

Oppositionen sind *paradigmatische* Relationen: Sie definieren *mögliche* Kontraste einer lautlichen Form. Eine Form wird dadurch bestimmt, daß sie eben nicht eine Eigenschaft anderer Paradigmapositionen hat. Andererseits sind solche Oppositionen nur in einem bestimmten Kontext definiert, also relativ zu *syntagmatischen* Relationen, die eine korrekte (Wort-)Form etablieren. Wenn ich sage, daß im Deutschen [a] und [e] kontrastieren, dann ist das nur im Hinblick auf eine Menge von Kontexten möglich, z.B. den (konstant gehaltenen) Kontext (in anderer Redeweise: die Nute) *f_'ta:l* : *fa'ta:l* (*fatal*) gegenüber *fe'ta:l* (*fetal*), vgl. auch [ø] in *fø'ta:l* (*fötal*).

Es ist allerdings unmöglich, das gesamte Spektrum der vokalischen Kontraste in der unmarkierten Silbe durch eine vorgegebene Nute zu ermitteln – ohnehin sind Minimalpaare hier eher Ausnahmen, vgl. immerhin noch

[e] vs. [o]: *dezent* [deˈtsɛnt] vs. *Dozent* [doˈtsɛnt],
[ɪ] vs. [ɔ]: *firmieren* [fɪʁˈmiːʁn̩] vs. *formieren* [fɔʁˈmiːʁn̩],
[a] vs. [u]: *laminal* [lamiˈnɑːl] vs. *luminal* [lumiˈnɑːl] u.a.

Überwiegend handelt es sich um strukturell relativ isolierte Wortformen, meist auch sog. „Fremdwörter". Dabei geht es allerdings nicht um die Herkunft der Wörter, wie schon die angeführten „Erbwörter" *Holunder* und *Forelle* zeigen, sondern um den Grad ihrer lexikalischen Integration und eben um ihre phonologische Struktur, die sie als „fremd" erscheinen läßt (s. dazu weiter in Kap. 8). Daher soll es genügen, hier nur das Inventar der vokalischen Kontraste in der unmarkierten Silbe aufzustellen und mit Beispielen zu belegen – die methodischen Probleme phonologischer Oppositionen werden dann im Rückgriff auf die einfachere Beleglage bei der prominenten Silbe in Kap. 8 weiter diskutiert.

Wir finden hier:

- vordere (palatale) Vokale in vier Engestufen, jeweils gerundet und ungerundet;
- hintere (velare) Vokale in vier Engestufen, jeweils gerundet;
- sowie einen offenen Vokal.

In der üblichen topographischen Anordnung der Nutzung des oralen Resonanzraumes (s. Kap. 3.1.) läßt sich dieses Spektrum an Kontrasten wie folgt darstellen:

i y			u
	ɪ ʏ	ʊ	
e ø			o
	ɛ œ	ɔ	
	a		

(eingerahmt ist der *zentralisiertere* Artikulationsbereich, der phonetisch von dem *zentralen* Bereich [ə / ɐ] getrennt bleibt).

Entsprechende Beispielwörter in der gleichen Anordnung (der jeweils relevante Vokal ist in der orthographischen Darstellung *kursiviert*):

Kr*i*tik / B*ü*ro			K*u*rier
	Kr*i*stall/ br*ü*skieren	B*u*rgund	
l*e*bendig/ *Ö*dem			K*o*mittee
	H*e*rmelin/ *Ö*strogen	K*o*nsole	
	f*a*tal		

Die Komplikationen bei den vorderen Vokalen werden in einer dreidimensionalen Darstellung deutlicher, die die Labialisierung als eigene Dimension aufweist:

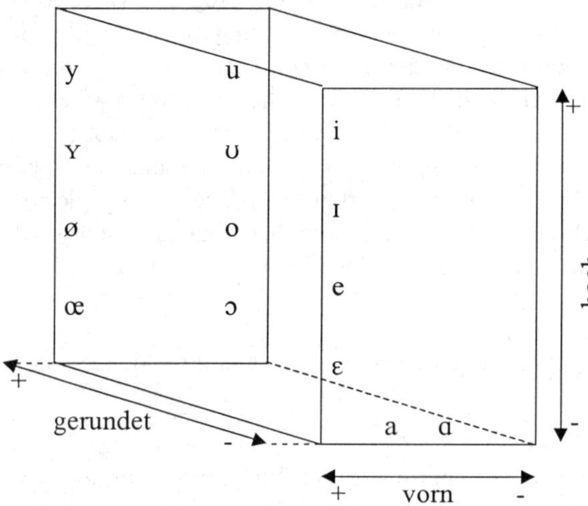

Die lautschriftlichen Konventionen (hier die des IPA, s.o. Kap. 3, Anhang) sind als Lokalisierungen der markanten Artikulationen im oralen Resonanzraum zu verstehen, insbes. in Hinblick auf die engste Postion der Zunge (s. Kap. 3).

Das soeben ermittelte Inventar für den Nukleus der unmarkierten Silbe nutzt daraus nur eine Teilmenge.

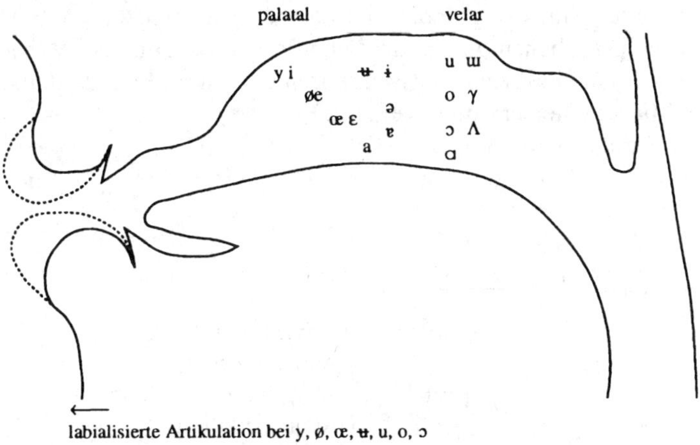

Abb. 13: Schematische Darstellung der Lokalisierung des Vokalinventars des Deutschen

Das relativ periphere Vorkommen dieser vokalischen Kerne bzw. der unmarkierten Silbe im Wortschatz betrifft aber nur die Hochlautung. Umgangssprachnäher ändern sich die Verhältnisse vor allem auch durch die Integration von nur noch etymologisch als Komposita zu betrachtenden Formen wie *Anzug* [ˈʔanˌtsuːk], umgangssprachlich [ˈʔantsuk] oder noch weiter integriert (vor allem norddeutsch) [ˈʔantsʊx] (s. Kap. 12 für diese stilistische Variation).

Bei diesem (verglichen mit der phonologischen Struktur der Sprachen der Welt) ungemein reichen vokalischen Kontrastspektrum von 13 Vokalen stellt sich die Frage, ob diese tatsächlich phonologische Kontraste bilden, also i.S. von Kap. 2 funktional genutzt werden, um im Deutschen Wortformen zu unterscheiden. Eine Inspektion der Beispiele zeigt nun eine komplementäre Verteilung von zwei Teilmengen dieser Vokale, den relativ geschlossenen Vokal (V̬) und den relativ offenen (Ṿ) in Hinblick auf die Silbenstruktur:

- Ṿ bei offener Silbe
- V̬ sonst

S ˈS °S		S ˈS °S
Forelle [fo.ˈʀɛ.lə]	aber	*Hornisse* [hɔʁ.ˈnɪ.sə]
S ˈS °S		S °S ˈS
lebendig [le.ˈbɛn.dɪç]	aber	*Hermelin* [hɛʁ.mə.ˈliːn]

Daß dieses Verteilungsmuster grundlegend ist, beweist seine Produktivität bei der umgangssprachlichen Integration von Fremdwörtern, die je nach Fremdsprachenkenntnissen beziehungsweise Bemühen um „Fremdartkulation“ in diesem Muster unterschiedlich verläuft:

A. offene Silbe S mit engem[79] Vokal:

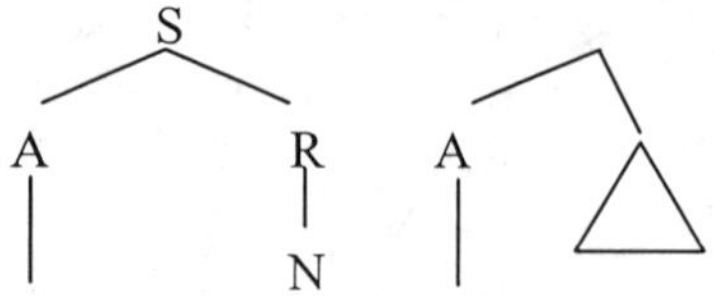

z	y	n	[aˈløfə]	*Synalöphe* (eingedeutscht)
g	e	ɲ	[ɑː l]	*genial* (fremdartikuliert)

B. geschlossene Silbe S mit offenem Vokal:

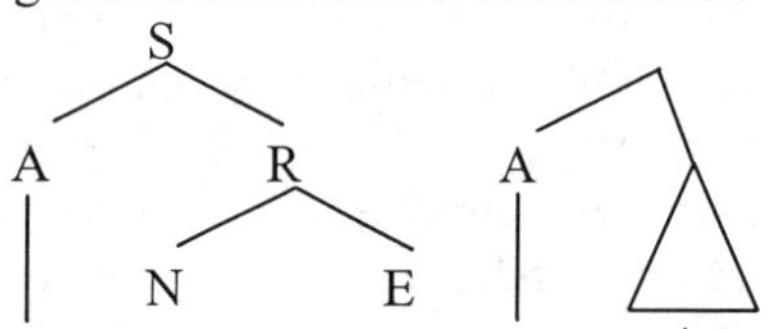

z	ʏ	n	ʔ	[aˈløfə]	*Synalöphe* (pseudogriechisch artikuliert, das Griechische hatte keinen [ʔ])
g	ɛ	n	j	[ɑː l]	*genial* (eingedeutscht)

In der Hochlautung, wie sie von den orthoepischen Wörterbüchern definiert ist, besteht diese komplementäre Verteilung allerdings nicht:

S ˈS °S S ˈS

Kommode [kɔ.ˈmoː.də], *Kurrent* [kʊ.ˈʀɛnt]

Das hat zur Konsequenz, daß in dieser Form des Hochdeutschen das phonologische Vokalparadigma der nicht-prominenten Silbe tatsächlich ein Inventar von 13 Vokalen aufweist – nicht nur in typologischer Hinsicht ein außerordentlich bemerkenswertes Ergebnis, auch sprachstrukturell eine etwas befremdliche Konsequenz, da, wie in Kap. 8 gezeigt wird, das Vokalspektrum der prominenten Silbe in Hinblick auf solche distributionellen Kri-

[79] Zur variablen Beschreibung der Vokalartikulation verwende ich weitgehend synonym *gespannt / eng / geschlossen* und *ungespannt / offen*.

terien phonologisch tatsächlich auf sieben Vokale reduziert werden kann, und ausgehend vom Konturprinzip des Worts im Deutschen zu erwarten wäre, daß die prominente Silbe das Wort profiliert und insofern diese auch die markantesten Merkmale aufweisen sollte.

Tatsächlich liegt den hier infrage stehenden Lautungen der Orthoepie ein orthographisches Mißverständnis zugrunde: Die Aussprachewörterbücher nehmen (im Anschluß an die an der antiken Metrik orientierten Orthographielehren des 19. Jh., etwa bei von Raumer) die orthographische *Schärfung* als Ausdruck einer konsonantischen Gemination, *schreiblautieren* also
S ˈS °S S ˈS
Kommode als *[kɔm.ˈmoː.də], *Kurrent* als * [kʊʀ.ˈʀɛnt], wie besonders an
S ˈS
der absurden Doublette *kurant* [ku.ʀant] deutlich wird (etymologisch gesehen sind beides ja Adaptierungen des gleichen latein. Partizips *currens,* Gen. *currentis*), vgl. noch bei Siebs z.B. [kʀiˈtiːk] *Kritik* versus [kʀɪtəˈlaɪ] *Krittelei,* [diˈvɛʁs] *divers* versus [dɪˈfuːs] *diffus* usw.[80] Meine Unterrichtserfahrung ist hier, daß Studierende, die im Seminar auf dieses Problem der unmarkierten Silbe überhaupt erst aufmerksam wurden, zu ihrer Verblüffung in den
S ˈS °S
Aussprachwörterbüchern ihre eigene Aussprache *Kommode* [ko.ˈmoː.də] als „falsch" entdeckten (orthoepische Vorschrift: [kɔ.ˈmoː.də]. Hier besteht kein Grund, dieser Marotte der Aussprachewörterbücher zu folgen.

Das ist zu unterscheiden von den Fällen, in denen eine komplexere prosodische Wortkontur vorliegt, bei der eine prominente Silbe relativ zu einer noch prominenteren im Akzent herabgestuft wird (s. Kap. 6): Unter dem Nebenakzent bleiben die Anschluß-Kontraste der prominenten Silbe bewahrt (im Sinne der in Kap. 3.1. eingeführten Begrifflichkeit, s. dazu weiter in Kap. 8), unter Umständen auch mit den begleitenden Quantitäten: also [ˌʃpu(ː)kəˈʀaɪ] *Spukerei* gegenüber [ˌʃpʊkəˈʀaɪ] *Spuckerei* und dgl., s. weiter in Kap. 10.

Allerdings gibt es tatsächlich Erscheinungen in der nicht-prominenten Silbe, die sich der Systematisierung durch zwei komplementär verteilte Teil-

---

80 Eine Variante dieser orthoepischen Projektion ist die Annahme der Anschlußdifferenz in der unmarkierten Silbe (wie z.B. bei Becker oder auch Vennemann) im Gegensatz zu der von mir hier herausgestellten Nutzung der Anschlußformen zur silbenstrukturellen Artikulation des Akzentes. Die orthoepische Zirkularität in den angeführten Beispielen macht im übrigen deutlich, wie wichtig die silbenfundierten Analysen der Anschlußkorrelation nicht zuletzt auch für ein Verständnis orthographischer Strukturen wie denen der Schärfung sind (s. Kap. 8.2.).

mengen entziehen. Einen Sonderfall bildet das [ɛ], dessen Vorkommen in offenen Silben in einem Teilbereich des Wortschatzes fest ist, der hier allerdings in sehr offensichtlicher Weise als fremd identifizierbar ist (vor allem auch Namen): [(ʔ)ɛˈtyːl] *Äthyl*, [(ʔ)ɛˈgɛːɪʃ] *ägäisch* (umgangssprachlich näher: [(ʔ)ɛˈgeːɪʃ]), [mɛˈʔandɐ] *Mäander* und dergl. Auch hier sind diese Formen allerdings auch wieder orthographisch gestützt (Graphien mit <ä> ohne morphologische Umlautbeziehungen)[81]. Im folgenden Kapitel wird sich zeigen, daß dieses [ɛ]-Problem eine Entsprechung in der prominenten Silbe beim [ɛː] hat, das in einigen Varietäten des Hochdeutschen dank der Schule verbreitet ist. Für alle diese Probleme gilt allerdings, daß sie periphere Probleme der Hochlautung darstellen, in didaktischer Perspektive, etwa bei norddeutschen Sprechern, die hier generell [e] bzw. [eː] aufweisen, nicht über Korrekturen erzwungen werden sollte, die die Entwicklung eines phonologischen Strukturbewußtseins nur behindern können (zu einem weiteren, ähnlich durch die Verunsicherung durch die Orthographie induzierten Problem beim /a/, das in der prominenten, nicht aber in der unmarkierten Silbe die Varianten [a]:[ɑ] zeigt, s. E 3).

Für eine weitergehende Analyse sind schließlich noch prosodische Konturbedingungen beim Vorkommen der unmarkierten Silbe zu berücksichtigen: Alle bisher diskutierten Beispiele betrafen Silben, die im Wort *vor* der prominenten Silbe vorkommen. Für diese gilt nun umgangssprach-nah ohnehin eine Tendenz zur Verallgemeinerung der relativ offenen („ungespannten") vokalischen Varianten (bei den folgenden Beispielen in der Anordnung des Vokalsystems notiere ich nur die Kerne der jeweils interessierenden unmarkierten Silbe in IPA)[82]:

Kr[ɪ]tik	*Ps[ʏ]chologie*	*[ʊ]niversität*
d[ɛ]finitiv	*[œ]konomie*	*L[ɔ]komotive*
	(M[a]thematik)	

Im Nachfeld der betonten Silbe findet sich diese Zentralisierung nicht in der hochlautungsnahen Umgangssprache: Formen wie [ˈaʊtɔ] *Auto*, [ˈkɑːnʊ]

81 Historisch betrachtet handelt es sich überwiegend um Entlehnungen aus dem Griechischen, in der Graphie vermittelt über die lateinische Adaptierung des griechischen *Eta* η (/eː/) als <ae>.

82 Zum Teil werden die Formen auch gestützt durch die häufigeren Kurzformen wie bei *Lok* [ˈlɔk]. Allerdings sind die Verhältnisse hier nicht völlig klar, vgl. *öko* [ˈʔøːko], aber auch *Limo* [ˈlɪmo] für *Limonade*: [limoˈnɑːdə] neben [lɪmoˈnɑːdə].

Kanu gehören einem weniger kontrollierten Allegro-Register an, s. Kap. 12, wo diese Fragen im Zusammenhang wieder aufgenommen werden.

Spiegelverkehrt dazu bestehen Sonderbedingungen im Nachfeld der prominenten Silbe, insbesondere am Wortrand. Hier finden sich nun Kontraste zwischen den geschlosseneren und offeneren Varianten, sogar in unproblematisch konstruierbaren Minimalpaaren:

- [i] vs. [ɪ]: [ˈtaksis] Plural oder Genetiv zu *Taxi*, [ˈtaksɪs] *Taxis* (Anordnung)
- [u] vs. [ʊ]: [ˈʃampus] Plural oder Genetiv zu *Shampoo*, [ˈʃampʊs] *Schampus* (Champagner),
- [e] vs. [ɛ]: [ˈpɔʁes] Plural oder Genetiv zu *Porree,*[doˈloːʁɛs] *Dolores* (Vorname).
- [o] vs. [ɔ]: [toˈʁeːʁos] Plural oder Genetiv zu *Toreros,* [ʁiˈnoːtseʁɔs] *Rhinozeros* und dergleichen.

Beispiele für palatale gerundete Vokale [y] vs. [ʏ], [ø] vs. [œ] finden sich im „regulären" Wortschatz nicht. Sie könnten aber durch Kurzwörter auf <Ö> oder <Ü> / <Y> entstehen, vgl. auch bei der im südwestdeutschen bzw. schweizer Sprachraum verbreiteten Generalisierung der Anfangsbetonung auch bei Fremdwörtern; *Menü* [ˈmɛny] (hochsprachlich [meˈnyː]), Plural dann entsprechend *Menüs* [ˈmɛnys], oder auch *Adjö* [ˈadjø][83] (hochsprachlich [ʔaˈdjøː]), Plural [ˈʔadjøs].

Verweisen diese Beispiele darauf, daß das ganze Vokalspektrum hier funktional nutzbar ist, so ist auf der anderen Seite doch deutlich, daß auch hier Randbedingungen vorliegen, die diese Kontraste überformen und so doch auch wieder eine, wenn auch anders gelagerte komplementäre Verteilung zeigen: die geschlosseneren Vokale in einer geschlossenen wortfinalen Silbe signalisieren eine morphologische Grenze: Sie stehen in den Beispielen vor dem Plural- oder Genetiv-Morphem *–s*. Es handelt sich also um grammatisch genutzte „Grenzsignale", nicht um frei verfügbare Kontrastmöglichkeiten im Sinne der Phonemdefinition von bedeutungsunterscheidenden Strukturelementen[84]. In der neueren phonologischen Diskussion wird diesem Tatbestand dadurch Rechnung getragen, daß entsprechende Strukturen als Worterweiterungen behandelt werden. Das fragliche konsonantische Element *–s*

[83] Üblich allerdings nur [ˈade].

[84] Das ändert nichts daran, daß diese Umgebungen ein vorzügliches Übungsterrain abgeben, um die qualitativen Unterschiede im Vokalismus unabhängig von quantitativen zu üben – was auch einer der Gründe dafür ist, die Struktur der unmarkierten Silbe in einer Einführung vor der der prominenten Silbe zu behandeln.

wird als *extrasyllabisch* bezeichnet, das der in diesem Sinne dann offenen wortfinalen Silbe nur „adjungiert“ wird. Der Unterschied in der jeweils letzten Silbe von *Taxis* [ˈtaksis] (Plural oder Genetiv zu *Taxi* [ˈtaksi]) im Ggensatz zu *Taxis* [ˈtaksɪs] würde also wie folgt dargestellt (s. auch Kap. 10):

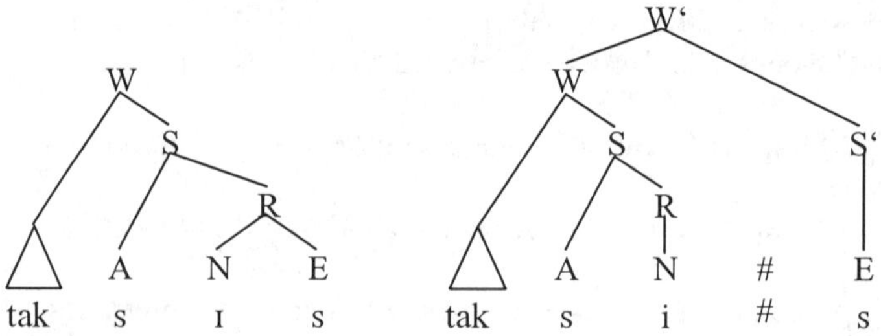

Sonderprobleme ergeben sich durch Formen mit schwankendem Akzent, durch die bei Sprechern verbreitet eine Unsicherheit im Vokalismus induziert wird. Häufig ist das der Fall bei Formen mit auslautenden Nasalen oder [l]. So findet sich bei *Telefon* neben [teləˈfoːn] auch [ˈteːləfon] (oder auch [ˈtɛləfon]), bei *Seraphim* neben [zeʁaˈfiːm] auch [ˈzeːʁafim], bei *Istanbul* neben [ʔɪstamˈbuːl] auch [ˈʔɪstambul], s. dazu die Übungsaufgabe 4.

Der Anfangsrand der unmarkierten Silbe erlaubt das ganze Spektrum der konsonantischen Artikulationen, das im Zusammenhang mit den entsprechenden Strukturen der prominenten Silbe im folgenden Kapitel besprochen werden soll. Dazu gehört auch die Möglichkeit, den Anfgangsrand glottal (durch [h] oder [ʔ]) zu artikulieren, vgl.

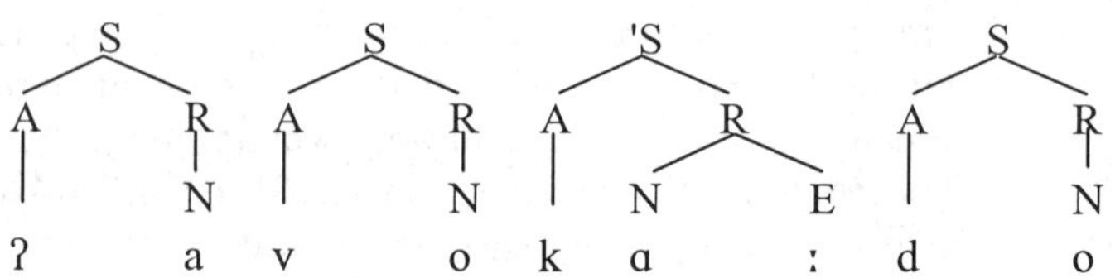

Avokado

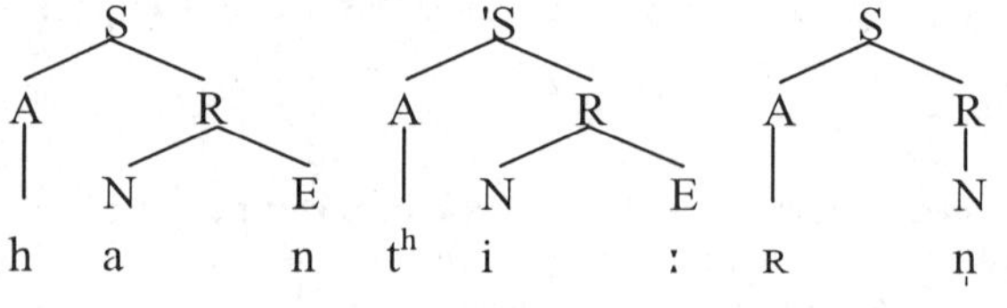

hantieren

Allerdings ist der Glottisverschluß hier nicht obligatorisch: Viele Sprecher, auch im norddeutschen Sprachraum, artikulieren ihn hier nur am absoluten Äußerungsbeginn, also nicht als festen Bestandteil der Wortform. Das ist einer der markanten Unterschiede zur prominenten Silbe (s. Kap. 8.1.). Wortmedial ist der Glottisverschluß als Anfangsrand der unmarkierten Silbe anders als der glottale Hauchlaut in der Hochlautung nicht vorhanden:

Boa [ˈboːa], *böig* [ˈbøːɪç], aber *Uhu* [ˈʔuːhu], *Aha* (Ortsname)[85] [ˈʔɑːha] und andere.

Komplexe Anfangsränder kommen vor, in der Regel mit einer zum Kern hin steigenden Sonoritätskurve wie bei *Trophäe*, in der Form [tʁo.ˈfɛːə] (neben [tʁo.ˈfeːə]):

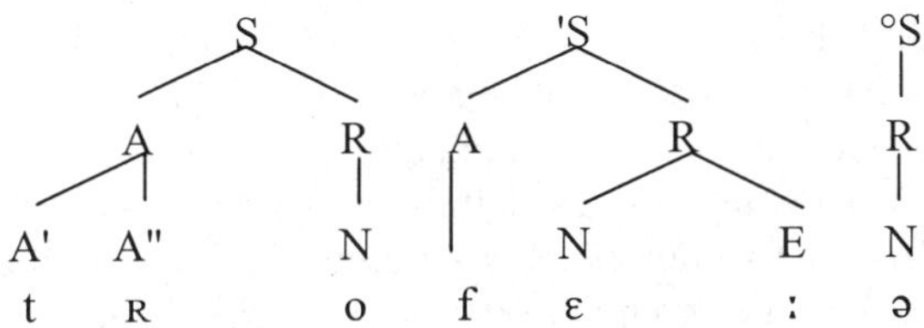

Trophäe

Allerdings finden sich Erweiterungen mit einem sonoreren initialen Vorschlag durch [ʃ] wie bei *Statistik* [ʃtaˈtɪstɪk]. Auch diese Komplikationen werden mit der Betrachtung des Konsonantismus in Kap. 8 besprochen.

Der Endrand ist in der unmarkierten Silbe fakultativ, wobei offensichtlich nur einfache Ränder möglich sind wie z.B. in *Bakterie*:

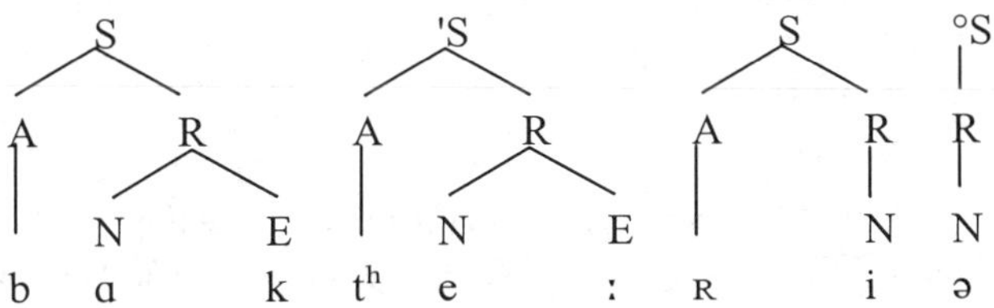

Bakterie

Der im Gegensatz zur prominenten Silbe nicht obligatorisch verzweigende Reim in der unmarkierten Silbe korrespondiert damit, daß hier keine vokalische Belegung (d.h. keine Langvokale) zugelassen sind. Entsprechend ist die unmarkierte Silbe auch nicht durch das charakteristische Strukturmerkmal

[85] Anders die Interjektion *aha* [aˈha] bzw. [aˈhaʔ] (zur Kürze des Vokals in der prominenten Schlußsilbe, s. Kap. 8.1.).

der prominenten Silbe im Deutschen, die Anschlußopposition, artikuliert (s. Kap. 8.2.; außerdem auch E 1).

Es gibt allerdings einige isolierte Fälle, die in morphologisch nichtkomplexen Wörtern zwei Silben mit Langvokalen aufweisen wie *Heimat* [ˈhaɪmɑːt], *Zirat* [ˈtsiːʀaːt], *Kleinod* [ˈklaɪnoːt], *Armut* [ˈʔaʁmuːt], *Leichnam* [ˈlaɪçnaːm] beziehungsweise entsprechend auch Diphthonge: *Oheim* [ˈʔoːhaɪm], *Efeu* [ˈʔeːfɔʏ]. Sie sind entweder als lexikalische Idiosynkrasien zu registrieren mit einer Länge in der S-Silbe, die hier in keinem Quantitäten*kontrast* steht, oder schlüssiger: Sie sind als Pseudokomposita zu behandeln, die die hier ausgeschlossene Folge von prominenten Silben aufweisen, und damit vergleichbar mit Pseudokomposita wie *Himbeere* (was ist *Him-*?), *Nachtigall* (wer motiviert *-gal* noch mit *gellen*?) usw. Wie bei diesen Pseudokomposita auch spiegelt sich in diesen lexikalischen Idiosynkrasien meist eine etymologisch nicht mehr durchsichtige Komposition, vgl. auch das Bildungselement *-at/-od* usw. aus einem alten germanischen Wort für *Besitz*; insofern gehören auch Formen mit dem „Ableitungssuffix" wie *-heit* (mit einem Diphthong und [h] im A!) zu den (Pseudo-)Komposita. (s. T 1)[86]. Bei dem Versuch, morphologische Strukturen transparent zu machen, finden sich in kontrastierender Aussprache auch Minimalpaare wie die orthoepisch vorgeschriebenen *ungar* [ˈʔʊn.gaːɐ] („nicht gar") gegenüber *Ungar* [ˈʔʊŋ.gaʁ], die umgangssprach-näher aber wohl zusammenfallen ([ˈʔʊŋ.ga]),

Es lassen sich sogar einige Fälle von „segmental" gleichartikulierten Sˈ und S-Silben finden, die bei einer Argumentation von „unten nach oben", die also von den Segmenten her prosodische Strukturen aufzubauen versucht, (quasi-) Minimalpaare für den „freien" Akzent im Deutschen aufgeführt werden (vgl. Kap. 5):

Auˈgust	versus	*ˈAugust*
daˈheim	versus	*ˈOheim*
aˈllein	versus	Diminutive wie *ˈPapalein, ˈSonjalein* usw.

Derartige Minimalpaare für Akzentkontraste ergeben sich außer bei Diphthongen vor allem auch durch die Neutralisierung der Quantitätenkontraste bei der r-Vokalisierung (s. Kap. 8.2.), wodurch hier auch Kontraste mit

---

86 Diese Analyse führt in periphere Bereiche des Wortschatzes mit markierten Strukturerscheinungen. Dazu gehört z.B. auch die Umlautbeziehung bzw. –markierung, die im zentralen Bereich des Wortschatzes auf die prominente Silbe eingeschränkt ist (s. Kap. 8). Es finden sich aber Alternationen wie [ˈbɪʃɔf] *Bischof* (neben [ˈbɪʃo(ː)f]) gegenüber [ˈbɪʃœfə] *Bischöfe* (neben [ˈbɪʃø(ː)fə]), [ˈdeːmut] *Demut* gegenüber [ˈdeːmytɪk] *demütig* u.a., s. Becker 1997 für eine detaillierte Analyse.

einem langen [ɑː] entstehen: *Al'tar* [(ʔ)al'tɑː] (neben orthoepischen [(ʔ)al'tɑːʁ]) gegenüber *'Nektar*['nɛktɑː], *Vi'kar* [vi'kɑː] (neben orthoepischen [vi'kɑːʁ]) gegenüber *'Oskar* ['ʔɔskɑː] und andere. In diesem argumentativen Rahmen, der „von oben nach unten" die Artikulation globaler Strukturen durch lokale betrachtet, können sie als „Betriebsunfälle" behandelt werden: Strukturen in der prominenten Silbe sind mit solchen in nicht-prominenten Silben grundsätzlich nicht vergleichbar.

Bei den Komplikationen an den Silbenrändern zeigt sich die unmarkierte Silbe insofern als nicht grundsätzlich von der prominenten Silbe verschieden. Daher wird die Diskussion dazu im nächsten Kapitel weitergeführt.

7.1. Ergänzende Kommentare

E 1: Zur Ökonomie der Silbentypologie

Bei einer Vorliebe für strikt binäre Klassifikationen könnte man im Deutschen mit einer Klassifikation nach [± prominent] versus [± reduziert] auskommen (s. zum Formalismus der Matrixdarstellung s. Kap. 13).

	'S	S	°S
prominent	+	-	-
reduziert	-	-	+

E 2: Zu orthographischen Schreiblautierungen

In sprachdidaktischer Perspektive muß gelten, daß derartige *Hochlautungsmarotten,* die orthographisch motivierte orthoepische Schreiblautierungen sind, im Unterricht (jedenfalls im Anfangsunterricht) nichts zu suchen haben; dort ist vielmehr die tatsächliche Aussprache der Kinder zu explorieren. Die dadurch nicht zu leistende Fundierung der orthographischen Form dieser wenigen (Fremd-) Wörter rechtfertigt nicht die massive Störung ihres phonologischen Bewußtseins, das die Kinder bei der Schriftaneignung explorieren. Sondergraphien wie *Kommode*, *Kurrent* usw. (ohnehin nicht gerade die häufigsten Wörter) sind lexikalisch als „Ausnahmen" zu lernen, die in der Regel über einen technischen Fachwortschatz auch mit ihrer Fremdorthographie zu motivieren sind (die „einheimischen" Wörter folgen in der Graphie der phonologischen Silbenstrukturregularität).

E 3: Zum [a] in der unmarkierten Silbe (Orthographische Probleme)

Es erscheint immerhin bemerkenswert, daß Schreiber auf einer gewissen fortgeschrittenen Etappe, bei der sie phonographische Regularitäten systematisieren, an der Besonderheit der Neutralisierung der Opposition [a] vs [ɑ] in der unmarkierten Silbe Probleme entwickeln können. Fehlerhafte Schärfungen wie **Mattrose*, **Mattratze* erscheinen mir (nach impressionistischer Durchsicht ohne systematische Auswertung bisher) überproportional häufig - gegen die sonst (bei entsprechender Hilfestellung) leicht zu lernende orthographische Sicherung, daß die Schärfung nur in der prominenten Silbe eine Grundlage findet (wie auch die Dehnung, vgl. so vermeidbare fehlerhafte Schreibungen wie **gehlaufen*, **vehrkaufen*).

Orientiert an der Verteilung von zwei *a*-Varianten ([a] versus [ɑ]) in der prominenten Silbe, wo sie als parallel zu V̬ vs Ṿ behandlet werden können (s. Kap. 8.2.), wird dieser Kontrast auch in der unmarkierten Silbe erwartet:

<u>Prominente Silbe</u>
Ṿ~[ɑ] ⟶ vokalisch belegter Endrand
V̬~[a] ⟶ { konsonantisch belegter Endrand / unbelegter Endrand / ⇒ *Schärfung* }

Entsprechend wird bei einem an der Orthographie orientierten Unterricht auch bei einem [a] in der unmarkierten Silbe eine geschlossene oder im Sinne des festen Anschlusses (s. Kap. 8.2.) pseudo-geschlossene Silbe vermutet- vor allem wenn im Unterricht die Schärfung *schreiblautierend* als Geminate „geübt" wurde (*hatte* [$\text{hat}^{\text{h}}.\text{t}^{\text{h}}$ə]). Solche Probleme, wie sie hier nur anzudeuten sind, zeigen nur, wie sorgfältig gerade im Grundschulunterricht die phonetische Analyse und damit die Erschließung der phonographischen Fundierung der Orthographie zu erfolgen hat.

Verkompliziert werden diese Verhältnisse zudem noch durch unterschiedliche Aussprachen bei Fremd- beziehungsweise Bildungswörtern, die vor allem in Österreich und in der Schweiz unter Umständen auch normativ gelten: *Mathematik* [matəmatɪk] und dergleichen. Ein schematischer Bezug auf *das* Hochdeutsche ist hier noch weniger als sonst möglich.

7.2. Typologischer Kommentar

T 1: Die „unmarkierte" Silbe in typologischer Sicht

Gerade in Hinblick auf die nicht-prominente und nicht-reduzierte Silbe wird der typologische Sonderstatus des Deutschen (wie der germanischen Sprachen überhaupt) deutlich. Der von den meisten neueren phonologischen Darstellungen zugrundegelegte einheitliche Silbenbegriff für den Aufbau von Wortformen entspricht durchaus dem typologisch überwiegend Anzutreffenden (s. auch Kap. 6: T 1), in der Regel verbunden mit sehr restriktiven Beschränkungen über dem möglichen Silbenbau (mit dem Grenzwert einer einfach offenen Silbe, d.h. als A ↔ R artikuliert durch K vs. V, s. ebd.). Prosodische Konturen werden in solchen Sprachen entweder ohnehin nur auf der Äußerungsebene artikuliert (sie haben keine prosodische Wortkontur), oder als Tonverläufe in den sonoren Segmenten (s. Kap. 5: T 2).

Die Besonderheit der germanischen Sprachen und damit des Deutschen liegt in der Unterordnung der Wortkontur unter den starken („dynamischen") Wortakzent, durch den die germanischen Sprachen in historischer Sicht auch innerhalb der Familie der indoeuropäischen Sprachen ausgegliedert wurden. Er bedingte eine Polarisierung im silbischen Aufbau der Wortstruktur: mit der Attraktion der prominenten Silbe für wortunterscheidende (paradigmatische wie syntagmatische) Potentiale und dem Abbau der „Schattensilbe" bis hin zu deren Schwund (beziehungsweise der Integration in die prominente Silbe, s. Kap. 9). Die Besonderheiten der Anschlußkorrelation (s. Kap. 8: Anhang) sind eine besondere Erscheinungsweise dieses Prozesses im nordseegermanischen (also besonders auch norddeutschen) Sprachraum.

In der typologisch orientierten Diskussion wird dieser Gegensatz auch als einer von *silbenzählenden* gegenüber *akzentzählenden* Sprachen verhandelt, wobei *silbenzählend* auf einen homogenen Aufbau von Wortformen zielt, wie er besonders auch mit dem Morenkonzept zu fassen ist (s. Kap. 4: E 3 und wieder aufgenommen in Kap. 8: E 2; zur Diskussion dieser typologischen Fragen in Hinblick auf das Deutsche siehe etwa Auer/Uhmann 1988).

Entwicklungslinien, wie sie hier für die germanischen Sprachen angedeutet sind, sind aber nur als Grenzwerte zu definieren: Die reale Entwicklung der Sprachen ist bestimmt durch das Zusammenspiel unterschiedlicher Faktoren (insbesondere auch durch externe Einflüsse), die allerdings durch solche strukturellen Muster (oft mit dem englischen Terminus eines *drift* bezeichnet) beschränkt werden. So entstehen komplexe Wortkonturen immer wieder neu, die aber in dieses Muster eingepaßt werden. Durch Zusammenrückung (Univerbierung) entstehen komplexe Wörter, wie z.B. die als Komposita nicht mehr transparenten *Heimat*, *Kleinod*, *Weisheit*, *Reichtum*, deren abweichende Struktur im folgenden noch zur Sprache kommen wird (germ. *-od* „Besitz", *-heit* „Erscheinungsform", *-tum* „Urteil") oder als Entlehnung aus einer fremden Sprache, wie es etwa bei dem Auftreten von gerundeten Palatalvokalen außerhalb der prominenten Silbe und ohne grammatische Umlautbeziehungen der Fall ist: *Gymnasium* [gʏm'nɑː.zi.ʊm], *syntaktisch* [zʏn.'tak.tɪʃ] usw.

7.3. Übungsaufgaben

1) Transkribieren Sie die Beispiele in der Tabelle oben für das Inventar der Vokale in der unmarkierten Silbe.

2) Transkribieren Sie die folgenden Wörter (mit Silbengrenzen) und ordnen Sie die Silbentypen zu!

a) *Palaver,* b) *Triangel,* c) *Akademiker,* d) *Philosophie,* e) *Bibliothekar,* f) *Tobias,* g) *Diagnose.*

3) Abkürzungen werden phonologisch oft als Wörter behandelt - auch wenn ihre Bestandteile als (akronyme[87]) Buchstabennamen durchsichtig bleiben. Transkribieren Sie die folgenden Wörter und ordnen Sie die Silbentypen zu:
a) *ADAC,* b) *UNESCO,* c) *PKW,* d) *UWK,* e) *Abi,* f) *Azubi.*

4) Transkribieren Sie die folgenden Wörter und gegen Sie eine Erklärung für die eventuellen gespannten Vokale in der geschlossenen nicht-prominenten Silbe: *Muttis, Moskitos, Epos, Heros, Verzeichnis, Akropolis, Lassos, Iltis, Nazis, Adonis.*

5) $ Überlegen Sie, ob die im Text erwähnten Formen *Telefon* [ˈteːləfon] (oder [ˈtɛləfon]), *Seraphim* [ˈzeːʁafim], *Istanbul* [ˈʔɪstambul], die bei einigen Sprechern fest sind, einen phonologischen Kontrast von gespannten und ungespannten Vokalen in der unmarkierten Silbe begründen.

[87] Wortinitiale.

8. Der Bau der prominenten Silbe

Die prominente Silbe gibt dem Wort seine Kontur. Wie schon in Kapitel 6 skizziert wurde, liegen die Schwierigkeiten (und die typologischen Besonderheiten des Deutschen) dabei vor allem bei der Artikulation des Reims durch einen Endrand. Da in diesem Punkt die vorliegenden Arbeiten zum Deutschen erheblich differieren, sollen mit der Darstellung hier zugleich auch die Randbedingungen für phonologische Analysen generell transparenter gemacht werden, die auch alternative Deutungen der gleichen empirischen Befunde zulassen. Dabei sind Fragen der Architektur des jeweiligen Analysesystems relevant, die nicht zuletzt auch in typologischer Hinsicht zu beurteilen sind (die generellen Bauprinzipien sollten im Deutschen wie in allen anderen Sprachen gelten). Schließlich ist es von Belang, welche Sorte von Beobachtungen als für die Analyse einschlägig zugelassen werden: Sprachen sind dynamische Systeme, bestimmt von widersprüchlichen Faktoren, die zu einer großen Variabilität führen - auch eine normiere Hochsprache unterliegt mit der Zeit Veränderungsprozessen.

Die meisten Darstellungen der Phonologie des Deutschen gehen von Quantitätendifferenzen im Vokalismus aus; in Kap. 8.1. werden mit der Grundstruktur der prominenten Silbe die Rahmenbedingungen für eine solche Analyse vorgestellt. Nun hat das Deutsche aber, wie sich in Kap. 7 bei der unmarkierten Silbe gezeigt hat, einen qualitativ außerordentlich reich differenzierten Vokalismus. Ein zusätzlicher Ausbau mit Quantitätengegensätzen würde das System enorm verkomplizieren und typologisch sehr auffällig machen. Hinzu kommt die vergleichsweise geringe phonetische Ausprägung der Quantitätenkontraste im Gegensatz zu Sprachen, die ihr System damit artikulieren. Dem entspricht auch bei den meisten Sprechern des Deutschen eine große Unsicherheitszone für orthoepische Oppositionen, die mit quantitativen Kontrasten zu artikulieren sind (z.B. ein [ɛː] bei *Bären*). Aus solchen Gründen versucht eine schon längere Tradition der Beschreibung des Deutschen, ohne phonologischen Quantitätengegensatz auszukommen und das Deutsche als eine Sprache mit einer *Anschlußkorrelation* zu beschreiben. Im zweiten Teil dieses Kapitels (8.2.) wird diese Beschreibungskategorie systematisch eingeführt als Ausbaustruktur des Reims der prominenten Silbe auf der einen Seite, als silbenübergreifende Kontaktform auf der anderen Seite.

Grundlage dafür ist die Bestimmung der prominenten Silbe als einer Ausbauform, die an die spezifische Akzentkontur ˈS - °S gebunden ist.

Viele der Komplikationen in der Struktur der prominenten Silbe erklären sich, wenn man diese nicht aus dieser Kontur isoliert und als abgegrenzte Einheit behandelt. Besonders deutlich ist das im Falle der fest angeschlossenen Reduktionssilbe. Diese Überlegungen erfordern allerdings auch eine Darstellungsform, die nicht mit „räumlichen" und insofern quantitativ zu verstehenden Größen operiert, wie es bei dem Konstituentenmodell der Fall ist. Daher wird hier auf das in Kap. 6 eingeführte Spiralmodell als alternative Darstellungsform zurückgegriffen.

Daß die beiden Analysemodelle: Quantitätenkontraste vs. Anschlußkorrelation, nicht nur Darstellungsalternativen sind, zeigt sich, wenn man eine Erklärung für die deskriptiven Komplikationen sucht. Kap. 8.3. skizziert die Entwicklungsdynamik des Deutschen, im Umbau von einer Sprache mit Quantitätenkontrasten (im Althochdeutschen) zu einer mit Anschlußverhältnissen, wie er vor allem in Norddeutschland, und daran orientiert: in der Hochsprache erfolgt ist (insofern aber nicht in allen dialektalen Regionen praktiziert). Dieser Abschnitt geht über den Stoff einer elementaren Einführung hinaus; er ist hier für interessierte Leser als Fenster zur historischen Sprachbetrachtung angelegt.

8.1. Die Struktur der prominenten Silbe

Die Prominenz einer Silbe wird durch ihren maximalen Ausbau artikuliert:

- das betrifft die Komplexität der Grund-Konstituenten A und R: A kann, R muß komplex sein (im Baummodell argumentiert: der Reim muß verzweigen); allerdings führt das nur im Fall von abtrennbaren Silben zu einer einfach verzweigenden Reimstruktur[88];
- der Hauptkontrast A ↔ R ist durch eine Maximierung der Sonorität im Reim (obligatorisch: vokalischer *Kern*) optimiert.

Im *Kern* der Silbe finden wir ein reiches Spektrum von vokalischen *Kontrasten*, die relativ zu bestimmten Umgebungen (Nuten) festgestellt werden, wie z.B. der Kontrast von [a] und [ɔ] in der Nute ˈk_ntə : ˈkantə ([*die*] *Kante*) und ˈkɔntə ([*er*]*konnte*). Derartige Nuten können mithilfe des Silbenmodells strukturiert bzw. identifiziert werden, hier also die minimale Struktur der

88 Komplikationen wie beim festen Anschluß werden zunächst ausgeklammert, s.dazu 8.2.

prominenten Silbe, mit einem stimmlosen velaren Verschluß als A und einem alveolaren Nasal als E[89]:

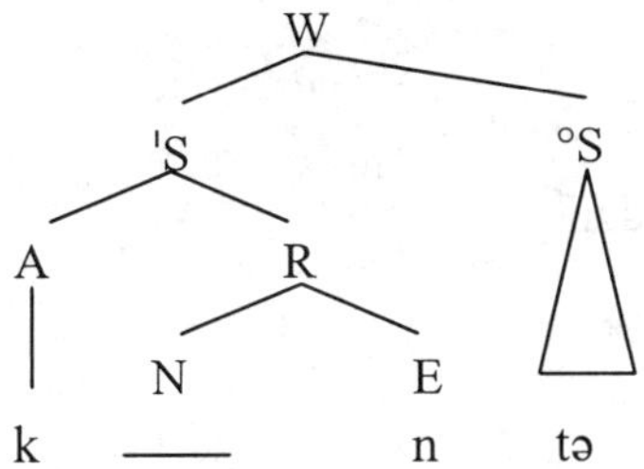

In diesem Kontext sind noch weitere Kontraste zu finden, z.B. [œ] ['kœntə] *(er) könnte* (Konj) und [ɛ] ['kɛntə] *(er) kennte* (Konj). Artikulieren wir A mit einem stimmlosen alveolaren Verschluß [t], ergeben sich andere Oppositionen: [a] *Tante* [ɪ] *Tinte* [ʊ] *Tunte.*

Nur wenige Kontexte liefern die gleichen Kontraste - die paradigmatischen Oppositionen (die möglichen vokalischen Kontraste) ergeben sich nur als Vereinigungsmenge solcher Kontexte (s. dazu T 1). Nehmen wir als Kontext *b_n(dəln)* hinzu, erhalten wir noch die Oppositionen:

[a]: *(an)bandeln* (süddt. Form),

[ɛ]: *bändeln,*

[ʏ]: *bündeln.*

Hier tritt der besondere Typ der gerundeten Palatalvokale auf, der eng mit dem Problem des Umlauts im Deutschen verbunden ist, s. E 1 und T 2.

Das Gesamtinventar aus diesen spezifischen Oppositionen relativ zu einem silbischen Kontext:

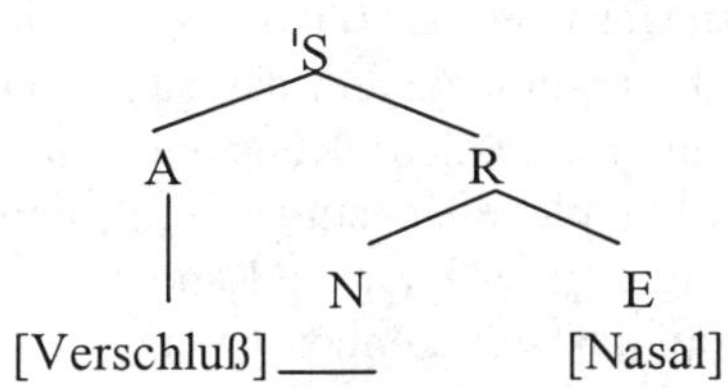

ergibt also:

89 Wie schon bisher wird eine für die Argumentation irrelevante Binnenstruktur einer Konstituente durch ein Dreieck unter dem entsprechenden Knoten repräsentiert (hier bei °S).

	k__n (t ə)	t__n (t ə)	b__n(dəln)
a	kantə	tantə	bandəln
ɛ	kɛntə		bɛndəln
ɪ		tɪntə	
œ	kœntə		
ʏ			bʏndəln
ɔ	kɔntə		
ʊ		tʊntə	

Wir können dieses Inventar in der üblichen topographischen Form als Nutzung des oralen Resonanzraumes durch die veränderte Zungenstellung (± eng, ± hinten) darstellen, bei den vorderen Vokalen zusätzlich differenziert durch die eventuelle Lippenrundung beziehungsweise -vorstülpung:

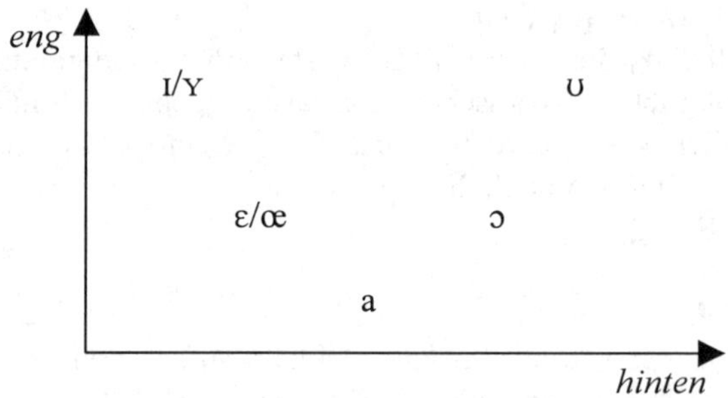

Zu den Besonderheiten der prominenten Silbe (als Folge der Maximierung des Sonoritätskontrastes von A ↔ R) gehört die Möglichkeit der vokalischen Artikulation von E. Dabei werde ich hier zunächst auf der Basis des in Kap. 6 eingeführten Konstituentenmodells der Silbe argumentieren, das dazu quantitativ interpretiert wird: Quantität wird in (minimalen) Konstituenten als Einheiten ausgedrückt, *Länge* also als eine komplexe Konstituente (als deren Verzweigung). Definitorisch wird dabei festgelegt, daß nur die Randkonstituenten der Silbe, nicht aber der Nukleus komplex sein können (später in 8.2. wird diese Festlegung begründet; s. E 2 für alternative Darstellungen; für eine Sicht auf die historische Dynamik s. 8.3.). Schematisch läßt sich das wie folgt darstellen, wobei die Verzweigungsmöglichkeit durch Dreiecke symbolisiert werden (Bespiele *Strand, Strahl*):

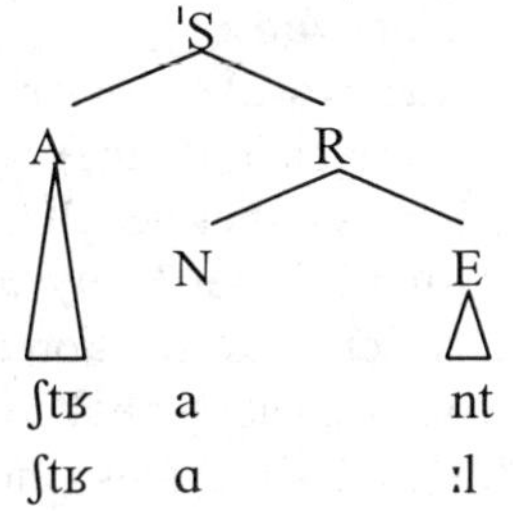

Vokalische Quantitäten können in einem solchen Modell nur als verzweigender Reim (nicht als verzweigender Nukleus) dargestellt werden.
Bei vokalischen Quantitäten sind zwei Fälle zu unterscheiden:
1) die vokalische Artikulation von E ist ungleich der von N (Diphthonge),
2) die vokalische Artikulation von E ist gleich der von N (Langvokale / Monophthonge).

Zu 1 (ungleiche Qualität in N und in E) :

Für den ersten Fall finden wir im Kontext *l_tən*:

aʊ	laʊtən	*lauten*
aɪ	laɪtən	*leiten*
ɔʏ	lɔʏtən	*läuten*

In phonetischer Hinsicht handelt es sich um eine schließende Artikulationsbewegung von einem maximal offenen Nukleus aus (zu dessen Qualität, die ich mit [a] notiere, s. auch E 4). Die Bewegung durchmißt gewissermaßen in der Diagonalen den topologischen Raum des Vokaltrapezes, erreicht in der Regel aber nicht den engen Pol, daher benutze ich wie üblich bei der phonetischen Notation die Schreibung mit nur einem nicht ganz geschlossenen („ungespannten", s.u.) Vokal für den engen Rand.[90] Für eine phonologische Wertung kann diese qualitative Modifizierung unberücksichtigt bleiben: wir können diese Diphthonge *phonologisch* genauso gut mit dem engen Element als Rand notieren. Damit ergeben sich folgende dynamische Reime:

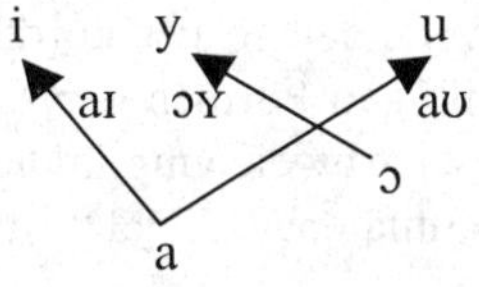

Als Notation benutze ich im folgenden [aɪ], [ɔʏ], [aʊ], s. dazu E 3.

[90] In vielen Darstellungen findet sich [ɑo], [ɑe],[ɔø]. Vermutlich gibt es hier auch regionale Differenzen bei der Realisierung.

Zu 2: Die vokalische Artikulation von E ist gleich der von N.

Phonetisch gesehen handelt es sich also um Langvokale, die ich hier als silbenstrukturell komplexe Konstituente (als verzweigende Reime) behandle. Zu den strukturellen Gründen für diese Darstellung s.u. bei der Behandlung des Endrandes als Ausbau des Reims. In 8.2. wird diese Analyse wieder aufgenommen und im Zusammenhang mit der Anschlußkorrelation neu diskutiert. Hier finden wir nun nicht die gleichen vokalischen Qualitäten wie bei konsonantisch artikuliertem E, sondern bis auf /a/ (s. E 4) jeweils eine engere Variante (z.B. [i] wie in *sie* [zi:], nicht [ɪ] wie in *bin* [bɪn]). Das Gesamtinventar können wir wieder für den minimalen Ausbau der prominenten Silbe ermitteln, bei der wir für den Endrand eine vokalische Variable notieren /:/, die die identische Artikulation mit dem vorausgehenden Nukleus repräsentiert (Beispiel *sie*).

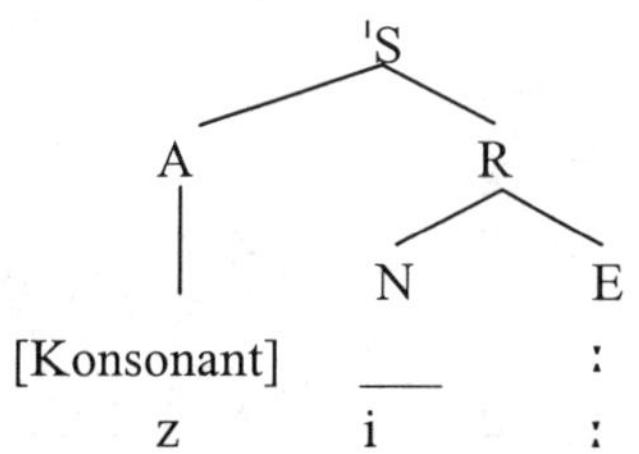

Die Hochlautung weicht in der Verteilung dieser Struktur im Lexikon zum Teil erheblich von den regionalen Varietäten des Deutschen ab. Im norddeutschen Raum finden wir verbreitet eine Präferenz für Einsilbler ohne vokalisch artikulierten Endrand (d.h. mit Kurzvokal), wo die Hochlautung einen Langvokal hat: norddt. [ʀat] aber Hochlautung [ʀɑ:t] *Rad*, norddt. [bat], Hochlautung [bɑ:t] *Bad*. Die zweisilbigen Formen im Paradigma entsprechen sich dagegen: in beiden Varietäten [ʀɛ:dɐ], [bɛ:dɐ] (in der norddt. Umgangssprache auch [ʀe:dɐ], [be:dɐ], s.u.)

In Hinblick auf die Silbenstruktur ist bemerkenswert, daß in der norddt. Variante sowohl in den einsilbigen wie in den zweisilbigen Formen der Endrand einfach artikuliert ist (zu den Hintergründen dieser Abweichung in dem reichlich verwirrenden frühneuhochdeutschen „Quantitätenausgleich" des Hochdeutschen s. 8.3.).

Das Gesamtinventar ergibt sich wieder als Vereinigung der paradigmatischen Inventare z.B. in den folgenden Nuten:

	ʀ__:tə	ʃt__:lə
i	*riete*	*Stiele*
e		*stehle*
a	*Rate*	*(mit dem) Stahle*
ø	*Röte*	
y		*Stühle*
o	*rote*	
u	*Rute*	*(auf dem) Stuhle*

(zu dem problematischen [ɛ:] wie in *stähle* [Konj. II zu *stehlen*] s.u.).

Bis auf die Differenz bei den offenen Vokalen /a/ haben wir komplementär verteilte Paare:

__:	sonst
i	ɪ
e	ɛ
y	ʏ
ø	œ
o	ɔ
u	ʊ

Bei /a/ ist die Variation statt dessen eine der vorderen/hinteren Artikulation: velarer bei Länge [ɑ:], palataler bei Kürze [a] (s. aber E 4).

In der phonetischen Literatur ist es üblich, hier (wiederum bis auf den Fall von /a/) von [± gespannten] Vokalen zu sprechen. Gespannt sind die (mit größerer artikulatorischer Intensität artikulierten) relativ engen Langvokale, ungespannt die relativ zentralisierten Kurzvokale. Beide können in der gleichen Umgebung nicht kontrastieren; sie sind also komplementär verteilt und können aufgrund dieses *distributionellen* Kriteriums zu jeweils einem Phonem zusammengefaßt werden. Die „phonologische" Notation mit / / repräsentiert das Ergebnis solcher Vergleichsoperationen:

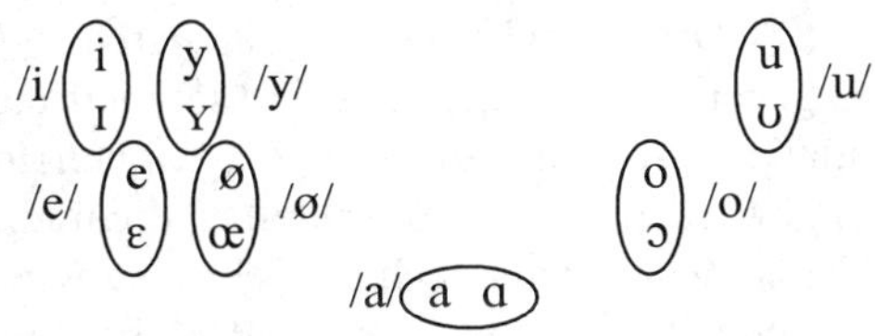

Hinter dieser phonologischen Klassenbildung steht eine dynamische Vorstellung von der Produktion der Vokale, die in einer Dimension der relativen Nähe zur Ruhelage, also zur Artikulation mit der geringsten Muskelspannung der Zunge wie beim Schwa [ə], charakterisiert werden können; den Ggenpol zu diesem Zentrum [ə] bildet die Peripherie, deren Vokale [i y u ɑ] den maximalen Aufwand erfordern:

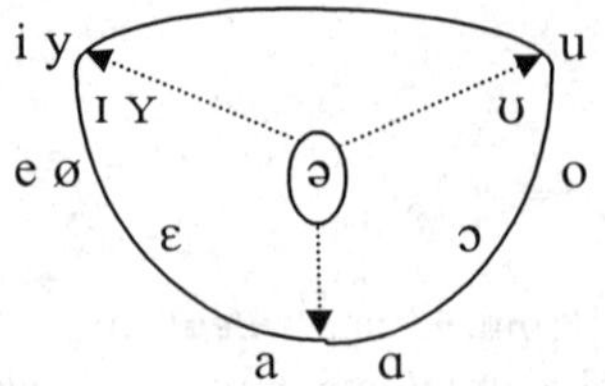

Die qualitative Differenzierung der Zentralisierung zeigt sich bei den Bewegungsabläufen auf Röntgenaufnahmen im übrigen genauso wie auch bei der akustischen Analyse durch die Lage der Formanten in den Sonagrammen[91]. Die komplementäre Verteilung dieses Gesamtinventars läßt sich an einigen wenigen Kontexten ablesen, vgl. etwa in dem Kontext *m_tə* (die fehlenden Kontraste durch Formen auf –tɐ ergänzt):

mühte [yː] *Miete* [iː] *muhte* [uː]
Mütter [ʏ] *Mitte* [ɪ] *Mutter* [ʊ]

Mete[92] [eː] *Mode* [oː]
Mette [ɛ] *Motte* [ɔ]
Mate [ɑː]
Matte [a]

Der komplementären Verteilung des Vokalismus unterliegt eine phonetische Rationale:

1. bei den *quantitativen* Verhältnissen:
   Die gespannten Vokale dauern in der betonten Silbe (bei entsprechender Betonung in der Äußerung) doppelt so lange wie die ungespannten (s. die Sonagramme im Anhang: *Rate / Ratte* u. dgl.). Diese quantitativen Verhältnisse lassen sich durchaus gegenüber den qualitativen (definiert durch die Zielpositionen der Artikulation) isolieren. In der neueren phonologischen Diskussion ist es üblich geworden, hier im Anschluß an die traditionelle Metrik (s. Kap. 4 : E 3) von *Moren* zu sprechen. Geht man wie ich hier von einem Konstituentenmodell der Silbe aus, stellen die Moren

[91] Die Pfeile sollen die zentrifugale Dynamik der peripheren Vokale andeuten.

[92] Verschiedene Formen von *Met*, vgl. auch *Beete*.

(symbolisiert durch μ) eine Gewichtung dar, wobei allerdings nur der Reim gewichtet wird (s.u.):

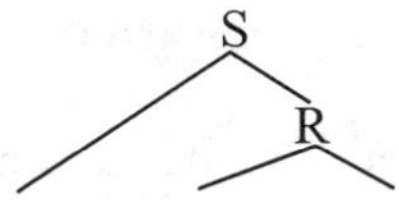

Konstituenten	A	N	E	
Morengewichtung	-	μ	μ	
	[ʀ	ɑ	ː	(tə)] *Rate*
	[ʀ	a	ʊ	(tə)] *Raute*

Zu den Problemen bei *Ratte* (einmorig [ʀatə]) s.u.

2. Verbindet man diese quantitative mit der qualitativ-dynamischen Analyse, läßt sich feststellen, daß die maximal periphere (gespannte) Artikulation in der prominenten Silbe (also in Verbindung mit dem Akzent) nur bei maximaler Dauer (2μ) zu Verfügung steht – bei einer Dauer von nur einer More bleibt die Artikulation relativ zentralisiert (ungespannt):

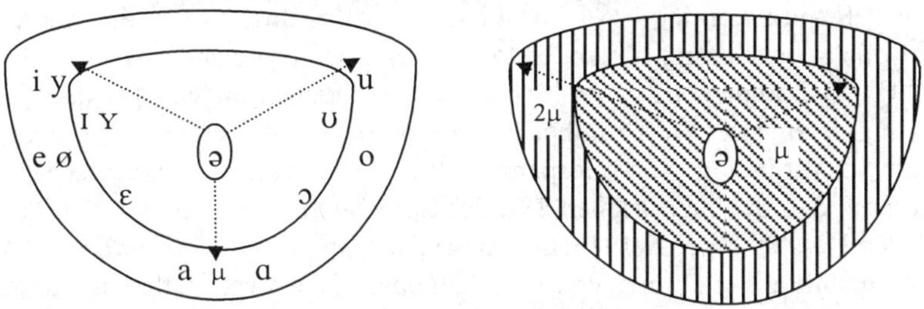

Dieses dynamische Modell verbindet sich nun mit weiteren artikulatorisch-perzeptorischen Eigenschaften, die für das Deutsche (und einige verwandte Sprachen) eigentümlich sind und die oben schon als *Anschlußkorrelation* angesprochen wurden (s. Kap. 3.1.): Bei der peripheren (gespannten) Artikulation läuft gewissermaßen das artikulatorische Programm des Vokals vollständig ab (entsprechend einer Dauer von 2μ). Der folgende Konsonant beginnt mit einem neuen artikulatorischen Programm, ist *lose* angeschlossen (daher die von mir verwendete Notation [ʀɑːtə] = [ʀɑ →tə]). Die nichtperiphere (ungespannte, zentralisierte) Artikulation ist demgegenüber eine, die das Programm gewissermaßen abbricht[93]. Das wird dadurch möglich, daß der folgende Konsonant fest an den Vokal angeschlossen wird, sodaß seine Artikulation gewissermaßen zum Programm des ungespannten Vokals ge-

[93] In der hübschen Formulierung eines Grundschülers, die ich oben schon zitiert habe: bei der der Vokal *gebremst* wird.

hört, in der Notation von Kap. 3: [ʀatə] = [ʀa↲tə]). Auf einer abstrakteren phonologischen Notation ist daher die Anschlußnotierung ausreichend, um auch die qualitative Differenz zu symbolisieren: [ʀa →tə] entspricht [ʀɑːtə], [ʀa↲tə] entspricht [ʀatə].

Von daher kann es ungespannte Vokale auch nicht im absoluten Auslaut geben, wo sie von keinem Konsonanten „gebremst" werden können, also kein fester Anschluß möglich ist. Entsprechend wird das Problem der Anschlußkorrelation auch ausführlicher w.u. in Kap. 8.2. in Verbindung mit dem Endrand der prominenten Silbe diskutiert.

So plausibel aber diese Zuordnungen bei einer solchen Interpretation des Schemas sind, so wenig liegen sie doch bei der unmittelbaren Reaktion auf die Lautierung im Deutschen auf der Hand, wie nicht zuletzt die Schwierigkeiten der Schulanfänger zeigen (s. dazu E 5).

In der Hochlautung wird das schöne symmetrische Bild des Vokalsystems allerdings von dem „ungespannten" Langvokal [ɛː] getrübt, der offensichtlich einen Kontrast bildet, etwa im obigen Feld [ˈmɛːtə] *mähte* oder im Kontext *ˈb__tən :* ˈbɛːtən (sie) *bäten,* ˈbeːtən *beten,* ˈbɛtən *betten*

Hinzu kommen noch Probleme mit der Opposition von [a] und [ɑ], die kaum als eine der Gespanntheit zu interpretieren ist (beide sind in der gängigen Interpretation von Gespanntheit als ungespannt aufzufassen); hinzu kommt, daß in einem großen Teil des Sprachgebietes (und von daher auch in vielen Darstellungen der Hochlautung) der Unterschied von *Raten* und *Ratten* rein quantitativ als einer von /a/ gegenüber /aː/ interpretierbar ist (s. auch E 4). Im folgenden gehe ich allerdings entsprechend den orthoepischen Vorschriften, die sich auf die norddeutsche Varietät stützen, von dem qualitativen Unterschied [a] gegenüber [ɑː] aus.

Sieht man von dem ungespannten Langvokal [ɛː] ab und behandelt die Qualität des Unterschieds von [a] gegenüber [ɑː] als analog zur Gespanntheit, so überlagern sich offensichtlich zwei Strukturen im Vokalsystem:

- eine *qualitative*, bei der die Kontraste im Silbenkern qualitativ realisiert sind, aber als Begleiterscheinung damit verbunden ist, daß die gespannten Vokale sich in den Endrand „ausdehnen" (lang sind),

i (iː)	y (yː)	u (uː)
ɪ	ʏ	ʊ
e (eː)	ø (øː)	o (oː)
ɛ	œ	ɔ
a		ɑ (ɑ ː)

- eine *quantitative*, bei der die kontrastierenden quantitativen Unterschiede von qualitativen begleitet sind (die Langvokale sind gespannt).

i [ɪ] / iː [i]	y [ʏ] / yː [y]	u [ʊ] / uː [u]
e [ɛ] / eː [e]	ø [œ] / øː [ø]	o [ɔ] / oː [o]
a [a] / aː [ɑ]		

Läßt sich insofern das Problem der a-Laute noch „systematisch" lösen, geht das beim [ɛː] nicht. Wo die Opposition [eː] gegenüber [ɛː] genutzt wird, verkompliziert sich das vokalische System: Die palatale Vokalreihe weist dann eine vierte Stufe auf, die allerdings nur im losen Anschluß (unter Längebedingungen) und ohne ein gerundetes Gegenstück im System vorkommt.

i [ɪ] / iː [i]	y [ʏ] / yː [y]	u [ʊ] / uː [u]
e [ɛ] / eː [e]	ø [œ] / øː [ø]	o [ɔ] / oː [o]
ɛː [ɛ]		
a [a] / aː [ɑ]		

Daß die beiden kritischen Vokale im losen wie im festen Anschluß qualitativ nicht unterschieden und daher auch mit dem gleichen Zeichen [ɛ] repräsentiert werden, macht das Problem sinnfällig. Auf den ersten Blick plausibler wäre von daher eine Darstellung, die diese (phonetisch maximal ähnlichen) Laute phonologisch zusammenfaßte und phonologisch mit /ä/ repräsentierte.

i (iː / ɪ)	ü (yː / ʏ)	u (uː / ʊ)
e (eː)	ö (øː / œ)	o (oː / ɔ)
ä (ɛː /ɛ)		
a (ɑː / a)		

Aber dieses System ist in anderer Hinsicht unplausibel: Jetzt steht der enge („gespannte") mittlere Vokal [e] isoliert, und der integrierte Vokal [ɛ] weist keine zu den anderen beiden Reihen parallele Verdoppelung der Lang-/Kurz-(beziehungsweise Silbenschnitt-)differenz mit einer qualitativen Differenz auf: In dieser orthoepischen Variante des Vokalsystems verlangt er als einziger auf der phonologischen Ebene einen (reinen) Quantitätengegensatz; in einigen (nicht-norddeutschen?) Varietäten findet sich allerdings Ähnliches auch bei /a/ ([a] gegenüber [aː]).

Die meisten Arbeiten zur Phonologie des Deutschen gehen tatsächlich von einem solchen reicheren System aus, das in einer relativ plausiblen topographischen Darstellung (mit Ausklammerung des phonoligischen Quantitätengegensatzes) wie folgt repräsentiert werden kann (in Klammern hinter jedem Phonem die qualitativen Allophone: zuerst unter Bedingung der Länge, dann der Kürze):

i (i / ɪ)	y (y / ʏ)	u (u / ʊ)
e (e / ɛ)	ø (ø / œ)	o (o / ɔ)
ä (ɛ / ɛ)		
a (ɑ / a)		

Bei Freude an formaler Bastelei kann man dieses ästhetisch unbefriedigende System zwar noch zu einem weniger asymmetrischen dreistufigen ummodeln:

i (i / ɪ)	y (y / ʏ)	u (u / ʊ)
e (e / ɛ)	ø (ø / œ)	o (o / ɔ)
ä (ɛ / ɛ)		a (ɑ / a)

Aber dieser formale Kunstgriff kann phonetisch nicht befriedigen, da das /ä/ eben kein maximal offener Vokal ist.

Nun sollte es in der Phonologie aber nicht um formale Spielereien gehen sondern darum, die empirischen Probleme durch eine explizite Modellierung in den Griff zu bekommen. Die aufgezeigten Analyseschwierigkeiten resultieren aus der Dynamik der Sprachentwicklung im Deutschen, bei der das alte Quantitätensystem kollabiert und ein neues System noch nicht vollständig etabliert ist – daher die angesprochene Überlagerung zweier Strukturen.

Hinter den beiden vokalischen Reihen als unterschiedlichen Artikulationen des Silbenkerns steht eine dynamische Differenz in der Artikulation der prominenten Silbe, die in Kap. 3.1. eingeführten *Anschlußkorrelation.* Deren einer Pol, der *lose Anschluß*, wird besonders deutlich im Grenzfall eines fehlenden Anschlusses an ein Folgesegment, also im absoluten Auslaut (___#): Hier finden sich nur die gespannten Vokale ([zeː] *See* und dgl. bzw. bei /a/ die hintere Artikulation [ɑ]wie in [zɑː] *sah*).

Die ungespannten Vokale sind in solchen offenen Silben nicht zugelassen. Wo sie unter diesen Bedingungen vorkommen, übernehmen sie eine expressive Funktion: sie signalisieren pragmatische Sonderbedingungen der Kommunikation (Verärgerung oder dergleichen), vgl. Kontraste, wie sie die folgenden Beispiele nur andeuten können:

so [ˈzoː] *hat er das gemacht* versus *so* [ˈzɔ] – *das reicht!*

ha [ˈhɑː], *ein Schlumpf im Überraschungsei!* versus *ha* [ˈha], *hab ich dich!*

Ansonsten kommen die ungespannten Vokale nur unter den Bedingungen der prominenten Akzentuierung fest angeschlossen an einen folgenden Konsonanten vor.

Worum es bei der Anschlußkategorie geht, wird im Ausgang von den phonetischen Bedingungen der Extrempole ihres Vorkommens deutlich: Bei einer offenen betonten Silbe „trudelt“ der finale Vokal allmählich aus, das

Oszillogramm der Lautstruktur ebbt ab. Beim isolierenden Abhören der entsprechenden Segmente verliert sich allmählich die distinktive Vokalqualität zugunsten eines [ə]-ähnlichen Lautes, der dann selbst in ein mehr oder weniger sonores Geräusch übergeht, bis auch dieses verstummt (eventuell noch ein Hauch zu hören ist): s. das Sonagramm von *Rate* im Anhang. Hier läßt sich gewissermaßen anschaulich am Oszillogramm/ Sonagramm ablesen, wie der Vokal sich vom Nukleus aus in den Endrand der Silbe „ausdehnt".

Auf dem anderen Pol steht der Anschluß des Vokals bei einer geschlossenen Silbe wie in *Bett*, s. das Sonagramm von *Bettruhe* (Ruhe im Bett) im Anhang. Hier wird der betonte erste Vokal vom folgenden Konsonanten gewissermaßen an einem Punkt seines Lautspektrums abgeschnitten, an dem er (noch) eindeutig sein qualitatives Spektrum [ɛ] hat. In der Regel ist der so „abgeschnittene" Vokal auch kürzer als der „austrudelnde". Aber das gilt nur relativ: Die absolute Lautdauer ist abhängig vom Sprechtempo: Langsam gesprochene Kurzvokale dauern in der Regel länger als schnell gesprochene Langvokale; alle Vokale dauern in der Regel vor stimmhaften Konsonanten länger als vor stimmlosen; offene Vokale dauern länger als enge usw. Die (physikalische) Dauer ist nur *ein* Parameter in der (phonologischen) Strukturierung der Wahrnehmung. Diese Anschlußdifferenzen sind also nicht lokal faßbar, weshalb in der älteren Tradition der („auditiven") Phonetik auch der Terminus *Silbenschnitt* benutzt wird (zur Unterscheidung von Silbenschnitt und Silbentrennung s. E 15).

Wenn diese Anschlußverhältnisse Gegenstand der Argumentation sind, können sie, mit der in Kap. 3.1. eingeführten Symbolik durch diakritische Pfeile an den entsprechenden Vokalen symbolisiert werden; dabei ist es dann nicht erforderlich, die Quantitäten eigens zu bezeichnen, da sie sich als phonetische Begleiterscheinung der Anschlußform ergeben:

- *loser Anschluß*: →, also /o→/ in offener Silbe wie in *so* /ˈzo→/ [ˈzoː], aber auch in geschlossener Silbe wie in *Sohn* /ˈzo→n/ [ˈzoːn],
- *fester Anschluß*: ↵, also/ɔ↵/ in geschlossener Silbe wie in *soll* /zo↵l/ [ˈzɔl].

Als phonologische Repräsentation sind die beiden Symbolisierungsweisen des Vokalismus der prominenten Silbe äquivalent: /V→/ˌ $_S$ entspricht /Vː/ˌ $_S$, und /V↵/ˌ $_S$ entspricht /V/ˌ $_S$; daher kann im folgenden auch die üblichere Darstellung mit der Notierung /Vː/ vs. /V/ weiterverwendet werden, wenn es nicht um die spezifischen Fragen der Anschlüsse geht. Allerdings setzt diese Repräsentation voraus, daß im Kontext (oder wie hier durch Indizes) deutlich gemacht wird, daß es sich um die prominente Silbe handelt, da die Anschlußopposition auf diese eingeschränkt ist.

Bis auf die besonderen Probleme bei /a/ handelt es sich also in der prominenten Silbe um den gleichen Vokalismus wie in der unmarkierten Silbe. Die Anschlußformen bilden dagegen eine zusätzliche dynamische Differenzierung, die durch den Akzent bedingt ist. Gerade auch bei der vokalischen Quantität ist deutlich, daß sie im Deutschen Ausdruck der Akzentverhältnisse ist: Gespannte Vokale werden unter dem Akzent lang artikuliert. Auf der Ebene des Worts (des Lexikons) sind sie aber nur virtuell lang, wie sich zeigt, wenn eine entsprechende Silbe nicht im Satzzusammenhang akzentuiert wird, vgl. etwa das Wort *über* (Explizitform [ʔy:bɐ]) unter (kontrastierendem) Satzakzent in: *Häng das Bild nicht ÜBER den Schrank sondern daneben!* mit dem nbetonten Vorkommen *Über dem Schrank hing ein BILD.*

Insofern ist die Wortphonologie immer nur eine virtuelle Phonologie in Hinblick auf die tatsächlichen Äußerungsstrukturen (s. dazu Kap. 11).

Im zweiten Teil dieses Kapitels (8.2.) wird die Analyse der Anschlußdifferenzen wieder aufgenommen und damit auch die Asymmetrie in der obigen Zusammenstellung, das Problem fester Anschlüsse bei offener Silbe; dabei wird dann auch das hier zugrundegelegte Konstituentenmodell der Silbe in Hinblick auf den Sprachbau des Deutschen problematisiert; in 8.3. finden sich dann noch Hinweise zum Verlauf der historischen Dynamik und ihres regional recht unterschiedlichen Niederschlags auf dem deutschen Sprachgebiet.

Im Rahmen des labilen Systems des Hochdeutschen kommt dem [ɛ:] eine Schlüsselrolle zu: Es ist nicht nur in der norddeutschen Umgangssprache, sondern weitgehend auch in der Hochlautung ein inexistenter Vokal. In Norddeutschland wird an seiner Stelle nahezu durchgängig das geschlossene lange [e:] artikuliert.[94] In der Hochlautung ist es vermutlich sekundär als Schreiblautierung der Differenz <ä>: <e> bei Langvokalen eingeführt worden, bei der Umlautung von /a/ als Stammvokal (also in morphologischer Hinsicht, in Bezug auf die zweite Artikulation):

(sie) baten [a:]	*bäten* [ɛ:]
Kahn [a:]	*Kähne* [ɛ:]
(die) Wahl [a:]	*wählen* [ɛ:]

[94] Zur regionalen Verteilung und zu den zum Teil abweichenden Verhältnissen des Umgangsdeutschen insbesondere in Süddeutschland s. König, Atlas 1989, Bd. I: 44-46 und die entsprechenden Karten in Bd. II. Insbesondere im alemannischen Sprachraum ist (mit allerdings zum Teil erheblich anderer lexikalischen Verteilung als in der Hochsprache!) ein /ɛ:/ fest.

Wenn die Differenzierung [eː] versus [ɛː] überhaupt genutzt wird, dann am häufigsten noch in solchen Fällen [95]. Hinzu kommen einige sekundäre Homonymendifferenzierungen (also ebenfalls mit Bezug auf die zweite Artikulation): *Beeren* [eː] versus *Bären* [ɛː]; *Ähre* [ɛː] versus *Ehre* [eː]; *Zeh* [eː] versus *zäh* [ɛː]. Erfahrungsgemäß bestehen bei vielen Sprechern (am Ende eines mühsamen von Schule und oft auch bildungsbewußten Eltern erzwungen Lernprozesses!) Widerstände gegen eine solche phonologische Reduktion. Hier können einfache Perzeptionstests helfen, die ich zu diesem Zweck in meinen Seminaren durchführe: Sie erweisen den Kontrast von [eː] und [ɛː] auch bei Sprechern, die überzeugt sind, daß sie diese Opposition machen, in der Regel als eine Phantomopposition (zum Verfahren solcher Tests, s. E 6). Hier zeigt sich der grundlegende Unterschied zwischen dem Wissen um sprachstrukturelle Unterschiede und deren Praktizierung: Die meisten Sprecher des Hochdeutschen *können* den Unterschied [eː] vs. [ɛː] machen, z.B. wenn sie kontrastierende Wortpaare vorlesen sollen; eingebettet in Sätze mit einer regulären Äußerungsintonation verschwinden die Unterschiede aber meist (wie umgekehrt beim Versuch zu kontrastierender Verdeutlichung Hyperlautierungen wie *Ehre* mit [ɛː] zustandekommen). Für den überwiegenden Teil der Deutschsprecher kann daher von dieser Komplikation des Vokalismus abgesehen werden - was entsprechende Konsequenzen für den Sprachunterricht haben sollte (s. dazu E 7).

Den polaren Gegensatz zum (sonoren) Reim bildet ein als stimmloser Verschluß artikulierter Anfangsrand: der mit dem Druck der prominenten Silbe gesprengte Verschluß, der *fortis* ist und von daher aspiriert (s. dazu T 3):

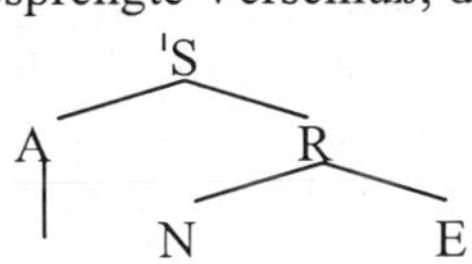

t^h	e	:	*Tee*
p^h	o	:	*Po*
k^h	u	:	*Kuh*

Diese Verschlüsse kontrastieren mit solchen, die in der Hochlautung stimmhaft zu sprechen sind (lenis, unaspiriert sind):

p^h:b *packen/backen*
t^h:d *Teich/Deich*
k^h:g *können/gönnen.*

[95] Für Einzelheiten s. wiederum König, 1989.

Hier besteht nun einer der markantesten regionalen Kontraste im Deutschen: der gesamte südliche Raum hat in der (dialektnahen) Umgangssprache die Stimmhaftigkeitskontraste nicht, sondern nur eine Opposition von Fortis (aspiriert) gegenüber Lenis (unaspiriert). Im absoluten Anlaut erscheint hier immer ein Fortis-Konsonant, so daß die oben angegebenen Kontraste in diesem Fall neutralisiert sind.

Bei den mit dem Zungenrücken gebildeten Verschlüssen ist schließlich noch die relativ große Bandbreite der Lokalisierung zu beachten (vgl. mit anderen Sprachen mit mehr phonologischen Differenzierungen, wie z.B. den slawischen, mit der Differenz von palatalen und velaren Verschlüssen, beim Arabischen mit velaren und uvularen Verschlüssen). Hier kommt es phonetisch gesehen zu Überschneidungen, die nur distributionell zu „desambiguieren" sind: Die Steuerung der Lokalisierung des Verschlusses durch den folgenden Vokal ist bei einigem Training deutlich zu hören (auch in der Selbstwahrnehmung zu spüren). Bei einem folgenden velaren Vokal, etwa [u], sind die lingualen Verschlüsse [t] und [k] deutlich weiter hinten (-) artikuliert als vor einem palatalen [i] (+ für vorne), beispielsweise in den Kontexten [k_+^hi:l] *Kiel* und [k_-^hu:lə] *Kuhle*; [t_+^hi:fə] *Tiefe* und [t_-^hu:bə] *Tube:*

Nute / Feder	___i *vorne* (+) ←		→ ___u *hinten* (-)
t	t_+ (ɪntə)	t_-(u:bə)	
k		k_+(i:l)	k_-(u:lə)

Diese Zuordnung läßt sich mit Perzeptionsexperimenten überprüfen: Manipuliert man ein Signal so, daß ein [k_+] mit einem folgenden velaren Vokal zusammengesetzt wird, (also etwa mit der Nute [__u:bə]), wird es tatsächlich als /t/ identifiziert. Die perzeptive phonologische Zuordnung der Allophone [t_+] und [t_-] zu /t/ beziehungsweise [k_+] und [k_-] zu /k/ erfolgt also aufgrund einer Proportionsgleichung [k_+] (k/__i): [k_-] (k/__u) = [t_+] (t/__i): [t_-] (t/__u), ist also im strengen Sinne von Kap. 3 nicht phonetisch, sondern paradigmatisch auf der Ebene der ersten Artikulation definiert. Allerdings bleiben bei der Lautproduktion [t_-] und [k_+] zumindest durch die Zungenform verschieden: [t_-] koronal (gebildet mit dem vorderen Zungenrand), [k_+] dorsal (gebildet mit dem Zungenrücken).

Zu den (stimmlosen) Verschlüssen gehört auch der Glottisverschluß [ʔ], der in der griechisch- lateinischen Schrifttradition (anders als etwa in der semitisch-arabischen) orthographisch unbezeichnet bleibt (richtiger: das graphische Leerzeichen repräsentiert silbeninitial bei einer betonter Silbe den Glottisverschluß), vgl. [ʔasə] *Asse*; [t^{h}asə] *Tasse*; [gasə] *Gasse* usw.. Aus physiologisch offensichtlichen Gründen wird der Glottisverschluß nicht behaucht gelöst - und es gibt kein stimmhaftes Gegenstück zu ihm (zum Glottisverschluss und zu den [schriftgeschichtlich bedingten] Problemen seiner Notation s. E 8 und E9).

Eine weitere Reihe oraler Verschlüsse in A ist durch die zugeschaltete nasale Resonanz als Dauerlaut bestimmt:

m:n *Massel nasse.* Der velare Nasal [ŋ] findet sich dagegen nicht in A.[96]

Zu den Dauerlauten gehören die Frikative, die im Deutschen ein (in Hinblick auf die artikulatorischen Möglichkeiten) sehr asymmetrisches Inventar in A zeigen. Nur bei den Labiodentalen gibt es hier die Opposition stimmhaft/ stimmlos.

f	fant	(*fand*)
v	vant	(*Wand*)
z	zant	(*Sand*)
ʃ	ʃant	(poet. die *Schand*)
h	hant	(*Hand*)

Außerdem findet sich noch in Fremdworten [ç] im Anlaut, in der Regel aber nur vor palatalen Vokalen; bei vielen Sprechern dafür [k^{h}]: [çe'mi:] [k^{h}e'mi:] *Chemie*, vgl. dagegen *Chor* [k^{h}oɐ] oder *Charisma* [k^{h}a'risma] . Marginal als Fremdlautung noch [ʒ] wie in [ʒe'ni:] *Genie* - aber durch Entlehnungen aus anderen Sprachen sind prinzipiell alle Fremdlautungen möglich.

Weiterhin gibt es die (stimmhaften) Liquiden /l/ und /r/, von denen /r/ allerdings zunehmend auch frikativ [ʁ] neben vibrierend [ʀ] artikuliert wird. Die für die Bühnensprache noch vorgeschriebene apikale Artikulation [r] ist heute sehr stark dialektal/ dörflich beschränkt/ konnotiert („verrät" z.B. Sprecher aus dem Emsland).

l:r *Land/ Rand.*

Der Anfangsrand kann komplex sein, unterliegt aber spezifischen Strukturbedingungen. Verschlüsse kommen als A' vor, wenn ihnen sonorere Konsonanten in A" folgen (Nasale, Liquide, marginal auch Frikative). Wir finden insofern einen stetigen Sonoritätsanstieg von A' bis zum vokalischen Kern:

---

96 Die im Anfangsunterricht verbreitete "Anlautmethode" hat aufgrund dieser Vorkommensbeschränkung bei vielen (nicht nur LehrerInnen) die Folge, daß sie das [ŋ] gar nicht als Konsonant des Deutschen betrachten, s.u.

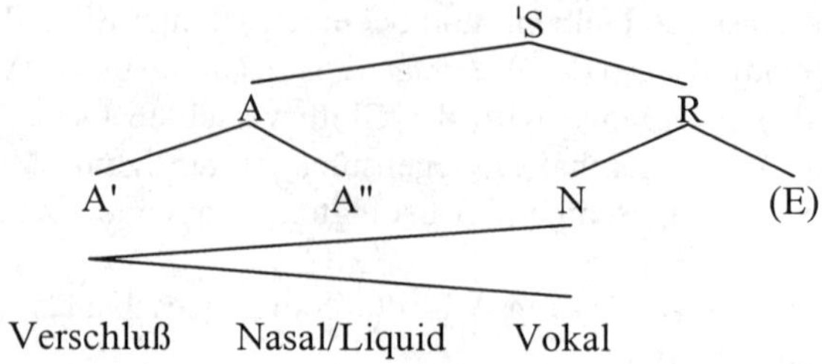

Andererseits finden sich nicht alle kombinatorischen Möglichkeiten

A' \ A"	Liquid		Nasal	
	r	l	m	n
p	Preis	Platz	-	pneumatisch
b	Brei	Blau	-	-
t	Treu	-	-	-
d	Drei	-	-	-
k	Krach	Klein	Khmer	Knie
g	Grau	Glatt	Gmünd	Gnom

A' \ A"	Frikativ				
	f	v	s	z	ʃ
p	Pfau	-	Psalm	-	Pschorr
b	-	-	-	-	-
t	-	Twist	zahm	-	Tschako
d	-	Dwars	-	-	-
k	-	Quer	Xanten	-	-
g	-	-	-	-	-

Einige dieser Kombinationen sind nur marginal (in Fremdwörtern beziehungsweise Fremdnamen oder regional markierten Formen) zu finden: pn, ps, pʃ, tʃ, tv, dv, km, kv, ks, gm, gn.

Bemerkenswert ist bei den Frikativen in A" das Fehlen von [z]: Während als A[97] nur [z], nicht [s] vorkommt, ist es in A" umgekehrt. Durch diese komplementäre Verteilung läßt sich [s] im Anfangsrand als Variante von [z] nach

97 Marginal in Entlehnungen auch als A': [ˈzlɔti] *Zloty* (neben [ˈslɔti]), vor allem in fremden Eigennamen wie *Zbigniew*.

stimmlosen Konsonanten analysieren (vgl. aber weiter unten zu [ts], sowie die Analyse der Verteilung der Varianten im Wort in Kap. 10).

Eine bemerkenswerte Beschränkung, die das Profil der Kontur des Anfangsrandes erhöht, sind die offensichtlich nicht zugelassenen *homorganischen*[98] Konsonantenfolgen **pm, *bm, *tl, *dl, *tn, *dn,* die artikulatorisch ja „optimal" sind (nasal beziehungsweise lateral gelöste Verschlüsse, die sich so in anderen Sprachen auch finden, zum Teil sogar präferiert sind, s. T 4; zu ihrem Auftreten im Allegro, s. Kap. 11; in der Reduktionssilbe, s. Kap. 9).

Ohnehin sind solche Konturbeschränkungen sprachspezifisch beziehungsweise in der Sprachbiographie gelernt. Als Gegenmittel gegen die gerade auch sprachdidaktisch verbreitete Redeweise von den vorgeblich „schwer" oder „gar nicht aussprechbaren" Lautsequenzen empfiehlt sich die Beobachtung von Kleinkindern in der frühen Brabbelphase, wo sie die Möglichkeiten ihres artikulatorischen Apparates lustvoll ausprobieren (etwa vor dem Einschlafen): sie probieren dabei Laute aus, die sie später als Erwachsene nur erst wieder als Ergebnis eines langen phonetischen Trainings hervorbringen können, das den sprachspezifisch erworbenen phonologischen Filter wieder abbauen hilft.

Gegen die generelle Annahme einer homorganen Konturbeschränkung im Deutschen sprechen allerdings auch die gut etablierten [ts] und [pf] (zumindest quasi homorgan), auf die ich gleich zurückkomme.

Neben solchen Folgen mit Verschlüssen als A' finden sich auch solche mit Frikativen: produktiv sind die stimmlosen [f] und [ʃ] im Anfangsrand - offensichtlich ebenfalls wieder im Sinne der Sonoritätskontur, da die Stimmlosigkeit die A- Position konturiert (im Kontrast zur Sonorität im Reim).

A'' / A'	Liquid		Nasal		Frikativ
f	frei	flau	-		-
ʃ	Schrei	schlau	schmal	Schnee	Schwein

[98] *homo-* „gleich", *hetero-* „verschieden": *homorgan* mit gleicher Organstellung gebildet, *heteroorgan* mit verschiedener Organstellung.

Marginal findet sich so auch noch [v] als A' (vor allem in niederdeutschen Entlehnungen: *Wrack*, *wringen*, auch *Wladimir*) sowie [s] *Slalom*, *Smog*, *Snack, Sven, Sphinx*[99].

Insofern ergibt sich für den Anfangsrand eine maximale Komplikation von zwei konsonantischen Elementen - allerdings mit zwei Ausnahmen: Folgen mit [pf] und [ts], die nun aber auch oben schon als Ausnahmen von der heteroorganen Konturbedingung angesprochenen wurden.

pf__: pfly:gən *(pflügen)* pfʀʏndə *(Pfründe)*

ts__: tsvaɪ *(zwei)* tsny:ni *(Znüni,* Vormittagsimbiß, schweitzerdeutsch)

Diese homorganen Folgen verhalten sich also distributionell wie ein konsonantisches Segment, was sich strukturell so darstellen läßt:

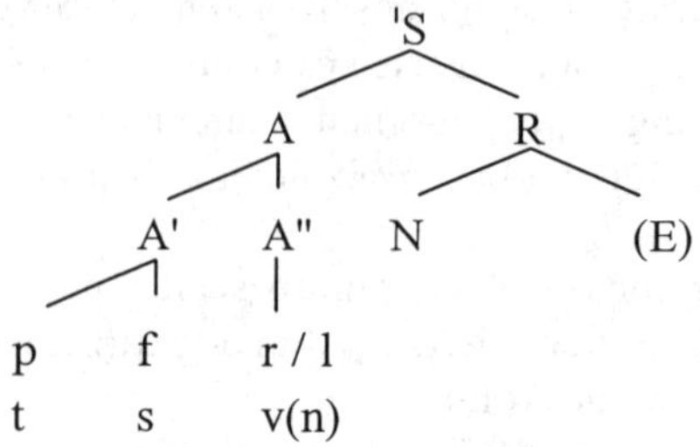

Phonetisch können sie auch als frikativ verzögerte Verschlußlösung von [p] beziehungsweise [t] analysiert werden (Affrikaten) - im Gegensatz zur plötzlichen Verschlußlösung der aspirierten [p^h] und [t^h]. Das spricht dafür, sie im Deutschen als ein einziges Phonem zu behandeln, also [ts]= /c/ - bei [pf] erübrigt sich die Frage weitgehend, da in weiten Bereichen Deutschlands die distributionelle Asymmetrie durch den Übergang zu Frikativen aufgelöst ist: [fly:gən] *pflügen*, [fʀʏndə] *Pfründe.*

Nun gibt es aber offensichtlich noch komplexere Anfangsränder von 'S: vgl. [ʃtʀam] *stramm* mit [tʀam] *Tram (Straßenbahn).* Diese Komplexe folgen aber nicht der Sonoritätskontur des Anfangsrandes. Das initiale Element [ʃ] hat eine größere Sonorität und kann selbst einen Silbenkern artikulieren wie bei expressiven Lautgesten deutlich wird, die durchaus silbisch artikuliert

99 Noch marginaler sind Folgen mit einem palatovelaren Frikativ: [ˈsçɪsma] *Schisma* (neben [ˈʃɪsma]), vor allem auch hier wieder in fremden Eigennamen wie [ˈsxe:vənɪŋə] *Scheveningen* (niederländ.).

sind: [kʃt], [pʃt] (neben [pst]). Die Sonoritätskontur weist hier eine „Nebensilbe“ auf, wie es in der älteren Phonetik (etwa bei Sievers) hieß (s. Kap. 6):

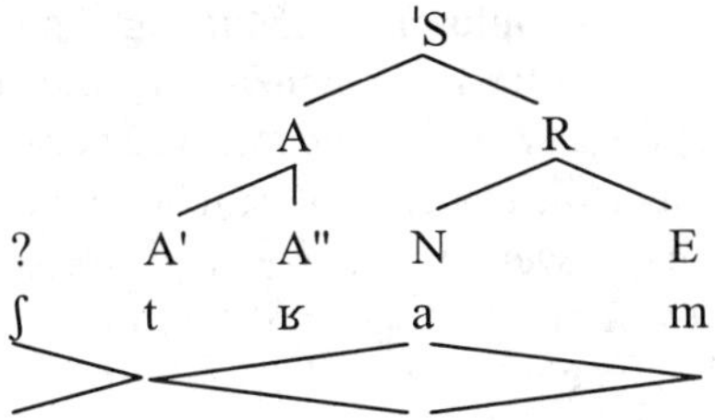

stramm

In der neueren Diskussion spricht man etwas irreführend von *extrasyllabischen* Segmenten: Sie sind zweifellos in die Silbe integriert, und zwar auch als Teil von deren konsonantischem Anfangsrand, unterliegen aber nicht dessen Konturbeschränkung. Entsprechend zu den üblicheren Darstellungen läßt sich das als eine *Erweiterung* der Silbe (ˈS_E als die erweiterte prominente Silbe) durch einen initialen Vorschlag (A_E) darstellen:

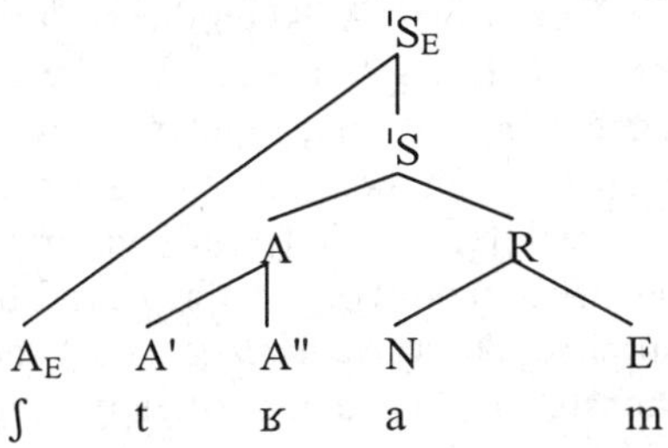

stramm

Die gleiche Struktur liegt offensichtlich auch vor, wenn auf (A_E ein nicht komplexer A folgt wie bei [ʃtam] *Stamm*:

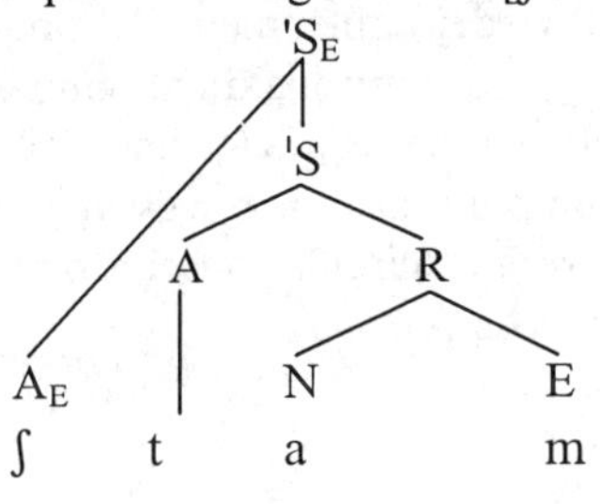

Stamm

Distributionell und paradigmatisch ist diese Erweiterung beschränkt: Als „Vorschlag“ kommt im Hochdeutschen nur [ʃ] vor – uneingeschränkt nur vor [t] nd [p]: *Stein, spitz*; Aussprachen wie [staɪn], [spɪts] sind als abweichende norddeutsche Formen stigmatisiert (zur orthographischen „Nutzung“ dieser distributionellen Beschränkung, s. E 10). Aber die so entstehende Kontur ist im Deutschen bemerkenswert stabil - insofern können auch Fremdwörter / Fremdnamen mit dem Anfangsrand [ʃk], der im Deutschen sprachgeschichtlich verschwunden ist, problemlos integriert werden: *Schkopau* [ˈʃkoːpaʊ], *Schklowski* [ˈʃklɔfski], *Schkipetar* [ʃkipeˈtɑːɐ], *Schkeuditz* [ˈʃkɔʏdɪts] u.a.; eine Veränderung der internen Struktur hin zu einer in Hinblick auf die Sonoritätskontur scheinbar „besseren“ Folge [kʃ] oder auch einer Reduktion zu [ʃ] finden sich offensichtlich nicht - im Gegensatz zu der umgangssprachlich („allegro“, s. Kap.11) häufigen Reduktion von [tʃ] zu [ʃ] : [ˈtʃako] zu [ˈʃako] *Tschako*.

Offensichtlich ist das [ʃ] ein relativ *starker* Konsonant, der insofern trotz seiner frikativen Qualität bei der polaren Artikulation von A ↔ R zur Maximierung des Kontrastes geeignet ist (s. auch T 5). Dafür sprechen nun auch die Konsequenzen im Aufbau der internen Kontur von A, wenn dieser durch einen [ʃ] - Vorschlag ausgebaut wird: Bei den auf A_E folgenden Verschlußlauten ist die Opposition [± fortis] aufgehoben, der Verschluß wird nicht aspiriert gelöst (ist aber auch nie stimmhaft). Von daher gesehen wäre übrigens eine Notation [ʃdaɪn] *Stein* genauso gerechtfertigt wie [ʃtaɪn], oder richtiger: der koronale Verschluß ist in der Position nach [ʃ] im Anfangsrand für die Opposition /t/ versus /d/ nicht spezifiziert. Diese *Neutralisierung*[100] läßt sich durch die Verwendung von Großbuchstaben für unterspezifizierte Segmente darstellen, hier etwa /D/, also /ʃDaɪn/ *Stein* (zu den Konsequenzen dieser „abstrakten“ Analyse für den Sprachunterricht s. E 11).

An dieser Stelle läßt sich die Argumentation mit dem Silbenaufbau von Kap. 6 mit dem dort eingeführten Spiralmodell wieder aufnehmen. Geht man von der Polarität A ↔ R (N) aus, ist der Gegenpol zum maximal sonoren Kern das Sonoritätsminimum im Anfangsrand. Ist der Anfangsrand selbst komplex, baut er sich von seinem Sonoritätsminimum als einem sekundären „Kern“ her auf. Das läßt sich in einer komplexeren Spiraldarstellung repräsentieren (mit X* als dem konsonantischen Kern von A):

---

[100] *Neutralisierung* : Aufhebung einer Opposition (gebildet zu lat. *neutrum* „keins von beiden“).

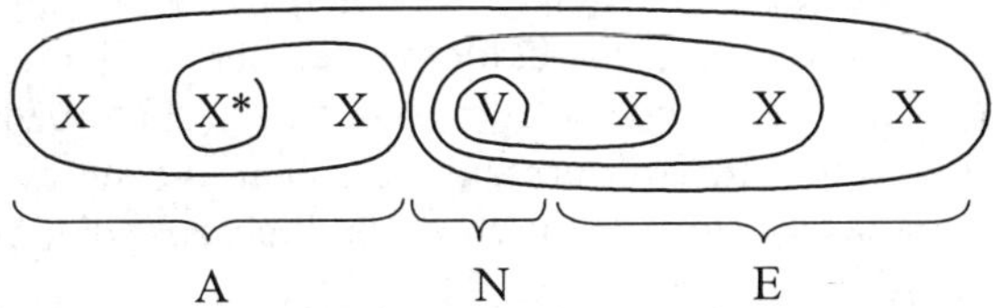

Entsprechend ergibt sich für das oben angeführte Beispiel *Strom*:

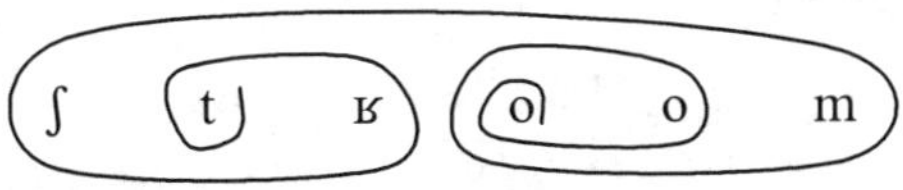

Komplexere Fälle werden in dieser Darstellung allerdings rasch unübersichtlich. Nebensilben im Endrand lassen sich auf diese Weise nur noch unter Preisgabe einer einheitlichen Umfahrungslinie für alle Silbenkonstituenten darstellen wie bei *spritzt*:.

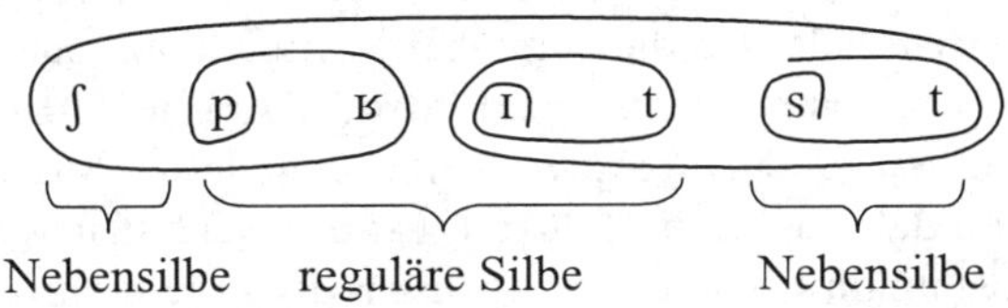

Auf diese Weise wird plastisch deutlich, wie inkongruent Sonoritäts- und Druckkontur als Faktoren der Sibenintegration im Deutschen sein können. In Kap. 10 werden diese Probleme wieder aufgenommen, wo die Nebensilben als Konstituenten des Wortes (der Wortränder) behandelt werden.

In gewisser Weise spiegelverkehrt zum Anfangsrand kann der konsonantische Ausbau des Endrandes (E) erfolgen. Eine Strukturbedingung für die prominente Silbe ist der verzweigende Reim. Dabei muß E aber (anders als der *notwendig konsonantische* A) nicht konsonantisch sein, wie die entsprechenden Filterbedingungen für den absoluten Auslaut deutlich machen, die oben schon angesprochen wurden, vgl.

[z ɑ :] *sah* [z a ɪ] *sei*
[z e :] *See* [ʔ a ɪ] *Ei*

Daß in solchen offenen Silben ungespannte Vokale (Kurzvokale) nicht zugelassen sind, wird gerade auch bei den schon angesprochenen expressiven

Ausnahmen deutlich: Viele Sprecher stellen in solchen Fällen mit einem Glottisverschluß die kanonische Silbenstruktur wieder her: *so* [ˈzɔʔ] – *das reicht!* oder *ha* [ˈhaʔ] – *hab ich dich!* Deutlich wird diese Filterbedingung auch bei der Integration von Fremdwörtern aus Sprachen, die sie nicht aufweisen, wie z.B. das Französische[101]. Dadurch ergibt sich z.B. die Adaptierung von frz. *décolletée* [dekɔlˈte] → dt. [dekɔlˈteː]:

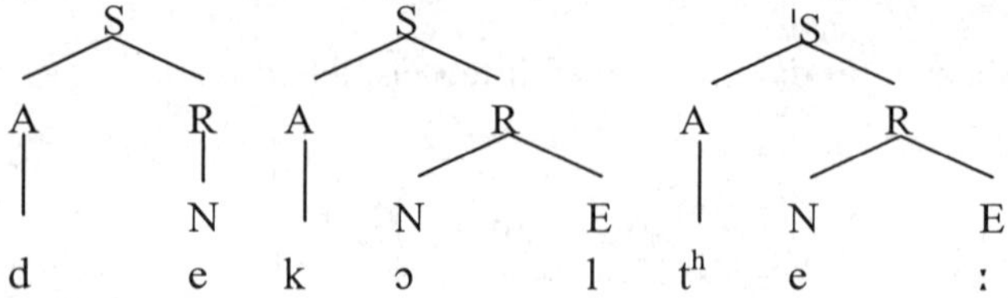

Bei konsonantisch artikuliertem Endrand sind die zugelassenen Konsonanten(folgen) beschränkter als in A: Von den Phonemen, die den Kontrast stimmhaft/stimmlos aufweisen, sind nur die stimmlosen zugelassen. In Hinblick auf diese auch sprachtypologisch relativ verbreitete Strukturbeschränkung im Reim ist offensichtlich, daß die stimmhafte Artikulation eines Verschlusses oder Frikativs hier mehr Energie erfordert, als in der Sonoritätskontur A ↔ R optimal ist (s. Kap. 6; zur Aufhebung dieser Strukturbeschränkung s. T 6). Von daher ist es irreführend, bei der Neutralisierung der konsonantischen Opposition in E von einer zugunsten der *Fortis*konsonanten zu sprechen: Allenfalls bei wortisolierender Sprechweise ist eine Fortis-Artikulation (mit expirativer Verschlußlösung) zu finden [huntʰ#] *Hund*[102].

Wie schon am Ende von Kap. 6 angesprochen, kann die Grundkontur der (prominenten) Silbe A ↔ R durch einen gewissermaßen optimalen Grenzwert für den Ausbau definiert werden:

OPTIMAL	A ⟵⟶	R
Glottisbeteiligung:	[-Stimme]	[+Stimme]
supraglottal	[+konsonantisch]	[+vokalisch]

Die Differenzierung der Konsonanten nach [± stimmhaft] ist schon wiederholt als Problembereich angesprochen worden. Sie verlangt offensichtlich

---

[101] Das Französische hat keinen Wortakzent und kennt daher auch keinen spezifischen Filter für den Bau der prominenten Silben. Soweit in ihm Quantitätenverhältnisse überhaupt eine Rolle spielen, sind sie unabhängig von der Akzentkontur. Auch bei einer betonten Schlußsilbe bewahrt [dekɔlˈte] den Kurzvokal.

[102] Mit dem Konzept der Öffnungssilbe (s. Kap. 6: T 5) läßt sich eine solche Form auch als zweisilbig analysieren, zumindest aber als aus Haupt- und Nebensilbe bestehend: [ˈhʊn.tʰ].

<><

einen Differenzierungsaufwand, der (im Deutschen) nur in A aufgebracht wird. E wird demgegenüber durch Konsonaten mit ihren jeweils „intrinsisch“ optimalen Sonoritätseingeschaften artikuliert: [+ stimmhaft] bei Nasalen und Liquiden, [-stimmhaft] sonst. Insofern stellt die Artikulation von A durch stimmhafte Plosive einen Mehraufwand dar - der sich auch nur am linken Rand von A findet, nicht aber in einer Folgeposition bei einem komplexen Rand und gar nicht in E (s.o.).

Wir finden also im Endrand die stimmlosen Verschlüsse *p, t, k* sowie die stimmlosen Frikative *f, s, ʃ, ç (x)*:

lieb [ˈli:p] *:* *Lied* [ˈli:t] *:* *lieg* [ˈli:k]

rauf [ˈʀaʊf] *:* *raus* [ˈʀaʊs] *:* *Rausch* [ˈʀaʊʃ] *:* *Rauch* [ˈʀaʊx] .

[ç] und [x] kontrastieren nicht: [x] kommt nur nach nicht-palatalen Vokalen vor: [ʀaʊx] *Rauch* aber [ʀaɪç] *Reich.*

Diese Vorkommensbeschränkung hat eine Funktion in Hinblick auf die zweite Artikulation: Eine Morphemgrenze blockiert die sonstige komplementäre Verteilung von [ç] und [x] – oder anders herum: Eine Verletzung dieser Beschränkung signalisiert eine Morphemgrenze. In den Varietäten ohne generalisierte Palatalvokale kontrastieren Diminutivbildungen mit –*chen* wie *Kuhchen* [ˈkʰu:#çn̩] (so z.B. bei älteren Sprechern aus Ostpreußen; üblich demgenüber [kʰy:#çn̩]) oder *Tauchen* [ˈtau#çn̩] (kleines Tau) mit den „assimilierten“ Formen mit [x] wie *Kuchen* [kʰu:xn̩] und *tauchen* [ˈtɑuxn̩].

Allerdings gibt es (hochsprachlich nicht zugelassene) regionale und andere Varietäten mit anderen Verteilungsmustern: im Jiddischen ist [x] der alleinige Repräsentant des Phonems: [xavər] *Freund*, [lɔx] *lach*, [mɪx] *mich.* im Rheinischen (auch in der „hochdeutschen“ Aussprache von Rheinländern) ist [ç] mit [ʃ] zusammengefallen:[lax] *lach* aber [mɪʃ] *mich* wie [tɪʃ] *Tisch.*

In E finden sich weder [ʔ] noch [h], deren Vorkommen im A dessen obligatorische konsonantische Artikulation sicherstellt und damit in der prominenten Silbe zur Stabilisierung der Kontur A ↔ R beiträgt. Daher haben Deutsche auch erhebliche Schwierigkeiten beim Lernen von Sprachen wie dem Arabischen, die diese Konsonanten frei in allen Randpositionen der Silbe (also außer N) haben[103].

---

[103] Das Problem wird deutlich bei Fremdwörtern aus Sprachen wie Arabisch, z.B. bei *Allah*, ar. [ʔal:ɑh]; mit Blick auf die auch alt- (bzw. hoch-) arabische Form mit Kasussufix –*u* [ʔal:ɑhu] läßt sich eine „korrektere“ Form im Deutschen durch eine Artikulation mit einer abgeschwächten dritten Silbe herstellen *Allah* [ʔa.ˈla.hᵊ]; die Form der Ausspracheworterbücher (z.B. im Duden) [ˈʔala] ist auch die Betonung falsch.

Weiter finden sich die Nasale, in E sogar mit einem größeren Inventar als in A: m : n : ŋ

[zɪn] *Sinn* [zɪŋ] *sing*
[ʃlɪm] *schlimm* [ʃlɪŋ] *schling* usw.

sowie die Liquiden /l/ /r/, von denen /r/ hier allerdings entweder frikativ (und dann entsprechend stimmlos!) oder gar nicht mehr als Konsonant artikuliert wird, sondern vokalisiert wird (s.u.); *Stiel*: [ʃti:l], *Stier*: [ʃti:ʁ], [ʃti:x] (beziehungsweise [ʃti:χ] oder [ʃtiɐ]).

Der Aufbau des komplexen Endrandes zeigt die zu A spiegelverkehrte Sonoritätskontur:

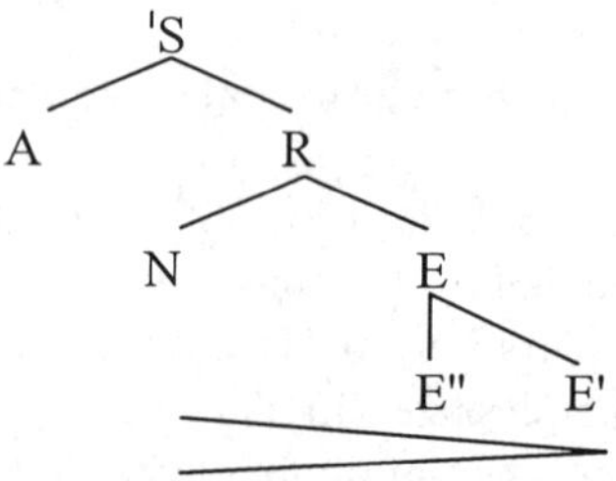

Verschlüsse als E' setzen einen sonoreren (Nasal/ Liquid oder auch Frikativ) in E'' voraus, vgl.

E'' \ E'	p	t	k
Nasal	*plump*	*Amt*	*Bank*
		Wind	
		bangt	
Liquid	*falb*	*wild*	*Balg*
	Korb	*Art*	*(arg)*
Frikativ		*Heft*	
		Last	
		wischt	
		Wicht (lacht)	

Hinzu kommen noch die Verbindungen mit Frikativen als E':

E'' \ E'	f	s	ʃ	ç
Nasal	*Senf*	*Ems*	*Ramsch*	*Mönch*
		Hans	*Wunsch*	
		rings	*Thüringsch*	
Liquid		*Fels*	*falsch*	*Elch*
		(Kurs)	*(forsch)*	*(durch)*
Frikativ		*auf's*	*Orffsch*	
		Tischs	*Hussch (zu Hus)*	
		Dachs	*Beschsch (zu Besch)*	

Die reiche Kombinatorik bei [-s] und [-ʃ] besteht wieder nur über eine Morphemgrenze hinweg ([-s] als enklitischer Artikel oder Genitivsuffix, [-ʃ] als Adjektivsuffix). Bemerkenswerterweise findet sich in E die Dissimilierungskontur von A nicht: homorgane Folgen sind zum Teil sogar die einzig zugelassenen *[bank], *[plunp], *[pluŋp] - die Ausnahme macht hier [t], das allerdings zum Teil nur über eine Morphemgrenze hinweg in heteroorganen Folgen vorkommt [baŋ+t] *(er) bangt* (vgl. aber die norddt., in Hinblick auf den „Übergang" von nasalem zu oralem Verschluß homorgane Aussprache: [baŋkt]).

In E finden wir auch wieder das Affrikatenproblem, hier jetzt verschärft, weil so nicht nur Dreier-Sequenzen vorkommen, sondern diese jetzt auch gegen die Sonoritätskontur verstoßen. Im Rückgriff auf die entsprechende Analyse bei A kann auch hier analysiert werden:

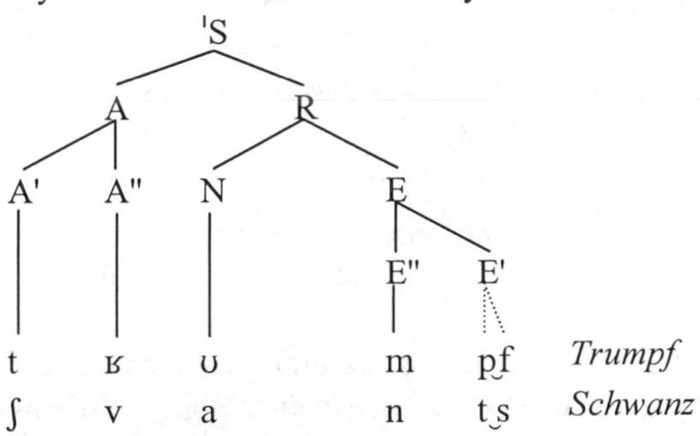

Die Tatsache aber, daß sich auch hier wieder keine Veränderungen zugunsten einer „präferierteren" Abfolge [st] beziehungsweise [fp] eintritt, daß [pf] und vor allem [ts] vielmehr relativ stabil sind, spricht allerdings dafür, hier komplex artikulierte Segmente und nicht Segmentfolgen zu sehen (s. auch Kap. 10). Hinzu komt, daß auch hier im Norden und in großen Teilen von Mitteldeutschland eine Affrikatenreduktion [pf] > [f] stattfindet.

Das Gesamtinventar der konsonantischen Artikulationen im Deutschen läßt sich wieder als Nutzung des (supra)glottalen Artikulationsraumes darstellen - verglichen mit anderen Sprachen zeigt sich hier, entsprechend dem außerordentlich differenzierten System im Vokalismus, ein relativ armes Konsonantensystem (zum typologischen Vergleich s. T 7).

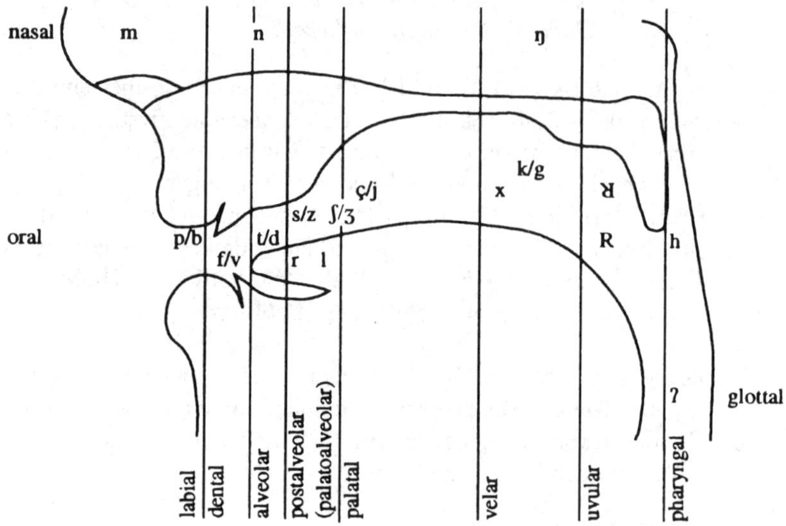

Abb. 14: Schematische Darstellung der Lokalisierung des Konsonantinventars des Deutschen

8.2. Sonderprobleme des Endrandes der prominenten Silbe: Die Anschlußkorrelation

In vielen phonologischen Arbeiten wird eine strukturelle Symmetrie in der silbischen Sonoritätskontur herausgestellt, die in einem Zwiebelschalenmodell dargestellt werden kann:

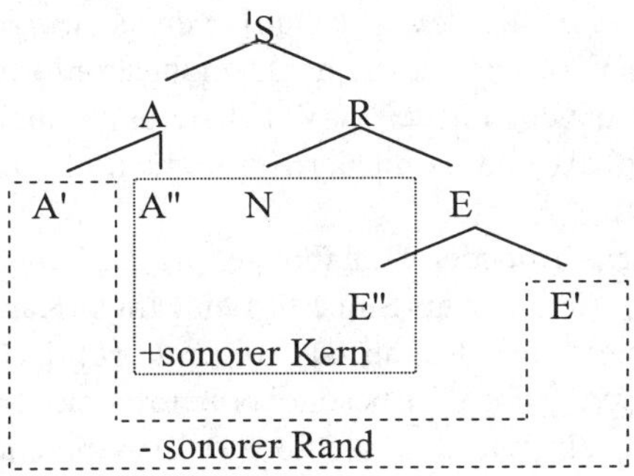

Sie ist allerdings nur eine oberflächliche Angelegenheit: Unter ihr verbirgt sich nämlich die für meine Analyse hier grundlegende asymmetrische Kontur von A ↔ R als Basis der silbischen (beziehungsweise der ersten, s.o.) Artikulation. In E, zumindest bei E" ist die Tendenz zur Maximierung der Sonorität deutlich, während Sonorität in A der markierte Ausnahmefall ist und insofern hier auch keine tendenzielle Sonorisierung der Artikulation zu verzeichnen ist.

Eine solche Maximierung der Sonorität in R (beziehungsweise in E) liegt durch die „Vokalisierung" von /r/ vor, die inzwischen zumindest nach Langvokal auch hochsprachlich verbreitet beziehungsweise akzeptiert ist: *wir* [viːɐ] , aber hochsprachlich noch *wirr* [vɪʁ]. Faktisch ist dadurch eine Reihe öffnender Diphthonge entstanden, mit dem offenen Schwa [ɐ] als zweitem Bestandteil (zu den Bezeichnungsproblemen für solche Diphthonge s. E 12, zu ihrem Vorkommen in anderen Sprachen s. T 8):

vgl. etwa

[ˈbiɐ] *Bier*	[ˈtyɐ] *Tür*	[ˈʔuɐ] *Uhr*
[ˈzeɐ] *sehr*	[ˈhøɐ] *hör*!	[ˈtoɐ] *Tor*

Vom offenen Vokal [a] aus gibt es naturgemäß keinen solchen öffnenden Diphthong: *[aɐ] wäre ein *schließender* Diphthong. Zwar finden sich in der Literatur gelegentlich Angaben mit einem solchen (relativ!) schließenden

Diphthong und damit eine Opposition *warten* [ˈvaɐtən] versus *waten* [ˈvɑːtən], ich kenne aber außerhalb der Varietäten, die hochlautungskonform [ˈvaʁtən] aufweisen, nur solche, bei denen mit der „r-Vokalisierung" auch die Längung des vorausgehenden Vokals und damit der Zusammenfall solcher vorgeblichen Minimalpaare auftritt[104].

Ein interessantes Problem bei diesen öffnenden Diphthongen ist die Länge des dem [ɐ] vorhergehenden Vokals - richtiger im Sinne des eingangs (Kap. 3) Gesagten: der *lose* (d.h. nicht-feste) Anschluß an das folgende [ɐ]. Daß darin eine phonetische Strukturbedingung liegt, ist besonders bei regionalen (norddeutschen!) Varietäten deutlich, die wie die westfälische Aussprache des Hochdeutschen auch nach (etymologischem) Kurzvokal das /r/ vokalisieren: In diesem Fall wird der vorhergehende Vokal automatisch gelängt und geschlossen:

also *gerne* [ˈgeːɐnə] statt [ˈgɛʁnə]
morgen [ˈmoːɐgŋ] statt [ˈmɔʁgən]

Insofern sind phonologische Systeme äquivalent, die die r-Vokalisierung in etymologischer Sicht nur nach Langvokal aufweisen (Varietät A), und solche, die bei der Vokalisierung einen Quantitätenkontrast beim vorhergehenden Vokal bewahren (Varietät B) - falls es solche Varietäten gibt. Schematisch läßt sich diese Äquivalenz wie folgt darstellen:

Etymologisch	Varietät A	Varietät B
V : r	V (:) ɐ	V : ɐ
V r	V ʁ	V ɐ

Für das Minimalpaar *wir : wirr* ergeben sich so die folgenden Strukturen:

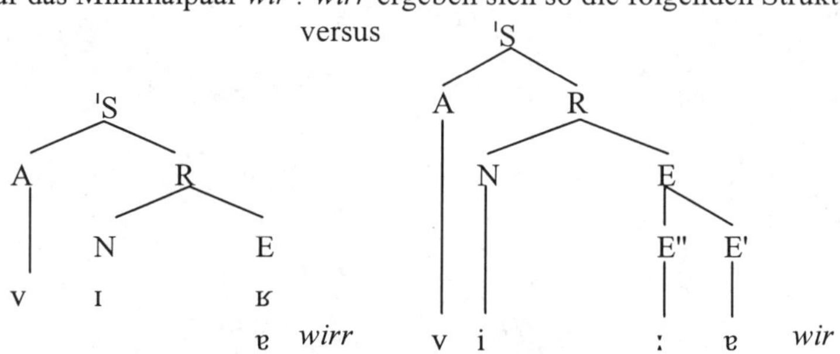

[104] In den konkreten Einzelfällen sind dabei die regionale Variationen zu beachten: *Bart* wird im Norddeutschen zwar zu [ˈbɑːt], fällt hier aber nicht mit *Bad* zusammen, das hier die (alte) Kürze bewahrt hat ([ˈbat]).

Vor diesem Hintergrund erklären sich Darstellungen, die ein entsprechend angereichertes System von Öffnungsdiphthongen aufweisen (s. etwa Kohler 1977:177)

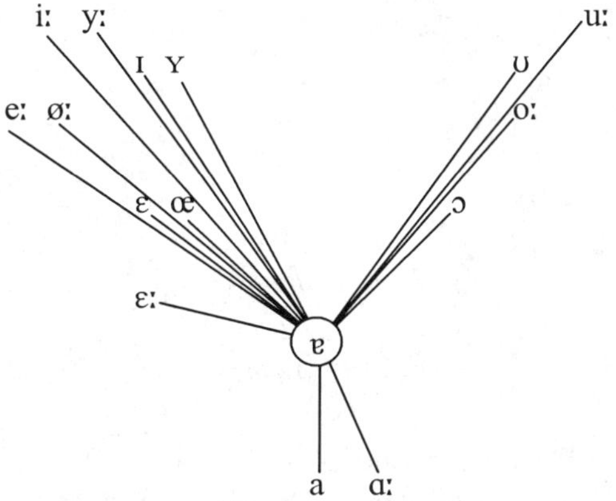

Ergänzend zu den oben schon angeführten Beispielen für die peripheren („langen") Vokale hier auch noch solche mit zentralisierten („kurzen") Vokalen – zur Verdeutlichung auch auf der offensten Stufe diphthongisch (mit [ɐ]) notiert:

[vɪɐ]	[kʏɐtsn̩]			[kʊɐts]
wirr	*kürzen*			*kurz*
[gəfɛːɐlɪç]	[tœɐtçn̩]			[tɔɐtə]
gefährlich	*Törtchen*			*Torte*
[kɛɐtsə]				
Kerze		[kaɐtə]	[gəfɑːɐ]	
		Karte	*Gefahr*	

Die mir aus Nord- /Westdeutschland vertrauten Varietäten des Deutschen mit generalisierter r-Vokalisierung in E zeigen alle auch die eben angesprochene Länge des vorhergehenden Vokals - allerdings geht damit nicht überall die relative Schließung des Vokals einher wie in der Osnabrücker Region, sondern es bleibt eine Opposition [viːɐ] *wir* : [vɪɐ] *wirr* erhalten (zu dieser Entwicklung s. auch E 3). Als Übungsaufgabe sollte die individuelle (oder auch regionale) Variante der „Lösung" dieser Diphthongrealisierungen überprüft werden.

In der von mir hier zugrundegelegten Varietät des Hochdeutschen gibt es auf der phonologischen Ebene (also vor [_ɐ]) keinen quantitativen Kontrast sondern nur einen qualitativen - die phonetische Länge ist ohne strukturellen Belang. Wir können daher auch die öffnenden Diphthonge nach dem Muster der schließenden analysieren:

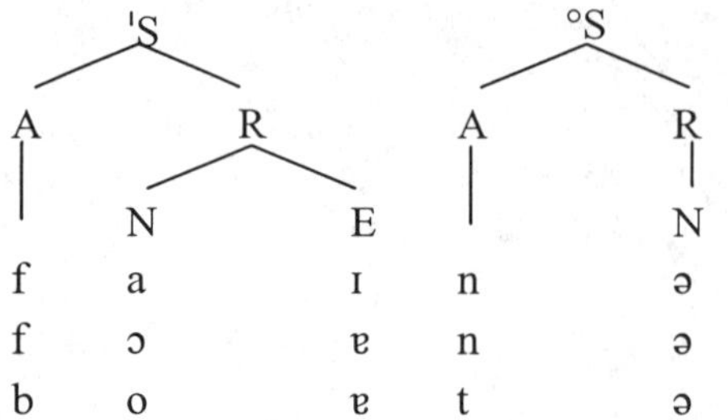

feine
vorne
bohrte

Weiter unten komme ich in Verbindung mit der *Anschluß*korrelation nochmals auf dieses Problem der Länge in öffnenden Diphthongen zurück. Im übrigen zeigt die koartikulatorische Spezifizierung der Artikulationsstelle eines folgenden dorsalen Spiranten, daß es sich bei den durch die r-Vokalisierung entstehenden Diphthongen tatsächlich um Öffnungsdiphthonge handelt und nicht etwa um solche mit einem hinteren Vokal ([ɐ] ≠ [ɑ̊]): vgl. Berg [ˈbeɐç] nicht *[ˈbeɐx] (süddt. [ˈbɛʁk], aber Dach [ˈdax] nicht *[ˈdaç].

Die „Sonoritätsaufstockung" der Konsonanten in E (insbesondere in E") betrifft aber nicht nur das /r/. Die andere Liquida ist, zumindest regional verbreitet, auch davon betroffen: Im Rheinland ist das „dunkle" [ɫ]ɫ wie in [kʰœɫʃ] „kölsch" auf dem Weg zum [u][105]. Im Bairischen findet sich dagegen eine Vokalisierung mit einem vorderen Vokal; hier hört man beispielsweise [goɪt] für *Geld* (s. auch Kap. 12).

Die Etablierung einer „kanonischen" Struktur der prominenten Silbe mit maximal zweielementigen Rändern, die dem Sonoritätsprinzip unterliegen, liefert übrigens eine weitere schöne Rechtfertigung für die silbenstrukturelle Analyse der Langvokale beziehungsweise des losen Anschlusses. Die vokalische Belegung einer Position im Endrand zeigt sich nämlich distributionell als äquivalent zu einer konsonantischen:

[105] Entsprehend einer Entwicklung, die das Französische genommen hat: Mit dem heutigen Ergebnis einer solchen Vokalisierung *haut* [o] aus lat. *altu*^{m} über [aɫt] > [aut]> [au]> [o].

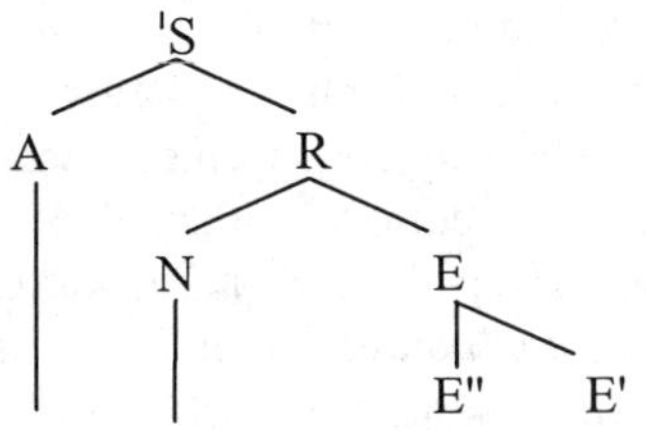

t	a	ŋ	k	*Tank*
t	a	ɪ	k	*Teig*
t	ɑ	ː	k	*Tag*
b	a	n	t	*Band*
b	a	ʊ	t	*baut*
b	ɑ	ː	t	*Bad*

Außer bei morphologischer Komplexität (s. Kap. 11) läßt sich kein Langvokal mit einer Konsonantenfolge im Endrand verbinden: *[tɑːŋk], *[bɑːnt] *[bɑunt], aber [bɑːn+t] (*er*) *bahnt*, [vɑin+t] (*er*) *weint* usw. Eine der seltenen Ausnahme ist z.B. *Mond* [ˈmoːnt] (s. dazu E 13 und T 8). Insofern ist die *Länge* des Vokals keine Struktureigenschaft eines Segmentes sondern des Reims beziehungsweise der Silbe; sie ist gegebenenfalls allerdings mit bestimmten qualitativen Voraussetzungen bei den Vokalen gekoppelt, s.o. zu den gespannten Vokalen. Im phonologischen („segmentalen") System des Deutschen sind nur qualitative Differenzen/ Oppositionen vorgesehen - das ist eine zentrale Grundannahme der Analyse hier, die der oben angesprochenen kontroversen Darstellung vokalischer Quantität zugrunde liegt (s. E 2).

Positiv formuliert bedeutet das: Die Quantitäten sind im Deutschen das Resultat der Interaktion von prosodischen (akzentbedingten) und qualitativen segmentalen Bedingungen. Das hat zur Konsequenz, daß sie keine lexikalischen Eigenschaften sind. Bei einem theoretisch durchgearbeiteten Grammatikmodell, wie es in Kap. 11 zugrundegelegt wird, finden sich Quantitäten im Deutschen nicht in den lexikalischen Repräsentationen, sondern ergeben sich aus der „phonologischen Grammatik", wenn diese mit solchen Repräsentationen „gefüttert" wird. Dabei sind dann insbesondere die satzphonologischen Randbedingungen in Rechnung zu stellen, die in Kap. 5 angesprochen wurden: Die Akzentuierung einer Äußerung wird durch deren thematische Struktur bestimmt: Die phonetisch beobachtbare Länge findet sich nur bei in diesem Sinne auch satzphonetisch betonten Vokalen. Die prominenten Silben des Lexikons sind nur *Kandidaten* für die Satzbetonung; fest liegt mit ihnen nur die vokalische Qualität, wie es auch für die unmarkierten Silben gilt – und so wie diese (ohne Quantitätenkontrast) werden sie auch im Allegroregister realisiert (s. Kap. 11), wenn sie nicht unter Bedingungen eines Satzakzentes artikuliert werden. Diese Verhältnisse, die deutlich zeigen, daß das Deutsche keine Quantitätensprache ist, werden in Kap. 10 genauer diskutiert; zu den sprachgeschichtlichen Hintergründen, die auch die Besonderheiten der Explizitformen (vor allem auch der auf Quantitätenkontraste zurückgreifenden „Überlautierungen") erklärt, s. Kap. 8.3.

In Konsequenz einer solchen Reinterpretation müssen nun auch die distributionellen Beschränkungen, wie sie oben für die kanonische Silbenstruktur definiert worden sind, qualitativ mit der Anschlußkategorie reanalysiert werden:

- der lose Anschluß an den Nukleus der prominenten Silbe erlaubt maximal einen Konsonanten im Endrand, erfordert diesen aber nicht: V→(K)]ˈs wie in [ˈtɑ→k] *Tag* und auch [ˈzɑ→#] *sah*,
- der feste Anschluß bindet das Folgeelement und erlaubt dann noch maximal einen weiteren Konsonanten im Endrand, erfordert diesen aber nicht: V↵K(K)]ˈs wie in [ˈza↵ŋ] *sang* und auch [ˈta↵ŋk] *Tank.*

Bisher waren die Strukturen der Ränder der prominenten Silbe (implizit) für den absoluten An- beziehungsweise Auslaut entwickelt worden. Es bleibt noch das Problem der *medialen* Ränder (im Wortinnern). Hier tritt das in Kap. 4 angesprochene Problem der Silben*grenzen* auf, die sehr viel weniger eindeutig sind als deren Zentren. Für die medialen Grenzen gelten die Konturbedingungen der prominenten Silbe nicht in der gleichen Weise wie an den absoluten (Wort-) Grenzen[106]. Das ist im übrigen eine in vielen Sprachen zu beobachtende silbenübergreifende Konturbedingung, s. T 9.

Für die Klärung dieser komplexen Verhältnisse gilt es, die argumentativen Prämissen zu klären. Dabei ist strikt zu trennen in

- die analytischen Konzepte,
- die empirischen Konsequenzen ihrer Umsetzung.

Ausgangspunkt für die Analyse muß die Wortkontur sein, deren kanonischer Kern bei trochäischen Strukturen (ˈS - °S) liegt, bei der Silben entweder prominent ausgebaut oder reduziert werden. Komplexere Strukturen mit der unmarkierten Silbe (s. Kap. 7) werden zunächst nicht weiter berücksichtigt.

---

[106] Von der Struktur her ist das kein besonderes Problem der Phonologie sondern eines, das in der Alltagswahrnehmung allenthalben vorkommt; bei einem Fisch wird man sich über die Identifizierung des Kopfes und des Schwanzes problemlos verständigen – aber kaum über die exakte Grenze zwischen dem Kopfstück und dem Rest ...

Bei der weiteren Argumentation bediene ich mich zunächst des Konstituentenmodells, argumentiere also auch mit vokalischen Quantitäten. Im Anschluß daran erfolgt die Reinterpretation im Sinne der Anschlußverhältnisse.

Zum Ausbau als prominente Silbe gehört auch der obligatorische Anfangsrand. Auf der analytischen Ebene gehe ich grundsätzlich davon aus, daß in den „Explizitformen" (s. Kap. 11) aufeinanderfolgende Silben auch voneinander abzugrenzen sind - daß gegebenenfalls ein (eventuell komplexer) konsonantischer Endrand von einem (eventuell komplexen) konsonantischen Anfangsrand gefolgt wird. Im Sinne der Konturbedingung des maximalen Kontrastes A ↔ R bei der prominenten Silbe gehört ein einfacher medialer Konsonant als Anfangsrand zur folgenden (*prominenten*) Silbe; das gilt insbesondere auch für den Glottisverschluß (s. dazu auch E 13):

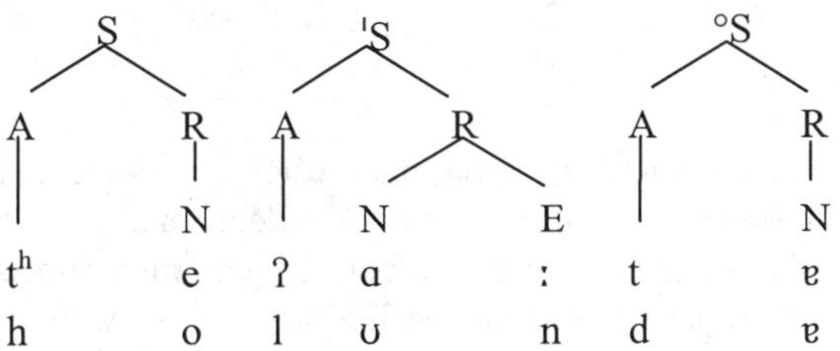

Theater
Holunder

Problematisch ist der Kontakt zwischen prominenter und Reduktionssilbe. Die Form des Kontaktes hängt von der Struktur des Reims der prominenten Silbe ab. Zu unterscheiden ist dabei:

- der Endrand ist konsonantisch belegt, was einen verzweigenden Reim voraussetzt, wie bei *Holunder* [ho.ˈlʊn.dɐ],
- der Endrand ist vokalisch belegt, also ebenfalls bei einem verzweigenden Reim, wie bei *Rebe* [ˈʀeː.bə],
- der Endrand ist vokalisch und konsonantisch belegt, also bei einem komplex verzweigenden Reim, wie bei *wohnte* [ˈvoːn.tə],
- der Endrand wird nicht artikuliert oder, um im Konstitutentenmodell zu argumentieren: er ist leer wie bei *Ratte* [ˈʀa.tə].

Problematisch ist der letzte Fall. Allerdings gibt es auch beim zweiten Fall Probleme bei der Bestimmung der genauen Position der Silbengrenze – aber keine grundsätzlichen Probleme bei der Bestimmung einer Silbengrenze überhaupt. Vgl. etwa die unterschiedlichen Syllabierungen von *neblich*:

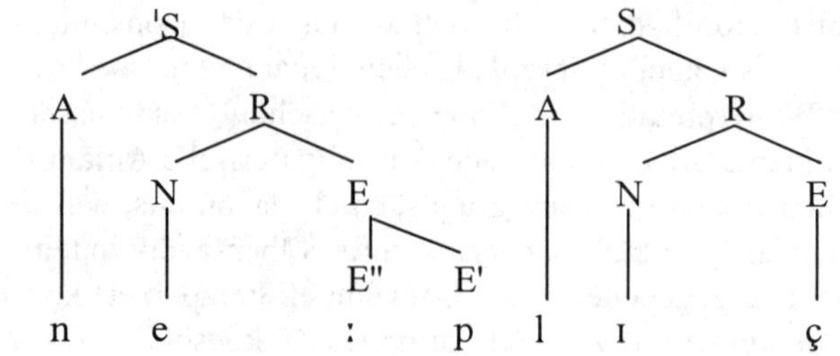

versus

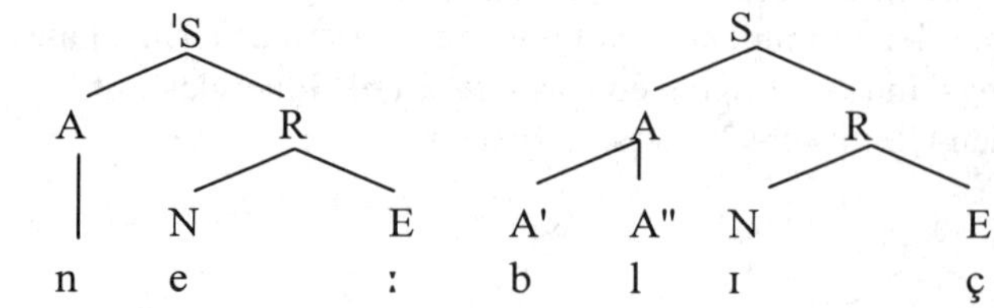

Hinter diesen Varianten stehen offensichtlich regional/ idiolektal verschiedene Präferenzen für die Komplexität von End- und Anfangsrand, die aber jeweils dann den Konturbedingungen des Silbenaufbaus folgen, insbesondere der eingeschränkten Stimmhaftigkeitszulassung im Endrand. Diese Variation wird in Kap. 9 in Verbindung mit den Bedingungen für den Aufbau von °S, insbesondere des Anfangsrandes von °S besprochen.

In Hinblick auf die bisherige Definition der Strukturbedingung für die prominente Silbe ist aber der dritte Fall problematisch, also alle Formen mit Kurzvokal in der prominenten Silbe und folgendem einfachen medialen Konsonanten wie bei [ˈʀatə] *Ratte*. Die Standardbedingungen, unter denen dieser Fall auftritt, sind durch den Trochäus [x -] definiert: die Kontaktstelle von ˈS - °S. Auf der Ebene der zweiten Artikulation bedeutet das das Auftreten an der „Schnittstelle" von (betontem) Stamm und (unbetonter) Endung. Insofern ist auch zu erwarten, daß diese Formen im grammatischen Paradigma mit katalektischen Formen alternieren, vgl. *Schritte* (PL) / *Schritt* (SG), (*ich*) *backe* / *back*! (IPT) u.dgl.

Obwohl für die zweite (Reduktions-) Silbe die Kontrastmaximierung A ↔ R nicht gilt, ein konsonantischer Anfangsrand also nicht obligatorisch ist (vgl. [ʀɑːə] *Rahe*), gibt es phonetisch keine Grundlage dafür, in der zweiten Silbe [tə] von [ˈʀatə] etwas anderes zu sehen als in der von [ˈʀɑːtə] *Rate* oder [ˈʀautə] *Raute*. Sie beginnt in jedem Fall mit [t] als ihrem konsonantischen Anfangsrand:

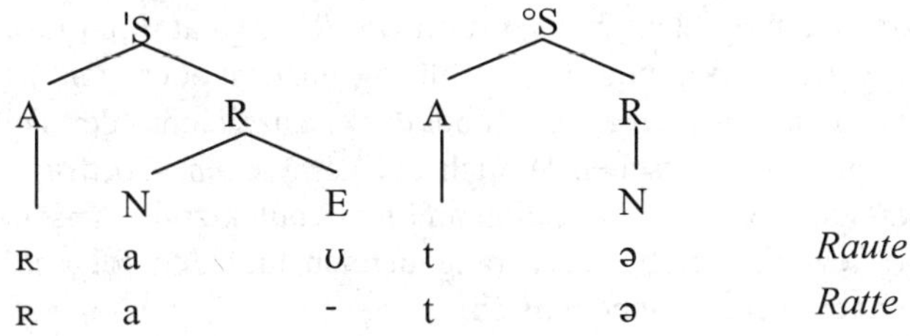

Das Operieren mit leeren Konstituenten wie hier dem leeren Endrand ist grundsätzlich mißlich. Insofern findet diese Darstellung auch wenig Anklang in der einschlägigen Literatur. Hilfreich für eine Lösung dieses Dilemmas ist der Rückgang auf die phonetischen Randbedingungen dieser Syllabierung, die Sievers mit seiner Differenzierung in *Sonoritäts-* und *Drucksilbe* zu fassen versucht hat (s. Kap. 6). Die Sonoritätskontur zeigt bei [ˈʀa.tə] deutlich zwei Silben mit einer klaren Grenze, die auch mit der IPA-Notierung [.] angezeigt wird; aber auf der Ebene der Drucksilbe handelt es sich um eine Einheit (obwohl der Terminus nicht ganz wörtlich im Sinne einer phonetischen Operationalisierung zu nehmen ist, s.u.): Das Wort ist nicht in Druckeinheiten (Drucksilben) zerlegbar, die jeweils für sich faßbar wären (wohl aber bilden sie in metrischer Hinsicht abgestufte Elemente einer gegliederten Kontur – hier eines Trochäus).[107] Dieses Problem einer inkongruenten Silbenkontur auf verschiedenen Ebenen findet sich auch an anderer Stelle, nicht nur wie hier beim festen Anschluß: Vergleiche eine zum festen Anschluß spiegelverkehrte Opposition mit einer Sonoritätssilbe aber zwei Drucksilben bei *schwa-ig* (wie ein Schwa) [ˈʃvɑ.ɪk] (überdeutlich: [ˈʃvɑː.ɪk]) im Kontrast zu *schweig* [ˈʃvaɪk] (norddt. [ˈʃvaɪç]) oder auch die Probleme bei der inversen Stärkekontur der Öffnungsdiphthonge in Kap. 8.2. Auf diese Probleme (insbesondere auch die Labilität solcher Kontraste) komme ich in Kap. 9 zurück.

Diese Dissoziierung von Schall- und Drucksilbe ist eine typologische Besonderheit weniger Sprachen wie des Deutschen, was die Mühe erklärt, die daran gebundene Anschlußkorrelation in der sprachwissenschaftlichen Forschung akzeptabel zu machen (s. T 10). Für die sprachdidaktische Nutzung phonologischer Analysen folgt daraus, in Fällen nichtkongruenter Silbengliederung auf den Ebenen der *Sonoritäts-* und *Drucksilbe* von der Nicht-

[107] Schon diese Differenz von Drucksilbeneinheit und Gliederung durch den (Druck-) Akzent zeigt, daß die Argumentation mit dem "Druck" in phonetischer Hinsicht alles andere als geklärt ist.

Trennbarkeit der Wörter auszugehen, bei Wörtern wie *Ratte* ['ʀatə] in diesem Sinne auch nicht mit einer Markierung für die Silbengrenze zu operieren[108].

Analog zu dem oben angeführten Problem bei der Grenzziehung der Teile eines Fisches wird man (im Deutschen !) auch bei komplexen Wortformen die Möglichkeit zulassen müssen, daß es eine ambige Kontaktzone zwischen den Silben gibt, die jeweils durch den vorangehenden und den folgenden Silbenkern (N) gebunden werden, schematisch:

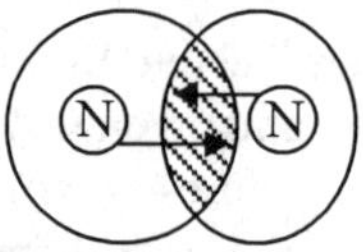

Im einzelnen bestehen hier allerdings große regionale Unterschiede (s. 8.3.). Für die Hochlautung, also den norddeutschen Aussprachetyp, zeigen phonetische Messungen, daß die beiden Plosive medial in *Rate* ['ʀɑːtə] und in *Ratte* ['ʀatə] gleich sind oder zumindest gleich sein können (zu den regionalen Differenzen bei der Artikulation des festen Anschlusses, s. 8.3.). Das wird besonders deutlich, wenn man damit Sprachen vergleicht, die konsonantische Quantitätenunterschiede kennen und damit unter solchen Bedingungen die Silbenkontur aufrechterhalten. Das ist zum Beispiel im Finnischen der Fall, das bei medialen Konsonanten eine Quantitätenopposition im Verhältnis etwa 1:3 zeigt, vgl. die Sonagramme im Anhang II im Vergleich zum Deutschen (zum Unterschied von Geminaten und konsonantischer Quantität, s. E 14).

Neben diesen Vorkommen im Standardtyp des Trochäus [x -] mit einer Reduktionssilbe als „Senkung" gibt es allerdings auch eine nicht unbeträchtliche Anzahl von Wortformen mit einer nicht-reduzierten Silbe als Senkung – und zwar durchaus Wörter aus dem sog. „Grundwortschatz" der Didaktik wie z.B. *Anorak* ['ʔa.no.ʀak] und vor allem Eigenamen wie *Anna* ['ʔa.na], *Hanna(h)* ['ha.na] usw. Da für die unmarkierte Silbe der Anfangsrand obligatorisch ist, gilt die Grundargumentation für diese Fälle noch viel stärker. Im Wortschatz bilden sie allerdings eine Peripherie, wie sich vor allem beim Blick auf die Dynamik der Sprachentwicklung zeigt (s. Kap. 8.3.), deutlich auch an den regulären „regulären" Nebenformen der genannten Namen wie

[108] Das entspricht der gerade bei Grundschülern im Anfangsunterricht oft zu beobachtende Unsicherheit, bei solchen Trochäen überhaupt zwei Silben wahrzunehmen, da die zweite Silbe (die festangeschlossene Reduktionssilbe) ja eine Funktion in der prominenten Silbe erfüllt. Bei der beliebten didaktischen Methode des Silbenklatschens klatschen sie nur einmal...

Anne [ˈa.nə], *Hanne* [ˈha.nə] usw. abzulesen. Bei der weiteren Argumentation beschränke ich mich daher auf den festen Anschluß im Kontakt von ˈS - °S.

Der hier entwickelten Sichtweise steht nun allerdings die verbreitete orthographieinduzierte Sichtweise entgegen, die als Gegenstück zur graphischen Verdoppelung der Konsonantenzeichen („Schärfung") Geminaten auf die Lautstruktur projiziert und sie eventuell sogar in einer Hyperlautierung im Anfangsunterricht verlangt (s. E 15). Wie wenig diese Vorstellung dem Deutschen angemessen ist, zeigt sich vor allem an der Morphemgrenze: auch an der Kompositionsfuge werden potentielle Geminaten getilgt, sodaß z.B. *an+nehmen* in normalem Tempo als [ˈʔaneːmm̩] gesprochen wird ([ʔan.ˈneː.mm̩] ist eine Überlautierung). An diese schließt nun aber auch die in der gegenwärtigen phonologischen Diskussion verbreitete Redeweise von *ambisyllabischen* Konsonanten an: Es handelt sich zweifellos um *einfache* Konsonanten, die als Anfangsrand der zweiten (unbetonten) Silbe dienen. Der Terminus ist allein auf der *phonologischen* Ebene möglich - wo er auch nur das Problem mit einem silbenstrukturellen Verweis benennt, es aber mit einem *segmentalen* Terminus (der Lokalisierung in einem Konsonanten) auf die segmentale Ebene verschiebt[109].

Allerdings liegt dem *Eindruck* einer *Ambisyllabizität* durchaus etwas phonetisch Konkretes zugrunde: der in diesem Fall feste *Anschluß* des Vokals an den folgenden Konsonanten, der nichtsdestoweniger dabei den A der folgenden Silbe (im Sinne einer Sonoritätssilbe!) artikuliert. Diese Konstellation läßt sich mit der Grenzmauer eines Hauses vergleichen, die auch auf einem Nachbargrundstück stehen kann, wenn das Haus z.B. ohne eigene Trennwand an ein dort stehendes Haus angebaut wurde. Die Beschränkung im absoluten Auslaut macht die Grundbedingungen deutlich: Hier ist ja kein fester Anschluß möglich, die vokalische Dynamik entspricht hier dem losen Anschluß.

Wie auch der gebräuchliche Terminus von den Silbenschnittdifferenzen anzeigt, handelt es sich nicht um eine segmentale Erscheinung, die daher auch nur sehr unzureichend in einem Konstituentenmodells dargestellt werden kann[110]. Es bietet sich an, hier auf das oben schon eingeführte Spiralenmodell zurückzugreifen. Mit einer Spirale wird eine abgeschlossene Silbe

---

[109] Wenig besser ist es mit dem Ausdruck eines „Silbengelenks", der sich gelegentlich findet - hier ist allerdings der Verweis auf die silbenstrukturelle Problematik deutlicher. Ich sehe keinen Grund, der gegen die seit langem eingeführte Redeweise von einer Anschlußkorrelation spricht, die ich daher hier verwende.

[110] Etwa im Sinne der Argumentation bisher: Der Vokal der prominenten Silbe muß lang sein beziehungsweise der Endrand muß, wenn er nicht konsonantisch ist, vokalisch belegt werden.

gegliedert; beim losem Anschluß (→) ist ein entsprechender Abschluß möglich wie bei *Rate*:

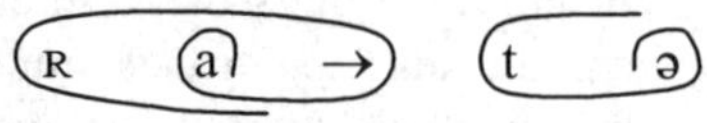

Bei festem Anschluß (↵) wird der Vokal dagegen an das Folgesegment angebunden, wenn dieses nicht im Endrand der gleichen Silbe steht sondern als Anfangsrand der Folgesilbe fungiert (die zwangsläufig eine Reduktionssilbe ist), wird diese insgesamt in die Kontur der prominenten Silbe eingeschlossen[111] *Ratte*:

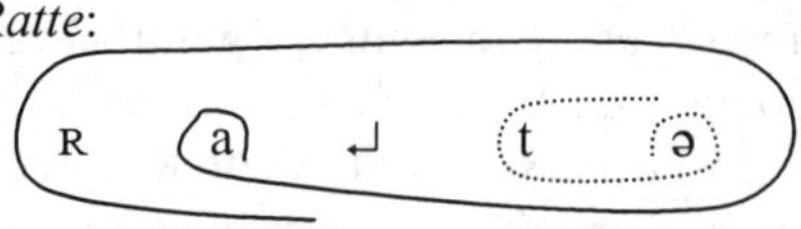

Diese Fragestellungen weiter zu verfolgen, ginge aber über den Rahmen einer elementaren Einführung hinaus. Sie werden mit den expliziteren Modellierungen in Kap. 12 wieder aufgenommen.

Andererseits zeigt die Darstellung aber auch, daß es wenig Sinn macht, von einem einheitlichen phonologischen System des Deutschen zu sprechen. Das im Text vorgestellte System der Hochlautung (mit dem norddeutschen Typ der Anschlußkorrelation) definiert eine ideale Norm, die insbesondere auch die phonographische Komponente der Orthographie fundiert. Für den Unterricht (nicht nur an der Hochschule, sondern in der Schule vor allen Dingen auch bei der Bearbeitung orthographischer Probleme) muß zunächst einmal gelten, sich gegebenenfalls die Differenz der eigenen Sprachstruktur gegenüber dem hochsprachlichen Modell bewußt zu machen. Das hier Vorgestellte soll dazu eine Orientierung liefern. Dabei gilt es zu sehen, daß das Modell der Anschlußtypen in der prominenten Silbe:

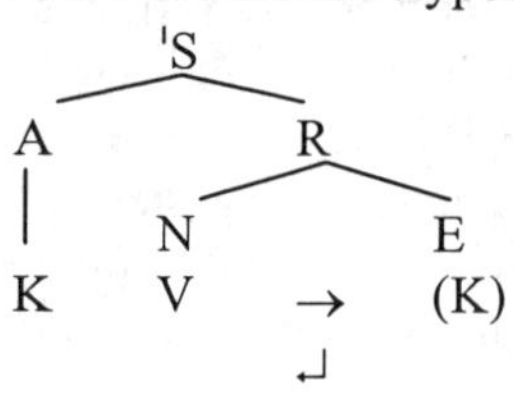

[111] Eine Struktur mit festem Anschluß ohne Folgesegment ist in diesem Sinne „ungesättigt“:

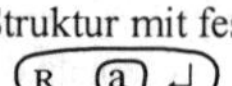

Gesättigt wird sie durch die Inkorporation der Reduktionssilbe . In einem Konstituentenmodell ließe sich dergleichen nur darstellen, wenn die Silbe als rekursive Kategorie behandelt würde – eine unsinnige Annahme, die so wohl auch noch niemand vertreten hat.

insbesondere seinen Sinn darin hat, von den regionalen Differenzen zu abstrahieren Es kann genausogut den norddeutschen Typ (mit einem „leeren" Endrand) symbolisieren wie den bairischen Typ mit ambisyllabischen Konsonanten[112]. Das ist es aber auch, was von einer phonologischen Analyse des Deutschen zu verlangen ist: daß sie die Gemeinsamkeiten in den regionalen Verschiedenheiten darzustellen erlaubt.

Die regionale Variation erschließt sich letztlich erst im Horizont des schon in Kap. 3 angesprochenen Umbaus der phonologischen Struktur des Deutschen von einer Sprache mit *Quantitätenoppositionen* in eine ohne solche, bedingt durch die fortschreitende Subsumption der Artikulation unter die *Akzentkontur* (siehe noch zum Verhältnis der Anschlußdifferenz und der Wortakzentuierung E 16.). Als Ergebnis dieses Umbaus hat das Deutsche bei seinen zwei vokalischen Reihen (unterschieden nach Öffnungs- und Zentralisierungsgrad), die sich auch in der unmarkierten Silbe finden, in der prominenten Silbe eine Differenz in den Anschlußqualitäten (die regional beschränkt auch noch von quantitativen Differenzen begleitet werden). Vokale mit losem Anschluß sind in ihrem Vorkommen unbeschränkt, erlauben aber maximal nur einen weiteren Folgekonsonanten im Endrand der „regulären" Silbe, so daß der lose Anschluß distributionell äquivalent zu der Belegung einer Endrandposition in einer morphologisch nicht komplexen Wortform ist. Vokale mit festem Anschluß verlangen mindestens einen (tauto- oder heterosylabischen) Folgekonsonanten: Sie bilden mit zwei folgenden tautosylabischen Konsonanten im Endrand den maximalen Reim einer prominenten Silbe in einer morphologisch nicht komplexen Wortform (zur Frage *regulärer* Wortformen, s. Kap. 11).

Auch hier ist es wieder wichtig zu sehen, daß es sich um phonologische Konturbedingungen und nicht um phonetische „Naturgesetze" handelt. Diese Silbenstrukturen charakterisieren das Deutsche im typologischen Vergleich als eine ausgesprochen merkwürdige Sprache (s. T 10).

---

[112] Im bairischen Typ sind die „fest angeschlossenen" Konsonanten tatsächlich phonetisch länger, ist die Opposition also auch segmental fundiert; in diesem Fall ist die Rede von einem „ambisyllabischen" Konsonanten durchaus sinnvoll, s. 8.3.

8.3. Historischer Exkurs, zugleich als Folie für regionale Unterschiede im Deutschen

Die in 8.2. in den Blick genommenen Silbenschnittverhältnisse im Deutschen sind so komplex, daß die meisten neueren Darstellungen versuchen, ohne sie auszukommen. Andererseits bilden sie aber die selbstverständlich vorausgesetzte argumentative Folie für die historisch argumentierenden Darstellungen in den Handbüchern bis in die 50er Jahre. Hinter diesem fachgeschichtlichen Konjunkturwandel steckt die Notwendigkeit eines dynamischen Beschreibungsmodells: Für die älteren Arbeiten war das selbstverständlich – aber sie verfügten nur über unzureichende Instrumente der theoretischen Modellierung; die jüngeren Arbeiten stellen auf diese ab und opfern die Komplexität des Gegenstands einer formal-„synchronen" Beschreibung. Die Widerständigkeit des Gegenstands erscheint dabei als eine störende Restgröße, wie an Problemen der konkurrierenden Analysen bzw. „überlappenden" Systeme in der Darstellung von 8.1. deutlich geworden ist. Der Versuch in 8.2., die Anschlußkorrelation in die Beschreibung hineinzunehmen, führte zwangsläufig zu dynamischen Argumentationsweisen wie vor allem der Verweis auf die fortschreitende Subsumption der Wortphonologie des Deutschen unter den dynamischen Akzent deutlich macht. In diesem Abschnitt soll diese Argumentation in einen systematischeren Zusammenhang gestellt werden – zugleich als Fenster auf eine sprachgeschichtliche Argumentation in der Phonologie. Dieser Abschnitt gehört insofern nicht mehr zu der elementaren Einführung, sondern richtet sich an fachlich „fortgeschrittenere" Leser; die Argumentation hier wird mit den Hinweisen auf die Form expliziterer Modellierungen in Kap. 12 (s. inbesondere 12.5. zur Optimalitätstheorie) wieder aufgenommen.[113]

[113] In der jüngeren Diskussion war es vor allem Theo Vennemann, der diese Argumentation wieder aufgegriffen und weitergeführt hat, s. von ihm zum Silbenschnitt insbes. (1988) und (1991), nachdem Reis (1974) die Rolle des Silbenschnitts bei der Herausbildung des Neuhochdeutschen wieder in die Diskussion eingebracht hatte; ihre Arbeit bleibt nicht zuletzt wegen der Aufbereitung des Befundes der Überlieferung weiterhin unverzichtbar. Die expliziteste Darstellung dieser Probleme findet sich bisher in der Münchener Habilitationsschrift von Thomas Becker (1996, gedruckt 1998), die auch eine ausführliche Diskussion des Forschungsstandes enthält. Becker hat auch schon die fortschreitende Subsumption der Wortphonologie unter den dynamischen Akzent als Motor der hier verhandelten Entwicklung (der Herausbildung der Anschlußkorrelation) herausgestellt. So verdanke ich vieles von dem hier Ausgeführten Becker und Vennemann, ohne daß ich das jeweils kenntlich mache (das gilt auch für Differenzen in unseren Erklärungsansätzen).

Den Horizont der Analyse bildet der Umbau der phonologischen Struktur in allen germanischen Sprachen durch die Herausbildung eines „dynamischen“ Akzentes, der die germanischen Sprachen im Feld ihrer indoeuropäischen Schwestersprachen auszeichnet, durch den die alten Quantitätenverhältnisse aufgelöst wurden. Die germanische Zeit, zu der auch noch die althochdeutsche Entwicklungsphase gehört, war eine Übergangsstufe, die sowohl den dynamischen Akzent kennt wie noch die beibehaltenen alten Quantitätenverhältnisse.

Auszugehen ist von einer Sprachstufe, in der die phonologische Nutzung von Quantitätenkontrasten sowohl im Vokalismus wie im Konsonantismus fest war. Diese Sprachstufe ist als *gemeingermanisch* anzunehmen, die überlieferten Texte des Gotischen zeigen nicht nur Geminaten sondern notieren konsonantische Quantitäten auch noch im absoluten Auslaut: *full* „voll“ wie *fulljan* „voll machen“, *skatt* „Schatz, Geld“ und auch *skatts* (mit der Endung des Nominativ Sg.) wie auch *skattja* „Geldwechsler“, sowie auch in der nicht hauptbetonten Silbe, etwa *blindamma* „blind (DAT.SG.M)“ oder in satzphonetisch unbetonter Stellung wie beim Artikel *þamma* (DAT.SG.M) (zur terminologischen Differenz von Geminaten und konsonantischer Quantität s. E 14)[114].

Der Abbau der Quantitätenkontraste zeichnet sich in altdeutscher Zeit schon ab (sowohl in hdt. wie in ndt. Texten): Im Konsonantismus wird die Länge nur noch bei Geminaten im Übergang von der hauptbetonten Silbe notiert (jetzt wird z.B. *blintemu* „blind (DAT.SG.M)“ geschrieben; im Vokalismus notieren nur noch die archaischen Varietäten im Süden des Sprachgebietes Länge in nicht-hauptbetonten Silben, etwa in alemann. Texten *nemumees* „(wir) nehmen“ [ˈne.mu.meːs]; mit einem Kurzvokal in offener betonter Silbe und einem Langvokal in geschlossener unbetonter (bzw. nebentoniger) Silbe zeigt diese Form den Unterschied zum heutigen deutschen System sehr deutlich.

Der weitere Umbau des phonologischen Systems zu einem mit der heutigen Anschlußkorrelation läßt sich schematisierend in vier Etappen skizzieren:

[114] Die gotischen Texte sind von Schreibern aus Italien im 5. und 6. Jhd. überliefert, bei denen deutlich wird, daß die Quantitätenkontraste bereits im Abbau begriffen waren. In der Notierung von nicht-geminierten Langkonsonanten schwanken sie: *fullnaiþ* „(daß) ihr macht voll (2.Pl. Konj.)“steht neben *fulnaiþ* , lautlich entsprechend [ˈfulː.nɛθ] neben [ˈful.nɛθ]. Beim Vokalismus spricht viel dafür, daß bei ihnen die Quantitätenkontraste generell nicht mehr bestanden.

- Phase I: Die Herausbildung des *festen Anschlusses*: Der Abbau konsonatischer Längen.

Mit dem fortschreitenden Abbau der konsonantischen Länge verlagerte sich der segmental artikulierte Quantitätenkontrast auf einen prosodischen der Form des Silbenschnitts. In der altdeutschen Zeit (Altndt. wie Althdt.) wurde die Nutzung des Quantitätenkontrasts auf den silbenübergreifenden Kontakt bei Geminaten eingeschränkt. Silbenintern bildete sich als Kompensation des verlorenen Kontrastes im Reim (bzw. im Endrand) der Typ des festen Anschlusses heraus. Recht konsistent notieren die Schreiber (ahdt. Beispiele):

frummen „nützen"[115] aber *frum* (IPT)
brinnan „brennen" aber *bran* (PRÄT.3.SG)
bitten „bitten" aber *bit* (IPT)
griffes „Griff (GEN.SG)" aber *grif*

Man kann annehmen, daß der feste Anschluß zunächst die Bewahrung eines Kontrastes sicherstellte, der bis dahin quantitativ realisiert wurde, also *frum(m)* [ˈfrum:] > [ˈfru ↵m] im Gegensatz zu einfachen auslautenden Konsonanten wie bei *cum* (Ipt. zu *cuman / queman* „kommen"), *bit(t)* [ˈbit:] > [ˈbi ↵t] im Gegensatz zu *got (cot)* „Gott" u. dgl. Allerdings war dieser Kontrast offensichtlich nicht sehr stabil, verallgemeinerte sich der feste Anschluß im Reim an vorausgehenenden Kurzvokal rasch: Wir finden nicht nur keine Belege für eine von den Schreibern versuchte Differenzierung dieser Formen, sondern sogar Übergeneralisierungen dieser unmarkierten Notierung des festen Anschlusses. Ausgangspunkt dafür war offensichtlich, daß der feste Anschluß auch die Geminatenartikulation begleitete, also [ˈfru ↵m.men] genauso wie [ˈfru ↵m], [ˈbi ↵t.ten] genauso wie [ˈbi ↵t]. Am Ende der ahdt. Zeit finden sich auch für die Geminaten die „unmarkierten" Graphien *frumen, biten* u.dgl.

- Phase II: *Quantitätenharmonie* in der prominenten Silbe.

Die nächste Phase der Entwicklung markiert eine weitergehende Subsumption der prosodischen Wortkontur unter den dynamischen Akzent, wobei sich das trochäische Grundmuster von ˈS-°S herausbildete. Dabei ging die Abschwächung der Reduktionssilbe chronologisch voran. Hier wird der Vokalismus zunehmend zentralisiert mit dem Grenzwert der Neutralisierung bei einem [ə] (die Konfusion der Schreiber in der Notierung der „nebentonigen" Vokale zeigt den Anfang dieser Entwicklung in altdt. Zeit). In der Zeit der „klassischen" mhdt. Dichtung ist dieser Prozeß abgeschlossen. Dabei zeigen

[115] Vgl. in der alten Bedeutung noch die Synonymenformel *Nutzen und Frommen* oder *es frommt ihm = es nützt ihm.*

die metrischen Muster dieser Dichtung zugleich noch den Kontrast von Kurz- und Langvokale in offener betonter Silbe: Das Nibelungenlied[116] kontrastiert klingende Reime mit Kurzvokalen wie *klagen* [ˈkla.gən] : *sagen* [ˈsa.gən] mit solchen mit Langvokalen wie bei *mæren* „Geschichten" [ˈmɛː.rən] oder *ziten* „Zeiten" [tsiː.tən]. In der späteren Zeit (wieder hdt. genauso wie ndt.) setzt sich als Gegengewicht zu dieser Schwächung der unbetonten Silbe die Stärkung der prominenten Silbe durch: Diese muß jetzt durch den Bau ihres Reimes *schwer* sein (sie muß einen verzweigenden Reim aufweisen). Wo das schon vorher der Fall war, bleiben die Silbenstrukturen bewahrt: *bla* „blau" [ˈblaː] „blau", *schrei* „Schrei" [ˈʃʀei], *rat* „Rad" [ˈrat] und auch *mæren* „Geschichten" [ˈmɛːʀən], *ziten* „Zeiten" [tsiːtən]; wo nicht, kommt es zu Dehnungen des Vokals: *du* [ˈdu] wird zu [ˈduː] genauso wie *klagen* [ˈkla.gən] zu [ˈklaː.gən] oder *sagen* [ˈsa.gən] zu [ˈsaː.gən]. Der Langvokal entspricht dabei dem losen Anschluß an den Folgekonsonanten: Dadurch kommt es zur komplementären Verteilung der Anschlußformen in Korrelation mit der Vokalquantität.

Tendenziell verschwindet damit der Quantitätengegensatz im Vokalismus: In der Reduktionssilbe gibt es ihn auch phonetisch nicht mehr, in der prominenten Silbe ist er aufgrund dieses Quantitätenausgleichs nicht mehr distinktiv. Dieser Quantitätenausgleich läßt sich schön in einem Morenmodel explizieren. Die prominente Silbe verlangt einen zweimorigen Reim, sowohl bei [ˈbat] *Bad* wie bei [ˈbaː.dən] (< [ˈba.dən]) *baden*; die Quantitätenverhältnisse in der Reduktionssilbe sind metrisch irrelevant – sie wird allenfalls auf der Ebene der Wortphonologie unabhängig von ihrer Binnenstruktur mit einer More gewertet, s.u. Schematisch im Konstituentenmodell für *bat*[117] / *baden* (μ steht für eine More):

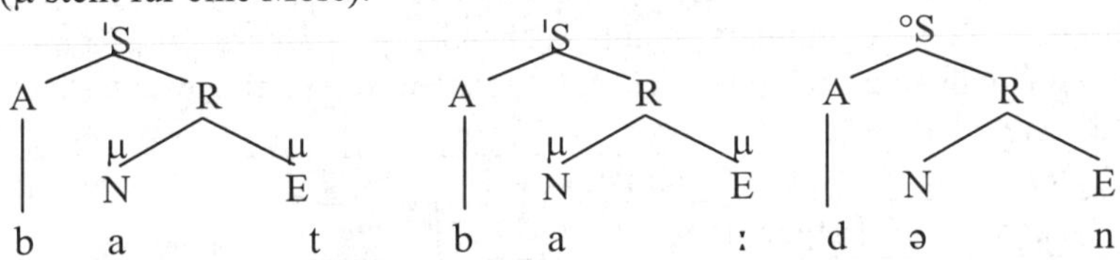

Die konsonantische Quantität bleibt in dieser Phase noch ambisyllabisch (als Geminate) gewahrt. Insofern konnten auch neue Geminaten entstehen, die durch ihren festen Anschluß an den Vokal der prominenten Silbe eine solche Dehnung unterbanden (bzw. nicht erforderlich machten). Gelegentlich finden

116 Auszusprechen etwa [ˈnɪbəlʊŋən,liət]!

117 Mhdt./ mndt. wurde die „Auslautverhärtung" in der Regel notiert. Die morphologisch motivierte Konstantschreibung des Stammes *Bad* ist jüngeren Datums.

sich Doubletten, die beide Veränderungen zeigen, wie z.B. altes [fa.tər] *Vater* > süddt. [ˈfaː.tər] oder aber norddt. [ˈfat.tər]:

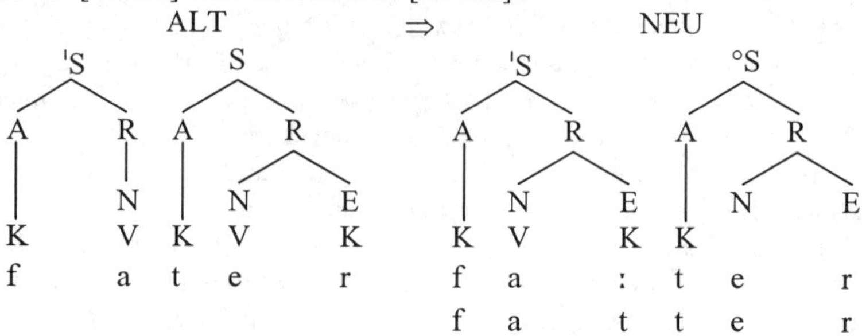

fater (Vater) ⇒ *fater / fatter (Vater)*

Die Entstehung dieser „spontanen“ Gemination in der mhdt. / mndt. Zeit ist noch nicht völlig geklärt; die große dialektale Variation macht deutlich, daß es sich hier um eine Dynamik handelt, die in unterschiedlichen phonetischen Dimensionen artikuliert wird, wobei je nach Dialekt verschiedene Dimensionen dominant sein können. Bei dem recht bunten dialektalen Bild läßt sich immerhin eine regionale Polarisierung ausmachen, die mit der in 8.1. angesprochenen Differenz bei den phonologischen Reihen der nicht sonoranten Konsonanten korreliert ([± stimmhaft] im Norden auf altem niederdeutschen Gebiet; [± lenis] im Süden (auf „streng hochdeutschem“ Gebiet). Viel spricht dafür, diese regionale Differenz schon für die altdeutschen Verhältnisse anzunehmen; von der Gegenwartssprche her sind sie relativ intransparent geworden, da die Hochlautung die norddeutsche Lautung fordert. Während im Süden beim Anschluß an [+ lenis] Konsonanten der lose Anschluß (also die gedehnte Realisierung des Vokals) verallgemeinert wurde, hatte der Norden beim Anschluß an die etymologisch entsprechenden [+ stimmhaften] Konsonanten auch Geminaten, vgl. die folgenen Dubletten, die in altdeutscher Zeit alle einen Kurzvokal hatten:

Hdt. = Dehnung	Ndt. = Gemination	
sigel[118] [ziːgəl]	seggel [zɛgːəl]	*Siegel*
kugel [kuːgəl]	koggel [kɔgːəl]	*Kugel*
leder [leːdər]	ledder [lɛdːər]	*Leder*
feder [feːdər]	fedder [fɛdːər]	*Feder*

[118] Nhd. *Siegel* mit der generalisierten <ie>-Graphie zur Repräsentation des Langvokals (der Dehnung).

Unter noch nicht völlig geklärten Bedingungen kann es im Süden aber auch zu einer Kürzung alter Langvokale kommen und damit zu den Verhältnissen des festen Anschlusses – wo der Norden (zu dem in dieser Hinsicht im übrigen auch das Niederländische gehört) die alten Langvokale (und damit den losen Anschluß) bewahrt:

Ndt. (ndl.) = alte Länge bewahrt	Hdt. Gemination / Kürzung	
kamer [ˈka:məʁ]	Kammer [ˈkam:əʁ]	*Kammer*
jamer [ˈʝa:məʁ]	Jammer [ˈʝam:əʁ]	*Jammer*
moder [ˈmo:dəʁ]	Mutter [ˈmʊt:əʁ]	*Mutter*

Da der neuhochdeutsche Wortschatz in seiner regionalen Herkunft gemischt ist, erklären sich so phonetisch-phonologisch motivierte Stereotypen, die festen Anschluß an stimmhafte Konsonanten dem Nordeutschen (der „Wasserkante“) zuordnen, vgl. *Bagger, Buddel, Ebbe* u. dgl. Interessant sind von daher auch Dubletten wie das oben (8.1.) angesprochene *Dussel*, in nordt. Aussprache [ˈdʊzl̩], süddt. (= Hochlautung) [ˈdʊsl̩].

- Phase III: Störung der Quantitätenharmonie durch den *Abbau* der Geminaten: Phonologisierung der *Anschlußkorelation*

Der bereits in althochdeutscher (und altniederdeutscher) Zeit begonnene Abbau der konsonantischen Quantitäten erfaßt am Ende der mhdt. / mndt. Zeit auch die Geminaten. Bewahrt bleibt aber der feste Anschluß – jetzt an einen heterosyllabischen Konsonanten, also

ALT	NEU	
frummen [ˈfʀu↲m.mən]	[ˈfʀu↲.mən]	„nützen“
brinnen [ˈbʀi↲n.nən]	[ˈbʀi↲.nən]	„brennen“
bitten [ˈbi↲t.tən]	[ˈbi↲.tən]	„bitten“
griffes [ˈgʀi↲f.fəs]	[ˈgʀi↲.fəs]	„Griff (Gen. Sg.)“

Die graphische Repräsentation der alten Geminaten wurde beibehalten, sie bleibt bis heute das orthographische Mittel, um den heterosyllabischen festen Anschluß zu repräsentieren („Schärfung“) - was die Verwirrung über dessen phonetisch-phonologisches Korrelat befördert. Außerhalb der dentalen (alveolaren) Konsonanten und der Sonoranten insgesamt sind allerdings Kontraste im Hochdeutschen (anders als im Ndt.) selten; neben wenigen Formen wie *Hacke* vs. *Hake(n)* handelt es sich bei den Formen mit losem Anschluß meist um Lehnwörter, die dann oft auch eine Dublette mit einer besser integrierten Form (mit festem Anschluß) haben, etwa *Schope* [ˈʃo→pə] aus ital. *giubba* neben *Schoppe* [ˈʃo↲pə], vgl. heute *Joppe*. Ansonsten korreliert der

Kontrast im Anschluß auch mit einem in der Qualität des angeschlossenen Konsonanten wie bei *Rabe* (loser Anschluß / stimmhafter Konsonant) vs. *Rappe* (fester Anschluß / stimmloser Konsonant). So gibt es auch hier wieder ein norddeutsches Stereotyp, komplementär zu dem oben angesprochenen des festen Anschlusses an stimmhafte Konsonanten konnotiert auch ein loser Anschluß an einen stimmlosen Konsonanten die „Wasserkante", vgl. *Bake, waken, Schnake, staken, Stapel, Kneipe, Köper* u. dgl. sowie vor allem auch hier wieder Dubletten wie südlich *Wippe*, nördlich *Wiepe* u.ä.

- Phase IV: Störung der Quantitätenharmonie durch die *Einsilblerdehnung: loser Anschluß*

Die Entwicklung zu einem silbeninternen Quantitätenausgleich wird im südlichen Sprachraum, vor allem im Bairischen, endgültig durch die sogenannte Einsilblerdehnung gestört: Hier generalisierten die Einsilbler den losen Anschluß durch die eventuelle Dehnung des Vokals. Geht man von einer bis dahin noch bestehenden Quantitätenopposition im Vokalismus aus, verlangt ein einsilbiges Wort hier nicht nur einen verzweigenden Reim (in der prominenten Silbe) sondern zwei vokalische Moren (zu eventuellen typologischen Parallelen s. Kap. 5: T 5). Legt man der Darstellung ein Konstituentenmodell mit der in 8.1. definierten kanonischen Silbenstruktur auch schon für diese ältere Sprachstufe zugrunde, so wird dadurch der wort- bzw. silbenschließende Konsonant in eine „extrasyllabische" Position gedrängt:

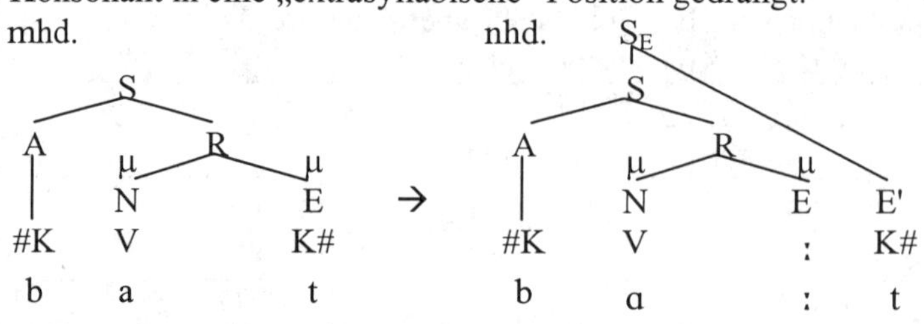

Als Motor dieser Entwicklung läßt sich die Verlagerung des Quantitätenausgleichs von der Silben- auf die Wortebene fassen: Nach dem Modell der trochäischen Grundstruktur, bei der die Reduktionssilbe mit einer More gewertet wird, verlangt ein Wort hier mindestens zwei vokalische Moren. Auf dieser Basis wurden vor allem die Flexionsparadigmen in der Fluchtlinie einer solchen Vereinheitlichung umgestaltet.

Die verschiedenen Umstrukturierungen ab der Phase II wirken zum Teil gegenläufig. Insofern kann es nicht überraschen, daß die auf dieser Basis herausgebildeten phonologischen Systeme recht verschiedenartig sind und sich nur kleinräumig stabilisiert haben. Dabei spielen außer den hier angesprochenen phonetisch-fundierten phonologischen Faktoren auch noch paradigmatische Ausgleichsprozesse hinein, die die Nutzung der Systeme für die Differenzierung der Formen des Lexikons sehr unterschiedlich machen. So zeigen gerade die Dialekte im südlichen Sprachraum hier eine große Verschiedenheit. Im aleman. Sprachraum findet sich z.B. in den Entsprechungen zu den hdt. Formen *Gras* [gʁɑːs] versus *grasen* [gʁɑːzn̩]:

- zum Teil nur die Einsilblerdehnung (also [gʁaːs] versus [gʁasə]),
- zum Teil findet sich, vor allem bei paradigmatischen Beziehungen wie in diesem Beispiel, die Dehnung auch in den mehrsilbigen Formen (also [gʁaːs] versus [gʁaːsə]),
- zum Teil finden sich auch noch Reliktzonen mit den alten Kürzen (also [gʁas] versus [gʁasə])[119].

Die Umgangssprache hat fast immer dialektale Spuren, zu denen diese Quantitäten wie auch andere Erscheinungen gehören. Dabei bleibt auch innerhalb des Hochdeutschen der Gegensatz des südlichen zum nördlichen Sprachraum (dem alten niederdeutschen Gebiet): Die Entwicklung hat ihr Zentrum im Südosten, in dem heute der Abbau der Quantitätenverhältnisse weitgehend abgeschlossen ist, wodurch sich ein Gefälle in der Entwicklung mit einer Polarisierung von Südost zu Nordwest ergibt. Im Norden ist der alte Kontrast auf der Basis der minimalen Verzweigung des Reims in der prominenten Silbe bewahrt: /ˈbat/ *Bad*. In der südlichen Entwicklung gab es tendenziell (so im bairischen Sprachraum bewahrt) keine Opposition von Lang- und Kurzvokal mehr: die Vokale sind relativ lang vor Lenes, relativ kurz vor Fortes.

Aufschlußreich sind im Sinne dieser Entphonologisierung der Quantitätenopposition im deutschen Vokalismus die statistischen Erhebungen, die Eberhard Zwirner mit seiner Phonometrie durchgeführt hat[120]. Sie zeigen diese Entwicklung mit einem Zentrum im Südosten des deutschen Sprachgebietes (also etwa in Wien), wo die Quantitätenunterschiede statistisch nicht signifikant sind, während auf dem geographischen Gegenpol im Nordwesten (mit

---

[119] Der Schweizer Sprachatlas zeigt diese (und noch andere!) Varianten sehr schön in ihrer räumlichen Verteilung - die dabei von Wort zu Wort anders sein kann, vgl. z.B. dort in Bd. II die Karte 49 *Grab / graben* gegenüber der Karte 50 *Gras / grasen*.

[120] S. E. Zwirner / E. Kennosuke, Phonometrie. Bd. III: Spezielle Anwendungen, Basel: Karger 1969. Diese phonometrischen Befunde sind allerdings äußerst problematisch in Hinblick auf die Vielfalt der hier zu berücksichtigenden Faktoren, s. schon mit einem Versuch zu der hier gebotenen Differenzierung A.Maack, Die Variation der Lautdauer deutscher Sonanten, in: Zt. f. Phonetik und allgemeine Sprachwissenschaft 5/ 1951: 287 – 340 (und die dort angegebene Literatur).

dem Zentrum etwa bei Bremen) noch Oppositionen in dem Verhältnis von 2:1 zu finden sind:

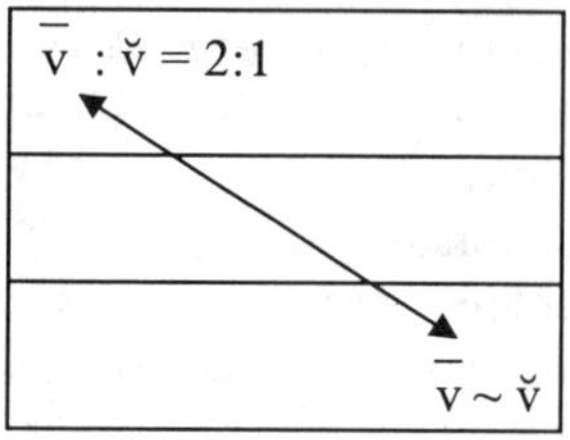

Von dieser Achse weicht allerdings der Südwesten ab (der alemannische Sprachraum, also das Westoberdeutsche im Sinne des Schemas von Kap. 2), in dem aufgrund einer sekundären Entwicklung vokalische Quantitäten wieder distinktiv geworden sind, im Dialekt also z.B. aleman. [bɔɐt] *Bord* versus [bɔːɐt] *Bart* (genauso wie weiter nördlich pfälzisch [has] *Haß* versus [haːs] *Hase*), elsässisch [hefə] *Töpfe* versus [heːfə] *Häfen,* [ʃd̥elə] *stellen* versus [ʃd̥eːlə] *stehlen,* [ʃɛʀə] *scharren* versus [ʃɛːʀə] *Scheren* usw. Hier finden sich die Quantitätenkontraste dann auch nicht nur in der Umgangssprache, sondern auch in der Hochlautung. Deren Beschreibung ist also äußerst problematisch, da sie keine einheitliche Dialektentwicklung spiegelt, sondern sich bei ihr auf der Grundlage von Wortschatzquellen aus unterschiedlichen Regionen mehrere Systeme überlagern und so die konfuse Analysesituation begründen. Allerdings hat sich auf der Basis einer solchen dialektalen Gemengelage ein lernbares System austariert, das zumindest partielle Regularitäten zeigt – so ist z.B. bei den Einsilblern vor etymologisch stimmhaften Konsonanten durchgängig der südlich-bairische Typus maßgeblich geworden (mit der Dehnung des Vokals): /ˈʀɑːt/ *Rad* jetzt homophon mit *Rat*, das schon ahdt. einen Langvokal hatte /ˈʀɑːt/.

Wie die in 8.1. diskutierten Problem zeigen, handelt es sich um einen noch nicht abgeschlossenen Prozeß, bei dem die etymologischen Verhältnisse nur noch bedingt durchsichtig sind, wie zum Beispiel die zu den geradezu spiegelverkehrten Formen der heutigen Hochsprache bei

- *Mutter* [ˈmʊ ↲tɐ], althochdeutsch [ˈmuodər], entsprechend auch niederdeutsch [ˈmo →dɐ],
- *Vater* [ˈfɑ→tɐ], althochdeutsch [ˈfatɐ], entsprechend auch niederdeutsch [ˈfa↲tɐ].

In historischer Perspektive ergibt sich also bei der Hochsprache ein paradoxes Bild in Hinblick auf die genutzten phonologischen Ressourcen, was erklärt, warum sich die Forschung hier so schwer tut.

In Hinblick auf die Wahrnehmungsprobleme von Quantitäten im Vokalismus bedeutet das, daß das Deutsche auch da, wo solche Oppositionen noch meßbar sind, nicht mehr zu den reinen Quantitätensprachen gerechnet werden kann, sondern daß in ihm diese Quantitätenoppositionen nur noch begleitend zu qualitativen Oppositionen fungieren können. Im einzelnen sind die Verhältnisse aber noch komplexer, als es hier in dieser groben Schematisierung skizziert ist. Was nämlich die Verhältnisse in der Hochsprache völlig intransparent gemacht hat, ist die Umorganisation in der Wortstruktur, insbesondere durch die Apokope von Reduktionssilben, die sich im Süden generell findet, im Norden an der Küste, s. Kap. 9. In den Dialektgebieten sind unterschiedliche „kompensatorische" Lösungen entstanden, die so keinen Eingang in die Hochsprache gefunden haben: Im Norden das schon mehrfach angesprochene Problem von konsonantischen „Überlängen", im Südwesten die Rephonologisierung von vokalischen Quantitäten, zum Teil die neuentstandenen Stimmhaftigkeitskontraste im Auslaut beziehungsweise generell konsonantische Quantitätenkontraste im Endrand und dergleichen.

Alles das macht deutlich, daß man keine einheitliche Phonetik des Deutschen liefern kann, wohl aber die phonologischen Strukturen (die funktionale Nutzung phonetischer Verhältnisse) im Deutschen darstellen kann. Dazu gehört nun aber insbesondere die Anschlußkorrelation, die eben im Sinne von Trubetzkoy (1939) eine phonologische Abstraktion ist. Daß sie sehr wohl phonetisch fundiert ist, daß aber ihre phonetische Fundierung mit sehr unterscheidlichen Typen rechnen muß, hat jetzt Spiekermann (1999) auf der Grundlage von exemplarischen Dialektbeispielen aus unterschiedlichen Regionen gezeigt. Seine Befunde schematisierend, lassen sich zumindest drei regional abgrenzbare Anschlußtypen unterscheiden:

- der norddeutsche Typ, der auch für die Hochalutung grundlegend ist, bei dem der Kontrast allein im Vokal und seinem Anschluß liegt, während der Folgekonsonant invariant ist. Hier korreliert die Anschlußform mit vokalischen Quantitätendifferenzen: [V] bei [V↵Kə] , [V:] bei [V→ Kə],
- der bairische Typ, der eine „Anschlußdifferenz" durch eine Harmonisierung der unterschiedlich verteilten Quantitäten realisiert (beim Konsonanten auch als Fortisierung interpretiert), ohne daß offensichtlich aber proso-

dische Erscheinungen des festen Anschlusses zu finden sind: also mit dem Gegensatz von [VK:ə] gegenüber [V:Kə][121],

- ein nordöstlicher Typ, der eine „Anschlußdifferenz" gewissermaßen kumulativ durch unterschiedliche Dauer bei Vokal und Folgekonsonant realisiert, dabei zumindest teilweise auch die prosodischen Anschlußkontraste zeigt: also mit dem Gegensatz von [V:→K:ə] gegenüber [V↵Kə].

Hinzu kommt schließlich ein südwestlicher (alemannischer) Typ, der die vokalischen Quantitäten phonologisiert hat und keine Anschlußdifferenzen mehr zeigt.

Damit ist zumindest der Nachweis erbracht, daß die phonologische Analyse in der Tradition von Trubetzkoy für das Deutsche auch phonetischen Sinn macht. Berücksichtigt man, daß Spiekermann bei seiner Untersuchung nur einen der veschiedenen prosodischen Parameter (die Intensitätskontur) kontrolliert hat (s. E 16), erklärt sich, daß seine Befunde auch noch viele Fragen aufwerfen, die durch weitere Untersuchungen geklärt werden müssen. Es geht aber nicht mehr an, die Anschlußkorrelation aus der Beschreibung des Deutschen einfach auszuklammern, wie es die Mehrheitsmeinung tut (vgl. etwa Ramers 1988), und sich damit den Blick sowohl auf die typologischen Besonderheiten des Deutschen wie die in ihm zu registrierende Dynamik der Sprachentwicklung zu versperren.

8.4. Ergänzende Kommentare

E 1: Die gerundeten Palatalvokale: „Umlaute"

Zu den phonologischen Besonderheiten des Deutschen gehören die gerundeten Palatalvokale, die außersprachwissenschaftlich meist mit Bezug auf die graphische Markierung mit einem Trema (<ö, ü>) als *Umlaute* bezeichnet werden - weshalb denn auch <ä> ebenso wie <äu> darunter gefaßt werden (von denen <ä> aber keinen gerundeten Laut bezeichnet, außerdem ist es in der lautlichen Interpretation ein Gegenstück zu <e> - daher ja die Rechtschreibunsicherheiten bei *behende / behände* [bə.ˈhɛn.də]). Aber abgesehen davon, daß hier die Gefahr einer Konfusion lautlicher und graphischer Strukturelemente besteht: Der *Umlaut* bezeichnet im sprachwissenschaftlichen Sinn eine Alternation, die im Deutschen nur noch morphologisch ist (genutzt zur Markierung des Plurals beim Nomen, des Konjunktivs beim Verb, zu

[121] Spiekermann bestätigt damit die detaillierten Messungen von Bannert 1976, der auch nachwies, daß dieses "bairische" Modell der Harmonisierung der Quantitätenverhältnisse in etwa dem entspricht, was auch in den skandinavischen Sprachen (bei ihm untersucht: das Schwedische) wirksam geworden ist.

Wortbildungsprozessen wie Diminutiven): Nur historisch läßt sich hinter Alternationen wie den folgenden ein phonologischer Prozeß fassen:

Hand	[hant]	- *Hände*	[hɛn.də]
Bock	[bɔk]	- *Böcke*	[bœ.kə]
Dose	[doː.zə]	- *Döschen*	[døːs.çən]
ich trug	[tʀuːk]	- *ich trüge*	[tʀyː.gə]

In der älteren deutschen / germanischen Sprachgeschichte bestand offensichtlich eine wortstrukturelle Filterbedingung, die den Kern der betonten Silbe in phonologisch nicht distinktiven Merkmalen mit denen der folgenden (unbetonten) Silbe harmonisieren ließ. Das betrifft hier die vordere (palatale) oder hintere (velare) Artikulation des Vokals. Dadurch kam es zu einer Entkoppelung der bis dahin (wie bei den meisten Sprachen der Welt) gewissermaßen doppelten Sicherung des qualitativen Unterschieds im Vokalismus: Aus einem System mit der einfachen Opposition

[+ vorne, - gerundet]	[- vorne, + gerundet]
i e	u o

wurde eines mit einer dreifachen Opposition:

[+ vorne, - gerundet]	[+ vorne, + gerundet]	[- vorne, + gerundet]
i e	y ø	u o

In dem Maße nun, wie mit der prosodischen Umorganisation im Germanischen / Deutschen die nicht betonten Silben reduziert wurden, wurden solche phonetischen Differenzierungen in den betonten Silben fest. Auf diese Weise wurden morphologische Oppositionen, die vorher in Endungen markiert wurden, jetzt durch eine Erweiterung des vokalischen Inventars der betonten (Stamm-) Silbe artikuliert - parallel zu der syntagmatischen Erweiterung der betonten Silbe durch die Integration des konsonantischen Anfangsrandes der synkopierten beziehungsweise apokopierten Folgesilben in ihren Endrand (s. Kap. 11).

Als Ergebnis dieses Umbaus können dann morphologische Oppositionen allein durch die „Umlaut"-Opposition ausgedrückt werden (auch ohne direkte etymologische Herleitungsmöglichkeit):

- Singular gegenüber Plural bei Nomina wie z.B. *Vater / Väter*; *Mutter / Mütter*; *Kloster / Klöster* und dergleichen,
- Indikativ gegenüber Konjunktiv bei den präteritalen Formen der Verben: (*wir*) *kamen / kämen*; *trugen / trügen*; *hoben / höben* usw.

Außer im norddeutschen Raum (zur geographischen Gliederung s. Kap. 2) ist im dialektalen Bereich (im süddeutschen Raum auch in der Umgangssprache) die Rundungsopposition bei den Palatalvokalen überwiegend wieder aufgegeben worden. Hier heißt es dann [kepf] *Köpfe*, [fi(:)s] *Füße* und dergleichen (s. auch T 2). Im südlichen Sprachraum finden sich gerundete Palatalvokale im Westen (II W Rheinisch / Ripuarisch und III W Alemannisch) sowie sehr eingeschränkt auch im Osten (nordöstlicher Teil von III O Ostfränkisch).

E 2: Zur Darstellung vokalischer Quantität: Moren

Die Repräsentation vokalischer Quantität als spezifischer Konstituentenstruktur (Langvokale als verzweigende Reime) hat bereits eine lange Tradition in den Darstellungen der Phonologie des Deutschen[122]. Die meisten Arbeiten projizieren die traditionelle Gleichsetzung von Silbenkern und Vokal beziehungsweise Silbenrand und Konsonant auf die Konstituentenstruktur, sie repräsentieren Langvokale also als verzweigende Kerne:

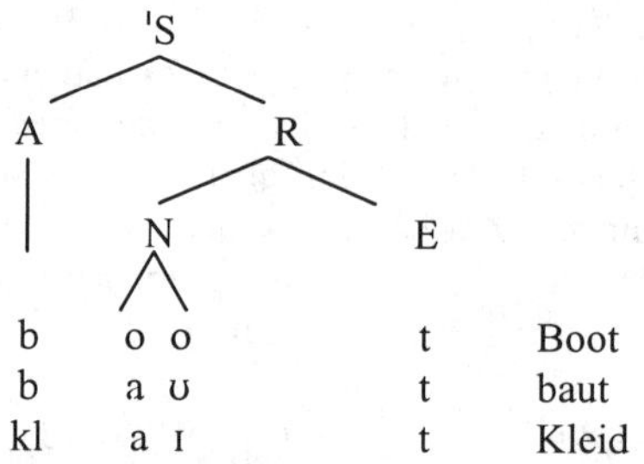

Für die hier gewählte Darstellungsform sprechen vor allem die distributionellen Gründe von Kapitel 8.2. - Argumente, die auf eine unterschiedliche Behandlung von Silben mit Langvokalen gegenüber solchen mit Kurzvokalen verweisen, kenne ich für das Deutsche nicht.

Die Diskussion geht hier von dem traditionellen metrischen Konzept einer More als zeitlicher Grundeinheit aus (siehe Kap. 4: E 1). Bei dem von mir hier zugrundegelegten Modell werden die Zweige des Reims quantitativ als Moren bewertet: (μ als Einheit einer More) - unabhängig davon, ob der Zweig des Endrandes selbst wieder verzweigt ist oder nicht:

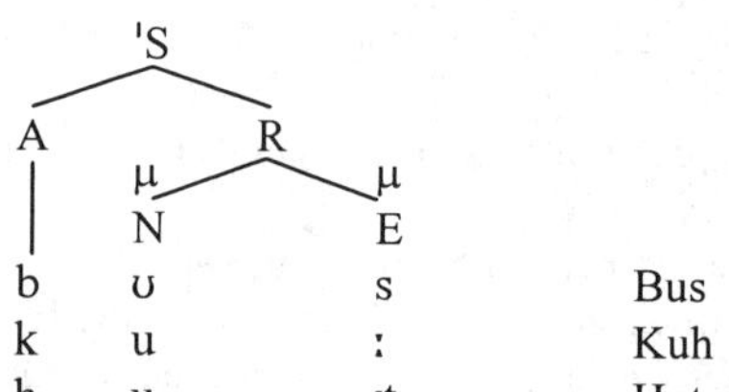

[122] Einflußreich ist vor allem die Untersuchung von W.G. Moulton geworden, der diese Reimstruktur mit distributionellen Kriterien etabliert hat, s. von diesem „Syllable nuclei and final consonant clusters in German“, in: M. Halle u.a. (Hgg.), For Roman Jakobson, Den Haag: Mouton 1956: 372 – 381.

Bei dem alternativen Modell werden die Zweige des Nukleus bewertet, unabhängig von der Frage, ob ein Endreim vorliegt beziehungsweise wie dieser beschaffen ist.

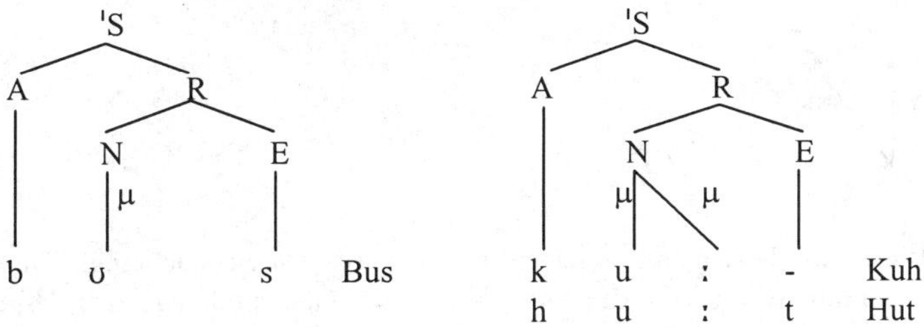

Die Unklarheiten gegenüber einer solchen Differenzierung im Morenmodell sind alt, sie sind nicht zuletzt in der Schulaussprache des Lateinischen fest verankert. Die lateinische Metrik zeigt, so wie es hier von mir auch für das Deutsche angenommen wird, daß die Struktur des Reimes ausschlaggebend war (s. Kap. 4: E 1). Bis heute wird aber im Metrikunterricht des Lateinischen die Positionslänge als Langvokal umgesetzt - so als ob das Lateinische im Sinne des zweiten Morenmodells organisiert wäre. Entsprechend wird ein Wort *dignus* „würdig" mit einer „Positionslänge" in der ersten „schweren" Silbe in der Schulaussprache häufig mit einem Langvokal gesprochen.

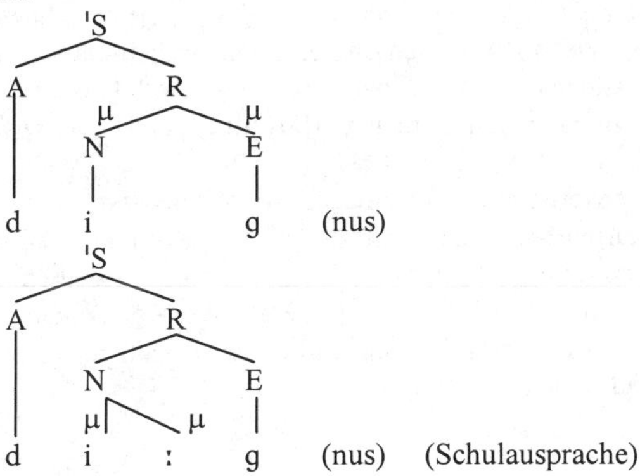

E 3: Zu den Diphthongen und ihrer Repräsentation

Auf einer abstrakten Ebene als der im Text lassen sich die drei Diphthonge des Hochdeutschen als Bewegungsabläufe von der maximal offenen Position zu den drei Engepositionen interpretieren. In einer weiteren Abstraktion ließe sich die Rundung des offenen Elements bei [ɔʏ] als „allophonische" Begleiterscheinung des gerundeten Engeelementes interpretieren, als „rundende" Assimilation an den zweiten Teil, die phonologisch nicht distinktiv ist: also [ɔʏ] als /ay/. Das ergäbe ein ästhetisch zwar befriedigendes, von der phonetischen Anschauung aber auch weiter entfernteres Schema:

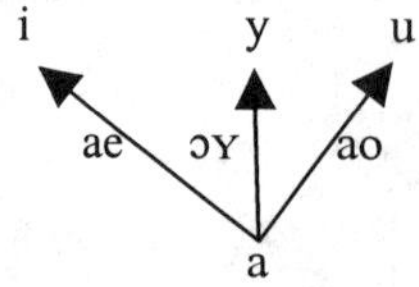

Die Argumentation im Text bleibt enger an der phonetischen Beobachtung. Ein dynamisches Verständnis ist auch für die Analyse der Öffnungsdiphthonge erforderlich. In den Varietäten, in denen *r* unabhängig von der Quantität / Qualität des vorausgehenden Vokals vokalisiert, entstehen Kontraste: [iɐ] vs. [ɪɐ], [yɐ] vs. [ʏɐ], [oɐ] vs. [ɔɐ] usw. Da ein Diphthong aber nicht die Bedingungen für einen festen Anschluß liefert, die distributionell mit den offeneren / zentralisierteren Vokalvarianten korrelieren, sondern gewissermaßen definitionsgemäß die eines losen Anschlusses, finden sich hier nur die gespannteren Varianten: [iɐ], [yɐ], [oɐ]. Eine solche diphthongische Bewegung ist von dem maximal offenen Vokal aus nur noch minimal vom Langvokal verschieden; so findet sich denn statt [ɑɐ] bzw. [aɐ] in der Regel [ɑː], s. E 4.

An dieser Stelle ist schließlich noch auf ein terminologisches Problem bei den Diphthongen zu verweisen: In Hinblick auf den artikulatorischen Bewegungsablauf (der Zungenhöhe) spreche ich von *schließenden* Diphthongen ([aɪ],[aʊ]) beziehungsweise *öffnenden* ([ɪɐ], [uɐ]) usw.. Vor allem in den älteren phonetischen Darstellungen ist in Hinblick auf globalere silbenstrukturelle Parameter, etwa die Intensitätsverläufe, auch die Rede von *fallenden* Diphthongen ([aɪ],[ɑʊ]) und *steigenden* ([ɪɐ], [uɐ]).

Gelegentlich findet man die letzteren auch als „unecht" bezeichnet. Soweit darin nicht nur ein orthoepisches Werturteil liegt, geht diese Redeweise davon aus, daß bei einem Diphthong die größte Schallfülle im Silbenkern liegt - aber offensichtlich hat das offene [ɐ] eine größere Schallfülle als ein [i], [o] und dergl. Derartige Annahmen sind aber Postulate: vom Aufbau der prominenten Silbe her entsprechen diese Diphthonge den dort auch sonst zu findenden Strukturen:

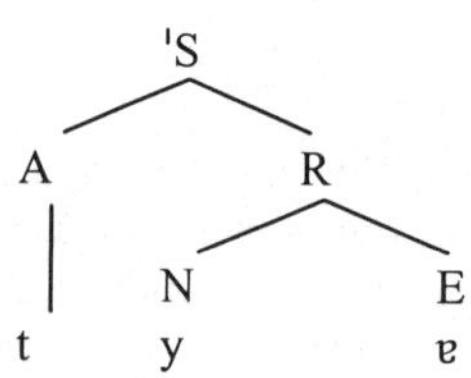

Tür

Die Randbelegung mit [ɐ] folgt hier nicht aus dem Gefälle der Schallfülle (etwa an der Amplitude eines Oszillogramms abzulesen)[123] sondern aus der Differenz der Zentralisierung. Der Silbenkern [y] ist peripher(er) als der vokalische Silbenrand [ɐ]. Wie immer besteht hier die Gefahr, gegenüber der komplexen Sprachwirklichkeit, die unterschiedlichste Indikatoren nutzt, einen Gesichtspunkt zu verabsolutieren.

Das spricht nicht dagegen, daß unter anderen Umständen (in anderen Sprachen...) das Schallfülleverhältnis dominant werden kann, s. T 9.

E 4: Zu den Allophonen von /a/

Die Opposition [ɑ:] vs [a] findet sich als Vorschrift für die Hochlautung, die für die „dialektnahe" Umgangssprache durchaus problematisch ist. Es ist immerhin bemerkenswert, daß z.B. die niederländische Hochlautung die inverse Verteilung vorschreibt: [a:] versus [ɑ]. Im (nord)westdeutschen Raum sind hier also auch andere Verhältnisse möglich. In großen Teilen des Sprachgebietes findet sich offensichtlich nur die quantitative Differenz – entsprechend auch den Verhältnissen in der unmarkierten Silbe, in der auch nur eine /a/-Variante vorkommt, unabhängig von der Silbenstruktur (s. Kap. 7).

Vor diesem Hintergrund sind auch die Verhältnisse bei den Diphthongen zu sehen: In gewisser Weise steht der vokalische Kern bei ihnen im losen Anschluß an den Vokal im Endrand, sodaß entsprechend die [ɑ]- Variante zu erwarten wäre. Auch wenn das offensichtlich auf einige Varietäten des Deutschen zutrifft, so entspricht das nicht der dominanten Varietät und den orthoepischen Vorschriften, sodaß ich hier auch [aɪ] und [aʊ] notiere. Ein Kontrast ist in dieser Position ohnehin nicht möglich, sodaß Einzelheiten hier nicht zu interessieren brauchen (sie sind zum Teil auch noch in der Forschung ungeklärt).

E 5: Zur komplementären Verteilung vokalischer Allophone

Die phonologische Zusammenfassung der Laute, wie ich sie auch im Text praktiziert habe, ist weniger selbstverständlich, als sie von den konventionellen IPA-Zeichen her nahegelegt wird. Das zeigen auch Perzeptionstests, bei denen phonetische Signale manipuliert werden: ein [i:] ist keineswegs ein „langes [ɪ]", ein [y:] kein „langes [ʏ]", ein [u:] kein „langes [ʊ]" usw. Wird das Signal von einem [i:] auf die Dauer eines Kurvokals verkürzt, hören Sprecher mit deutscher Muttersprache in der Regel kein [ɪ] sondern ein [e] (das sie im übrigen auch meist als „langes *e*" bezeichnen). Das ist ein weiteres Argument dagegen, für das Deutsche die Quantität als grundlegendes Strukturmerkmal anzusetzen.

Drastisch deutlich wird das bei den Schwierigkeiten von Grundschülern. Deren Spontanschreibungen zeigen ihre Versuche, die Lautstruktur zu explorieren. Dabei fassen sie recht regelmäßig [ɪ] und [e], [ʏ] und [ø], [ʊ] und [o] zusammen, schreiben

---

[123] Aber diese zeigt auch bei [bɪtə] einen größeren Ausschlag bei dem [ə] der Reduktionssilbe als bei dem [ɪ] der prominenten Silbe!

also LIB (*lieb*) aber LEPE (Lippe) ebenso wie LEBN (*leben*); HÜTE (*Hüte*), aber HÖTE (Hütte) ebenso wie HÖLE (*Höhle*), HUT (*Hut*) aber BOTA (*Butter*) ebenso wie LOTA (*Lothar*). Daß das sehr wohl fundierte Schreibungen sind, wird bei einer vom phonetischen (insbesondere akustischen) Befund her ebenso plausiblen Notation deutlich:

	VORN		HINTEN
ENG	i	y	u
HALBENG	ɪ = ẹ e	ʏ = ø̣ ø	ʊ = ọ o
HALBOFFEN	ɛ	œ	ɔ
OFFEN		a ɑ	

Im strengen phonetischen Sinne können die hier eingekreisten halbengen Lautungen auch gleichgesetzt werden (die mit den diakritischen Punkten notierten Varianten sind relativ zu sehen - sie überschneiden sich durchaus mit den Realisierungen von /e/, /ø/ und /o/)[124].

Für die Anfänger stellt sich das Problem, die drei qualitativen Stufen:

eng	i	y	u
halbeng	e (ɪ)	ø (ʏ)	o (ʊ)
halboffen	ɛ	œ	ɔ

auf zwei „buchstäbliche" Pole des Alphabets abzubilden. Nur bei der offenen Stufe ([a] und [ɑ]) bereitet die Identifizierung mit <a> in der Regel keine Probleme; in den anderen Fällen ist das ohne Rückgriff auf die Schärfungsmarkierung schwer möglich: So findet sich bei Anfängern versuchsweise die Zuordnung wie in den Beispielen oben (obere Zeile: lautliche Form; untere Zeile: graphische Zuordnung)

[i] [e]([ɪ]) [ɛ] [y] [ø]([ʏ]) [œ] [u] [o]([ʊ]) [ɔ]

<I> <E> <Ü> <Ö> <U> <O>

Erst im Rückgriff auf eine silbenstrukturfundierte Notationsweise, für die ich im folgenden die „Schärfungsnotierung" mit <*k*'> als Kopie verwende[125], ordnen sie die Zuordnung später um indem sie jeweils eine engere Variante im losen Anschluß mit einer offenen Variante im festen Anschluß zusammenfassen:

<i> (<i*k'*>) <ü> (<ü*k'*>) <u> (<u*k'*>)

[i] : [e]([ɪ]) : [ɛ] [y] : [ø]([ʏ]) : [œ] [u] : [o]([ʊ]) : [ɔ]

<e>(<e*k'*>) <ö>(<ö*k'*>) <o>(<o*k'*>)

---

124 S. dazu etwa K.H. Ramers, 1988.

125 S. meine *Grundzüge* 1992.

E 6: Zum Verfahren bei Tests von Minimalpaaren

Für einen solchen Test genügt es, in einer protokollierten zufälligen Reihenfolge eine(n) Sprecher(in) solche Formen auf Band sprechen zu lassen und sie von ihm/ihr bei späterem Abhören wieder identifizieren zu lassen (es empfiehlt sich dabei allerdings nicht, das orthographische Schriftbild zu verwenden (ablesen zu lassen), sondern etwa bildliche Reize für die fraglichen Wörter; außerdem sollten die Formen möglichst in einem syntaktischen Kontext stehen, als etwa

ich mag Beeren (Bären) gern.

Da es oft schwerfällt, ein sinnvolles Satzpaar mit einem solchen Minimalkontrast zu finden, kann man auch auf metasprachliche Kontexte ausweichen wie:

das Wort ___ kenne ich.

Das Ergebnis eines solchen einfachen Tests ist meist, vor allem auch für die Probanden, verblüffend - und zeigt so recht drastisch den Sinn einer phonologischen Analyse als kontrollierte Entmystifizierung aufgebauter Haltungen zur Sprache.

E 7: Hochlautung, phonologische Analyse und Sprachunterricht

Im Schreib-Leseunterricht sollte entsprechend auch nicht von einem Lautsystem ausgegangen werden, ohne daß zuvor gesichert ist, daß die Lerner über es verfügen. Die Umlautschreibung <ä> ist andernfalls strikt morphologisch einzuführen.

Das gilt im übrigen auch für andere Bereiche der Phonographie, die hier zur Debatte stehen. Primärer Gegenstand dieser Ausführung ist die Hochlautung, die auch den phonographischen Bereich der Orthographie fundiert. Die offiziöse (konservative) Definition der sogenannte „Bühnenaussprache“ findet sich bei Th. Siebs 1969; zugänglicher ist das „Aussprache“-Wörterbuch der Dudenreihe (überarbeitet von Mangold 1974).

Die Hochlautung ist das Resultat von Vereinheitlichungsbemühungen für den rezitierenden Vortrag des Hochdeutschen, also von Vorschriften für eine „Hyperlautung“ („Überlautung“ heißt es gelegentlich). Solche (orthoepischen) Vorschriften waren unter den technischen Bedingungen des öffentlichen Vortrags, etwa auf der Bühne im 19. Jahrhundert, durchaus sinnvoll (z.B. auch die Wahl der maximal sonoren Varianten eines Phonems, etwa des [r] statt des [ʁ], die Vorschrift der Lautung des Schwa in den Reduktionssilben und dergleichen. Die technische Ausstattung der Bühne, erst recht der neueren Massenmedien (Rundfunk, Film, Fernsehen) mit Mikrophon und Verstärker macht eine solche Diktion immer obsoleter (das wird z.B. bei frühen Tonfilmen deutlich, deren Interpreten noch der älteren Diktion verpflichtet waren). Für die hochdeutsche Phonologie, nicht nur aber insbesondere auch als fundierender Grundlage für den Orthographieunterricht, sind daher empirisch ausgerichtete Darstellungen wichtiger, die von der alltäglich praktizierten Hochlautung in ihrer stilistischen (und gegebenenfalls auch regionalen) Variation ausgehen. Pionierarbeit hatte hier schon am Ende des 19. Jahrhunderts Wilhelm Vietor geleistet, der auch bereits 1912 ein entsprechendes Aussprachewörterbuch vorgelegt hat (ausführlich zur Geschichte der Fixierung der Hochlautung, s. Hakkarainen 1995).

Von den gegenwärtig verfügbaren Werken registriert allein das von E.M. Krech (1982) bearbeitete „Große Wörterbuch der deutschen Aussprache“ stilistische Aussprachevariationen[126]. Schließlich sei noch für die regionale Variation auf den oben schon erwähnten Atlas zur Aussprache des Schriftdeutschen von W. König, 1989 hingewiesen.

Zu den regional beschränkten Formen gehörten übrigens auch bis weit in das 19. Jhd. die auch heute dialektal vor allem norddeutsch vorkommenden gerundeten Palatalvokale, die aber mit der Volksschule inzwischen überwiegend durchgesetzt sind; besonders bei Aussiedlerfamilien aus Osteuropa findet sich noch das „hochdeutsche“ Vokalsystem, das auch das unserer „Klassiker“ war, wie ihre Reime zeigen: Goethe reimte *Glücke*: *Blicke*; *Bethörung*: *Verehrung*; *Götter*: *Wetter* usw.; vgl. auch in Volksbüchern wie dem „Struwelpeter“ *hör*: *schwer* und dergleichen..

E 8: Zum Glottisverschluß

Die Artikulation des Glottisverschlusses unterliegt einer großen ideolektalen beziehungsweise regionalen Variation, s. dazu Krech 1968. Für die Hochlautung gilt, daß er als Anfangsrand der prominenten Silbe die Silbenstruktur im absoluten Anlaut und nach vorausgehenden silbenschließenden Konsonanten sicherstellt: [ʔan.ˈʔɛ.kŋ̍] *anekken*, vgl. auch [ʔɪç.bɪn.ˈʔeɐs.tɐ] *ich bin erster*. Intervokalisch ist die silbische Segmentierung auch ohne Glottisverschluß sichergestellt, so daß sich hier [tʰe.ˈʔɑː.tɐ] neben [tʰe.ˈᵉ̯ɑː.tɐ] ohne Glottisverschluß findet, aber in der Regel wohl doch mit einer halbvokalischen Konturierung des Anfangsrandes, siehe auch die Sonagramme mit den verschiedenen Realisierungen im Anhang.

Das bestätigt ex negativo die oben angesprochene Analyse der Öffnungsdiphthonge: Einer Zusammenziehung der ersten beiden Silben zu einem Diphthong steht hier die periphere Artikulation der beiden Vokale [e] wie [ɑ] entgegen, die den Hiat stabilisieren.

Im übrigen erfährt die Nutzung des Glottisverschlusses neuerdings eine sprachpolitische Unterstützung. Die Frauenbewegung drängt darauf, nicht nur im Schriftbild generische Termini zu sexualisieren, *LehrerIn(nen)*, sondern sie fordert eine entsprechende Differenzierung auch in der gesprochenen Sprache, was in der politisch korrekten Hochlautung nur durch den Glottisverschluß möglich ist. Dadurch kontrastieren dann *Lehrerinnen* [ˈleː.ʁɐ.ˌʁɪ.nn̩] und *LehrerInnen* [ˈleː.ʁɐ.ˈʔɪ.nn̩]; bemerkenswerterweise ist inzwischen ausgerechnet im bairischen Sprachraum, wo der Glottisverschluß als systematisches Phonem in der dialektnahen Aussprache nicht vorkommt, die Form mit Glottisverschluß in Österreich offiziös verordnet worden.[127]

[126] Bedingt durch Verlagsumstellungen seit Anfangszeiten „der Wende“ ist es im Augenblick leider nicht auf dem Markt. Eine Neubearbeitung ist an der Universität Halle in Vorbereitung.

[127] S. Bundesministerin für Frauenangelegenheiten und Verbraucherschutz (Herausgeberin), *Anleitungen zu geschlechtergerechtem Sprachgebrauch*, Wien 1997, Seite 63.

Die Behandlung des Glottisverschlusses ist in den phonologischen Arbeiten zum Deutschen sehr unterschiedlich. Überwiegend wird er anders als hier nicht zu den Phonemen des Deutschen gerechnet. Zwar gibt es eine Reihe von Unterschieden zwischen dem Glottisverschluß und den anderen Konsonanten, aber hier handelt es sich um eine Frage des mehr oder weniger:

- daß er nur in A vorkommt, hat er mit vielen anderen, insbesondere den distinktiv stimmhaften Konsonanten gemeinsam,
- daß der nur in A einer betonten Silbe (beziehungsweise im Kopf eines Fußes !) vorkommt, teilt er mit [h].

Vor allem der letztgenannte Punkt ist signifikant: glottale Artikulationen sind ohnehin nur sehr eingeschränkt genutzt: da sie die geringste Schallfülle aufweisen, können sie den grundlegenden Kontrast A R nur sehr minimal artikulieren (s. Kap. 6: E 4), entsprechend kommen solchen glottalen Konsonanten in vielen Sprachen phonologisch genutzt nicht vor (das gilt dann aber für [h] in gleicher Weise. In diesem Sinne findet sich der Abbau der Nutzung glottaler Artikulationen historisch schon am Ende des Mittelalters sehr weit fortgeschritten, wie die damaligen Graphien (was das *h* betrifft etwa auch bei Luther) zeigen. Ein Unterschied zwischen den beiden glottalen Lauten bestand allerdings darin, daß das [h] im Gegensatz zu dem Glottisverschluß durch die Schrift im Sinne einer Schreiblautierung gestützt wurde. Das galt so in den Dialektregionen, die den glottalen Hauchlaut auch im Anfangsrand sehr prominenten Silbe nicht mehr hatten, und es gilt als Überlautierung in Rückprojektionen von den Buchstaben heute im Unterricht auch für die nicht-prominente Silbe wo sich dann eine *Aussprache* von *Rehe* findet [ˈʀeː.ˈhə] - der Glottisverschluß hat eben im Schreib-/ Leseunterricht keine vergleichbare Stütze !

E 9: Zu den schriftgeschichtlich bedingten Problemen der Notation des Glottisverschlusses

Schriftgeschichtlich ist die Nicht-Notierung des Glottisverschlusses komplexer als im Text angedeutet. Die altgriechische Orthographie notierte mit diakritischen Zeichen die Art des silbischen „Einsatzes“, wenn kein sonstiger konsonantischer Anfangsrand vorhanden war. Beim Vokal mit einem „spiritus“, etwa in Verbindung mit einem <a> α:

- den *spiritus asper* ἁ
- den *spiritus lenis* ἀ

Dem mag zunächst bei der Adaptierung des semitisch (-phönizischen) Schriftsystems auf der Basis der frühgriechischen Aussprache ein entsprechend belegter Anfangsrand in der Silbe zugrundegelegen haben: *asper* [h], *lenis* [ʔ] .

Beide konsonantischen Lautungen gingen in der späteren griechischen Entwicklung verloren (wie auch parallel in der Entwicklung des Lateinischen zu den romanischen Sprachen). Im älteren Griechischen und auch noch in der späteren Metrik sind aber noch die Spuren dieser konsonantischen Laute zu fassen, wo z.B. ein *asper* eine silbische Zäsur markiert und dadurch verhindert, daß ein vorausgehender Konsonant als Anfangsrand zur folgenden Silbe gezogen wird, er also „Position“ macht (das ist beim *lenis* nicht der Fall gewesen, der schon sehr viel früher in den Dialekten seine Geltung verloren hatte, woher dann wohl auch die Bezeichnung als „sanfter Hauch“ rührt).

Bei der Schreibung des Deutschen (wie auch der anderen germanischen Sprachen, die die alten glottalen Laute bewahrt haben), war entscheidend, daß sie ihr Schriftsystem durch das Umfunktionieren der Schriftsysteme der benachbarten romanischen Sprachen entwickelten, wo diese Laute und damit auch ihre Repräsentation nicht vorgegeben waren. In dieser Schrifttradition stehen übrigens viele phonetische Darstellungen, die die glottalen Laute [h] [ʔ] zu den Vokalen stellen.

Phonetisch ist das eine Frage der gewählten Kriterien. Wenn man z.B. als Konsonanten nur Laute faßt, die durch eine supraglottale Geräusch- (oder Verschluß-) Quelle zustande kommen, ist das selbstverständlich möglich. Faßt man, wie ich es hier tue, als Grunddifferenz der Laute die Sonorität und damit die Potentiale, innerhalb der silbischen Kontur den Anfangsrand oder den Reim (den Silbenkern) zu bilden, so gehören [h] und [ʔ] zu den nicht-sonoren Lauten (ohne periodische Klänge), die nur einen Silbenrand bilden können, im Deutschen anders als z.B. im Arabischen nur den Anfangsrand einer betonten Silbe, vgl. die arab. Form von Allah [ʔaˈl:ah]; sie sind insofern zu den Konsonanten zu rechnen.

E 10: Zur orthographischen Nutzung der distributionellen Besonderheiten von [ʃ]

Die Orthographie nimmt diese Konstituentendifferenz als phonographische Fundierung einer ganzen Reihe von solchen silbenstrukturellen (phonotaktischen Differenzen) auf: Während [ʃ] im „Normalfall“ die graphische Repräsentation <sch> erhält, vgl. als A\` [ʃnel] <schnell>, als E [ʀaʃ] <rasch>, wird es als A‘ (wo es nicht mit /s/ kontrastiert!) nur als <s> repräsentiert: [ʃtam] <Stamm>, [ʃtʀam] <stramm>; vgl. den Kontrast *rasch* vs. *ras* (zu *rasen*), *nascht* vs. *Mast* u.dgl.

E 11: Konsequenzen der Neutralisierungen im Anfangsrand für den Schreibunterricht

Die Neutralisierung der Fortisopposition bei A ist ein Grenzsignal, das in gewisser Weise spiegelverkehrt zur „Auslautverhärtung“ in E zu sehen ist (s.u.). Auch hier ist es wieder der Fall, daß Anfänger in ihrer Schreibkarriere die „richtige“ Zuordnung solcher unterspezifizierten Segmente zu den „vereindeutigten“ Schriftzeichen lernen müssen. Ich verdanke Christa Röber-Siekmeyer ein Corpus von Schülerschreibungen aus dem ersten und zweiten Schuljahr, bei dem etwa ein Drittel der Schüler in solchen Fällen <Sdein>, <Schdein> o.ä. für *Stein* schrieben.

E 12: Kern und Peripherie bei kanonischen Strukturbeschreibungen

Im Text war mit einer kanonischen Silbenstruktur die Obergrenze für den Ausbau der prominenten Silbe bestimmt worden (mit maximal zweielementigen Rändern, die dem Sonoritätsprinzip unterliegen). Die illustrierende Darstellung aus dem Text sei nochmals wiederholt:

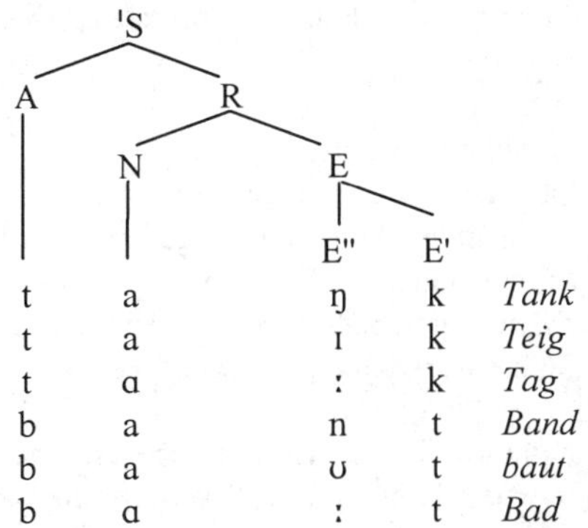

Wie im Text angesprochen, gibt es aber komplexere Strukturen in einigen Wörtern wie *Mond, Freund, Haupt*[128], vgl. das reguläre *Mohn* [ˈmoːn] mit *Mond* [ˈmoːnt]:

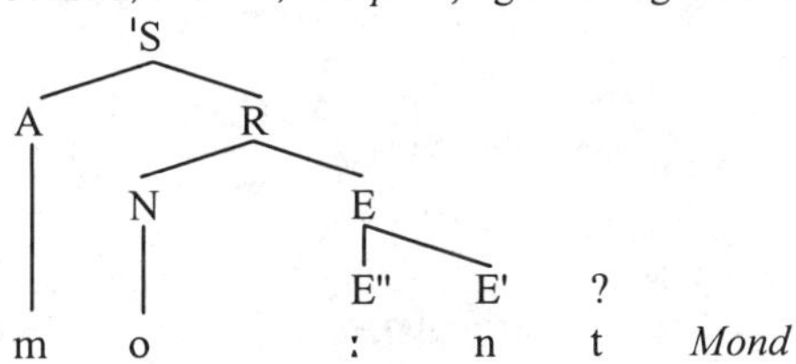

Derartige überkomplexe Strukturen sind Spuren von Umbauprozessen, z.T. aber auch das Ergebnis von Eingriffen in die Austarierung neuer Strukturen (vgl. dazu 8.3.). Bei der Wortgeschichte von *Mond* kommt beides zusammen. Etymologisch liegen zwei „strukturkonforme" Wörter zugrunde: *Monat* [ˈmoː.nat] und das alte Wort für *Mond* [ˈmoː.na]. Die Apo- (bzw. Syn-) Kopierung der beiden Wörter hätte zu neuen regulären Formen führen müssen, wie sie auch das Englische zeigt: *month* [ˈmanθ] gegenüber *moon* [ˈmuːn]; „sprachpflegerische" Eingriffe haben dem Wort für Mond das finale <d> verpaßt, daß dann auch orthoepisch gesprochen wurde – ohne die Form dem Silbenstrukturmuster anzupassen. Anders ist es bei Formen mit einer Morphemgrenze, die gewissermaßen solche phonologischen Strukturbedingungen überschreiben kann (vgl. auch in Kap. 7 zur Verteilung der gespannten und ungespannten Vo-

[128] Zu komplexeren Struktren mit nicht monoton fallender Sonorität im Endrand wie bei *Arzt, Obst* usw. s. Kap. 10.

kale am rechten Wortrand). Solche Morphemgrenzen können aber im Laufe der Sprachgeschichte durch spezielle Bedeutungsentwicklungen o.ä. unsichtbar werden und so doch wieder überkomplexe Formen schaffen wie etwa bei *Freund* aus einem alten Partizip *friu+nd* (zu einem alten Verb mit der Bedeutung „freien"). Es ist deutlich, daß alle solche Formen nur eingeschränkt vorkommen, wobei die überkomplexen Strukturen auf den Wortrand beschränkt sind. Das erklärt den in vielen Arbeiten praktizierten Ansatz mit *extrasyllabischen* Konstituenten.

E 13: Zur Gemination und zur konsonantischen Quantität

Terminologisch ist es sinnvoll, zwischen Quantität und Gemination zu unterscheiden. Die Quantität kann bei Vokalen und Konsonanten phonologisch genutzt werden, wenn zwei (oder mehr) Segmente / Segmentpositionen einer Äußerung in Hinblick auf die betrachteten phonetischen Eigenschaften gleich erscheinen (hier kann man einheitlich das /:/-Zeichen verwenden, z.B. italienisch /fato/ „*Schicksal*" versus /fat:o/ „*gemacht*" (Partizip).

Von Gemination spricht man dann, wenn die insofern gleich belegten Positionen in Hinblick auf die silbische Kontur der Äußerung relativ stark differenziert sind, z.B. einerseits als (relativ schwacher) Endrand, andererseits als relativ starker Anfangsrand - mit entsprechenden phonetischen (prosodischen) Folgeerscheinungen. In solchen Fällen notiert man meist doppelte Konsonantenzeichen:

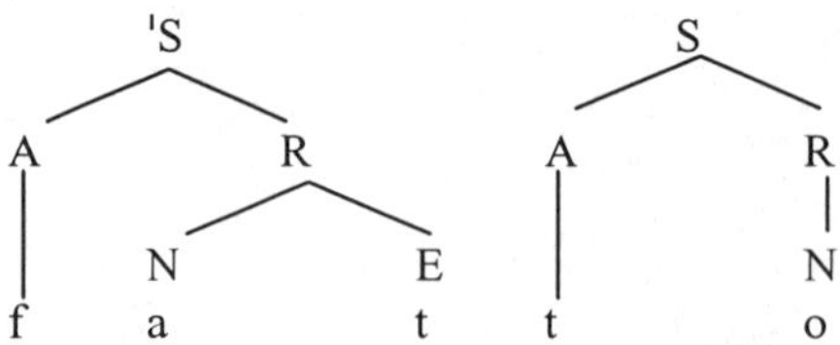

ital. *fatto*

(zu der autosegmentalen Darstellung von Geminaten s. Kap. 12.4.)

Das phonologische System der deutschen Hochlautung kennt solche Strukturen nicht. Auch bei Morphemgrenzen gibt es in der in normalem Tempo gesprochenen Sprache keine Geminaten: *annehmen* wird [ʔa.ne:.mm̩] gesprochen. Selbstverständlich *können* (etwa zum Zwecke der Verdeutlichung) auch von Sprechern des Deutschen Geminaten gesprochen werden [ʔan.ne:. mən] - bei silbenisolierendem Sprechen eventuell noch mit einer Art Pause zwischen den Silben - aber diese „Hyperformen" sind eben keine der gesprochenen Sprache (s. Kap. 12, vgl. aber im Anhang die Sonogramme von *Bettruhe* und *Betttruhe*). Im Unterricht als „Eselsbrücke" verwendet, werden sie für Kinder zur Falle, wenn diese darüber die orthographische Schreibung erlernen sollen, diese Hyperlautierungen dann aber z.B. beim Diktat auch vom Lehrer nicht hören. Das zu unterscheiden ist umso wichtiger, als (aus den unten genannten Gründen), eine solche Längung und damit Gemination bei langsamer „Hyperlautierung" auch für Sprecher des Deutschen vor allem bei Nasalen und Liquiden im festen Anschluß naheliegt.

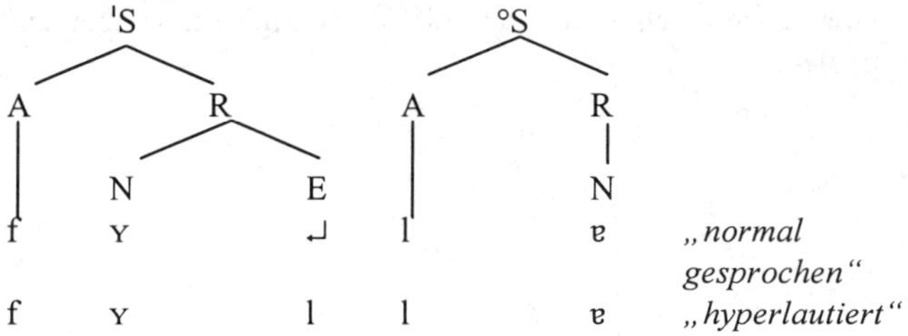

Die Hyperlautierung gehört aber nicht zur Struktur der gesprochenen Sprache im Deutschen - fundiert daher auch nicht orthographische Strukturen wie die Schärfung. Die fehlende phonologische Nutzung der konsonantischen Länge in der Hochlautung ist zu unterscheiden von phonetischen Quantitätendifferenzen, die insbesondere zur Stabilisierung des fortis/lenis-Kontrastes in den Regionen genutzt werden, die keine Stimmhaftigkeitskontraste mehr kennen (also in Süddeutschland). Hier beruhen Kontraste wie *Weide* : *Weite* außer auf der unterschiedlich starken Verschlußlösung vor allem auch auf der unterschiedlich langen Verschlußhaltung eines Verschlusses, der bei *Weide* phonetisch am ehesten als [d̥] wiederzugeben ist.

Solche Differenzierungen in der süddeutschen Aussprache tragen mit zu der verbreiteten Konfusion bei, die vor allem in der Sprachdidaktik den orthographischen Schärfungszeichen (der Verdoppelung der Konsonantenzeichen) eine phonologische Länge unterstellt. Hinzu kommen noch „intrinsische" Quantitätsdifferenzierungen in der Artikulation: Phonetisch wird der mediale Verschluß bei ['knapə] *knappe* zwar in der Regel länger gehalten als bei ['knɑːbə] *Knabe*, aber offensichtlich bei den meisten Sprechern der Hochsprache nicht länger als bei ['tɑːpɐn] *tapern* und dort genauso lange wie in ['tapm̩] *tappen.* Allerdings gibt es hier offensichtlich eine große individuelle Variation, die aber nur deswegen möglich ist, weil bei den Konsonanten die Quantitäten nicht distinktiv sind.

Diese Verhältnisse in der Hochsprache sind zu unterscheiden von dialektalen Besonderheiten, so vor allem von der Bewahrung der alten Geminaten in (sprachhistorisch gesehen:) Reliktzonen wie im Hochalemannischen, wo sie auch in der regionalen (schweizerdeutschen) Aussprache des Hochdeutschen vorkommen (zur Quantitäten"harmonie" im Bairischen s. auch den Anhang zu Kap. 7).

E 14: Zur Unterscheidung von Silbenschnitt und Silbentrennung

Terminologisch sollte man im Unterschied zu der in der Didaktik verbreiteten Redeweise zwischen der *Silbentrennung*, die in der Regel ein orthographisches Problem bezeichnet, und dem *Silbenschnitt* im Sinne der Phonetik differenzieren. Bei der Rede vom Silbenschnitt empfiehlt es sich, an vergleichbare Wendungen wie den *Schnitt* eines Abendkleides zu denken (den man ja auch bewundern kann, ohne das Kleid gleich aufzutrennen - und noch wichtiger: das (Auf-) *Trennen* kann dem *Schnitt* des Kleides folgen oder nicht: es kann diesen zerstören). Jede Silbe hat in diesem Sinne einen Schnitt: *kann* einen anderen als *Kahn*, vgl. mit den von mir schon oben eingeführten Anschlußsymbolen:

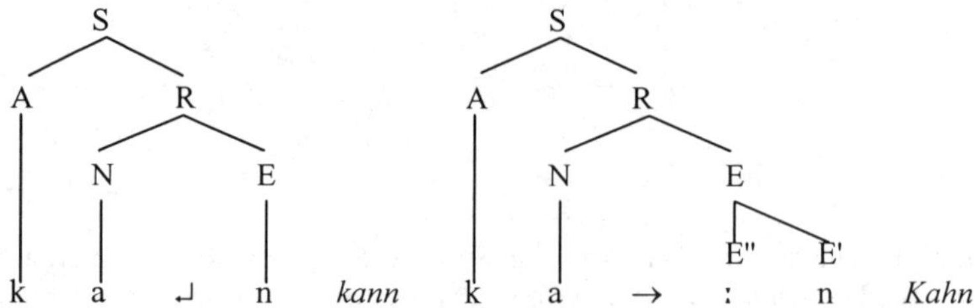

Keine der beiden Silben kann man trennen. Die Unterscheidung von Silbenschnitt und Silbentrennung ist besonders auch in sprachdidaktischer Hinsicht wichtig: „offene" Silben mit festem Anschluß kann man nicht *trennen*, ohne daß der Silbenschnitt geändert wird. Aus

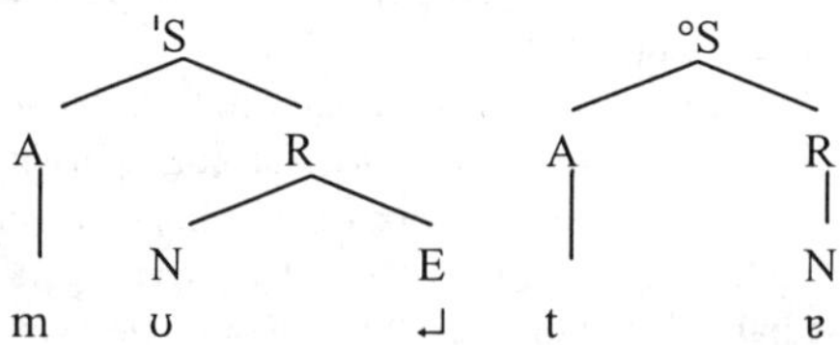

wird bei *Silbentrennung* (so etwa in der Tradition des synthetischen Unterrichts beim silbenisolierenden Sprechen, Silbenklatschen) entweder (# steht für eine Sprechpause):

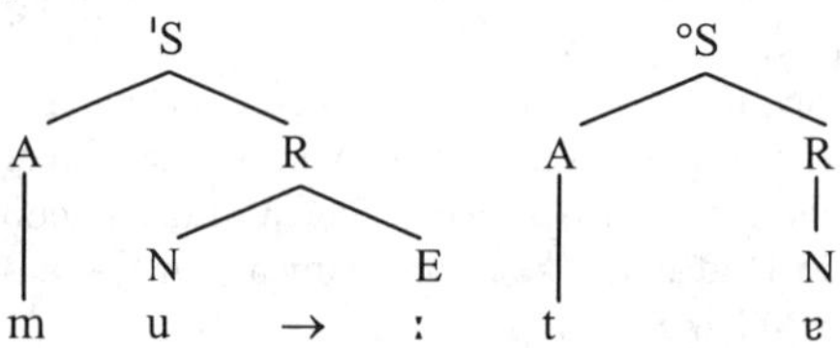

oder

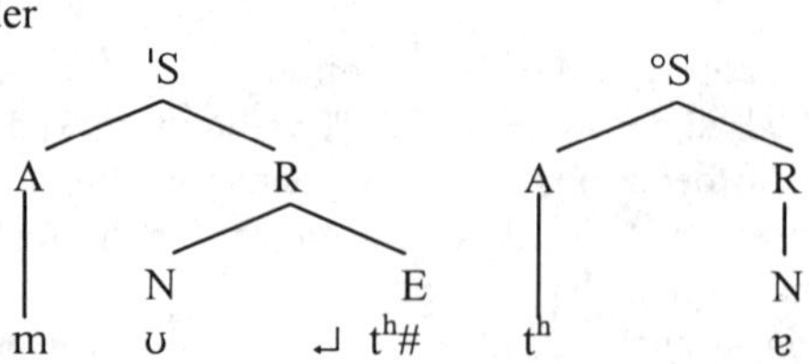

Ist die Lehrerin/ der Lehrer sich über den Unterschied nicht im klaren, kann sie/er die Lerner nur in Konfusion beziehungsweise zur Kapitulation bringen bei dem Versuch, die Orthographie (zumindest partiell) in ihrer Lautung zu fundieren. Zwar ist die Argumentation mit der Anschlußdifferenz nicht sehr verbreitet, sie war es aber, mit der die erste Generation der Sprachwissenschaftler im 18. Jhd., als die deutsche Orthographie sich stabilisiert hatte, sich einen Reim auf die fundierenden phonologischen Strukturen machte. Johann Christoph Adelung benutzte am Ende einer damals schon länger geführten Debatte diesen Unterschied ganz selbstverständlich in seinem orthographischen Handbuch, wo er allerdings in einer etwas anderen Terminologie von verschiedenen „Akzenten" der Silbe spricht: sein „geschärfter Accent" entspricht dem festen Anschluß, sein „gedehnter Accent" dem losen Anschluß.[129]

E 15: Die Anschlußkategorie in der Phonetik und der Phonologie

In den neueren Darstellungen ist die Anschlußkorrelation (wie auch hier) ein *phonologisches* Konzept, das auf typologische Fragestellungen antwortet. In diesem Sinne wurde es von Trubetzkoy in seiner inzwischen klassischen Darstellung (1939) mit der Diskusion der Strukturen des Deutschen im Vergleich zu Quantitätensprachen etabliert. Wenn die neueren Darstellungen zum Deutschen diese Kategorie meist ignorieren oder sogar explizit ablehnen, so liegt das vor allem daran, daß dort in der Regel typologische Fragestellungen fehlen (die Arbeiten von Theo Vennemann sind hier eine große Ausnahme).

Hinzu kommen allerdings die Unklarheiten in der phonetischen Forschungstradition. Der phonetische Befund geht, wie schon in Kap. 3.1. angeführt wurde, auf die „ohrenphonetische Tradition" der Jahrhundertwende zurück (s. besonders Sievers 1901, Jespersen 1913). Es handelt sich um ein komplexes artikulatorisches und perzeptives Syndrom, bei dem im Sinne von Kap. 3 unterschiedliche Artikulatoren zusammenspielen:

- die Dauer des Vokals,
- die Artikulationsspannung beziehungsweise der Artikulationsdruck, mit dem der folgende Konsonant einsetzt beziehungsweise die vokalische Artikulation unterbricht,
- damit zusammenhängend die Glottisspannung (Grundfrequenz, mit der der Vokal artikuliert wird), die abfallen oder ansteigen kann,

[129] S. seine *Vollständige Anweisung zur Deutschen Orthographie*, Leipzig 1788, Reprint Hildesheim: Olms 1978, S. 212 ff. Zu den entsprechenden phonetischen Diskussionen bei seinen Vorgängern, s. M.H.Jellinek, *Geschichte der neuhochdeutschen Grammatik*, Bd. II, Heidelberg: Winter 1914, S. 36 - 42. Bereits Erasmus von Rotterdam argumentierte zu Beginn des 16. Jahrhunderts mit der Anschlußdifferenz bei der Erörterung der germanischen (deutschen beziehungsweise niederländischen) Aussprachegewohnheiten des Lateinischen im Gegensatz zu der romanischen (s. von ihm *De recta Latini Graecique sermonis pronuntiatione dialogus* [1528], herausgegeben von J. Kramer, Meisenheim: Hain 1978, besonders S. 151).

- der Grad der Steuerung (Koartikulation) der vokalischen Artikulatoren durch den folgenden Konsonanten und anderes mehr.

Die in der jüngeren phonetischen Forschung dominante apparative Herangehensweise hat eine Aufnahme dieser Kategorie bisher behindert, weil eine eindeutige Isolierung/ Operationalisierung der Anschlußparameter nicht gelungen ist, s. Maas/ Tophinke 1993. Signalphonetisch orientierte Analysen gehen bisher durchgängig von der Dominanz der quantitativen Verhältnisse aus, zuletzt etwa Greisbach 1997. Das besagt letztlich aber nicht mehr, als daß es sich bei der Anschlußkorrelation um ein komplexes phonetisches Phänomen handelt, das bisher signalphonetisch nicht modellierbar (implementierbar) gewesen ist.

Einen wichtigen Schritt bei der Klärung dieser Probleme hat jetzt Helmut Spiekermann mit seiner Dissertation 1999 geleistet, indem er eine Dimension dieses Syndroms, die Energiekontur, untersucht hat. Dabei trennt er systematisch unterschiedliche Konturphänomene:

- die Position der Engergiemaxima im Vokal, die stark von der Koartikulation durch die umgebenenden Konsonanten geseuert wird,
- die Anzahl der Energiemaxima, die mit der Dauer des Vokals korreliert,
- und schließlich den Verlauf der Kontur, ihr relatives Gefälle.

Vor allem das letztere erweist sich als diagnostisch signifikant, wie Spiekermann im Vergleich des Deutschen mit Sprachen ohne Silbenschnitt (vor allem auch Quantitätensprachen wie Finnisch und Tschechisch, eingeschränkt auch das Französische) zeigt. Inzwischen gibt es auch vielversprechende neue Ansätze zur Modellierung der artikulatorischen Dynamik bei den verschiedenen Anschlußtypen am Phonetischen Isntitut der Universität München (unter der Leitung von H. Tillmann). Für eine Diskussion der Forschungslage kann auf Spiekermann 1999 verwiesen werden.

E 16: Anschlußkorrelation und Wortakzent

Im Rahmen meiner Argumentation „von oben nach unten" artikuliert die Anschlußform des Vokals an den Folgekonsonanten (beziehungsweise die vokalische Dehnung bei fehlenden Folgekonsonanten als äquivalent zum losen Anschluß) die akzentuelle Prominenz der Silbe. Im Rahmen des Umbaus der germanischen Sprachen löst die Anschlußkorrelation so eine metrische Struktur ab, die durch quantitative Verhältnisse artikuliert war (s. oben den Anhang zum Kapitel 7).

Die meisten neueren phonologischen Arbeiten tun sich ausgesprochen schwer mit dieser Struktur vor dem Hintergrund ihres Bemühens, möglichst mit „universalen" Strukturen zu operieren. Als solche werden aber metrische Strukturen genommen, wie sie traditionell der lateinischen Metrik zugrundegelegt wurden (s. oben Kap. 4: E 1 und hier noch E 2). Das Lateinische ist aber keine Akzentsprache (keine akzentdominante Sprche); insofern sind die Verhältnisse dort nicht mit denen des Deutschen zu vergleichen, erst recht können sie nicht auf das Deutsche übertragen werden.

Es gibt allerdings auch im Lateinischen eine prosodische Wortkontur, die in den gängigen Darstellungen auch als *Akzent* bezeichnet wird. Aber bei einer silbendominanten Sprache wie dem Lateinischen erfolgt eine Akzentzuweisung erfolgt entsprechend bei Wortformen „von unten nach oben“ durch den Schweregrad der Silben. Im Lateinischen macht ein verzweigender Reim eine schwere Silbe aus: war die vorletzte Silbe (die *Pänultima*) schwer, so trug sie den Akzent, sonst die vorvorletzte (die *Propänultima*), also

amicus [a.ˈmiːkus] „Freund“ genauso wie
ornamentum [or.na.ˈmɛn.tʊm] „Ausstattung“ aber
domesticus [do.ˈmɛs.ti.kʊs] „häuslich“.

Ganz offensichtlich läßt sich die Akzentuierung des Deutschen nicht in gleicher Weise durch die „Schwere“ der Konstituentenstruktur der Silbe berechnen, wie schon die oben angesprochenen Akzentoppositionen zeigen (s. Kap. 5). Besonders irritierend für derartige Ansätze, die „von unten nach oben“ rechnen wollen, sind Akzentuierungen mit offenen Silben wie bei [ka.ˈpɪtəl] *Kapitel* gegenüber [ka.pɪ.ˈtɛl] *Kapitell* (vor allem dann, wenn man - wie es in der Regel der Fall ist - zugrundelegt, daß die letzte Silbe in beiden Wörtern ein /e/ aufweist, das ohne Betonung als Schwa gesprochen wird, vgl. auch Fälle wie [ˈbɪlɪgərə] *billigere*).

Vennemann, der die Akzentverhältnisse des Deutschen sehr systematisch durchforstet hat, findet entsprechend keine andere Lösung, als eben die betonte Silbe als *schwer* zu bestimmen, wobei er als Basis für die Schwere in solchen Fällen den festen Anschluß des Vokals an den Konsonanten ausmacht, der zu einer ambisyllabischen Funktion des Folgekonsonanten führt. Übersetzt in die hier zugrundegelegte Konstituentenanalyse (und mit der „autosegmentalen“ Darstellung von Kap. 13, s. auch E 14) läßt sich das wie folgt darstellen (am Beispielwort *Kapitel*):

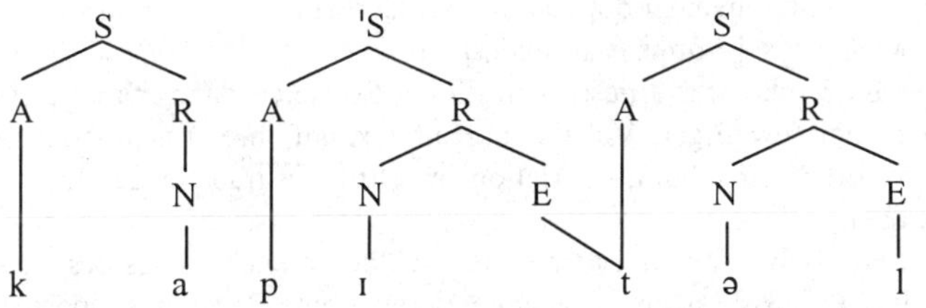

Allerdings wird die Argumentation dadurch letztlich zirkulär: die hingeschriebene Struktur repräsentiert nur auf umständliche und in phonetischer Hinsicht im übrigen auch dubiose Weise die Betonungsverhältnisse - sie begründet sie aber nicht.

Selbstverständlich spricht nichts dagegen, in den Anschlußformen (fester wie loser Anschluß) die spezifische Artikulation der Akzentuierung zu sehen und so in einer Lesweise der Verhältnisse „von unten nach oben“ in einem verzweigenden Reim mit einem „⌟“ im leeren Endrand auch bei heterosyllabisch angeschlossenem Folgekonsonanten die Fundierung für die Akzentuierung zu sehen. Man muß sich dabei dann nur darüber im klaren sein, daß das nicht dem traditionellen Modell der Silbengewichtung entspricht. Das geschieht so im übrigen auch in der jüngsten Diskussion zur

Metrik, etwa bei Hayes 1995, der in seiner zusammenfassenden Diskussion so auch die entsprechende Akzentuierung des Niederländischen diskutiert (ebd. S. 306).

8.5. Typologische Kommentare

T 1: Zur Nutzung von Kontrasten in einer Sprache

Es ist eine Besonderheit von Sprachen wie dem Deutschen, ihre Wortformen (zweite Artikulation!) auf der ersten Artikulation gewissermaßen mehrfach abzusichern und im jeweiligen Kontext nicht alle möglichen Oppositionen zuzulassen (was die Verwechslungsgefahr für den Hörer groß machte). Andere Sprachen kennen solche Sicherungen nicht - im Fremdspracherwerb sind sie ein Kreuz, da hier in der Regel nicht Fehler als *falsche* Formen gemacht werden (die eventuell doch als Näherungen an die richtige Form interpretierbar sind) - sondern gleich *andere* Formen produziert werden, die für die Hörer sehr viel verwirrender sind.

T 2: Die gerundeten Palatalvokale: „Vokalharmonie"

Zu den phonologischen Besonderheiten des Deutschen gehören die gerundeten Palatalvokale (s. E 1). Damit hat das Deutsche eines der komplexesten Vokalsysteme der Sprachen der Welt, die sich zumeist für die phonologische Nutzung auf ein Vokalsystem beschränken, das nur die maximal differenzierten Extrempositionen des Vokaldreiecks nutzt (wie etwa das Arabische):

offen [a] versus geschlossen [i, u],

wobei die geschlossenen untereinander doppelt differenziert sind:

[+vorne, - gerundet] i [-vorne, + gerundet] u

Vor der Folie dieser Extremkontraste besteht in diesen Sprachen dann zumeist eine große Variatonsbreite der jeweiligen Vokale in Hinblick auf ihre Assimilation an lautliche Eigenschaften der Umgebung (Variation im Öffnungsgrad, in der Lippenrundung und dergleichen).

Auf der anderen Seite stehen Vokalsysteme, die noch komplexer als das des Deutschen sind, z.B. dadurch, daß sie auch im velaren Bereich eine Rundungsopposition aufweisen, wie etwa das Türkische mit seiner vierfachen Opposition:

[+vorne]	[+vorne]	[-vorne]	[-vorne]
[- gerundet]	[+ gerundet]	[- gerundet]	[+ gerundet]
i e	y ø	ɨ	u o

Solche komplexen Systeme kennen zumeist aber in Hinblick auf ihre Nutzung Beschränkungen. Im Falle des Türkischen handelt es sich um wortstrukturelle Filter, die morphologisch die Kombination von weiteren Silben mit der Stammsilbe eines Wortes beschränken.

Die türkischen Verhältnisse werden besonders durchsichtig, wenn man den Vokalismus mit einer Merkmalsmatrix darstellt, wie sie in Kap. 13.2. erläutert wird (ich benutze hier die orthographischen Zeichen):

	I	ü	e	ö	ɨ	u	a	o
eng	+	+	-	-	+	+	-	-
vorne	+	+	+	+	-	-	-	-
rund	-	+	-	+	-	+	-	+

Wortformen sind im Türkischen dadurch charakterisiert, daß ihre Silben in diesen Merkmalen nur beschränkt kontrastieren können, wie besonders bei morphologisch komplexen Formen deutlich wird. Suffixe erlauben zumeist nur die Opposition [+-eng] im Vokalismus, so daß ihre Vokale als /I/ [+ eng] oder als /A/ [- eng] dargestellt werden können, während die weitere Spezifizierung in Übereinstimmung mit dem Vokalismus des Stammes erfolgt. /I/ kann dabei weiter spezifiziert werden für [± vorne] und [± rund] (i, ü, ɨ, u), /A/ nur für [± vorne] (e,a).

Das bedeutet z.B. daß das Pluralsuffix *-lAr* von nominalen Formen entsprechend variiert:

el- „Hand“ (*e* [+ vorne]): *eller* „Hände“
son- „Ende“ (*o* [- vorne]): *sonlar* „Enden“
ölcü- „Maß“ (*ü* [+ vorne]): *ölcüler* „Maße“
korku- „Angst“ (*u* [- vorne]): *korkular* „Ängste“,

entsprechend bei Verben das präteritale Suffix *-dI* (ohne Personalsuffix = 3.Sg.):

gel- „kommen“ (*e* [+ vorne, - rund]): *geldi* „er kam“
gör- „sehen“ (*ö* [+ vorne, + rund]): *gördü* „er sah“
yap- „machen“ (*a* [- vorne, - rund]): *yapdɨ* „er machte“
bul- „finden“ (u [- vorne, + rund]): *buldu* „er fand“.

Wo in einer Äußerungskette ein Bruch in dieser Vokalharmonie auftritt, kann auf eine Wortgrenze geschlossen werden (allerdings nicht umgekehrt: Wörter können selbstverständlich auch „harmonieren“; außerdem stören eine große Zahl von Fremdwörtern inzwischen dieses Bild), vgl. etwa (der Bruch hier mit ↑ symbolisiert)

bazi günler „(an) diesen Tagen ...“
↑
[- vorne] [+ vorne]

oder bei *ama bütün bu gerçeklere* „trotz aller dieser Tatsachen ...“:

	a . m a	b ü . t ü n	b u	g e r . ç e k . l e . r e
		↑	↑	↑
eng	- -	+ +	+	- - - -
vorne	- -	+ +	-	- - - -
rund	- -	+ +	+	- - - -

Die Ähnlichkeiten, aber auch die Unterschiede zum Umlaut der germanischen Sprachen (zum Umlaut im Deutschen, s. E 1) liegen auf der Hand: Interpretiert man die Harmonisierung als einen phonologischen Prozeß, so verläuft er im Türkischen vom Stamm als seinem Herd zu den Suffixen als den Satelliten der Wortbildung - während er im Germanischen als eine Verlagerung von Spezifizierungen der nachtonigen Silben auf die prominente Silbe zu sehen ist (dem entspricht im übrigen auch der Unterschied von germanischer Anfangs- und türkischer Endbetonung).

T 3: Zur Aspiration von Fortiskonsonanten

Diese Fortis-Aspiration ist keineswegs phonetisch selbstverständlich („natürlich"), wie die Lernprobleme bei Sprachen wie dem Französischen zeigen, das unaspirierte stimmlose Verschlüsse im Anfangsrand hat. In Sprachen wie dem marokkanischen Arabischen gibt es auch Kontraste wie [tək:ən] *mit den Fäusten auf jemand einschlagen* und [thək:ən] *sich über jemand lustig machen* (das letzte ist eine mit [t] präfigierte „Reflexivform" zu [hək:ən]) - der Kontrast ist hier also paradigmatisch (produktiv) stabilisiert.

T 4: Zur Sprachspezifik der Kontur von Anfangsrändern

Im marokanischen Arabischen sind homorgane komplexe Anfangsränder geradezu präferiert: [bnɛt] *Mädchen* (Pl), [tnin] *zwei*, [tlɛta] *drei* als nasal beziehungsweise lateral gelöste (orale) Verschlüsse im Kontrast zu oral gelösten Nasalen [nti] *du (fem.)* beziehungsweise nicht-lateral gelösten Lateralen wie in [ltɛm] *Schleier* u.a.

Generell sind solche Konturbeschränkungen sprachspezifisch; hier sollte nicht vorschnell mit „Natürlichkeits"-Bewertungen wie „nicht aussprechbar" o.ä. operiert werden, wie Sequenzen von Verschlüssen als A" in Fremdwörter aus dem Griechischen oder Russischen zeigen: *Ptolemäer*, *ktenoid*. Zu solchen komplexen Artikulationen in Allegro-Sprechweise des Deutschen s. unten Kap. 12.

T 5: Zu [ʃ] als starker Konsonant

Daß [ʃ] nicht einfach ein Gegenstück zu den andern Frikativen, insbesondere zu [s] ist, zeigt sich auch in anderen Sprachen. In Kap. 11 wird in E 1 der Schwund von [s] im Endrand in vielen romanischen Sprachen besprochen - mit Ausnahme des Portugiesischen, wo diese konsonantische Artikulation durch die Entwicklung einer Lautung [s] > [ʃ] stabilisiert wurde: vgl. lat. *scola* „Schule" (> romanisch **eskola*) mit frz. *école* [ekɔl] aber pg. *escola* [ɪ'ʃkɔɫɐ].

T 6: Zur Aufhebung der Stimmhaftigkeitsneutralisierung in E

Auch bei solchen Überlegungen ist es wieder wichtig zu sehen, daß solche Strukturbeschränkungen immer eine Frage der sprachlichen Artikulation - also der Struktur einer Sprache - und nicht der Natur sind. Unter bestimmten Bedingungen kann es zu sprachlichen Entwicklungen kommen, an deren Ende weniger „präferierte" Strukturen stehen. So findet sich im süddeutschen Raum zum Teil auch wieder (wie historisch gesehen auch im Englischen) als Folge der Apokope von [ə] eine Opposition fortis/lenis im Auslaut.

T 7: Zur Komplexität von Phonemsystemen

Geht man davon aus, daß die erste Artikulation dazu dient, Formen der zweiten Artikulation zu differenzieren, so lassen sich gewisse kombinatorische Randbedingungen für die Strukturen der ersten Artikulation angeben: Vokale und Konsonanten bilden in Kombination die einfachsten Formen. Systeme mit einem paradigmatisch beschränkten Vokalsystem (etwa nur drei Oppositionen wie /i, a, u/ wie im Arabischen) aber einem paradigmatisch reichen Konsonantensystem, von angenommen etwa 30 Konsonanten, haben in etwa die gleiche Leistungsfähigkeit wie ein System mit einem reichen Vokalismus (etwa 7 Vokalen und 13 Konsonanten wie im Deutschen): Vgl.

$3 \times 30 = 90$

$7 \times 13 = 91$

Damit ist allerdings nur ein Grenzwert für den Ausbau phonologischer Systeme festgelegt: Auf der syntagmatischen Ebene bestehen Differenzen im zugelassenen Aufbau der Silben (viele Sprachen kennen nur offene Silben, oder maximal einfache Endränder mit sehr beschränkter Belegung, oft auch nur einfache Anfangsränder und dergleichen.). Eingeschränkte Silbenstrukturen können dann aber durch zugelassene große Verkettungsmöglichkeiten von Silben in Wörtern „kompensiert" werden, wie z.B. im Türkischen mit seinen oft extrem langen, aber mit einfachen Silben gebauten Wörtern.

Vor diesem Hintergrund zeigt sich die Charakteristik des phonologischen Systems im Deutschen: Paradigmatisch reicher Vokalismus in der prominenten Silbe (d.h. weitgehende Verlagerung der Wortkontraste in den Silbenkern) auf der einen Seite, und paradigmatisch relativ armer Konsonantismus auf der anderen. Instruktiv ist der Vergleich mit Sprachen wie dem Arabischen, das nicht nur den hinteren Artikulationstrakt (uvular, pharyngal[130]) für eigene konsonantische Artikulationen nutzt, sondern auch vordere (insbesondere koronale) Konsonanten in Kombination mit pharyngalen Modifikationen unterscheidet.

T 8: Zu den Öffnungsdiphthongen in anderen Sprachen

Öffnungsdiphthonge finden sich zwar in einer Vielzahl von Sprachen, sind aber tatsächlich oft labil, nur als „Übergangsstadium" der Sprachentwicklung zu fassen (worauf auch die hin und wieder anzutreffende Redeweise von „unechten Diphthongen" zurückgeht, s.o. E 3). So zeigen die romanischen Sprachen, die solche Öffnungsdiphthonge entwickelt haben, oft eine entsprechende Verlagerung des Silbenkerns

[130] Etwa die gleichzeitige Rückverlagerung der Zungenwurzel bei einem pharyngalisierten [ṭ] gegenüber einem nicht-pharyngalisierten [t] und dergleichen mehr (die arabische Phonetik nennt diese Laute *emphatisch* [mufax:ama], in der europäischen Tradition werden sie meist "velarisiert" genannt).

zum offeneren (schallvolleren) Element und komplementär eine Integration des engeren (schallärmeren) Elementes in den Silbenrand, vgl.

sp. *perna > piɛ̯rna > pi̯ɛrna „Bein“
it. *kor(d)e > kuo̯re > ku̯ore „Herz“

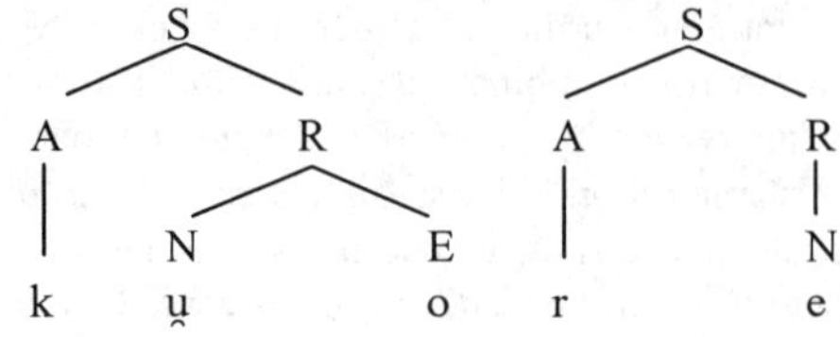

T 9: Zu den Unterschieden bei absoluten und wortmedialen Silbenrändern

Viele Sprachen weisen bei den absoluten Rändern Beschränkungen auf, die medial (im Wortinnern) nicht gelten. So haben bis auf wenige Ausnahmen (etwa das marokkanische Arabische) die meisten Sprachen konsonantische Länge nur medial (also als Geminaten) wie z.B. das Finnische (s.o.). Dagegen findet man im marokk. Arabischen *ddat* [dːɛt] „sie hat genommen“ versus *dat* [dɛt] *„Zustand, Besitz“* (wie in [dɛt-hum] *„ihr Besitz“*,[ʃədː]) *„er hat geschlossen“* (morphologisch dazugehörig mit anderer „Vokalisierung“ [ʃdid] *„stark“*) versus [rʃəd] *„er ist alt geworden“*.

T 10: Zur Anschlußkorrelation

Eine Anschlußkorrelation findet sich offensichtlich nur in sehr wenigen Sprachen: Sprachen wie das Französische und allgemein die mediterranen europäischen Sprachen kennen sie gar nicht beziehungsweise weisen im Vergleich mit dem Deutschen nur „lose Anschlüsse“ auf. In der inzwischen für diese Fragestellungen sensibilisierten phonologischen Literatur finden sich gelegentlich Hinweise auf eine entsprechende Differenz von *losen und festen Anschlüssen* in „exotischen“ Sprachen, so vor allem (in einem irritierenden Zusammenspiel mit Tonverläufen, s. Kap. 5: T 2) in mittelamerikanischen Sprachen[131]. In der germanischen Sprachfamilie ist sie als Lösung von Umbauproblemen bei dem ererbten Quantitätensystem zu fassen, wobei die skandinavischen Sprachen einen anderen Weg gegangen sind (mit der Ausbildung von Tonverlaufsstrukturen, s. Kap. 5: T 3). Faktisch findet sich die Anschlußkorrelation so nur im nordseegermanischen Raum (hochsprachlich im Deutschen, Niederländischen und Englischen - mit dem letzten inzwischen allerdings dann eben auch weltweit, wobei allerdings eine Analyse der verschiedenen „Englishes“ unter diesem Gesichtspunkt von Interesse wäre).

In typologischer Hinsicht liegt die Besonderheit der Anschlußkorrelation in der Nutzung des festen Anschlusses als dem markierten Fall. Insofern kann man sagen, daß der dynamische Vokalverlauf des losen Anschlusses dem entspricht, was sich

[131] S. etwa C.R.Rensch, Ballistic and controlled syllables in Otomanguan languages, in: A.J. Bell / J.B. Hooper (Hgg.), Syllables and Segments, Amsterdam: North Holland 1978: 85 – 92.

verbreitet findet, entsprechend der allgemein verbreiteten Struktur von offenen Silben. Wo in der Sprachentwicklung geschlossene Silben entstehen (oft am rechten Wortrand durch Apokopierung) ist der silbenschließende Konsonant lose angeschlossen (weshalb er bei der metrischen Analyse oft auch „extrametrisch" gewertet wird, s. E 12). Typologisch schon sehr viel seltener sind fest angeschlossene Konsonanten im Reim. Die absolute Ausnahme ist der feste Anschluß an einen heterosyllabischen Konsonanten, also das, was hier im engeren Sinne als ein Pol der Anschlußkorrelation gefaßt wird: die Verlagerung eines segmentalen Kontrastes auf eine transsyllabische Struktur wie bei der germanischen Entwicklung (die mittelamerikanischen Fälle bedürfen in dieser Hinsicht noch weiterer Klärung).

Dem entspricht nun, daß der so fest angeschlossene Konsonant gelegentlich auch artikulatorische Besonderheiten aufweist, wie es z.B. bei der „schlappen" Artikulation (engl. *flapped*) im Englischen der Fall ist: *butter* [ˈbʌɾə], *pity* „Mitleid" [ˈpɪɾi], *motto* „Motto" [ˈmɔɾoʊ] und anderes mehr. Die eventuell regional beobachtbaren Besonderheiten der „ambisyllabisch" genannten Realisierungen im Deutschen bei ähnlichen trochäischen Formen sind auf der gleichen Linie zu analysieren.

In typologischer Hinsicht sind schließlich Sprachen interessant, die zwar komplexe Silben, aber eine zum Deutschen geradezu spiegelverkehrte Verteilung der Grenzmarkierungen aufweisen, wie z.B. das marokkanische Arabische.

Dieses kennt bei Vokalen (im Gegensatz zu Konsonanten, s. T 9) keine phonologischen Quantitäten: an die Stelle der altarabischen Quantitätenoppositionen ist hier die von ± zentralisierten Vokalen getreten. Wort- bzw. silbenintern kennt es aber bei den nicht-zentralisierten Vokalen eine relative Dehnung (vergleichbar dem losen Anschluß im Deutschen) des Vokals vor dem folgenden Konsonanten, die im absoluten Auslaut unterbleibt (die „Dehnung" ist bei /a/ verbunden mit einer großen Palatalisierung des Vokals, der dann als [ɛ] realisiert wird), vgl. *kan* „er (es) war" und *bka* „er hat geweint":

k[ɛː]n aziz	*es war Aziz*
bk[ɑ] nabil	*Nabil hat geweint.*

Thamy Benkirane, der diese Verhältnisse apparativ-phonetisch untersucht hat, spricht denn auch bei Fällen wie *kan* von offenen Silben (s. auch oben Kap. 6: T 2 für das arabische Konzept der „Öffnungssilbe").

8.6. Übungsaufgaben

1) Identifizieren Sie die Vokale der prominenten Silbe in den folgenden Wörtern (tragen Sie sie mit IPA-Zeichen an der mit _ markierten Stelle ein!)

1.1) Monophthonge:

a) *bieten*	[ˈb _ tn̩]	b) *rote*	[ˈʀ _ tə]
c) *Kartoffel*	[ka(ʁ)ˈt _ fl̩]	d) *Forelle*	[foˈʀ _ lə]
e) *bunte*	[ˈb _ ntə]	f) *Mitte*	[ˈm _ tə]

g) *Stühle* [ˈʃt _ lə] h) *Tomate* [toˈm _ tə]
i) *Köche* [ˈk _ çə] j) *Rösti* [ˈʀ _ stɪ]
k) *Ratten* [ˈʀ _ tn̩] l) *Küche* [ˈk _ çə]
m) *Gäste* [ˈɡ _ stə] n) *Ähren* [ˈʔ _ :ʁn̩]
o) *Beeren* [ˈb _ ʁn̩]

1.2) Diphthonge:
a) *Stein* [ˈʃt _ n] b) *bauen* [ˈb _ n̩]
c) *Kairo* [ˈk _ ʁo] d) *Läuse* [ˈl _ zə]
e) *blau* [ˈbl _] f) *Heu* [ˈh _]
g) *Boiler* [ˈb_ lɐ] h) *Tor* [ˈt _]
i) *Natur* [naˈt _] j) *Meer* [ˈm _]
k) *Frisör* [fʁiˈz _] l) *Bier* [ˈb _]

2) Transkribieren Sie die folgenden Wörter und achten Sie auf das Verhältnis von Vokalqualität, Vokalquantität und Betonung:
passiv (Adjektiv), *Passiv* (grammatische Kategorie), *Futur* (grammatische Kategorie), *futurisch*, *indisch*, *Indologie*, *Genitiv*, *generieren*, *Subjekt* (grammatische Kategorie), *Subjekt* (= Untertan), *Kopula*, *kopulieren*, *Objekt* (grammatische Kategorie), *Objekt* (Gegenstand), *Matrix*, *Matrize*.

3) Zur Kontrolle der Artikulation des Glottisverschlusses:
a) Transkribieren Sie die folgenden Wörter (mit Silbengrenzen): *Fallobst, Weinessig, Festanlage, Handarbeit.*
b) Sprechen Sie sie ohne Glottisverschluß und transkribieren Sie diese Lautung (mit Sibengrenze).

4) Die Wahrnehmungsprobleme gegenüber dem Glottisverschluß nicht anders als die phonologische Diskussion dazu sind von der Tatsache bestimmt, daß es in der lateinischen Schrifttradition kein Buchstabenzeichen dafür gibt. Ein solches gibt es aber für den anderen glottalen Silbeneinsatz [h]: das <h>. Entsprechend läßt sich im Deutschen eine phonographische Regel formulieren, daß als Anfangsrand einer betonten Silbe ein [ʔ] zu lesen ist, wenn kein anderes konsonantisches Zeichen steht: [ʔ] wird so gesehen durch ein leeres Zeichen < > repräsentiert. Da [h] und [ʔ] komplementär verteilt sind, ließe sich auch eine andere phonographische Konvention denken, die den Glottisverschluß mit einem Zeichen repräsentiert und das [h] mit einem leeren Zeichen. Schreiben Sie den folgenden Satz in einer entsprechend modifizierten Graphie mit <§> für [ʔ] :
Der Beamtete Hans ißt heimlich hochherrschaftliche Äpfel mit ihrem Gehäuse.

5) Transkribieren Sie die beiden Reimwörter der folgenden Verse aus dem *Struwwelpeter* (geschrieben / gedruckt vor der Normierung der Hochlautung!):
„Und vor allem, Konrad, hör! / Lutsche nicht am Damen mehr!"

6) In der Neuen Osnabrücker Zeitung stehen regelmäßig gereimte Glückwünsche wie der folgende. Geben Sie eine Transkription, die den Reim zeigt!
Hurra, hurra / Nadine wird 18 Jahr' ! (Es gratulieren NN.)

7) [$](Zur *r*-Vokalisierung)

Im Text wurde festgestellt, daß die r-Vokalisierung mit [ɐ] zu öffnenden Diphthongen führt, diese aber bei maximal offenem Silbenkern [a] bzw. [ɑ] nicht möglich sind bzw. vermieden werden: *warten* [ˈvaɐtn] wird homophon mit *waten* [ˈvɑːtn]. Dadurch können Probleme vor allem in solchen (norddeutschen) Varietäten entstehen, die auslautend die dorsale Spirans statt des Plosivs haben: *Tag* [ˈtax], hochdt. [ˈtɑːk]. Überprüfen Sie bei sich selbst (oder einem norddt. Sprecher), ob bei Formen wie *mag* (*ich mag das nicht*), (*die*) *Lache* (kleiner See) ein Kontrast gegenüber *arg, schnarchen* vorliegt und beschreiben Sie ihn! (Lösungshinweis: Beachten Sie die Argumentation im Text zur Artikulationsstelle von [ɐ]: [-hinten], nicht [+hinten]!).

8) $Viele phonologischen Darstellungen des Deutschen analysieren [ŋ] als /ng/ (mit einer allophonen velaren Artikulationsstelle des Nasals vor einem velaren Plosiv). Überprüfen Sie die Konsequenzen einer solchen Analyse in Hinblick auf die am Ende von 8.1. herausgestellte kanonische Silbenstruktur mit einem maximal einfach verzweigenden Endrand! (Lösungshinweis: Für die Analyse einschlägig sind hier morphologisch nicht komplexe Formen wie *rings*, das umgangssprachlich außerordentlich häufige „dummy"-Wort *Dings* (*ein Dings*, *Dingsda* usw.).

9) $ (zu den konsonantischen Endrändern / der sog. Auslautverhärtung)[132]
Die Syllabierung medialer Wortgruppen ist problematisch. Hier besteht eine große Variation; oft ist unklar, worauf sich die Aussprachwörterbücher beziehen. Offensichtlich spielen dabei pradigmatische Verknpüpfungen eine große Rolle: Handelt es sich um eine Wortform mit varialber Syllbierung im Paradima oder nicht.

a) Kontrollieren Sie die Angaben zu den folgenden Wörtern an Ihrer eigenen Aussprache,
b) Stellen Sie die Syllabierungen im jeweiligen Paradigma zusammen, sortiert nach: Konsonanten im absoluten Auslaut (_#) / vor Vokal (_V) / vor silbischem Sonoranten (_n̩ / _l̩).

Adler, Glockner, Söldner, Rentner, Sportler, biblisch, Rodler, Partner, Plattner, (Schu)Plattler, Lügner, duslig, zwieblig, Regler, Nachzügler, Wissenschaftler, Dörfler, Häusler, Künstler, Ländler, Bastler, Eigner, Segnung, (es) regnet, übler, Kübler, Schuldner, Schaffner, Bildner, Redner, Ordner, Händler, Radler.

8.7. Übungsaufgaben unter Berücksichtigung des Abschnitts 8.3.

1) Hochdeutsche Langvokale auf historischer und regionaler Folie. Finden Sie zu den ALTen Formen (mhd./ mnd.) die regionalen Entsprechungen (NORDdt./niederdt., SÜDdt/ bayer. und aleman.) sowie die Form der HOCHlautung. Die angegebene Variation im Konsonantismus ist an dieser Stelle nicht von Belang. Zur Verdeutli-

---

[132] Zu dieser Aufgabe und ihrer Lösung, s.W.Brockhaus, Final devoicing in the phonology of German, Tübingen: Niemeyer 1995.

chung steht bei Kurzvokalen noch eine redundante Markierung. Die erste Reihe dient als Modell:

ALT	NORD	SÜD	HOCH
fisk	fısk	fi:ʃ	fıʃ
filu > filə („viel") (später apokopiert)	f _ l	f _ l	f _ l
gras („Gras")	ɣr _ s	gr _ s	gr _ s
grazən	ɣr _ zən	gr _ zən	gr _ zən
tak („Tag")	t _ x, d _ x	t _ k	t _ k
tagə („Tage")	t _ gə, d _ ɣə	t _ gə	t _ gə
kopf	k _ p	k _ pf	k _ pf
gebən	ɣ _ vən	g _ bən	g _ bən
gip („gib!")	ɣ _ f	g _ p	g _ p
ʃpilən	sp _ lən, sp _ lən	ʃp _ lən	ʃp _ lən
ʃpil („Spiel")	sp _ l, sp _ l	ʃp _ l	ʃp _ l
vek („Weg")	v _ ç	v _ k	v _ k
(„[geh] weg!)			v _ k

2) Da bei der Wahrnehmung (und der phonologischen Analyse!) der Silbenstruktur die mühsam erworbenen orthographischen Gewohnheiten im Wege sind, soll bei den folgenden beiden Übungsaufgaben zusätzlich auch auf die orthographische Kennzeichnung (orthographische Sonderzeichen: Dehnung beziehungsweise Schärfung) geachtet werden[133]. Geben Sie die nhd. (HEUTE) lautliche Entsprechung der ALTenFormen an[134]! Gibt es eine Markierung mit orthographischen Sonderzeichen? Wenn ja, welche?

ALT	HEUTE	ORTHOGRAPHISCHE SONDERZEICHEN
ban(ə) „Bahn"		
skuˡlə, ʃu:lə (< lat. scola)		
mel(ə) „Mehl"		
rizə „Riese"		
ka:nə (< ndl.) „Kahn"		
mo:r „Moor" (vgl. engl. moor, dt. Meer)		
tsehən (< texun) „zehn"		
liəf „(er) lief"		
sun(ə),„Sohn"		
sta:t (<lat. sta:tus) „Staat"		

[133] Zugrunde liegt die orthographische Analyse meiner *Grundzüge* (1992).

[134] Ein Hinweis zum Verständnis der alt(hoch)deutschen Sprachentwicklung: germ. tj > t:, germ. t > ts.

3) Ordnen Sie den folgenden ALTen Formen die neuHOCHdeutsche Lautung zu! Kontrollieren Sie, ob eine orthographische Schärfungsschreibung vorliegt oder nicht!
Formulieren Sie die Bedingungen für die Nicht-Markierung der Schärfung!

ALT HOCH SCHÄRFUNG?
klad:ə „Kladde"
ek:ə (<agjo:n) „Ecke"
mu:tər „Mutter"
hamər „Hammer"
ebˈə „Ebbe"
gəbra:xt „gebracht"
ri:tən „(sie) reiten"
ritən „(sie) ritten"
fıskə „Fische"
tretən „(sie) tretten"
tritə „Tritte (PL.)"
vidər
= "wieder (nochmals)"
= "wider (gegen)"
kœpfə „Köpfe"
germ.: satjan
(tj> t: t> ts) > mhd. se.tsen

4) $Ein zentrales Element bei der Rekonstruktion der Sprachentwicklung, wie sie in 8.3. für die Verhältnisse im Deutschen skizziert ist, ist die relative Chronologie der verschiedenen Prozesse. Spielen Sie die Entwicklung mit den Beispielen aus dem Text durch, wobei sie nach der Phase I (Herausbildung des festen Anschlusses) zunächst die Phase III (Abbau der Geminaten) und dann die Phase II (Quantitätenausgleich) ansetzen:

ALT	Abbau der Geminaten	Quantitäten ausgleich
frummen [ˈfʀᴜ↲m.mən] „nützen"		
brinnen [ˈbʀi↲n.nən] „brennen"		
bitten [ˈbi↲t.tən] „bitten"		
griffes [ˈgʀi↲f.fəs] „Griff (Gen. Sg.)"		

9. Die Reduktionssilbe

Im ersten Teil dieses Kapitels (9.1.) werden die Grundstrukturen der Reduktionssilbe entwickelt, die gewissermaßen den Schatten der prominenten Silbe abgibt, der sie in der Kontur 'S ↔°S ihr Profil gibt. Im zweiten Teil (9.2.) werden Komplikationen dieser Struktur betrachtet und damit die Frage nach der Erweiterung der Silbentypologie um eine *erweiterte Reduktionssilbe*.

9.1. Die Grundstrukturen der Reduktionssilbe

Die vokalischen Qualitätsoppositionen sind in der Reduktionssilbe neutralisiert. Den Grenzwert bildet dabei der zentralisierte Reduktionsvokals [ə] („Murmelvokal", Schwa), der phonetisch negativ definiert ist: Er hat keine qualitativen Eigenschaften, die ihn in einen positiven Kontrast zu den Vokalen der nicht-reduzierten Silben setzen (in denen er ja auch nicht vorkommt!), s. dazu weiter Kap. 12.1. Vielmehr ist es definiert durch eine Variation mit ∅: dem Schwund eines vokalischen Kerns in der Reduktionssilbe. In der Hochlautung (etwa bei Siebs) ist das Schwa in der Reduktionssilbe noch durchgehend vorgesehen, in der „gemäßigten" Hochlautung (s. Krech) wird es nur noch da angesetzt, wo die Sonorität der Reduktionssilbe anders nicht gewährleistet ist, wo in ihrem Reim kein anderes sonores Element vorkommt. Dies kann aufgrund der Restriktion für stimmhafte Segmente im Endrand, die in Kap. 3 formuliert wurde und die für alle Silben gilt, nur bei Liquiden und Nasalen gegeben sein. Insofern alternieren auf verschiedenen Sprachebenen:

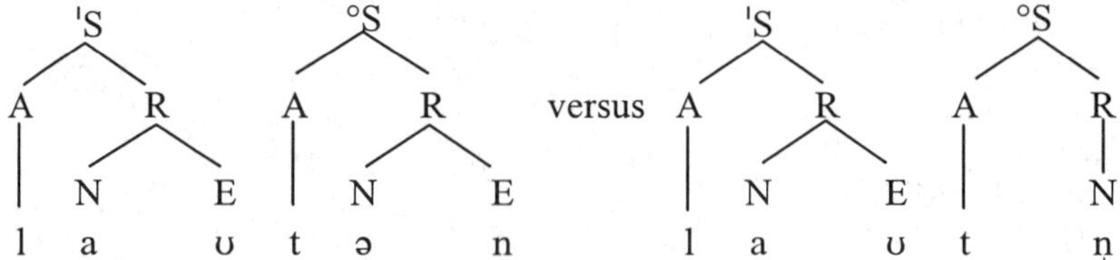

lauten

Diese Minimierung der vokalischen (sonoren) Qualität der Reduktionssilbe war oben als Grund für ihre Klassifikation als nicht-betonbar angegeben worden (s. in Kap. 5 die Analyseebene C). In der metrischen (poetischen) Tradition des Deutschen wird die Reduktionssilbe denn tatsächlich auch nicht als eigenständiges Element gewichtet, wie sich bei den *klingenden* Reimen[135] zeigt, bei denen der Endreim im engeren Sinne noch um eine Reduktionssilbe erweitert ist wie bei *spréchen : bréchen, karfúnkel : dúnkel* u. dgl. gegenüber *stumpfen* Reimen[136] wie *wólt : sólt, furwár : fár* u. dgl. (Beispiele von Hans Sachs).

Bemerkenswert ist es, daß so im Deutschen in der Reduktionssilbe Pseudogeminaten[137] entstehen, beispielsweise *lehnen* [le:nn̩], obwohl das Deutsche - wie in Kap. 8 gezeigt - keine Geminaten hat (sie auch an der Kompositionsfuge tilgt, sodaß z.B. *an+nehmen* in normalem Tempo als [ˈʔane:mn̩] gesprochen wird).

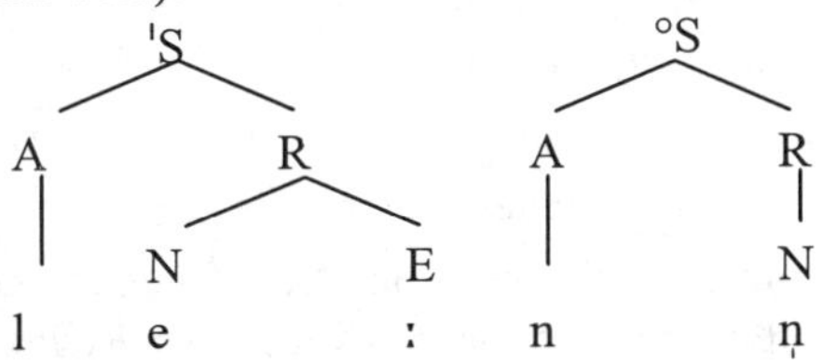

Die südlichen Varianten der Umgangssprache, insbesondere das österreichische Deutsch, kennen solche Pseudogeminaten nicht: hier heißt es sowohl hochsprachlich wie dialektnah *lehnen* [ˈle:.nĕn][138]. Zur „Absorption" dieser Pseudogeminaten in einen überlangen Endrand in regionalen (dialektalen) Aussprachevarietäten s. E 4.

Bei diesem (dynamisch betrachtet:) Schwa-Ausfall ist nun nach der Qualität des verbleibenden Sonoranten zu unterscheiden. Für die Nasale gilt, daß sie in der Funktion als sonorer Kern einer Reduktionssilbe nicht die Möglichkeit haben, Kontraste in der Artikulationsstelle zu bilden; vielmehr korrespondiert der nasale Kern mit dem Anfangsrand in der Artikulationsstelle, s. auch E 1.

---

[135] Manchmal auch *weibliche* Reime genannt.

[136] Manchmal auch *männliche* Reime genannt.

[137] Ich spreche in diesen Fällen von *Pseudogeminaten*, weil das konsonantische Element hier nicht silbische Ränder artikuliert, sondern Anfangsrand und Kern (Reim), s. Kap. 8: E 14.

[138] In der östereichischen Varietät (ebenso wie in der Schweiz und großen Teilen Südeutschlands) wird in hochlautungsbemühter Sprechweise meist ein zentralisierter, relativ offener vorderer Vokal [ɛ̆] statt [ə] artikuliert, s. E 1.

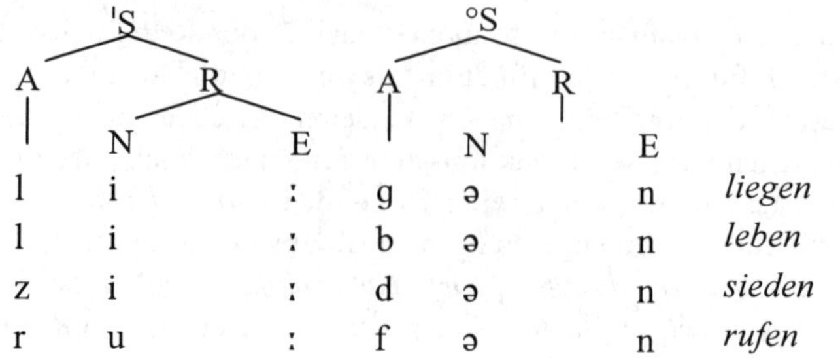

neben („gemäßigte Hochlautung"):

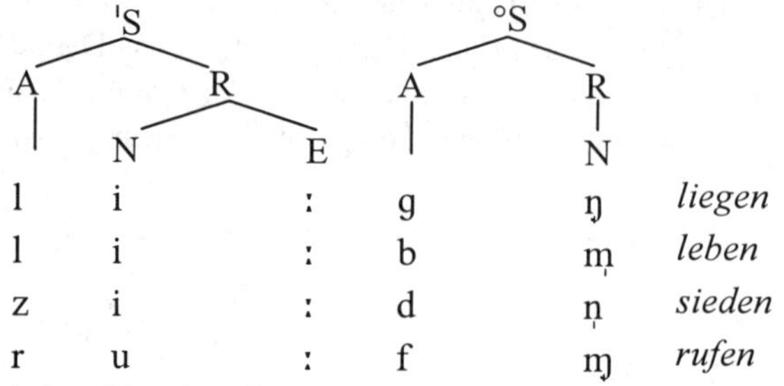

Bei den Nasalen liegt als eine Neutralisierung der sonstigen Oppositionen nach dem Artikulationsort vor; insofern kann der nasale Kern einer Reduktionssilbe auch mit der Neutralisierungsnotation (s. E 3) [N̩] repräsentiert werden. Bei den Liquiden bleibt dagegen der Lateral stabil *Pegel* [ˈpeːgəl] neben [ˈpeːgl̩], *Nebel* [ˈneːbəl] neben [ˈneːbl̩], *Nadel* [ˈnɑːdəl] neben [ˈnɑːdl̩], *Tafel* [ˈtɑːfəl] neben [ˈtɑːfl̩]. Anders ist es bei dem anderen Liquiden, bei dem die Probleme der *r*-Vokalisierung auftreten. Die in den meisten Darstellungen verwendete Notationsweise [lɔʏ̯fɐ̯] (oder sogar [lɔʏ̯fər]) *Läufer* ist mystifizierend: Das [ə] ist ein schwacher („negativer", s.o.) Vokal, der keinen Kontrast zu anderen Volkalen bilden kann – also auch keinen Öffnungsdiphthong; ohnehin gilt außerdem, daß Diphthonge (also ein vokalisch belegter Endrand) in der Reduktionssilbe nicht zugelassen sind. Solche Notierungen mögen noch diachron einen Sinn machen, als etymologische Notierung eines Wandelprozesses (K= Konsonant):

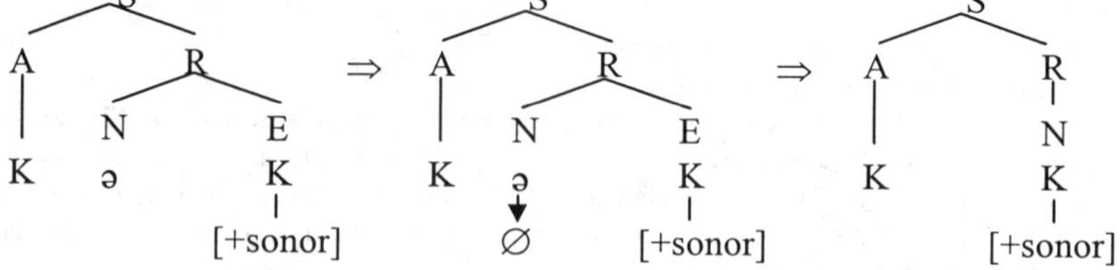

Synchron (bzw. phonetisch) machen solche Notationen keinen Sinn. Nur in Varietäten des Deutschen mit apikalem [r] (eventuell auch [nicht-desonorisierten] uvularen Vibranten [ʀ]) findet sich ein „silbischer" Konsonant [lɔʏ̯fr̩] [lɔʏ̯fʀ̩] - sonst aber eine Reduktionssilbe mit vokalischem Kern: [lɔʏ̯fɐ], wobei das [ɐ] ein offeneres Schwa als das [ə] notiert.

Damit ist im Deutschen (zumindest in den Varianten mit generalisierter r-Vokalisierung) in der Reduktionssilbe eine paradigmatische Opposition /ə/ vs. /ɐ/ entstanden, vgl. *liebe* [liːbə] versus *lieber* [liːbɐ]. In Hinblick auf die „funktionale Belastung" dieses Kontrastes (also ihre Leistung für die zweite Artikulation) sind leicht quasi-natürliche Minimalpaare zu bilden, etwa *Er fand in der Küche eine(n) Schab*[ə] / [ɐ] *(Schabe/Schaber).* Der Sonderstatus des /ɐ/ als „vokalisiertem r" ergibt sich nur morphologisch (in Hinblick auf die zweite Artikulation!), wie am Beispiel von *Angeber- angeb(e)risch* deutlich wird, wo einem [ɐ] in der Formenfamilie ein [-ʀ-] (oder [-ʁ-] beziehungsweise [-əʀ-] bei anderer Silbenstruktur entspricht:

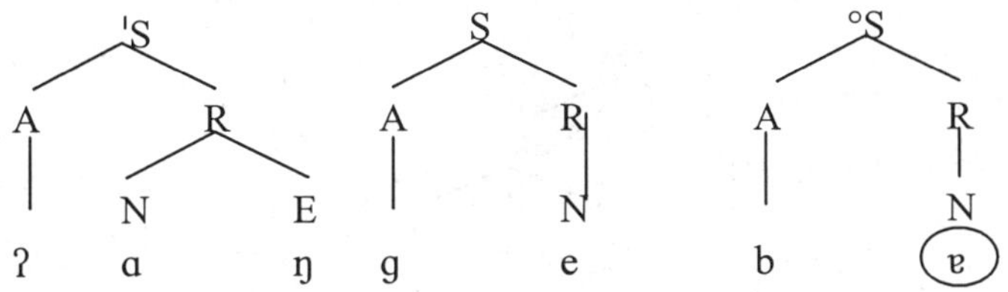

versus

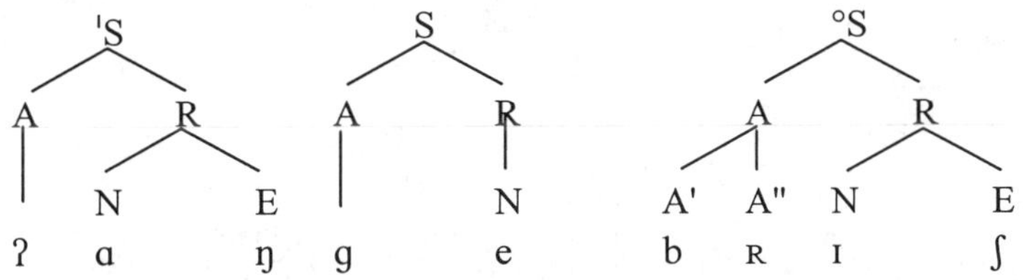

Von den sonoren Kernen der Reduktionssilbe sind [ɐ] [l̩] und [N̩] stabil, [ə] ist dagegen labil. Eine ganze Reihe von Varietäten des Deutschen generalisieren die Schwa-Synkope und auch die Schwa-Apokope (außer im süddt. Sprachraum z.B. auch an der „Wasserkante" s.o.) und reorganisieren dadurch das System der Kerne in der Reduktionsilbe. Sie haben als phonologischen Vokal der Reduktionssilbe nur noch /ɐ/, kennen das /ə/ nur als rein phonetische Epenthese bei einer Reduktionssilbe ohne anderen sonoren Kern, wie zum Beispiel [liːp], das auch für *liebe* (homonym mit dem Imperativ *lieb!*)

stehen kann, oder *antwortet* ['ʔantvɔʁtət], bei dem in dieser Varietät auch syn- und apokopiert wird: *(er)*['ʔantvɔʁt] homonym mit *(die)* ['ʔantvɔʁt] *Antwort*.

Dabei kann das [ə] außerdem auch da, wo es vokommt, noch mobil sein, was zu den in der derzeitigen phonologischen Diskussion viel debattierten morphologisch (also im Rekurs auf die zweite Artikulation!) definierten Doubletten (s.o. Kap. 6) führt, wie bei:

[dʊŋkəln]	Nomen (im *Dunkeln*) und auch beim Verb (*verdunkeln*)
[dʊŋklən]	Adjektiv (die *dunklen* Räume)

Derartige Oppostionen, die von der Orthographie gestützt werden, sind aber suspekt. Falls sie überhaupt gemacht werden (einige Sprecher weisen sie sicherlich auf, aber - eventuell wie in Kap. 8 für das [ɛː] diskutiert - als Schreiblautung der Orthographie!). Sie sind aber unabhängig von der Frage des Schwa im engeren Sinne, da sie genauso gut mit „silbischen" Konsonanten artikuliert werden können (s. weiter dazu Kap. 11).

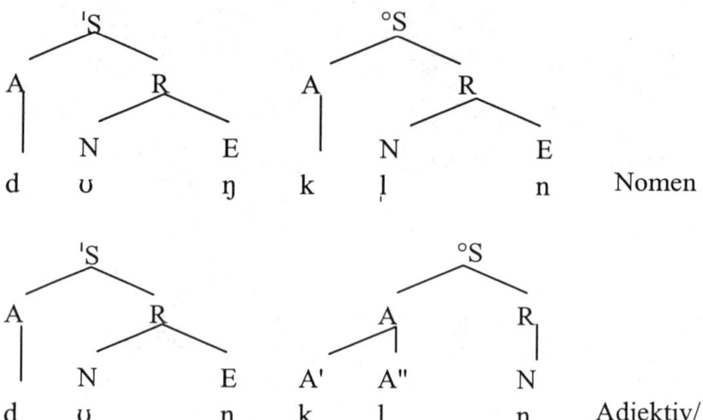

Reduziert ist bei der Reduktionssilbe nicht nur das Sonoritätsspektrum im Reim, sondern auch die Kontur A ↔ R: Der Anfangsrand ist hier nicht obligatorisch, bei ihm kommen die charakteristischen „Einsätze" (hart, behaucht) nicht vor, die die A ↔ R -Kontur der anderen Silben markieren, wenn kein anderer Konsonant deren A artikuliert.

So kommt es zu den Hiaten wie bei *Rehe* [ʀeːə], auch bei nicht vokalischem Reim *gehen* [geːən] oder [geːn̩]

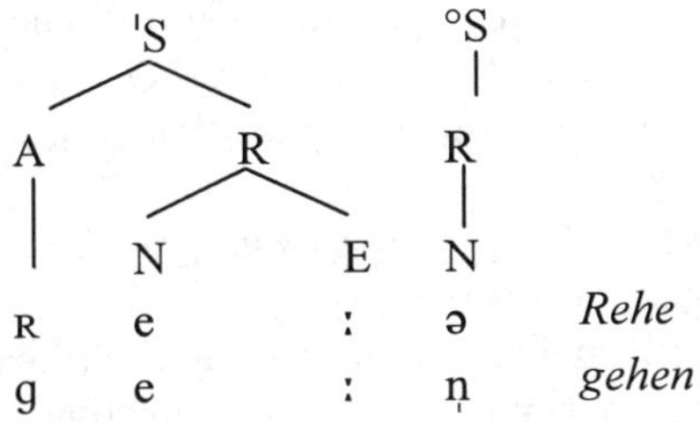

Die in der Grundschuldidaktik leider üblichen Schreiblautierungen wie *[geːhən] verdecken dieses Problem und sind nur dazu angetan, die Lerner zu verwirren; sie haben im übrigen aufgrund der Beschränkungen für das Vorkommen von [h] (nicht im Anfangsrand einer Reduktionssilbe!) zur Folge, daß hier zwei betonte Silben gesprochen werden: [ˈgeːˈhən]- also eine Lautung, die keinem möglichen Wort des Deutschen entspricht.

Diese Strukturen sind labil: Die „silbisch" fungierenden Konsonanten können in den vorausgehenden Endrand integriert werden, wie es bei normalem Sprechtempo wohl immer der Fall ist (*„gehen wir spazieren".*)

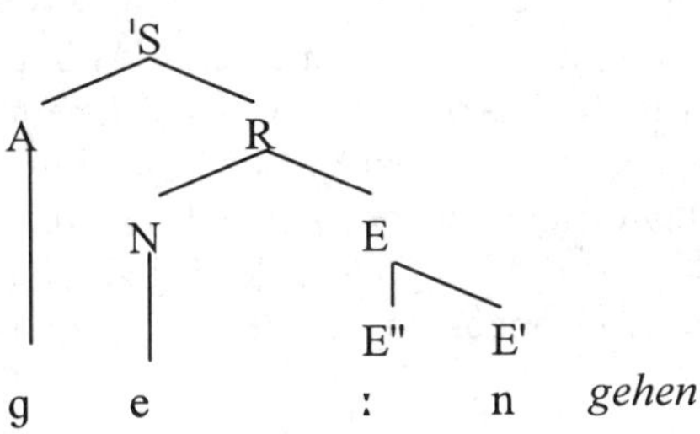

vgl. auch [tʰuːn], das auch orthographisch als <tun> zu finden ist, [tʰuːən] gehört zu einer „gehobenen" Stillage (oder ist eine kontrastierend gebrauchte Form[139]).

Das Schwa kann hier nicht nur in den apokopierenden Varietäten des Deutschen wegfallen, auch in anderen Varietäten wird es anstelle einer hiatischen Struktur in den vorausgehenden Langvokal „absorbiert": *ich* [geːə] - [geː] *geh.*

Besonders interessant sind in diesem Zusammenhang die Hiate mit [ɐ]: [høːɐ] *höher*, [geːɐ] *Geher*, [zeːɐ] *Seher*, [ʀoːɐ] *roher* usw.. Geht man von

[139] In normativer Sicht (s. auch DUDEN-Vorschrift) ist *tuen* eine falsche Form!

den Aussprachewörterbüchern aus, kontrastieren sie mit den öffnenden Diphthongen bei tautosyllabisch vokalisiertem *r*: [høɐ̯] *hör*!, [geɐ̯] *Ger*, [zeɐ̯] *sehr*, [ʀoɐ̯] *Rohr* usw.. In diesem Sinne werden solche Oppositionen in den Aussprachewörterbüchern verzeichnet:

- im Dudenwörterbuch (Mangold 1974) *ger* [geːɐ̯] versus *Geher* [geːɐ],
- genauso wie bei Krech (1982) *Ger* [geːᵉ] versus *Geher* [geːɐ][140].

Perzeptionstests[141] zeigen, daß diese Unterscheidung fiktiv ist: die Zuordnungen der Probanden sind willkürlich, überwiegend wird auf die „einsilbigen" Formen „getippt". Die Gewißheit, daß hier ein Unterschied besteht, projiziert eine Gliederung der zweiten Artikulation: Morphologisch komplexe Formen mit *-er* als Komparativsuffix, starker Adjektivendung oder deverbalem Nominalisierungssuffix werden auch phonologisch komplex „gehört", ohne daß das Signal eine Grundlage dafür bietet. Allerdings gehört es zum *Sprachwissen*, daß diese Formen (etwa zur Verdeutlichung) hiatisch, also zweisilbig artikuliert werden *können*: [høː.ɐ] *höher-* im Gegensatz zu der morphologisch einfachen Form: *hör!* Nicht anders ist es bei anderen Reduktionsformen, bei denen das Wissen um ihre „Explizitform" dazugehört, so etwa bei dem (trochäisch) integrierten *gehen wir?*[ˈgeːn.vɐ] (noch weiter integriert [allegro / presto]: [ˈgeːŋ.vɐ] / [ˈgeː.mɐ]) → [ˈgeːən ˈviːɐ]).

Faktisch ist die Integration dieses (morphologisch autonomen!) [ɐ] in den vorhergehenden E unproblematisch, wie die Diskussion zur r-Vokalisierung in Kap. 8.2. gezeigt hat. Die Länge des vorhergehenden Vokals ist ja ohnehin ein Charakteristikum der öffnenden Diphthonge - abhängig von den beiden in Kap. 8.2. charakterisierten Varietäten führt die Integration des [ɐ] zu einem komplexen Endrand (wenn die Quantitätenopposition aufrechterhalten ist) oder nicht:

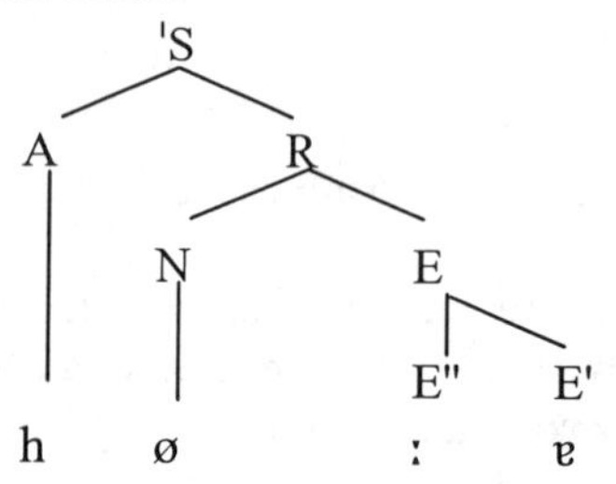

[140] Das Wort findet sich dort nicht, vgl. dort aber *Seher* [ˈzeːɐ]. Vergleiche dazu auch Hakkarainen (1995: 63).

[141] Für die Durchführungeines solchen Tests in einem meiner Seminare danke ich Sabine Hoffmann.

versus

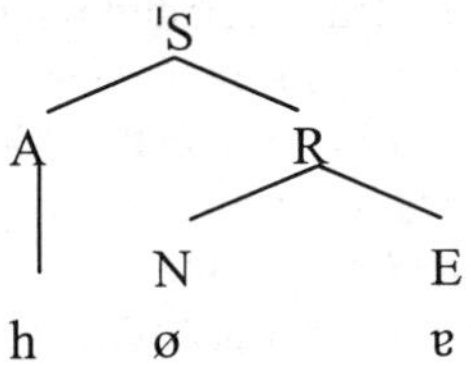

beide phonetisch [høɐ̯], *hör!* ebenso wie *höher*.

Noch genauer zu untersuchen ist der Kontrast zu einem nicht (bzw. weniger) zentralisierten /a/ im Hiat, vgl. *(die)Boa* versus *bohr*: [boˑːɐ] zweisilbig versus [boɐ̯] einsilbig? Bei einer zweisilbigen Artikulation würde es sich um den Kontakt der Reduktionssilbe mit einer unmarkierten Silbe handeln (s. dazu weiter 9.2.). In letzter Konsequenz stellt sich hier die Frage nach der Abgrenzung von Diphthongen und Hiat wie bei *ruhig*[ʀuɪç] (dagegen kein Diphthong / Hiat wenn die zweite Silbe prominent ist: [ʀu.ˈʔiː.nə] *Ruine*). Die trochäische Wahrnehmung bei *höher* [høˑɐ] ist rein morphologisch bedingt; sie stellt gewissermaßen imaginär das metrische Grundmuster der Nicht-Partikel her (so als ob auch *Haus* und *(nach) Haus* trochäisch gehört würde, vgl. *nachhause*).[142]

Andererseits erscheinen bestimmte Strukturfilter für den Bau der Reduktionssilbe schwächer als bei der prominenten Silbe. So sind hier im Anfangsrand Konsonanten zugelassen, die sich dort in den anderen Silben nicht finden. Bei den Frikativen findet sich nicht die Beschränkung auf den stimmhaften Sibilanten [z][143], vgl.

[ʀaɪzn̩] *reisen* versus [ʀaɪsn̩] *reißen*
[ʀoːzn̩] *Rosen* versus [gʀoːsn̩] *großen.*

Bei dem dorsalen Frikativ /x/ besteht in morphologisch nicht komplexen Formen die korartikulatorische Bindung über die Silbengrenze hinweg an den Reim der vorhergehenden prominenten Silbe. Das gilt allerdings nicht über eine Morphemgrenze hinweg: Diese blockiert die sonstige komplementäre Verteilung von [ç] und [x] – oder aus anderer Perspektive: Eine Verletzung

---

[142] In dieser Fluchtlinie erkennen auch die Kinder mit dem Schreibenlernen die Reduktionssilben. Insofern ist es nicht erstaunlich, daß einige von ihnen sie bei der Aufforderung zum Silbenklatschen ignorieren. Für sie zählen nur die vollen, nicht die reduzierbaren Silben.

[143] Das [s] der prominenten Silbe kann ja, wie in Kap. 8.1. gezeigt, jeweils als kombinatorische Variante von [z] bestimmt werden: in A" nach vorausgehendem stimmlosen Konsonanten [es sei denn, man wollte hier /c/ [ts] als "fortisierte" Variante von /s/ interpretieren!], in E als Folge der dort nicht zugelassenen phonologischen Sonorität.

dieser Beschränkung signalisiert eine Morphemgrenze (sie erfüllt also eine Funktion in Hinblick auf die zweite Artikulation. In den Varietäten ohne generalisierte Palatalvokale kontrastieren Diminutivbildungen mit *–chen* wie *Kuhchen* [ˈkʰu:#çn̩] (so z.B. bei älteren Sprechern aus Ostpreußen; üblich demgenüber [kʰy:#çn̩]) oder *Tauchen* [ˈtɑu#çn̩] (kleines Tau) mit den „assimilierten" Formen mit [x] wie *Kuchen* [kʰu:xn̩] und *tauchen* [ˈtɑuxn̩].

Komplexer ist der Fall bei [ŋ], das eine besonders enge (koartikulatorische) Bindung an den vorhergehenden Vokal aufweist. In Fällen wie [zɪŋən] *singen* ist daher vom „Sprachgefühl" her der Eindruck einer geschlossenen ersten (prominenten) Silbe so groß, daß hier der Protest gegen eine Syllabierung [ˈzɪ.ŋən] bzw. [zɪ.ŋŋ̍] häufig ist. Abgesehen von orthographischen Interferenzen (wo nicht nur [ŋ] digraphisch als <ng> verschriftet wird, sondern in falscher Schreiblautierung oft auch im Unterricht als [ŋg] oder sogar [ng] lautiert wird), steht vor allem im norddt. Sprachraum dafür auch die paradigmatische Beziehung von [lɛŋɐ] *länger* zu dem „auslautverhärteten" [laŋk] *lang* (s. zu diesem Problem Kap. 13.3.). [ŋ] wird insofern paradigmatisch oft als komplex behandelt, wofür auch die distributionelle Beschränkung in der prominenten Silbe spricht, die bei [ŋ] keine vokalische Belegung des Endrandes zuläßt, vgl. [bɑ:n] *Bahn*, [baɪn] *Bein*, [baʊm] *Baum* aber nur *bang* – [baŋ] Formen wie *[bɑ:ŋ] *[bɑɪŋ] sind ausgeschlossen (außer eventuell als Assimilationsergebnis über eine Morphemgrenze hinweg, wie bei allegro gesprochener *Beingröße* [baɪŋ.ˈgʀø:.sə]). Allerdings sprechen Formen wie [baŋk] *Bank* analog zu [bant] *Band* dagegen, [ŋ] ohne weiteres als komplexen Endrand zu behandeln, wie es in einigen Arbeiten zur Phonologie des Deutschen der Fall ist:

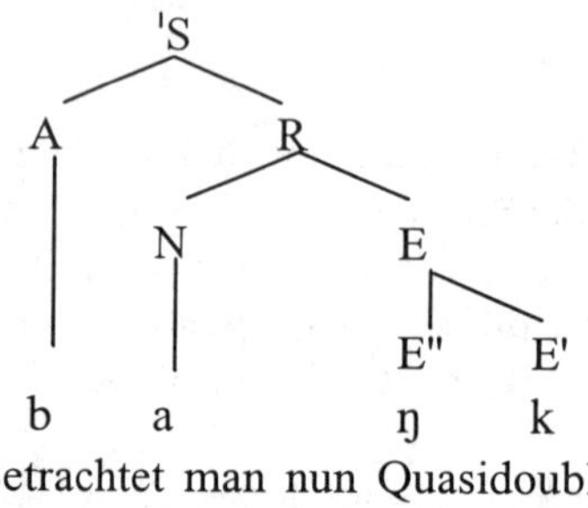

Betrachtet man nun Quasidoubletten wie [ʔɪŋgo] *Ingo* und [ʔɪŋə] *Inge*, so zeigt sich, daß die Folge [ŋg] medial nur im Übergang zur Reduktionssilbe ausgeschlossen ist (vgl. noch mit [g] im Anfangsrand der prominenten Silbe [bɛŋˈgɑ:lɪʃ] *bengalisch*): Das [g] kann nach vorausgehendem [ŋ] nicht den Anfangsrand einer Reduktionssilbe artikulieren - vielmehr „rutscht" hier das [ŋ] (für das paradigmatische Sprachgefühl!) in die Nute des Anfangsrandes, ohne die Bindung an die vorhergehende Silbe zu verlieren.

Damit wird aber deutlich, daß die Probleme der Reduktionssilbe solche des Kontaktes mit der prominenten Silbe sind, bei dem die Silbengrenze zur Disposition steht. Das zeigt sich auch in dem hohen Grad an *Koartikulation*, der ja einer der phonetischen Indikatoren für die Silbe ist (s.o. Kap. 3: E 7): Eine starke Steuerung findet beim initialen Konsonanten der Reduktionssilbe auch über die Silbengrenze hinweg statt, wie besonders bei der Palatalisierung von /x/ deutlich ist, sowohl bei festem Anschluß: *koche* [kɔxə] gegenüber *Köcher* [kœçɐ], wie beim losen Anschluß [bu:xə] *Buche* aber [by:çɐ] *Bücher* - trotz des deutlich nicht-palatalen Vokals [ɐ] (s. dazu T 2).

Als Fluchtpunkt der sprachlichen Dynamik, in der die Reduktionssilbe auftritt, zeigt sich so ihre Absorbierbarkeit. Die schwache Kontur der Reduktionssilbe erlaubt es dieser zugleich auch, das Komplement zum festen Anschluß bei fehlendem Endrand in der prominenten Silbe zu bilden (s.o. 8.2.). Nicht nur ist der feste Anschluß auch hier (silbenübergreifend!) eine Interferenz des folgenden Konsonanten in den Ablauf des vorausgehenden Vokals - auch das vokalische Spektrum steuert bei festem Anschluß die Artikulation des folgenden Konsonanten in größerem Ausmaß, als das bei losem Anschluß der Fall ist. Dadurch wird der Konsonant, der den (labilen!) Anfangsrand der Reduktionssilbe artikuliert, in gewisser Weise tatsächlich zur vorhergehenden Silbe herübergezogen, erfüllt dort eine feste Anschlußfunktion (wie es beim konsonantischen Anfangsrand einer prominenten Silbe nicht der Fall ist), vgl. *bekannt* gegenüber *Becken*:

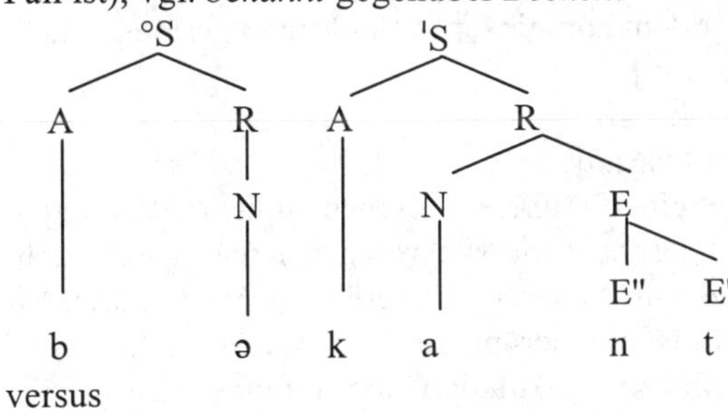

versus

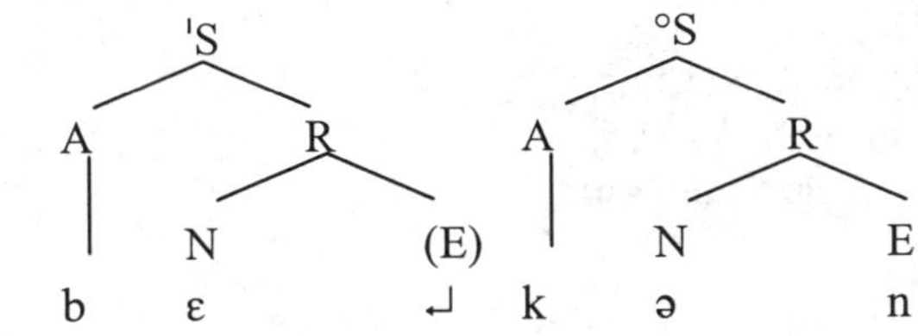

Ohne einen eigenen Endrand reicht die prominente Silbe in solchen Fällen die Aufgabe des festen Anschlusses an den folgenden Anfangsrand weiter, wie hier graphisch angedeutet). Die schwache Konturierung A ↔·R bei der Reduktionssilbe macht auf der anderen Seite die Position des Konsonanten, der den Anfangsrand artikuliert, labil. Das mag auch als (schwache!) Rechtfertigung für die Rede von der „Ambisyllabizität" dieser Konsonanten (einem „Silbengelenk") dienen, die allerdings verschleiert, auf welcher Analyseebene das Problem liegt (des *Anschlusses* und nicht der Konstituentenstruktur!).

Insofern ist das Konstituentenmodell mit seiner topologischen Modellierung abgegrenzter Silbeneinheiten für die Darstellung dieser Verhältnisse nicht sonderlich geeignet, weshalb ich oben auch eine Darstellung mit einem Spiralmodell eingeführt hatte, das beim festen Anschluß in der entsprechenden spiraligen Windung eine „Sättigung" verlangt, die von einem Konsonanten geleistet wird, mit dem gegengebenenfalls aber auch die ganze Redutionssilbe inkorporiert wird:

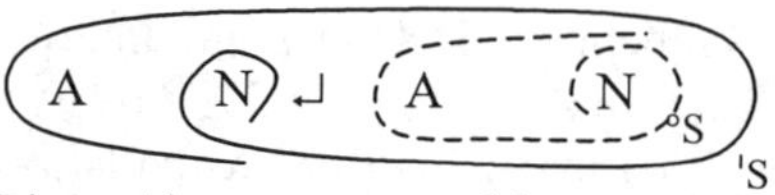

Diese Abgrenzungsprobleme werden besonders deutlich bei komplexen Anfangsrändern, die auch in der Reduktionsilbe möglich sind. Allerdings besteht hier große Variation und vor allem auch Unsicherheit bei vielen Sprechern des Deutschen, wo sie die Silbengrenze wahrnehmen, und zwar sowohl bei festem wie bei losem Anschluß.

Bei *festem Anschluß* ist die Variation ist relativ frei, wenn die prominente Silbe auch bei einer Greneze vor dem komplexen Anfangsrand gesättigt ist:

dunkle [ˈdʊŋ.klə] neben [ˈdʊŋk.lə],
bunkre [ˈbʊŋ.kʁə] neben [ˈbʊŋk.ʁə],
trunkne [ˈtʁʊŋ.knə] neben [ˈtʁʊŋk.nə].

Wo das nicht der Fall ist, besteht eine Präferenz für einen einfachen Anfangsrand der Reduktionssilbe. Zumindest aber im Allegroregister finden sich auch hier andere Syllabierungen, die mit weiteren phonetischen Modifikationen einhergehen, insbesondere der Entsonorisierung des Sonoranten im Anfangsrand, der diesen mit einer komplexen Artikulation statt mit einer Konsonantenfolge artikuliert (s. Kap. 11):

buckle [ˈbʊk.lə] aber auch allegro [ˈbʊ.kɬə],
wackre [ˈvak.ʁə] aber auch allegro [ˈva.kχə],
trockne [ˈtʁɔk.nə] aber auch allegro [ˈtʁɔ.kn̩ə].

Bei *losem Anschluß*: Diese Problem schon oben in 8.1. angesprochen, wo schon auf die Begleiterscheinung der unterschiedlichen Lage der Silbengrenze durch die nichtzugelassenen (nicht-sonoranten) simmhaften Konsonanten im Endrand hingewiesen wurde: *Adler* [ˈʔɑːt.lɐ] neben [ˈʔɑː.dlɐ]. Solche Formen zeigen obendrein eine im Anfangsrand der prominenten Silbe nicht zugelassene homorgane Konsonantenfolge. In Allegro-Sprechweise findet sich hier allerdings anstelle eines komplexen Anfangsrandes eine komplexe Artikulation, hier etwa die laterale Lösung des (homorganen!) alveolaren Verschlusses [ˈʔɑː.dˡɐ][144].

Unsicherheit besteht aber vor allem bei Wortformen, die in ein Paradigma bzw. in ein Wortfeld integriert sind, bei dem die Silbenstruktur des Stammes variabel ist, vgl. etwa die unterschiedlichen Syllabierungen von *neblich*:

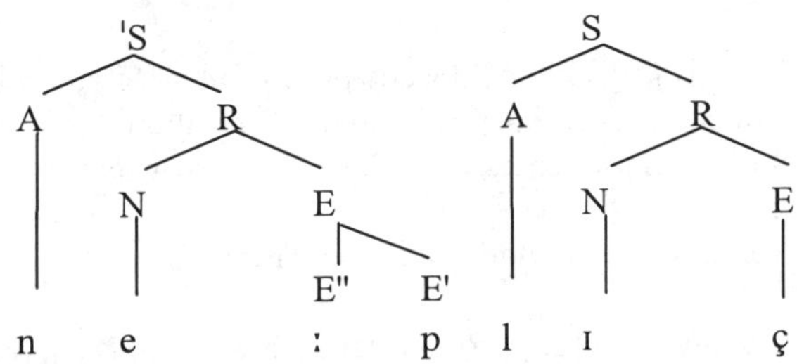

versus

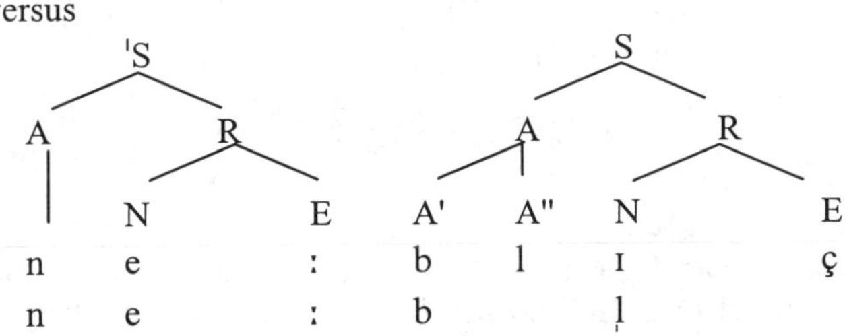

neblich
Nebel

In Hinblick auf den Silbenkontakt korrespondiert die Syllabierung von [ˈneː.blɪç] mit der von [ˈneː.bl̩] – im Gegensatz zu der von [ˈneːp.lɪç]. Hier interferieren wieder morphologische Gesichtspunkte (solche der zweiten

[144] Eine weitergehende Analyse hätte hier die Richtung zu verfolgen, die oben in 7.1. mit der Analyse der Affrikaten als solchen komplexen Artikulationen eingeschlagen wurde.

Artikulation) mit der phonologischen Strukturierung. Diese Fragen werden in Kap. 12.5. wieder aufgenommen.

Daß die Probleme der Reduktionssilbe solche des Kontaktes mit der prominenten Silbe sind, also ihre potentielle Integration in diese betreffen, zeigt sich ex negativo daran, daß bei ihr der Ausbau des Endrandes keine spezifischen Restriktionen zeigt. Vordergründig sind hier sogar überkomplexe Endränder möglich, vgl. Formen wie *schummelst* [ˈʃʊ.məlst] (aber:[ˈʃʊml̩st]), *hinderst* [ˈhɪn.dəʁst] (aber: [hɪn.dɐst]). S. dazu Kap. 11, wo diese Erweiterungen als zum Wort gehörig analysiert werden - sie können aber auch in den Endrand einer Reduktionssilbe integriert werden.

9.2. Die erweiterte Reduktionssilbe

Nun kommen die Vokale (≠ [ə][ɐ]) außerhalb der prominenten Silbe nicht nur in den unmarkierten Silben vor, die entsprechend der Definition von Kap. 7 im Gegensatz zu den Reduktionssilben einen obligatorischen Anfangsrand aufweisen, vgl. im Kontext [ˈbaʊ__] :

(a)	ˈbaʊ	*bau!* (*ein Haus*)degenerierter Trochäus	
(b)	ˈbaʊə	*baue*	Reduktionssilbe
(c)	ˈbaʊn	*bauen*	
(d)	ˈbaʊɐ	*Bauer*	
(e)	ˈbaʊʊŋ	vgl. *Bebauung*	Hiat
(f)	ˈbaʊɪç	**bauig*,	
		vgl. etwa *schneeig*	
(g)	ˈbaʊlɪç	*baulich*	
(h)	ˈbaʊˈhɛʁ	*Bauherr*	

(e) und (f) zeigen einen Hiat: das Fehlen eines Anfangsrandes in der nichtprominenten Silbe verweist entsprechend der Argumentation von Kap. 9.1. auf eine Reduktionssilbe. Tatsächlich stehen die Formen in einem Kontinuum: (b) zeigt die Standardreduktionssilbe, die in den apokopierenden Varietäten des Deutschen dem „degenerierten Trochäus" von (a) entspricht. (c) und (e) waren in 9.1. in Hinblick auf die Reduktion des vokalischen Nukleus analysiert worden, wobei (d) als „Vokalisierung" des so in den Nukleus geschobenen Konsonanten /r/ schon das Problem eines *nicht-reduzierten Vokals* in der Reduktionssilbe aufgeworfen hat. Insofern entspricht (d) nun aber (e) und (f):

In Hinblick auf die fehlende Kontur A ↔ R zeigen sie in der nicht-prominenten Silbe Merkmale der Reduktionssilbe; alle drei erlauben aber im Gegensatz zu (b) (vgl. auch (c)) nicht die Reduktion des vokalischen Nukleus.

Auch von der phonetischen Analyse her ergibt sich eine mögliche Regruppierung im Vokalismus, die eventuell gegenüber der von oben (s. Kap. 7.1.) weiter zu differenzieren ist: Ausgehend vom neutralen Zentrum (der „Ruhelage" der Zunge) bei [ə], das entsprechend mit ∅ variieren kann, (Schicht I) ergeben sich drei Schichten des mehr oder weniger aufwendig (= d.h. peripher, nicht zentralisiert) artikulierten Vokalismus:

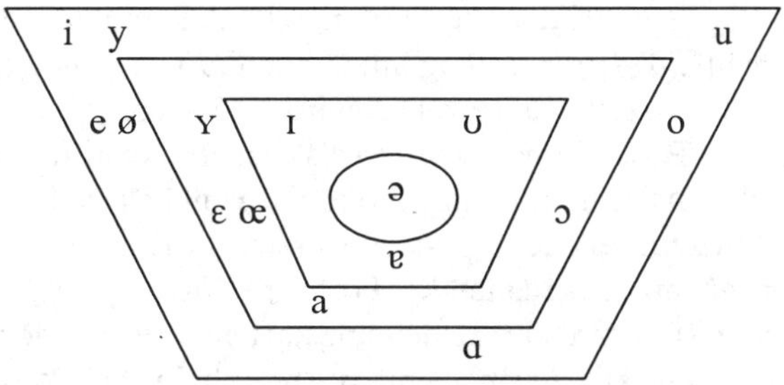

[ɪ, ʊ, ɐ] bilden eine innere Schicht zentralisierter Vokale (die aber im Gegensatz zum Neutralvokal [ə] fest sind [Schicht II]). Sie sind in Hinblick auf ihre funktionale Integration im Wortaufbau von den weiteren zentralisierten Vokalen (= Schicht III: mittlere Öffnungsgrade [ɛ, œ, ɔ] beziehungsweise vordere und gerundete Artikulation [œ, ʏ] unterschieden – wie von den peripheren Vokalen (Schicht IV: [i, y, e, u, o, a]). Die Vokale der Schicht II bilden gegebenenfalls eine janusköpfige intermediäre Silbenstruktur, die teils Eigenschaften der Reduktionssilbe hat (nicht obligatorischer Anfangsrand, vgl. aber (f) mit (g)) teils solche der unmarkierten Silbe (kein reduzierbarer vokalischer Silbenkern). Das Kriterium des nicht-obligatorischen Anfangsrandes impliziert, daß diese intermediäre Silbenschicht keine [ʔ, h] hat. Entsprechend zu den Reduktionssilben im Hiat treten hier dann auch die Möglichkeiten der diphthongischen Integration in die prominente Silbe auf, vgl. etwa [ɑːɪ] bei Bildungen wie *schwaig* [ʃvɑːɪç] („wie ein Schwa" etwa in *dieser Laut ist schwaig*) im Vergleich mit der norddt. Aussprache von *schweig* [ʃvaɪç] (vgl. hochdt. Teich [t^haɪç]), auch im syntaktischen Kontext (Sandhi) *sah ich* [zɑːɪç]. Allerdings ist anzunehmen, daß bei solchen ad-hoc-Bildungen, wenn sie denn vorkommen, zur strukturellen Desambiguierung der Glottisverschluß eingesetzt wird: [ʃvɑːʔɪç] so daß insofern eben keine Reduktionssilbe vorliegt. Allerdings sind derartige Formen nicht nur produktiv bildbar sondern in einigen Fällen auch relativ gebräuchlich, vgl. noch *breiig* [ˈbraɪɪç], *algebraisch* [ʔalgeˈbrɑːɪʃ], *Bejahung* [beˈjɑːʊŋ], *Genugtuung* [gəˈnuːktuʊŋ] u. dgl., die in einiger weniger „expliziten“ Sprechweise alle mehr oder weniger diphthongisch integrierte Formen haben (mit [aɪ] bzw. [aʊ]).

Diese phonetisch-phonologische Strukturierung folgt einer der zweiten Artikulation: Alle Formen (a) bis (h) sind morphologisch komplex; allerdings ist die Komplexität von unterschiedlicher Güte: (a) bis (c) sind als Flexionsformen bestimmt, während der Stamm einfach ist (in (a) mit einem Ø-Morphem). (d) - (h) sind dagegen auf der Wortbildungsebene komplex, zeigen Stammbildungsmorpheme:(d)-(g) in orthographischer Form *-er*, *-ung*, *-ig*, *–lich*. (h) ist ein Kompositum, zeigt also zwei prominente Silben.

Damit wäre dann auch die Besonderheit von [ɐ] als festem Vokal in der Reduktionssilbe ausgeräumt. Allerdings sind gerade in Hinblick auf die zweite Artikulation die Grenzen fließend: *-ig*/ *-isch* werden im Hiat vermieden und variieren mit konsonantisch anlautenden Formen (*-lich*, vgl. (g)) - allerdings sind Formen wie (f) etwa zur Bedeutungsdifferenzierung doch möglich. Andererseits sind nicht alle Formen mit [ɐ] morphologisch komplex, vgl. im Kontext [ˈgat__]

Gatte	} morphologische Ableitungen
Gattin	
Gattung	
Gatter	morphologisch einfach, vgl. die komplexe Ableitung *(ver)gattern*

Hier wären noch systematischere Untersuchungen anzuschließen, die etwa die in diesem Sinne produktiven Wortbildungselemente wie *-nis*, *-tum*, etc. berücksichtigt, s. auch am Ende von Kap. 11 zu einer eventuell Revision der Analyse der erweiterten Reduktionssilbe (s. auch E 1).

9.3. Abschließende Bemerkungen zum Vokalsystem im Deutschen

9.3.1. Das Gesamtsystem

Das Gesamtinventar der vokalischen Lautungen, wie es in dem Schema von Kap. 8.1. aufgestellt ist, kontrastiert nicht in der gleichen Nute, es zerfällt vielmehr in zum Teil komplementäre Teilmengen, die denn auch zu den traditionellen phonologischen Zuordnungen geführt haben (mit „Allophonen“ in den verschiedenen Nuten). Das entspricht auch der Laut-Buchstaben-zuordnung in unserer Schrift (die insofern in der phonologischen Analyse expliziert wird). Daß die herkömmliche Zuordnung nicht selbstverständlich ist, machen die Probleme der Schreib-Lese-Anfänger deutlich (s. Kap. 7: E 5).

Die verschiedenen Teilinventare lassen sich nach *qualitativen* Merkmalen und *distributiv* nach der Vorkommensumgebung ordnen:

- *qualitativ* nach dem Grad der *Zentralisierung* der Artikulation, der als Nullpunkt die Sonorität „silbischer“ Konsonanten zugeordnet werden kann,
- *distributiv* nach den verschiedenen Silbentypen.

periphere Vokal-*Qualität* *Maximum*

gespannt:	i	y	e	ø	u	o	(ɑ)	A
ungespannt:	ɪ	ʏ	ɛ	œ	ʊ	ɔ	a	
zentralisiert:			ə				ɐ	B
nicht vokalische Sonorität:	m̩		n̩	l̩				

Minimum

Vorkommen in silbischen Umgebungstypen:

A: nicht-prominente, nicht-reduzierte Silbe sowie prominente Silbe (gespannt nur im losen Anschluß [V→]; nur hier auch mit einem hinteren offenen Vokal [ɑ])

B: Reduktionssilbe

Die schematische Darstellung ist in Spalten und in Zeilen geordnet: in Spalten untereinander stehen i. d. R. die phonologisch und phonographisch zusammengefaßten Laute: {i, ɪ} , {y, ʏ} , {e, ɛ, ə } {ø, œ} {ɑ, a} {o, ɔ} {u, ʊ} usw. (die silbischen Konsonanten werden mit dem Schwa zusammengefaßt {ə, n̩, m̩, l̩}, vgl. die entsprechenden Schreibungen <en>, <em>, <el>). Eine Ausnahme macht [ɐ] - was Anfänger in der Schule durchaus im gleichen

Sinne einordnen, indem sie es wie hier angedeutet mit der nächstähnlichen Buchstabenlautung zusammenfassen: <a> [ɑː], also {ɑ, a, ɐ}, vgl. damit Schreibungen wie FATA *Vater*; die phonographische Andersbehandlung gründet in der oben besprochenen Problematik der r-Vokalisierung (Schreibung als silbischer Konsonant <er>). Vor dem Hintergrund von Lernern in deutschen Schulen mit nicht-deutscher Muttersprache sei noch angemerkt, daß auch die Zuordnung von [ə] zu /e/ nicht selbstverständlich ist: In Sprachen wie dem Türkischen oder einigen Slawinen wäre [ə] mit einem von /u/ und /i/ unterschiedenen Mittelzungenvokal zu identifizieren, im Türkischen mit <ı> („i" ohne Punkt!), im Russischen mit ъ notiert, entsprechend einer weniger zentralisierten (weniger reduzierten) Realisierung dieses Vokals (etwa bei betonter Aussprache einer entsprechenden Silbe.).

Geht man so von der komplementären Verteilung der Vokalreihen in Korrelation mit der Anschlußform aus, stellt sich aber die Frage der Diphthonge neu: Sie sind distributionell offensichtlich äquivalent zu losen Anschlüssen (s.o.), woran auch die vordere Artikulation des offenen Segmentes nichts ändert. Die Darstellung von oben läßt sich also in einer anderen Darstellung wiederholen – allerdings in einem Konstituentenmodell jetzt sinnvollerweise mit zugelassenen komplexen Nuklei als Alternative zu monophthongischen losen Anschlüssen[145]. Komplexe Endränder sind nur bei festem Anschluß möglich:

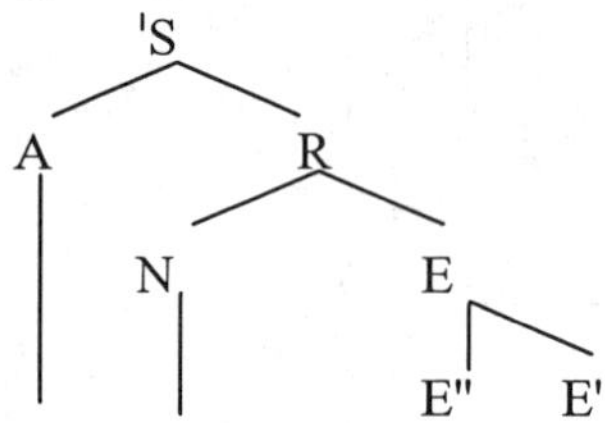

t	a↲	ŋ	k	*Tank*
t	a ɪ		k	*Teig*
t	ɑ→		k	*Tag*
b	a↲	n	t	*Band*
b	a ʊ		t	*baut*
b	ɑ→		t	*Bad*

Die Verhältnisse lassen sich schön mit dem Spiralmodell darstellen. In der prominenten Silbe hat der silbische Kern zwei Windungen: bei *festem An-*

[145] Vgl. damit etwa die Darstellung von Peter Eisenberg in der Duden-Grammatik.

schluß bindet der Vokal des Kerns in der zweiten Windung einen Konsonanten (= Endrand) ein, bei *losem Anschluß* nicht.

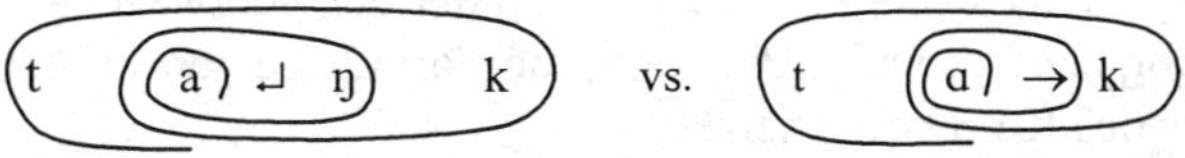

Die distributionellen Verhältnisse erklären sich also auf Linie der etablierten Anschlußkorrelation: Die Bindungspotentiale der festen Anschlüsse sind größer als die der losen Anschlüsse: Sie können komplexe Entränder einbinden – und gegebenenfalls sogar ganze Reduktionssilben.

9.3.2. *Vokalismus und Betonung*

Ausgangspunkt für die Entwicklung der segmentalen Verhältnisse wie hier beim Vokalismus ist die prosodische Kontur, deren Kern bei dem trochäischen Kontrast ˈS - °S liegt. Insofern ist diese Herangehensweise spiegelverkehrt zu der üblichen, die im Blick von unten nach oben *betonbare* von *nichtbetonbaren* Vokalen unterscheidet, um daraus die Betonungsverhältnisse einer Wortform zu berechnen. Motiviert ist diese Klassifikation durch Wortfamlilien / grammatische Paradigmen, in denen der Akzent nicht stammkonstant ist, vgl.

[ˈdɔk.toɐ] *Doktor* und [dɔk.ˈtoː.ʀn̩] *Doktoren*
[fʏ.ˈzɪk] *Physik* und [fʏ.zi.ˈkɑː.lɪʃ] *physikalisch*
[ˈʔa.tn̩.tat] *Attentat* und [ʔa.tn̩.ˈtɛː.tɐ] *Attentäter*
[na.ˈtsjoːn] *Nation* und [na.tsjo.ˈnɑːl] *national*
[ˈtʀak.toɐ] *Traktor* und [tʀrak.to.ˈʀɪst] *Traktorist* usw.

Gemeinsam ist allen diesen Formen, daß sie keine Reduktionssilbe aufweisen; insofern hat bei ihnen die prosodische Kontur auch einen anderen Status als im Kernbereich des Wortschatzes mit der Struktur ˈS - °S (besonders deutlich ist das bei jambischen Formen wie [fʏ.ˈzɪk] *Physik*, [na.ˈtsjoːn] *Nation*). Für diesen Teil des Wortschatzes macht es also durchaus Sinn, von „betonbaren" Silben zu sprechen – da aber prinzipiell alle Silben dieser Wörter in diesem Sinne betonbar sind, ist eine solche Klassifikation wiederum auch nichtssagend. Umgekehrt ist bei der Kontur ˈS - °S die Reduktionssilbe bzw. ihr vokalischer Kern immer auch „unbetonbar" – insofern ist der Terminus auch hier überflüssig.

Es ist offensichtlich, daß die Zerlegung des Wortschatzes nach dem Vorliegen der prosodischen Kontur ˈS - °S nicht mit der nach Erb- bzw. Fremdwörtern korrespondiert. Bei den schon in Kap. 7 besprochenen „Erbwörtern" wie *Forelle* [fo.ˈʀɛ.lə] oder *Hornisse* [hɔʀ.ˈnɪ.sə] bildet der jambische Auftakt zwar eine phonologische Fremdmarkierung, die Formen zeigen im übrigen aber den Trochäus des Kernwortschatzes.

9.4. Die regionale (dialektale) Verschiedenheit der Artikulation der Reduktionssilben

Die im Text angesprochenen regionalen Differenzierungen sind nur als grobe Orientierungen zu verstehen. Die folgenden Abbildungen sollen einen Eindruck von der Komplexität der Verhältnisse geben. Sie geben schematisiert den jeweiligen Befund des *Deutschen Sprachatlasses* wieder (mit Angabe der entsprechenden Karten)[146]; die Schematisierung folgt der Gliederung des deutschen Sprachraums in Kap. 2. Sie soll hier in erster Linie zeigen, wie variabel die Verhältnisse sein können. Die regional (lokal) beobachtbaren Formen können unter Umständen anders als in dieser Schematisierung vorgesehen sein: Bei ihrer Analyse sind noch eine Reihe weiterer Dimensionen zu berücksichtigen (paradigmatische Ausgleichsstrukturen, lexikalische Besonderheiten u.a. mehr).

A. *-en* der Infinitvendung (s. Karte 11):

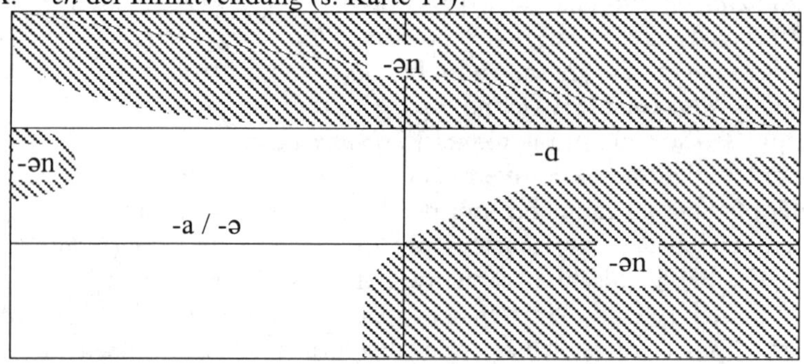

[146] F.Wrede u.a. (Hgg.), *Deutscher Sprachatlas*, Marburg: Elwert 1927 - 1956 (bisher nur unvollständig veröffentlicht (Lieferung 1 - 23).

B. -e (in *Wiese*, s. Karte 42):

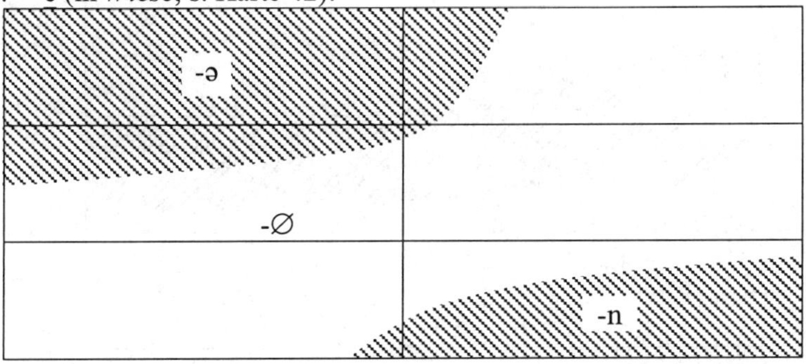

C. -e (in *schöne*, s. Karte 50):

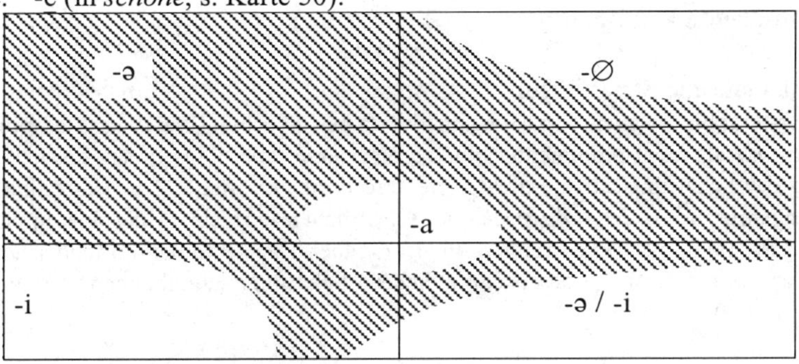

D. -e (in *alte*, Sg. mask., s. Karte 66):

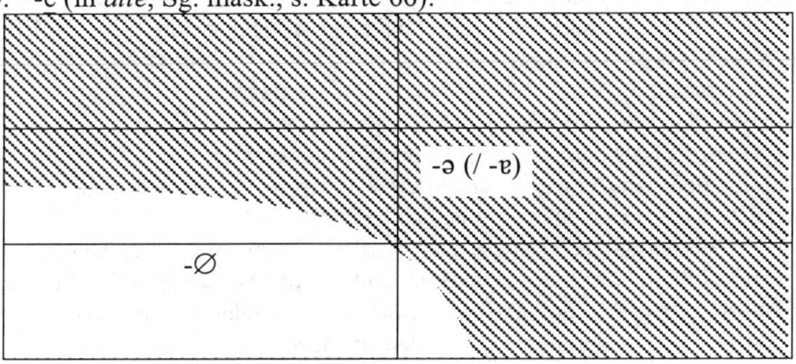

E. -e (in *müde*, Plural, prädikativ, s. Karte 98)

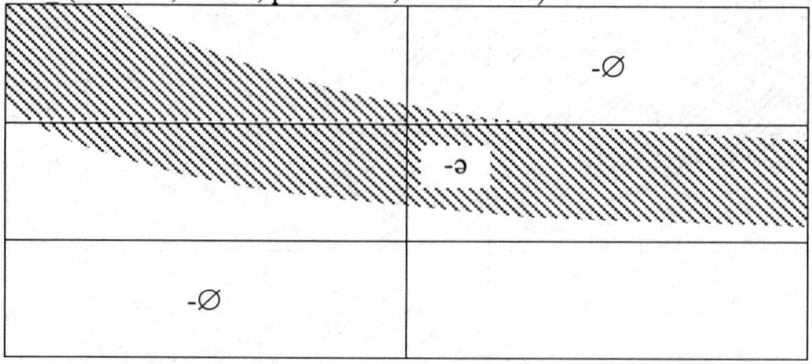

9.5. Ergänzende Kommentare

E 1: Problematische Schärfungen

In der Orthographie machen Schärfungsmarkierungen wie bei *Verhältnisse* es problematisch, *-nis* als nicht-prominente Silbe zu behandeln (allerdings findet hier keine Vererbung der Schärfung auf die nicht erweiterte Form *-nis* statt!). Die Vorstellung von der Lautstruktur als der *Aussprache* der schriftlichen Formen ist hier wie durchgehend ein Problem, das Verwirrungen schafft (s. auch Kap. 7 zu den orthoepischen Vorschriften auf der Grundlage von vorgeblichen „Schärfungsschreibungen" wie bei *Kommode* u. dgl.).

E 2: Zu den silbischen Konsonanten

Die Hochlautungsvorschrift mit einem obligatorischen Schwa macht nur Sinn in Hinblick auf die maximale morphologische (lexikalische) Transparenz der „Explizitformen" (s. Kap. 12). Mit dem Silbischwerden der Nasale geht nämlich eine Neutralisierung der Unterscheidung von deren Artikulationsstelle einher:

lauten explizit [ˈlaʊ.tən], umgangssprachlich [ˈlaʊ.tn̩],
aber *geben* explizit [ˈgeː.bən], umgangssprachlich [ˈgeː.bm̩],
laufen explizit [ˈlaʊ.fən], umgangssprachlich [ˈlaʊ.fɱ̩],
siegen explizit [ˈziː.gən], umgangssprachlich [ˈziː.gŋ̩].

Es ist selbstverständlich möglich (wie es auch in vielen Darstellungen geschieht), eine phonologisch-abstrakte Darstellung zu wählen und entsprechend einheitlich [ˈlaʊtn̩], [ˈgeː.bn̩], [ˈlaʊ.fn̩], [ˈziː.gn̩] zu notieren, wobei [n̩] für ein nasales Segment als Silbenkern steht, das seine Artikulationsstelle mit dem vorausgehenden Konsonanten in A teilt (für eine genauere Darstellung siehe E 3). Eine Opposition besteht nur zwischen [n̩] und [m̩] nach nicht-labialen Anfangskonsonanten:

raten [ʀɑːtn̩] *Atem* [ʔɑːt m̩]

Ein [m̩] nach einem Labial ist dagegen (phonologisch) nicht eindeutig: [ˈgɑː.bm̩] *gaben*, aber [ˈliː.bm̩] *liebem* neutralisiert die Opposition der Explizitformen *lieben* [ˈliː.bən] und *liebem* [ˈliː.bəm] (Dativ Singular Maskulinum). In regionaler Hinsicht gibt es eine große Verschiedenheit der Realisierung in der Reduktionssilbe, die sich von den Dialekten in die regionale Umgangssprache vererbt. Die südlichen Dialekte ebenso wie niederdeutsche Dialekte der Küstenregion apokopieren auslautendes Schwa (*ich*) *laufe* [laʊf]. Im südwestlichen Raum werden Nasale der Reduktionssilbe apokopiert, die in diesem Fall allerdings das Schwa erhalten, so daß es hier zu Oppositionen kommt:

(*ich*) *laufe* [laʊf]

(*wir*) *laufen* [ˈlaʊ.fə].

Verbreitet ist in der südlichen Umgangssprache des Deutschen (generell so z.B. im österreichischen Deutsch) ein zentralisierter Vokal in der Reduktionssilbe, der peripherer als das Schwa ist [ë], meist auch relativ offen [ɛ̈]. Eine historische Erklärung mag in Richtung auf eine Art Hyperkorrektion zu suchen sein, als Substitut für das verschwundene Schwa, also *laufen* [laʊ.fɛn]. Alle diese Variationen gehören nicht in die hier analysierte Hochlautung, bereiten aber für eine Analyse Probleme, wenn die Sprecher ihre regionale Sprechweise für die Hochlautung halten (wie es eben besonders im südlichen Sprachraum der Fall ist).

E 3: Zur Notation silbischer Konsonanten

Die Orthographie des Deutschen hat eine kategorische Regel, die für jede Silbe ein Vokalzeichen als Markierung des Silbenkerns verlangt; wenn kein anderes Vokalzeichen vorhanden ist, tritt dafür <e> ein. Eine Schreibung wie <laufen>, soweit sie nicht in der (umgangssprachlich obsoleten) Hochlautung [laʊfən] fundiert werden soll, zeigt also mit <en> eine Digraphie für das „silbische" [n].

In vielen phonetischen Transkriptionssystemen (z.B. IPA) ist es üblich, die Funktion eines Lautes in der Silbenstruktur *segmental* zu notieren, einen „silbischen" (=silbenkernbildenden) Konsonanten ebenso wie einen „nicht-silbischen" (=nicht silbenkernbildenden) Vokal, jeweils mit einem entsprechenden diakritischen Zeichen: bei Vokalen einer untergesetzter Halbbogen für die Notation ihrer Randfunktion in der Silbe (≠ Kernfunktion), bei Konsonanten ein untergesetzter Strich für die Notation ihrer Kernfunktion in der Silbe (≠ Randfunktion), z.B. [laʊ̯fn̩] *laufen*. Wenn ich die Silbenfunktion der Segmente hier „konfigurationell" im Konstituentenmodell darstelle, benötige ich diese Vermischung der Analyseebenen eigentlich nicht: die Diakritika sind dann redundant. Bei IPA-transkribierten Beispielen im Text behalte ich die Konvention dagegen bei.

E 4: Zur Repräsentation von Neutralisierungen („Unterspezifizierung" von Segmenten)

Die Festlegung der Artikulationsstelle eines silbischen Nasals durch die des vorausgehenden Konsonanten im Anfangsrand ist ein Beispiel für das, was man traditionell eine *Neutralisierung* einer Opposition nennt, neuerdings auch *Unterspezifizierung*. Sie verweist darauf, daß einzelne Artikulatoren unabhängig voneinander „verwaltet" werden, so daß die Struktur solcher Reduktionssilben auch wie folgt dargestellt werden kann

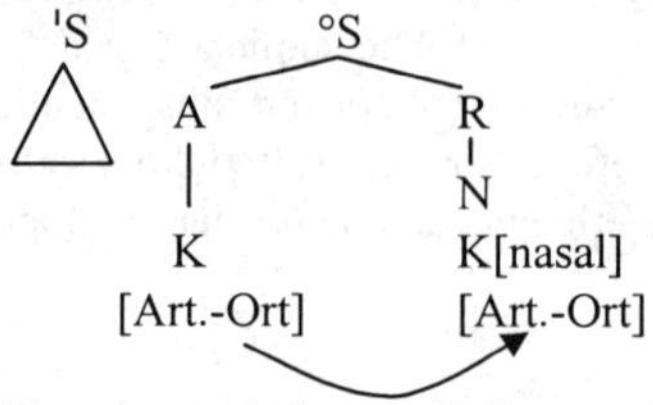

Eine systematische Darstellung solcher Verhältnisse wird in „autosegmentalen" Ansätzen möglich, s. Kap. 12.4.

In traditionellen Darstellungen werden Segmente mit in diesem Sinne lokal nur partiell festgelegten phonetischen Eigenschaften (nie durch die Umgebung vollständig spezifiziert werden) mit Kapitälchen notiert (s. auch schon Kap. 7: T 2).

Bei der Reduktionssilbe könnte man in diesem Sinne [laʊfN̩] , [ge:bN̩], [zi:gN̩] notieren; vgl. auch die oben im Text schon behandelte Neutralisation im komplexen Anfangsrand *spitz* [ʃpɪts] s. Kap. 7 und im Endrand die sogenannte „Auslautverhärtung": *Hund* ['hʊnt].

E 5: Zur Integration silbischer Nasale in einen überlangen Rand

Diese Integration findet in allegro gesprochener Sprache auch bei den oben angesprochenen Pseudo-Geminaten der nördlichen Aussprachevarianten statt *lehnen* [le:nn̩][le:n], *schönen* [ʃø:nn̩][ʃø:n].

In einigen Gegenden in Norddeutschland, scheint die zugrundeliegende (morphologische, also der zweiten Artikulation!) Opposition durch konsonantische Länge im Endrand bewahrt zu sein, wie Messungen verifiziert haben - allerdings für niederdeutsche Dialektsprecher. Hier findet sich dann statt *schönen* [ʃø:nn̩] auch [ʃø:n:]

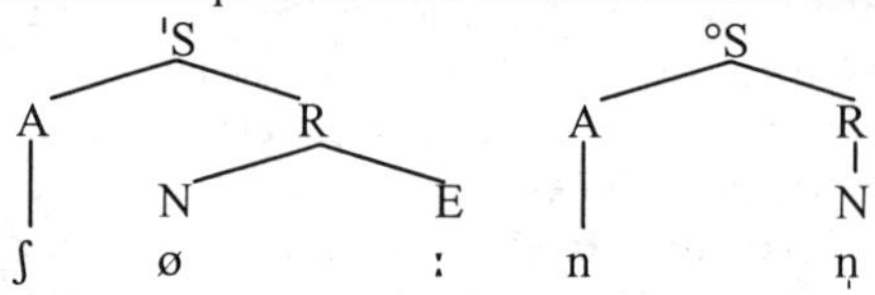

versus

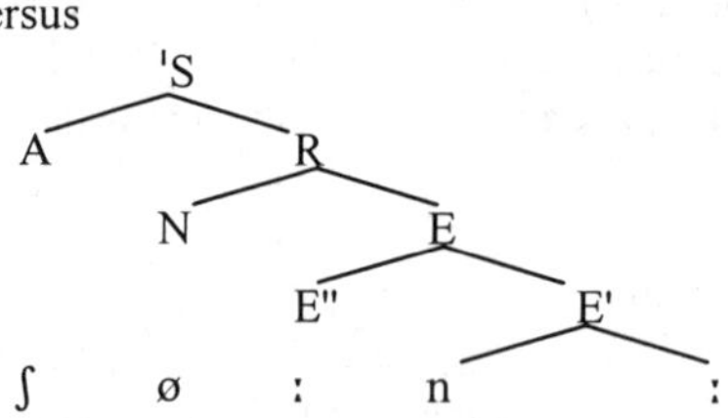

Solche Erscheinungen (wenn sie denn einer genaueren Analyse auch der hochsprachlichen Lautung standhalten) gehören aber nicht zur Hochlautung. Dabei wäre insbesondere zu untersuchen, ob nicht auf einem anderen phonetischen Register eine Desambiguierung der Formen erfolgt (etwa bei den F_0- Verläufen[147] wie bei dem „rheinischen Akzent“ und wohl auch vielen norddt. Akzenten im Übergang zu den skandinavischen Tonsystemen, die aus dergleichen diachronen Ursachen entstanden sind).

E 6: Zur Repräsentation der Integration der Reduktionssilbe in die prominente Silbe

Man kann das oben (s. Kap. 6) eingeführte Spiralschema benutzen, um die enge Bindung der Reduktionssilbe an (beziehungsweise in) den Reim der prominenten Silbe zu repräsentieren. Da der Kern der prominenten Silbe eine Erweiterung (nach rechts) verlangt, umfährt die erste Spiralbindung die ganze Reduktionssilbe (mit ihrer Bindenstruktur) als Komplement des Kerns, vgl. *Ratte / Rate*:

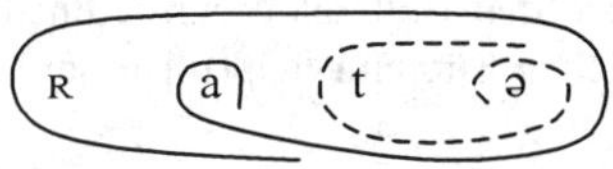

In einem anderen Bild: bei *Rate* ist die erste (prominente) Silbe „gesättigt“, so daß die zweite Silbe selbständig angehängt wird, bei *Ratte* ist sie es nicht, sondern verlangt eine Ergänzung, wie es auch bei fest angeschlossenen tautosyllabischen Konsonanten der Fall ist, z.B. *satt*:

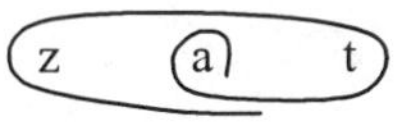

Die Reduktionssilbe von *Ratte* erfüllt silbenstrukturell gesehen die gleiche Funktion.

E 7: Zum silbentrennenden <h> der Orthographie.

Die Orthographie gibt auch hier für die Reduktionssilbe eine Normalform mit einem Quasi-Anfangsrand vor: <Rehe>, <gehen>, wobei das <he> beziehungsweise <hen> also Di- beziehungsweise Trigraphien für die silbischen Segmente [ə] bzw. [n̩] sind.

E 8: Sprachgefühl und Silbengrenze

Argumentationen mit dem Sprachgefühl sind höchst problematisch, da dieses in hohem Maße angelernt ist. Sonore Konsonanten, wie insbesondere die Nasale, die ja beliebig „dehnbar“ sind (auf ihnen kann man sogar singen, wie das Summen einer Melodie auf einem gehaltenen [m::] zeigt), verleiten geradezu dazu, in silbenisolierender Sprechweise den festen Anschluß als Geminate zu artikulieren. Meinem Sohn

[147] F_0 bezeichnet in der akustischen Analyse die Grundfrequenz (F für *Formant*).

verdanke ich den Hinweis auf den Titel eines Popsongs, der „orthographisch“ als *MMM MMM MMM MMM* ausgeschrieben wird (von der Band „Crash Test Dummies“).

E 9: Zu (dialektalen) Ausbauformen der Reduktionssilbe („Hiatdiphthongierung“)

Diese Struktur der Reduktionssilbe, die als syntagmatischer Kontrast zur prominenten Silbe das phonologische Profil des Hochdeutschen bestimmt, ist vor der Folie einer inversen Dynamik zu sehen, die auch auf „deutschem“ Boden in der Reduktionssilbe die Kontur A↔R stabilisiert. Dazu gehört die spontane Hiatdiphthongierung auch in den Mundarten, die ansonsten die hdt. Diphthongierung der langen Engevokale nicht kennen: verbreitet [ʃniːən] > [ʃnii̯ən] *schneien* in niederdt. Mundarten, wo der „halbvokalische“ Engevokal des Diphthongs ([iː] > [ii̯]) analog dem oben zu [ŋ] Gesagten in den Anfangsrand der Reduktionssilbe gezogen wird. Die westfälischen Dialekte haben diese Entwicklung weiter „optimiert“, indem sie den Halbvokal zum Konsonanten „verschärft“ haben (wie es in der dialektologischen Literatur heißt): [ʃnɪgən] , also

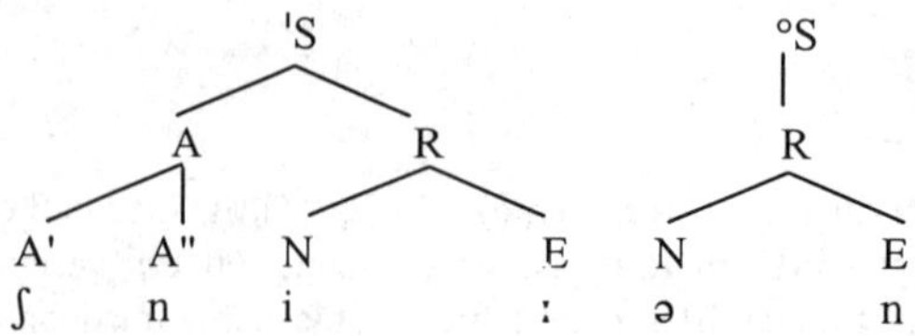

zu

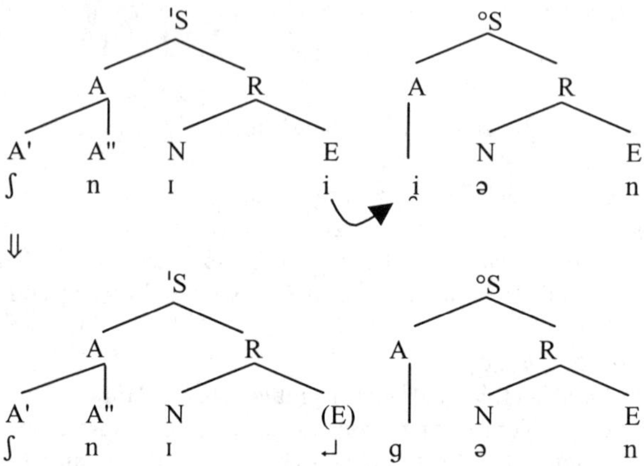

vgl. dort auch [frubən] *Frauen*, [bʊbən] oder [bʊgən] *pflügen* („bauen“) u.dergl. mehr.

9.6. Typologische Kommentare

T 1: Zur Typologie des Schwa

Es ist wichtig, die zentralisierte Qualität des Schwa [ə] von seiner Funktion als *Reduktionsvokal* zu unterscheiden. Als Reduktionsvokal fungiert er im Deutschen dadurch, daß er gegebenenfalls den sonoren Kern einer Reduktionssilbe bildet. In anderen Sprachen ist der Zentralvokal (beziehungsweise unter Umständen auch ein ganzes Paradigma solcher qualitativ noch differenzierterer Zentralvokale) durchaus im paradigmatischen Kontrast mit den nicht-zentralisierten Vokalen, vgl. etwa im marokk. Arab. [ktəb] "er hat geschrieben" versus [ktɛˈb] „es ist vorbestimmt" (also in der gleichen metrischen Nute). Ähnlich ist es, näher bei uns, mit dem zentralisierten Vokal vieler Slawinen auf dem Balkan, auch im Türkischen usw..

T 2: Steuerung und Silbengrenze

Die Steuerung der Artikulation des Anfangsrandes der Reduktionssilbe ist besonders auffällig, wenn man sie mit der Palatalisierung in anderen Sprachen vergleicht, wo der dorsale Konsonant im Anfangsrand in der Regel mit der mehr oder weniger palatalen Artikulationsstelle des Vokals im folgenden Silbenkern korreliert, vgl. auch im Deutschen [k_{-}^{h}i:fɐ] *Kiefer* und [k_{+}^{h}ufə]*Kufe* (+ und - sollen hier die mehr oder weniger vordere Kontaktzone der Zunge markieren, s.o. Kap. 8.1.): Sprachen ohne Reduktionssilben (und ohne festen Anschluß) wie z.B. das Griechische haben entsprechend auch die zum Deutschen inverse Verteilung der hier ebenfalls komplementären Verteilung von [ç] und [x] des Phonems /x/: vgl. [oçi] *nein* aber [ɛxo] *„ich habe",* [nixtɑ] *Nacht* usw.

9.7. Übungsaufgaben

1) Transkribieren Sie die folgenden Wörter mit und ohne Schwa in der Reduktionssilbe und analysieren Sie die jeweilige Sonoritätskontur (mit den Sonoritätswerten von Kap. 6; bei [ə] setzen Sie den Wert 2 an): *lauten,sehen.*

2) Bilden Sie zu den folgenden lexikalischen („abstrakten") Stämmen (notiert in ° °) die angegebenen Formen (geben Sie sowohl die „Explizitformen" mit [ə] und nicht-vokalisiertem r [ʁ] wie die umgangssprachlicheren mit silbischen Sonanten beziehungsweise vokalisiertem r [ɐ])! Notieren Sie die Syllabierung mit einem schematisierten Konstituentenmodell. Gehen Sie dabei von der Transkription aus und entwickeln Sie die „Baumstrukturen" von den „Blättern" her (s. Kap. 6: E3). Beispiel: *dunklen* [dʊŋk.lən]

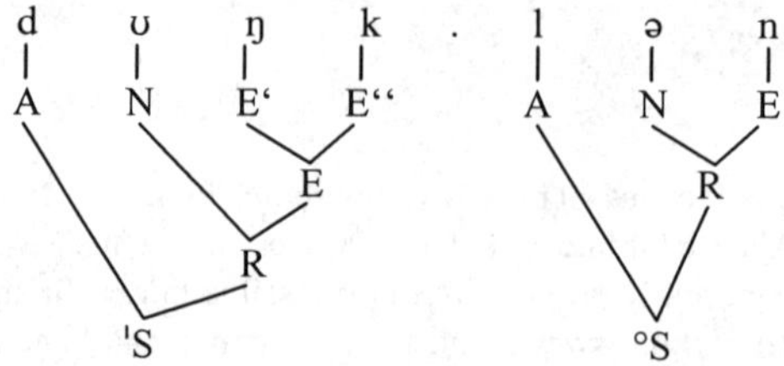

Bei den Lösungen genügt die schematisierte Darstellung:

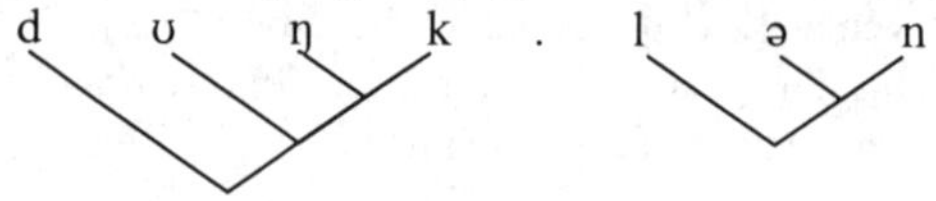

Modellbeispiel:	Stamm	Morphologische Form(-en)
°dʊŋkl- °	ADJ (in einem ___ Zimmer)	dʊŋk.lən (neben: dʊŋk.ln̩)
	INFIN (er will das Zimmer ver__)	dʊŋ.kəln (neben: dʊŋ.kl̩n)
°u:r-° „Uhr“	NOM.SG.	
	NOM.PL.	
°ro:t-°	ADJ (ein ___ Kleid)	
	ADJ (eines ___ Kleides)	
°ze:gn-° „Segen“	SUBST: NOM.SG	
	SUBST.GEN.SG.	
	VERB: PRÄS.1.SG.	
°ʃtɔʏr-° „Steuer“	SUBST.NOM.SG.	
	SUBST.NOM.PL.	
	VERB: PRÄS.1.SG.	
°tsɪmr-° „Zimmer“	NOM.SG.	
	NOM.PL.	
	DATIV.PL.	
°fal-°	VERB: PRÄS.1.SG.	
	VERB: PRÄS.3.SG.	
	VERB: PRÄS.1. u. 3.PL..	
°te:r-° „teeren“	VERB: PRÄS.1.SG.	
	VERB: PRÄS.3.SG.	
	VERB: PRÄS.1. u. 3.PL..	
°ru:dr-° „rudern“	VERB: PRÄS.1.SG.	
	VERB: PRÄS.3.SG.	
	VERB: PRÄS.1. u. 3.PL..	

°brau-°	VERB: PRÄS.1.SG.
	VERB: PRÄS.3.SG.
	VERB: PRÄS.1. u. 3.PL..
°braun-°	ADJ (das ___ Haus)
	ADJ (in einem ___ Haus)
°ze:gl-° „segeln“	VERB: PRÄS.1.SG.
	VERB: PRÄS.3.SG.
	VERB: PRÄS.1. u. 3.PL.
°ra:z-° „rasen“	VERB: PRÄS.1.SG.
	VERB: PRÄS.3.SG. (= 2.SG.!)
	VERB: PRÄS.1. u. 3.PL..
°ʃne:-°	NOM.SG.
	GEN.SG.

3) (Zum offenen Schwa [ɐ]). Transkribieren Sie die folgenden Verse der Berliner Chansonnière Claire Wldoff und analysieren Sie den Reim:
Links Lametta, rechts Lametta / und der Bauch wird immer fetter ...

4) $ Bei der Abfolge mehrerer Reduktionssilben wird in deutlicher Sprache eine Kontrastkontur aufgebaut (s. im Text). Entscheiden Sie bei den folgenden Formen die Art der Syllabierung (mit [ə] oder silbischem Sonanten und versuchen Sie eine Begründung!
Ebene
bindenden (mit einem ___ Vertrag)

5) $ Bei einigen Sprechern, besonders solchen aus dem süddeutschen Raum, kann man als Verzögerungsartiklation („Pausenfüller“) *...aber ehh ...* als [ɑ:.bɐ.ʁə:] hören. Analysieren Sie dieses [ʁə:].

6) $ Bei der Flexion von Formen wie *lila* gibt es verbreitet Unsicherheiten: das Flexionsmuster von *rot : rotes* ist hier offfensichtlich blockiert; statt dessen hört man meist z.B. *ein lila Kleid* oder auch *ein lilanes Kleid.* Suchen Sie eine Erklärung für die Blockierung gegenüber eines Felxionsform **lilaes* ['lɪlaəs]!

10. Silbenübergreifende Strukturen: Das Wort II

Das Wort war in Kap. 5 zunächst als eine grammatische Einheit der *zweiten Artikulation* bestimmt worden. Im Laufe der Analyse hat sich aber gezeigt, daß es im Deutschen eine ganze Reihe sowohl distributioneller wie lokalphonetischer Strukturmerkmale gibt, die das Wort auch als eine phonologische Einheit der ersten Artikulation zu bestimmen erlauben. In einer segmentalen Betrachtung (das Wort als Kette von Lauten oder auch Silben betrachtet) sind diese Wortmerkmale an bestimmten Positionen im Wort festzumachen. Damit stellt sich das Problem, auf diese Weise das segmentale Inventar (Phone, Silbentypen und dergleichen.) zu erweitern, ober aber die Analyse um eine spezifische Wortstruktur zu erweitern, der solche spezifischen Eigenschaften zuzuordnen sind[148].

Zunächst ist das Wort (im Deutschen im Gegensatz zu vielen anderen Sprachen, die eine solche Struktur nicht kennen) durch eine klare *metrische* Kontur definiert, mit einem Kern bei der prominenten Silbe, die sowohl durch den Akzent wie ihren segmentalen Aufbau hervorgehoben ist (s. Kap. 5 und E 1).

Kern der spezifischen Wortkontur im Deutschen ist die prominente Silbe mit den darum gruppierten nicht-prominenten Silben - im einfachsten Fall den Reduktionssilben. Dadurch ergibt sich das metrische Grundschema im Deutschen, der Trochäus: *raten.* Die paradigmatischen Zusammenhänge der Flexion zeigen dieses metrisches Muster auch bei "verkappten" Trochäen:

[haʊs] *Haus* ist ein verkappter Trochäus, wie das Flexionsparadigma zeigt:
X -   X -
[hɔyzɐ] *Häuser*, [haʊzə] (*nach*) *Hause* usw.

Abgesehen von den hier nicht ausführlich behandelten komplexen Wörtern (insbesondere den Komposita, für die die Wortstrukturen aber in gewisser Weise zyklisch gelten, s. Kap 5 und auch Kap. 9) besteht das Wort aus der prominenten Silbe und den darum gruppierten nicht-prominenten, im metrischen Grundschema: den Reduktionssilben, insbesondere in der trochäischen Struktur der Flexion.

Solche Strukturierungen sind also in erster Linie *paradigmatisch* begründet, sie fundieren im *Sprachwissen* und sind nicht unbedingt an der anschau-

---

148 In der Tradition der "Grenzsignale" der älteren Phonologie etwa von Trubetzkoy.

lichen Form abzulesen. Insoweit haben die so bestimmten Grundformen der Wörter ihren metrischen Kopf am linken Wortrand - Erweiterungen (wie bei den verkappten Trochäen) erfolgen nach rechts. Solche Erweiterungen können auch über das trochäische Muster hinausgehen, etwa bei Daktylen, vergleiche [ˈʔan.dɐs] *anders* aber [ˈʔan.dɐ.ʁə] *andere* (s. Kap. 8) für die Reduktion solcher komplexen Muster zu Trochäen).

Nun gibt es aber auch Erweiterungen nach links. Diese können insbesondere eine spezifische grammatische Funktion haben: sie weisen dann eine Morphemgrenze auf wie z.B. bei dem Präfix *ge-* des Partizips II: *(ich habe ihm das) geraten* [gə.ˈʀaː.tn̩]. Insofern hier nach wie vor der Trochäus als Kern der metrischen Struktur faßbar bleibt, lassen sich solche Erweiterungen als *Auftakt* bestimmen, die an der metrischen Grundstruktur nichts ändern. Dafür spricht insbesondere auch, daß solche Auftakte nicht kumulieren: wo die Wortbildung (richtiger: die durch *Stamm*bildung) bereits eine solche Erweiterung aufweist, fügt die Flexion keinen weiteren Auftakt mehr an: *beraten* ist sowohl Infinitiv wie Partizip II: *(ich habe ihn) beraten* [bə.ˈʀaːtn̩].

Im Sinne einer expliziten Modellierung der phonologischen Strukturen (s. Kap. 12) werden solche Auftakte metrisch "überlesen". Das kann bei der Symbolisierung durch Einklammern in {markiert} werden - im Gegensatz zu der "regulären" metrischen Struktur, die in [eingeschlossen werden]: die metrische Struktur des Wortes *beraten* läßt sich insofern darstellen als

<-> [x -]
bə ʀaː.t n̩

Nun können Wortformen allerdings sehr viel komplexer sein. Unproblematisch sind dabei die Fälle, die das trochäische Grundmuster zyklisch aufweisen: "Supertrochäen", wie in Kap. 5 analysiert, wie in dem Beispiel *Gartenlaube* dort:

Wort = Supertrochäus	[x -]
Bestandteile = Trochäen	[x -] [x -]
	[ˈgaʁ. tn̩. ˌlaʊ . bə]

Komplizierter sind Wortstrukturen mit nicht-reduzierten Silben außerhalb der prominenten Silbe (s. Kap. 8 und 10). Soweit sie die rechts-erweiternde (metrisch also: vom Kopf her fallende) Grundstruktur aufweisen, lassen sie sich nach dem gleichen Muster analysieren, z.B. *Auto*

[x -]
[ˈʔaʊ . to] *Auto*

Auch die paradigmatischen Verhältnisse stützen hier die Analyse als Trochäus: in Pluralformen wird hier in der Regel keine silbische Erweiterung mehr vorgenommen:

[x -]
['ʔaʊ . tos] *Autos*

Anders als bei Einsilblern, vergleiche etwa

[x] [x -]
['ʃiː] *Ski*, Plural: ['ʃiː.ɐ] *Skier*

Anders ist es allerdings, wenn solche Silben (ohne Morphemgrenze !) links *vor* der prominenten Silbe stehen. Das ergibt eine jambische Struktur, die zunächst einmal in Widerspruch zu der Annahme einer durchgängig trochäischen Grundstruktur im Deutschen steht:

[- x]
[fi . 'guɐ] *Figur*

Allerdings zeigt sich auch hier doch wieder eine Art Trochäus als Achse für die paradigmatische Formenvariation, z.B. bei der Pluralform

[[?] [x -]]Wort
[fi . 'guː . ʁn̩] *Figur*

Um das trochäische Grundmuster für das Deutsche zu "retten", könnte man versuchen, auch in solchen Fällen einen "Auftakt" zu einem Trochäus als Kern zu identifizieren, der dann allerdings auf einer anderen Ebene als bei der morphologisch-motivierten Struktur von vorhin läge, also etwa in dem erweiterten Wort (*Wort'*) zuzuordnen wäre:

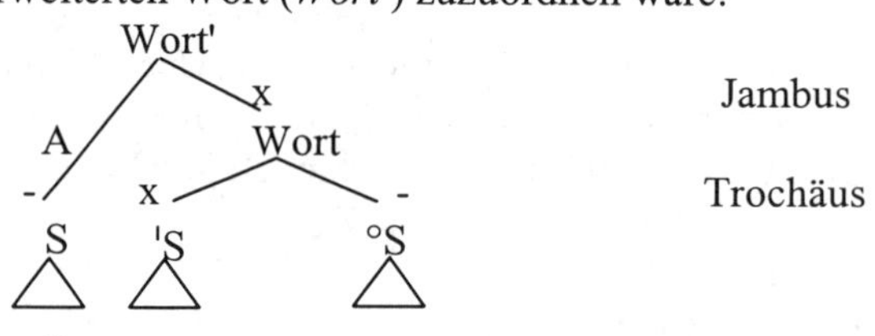

Es ist aber offensichtlich, daß die Analyse mit solchen Strukturierungen die Zielsetzung der systematischen Sortierung der Beobachtungen zu Gunsten abstrakterer Fragestellungen der Modellierung verläßt, auf die in Kap. 13 zurückzukommen ist. In diesem Rahmen gehe ich zunächst davon aus, daß das Deutsche zwar durchgängig metrisch fallende Wortformen (Trochäen beziehungsweise Daktylen) hat, aber nicht nur eventuelle Erweiterungen um einen morphologisch definierten Auftakt sondern auch Formen, die ihren Kopf nicht am linken Wortrand haben.

Solche Formen sind nur noch keineswegs marginal - und auch keineswegs nur Fremdwortimporte, wie schon die in Kap. 9 diskutierten Erbworte wie *Forelle* deutlich gemacht haben.

[<->[x -]]Wort

[fo .ˈʀɛ˩.lə] *Forelle*

Daß sich hier eine Dynamik auswirkt (s. *9*: T 1), zeigt sich nicht zuletzt in unfesten Mustern, vergleiche etwa der quasi reguläre Trochäus bei *Doktor:*

[x -]

[ˈdɔk . toɐ] *Doktor*

- mit der regulären trochäischen Pluralbildung um den Preis eines solchen Auftaktes aufgrund einer Akzentverschiebung im Stamm:

< - > [x -]

[dɔk . ˈtoː . ʀn̩] *Doktoren*

Umgangssprachlich steht im norddeutschen Raum daneben die reguläre (und das heißt weiter integrierte) Form:

[x -] [x -]

[ˈdɔk . tɐ] *Dokter,* Plural: [ˈdɔk . tɐs] *Dokters*

(ausschließlich nach diesem Muster sind die abgeleiteten Verbformen gebildet wie [*herum*] *doktern*). Umgangssprachliche (besonders auch dialektale) Formen zeigen hier gegenüber der konservativen Hochsprache die Fluchtlinie der "Systemintegration" (s. Kap. 12).

Die hybride metrische Struktur der Wortformen[149] im Lexikon des Deutschen wird schließlich noch durch die große Anzahl von Ableitungen mit Suffixen deutlich, die den metrischen Kopf der Wortform bilden - unabhängig von dem Akzentmuster der "zugrundeliegenden" Form, z.B.:

- verbale Ableitungen auf *-ier* und dergleichen.
  Haus [ˈhaʊs]: *hausieren* [haʊ.ˈziːʀn̩]
  Triumph [tʀiˈʔʊmf]: *triumphieren* [tʀi.ˌʊm.ˈfiːʀn̩]
- adjektivische Ableitungen auf -al und dergleichen.
  Globus [ˈgloː.bʊs]: *global* [glo.ˈbɑːl]
  Phänomen [fe.no.ˈmeːn] : *phänomenal* [fe.no.me.ˈnaˡːl]
- substantivische Ableitungen auf -ist und dergleichen.
  positiv [ˈpo.zi.tɪf]: *Positivist* [po.zi.ti.ˈvɪst]
  Journal [ʒʊʁ.ˈnɑːl]: *Journalist* [ʒʊʁ.na.ˈlɪst] und dergleichen. mehr.

[149] *Hybrid*, wenn man von der Prämisse einer kanonisch geltenden Struktur (hier: dem Trochäus) ausgeht.

In diesem Sinne sind die Muster der komplexen Wortformen im Deutschen systematischer zu durchforsten, als das im Rahmen einer solchen einführenden Darstellung möglich ist.[150]

Was als durchgängiges argumentatives Muster dieser Analysen festzuhalten bleibt: die Fundierung der Analyse ist in *paradigmatischen* Strukturen begründet. Das gilt so insbesondere für die Grundkategorien (s. Kap. 6) der prominenten, nicht-markierten, Reduktions- (und eventuell noch: der *erweiterten* Reduktions-) Silbe. Es ist die Grundannahme dieser Analyse, daß das Wissen um bestimmte strukturelle Möglichkeiten (die hierarchisch geordnet sind) gegenüber einer weniger strukturierten anschaulichen Vorgabe durchgehalten wird, solange es als *reichere* Strukturierung mit dieser verträglich ist und nicht in Widerspruch dazu steht. So ist die zweite Silbe auch bei einer Explikation [lɑʊfən] eine Reduktionssilbe, obwohl ihr Kern vokalisch artikuliert ist, weil diese Silbe auch mit einem konsonantisch artikulierten Kern möglich ist [lɑʊfn̩]. Und es handelt sich um eine Reduktionssilbe, obwohl der Anfangsrand konsonantisch artikuliert ist - weil paradigmatisch der Zusammenhang zu hiatischen Formen wie [geːn̩] / [geːən] besteht - im fließenden Übergang zu integrierten Formen wie [geːn]. Entsprechend hat die prominente Silbe (im Gegensatz zu allen anderen) die obligatorische Kontur

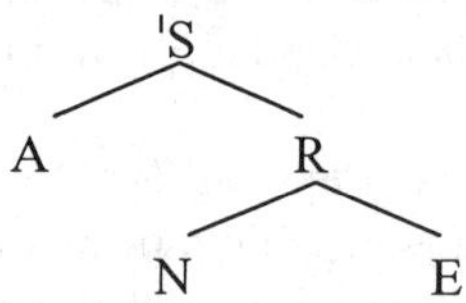

nur in Hinblick einerseits auf distributionelle Beschränkungen, wie deren notwendig belegten E im absoluten Auslaut - andererseits artikulatorische Sonderbedingungen wie den festen Anschluß an den Konsonanten im folgenden Anfangsrand bei medial nicht belegtem Endrand und folgender Reduktionssilbe:

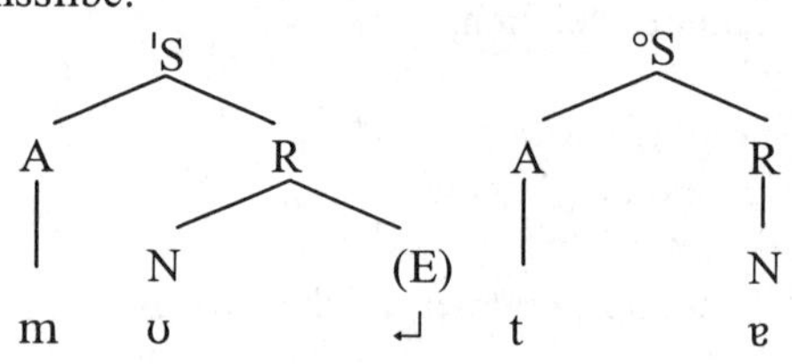

---

150 Siehe etwa Wiese (1995).

Damit ist im übrigen auch ein negatives Grenzsignal für ein Wort im Deutschen definiert: Ein Vokal im festen Anschluß (V ↲ K) kann zwar an einer Silben- aber nie an einer Wortgrenze stehen.

Die Strukturmerkmale der ersten Artikulation artikulieren insofern eben tatsächlich die der zweiten. Das gilt so insbesondere für die Grenzmerkmale der prominenten Silbe. Die Erweiterung der prominenten Silbe um einen Vorschlag (=/ʃ/) markiert immer auch eine Morphemgrenze, vgl. *bestimmen, bestieren* (zu *stieren*, "starr blicken"):

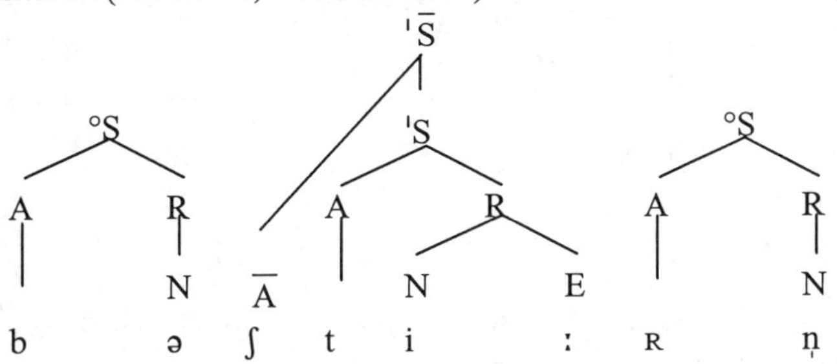

bestieren (morpholog. be+stier+en)
aber *Klistier, justieren* usw.

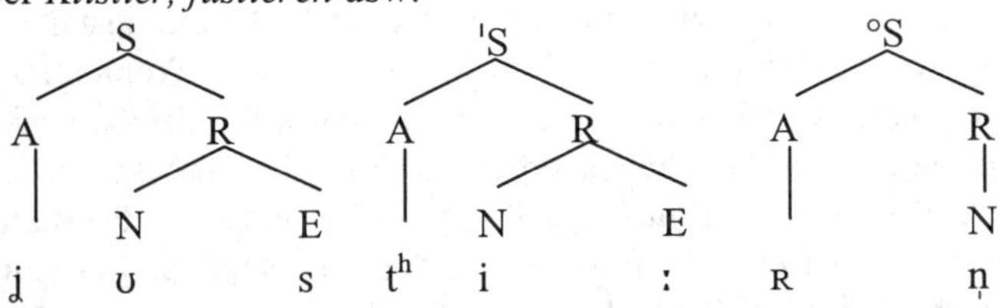

Insofern bildet dieser Vorschlag zwar eine Erweiterung der (prominenten) Silbe, erweitert aber in gewisser Hinsicht nicht deren strukturelle Ausbaumöglichkeiten, da er nicht in jeder Nute möglich ist, in der eine prominente Silbe auftritt, sondern nur am (linken) Rand eines Morphems (und damit auch: eines Worts). Bei einer weitergetriebenen Modellierung wird man diesen Vorschlag also nicht zum kanonischen Silbentyp rechnen, sondern ähnlich wie oben beim metrischen Auftakt ihn "überlesen". Mit einer ähnlichen Notation wie da kann ich ihn wieder mit < > "ausklammern"[151] und strukturell

---

[151] In den neueren Darstellungen werden entsprechend solche Elemente in Hinblick auf die kanonische Silbenstruktur als *extrasyllabisch* bezeichnet. Die Terminologie ist leicht mystifizierend, da diese Elemente ja sehr wohl syllabiert sind. Wenn klar ist, was damit gemeint ist, gibt es selbstverständlich keine Probleme. Ich benutze diese Terminologie im folgenden aber nicht - ebensowenig wie die analoge von *extrametrischen* Elementen bei den oben behandelten *Auftakten*.

der entsprechenden Einheit der zweiten Artikulation (hier notiert *M* wie Morphem) zuordnen.

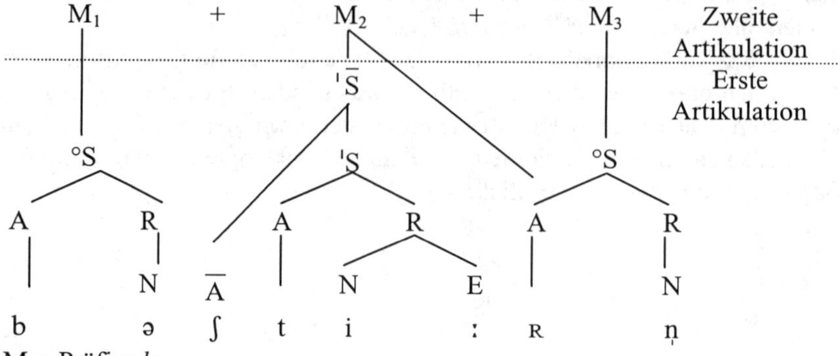

M_1= Präfix: *be-*

M_2= Stamm: *stier-*

M_3= Suffix: *-en*

Eine solche Darstellung macht vor allem auch die Inkongruenz der Segmentierung auf den beiden Artikulationsebenen deutlich.[152]

Auch hier zeigen sich übrigens wieder in (dialektalen) Formen der Umgangssprache weitergehende Integrationen in das metrische Grundmuster - zu Lasten komplexer werdender silbischer Vorschläge. In den synkopierenden südlichen Aussprachevarianten finden sich statt solcher silbischer Auftakte komplexere konsonantische Vorschläge, deren strukturelle Analyse den argumentativen Rahmen dieser Einführung allerdings überschreitet: das metrische Muster dieser Formen ist jedenfalls wieder der Trochäus wie bei bairischen Formen wie *bestieren* [pʃtiʀn̩], alemannischen [pʃtiːʀə],

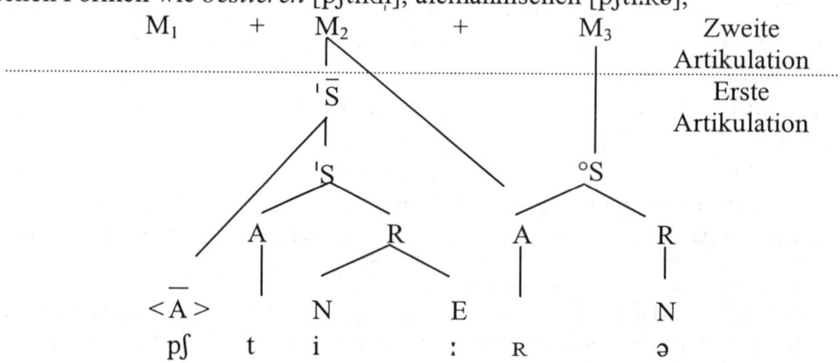

[152] Das Suffix *-en* ist keine "Endsilbe" - die schulgrammatisch leider übliche Terminologie mystifiziert die Analyse nur noch zusätzlich!

Solche komplexen Silbenränder, die gegen die Sonoritätshierarchie im Aufbau der Silbenstruktur verstoßen und die daher traditionell (etwa von Sievers) als "Nebensilben" bezeichnet werden, sind in den Sprachen der Welt ausgesprochene Ausnahmen, siehe dazu auch T 1.

Spiegelverkehrt zu dieser positiven Grenzmarkierung der prominenten Silbe und damit der Markierung einer Morphemgrenze fungiert im übrigen die oben in Kap.7.1. angesprochene negative: Dadurch, daß die Opposition /s:z/ auf den Anfangsrand einer Reduktionssilbe beschrängt ist (in fremdorientierter Aussprache auch in unmarkierten Silben [be.sa.ˈʀɑː.bjən] *Bessarabien*, [ˈbɛ.sɪ.mə] *Bessemer* (neben [ˈbɛ.sə.mɐ] u.a. hier nach Mangold) - die Beibehaltung des fremdwortlichen [s] im A der prominenten Silbe außerhalb der Hochlautung steht: [ˈsɛntwɪtʃ] *Sandwich* (wohl auch nur mit dem bilabialen [w] des Englischen statt der adaptierten Form [ˈzɛntvɪtʃ]).

Nur scheinbar symmetrisch zu den Komplikationen des Anfangsrandes stellen sich die des Endrandes dar, die daher auch in Kap. 7.2. noch nicht behandelt wurden. Der Endrand ist im absoluten Auslaut (als Wortende) zugleich die Nute, in der die Flexionsmarkierungen stehen, soweit sie nicht mit einer eigenen Silbe (Reduktionssilbe mit [ə]) artikuliert werden. Dadurch können zu beliebigen Stammausgängen (d.h. eventuell komplexen Endrändern) noch konsonantische Segmente hinzutreten, die (Flexions-) Morphemstatus haben, insbesondere[153]

-s	*nominal*:	Genitiv und Plural
-t	*verbal*:	Personalendung der 3.SG u. 2.PL, Markierung des Partizips II (bei schwachen Verben)
	nominal:	zum Teil in der Wortbildung
-st	*verbal:*	Personalendung der 2.SG Superlativsuffix
	nominal/adj:	zum Teil in der Wortbildung
	nominal:	
-ʃ	*adjektivisch*:	als regionale Variante von *-isch*, etwa [bœnʃ] *bönnsch* als ADJ zu *Bonn*

Silbische Erweiterungen (im trochäischem Metrum) bilden in der Flexion insbesondere:

- -[ə]:
  nominal: • PL, DAT SG (≠ F)
  verbal: • 1.SG IND + 3.SG KONJ

[153] Beispiele als Übungsaufgabe

- -[ən] beziehungsweise -[n̩]:
  nominal: • PL + obliquer Kasus („schwache Deklination")
  • DAT PL sonst
  verbal: • 1. + 3.PL
  • Partizip II
- -[əm] beziehungsweise -[m̩]:
  nominal: • DAT SG (≠ F)
- -[əʁ] beziehungsweise -[ɐ]:
  nominal: • NOM SG M („starke Deklination" d. ADJ)
  • Komparativ
- -[əs]:
  nominal: • GEN SG (≠ F)
- -[əst]:
  Variante von [st], s.u., unter bestimmten phonotaktischen Bedingungen [bɪndəst] 2 Sg., nicht *[bɪntst] zum Stamm *bind-*
- -[ənt]:
  verbal: • Partizip II

Eine Reihe dieser Erweiterungen dient auch zur Bildung erweiterter Stämme (Wortbildung), vgl.: *gut* : *Güte*, *ḅacḳen* : *Bäcker* u. dergleichen. Charakteristisch für die Wortbildung sind aber im Anfangsrand stabilisierte Silben zur Artikulation der entsprechenden Morpheme, etwa die Diminutive *-lein*, *-chen.*

Aus solchen Erweiterungen resultieren analog zum Wort- (beziehungsweise Morphem-) Anfang überkomplexe Endränder, die insbesondere auch der Sonoritätskontur nicht mehr entsprechen müssen: (*du*) *läufst*, *Herbst* und mit zusätzlicher Genitivmarkierung *Herbsts* usw. Sie können hier mit der gleichen ausklammernden Notierung als <E> notiert werden:

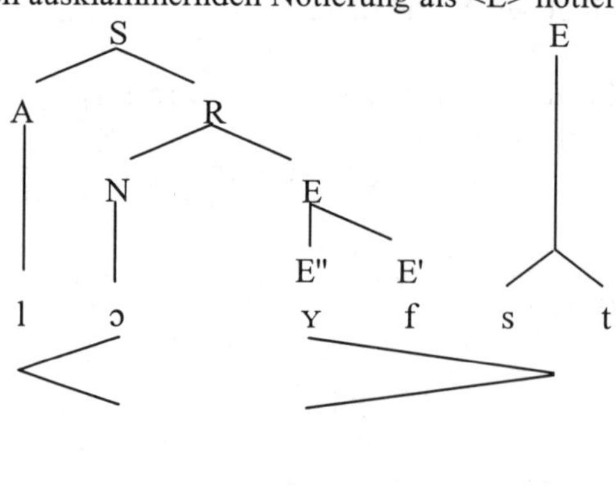

läufst
Sonoritäts-
kontur

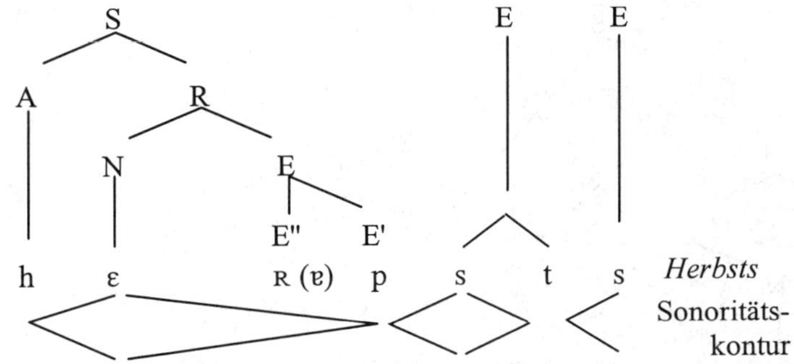

Auch Formen wie [maest] *meist* sind aufgrund des paradigmatischen "Strukturzwanges" (vgl. *schnell+st*) noch so zu interpretieren, obwohl *mei+st* morphologisch dubios erscheint. Problematischer ist es aber bei den nicht mehr produktiven Wortbildungsstrukturen (**Herb+est*, vgl. engl. *harvest*, *Obst*< **Ob+est* „das oberste", also etymologisch betrachtet das, was bei der Mahlzeit zuletzt kommt: die Nachspeise unddergleichen.). Hier bleibt unter Umständen nur (auf der Basis der relativ seltenen Fälle) die Notlösung von lexikalisch markierten Ausnahmen. Bei den flexivisch genutzten Elementen ist dagegen auf der Ebene der zweiten Artikulation deutlich, daß sie nicht zur prominenten Silbe (gegebenenfalls der betonten Stammsilbe) sondern zum ganzen Wort als "Nachschlag" gehören, aber dann phonologisch in die prominente Silbe integriert werden.

läuf- } -st
ver+läuf- }
Herbst- } -s
Vorherbst- }

Der Aufbau dieser Strukturen ist ganz analog zu dem oben zum linken Rand grammatischer Einheiten Festgestellten, wobei hier allerdings auch in der Hochlautung (nicht nur in dialektnahen Formen der Umgangssprache wie dort) die Nachschläge {E} selbst zyklisch erweitert werden können: als Ausbau der Silbenstruktur (also nur auf der Ebene der ersten Artikulation betrachtet:

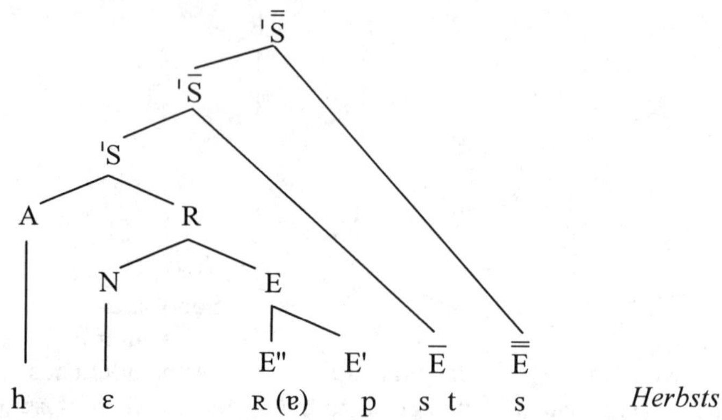

Mit entsprechendem Rückgriff auf die Ebene der zweiten Artikulation betrachtet:

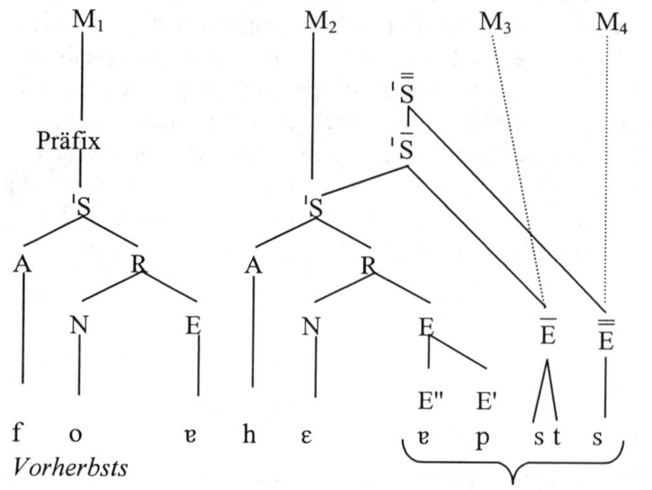

Die Wortbildungsanalyse mit einem Element M_3 ist hier nur pro forma angeführt - synchron ist sie nicht zu rechtfertigen. Auf der Ebene der zweiten Artikulation ist schließlich noch gegenüber der Morphemkette $M_1 + M_2$ (+ M_3) + M_4 die hierarchische Wortstruktur notiert: mit der Komposition M_1 + ($M_2 + M_3$) im Stamm gegenüber der flexivischen Erweiterung M_4.

Wie stark im Deutschen die Integrationspotentiale des Endrandes sind (als Merkmal einer stark [endungs-]flektierenden Sprache), zeigt sich daran, daß in dynamischer Sicht diese komplexen Strukturen ja durch Synkopen aus

Reduktionssilben entstanden sind, s.o. *Obst* < **Obest*, *Herbst* < **Herbest* und dergleichen.

Auf der anderen Seite gibt es einen „Filter“ gegenüber wenig binnendifferenzierten solchen komplexen Endrändern: Ein koronaler E kann nicht an einen selbst koronalen E treten:

Stamm	1SG	2SG	3SG
kɔm-(*komme*)	kɔ.mə	kɔmst	kɔmt
ABER:			
ʀɛt- (*retten*)	ʀɛ.tə	ʀɛ.təst	ʀɛ.tət
bɪnd- (*binden*)	bɪn.də	bɪn.dəst	bɪn.dət

In diesem Sinne werden aber auch die überkomplexen E-Erwei-terungen oft aufgebrochen: *Herbstes* neben *Herbst*. Bei fester Reduktionssilbe im Stamm (d.h. einem trochäischen Stamm) führen solche flektivischen (oder auch derivativen) Erweiterungen dazu, daß diese *wortfinalen* Segmente in den End-rand der Reduktionssilbe integriert werden müssen (s.o. Kap. 8):

	1SG	2SG
schummeln:	'ʃum.lə	'ʃuml̩st ('ʃu.məlst)
hindern:	'hɪn.dʁə	'hɪn.dɐst ('hɪn.dəʁst)

Das macht deutlich, daß es sich hier um Erweiterungen der *Wortkontur* handelt, nicht um spezifische Strukturmuster der Silben: außer am Wortende (und mit entsprechender Morphem-grenze) sind solche Strukturen bei Reduktionssilben (anders als jedenfalls synchron bei prominenten Silben, s.o.) nicht möglich.

Solche Komplikationen ergeben sich vor allem bei den oben angesprochenen Formen mit komplexeren Akzentmustern. Eine Form wie *Jüngling* ['jʏŋ.lɪŋ] ist im Sinne von oben als trochäisch ('S S) zu analysieren, wobei der schwache Takt durch eine erweiterte Reduktionssilbe gebildet wird. Eine flexivische Erweiterung der Form, etwa der Plural *Jünglinge*_['jʏŋ.lɪŋə] ist aber sicher nicht einfach daktylisch ('S - S - S) - die mittlere Silbe ist relativ zur letzten (Reduktions-) Silbe stärker (sie kann ja auch nicht weiter – also unsilbisch – reduziert werden). Das ist noch deutlicher bei Formen, die bei ähnlicher Wortbildungsstruktur eine rhythmisch alternierende Kontur aufweisen, bei der zweifellos ein Nebenakzent vorliegt: *Schmetterlinge* ['ʃmɛ.tɐ.ˌlɪ.ŋə] - die von der Betonung her nicht von Komposita wie *Gartenlaube* ['gaʁ.tn.ˌlao.bə] zu trennen sind.

Hier zeigt sich nun doch ein Unterschied zwischen [ə] und [ɐ] auf der einen, und [ɪ]und [ʊ] auf der anderen Seite - quer zu der Ausgliederung einer inneren Schicht II [ɪ, ɐ, ʊ] der "erweiterten Reduktionssilbe" von Kap. 10.

Bei den neueren Arbeiten zur Phonologie des Deutschen, die von "unten nach oben" argumentieren wird dieser Unterschied als einer *Betonbarkeit* definiert - beim Wechsel der Betonung im Paradigma können auch Nebenakzente nun auf den durch [ə] und [ɐ] artikulierten Silben liegen. Im Rahmen einer systematischeren Analyse der Betonungsverhältnisse im Deutschen müssen diese Zusammenhänge (und damit auch die Frage einer "erweiterten Reduktionssilbe") nochmals betrachtet werden.

10.1. Ergänzender Kommentar

E 1: Wortkontur und Orthographie

Die Orthographie nimmt diese Konturierung auf: Nur die prominente Silbe (in der Regel in Bezug auf die zweite Artikulation: die betonte *Stamm*silbe) hat als Gegenstück Sondergraphien wie Schärfung und Dehnung - das ist im übrigen wohl die Grundlage für die mystifizierend verklausulierte Einsicht der älteren ganzheitlichen (wortbildorientierten) Schreib-Lese-Didaktik, die bei solchen graphischen *Signalgruppen* davon sprach, daß sie dem Wort "eine Mitte" geben (so etwa bei Kern).

10.2. Typologischer Kommentar

T 1: Silbische Vorschläge („Nebensilbe")

Die Erweiterung der prominenten Silbe um eine "Nebensilbe" schafft eine phonetisch labile Struktur, wie sowohl der Sprachvergleich zeigt, der diese Strukturen als Ausnahmen erweist, wie insbesondere auch ihr Abbau in der Sprachentwicklung. Das läßt sich schon an den verschiedenen Entwicklungen lateinischer Lehnwörter zeigen, die eine ähnliche Struktur aufweisen (mit einem [s] - Vorschlag). Die romanischen Sprachen haben zumeist aus der Nebensilbe eine reguläre Silbe gemacht lat. SCOLA > span. *escuela*, im Franz. dann weiter mit dem Abbau des frikativen Endrandes zu *école*; das Deutsche hat über ein Stufe s>ʃ im Vorschlag (wie sie auch das Portugiesische hat) diesen in den Anfangsrand integriert, indem die Sonoritätskontur dort dadurch "regularisierte", daß der Verschluß in A zunächst frikativ wurde (mit Folge [ʃx/sx] wie sie noch die westfälischen Mundarten und das Niederländische aufweisen) und schließlich beide Frikative assimiliert wurden.

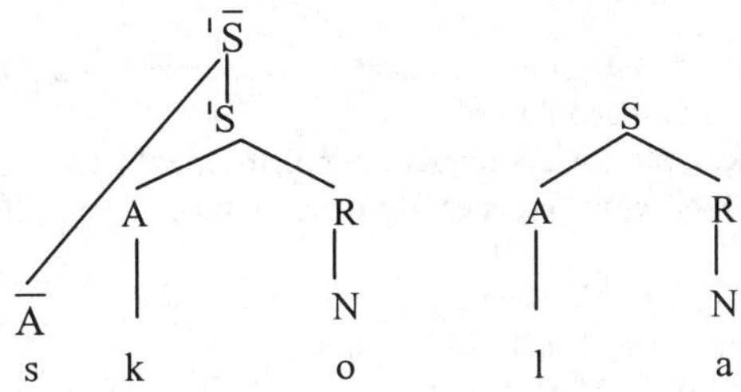

Spät-
Lateinisch
skola

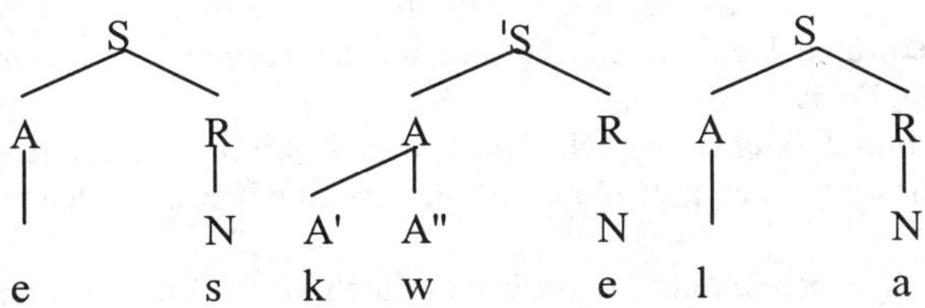

Span.
escuela

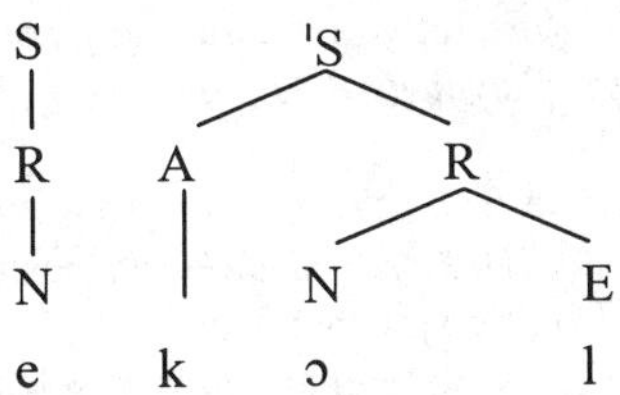

Französisch
école

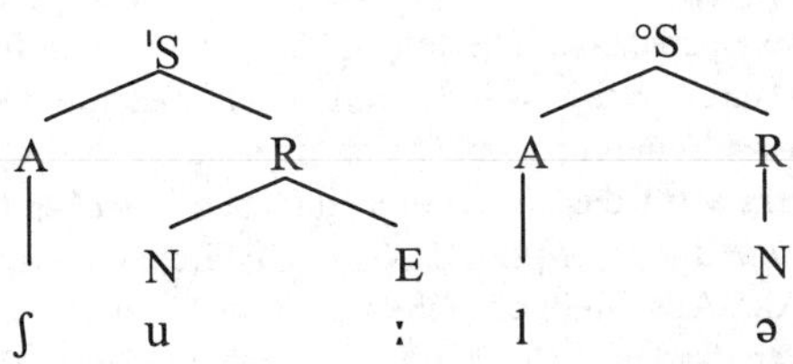

Deutsch
Schule

Bemerkung zum Verständnis der romanischen Entwicklung:

Die alt- / klassisch-lateinische Opposition von Lang- versus Kurzvokalen ist in den romanischen Sprachen nicht fortgeführt worden. Daher fehlt die entsprechende Markierung des Vokals in diesem Beispiel (lat. *scola* [skoːla]).

10.3. Übungsaufgaben

1) Suchen Sie Beispiele zu den angegebenen morphologischen Nutzungen silbischer Erweiterungen bzw. Erweiterungen des Endrandes!

2) Stellen Sie Wortformen mit überkomplexen Endrändern in einem Spiralmodell dar. Schließen Sie evtl. Nebensilben (mit einer eigenen Binnenstruktur!) in eine Spiralwindung als „Erweiterung" ein!
a) *stieren*: Kern der Wortform ['tiːʀn̩] + „Vorschlag" [ʃ],
b) *Herbsts*: Kern der Wortform ['hɛɐp] + „Nachschlag" [sts],
c) *strebst*: Kern der Wortform ['tʀeːp] + „Vorschlag" [ʃ] + „Nachschlag" [st],

3) Bilden Sie die Pluralformen zu den folgenden Wörtern (Singular- und Pluralform in Transkription). Überprüfen Sie die metische Struktur der Formen: *Auto, Bote, Boot, Koffer, Rose, Tag, Rohr.*

4) Zu *Moslem* sind zwei Pluralbildungen üblich: *Moslems* und *Muslime*. Analysieren Sie die Wortstruktur dieser Formen in Hinblick auf ihre paradigmatische Integration!

5) $ Das Deutsche ist im Kernbereich des Wortschatzes durch einen festen Wortakzent bestimmt. Dieser bleibt in der Regel auch bei Ableitungen fest, auch wenn er nicht intial ist: Er bleibt also auf einer (festen) Silbe (gezählt vom Wortanfang her), z.B. auf der zweiten wie bei *Berlin (BerLIN), vgl. Berliner (BerLIner), Berlinerisch (BerLInerisch)* u.ä.
a) Überlegen Sie, ob man bei Wörtern der Peripherie (sog. „Fremdwörtern") wie *Doktor (DOKtor),* Plural *Doktoren (DokTOren), Doktorin (DokTOrin)* usw. nicht doch auch von einer festen Position des Akzentes sprechen kann.
b) Gibt es über die im Text genannten Fälle auch im Kernbereich des Wortschatzes den Akzentwechsel bei Ableitungen?

6) $ Bei vielsilbigen Wörtern mit mehreren nicht-reduzierten Silben gibt es, wie im Text angedeutet, eine Tendenz, sie durch Nebenakzente mit einer mehrfüßigen Kontur (also wie bei Komposita) zu artikulieren, wobei sich dann auch die Anschlußverhältnisse einstellen. Verstärkt wird das u.U. durch daneben bestehende Kurzwörter. Überprüfen Sie das bei: *Limonade, Abitur, Lokomotive.* Geben Sie eine Transkription mit der Markierung der Anschlußkorrelation (s. Kap. 8).

7) $ In manchen Phonologieeinführungen finden sich „Minimalpaare" von der Art *Heroen / Heroin* (feminine Form zu *Heros / Heroe*). Sind die beiden Formen als minimale Kontraste vergleichbar?

8) $ Bei einer Prüfung zum Thema *Wortarten* spricht eine Kandidatin von einer ['haʊpt.vɔʁt.ˌʔaʁt]. Interpretieren Sie diese Akzentuierung!

9) $ Rekonstruieren Sie Veränderungen in der Wortkontur vom Altdeutschen zum Neudeutschen (mit einer nur schematischen Angabe der Silbenstruktur) nach dem Muster der ersten Zeile! Charakterisieren Sie in Stichworten die Veränderung:

ALT	NEU	ERKLÄRUNG
gasti „Gäste“	g ɛ s t ə	Schwächung der unbetonten Silbe/ Umlaut
abbət „Abt“		
wurmi „Würmer“		
obəs(t) „Obst“		
kruo̯gi „Krüge“		
fremədə „fremd“		
apfuli „Äpfel“		

11. Wort- und Satzphonetik (zum Problem der sogenannten „Explizitformen“)[154]

1. Wie in den Arbeiten zur Phonologie des Deutschen üblich sind die hier entwickelten Strukturen des Wortes definiert für Explizitformen, deren Problematik schon wiederholt angesprochen wurde (s. Kap. 3 und besonders Kap. 5): Diese Formen werden in der Regel nicht im spontanen Gespräch verwendet (sie sind nicht auf einer Tonbandaufnahme zu hören), sondern sie sind gewissermaßen „ideale“ Formen. Andererseits handelt es sich aber auch nicht um erfundene Formen, sondern sie gehören zum Sprachwissen und sie können auch in kritischen Situationen (zur Verdeutlichung des Gesagten) realisiert werden. Auf einer methodischen Ebene ist es offensichtlich von Vorteil, die Explizitformen auch einer Beschreibung des empirisch Beobachtbaren zugrundezulegen: gesprochene Sprache ist durch eine große Variabilität charakterisiert, die perspektivisch in einer idealen Fluchtlinie auf die Explizitformen hin in eine gewisse Ordnung zu bringen ist, wie sie in den Arbeiten, die sich diesem Gegenstand widmen, auch dargestellt wird (s. E 1).

Einem solchen methodisch-pragmatischen Umgang mit den Explizitformen steht nun aber vor allem im schulischen Kontext ein normativer gegenüber, bei dem vor dem Hintergrund der verinnerlichten schulischen Normen das Verhältnis von emprisch beobachtbaren und idealisierten Formen umgedreht wird: Nicht die Explizitformen erscheinen als das Sekundäre, sondern die alltägliche Sprachrealität erscheint als das Abgeleitete, wenn nicht sogar als das Abweichende (im schulischen Kontext oft auch: als *falsch* Stigmatisiertes). Die Auseinandersetzung mit diesen Bewertungsfragen ist nicht Gegenstand dieser Einführung (s. dazu schon

---

[154] Dieses Kapitel hat eine andere Struktur als die vorhergehenden - sein Gegenstand liegt gewissermaßen quer zu dem bisher behandelten. Es dient zu einer Vergewisserung des Zugangs zu phonetisch-phonologischen Fragen, soll deren Gegenstand also sehr viel konkreter, "alltagsnaher" faßbar machen; es ist in der Argumentation aber abstrakter, auf einer noch sehr vorläufigen Form als "Modellierung" (s. Kap. 13) angelegt. Das Kapitel geht auf einen Vortrag zurück, den ich am 11.06.1997 an der Universität München gehalten habe. Den Diskussionsteilnehmern habe ich für Anregungen zu danken, insbesondere Theo Vennemann, H. G. Tillmann und K. Ehlich.

Kap. 2). Hier ist es nur wichtig, unabhängig davon, ob das unter pragmatisch-methodischen oder unter normativ-sprachpflegerischen Gesichtspunkten geschieht, verschiedene Ebenen der sprachlichen Variation zu trennen, auf denen eine Differenz zur „Hochlautung“ der Explizitformen definiert ist, um so den genauen Ort der bisher durchgeführten Analysen zu bestimmen.

Zumindest zwei Dimensionen der Variation sind analytisch strikt zu trennen: Eine gewissermaßen *sprechphysiologische* und eine *sprachsystem*bezogene.

Die sprechphysiologischen Zusammenhänge sind oben in Kap. 3 schon mit der Modellierung der spachlichen Artikulation als Aufwand angesprochen worden, der die Differenz zur undifferenzierten Artikulation herstellt. Diese undifferenzierte Artikulation, ein unbestimmtes Murmelgeräusch, wird im folgenden als [əːːː] dargestellt.

Jede Äußerung kann durch ihre Distanz zu diesem undifferenzierten [əːːː] dargestellt werden. Diese Distanz spannt offensichtlich ein Kontinuum auf, das nahezu beliebige Zwischenschritte erlaubt, die dem entsprechen, was in der „satzphonetischen“ Variation zu beobachten ist. Das Beispiel einer „reduzierten“ Artikulation [ham] (entsprechend der Explizitform [ˈhɑː.bən] *haben*) ist schon früher diskutiert worden. Solche Formen lassen sich auf einer Skala der „Reduktion“, also der Nähe zum [əːːː], anordnen, die unter Bedingungen extrem schnellen („allegro“) und gleichzeitig wenig normkontrollierten Sprechens, noch reduziertere Formen zeigen kann, also etwa:

[əːːː]..[m̩].[ʰm̩]..[ʰəm]..[ʰɐm].. [ham̩]..[hɑːm̩].. [hɑː.bm̩].. [hɑː.bən]
MIN ⟵――――――――――――――――――――⟶ MAX
zunehmende artikulatorische Distanz (Aufwand)

2. Die bisher entwickelten phonologischen Strukturen des Deutschen bilden gewissermaßen die Randbedingungen für eine solche umfassendere Analyse. Das gilt insbesondere für die:

A. Akzentuierung
Die Akzente sind Teil der prosodischen Artikulation einer Äußerung. Das Deutsche hat einen *Druckakzent*, der Äußerungen durch *Hebungen* in *Takte* gliedert. Die Senkungen sind den Hebungen untergeordnet - sie dienen als Kontrastfolie, können aber auch fehlen (*Katalexe* - mit „kompen-

satorischen" Artikulationsformen: Pause in der Senkung, „Dehnung" der Silbe, die die Hebung artikuliert und dergleichen, s. Kap. 4).

B. Wortprosodie

Anders als in vielen anderen Sprachen hat das Deutsche wortgebunden eine *virtuelle Wort-Prosodie*:

- Diese bestimmt die „Einsetzbarkeit" der Wörter zur Artikulation eines Satzes: nur wortprosodisch prominente Silben können eine Hebung im Satz artikulieren (aber nicht jede wortprosodisch prominente Silbe muß als Hebung im Satz artikuliert werden: Die tatsächliche Akzentuierung ist eine Frage der Satzprosodie);
- Als „Hyperrealisierung" findet sich die Wortprosodie, wenn ein Wort alleine eine Äußerung artikuliert (solche „Explizitformen" sind in der Regel der Gegenstand wortphonologisher Darstellungen). Besonders bei Einsilblern führen solche Hyperrealisierungen aber auch zu prosodischen „Verzerrungen" („Hans !" [hɑ:.ans↓], also prosodisch als Trochäus „aufgebaut", s. Kap. 5).

C. Silbenstrukturen als Wortprosodie.

Auf der Wortebene (lexikalische Kodierung) wird die Wortprosodie durch unterschiedliche Silbentypen artikuliert. Die Grundstruktur beruht auf den bereits definierten Silbentypen (s. Kap. 6):

I. prominente Silbe: *'S*
II. nicht-prominente, nicht reduzierte Silbe: *S*
III. Reduktionssilbe: *°S*

Hinzu kommt:

D. Satzphonetik im engeren Sinne: *Sprechtempo und Monitoring*[155]. Für eine satzphonetisch fundierte phonologische Grammatik sind Stufen zu differenzieren, die in mehreren Dimensionen definiert sind, zumindest:

- nach dem Sprechtempo (im folgenden *lento*, *allegro*, *presto* und *prestissimo*),
- nach dem Grad der Selbstkontrolle (Monitoring).

3. Sprachliche Formen sind aufgrund des artikulatorischen Aufwandes distinkt, der verhindert, daß sie im Fluchtpunkt des artikulatorisch-perzeptiven Grenzwert [ə:::] verschwinden. Was verschiedene Formen ei-

[155] Hier als umfassender Terminus für alle Formen der Kontrolle ("Überwachung") verwendet, wie es auch im technischen Bereich üblich ist.

ner Sprache distinkt hält, wird im Lexikon kodiert (das ist es, was üblicherweise mit *Phonologie* einer Sprache bezeichnet wird). Die Satzphonetik legt fest, wie diese Struktur in der Äußerung „realisiert“ wird (definierbar auf der Skala der Nähe zum [ə:::], s.o.).

Dabei gibt es eine gewisse Interdependenz von Sprechtempo und Monitoring als Steuerungsfaktoren: Monitoring sichert die distinkte Artikulation, die mit zunehmendem Sprechtempo eine größere Anstrengung verlangt (nur geschulte Sprecher können wohl auch *allegro* und vielleicht sogar *presto* distinkt sprechen).

Die distinkte Aussprache ist es, die in der Literatur meist auch als die von *Lento*-Formen bezeichnet wird. Der Zusammenhang von Tempo und Deutlichkeit zeigt sich z.B beim Zählen als Zeitmessung; wenn man keine Uhr zu Verfügung hat, gilt bekanntlich das Zählen mit den Zahlen *21, 22, 23* ... als Vorgabe eines Sekundentakts, daß heißt also Artikulationen wie [ˈʔaɪ.nʊn.ˌtsvan.tsɪç] - hier werden vier Silben in einem einsekundigen Takt artikuliert (entsprechend 240 Silben/Minute), in einem Sprechduktus, der erheblich langsamer (und deutlicher) ist als bei deutlicher, aber normaler Sprechweise, für die man von einem Tempo von 300-360 Silben/Minute ausgeht (s. etwa Meinhold 1973). Bei einem größeren Tempo stellen sich zwangsläufig Veränderungen der sprachlichen Form ein, von *lento* bis *presto*.

Extreme „Reduktionen“ finden sich im *Prestissimo*. Der obere Grenzwert der satzphonetischen „Realisierungen“ ist die Sicherung der lexikalisch kodierten Information über die Artikulation der Hebungen, d.h. mit der Reduktion der nicht-prominenten Silben wird die der prominenten (kompensatorisch) immer komplexer. Als entscheidend erweist sich hier, daß die optimale Kontrastkontur der Silbe A ↔ N (wobei N als R ausgebaut werden kann) für die Reduktionssilbe nicht konstitutiv ist.

4. Davon ist zu unterscheiden eine Variation zwischen Formen, die unter dem Gesichtspunkt des artikulatorischen Aufwandes keine Differenz zeigen (oder wo sogar die nicht-hochsprachliche Form einen größeren artikulatorischen Aufwand erfordert), vgl. etwa [vat] versus [vas] *was*, [dat] oder [dɛt] versus [das] *das*, [ʔɪk] oder [ʔɪ.kə] versus [ʔɪç] *ich* u.a.

Diese Variation liegt auf der gleichen Ebene wie die von *Samstag* versus *Sonnabend*, *Schlachter* versus *Metzger, Butter* versus *Anke* (bair.-alem. für *Butter*) u.a. - es sind regionale Varianten, die als Fluchtpunkt die Vielfalt ortsgebundener Dialekte als unterschiedliche sprachliche Systeme auf „deutschem Boden“ haben. Derartige dialektale Formen konkurrieren miteinander und werden allenfalls normativ auf eine Bewertungskala geschoben - sie gehören von der sprachlichen Beschreibung her zunächst zu verschiedenen Sprachsystemen. Die regionale Variation innerhalb des Deutschen wird im folgenden nur im Rahmen des Grobrasters von Kap. 2 angesprochen.

In der Umgangssprache wirken sich nicht nur dialektale Formen aus - die Sprecher reagieren auch auf die soziale Abwertung dialektaler Formen, indem sie diese zu vermeiden suchen. Dabei tun sie in ihrer Unsicherheit aber oft das „Falsche" und produzieren sogenannte *Hyperkorrektismen*. Im norddeutschen Raum wird entsprechend zum hdt. Phonem /g/ außer nach Konsonant verbreitet ein stimmhafter Frikativ gesprochen, dessen Artikulationsstelle von der vokalischen Umgebung gesteuert wird. Bei einer palatalen Realisierung [ʝ] besteht kein Unterschied mehr zu dem [ʝ] der Hochlautung: [ʝe:.bn̩] *geben* lautet dann genauso an wie [ʝɛts(t)] *jetzt* - der Versuch, diesen Regionalismus zu vermeiden, führt dann unter Umständen nicht nur zum normkorrekten [ge:.bn̩] sondern auch zu [gɛts]. Solche Formen können im sogenannte *Missingsch* (s. dazu E 3) durchaus eine gewisse Festigkeit bekommen, wie etwa das [gɛts] in der Umgangssprache des Ruhrgebiets.

Nun ist aber die Trennung dieser Ebenen nur analytisch möglich: schließlich sind ja auch die konkurrierenden dialektalen Formen doch auf der sprechphysiologischen „Trägheitsskala" definiert - und diachron auch zu erklären als Entwicklung unter solchen Randbedingungen (s. etwa oben Kap. 8.3.) zum regional unterschiedlichen Umbau der Silbenstruktur des „Quantitätenausgleichs"). So gibt es auch bei der prinzipiell gleichen „Reduktionsskala" für die Explizitformen im Deutschen regional unterschiedliche Sensibilitäten, wieweit solche Formen umgangssprachlich toleriert werden (normiert in der „gemäßigten Hochlautung" der Aussprachewörterbücher).

So läßt sich ganz allgemein sagen, daß komplexe Endränder einen großen Aufwand darstellen und daher insbesondere bei schwach oder gar nicht betonten Wörtern labil sind: Eine reduzierte Form [nɪç] statt [nɪçt] ist überall in Deutschland zu erwarten. Aber im großen und ganzen läßt sich sagen, daß die norddeutsche Umgangssprache derartige Endrand-Reduktionen im größeren Ausmaß kennt als die süddeutsche: Reduktionen zweisilbiger Formen zu einsilbigen nach dem Muster des schon angesprochenen *haben* [hɑm] sind im Norden relativ regulär, während sie im Süden eher als markiert gelten (beziehungsweise nur als extreme allegro-Formen vorkommen), hier finden sich zum Teil andere "Reduktionsformen", die das trochäische Muster bewahren, etwa im südwestlichen Raum (auch im Hessischen), wo sich die silbischen Nasale nicht finden: [hawe]. Die Reduzierbarkeit wird zum Teil auch von lexikalischen und grammatischen Kriterien gesteuert: Seltene „Fremdwörter“ werden nicht oder nur minimal reduziert im Gegensatz zu häufigen Funktionswörtern; die maximale Reduktion findet sich bei Artikeln und Pronomina, für die ja auch nicht die paradigmatische Achse der trochäischen Wortkontur gilt; sie findet sich aber auch beim Partikelgebrauch von Wörtern wie *eben*, in der Bandbreite etwa von [ʔeː.bən] : [(ʔ)eː.bm̩] ..[eː.m̩] .. [eːm] . Charakteristischerweise bewahren süddt. Regionalismen häufiger als norddt. vokalische „Spuren“ konsonantischer Schwächung im Endrand, vgl. zu hd. *mal* im Norden [ma] (*komm mal* lautet dann als Folge von zwei offenen Silben [ˈkɔ.ma]), im Süden (im bairischen Dialektraum, etwa in Wien) [mɔɪ][156]. Insofern können sich die Markierungen der sprechphysiologischen und der regionalen Variation überlagern.

Besonders das Auftreten des Schwa unterliegt regionalen Präferenzen (s. den Anhang zu Kap. 9). Während es auf der einen Seite im Süden und an der Küste weitergehend apokopiert wird als im nördlichen Binnenland, tritt es im Südwesten komplementär zu den dort seltenen silbischen Nasalen auf (dort werden in Reduktionssilben die nasalen Endränder apokopiert, so daß die vokalischen Schwa-Nuklei als Artikulation der Senkung im (trochäischen) Fuß gestützt bleiben: *laufen* im Norden: [ˈlaʊ.fm̩], im Südwesten [ˈlaʊ.fə]. Diese Schwa-Realisierungen finden sich im Süden auch als Reduktionen anderer Formen in Senkungen, etwa der Konjunktion *und* wie bei Zahlen: einunddreißig [ˈʔɛɪ.nə.ˈd̥ʁɛɪ.sɪg̊].

5. Die so isolierten Dimensionen des Systems lassen sich in einem analytischen Modell veranschaulichen, mit [əːːː] als dem Null-Pol:

   Beobachtete Äußerungen sind zumindest auf jeder dieser Dimensionen zu bestimmen, bei denen allerdings unter Umständen Abhängigkeiten bestehen:

   - So ist es z.B. praktisch nicht (ohne phonetisches Training) möglich, extrem reduzierte (mit geringem Aufwand differenzierte) Formen lento zu

[156] Eine vorzügliche Materialbasis, mit der entsprechende Übungen zu basteln sind, bieten die bairischen Texte von H.C. Artmann, der in diesem Fall *moe* schreibt (*amoe* „einmal“, *zwaamoe* „zweimal“...); s. dazu und generell zum Problem solcher Graphien in der mundartlich orientieren Literatur, U. Maas, Orthographische Alterität. Über literarische Mundartgraphien, in: S. Heimann u.a. (Hgg.) *FS f. Rudolf Große,* Stuttart: Heinz 1989: 339 - 359.

reproduzieren. Das erklärt die Verblüffung der meisten Sprecher, wenn man ihnen entsprechende Formen vorspricht (sie bestreiten i. d. R., so zu sprechen, sie "hören" auch ihre eigenen Äußerungen auf dem Tonband nicht so und dergleichen),

- In der Dimension C sind sprachsystemische Differenzen vorgesehen: Sie sind im Prinzip unabhängig von den Dimensionen A und B (z.B. kann ja auch Dialektdichtung lento und extrem deutlich artikuliert vorgetragen werden). Je weiter dabei die Spezifizierung am Dialektpol erfolgt, desto größer wird dabei die (hier nicht dargestellte) systemische Differenz zwischen den Dialekten.

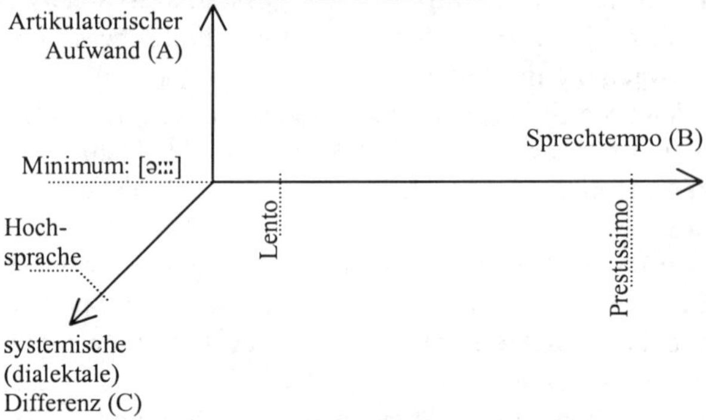

Diese Dimension ist selbst also komplex, könnte wie folgt in ein Pyramidenmodell (mit dem regionalen Sechsfelderschema von Kap. 2) differenziert werden:

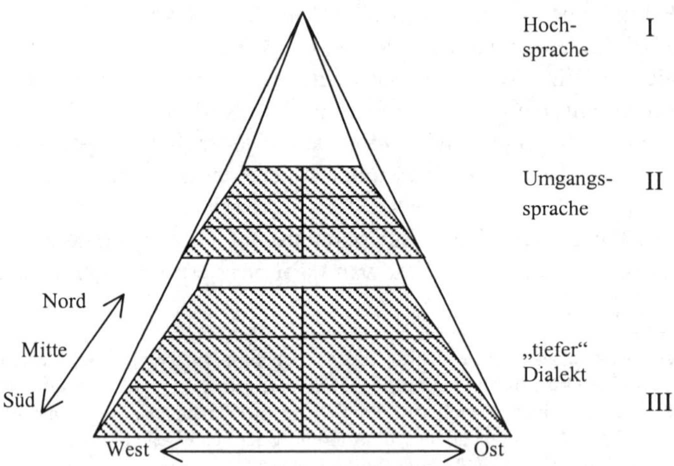

Die Extrempole bilden die lokal differenzierten "tiefen" Dialekte (III) und die einheitliche Hochlautung (I); dazwischen liegt die dialektal geprägte, aber regional ausgeglichene Umgangssprache (II).

Auf diese Weise lassen sich sprachstilistische Register als Ebenen in einem solchen Modell definieren (mit jeweils gewähltem [Orts-] Dialekt als Bezugspunkt), etwa als Flächen in dem dreidimensionalen Schema von oben darstellbar:

- z.B. Explizitform wie etwa *haben* [ˈhɑːbən]:

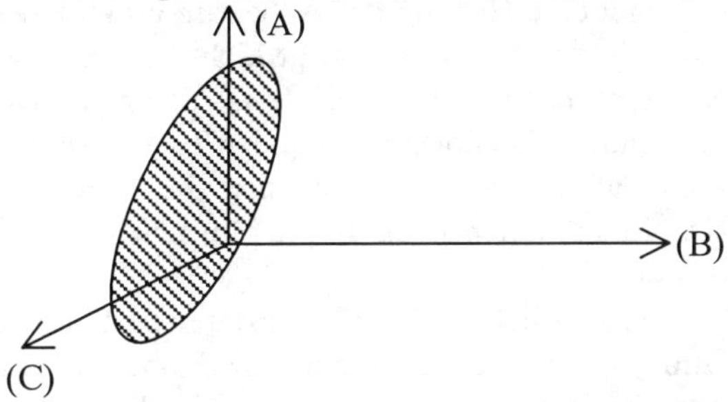

- oder in der saloppen, nördlich geprägten Umgangssprache *hast du mal* [ha.sə.ma]

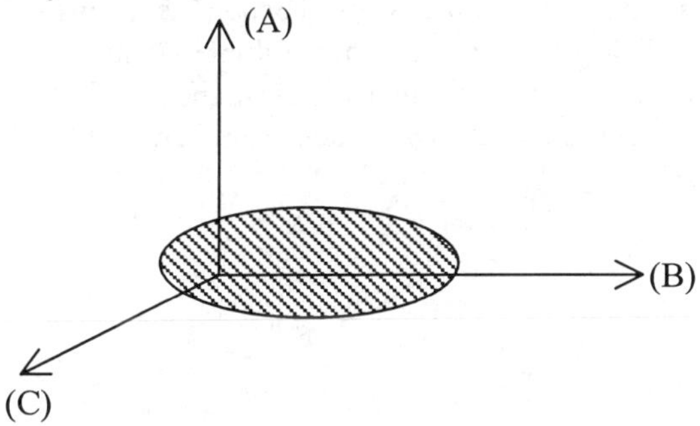

Die Schematisierung hat hier nur den Zweck, den Gegenstand phonologischer Beschreibung deutlich zu machen. Die in der Wortphonologie als unproblematischer "Normalfall" unterstellten Explizitformen lassen sich in einer solchen Modellierung als Extremfall verständlich machen: Sie sind nicht nur maximal hochsprachlich, maximal *lento* (im Gegensatz zur verbundenen Rede könnte man sie auch als *largo* bezeichnen), ihr maximaler Aufwand ist sprachökonomisch auf Einwortäußerungen kalibriert (daher oft auch die Rede von "Überlautierungen"), wie vor allem dann deutlich wird, wenn es sich um klitische Formen handelt: Als Explizitformen sind sie nicht möglich. Eine proklitische Form des bestimmten Artikels wie in *der Mann* [də ˈman] kann nicht als Explizitform [də] oder [dɐ] isoliert werden: für eine Explizitform gelten die minimalen Filterbedingungen für eine betonte Form, also insbesondere die Strukturen der prominenten Silbe: anstelle des Schwa [ə] erscheint hier wieder [eː],[157] das in Verbindung mit dem offenen Schwa als Öffnungsdiphthong artikuliert wird [ˈdeːɐ], homophon mit der entsprechenden Form des Demonstrativs beziehungsweise Relativs (die in der Regel eine Hebung der Äußerung artikulieren). Eine Transkription wie [ˌdeːɐ ˈman] *der Mann* zeigt nicht die Form des Artikels sondern ist synonym mit *dieser Mann.* [ˈdeːɐ] *der* , [ˈdiː] *die* usw. sind keine Artikelformen, sondern Demonstrative (oder auch Relative). Das Beispiel macht deutlich, daß die gängige Sichtweise, die Formen der gesprochenen Sprache als "Reduktionen" von Explizitformen sieht, die Verhältnisse auf den Kopf stellt.

Die Modellierung muß offensichtlich noch weiter differenziert werden. Der Ausbau (die Artikulation) einer Äußerungskontur im Sinne von Kap. 4 - 5 erfolgt für das lexikalische Wortmaterial sehr unterschiedlich: grammatische „Funktionselemente“ artikulieren i. d. R. keine Hebungen, erscheinen auch dann als „reduziert“, wenn das im gleichen Register für lexikalisch „volle“ Formen nicht gilt[158]. Die folgende Tabelle versucht in einem heuristischen Sinne, die verschiedenenen angesprochenen Gesichtspunkte zuzuordnen - die Übergänge zwischen den Registern sind dabei alles andere als trennscharf.

[157] Vergleiche auch die entsprechende Variation bei der Fokussierung einer Reduktionssilbe einer mehrsilbigen Wortform wie in *beladen* [bəˈlɑːdn̩] im Gegensatz zu *be- und entladen* [ˈbeː ˈʔʊnt ˈʔɛntˈlɑːdn̩].

[158] Die englische Phonetiktradition (und daran angelehnt neuerdings auch deutsche Arbeiten) spricht in diesem Sinne von „schwachen Formen“ (*weak forms*), was den irreführenden Eindruck eines lexikalischen Problems erzeugen kann.

	lento	*allegro*	*presto*
Tempo	langsam		schnell
artikulatorischer Aufwand	maximal		minimal
Domäne des Monitoring	morphologische Struktur (präferiert: Morphem und Silbe auf alinea)	segmentale Struktur als Filter	(Komplexe Artikulationen: wenig gefilterte Linearisierung der phonetischen Merkmale)
regionale Markierungen	weitgehend abwesend (= überregionale Hochsprache)		dialektal geprägte Markierungen
syntaktische Domäne der Reduktion	keine	Funktionswörter	Inhaltswörter
präferierte Nutzung	Vortrag / förmliches Gespräch	informelles Gespräch	informelles (saloppes) Gespräch

6. Im folgenden soll ansatzweise eine „satzphonetischen Grammatik" skizziert werden, die (noch) nicht empirisch mit einem solchen Stufenmodell verbunden ist, sondern nur die dabei infragestehenden Strukturvariationen expliziert.[159]

6.1. Zur Silbenstruktur bei Allegro- und Presto-Formen.

Eine phonologische Grammatik der Satzphonetik kann für die Darstellung von den Explizitformen ausgehen, um Regularitäten darzustellen: als deren satzphonetische *Reduktion* (der umgekehrte Weg, Explizitformen aus satzphonetischen „Reduktionsformen" zu entwickeln, scheint bis auf weiteres nicht gangbar - ist aber für die Forschung zur Spracherkennung die kritische Aufgabe!).

Die „Reduktion" der Explizitformen läßt sich in vier Stufen I bis IV beschreiben, die im folgenden skizziert werden. Aus Darstellungsgründen bediene ich mich im folgenden der metrischen *Fuß*-Schemata:

I. Die Silbenstruktur der Takte wird auf das Schema Hebung - Senkung reduziert (mit ˈS -°S als Fluchtpunkt).

II. Reduktion der Reduktionssilbe (Neutralisierung der paradigmatisch möglichen Kontraste); dabei ist E schwächer als A.

III. Schwund der Reduktionssilbe: Die Füße werden katalektisch (Schwund des Nukleus der Reduktionssilbe und „Absorption" ihres weiteren „segmentalen" Materials in die prominente Silbe). Hier sind weitere Stufen zu unterscheiden: Absorption bei ohnehin fehlendem

[159] Eine Reihe der Beispiele im folgenden entnehme ich Kohler (1977), der hier Pionierarbeit geleistet hat.

Anfangsrand und Absorption über eine Schwächung des Anfangsrandes (s. II).

IV. Reduktion der prominenten Silbe, vor allem im Endrand (Umbau zur offenen Silbe).

6.2. Metrische Reorganisation (Stufe I).

Für die Analyse sind *Sprechregister* im Sinne von (I) zu definieren. Ich behalte behelfsmäßig die üblichen Tempo-Etikettierungen bei, die allerdings komplex auf alle drei Dimensionen definiert sein sollen:

- *lento* (explizites, um Deutlichkeit bemühtes Register): Die metrische Struktur der Explizitformen wird gewahrt; die segmentale Artikulation bleibt distinkt (aber statt Schwa auch silbische Sonanten und Vokalisierung von [ʀ]), Beispiel *anderen* [ˈʔan.də.ʁn̩];
- *allegro /presto* (normales Register der Unterhaltung ....): Adaptierung an einen alternierenden Rhythmus von trochäischen Füßen: „Schrumpfung“ überzähliger Reduktionssilben, aber mit segmentalen „Spuren“, z.B. *anderen* [ˈʔan.dɐn]; Schwa in Funktion der Erfordernis einer „Senkung“ im Takt. Bei den prominenten Silben Assimilationserscheinungen der „ersten Stufe“ (s.u.);
- *prestissimo* („lebhafte“ Unterhaltung und mehr). Weitergehende „Schrumpfung“ der Reduktionssilben, auch ohne segmentale „Spuren“, und d.h. mit eventuell Formenzusammenfall z.B. *anderen* [ˈʔan.dn̩]. Trochäische Fußstruktur durch Schwächung der nicht-prominenten Silben *Lokomotive* [ˈlɔ.kə.ˌmɔ.ˈtiː.fə]; Linearisierung der phonetischen Merkmale aus dem Lexikon, anders („gestauchter“, „Überblendungen“) als in der Explizitform: *haben* [ham].

Modellartig kann diese sprechstilistische Registerdifferenz illustriert werden:

lento = Explizitform	*allegro / presto*	*prestissimo*
nennen [ˈnɛ.nən] / [ˈnɛ.nn̩]	[ˈnɛ.nn̩] / [ˈnɛnː]	[ˈnɛn]
legen [ˈleː.gən] / [ˈleː.gn̩]	[ˈleː.gŋ̍] / [ˈleː.ŋ̍]	[ˈleŋː]/ [ˈleŋ]

Bereits auf der *lento*-Ebene spielen hier regionale Differenzierungen hinein: so sind Formen wie [nɛ.nn̩] im bairischen Sprachraum lento nicht „zulässig“ (hier zu hören [ˈnɛ.nɛ̈n], s.o. Kap. 9 E 1).

Nur für das *lento*-Register sind schließlich die oben in Kap. 9 besprochenen morphologischen Oppositionen der Syllabierung von Reduktionssilben definiert wie [dʊŋkln̩] ([dʊŋklən]) versus [dʊŋkl̩n] ([dʊŋkəln]). Im *Allegro*-Register variieren solche Formen weitgehend frei (mit eventuell regionalen Präferenzen; hier stehen noch eingehendere Untersuchungen aus).

6.3. Segmentale Reartikulation.

6.3.1. Die erste Stufe betrifft den *Vokal* aller Silben, die nicht eine Hebung artikulieren.

Hier findet sich eine (relative) Zentralisierung (sie ist mit eventuell regionalen Präferenzen wohl generell für die Allegro-Sprechweise charakteristisch). Sie erfaßt weitgehend den Vokalismus der nicht-prominenten Silbe, zumindest auf einer wenig „monitorierten" Ebene ist üblich: *Kritik* [kχɪ.ˈtɪk], *Kredit* [kχɛ.ˈdɪt] usw[160].

Darüber hinaus geht die Integration in den Takt durch die Klitisierung der Formen, deren Silben keine Hebung artikulieren:

- den beiden Explizitformen von *haben wir* [ˈhɑː.bən] [ˈviːɐ] entspricht allegro / presto im Takt integiert z.B. der „Trochäus" [ˈʰam.vɐ]; im Takt ist auch eine Proklise als Auftakt möglich wie z.B. bei den Artikelformen: den Explizitformen [ˈdeːɐ] *der* , [ˈdiː] *die* usw. entsprechen in der Äußerung [dɛ], [dɪ] - oder auch in allegro-Sprechweise beide (mit neutraliserter Genusopposition!) als [də].

Diese Reduzierung wirkt auch bei der Integration von sogenannte „Fremdwörtern", die in der Hochsprache den peripheren Vokalismus auch in den unbetonten Silben aufweisen: [lo.ko.mo.ˈtiː.və] *Lokomotive*; in Norddeutschland auch in *lento*-Formen: [ˌlɔ.kə.me.ˈtiː.fə] (mit festem Anschluß und „ungespanntem Vokal" bei initialem Nebenakzent, also prosodisch zweifüßig wie ein Kompositum).

Hier steht auch die zunehmende Integration von Komposita auf dem Spiel. Formen wie *Rotkehlchen*, bei denen auch die Aussprachwörterbücher keinen Nebenakzent als Artikulation der Komposition mehr vorsehen, werden mit der daktylischen Kontur auch im Silbenaufbau adaptiert: neben der Hochlautung [ˈʀoːt.keːl.çn̩] hört man so auch [ˈʀoːt.kɛl.çn̩]. Noch deutlicher ist das bei der problematischen Integration der nicht mehr transparenten Komposita, die aber in der unbetonten Silbe (in der geforderten Hochlautung) den vokalisch verzweigenden Reim der prominenten Silbe haben (s.o. Kap. 7): faktisch wird so [ˈhaɪ.mɑːt] *Heimat* wohl auch entweder mit Nebenakzent [ˈhaɪ.ˌmɑːt] oder [ˈhaɪ.mat] gesprochen.

---

[160] In der Literatur wird diese Erscheinung als „vortoniger Spannungsverlust" des Vokals diskutiert (etwa Becker 1998). Bereits Vietor hatte das für den norddeutschen Raum dokumentiert, s. seine „Beiträge zur Statistik der Aussprache des Schriftdeutschen", 3 Teile, in: *Phonetische Studien 1* / 1888: 95 – 114; 209 – 226 und *2* / 1889: 243 – 258.

Zu dieser ersten Stufe gehört auch ein großer Teil der Schwa-Problematik. Allerdings halte ich (wie inzwischen auch die Aussprachewörterbücher) die silbischen Sonanten [m̩ n̩ l̩] in Reduktionssilben für einen Bestandteil der („gemäßigten") Hochsprache: [ˈlaʊ.fən] *laufen* ist keine Explizitform, sondern eine Hyperlautierung (s.o.). Allerdings gibt es bei *lento*-Aussprache eine Schwasyllabierung bei mehr als trochäischen Takten: [ˈleː.bm̩.dən] *lebenden*, nicht *[ˈleː.bən.dn̩] - aber das Normale ist wohl ohnehin auch hier [ˈleː.bm̩.dn̩].

Ein Problem sind die sonoren Konsonanten als Silbenkern der Reduktionssilbe. Hier stellen sie definitionsgemäß eine schwache Artikulation dar, wie ihre auch schon bei nur wenig allegro gesprochenen Sprechweise vollständige Assimilation im Artikulationsort an den vorangehenden Anfangsrand zeigt: Faktisch ist bei ihnen nur noch die sonorante Artikulation des Silbenkerns von Belang, vgl. *leben* [ˈleː.bm̩], *legen* [ˈleː.gŋ̍] (s.o. Kap. 9)[161].

6.3.2. Auf der zweiten Stufe ist E schwächer als A (in der nicht-prominenten Silbe): Wenn man Schwa in geschlossenen Reduktionssilben noch ansetzt (s. 6.1.) gehören die silbischen Sonanten hierher, die ja den Endrand der Reduktionssilbe „räumen".

Bei der Schwächung des Anfangsrandes der nicht-prominenten Silbe gibt es offensichtlich regionale Präferenzen:

- der Konsonant wird zum Frikativ (also zum Dauerlaut wie die Vokale): für *haben* [ˈhɑː.bn̩] erscheint [ˈha.wə] - vor allem in Süddeutschland;

- der stimmlose (fortis) Konsonant wird zum stimmhaften (lenis) (also ebenfalls wieder vokalähnlicher): *hatten* [ˈha.tn̩] auch [ˈha.dn̩], *retten* [ˈʀɛ.tn̩] auch [ˈʀɛ.dn̩]; solche Assimilationen scheinen für den norddeutschen Raum charakteristisch zu sein, wo sie vor allem bei festem Anschluß auftreten.

- Frikative werden hier wohl generell sonorisiert (lenisiert), auch über die Wortgrenze hinaus, und zwar auch bei der Resyllabierung von Endrändern der prominenten Silben, wenn diese bei *presto* den Anfangsrand in der „Senkung" eines Trochäus artikulieren:

muß ich sehen [ˈmʊ.zɪç.ˈzeːn]

das schaff ich doch nicht [da.ˈʃa.vɪç.ˈdɔx.nɪç]

---

[161] Bei diesen Artikulationen wird auch deutlich, daß nicht die Quantitäten im absoluten Sinne ausschlaggebend sind. Bereits Maack stellte fest, daß diese silbischen Konsonanten eine größere Dauer als vokalische Silbenkerne sonst haben, s. von ihm „Die spezifische Lautdauer deutscher Sonanten, in: *Zt. f. Phonetik u. allgemeine Sprachwissenschaft 3*/ 1949: 190 – 232.

Bei vorausgehendem konsonantischen Endrand der prominenten Silbe geht die Schwächung des Anfangsrandes bis zu seiner Assimilation, d.h. distinkt bleibt nur noch die Artikulation eines Anfangsrandes (ohne paradigmatische Festlegung): *desto* [ˈdɛs.so], auch komplex *berechtigte* [bə.ˈʀɛç.çɪ.çə]. Auch hier wieder geht diese Reduktion bei enklitischen Formen über die Wortgrenze hinaus: *hast du* [ˈhas.sə]. Die in diesen Formen auftretenden Geminaten erweisen den Zyklus II als Übergangsvariante.

6.3.3. Im Grenzfall werden die Wortformen hier einsilbig, soweit sie eine Hebung artikulieren, z.B. [ˈlaʊ.fə] *(ich) laufe* zu [ˈlaʊf] u.dgl. Dabei werden die reduzierten Silben u.U. unter partieller Bewahrung ihrer segmentalen Kodierung in eine prominente Silbe integriert: [ˈʔeː.bən] *eben* zu [ˈeːm], [ˈleː.bənt] *lebend* zu [ˈleːmt] , [ˈhɑː.bən] *haben* zu [ˈham]. Das ist vor allem da möglich, wo die Reduktionssilbe keinen Anfangsrand hat: [ˈʀeː.ə] *Rehe* zu [ˈʀeː].und dergleichen. Auch [ɐ] wird hier diphthongisch integriert - auch bei *lento*-Aussprache sind die in den Aussprachwörterbücher zu findenden Oppositionen fiktiv wie [ˈhøː.ɐ] *höher* versus [ˈhøːɐ] *hör!* - beides ist außer in Hyperlautierung (s.o.) [ˈhøːɐ] (s. Kap. 9; in diesen Diphthongen besteht kein Quantitätengegensatz, der lose Anschluß braucht also auch nicht eigens notiert werden: [ˈhøɐ]).

Eine weitergehende Schwächung des (nachtonigen) fest angeschlossenen Anfangsrandes führt (am nördlichen Rand des norddeutschen Sprachgebietes) zur Ersetzung des Konsonanten durch den Glottisverschluß, der als Glottalisierung des folgenden sonoren Elementes realisiert wird - und mit diesem dann in die vorherige prominente Silbe integriert werden kann: So findet sich für *hatten* [ˈha.tn̩] auch [ˈhaʔn], für *retten* [ˈʀɛ.tn̩] auch [ˈʀɛʔn] (von der phonetischen Struktur her eine dem dänischen Stød vergleichbare Erscheinung), s. auch generell zum sprechstilistischen Problem des Glottisverschlusses noch E 4.

Hier zeigt sich nun der oben (s. Kap. 8.3.) angesprochene regionale Unterschied in der Realisierung der Anschlußkorrelation. Im süddeutschen Typ, wie ihn etwa Anton Pfalz schon vor 90 Jahren beschrieben hat[162], stützt der feste Anschluß über eine Fortisierung des fest angeschlossenen Konsonanten die Zweisilbigkeit auf der Ebene der Schallsilbe, sodaß die Reduktion trochäischer (Wort-)Formen zur Einsilbigkeit nur auf der Ebene der Drucksilbe stattfindet: *Säcklein* [sakl̥], *Bächlein* [bax:l̥] und dergl. -

[162] A.Pfalz, Phonetische Bebachtungen an der Mundart des Marchfeldes in Nieder-Österreich, in: Zeitschrift f. deutsche Mundarten Jg. 1911: 244 - 260.

beim Presto-Register finden sich hier aber, wie Pfalz schon registrierte, komplexe Artikulationen, in den Beispielen lateral gelöste Konsonanten, die die Formen auch auf der Ebene der Schallsilbe einsilbig machen: *Säcklein* [sak^{ɮ}], *Bächlein* [bax^{ɮ}] - in jedem Fall bleibt der fest angeschlossene Konsonant erhalten, während in der extremen nördlichen Variante (s.o.) dieser, zumindest bei stimmlosen alveolaren Verschlüssen, über eine Ersetzung durch den Glottisverschluß (die eventuell die Zweisilbigkeit bewahrt [pla.ʔn̩] *Platten*) zur Integration in eine einsilbige Form mit bewahrtem (glottalisierten) Sonoranten führt ([pla^{ʔ}n]).

Das letztere entspricht nun dem Muster beim bairischen losen Anschluß, der über die Schwächung des lose angeschlossenen lenis-Konsonanten schließlich dessen Schwund und damit die einsilbige Integration auf der Ebene der Schallsilbe ermöglicht, aber - so Pfalz im Anschluß an Sievers - mit einem „zweigipfligen" Reim mit dem bewahrten Sonoranten, also faktisch einer Zweisilbigkeit auf der Ebene der Drucksilbe: *Rädlein* allegro [ʀɑː ɮ] neben [ʀɑː.d ɮ]. Bei Nasalen registriert Pfalz eine Opposition: Einsilbigen Lento-Formen entspricht die Integration des Nasals über eine komplexe Artikulation, also einen Nasalvokal: *kann* [khɔɔ̃], *schon* [ʃɔɔ̃], entsprechend zu zweisilbigen Lento-Formen (die zweigipflige Syllabierung mit einem nasalen „Nebengipfel"): *Laden* [lɔːn̩], *Wagen* [vɔːn̩] usw.

Die komplexen Artikulationen finden sich in diesem Dialekt unter bestimmten Umständen auch im Lento-Register (bei isolierten Wortformen):

- nasal gelöste orale Plosive: silbenanlautend *Knecht* [g^{ŋ}eːçt], *Stecken* [ʃdek^{ŋ}], *Krippe* [grip^{m}], *Garten* [gɔːɐd^{n}],
- unter Umständen auch die o.g. lateral gelösten Konsonanten: *Säcklein* [sak^{ɮ}], *Bächlein* [baxː^{ɮ}] und dergl.

Im Satzzusammenhang (presto) finden sich solche komplexen Artikulationen dann auch über Wortgrenzen hinweg als Integration wortfinaler Elemente in einen folgenden Silbenanfangsrand[163]:

da steht man zeitig auf [ʃdɛː.b^{m}ɐ]
da gibt die Mutter [gip.b^{m}uːɐdɐ].

6.3.4. Auf der vierten Stufe findet eine Schwächung des Endrandes der prominenten Silbe statt. Hier sind ohnehin eine Vielzahl paradigmatischer Oppositionen neutralisiert (Auslautverhärtung, bei Nasalen erfolgt die Festlegung des Artikulationsortes mit dem Default [+ koronal], wenn die

[163] Pfalz notiert zwar keine Silbengrenzen, das folgt aber aus seinen sonstigen Ausführungen dort.

folgende Umgebung keinen anderen Wert zuweist (etwa [+ velar] bei [baŋk] *Bank*, vgl. aber [ban] *Bann*) und dergleichen. mehr.

Die Reduktion komplexer konsonantischer Endränder ist auch in (wenig monitorierter) allegro-Sprechweise verbreitet: *nicht* [nɪç], *Dienst* [diːns] usw. Hierher gehört auch die (regional unterschiedlich realisierte) Vokalisierung der sonoren Konsonanten (vor allem im Bairischen) Geld [gɛlt] neben [gɔɪd̩] usw.

Die angesprochene umgebungsgesteuerte Festlegung des Artikulationsortes, generell bei Nasalen, operiert hier auch morphem- und wortgrenzenüberreifend: *anbieten* [(ʔ)am.biː.tn̩], *angeben* [(ʔ)aŋ.geː.bn̩] , aber in Presto-Sprechweise auch bei sonstigen Konsonanten *haltbar* [halp.b̥a], - und zwar gerade auch über die Wortgrenze hinaus, hier dann allerdings meist wohl als Folge einer Abschwächung der Akzentkontur (also eigentlich zu 6.3.3.): proklitisch *(er) hat mich* [hap.mɪç], *(er) hat kein* [hak.kaɪn] und dergl. So entstehende Geminaten werden reduziert: *anmelden* [(ʔ)am.mɛl.dn̩] neben [(ʔ)a.mɛl.dn̩].

Bei einer solchen Klitisierung fällt insbesondere der Glottisverschluß aus, der die silbische Optimal-Kontur der prominenten Silbe stabilisiert (und insofern dort auch als Default-Konsonant behandelt werden kann, der eintritt, wenn kein anderes konsonantisches Segment den Anfangsrand stabilisiert). Davon zu trennen ist der absolute Einsatz der Artikulation zu Beginn einer Äußerung [notiert mit ##__], der wohl immer mit einer Silbenkontur A ↔ R artikuliert wird, wo der Glottisverschluß scheinbar auch bei anderen (unbetonten) Wortformen steht: [## ʔɪç.ˈkɔ.mə] *ich komme*.

Die Enklise solcher Formen ohne Anfangsrand führt zu einer Resyllabierung des vorausgehenden Konsonanten: *da kam ich* ... [da.ˈkɑː.mɪç] und damit zu einem Abbau komplexer Reimstrukturen beziehungsweise zu offenen Silben (auch in der prominenten Silbe). Gleiches gilt, auch schon bei allegro-Sprechweise und auch bei relativ monitoriertem Sprechen für Geminaten, die an Morphemgrenzen auftreten: *annehmen* ist wohl nur in einer überdeutlichen Explizitform, die die morphologische Struktur verdeutlichen soll, [ʔan.neː.mən], sonst [(ʔ)a.neː.mm̩] bzw. [(ʔ)a.neː.m̩]. Diese Reduktion (und in ihrer Folge: die Artikulation mit offenen Silben) tritt aber auch ein als Ergebnis der vollständigen Assimilation des Endrandes: *anmachen* als [(ʔ)a.ma.xŋ̩].

Bei der oben angesprochenen vollständigen Assimilation des Anfangsrandes der nachtonigen Silbe findet eine entsprechende Reduktion des Endrandes der betonten Silbe statt: *desto* [ˈdɛ.so], *berechtigte* [bə.ʀɛ.çɪ.çə], *hast du* [ˈha.sə], *letztens* [ˈlɛ.tsn̩s], *in der* (Kneipe) [ɪ.nɐ].

6.4. Mit Berücksichtigung dieser prosodischen Abstufungen läßt sich ein *Distanzmaß* der Distinktheit definieren. Je größer die Distanz zu [ə:::], desto aufwendiger ist die Artikulation, desto mehr sind Randbedingungen wie z.B. Lento-Sprechweise und dergl. erforderlich - und umgekehrt. So läßt sich etwa eine Skala von fünf Stufen ansetzen (willkürlich in dieser Differenzierung): Je höher eine Form auf dieser Skala bewertet wird, desto aufwendiger, sorgfältiger, normorientierter ist sie (wird sie wahrgenommen):

Maximum = Stufe V: mehrsilbige Formen S_1 S_2..S_n , wobei der Distanzwert umso größer ist, je größer der Index n ist.

Stufe IV: Mehrere Akzente in der mehrsilbigen Form (Nebenakzente); d.h. also eine komplexe Form mit einem Nebenakzent ist ausgebauter als eine, die außer der prominenten Silbe nur nicht-betonte Silben aufweist; auch hier gilt wieder, daß die Form umso ausgebauter ist, je größer die Anzahl der Nebenakzente ist.

Stufe III: Grad der peripheren Artikulation des Silbenkerns. Dabei gilt die Distanzmatrix:

- „gespannte“ Vokale [i y e o ...] sind peripherer als zentralisierte [ɪ ʏ ʊ ɔ ...],
- zentralisierte Vokale sind peripherer als die zentralen Vokale [ə ɐ];
- [ɐ] ist peripherer als [ə];
- [ə] ist „peripherer“ als nicht-vokalische Silbenkerne [m̩ n̩ l̩]

Stufe II: Die Kontrastkontur der Silbe A ↔ N (beziehungsweise R). Dabei erhöht ein ausgebauter Anfangsrand den Wert (proportional zum Umfang des Ausbaus). Bei den Konsonanten, die den Anfangsrand artikulieren, kann der Wert noch nach dem Grad der „konsonantischen Stärke“ differenziert werden: plosive Fortis > plosive Lenis > st.loser Frikativ > st.hafter Frikativ. Hier können auch Neutralisierungen in gleicher Weise gewichtet werden:
[ʔ] < Konsonanten sonst.

Stufe I: Ausbau von R durch E: Komplexer Endrand ist peripherer als einfacher Endrand; konsonantischer Ausbau ist peripherer als vokalischer. Bei den Konsonanten gilt wieder eine Schwächehierarchie:

- nicht-koronale > koronale,
- bei Nasalen [m] > [n],
- sowie die Vokalisierungen: Nasale ([n]) > Nasalvokal, [r] > [ɐ];

- bei vokalischer Artikulation des E ist eine von N verschiedene Vokalqualität (also ein Diphthong) peripherer als gleiche Qualität (also Langvokal).

Minimum = *Stufe 0* [ə:::].

6.5. In eine solche Gewichtung können, wie angedeutet, auch die paradigmatischen Kontraste in die Bewertung einbezogen werden, allen voran die oben diskutierte Sonoritätsskala. In diesem Sinne operiert auch die in Kap. 2 angesprochene Default-Regelung. Ganz offensichtlich sind die beiden hier als zentral angesprochenen Vokale [ə ɐ] unterschiedlich zu gewichten: Das [ə] braucht keine spezifischen Eigenschaften zugeschrieben zu bekommen[164], es kann entsprechend auch in der inwischen akzeptierten gemäßigten Hochlautung der Aussprachewörterbücher synkopiert werden (bei einer durch silbische Sonoranten stabilisierten Silbenstruktur) - beziehungsweise es tritt als epenthetische Defaultstütze der Syllabierung ein, wenn diese nicht anders zu bewerkstelligen ist. Demgegenüber ist das [ɐ] ein positiver Vokal, der zumindest in seiner Differenz zum [ə] definiert werden muß, und der in der (gemäßigten) Hochlautung auch stabil bleibt - und nicht epenthetisch eingefügt wird.

Eine ähnliche Differenzierung gibt es auch im Konsonantismus: Hier sind die koronalen Konsonanten in gewisser Hinsicht auch als Default-Wert in entsprechenden silbischen Nuten anzusehen: Sie treten allein in den in Kap. 11 als „extrasyllabisch“ diskutierten Positionen auf, wo in diesem Sinne also nur der Wert [+konsonantisch] für das Segment spezifiziert werden muß; deutlich ist das z.B. bei den Nasalen im Endrand: der Wert [+koronal] tritt als Default ein, wenn die folgende Umgebung keinen anderen Wert zuweist (etwa [+velar] bei [baŋk] *Bank*, vgl. aber [ban] *Bann*) usw.

Auf diese weitergetriebene Analysemöglichkeit gehe ich unten in Kap. 12.5. in Verbindung mit der Optimalitätstheorie weiter ein.

7. Für eine ausgearbeitete Beschreibung der Satzphonetik sind noch regionale Präferenzen (mit einer entsprechenden Skala der Nähe zum Dialekt - aber auch der gesuchten Distanz zu ihm zu berücksichtigen, die oben schon angesprochen sind, z.B. daß es zu den regionalen Präferenzen gehört, daß süddt. Regionalismen anscheinend häufiger als norddt. vokalische „Spu-

[164] Daher ist es auch in der Matrixdarstellung von Kap. 12.2. rein negativ spezifiziert.

ren" konsonantischer Schwächung im Endrand bewahren, wie oben schon besprochen wurde (vgl. hd. *mal* im Norden [ma] (*komm mal* [ˈkɔ.ma]), im bairischen Dialektraum, etwa in Wien [mɔɪ]).

Bei den Regionalismen sind nicht nur die direkt mit der dialektalen Sprechweise korrespondierenden Formen zu berücksichtigen sondern auch die regional sehr unterschiedlich gesuchte Distanz zum dialektnahen Sprechen, also *Hyperkorrektismen* (im Ruhrgebiet [gɛts] für [jɛts(t)] *jetzt*).

Soweit solche regionalen Varianten auf der Distinktheitsskala die gleiche Distanz wie die hochsprachlich geforderten Formen aufweisen, gehören sie nicht zur Satzphonetik im engeren Sinne, wohl aber zu der Definition von Sprachregister im Sinne von (5).

Das größte Problem für die Forschung liegt hier bei den fehlenden eindeutigen Zuordnungen. Die gleiche Form (Reduktion/ Assimilation ...) wird bei einem bestimmten Sprechtempo als sorgfältig (*lento*) interpretiert, bei einem anderen als nachlässig (*presto*) - umgekehrt: bei einem bestimmten Sprechtempo (*presto*) wirkt sie störend überdeutlich, bei einem anderen als unauffällig (*allegro*). Bestimmte Formen, die auch in einer lässigen Sprechweise (*allegro*) unauffällig sind, können bei einer sorgfältigeren Sprechweise als nicht-hochsprachlich (eventuell dialektal markiert) stören. Generell steht die Forschung hier aber noch am Anfang.

11.1. Ergänzende Kommentare

E 1: Forschungen zu Satzphonetik

Die Erforschung satzphonetischer Erscheinungen spielte in der jüngsten Zeit eine sehr nachgeordnete Rolle - meist blieb sie beschränkt auf eine mehr anekdotische Sammlung von Einzelbeobachtungen. Das steht in einem bemerkenswerten Kontrast zur Frühzeit der systematischen sprachwissenschaftlichen Forschung in der zweiten Hälfte des 19. Jhd., als satzphonetische Erscheinungen im Mittelpunkt des Interesses standen, weil sie als beobachtbarer Spiegel für die sonst nur indirekt erschließbaren diachronen Entwicklungen angesehen wurden. Das galt so insbesondere für die Schule von Eduard Sievers (s. auch die 5. Auflage von dessen Lehrbuch, 1901), wie z.B. die viel gerühmte Dissertation von dessen Schüler Jost Winteler zeigt („Die Kerenzer Mundart des Kanton Glarus in ihren Grundzügen dargestellt", Heidelberg: Winter 1876), die in einem Anhang entsprechend „eng" transkribierte Texte enthält. Das entspricht der für die vergleichende Sprachwissenschaft im 19. Jhd. modellbildenden indischen Phonetik, die hierzu bereits ein ausdifferenziertes Lehrgebäude hatte, aus dem auch der Terminus *Sandhi*[165] stammt (s. bei Winteler 1876: 131 ff. das „Sandhi-Erscheinungen" überschriebene Kapitel).

An diese Tradition schließt die Forschung erst in jüngerer Zeit wieder an. In der Phonetik war die Voraussetzung dafür, das die Forschung nicht mehr ausschließlich auf Untersuchungen unter Laborbedingungen fixiert war, sondern sich wieder der „Sprechsprache" zuwandte, etwa in den Arbeiten von Klaus Kohler (s. auch das Kap. 6 in dessen Lehrbuch 1995, in der ersten Auflage 1977; oder auch Meinhold 1973). Die Phonologie vollzog diese Entwicklung nur sehr verzögert mit. Erst in jüngster Zeit ändert sich das mit dem Versuch, auch theoretisch dynamische Konzepte zu entfalten, so insbesondere auch in Verbindung mit dem dafür zentralen Silbenkonzept, wie bei Theo Vennemann (etwa 1988), auch schon Vater 1979. Inzwischen haben sich die Akzente der phonetischen Forschung allerdings mit dem Blick auf praktische Verwendungszwecke verschoben: Im Horizont der seit etlichen Jahren mit massiver auch industriell geförderter Forschung betriebenen Untersuchung zu den Möglichkeiten automatischer Spracherkennung (etwa für automatische Auskunftsysteme, sprechsprachlich zu steuernde Maschinen, Diktiergeräte und dergleichen.) ist selbstverständlich die Modellierung der realen „satzphonetischen" Formen zentral. In den letzten Jahren hat ein Großforschungsverbund der phonetischen Institute in Deutschland (Kürzel *PhonDat*) an diesen Fragen gearbeitet. Eine abschließende Publikation der Ergebnisse, bei denen wie im Text angedeutet, „stilistische" von regionalbedingter Variation zu trennen ist, steht noch aus. (Zu den im Text angeführten norddeutschen Formen s. bes. auch Lauf 1996.)

E 2: Zur Dialektforschung

Obwohl die „tiefen" ortsgebundenen Dialekte nur noch eine marginale Rolle spielen, da sie von den Generationen unter 60 Jahren kaum noch gesprochen werden, sind sie ein unverzichtbarer Fluchtpunkt für jede Analyse, die die regionale Variation berücksichtigt: Sie zeigen in gewisser Hinsicht in einer drastischen Vereindeutigung das, was in der regionalen „Umgangssprache" an regionalen Varianten zu finden ist. Für eine erste Einführung und einen Überblick über die Forschungsliteratur s. König 1974; die ältere Forschungstradition war in E 1 schon angesprochen worden (etwa mit Winteler 1876, s. auch die Übungsaufgabe mit Material von A. Pfalz).

Ein wichtiges Hilfsmittel, gerade auch für diejenigen, die nicht speziell Dialektforschung treiben wollen, sind die relativ leicht zugänglichen Tondokumente aus den verschiedenen Dialektregionenen: Vewiesen sei vor allem auf die Reihe „Lautbibliothek" (insges. 19 Hefte und Kassetten, 1964 eingestellt, leider auch nicht mehr lieferbar, aber an den größeren Instituten für dt. Sprache oder für Phonetik sicher zugänglich) und „Phonai" (wird noch fortgesetzt). Diese enthalten mit den Aufnahmen eine detaillerte phonetische und eine „weite" (phonologische) Transkription, eine Überset-

[165] Sanskrit *saṃdhi* ([sandhi] oder [sãdhi]) „(das) Zusammensetzen" (*sam* verwandt mit dt. *zusammen*).

zung und in der Regel auch ausführliche Kommentare. Für Lehrveranstaltungen zur Phonologie des Deutschen, etwa auch in Verbindung mit dieser Einführung kann ich nur empfehlen, eine regional „einschlägige" Mundartaufnahme in Auszügen zu bearbeiten: Nicht zuletzt der Vergleich der eigenen zu den dort zugänglichen professionellen Transkripten (die zwar wahrscheinlich sehr viel „besser" sind als die von den Teilnehmern eines Seminars erstellten, aber nicht unbedingt immer „richtig" sein müssen) ist sehr instruktiv. Dabei gilt bei der Auswahl eines der dokumentierten Beispielen nicht unbedingt die größte Nähe in km-Distanz: Wenn kein Nahpunkt dokumentiert ist, sollte man sich versichern, daß der zum Vergleich herangezogene Ortspunkt möglichst in dem gleichen dialektalen Großareal liegt wie der eigene Ort - was unter Umständen bedeuten kann, daß er in km-Distanz weiter liegt als ein „dialektfernerer", ebenfalls dokumentierter Ort.

In jüngerer Zeit gibt es Versuche, die polare Gegenüberstellung von „tiefem" Dialekt und Hochsprache durch eine dynamische Modellierung zu überwinden, bei der satzphonetische Erscheinungen eine Schlüsselrolle haben, s. etwa Auer 1990.

E 3: Zum Missingsch

Für die neuere Zeit, grob gesprochen seit der Einführung der Volkschule und damit seit dem Zwang für jeden Menschen, sich auf der Ebene der geforderten (Hoch-) Sprache zu bewerten, stehen dialektale und regionale Formen insgesamt nicht mehr einfach nebeneinander und insbesondere nicht mehr neben der überregionalen Hochsprache - als normativ abgewertete Formen sind sie stigmatisiert; die Sprecher suchen sie, zumindest in öffentlichen und institutionellen Situationen zu vermeiden. Das ist für sie ein umso größeres Problem, je weniger sicher sie sich bei diesem Versuch fühlen. Daraus resultieren die angesprochenen Versuche, „des Guten zu viel zu tun", *Hyperkorrektismen*, wie sie nicht zuletzt in der Literatur in dem ganzen Zeitraum der Moderne auch immer wieder zur Erheiterung der Leser (die sich ihrer Sache sicher fühlen - oder zumindest gerne über das Mißgeschick der anderen lachen) vorgeführt wurden. Geradezu sprichwörtlich geworden ist in diesem Sinne das *Missingsch*, das Fritz Reuter in seinen Werken inszeniert hat - in Norddeutschland, vor dem Hintergrund der größeren Distanz des Niederdeutschen zum geforderten Hochdeutsch, ist das Thema früher virulent geworden als in Süddeutschland. Heute findet sich das gleiche in der Fernsehunterhaltung - auch hier offensichtlich wieder mehr ein norddeutsches Phänomen (ein drastisches Beispiel ist das Ruhrgebiets-Missingsch, das bis vor einigen Jahren Jürgen von Manger medial inszenierte).

E 4: Das sprechstilistische Problem des Glottisverschlusses

Wie schon die Diskussion in Kap. 8 gezeigt hat, ist der Glottisverschluß eines der problematischsten Phänomene in der Phonologie des Deutschen. Seine phonologische Nutzung ist von sprechrhythmischen Erscheinungen zu unterscheiden, die physiologische Erklärungen finden (s. Kap. 3), wie der „harte Einsatz" bei sonst vokalischem Beginn einer Äußerung, der sich wohl bei Sprechern aller Sprachen der Welt findet.

Die phonologische Nutzung des Glottisverschlusses charakterisiert die norddeutsch geprägte „Hochsprache“, also das *lento*-Register, wie es hier beschrieben ist. Nicht nur im süddeutschen Raum, auch in der norddeutschen Umgangssprache, insbesondere also im *allegro*-Register, ist er allerdings keineswegs als konsonantisches Segment fest.

Um die auftretende Variation besser zu verstehen, gilt es, die hier ins Spiel kommenden phonetischen Bedingungen glottaler Artikulationen zu sehen:

- ein glottaler *Verschluß* blockiert die artikulatorische Grundlage für eine vokalische Artikulation: die periodische Vibration der Stimmlippen,
- mit geringerer artikulatorischer Spannung als bei einem Verschluß kann aber auch eine *Glottalisierung* der Artikulation erfolgen (im phonetischen Jargon meist als „knarrende Stimme“ [engl. *creaky voice*] bezeichnet),
- die „reguläre“ Artikulation eines (stimmhaften) Vokals kann in dieser Sicht als eine Integration der glottalen Aktivitäten betrachtet werden.

Hier besteht also ein Übergangsfeld für glottale Artikulationen, bei denen sowohl der Verschluß wie die Glottalisierung (und auf dem anderen Pol: auch der „Hauch“ bei Spreizstellung der Glottis) als Konturmarkierung einer Sonoritätssilbe fungieren können. Bei der Integration der glottalen Artikulation als periodische Vibration des folgenden Vokals entfällt die Kontur, wie z.B. bei der Integration eines Klitikons in einen Fuß (*kenn(e) ich* [ˈkɛ.nɪç] statt [ˈkɛn.ˈʔɪç]). Bei wenig monitorierter Sprechweise, die durch die Minimierung des artikulatorischen Aufwandes bestimmt ist, reicht eben die Glottalisierung des Vokals (in IPA durch eine untergesetzte Tilde notiert) in solchen Fällen, um die silbische Kontur zu stabilisieren [ˈkɛn.ɪ̰ç][166], vgl. auch im Anhang die glottalisierte Realisierung des Wortes *Theater* [tʰe.ˈa̰ː.tʰɐ].

11.2. Übungsaufgaben

1) Kontrastieren Sie die folgenden Allegro-Formen mit den Explizitformen. Stellen Sie die Unterschiede mit dem Schema der Bewegungsabläufe von Kap. 3 dar:
(a) *lebend* [leːmt], *Beamten* [bə.ˈʔam.pm̩]
(b) *Ich bin mit dem Wagen gekommen* [çbɪmɪɱɑːɣŋkʰɔm̩]
Ordnen sie jedem Segment der Presto-Transkription das Gegenstück in Lento zu (schreiben Sie sich überlagernde Artikulationen untereinander).

2) Geben Sie eine Allegro-Transkription des Wallraff-Textes von Kap. 3 (dort Übungsaufgabe 3). Am besten aufgrund einer entsprechend gesprochenen Tonbandaufnahme.

---

[166] Zu den phonetischen Bedingungen der Glottalisierung s. Ladefoged / Maddieson 1995: 53-55, zu den glottalisieren Vokalen S. 315-320; zum Auftreten der Glottalisierung (statt des Glottisverschlusses) in der norddeutschen Umgangssprache, s. Kohler 1994.

3) $ Wie im Text angedeutet können die verschiedenen sprechsprachlichen Register als unterschiedliche Lösungen des Konflikts zwischen einer Präferenz für maximale Repräsentation der Wortformen mit ihrer grammatischen Struktur (Explizitformen) im Largo / Lento- Register, und Minimierung des artikulatorischen Aufwandes bei gleichzeitiger Optimierung der prosodischen Kontur (mit dem Trochäus als metrischer Grundeinheit) verstanden werden. Auch in der „gemäßigten“ Hochlautung sind reduzierte Formen wie bei den folgenden (Lento- / Allegro-) Formen akzeptabel: *ich lese Bücher* [ˈçleːzə byːçɐ]. Nicht akzeptabel ist dagegen *[ˈʔɪçl̩s byːçɐ].
Vergleichen Sie beide Transkriptionen mit einer auf der Basis von Explizitformen und charakterisieren Sie die Freiheiten und die Schranken der akzeptablen Lento- /Allegroreduktionen.

4) $ Geben Sie eine Transkription des folgenden Verses (Schiller, Piccolomini, Vers 1735), die den Anforderungen des Metrums genügt: Es handelt sich um einen jambischen *Pentameter*, also fünf Jamben. Geben Sie zum Kontrast eine Transkription mit den Explizitformen der Hochlautung!
Ich muß gehorchen, Fräulein, leben Sie wohl!

5) $ „Übersetzen“ Sie die folgenden Sätze[167] aus dem bairischen Dialekt des Marchfeldes (bei Wien) in die Hochlautung (Lentoformen, aber mit satzphonetischen Assimilationen in phonetischer Umschrift). Erklären Sie die satzphonetischen Unterschiede.

(a) [ĩn vĩntɐ flieŋ dɪ drukɐ̃n blaːʃĩndɐ lufd ũm ɐ̃ nɔ̃ndɐ] („*im Winter fliegen die trockenen Blätter in der Luft herum*“)

(b) [s hɛɐkglai aːuf dsuːn ʃnain nɔxɐ viɐd is veːdɐ vidɐ besɐ] („*es hört gleich auf zu schneien, nachher wird das Wetter wieder besser*“)

(c) [dɐ guːɐdɪ ɔːidi mɔ̃ ɪs min roːs duɐxs aːis broxɐ ũnd iːs ĩns khɔːidɪ vɔsɐ gfɔin] („*der gute alte Mann ist mit dem Pferd durch das Eis gebrochen und ist in das kalte Wasser gefallen*“)

[167] Es handelt sich um die sogenannte „Wenkersätze“ Nr. 1, 2, 4 aus dem Fragebogen des Deutschen Sprachatlasses, hier in der Umschrift von Anton Pfalz (1885 - 1958) aus d. J. 1910 (die Umschrift ist an die IPA-Konvention adaptiert). Pfalz führte seine Verschriftung schon mit Hilfe einer Plattenaufnahme durch, die beim österr. Phonogrammarchiv in Wien noch zugänglich ist. Meinem Kollegen B.Hurch danke ich für die Vermittlung einer Kopie.

12. Methodische Fragen - zugleich eine Anleitung zum Umgang mit abstrakteren phonologischen Darstellungen

12.1. Einleitende Bemerkungen: Heuristik versus Modellierung

Zielsetzung der vorausgehenden Kapitel war es, zu einer systematischen Beschreibung des gesprochenen Deutschen anzuleiten. Als Horizont der Beschreibung dienten dabei die physiologischen Randbedingungen der Sprachproduktion und –wahrnehmung; das erklärt auch den Titel des Bandes: Eine funktionale Phonetik des Deutschen, also eine Darstellung, in welcher Weise die physiologischen Ressourcen im Deutschen genutzt werden, um Äußerungen in dieser Sprache zu differenzieren. Sprachwissenschaftler geben sich allerdings mit dieser Zielsetzung meist nicht zufrieden: seit den bahnbrechenden Arbeiten von Noam Chomsky am Ende der 50er Jahre ist es hier üblich, einer rein beschreibenden („deskriptiven") Zielsetzung eine weitergehende *erklärende* an die Seite zu stellen, der gerne auch das Prädikat „theoretisch" beigelegt wird. Daher unterscheiden sich die meisten jüngeren Arbeiten erheblich von der vorausgehenden Darstellung, wobei es nicht immer einfach ist, spezielle Darstellungsweisen von den darin verpackten Argumentationen zu trennen. Zwar ist ein systematischer Überblick über die neueste Phonologie nicht Zielsetzung dieses Bandes, zumindest aber die Grundstruktur der neueren Arbeiten und einige grundlegenden Darstellungsweisen sollen hier vorgestellt werden, um den Zugang zu den einschlägigen wissenschaftlichen Neuerscheinungen zu öffnen.

Im Kern geht es in diesem Kapitel um einen Perspektivenwechsel im Umgang mit sprachlichen Fakten. Das Herangehen war bisher vor allem heuristisch, als Suche nach einer systematischen Vergleichsmöglichkeit für beobachtbare Verschiedenheiten. Das theoretische Unternehmen geht demgegenüber modellierend vor: Es konstruiert ein Modell, das in den beobachteten Daten „eine Interpretation findet", wie es technisch heißt. So findet etwa das folgende Konstituentenmodell für Einsilbler:

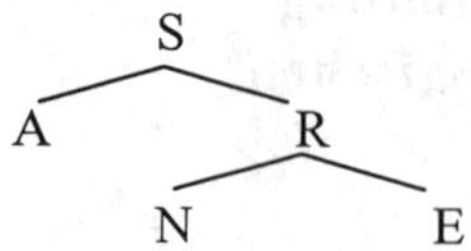

im deutschen Wort *was* [vas] eine Interpretation:

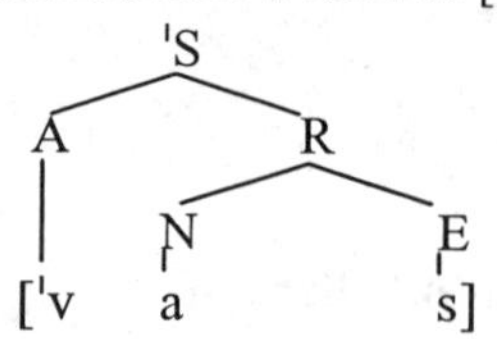

was

Das Modell selbst kann unabhängig von dieser Interpretation untersucht werden; es hat seine Erklärungskraft dadurch, daß es auf eine Fülle von unterschiedlichen (u. U. sehr heterogenen) Erscheinungen Anwendung findet[168]. Insofern ist die Modellierung eine besonders weit getriebene Form dessen, was wissenschaftliche Argumentation ohnehin auszeichnet: die Verallgemeinerung einer Beobachtung hin zu einer symbolischen Fassung, die die Ableitung von Hypothesen erlaubt, die wiederum empirisch überprüfbar sind.

Um es recht vordergründig zu fassen: Das von mir hier benutzte Konstituentenmodell der Silbe ist eine solche Modellierung, wie sich nicht zuletzt beim Umgang damit in der Unterrichtspraxis zeigt: Üblicherweise wird erst der Baumgraph hingeschrieben und dann werden die zu analysierenden Formen an seine Blätter gehängt (s. Kap. 6: E 3); zur Umkehrung der Blickrichtung verwende ich daneben denn auch Spiralmuster (s. Kap. 6), die den heuristischen Vorteil haben, daß sie in eine vorgegebene (hingeschriebene) Form eingetragen werden, der dadurch das methodische Primat zukommt. Letztlich sind das aber perspektivische Fragen: auch eine heuristische Herangehensweise beruht auf (allerdings u. U. nur unzureichend expliziten) theoretischen Prämissen; entsprechend ist auch das Spiralmodell direkt in ein Baummodell überführbar. In diesem Sinne waren denn auch im Vorausgehenden schon

[168] Diese modellierende Herangehensweise ist es, die man als *Strukturalismus* bezeichnet. In fachgeschichtlicher Sicht hat sie vor allem Chomskys Lehrer Zellig Harris auf den Punkt gebracht. In der phonologischen Tradition sind die Modelle ("Systeme") wichtig geworden, die Nicolas Trubetzkoy in den 30er Jahren vorgestellt hat (s. Trubetzkoy 1939). Chomsky hat den modellierenden Ansatz in den 50er Jahren weiterentwickelt und die Entwicklung solcher Modelle geradezu als Aufgabe sprachwissenschaftlicher Beschreibung hingestellt, wobei die empirische Aufgabenstellung darin besteht, die interpretierbare Reichweite der Modelle sukzessive auszuweiten (die Modelle sind ja immer nur in einem Fragment der untersuchten Sprache interpretierbar, sie stellen im wissenschaftstheoretischen Sinne immer Idealisierungen dar).

systematische Modellierungen unumgänglich (s. etwa die Akzentverschiebung in der Argumentation bei den Kap. 10 und 11).

Bei den neueren Arbeiten kommt allerdings ein anderer Aspekt des Erklärungsanspruchs hinzu: das Bemühen, die vorgefundenen Erscheinungen unter allgemeine Strukturen zu subsumieren - sei es unter außersprachliche Gesetzmäßigkeiten, sei es im Sinne einer postulierten, und so aus den Beobachtungen extrapolierten grundlegenden „Sprachfähigkeit" des Menschen.

Der erste Ansatz trifft sich wieder mit der Argumentation hier: bilden doch die physiologischen Ressourcen zugleich Schranken für mögliche Sprachstrukturen. Allerdings ist Vorsicht bei dem in diesem Zusammenhang gern benutzten Prädikat *natürlich* in solchen Erklärungen angebracht: alle Nutzungen der biologischen Ausstattung sind natürlich; aber was Sprachsysteme spezifisch auszeichnet (was ihre Differenz zu anderen Systemen ausmacht), ist ein spezifischer Umgang mit diesen Ressourcen, der in diesem Sinne auch als *nicht-natürlich* (synonym mit: *symbolisch*) angesprochen werden kann. Natürliche Strukturen bilden in diesem Sinne allerdings immer einen Grenzwert für die sprachliche Dynamik (wie die Skala der „nicht-natürlichen" Distanz zu [ə:::] in Kap. 11 deutlich macht).

Ganz anders verhält es sich mit der Annahme einer biologisch festliegenden Sprachausstattung (zu der dann auch die phonologischen Grundstrukturen gerechnet werden), wie sie für die Chomskyaner i. e. S. charakteristisch ist. Diese Annahme wird in den letzten Jahren vor allem in der Auseinandersetzung mit den rasch wachsenden Erkenntnissen zur Struktur heterogener („exotischer") Sprachen im Rahmen eines sogenannten „Prinzipien und Parameter-Modells" entfaltet: die *Prinzipien* bezeichnen dabei die angeborenen und von daher auch *Universalien* genannten Strukturen, mit *Parametern* werden die gelernten und daher sprachspezifischen Strukturen bezeichnet. Soweit durch diese Ansätze die sprachwissenschaftliche Theoriebildung weitergetrieben wurde (vor allem auch dadurch, daß die Beschreibung neu „entdeckter" Sprachstrukturen immer wieder bis dahin postulierte „Universalien" widerlegt hat), gehören sie zu dem, was Sprachwissenschaft zu einer faszinierenden Tätigkeit macht. Allerdings verfügen nur wenige über einen hinreichend differenzierten Überblick über die Strukturen der Sprachen der Welt (die ohnehin erst zu einem Bruchteil systematisch beschrieben sind), sodaß die Gefahr groß ist, auf diese Weise in der Vorurteilspraxis des „gesunden Menschenverstandes" hängen zu bleiben, der das Vertraute für das Natürliche hält - wie im vorausgehenden wiederholt angemerkt, eine vor allem im pädagogischen Kontext übliche fatale Praxis zu Lasten der förderungsbedürftigen Lerner. Als Korrektur stehen in dieser Einführung einige typologische Kommentare, die zwar keinen systematischen Überblick über die phonologischen Strukturen der Sprachen der Welt geben (s. dazu die Bibliographie), die aber doch helfen sollen, den Strukturen des Deutschen die Aura des Natürlichen zu nehmen.

In diesem Kapitel sollen einige Konventionen der neueren Arbeiten vorgestellt werden:

- in Abschnitt 12.2. die Merkmalsanalyse anstelle des Operierens mit Lauten, die auch im vorausgehenden benutzt wurde, die seit den frühen Arbeiten der 30er Jahre zur phonologischen Modellierung gehört (so schon in der klassischen Darstellung von Trubetzkoy 1939);
- in Abschnitt 12.3. die sogenannte „regelbasierte Modellierung", die durch die Arbeit von Chomsky - Halle 1968[169] begründet wurde, der viele inzwischen schon als Standarddarstellungen des Deutschen geltenden Arbeiten gefolgt sind (etwa Wurzel 1970, Kloeke 1982 u.a.);
- in Abschnitt 12.4. die Weiterentwicklung dieses Ansatzes im zunehmenden Rückgriff auf prosodische Strukturen, insbesondere auf die Silbenstruktur, wie es auch in heuristischer Perspektive für diese Einführung hier gilt. Vorgestellt wird die Symbolisierungsweise der sogenannten „autosegmentalen" Ansätze, die inzwischen in ausführlichen Handbuchdarstellungen entfaltet werden (z.B. Kenstowitz 1994, Goldsmith 1995). Arbeiten zum Deutschen in dieser Entwicklungslinie sind z.B. Giegerich 1985, Wiese 1988, Wiese 1995. Instruktiv für die Entwicklung dieses Diskussionsstranges sind etwa die Sammelbände Vennemann 1982, Eisenberg 1992;
- in Abschnitt 12.5. schließlich die vordergründig ganz andere Symbolisierung der jüngsten Spielart sprachwissenschaftlicher Theoriebildung, die der Optimalitätstheorie, ohne allerdings die damit in der Regel verbundenen weiterreichenden theoretischen Annahmen (im Sinne einer universalen Erklärungstheorie, s.o.) zu diskutieren[170], s. dazu den Einführungsband Archangeli/Langendoen 1995; für eine interessante Anwendung auf das Deutsche, die die Probleme der Entwicklungsdynamik aufnimmt (wie hier im Text auch von mir versucht), s. etwa Löhken 1996; für Ansätze einer kritischen Diskussion s. etwa Neef 1996.

---

[169] Oft zitiert mit den Anfangsbuchstaben des Titels als „SPE-Ansatz" [= *S*ound *P*attern of *E*nglish].

[170] Hintergrund für diesen Wandel im Herangehen an die Analyse ist eine Entwicklung in den Kognitionswissenschaften, die sich mit dem Etikett des *Konnexionismus* verbindet.

Da es hier vor allem um die Vorstellung der Formalismen geht, ist der argumentative Horizont in diesem Kapitel gegenüber dem Vorausgehenden eingeschränkt: argumentiert wird (wie auch in der überwiegenden Literatur) im Horizont einer Wortphonologie: eine systematische Entwicklung phonologischer Strukturen der Äußerung, die die Wortstrukturen als lexikalische Ressourcen zu deren Ausbau nimmt, was die Prämisse der vorausgehenden Kapitel war, steht hier nicht mehr zur Debatte (in der jüngeren Diskussion werden satzphonologische und wortphonologische Strukturen i. d. R. unabhängig voneinander aufgebaut und dann aufeinander bezogen, für eine frühe und einflußreiche Darstellung s. Selkirk 1984; zur derzeitigen Diskussion im Deutschen s. die entsprechenden Kap. in Wiese 1995).

Die Übungsaufgaben dieses Kapitels haben das Ziel, eine Vergewisserung darüber zu ermöglichen, ob die unterschiedlichen Symbolisierungsweisen der vorgestellten Ansätze verstanden sind. Daß es sich hier um unterschiedliche Darstellungstechniken handelt und (auf dieser Ebene!) nicht um unterschiedliche theoretische Ansätze, soll insbesondere dadurch deutlich werden, daß ich u.a. in allen diesen „Formaten" die Darstellung der Anschlußkorrelation als Aufgabe vorgebe - also eine analytische Konstruktion, die meinen Ansatz hier von den meisten einschlägigen neueren Darstellungen unterscheidet. Wenn die Übung gelingt, ist damit deutlich geworden, wo Unterschiede in den Ansätzen vorliegen, über die es sich zu streiten lohnt - und wo es sich nur um Unterschiede in Darstellungsformalismen handelt, zwischen denen eine Übersetzbarkeit besteht, die also nur als mehr oder weniger brauchbar für eine vorgegebene Aufgabenstellung zu sehen sind.

Die Übungsaufgaben stehen hier nicht gesammelt am Ende des Kapitels sondern nach den jeweiligen Abschnitten, die in ihrer Argumentation zum Teil aufeinander aufbauen; daher sollten die Übungen jeweils zur Rekapitulation vor der Weiterarbeit genutzt werden.

12.2. Merkmalsanalysen

Die Grundprinzipien der phonologischen Analyse sind im vorausgehenden expliziert: Es geht darum, die Funktion lautlicher Differenzierungen in einer Sprache (im Sinne der ersten Artikulation) zu explorieren, auf einer methodischen Ebene lautliche Unterscheidungen als mögliche phonologische *Kontraste* beziehungsweise *Oppositionen* zu überprüfen, also auf ihre Potentiale, sprachliche Formen (der zweiten Artikulation) zu differenzieren: wo eine solche Differenzierung vorliegt (bei einem Minimalpaar), ist die Prüfung positiv. Solche *paradigmatischen* Kontraste setzen immer den *syntagmatischen* Konnex im Zeichen voraus; sie stehen also im Verhältnis von *Nut* zu *Feder* (s. Kap. 2).

Nun wird man sich mit einer unmittelbaren Inspektion der Nuten nicht zufriedengeben, da diese nur ein zersplittertes Bild von den phonologischen Potentialen einer Sprache zu liefern vermögen, sondern mit Hilfe abstrakter Operationen über den Mengen solcher Nuten und den Inventaren der in ihnen vorkommenden Federn zu einem deutlicher strukturierten Bild zu kommen versuchen (mit distributionellen Kriterien wie insbesondere der komplementären Verteilung). Die Zielsetzung einer funktionalen Phonetik setzt einer solchen formalen Argumentation aber Schranken. So sind im Deutschen z.B. [h] und [ŋ] komplementär verteilt: [h] findet sich nur als A einer Nicht-Reduktionssilbe - [ŋ] findet sich dort nicht (beziehungsweise [ŋ] findet sich als E sowie als A einer Reduktionssilbe, [h] dort nie). Trotzdem wird man [h] und [ŋ] nicht als Varianten („Allophone“) eines Phonems zusammenfassen, weil nicht ersichtlich ist, welches *phonetische* Strukturmerkmal (der gemeinsame Nenner von [h] und [ŋ]) sie beide zugleich von den anderen Phonemen der Sprache differenziert.

Allerdings sind die möglichen phonologischen „Bündelungen“ nicht abstrakt vorhersagbar: so sind z.B. umgekehrt bei [ʀ]/[ʁ] die phonetischen Unterschiede zu [ɐ] vielleicht noch größer als bei [h] und [ŋ] (die immerhin beide konsonantisch sind!) - trotzdem zeigt die Dynamik des Deutschen („r-Vokalisierung“) und auch die „freie Variation“ zwischen beiden Formen in E zumindest bei einigen Sprechern, daß hier die komplementäre Verteilung in A versus E Anlaß sein kann, sie zu einem Phonem zusammenzufassen - in einer strengeren Argumentation der funktionalen Nutzung phonetischer Strukturen wird man es vielleicht doch nicht tun (analog also zu [h] und [ŋ]).

Hier wird deutlich, daß die phonologische Analyse nicht einfach eine Sache der Inspektion des Materials ist, daß sie sich von diesem her nicht aufdrängt, sondern abhängig von methodisch-theoretischen Annahmen ist, die letztlich im Horizont übergreifender Gesichtspunkte zu begründen sind. Das erklärt nun wiederum die auf den ersten Blick für Anfänger frustrierend-verwirrende Abstraktheit, terminologische Komplexität - und scheinbare Uneindeutigkeit („wie ist es denn nun wirklich?“) der neueren phonologischen Ansätze, in denen zum Teil die gleichen Probleme immer wieder neu in einem anderen Licht (und mit noch größerem begrifflichen Aufwand) behandelt werden.

Ein generelles Ziel der sprachwissenschaftlichen Analyse ist die maximale Allgemeinheit der Argumentation; entsprechend war oben schon das Ziel der phonologischen Analyse dadurch gesetzt worden, daß über die nutenspezifischen Inventare hinaus das umfassende phonologische System im Blick war. Basis der Analyse war dabei eine phonetische Beschreibung, die sich von der Rückprojektion der Alphabetschrift auf die Lautstruktur (also der Projektion einer Kette von *Lauten*) befreit hat. Horizont der phonetischen Beschreibung waren statt dessen artikulatorische (auf der Produktionsseite) und perzeptiv-akustische (auf der Rezeptionsseite) Kontinua, die in sequenziellen Einheiten artikuliert wurden, den *Silben*. Die segmentale Artikulation der Silben erfolgt wiederum in Hinblick auf different/gleich-bestimmte Abschnitte solcher Bewegungsabläufe (oder ihrer Spuren im Signal, wie etwa den auch hier zur Illustration verwendeten Sonagrammen). Wo segmentiert wird, ist wiederum eine funktionale Frage, abhängig davon, ob im Sinne der ersten Artikulation so verschiedene Zeichen artikuliert werden (können) oder nicht.

Die *Beschreibung* solcher Unterschiede verlangt entsprechend eine Begrifflichkeit, die unabhängig von der Vorstellung von festen Lauten ist, die *Merkmale* der Bewegungsabläufe der lautproduzierenden (-modifizierenden) Organe angibt (oder auch der Modifizierungen in der akustischen Signalstruktur). Das ist der Grund dafür, daß in neueren phonologischen Darstellungen mit *Merkmalsmatrizen* hantiert wird, einem Raster für lautliche Merkmale, wie ich sie zum Teil auch bisher schon gelegentlich verwendet habe: [frikativ], [sonor], [offen] und dergl. Solche Merkmale definieren also Mengen von Lauten, [frikativ] z.B. die Menge der Reibelaute im Deutschen {f, v, s, z, ʃ, ç, x, ʁ, h}; Merkmalsbündel definieren entsprechend Schnittmengen z.B. [frikativ] und [stimmhaft] die Menge {v, z, ʁ}.

Es ist eine generelle Konvention bei einer solchen Vorgehensweise, Merkmale als Mittel zur *binären* Zerlegung der Daten zu begreifen; die Argumentation wird einfacher, wenn ich die Daten für jedes Merkmal daraufhin abfragen kann, ob es zutrifft oder nicht [±M]: [s] ist [+frikativ] - oder bei anders gewählten Merkmalen [-okklusiv] (okklusiv = Verschluß). Welche Merkmale ausgewählt werden, ist letztlich in gewissen Grenzen willkürlich (so wie ich Menschen nach ihrer Haarfarbe als [± rot] oder auch als [± schwarz] einteilen kann). Eine gewisse Rolle spielt die primäre Orientierung an artikulatorischen Ausgangsdaten (etwa solchen Merkmalen wie [apikal], [uvular] usw.) oder auch akustischen, etwa Strukturen der Spektogramme wie [diffus], [kompakt] usw.

Gemeinsam ist allen neueren Ansätzen, daß sie versuchen, für jede Sprachbeschreibung mit so wenig Merkmalen auszukommen wie möglich, gleichzeitig diese Merkmale aus einem Merkmalsinventar zu beziehen, das für die Beschreibung aller (bisher bekannter) Sprachen tauglich ist (also *universal* in einem methodologischen Sinne).

Merkmale haben zwei Seiten: Einerseits bezeichnen sie Atome einer komplexen Einheit Laut / Phonem, wie sie in IPA-Notation repräsentiert ist. Insofern erscheinen sie bei Lauten gewissermaßen wie beim Zoomen in einer phonetischen Feineinstellung. Andererseits repräsentieren sie Klassen von Lauten (sind sie *Prädikate* über einer Menge von Lauten), von denen der so analysierte Laut ein Element ist: [+nasal] ist nicht nur ein Merkmal (neben anderen: [+Verschluß], [+stimmhaft] usw.) eines Lautes / Phonems /m/, sondern es bezeichnet die Klasse aller Nasale {[m], [n], [ŋ] ...}.

Eine solche Merkmalsmatrix für das Phonemsystem des Deutschen könnte wie folgt aussehen - aus Gründen der Übersichtlichkeit für Vokale und Konsonanten gesondert dargestellt -, wobei ich allerdings jeweils nur die für die Differenzierung relevanten Merkmale in den Teilmatrizen anführe. Bei solchen Darstellungen ist zu kontrollieren, daß jedes Phonem durch einen spezifischen Vektor aus + und - von jedem anderen unterschieden ist.

Bei den *Vokalen* gehe ich von der silbenstrukturellen Analyse der Quantität aus, differenziere also nicht mit *segmentalen* Merkmalen zwischen [ɪ] und [i] und dergl. (etwa [± gespannt]) wie in vielen Analysen: das ist gegebenenfalls leicht zu ergänzen (s.u. 13.3.). Das bei den Konstituentenstrukturen für die vokalisch homophone Artikulation von E verwendete Zeichen /:/ muß hier ausbuchstabiert werden, also [bu:x] *Buch* entsprechend [buux] - (falls nicht eine „Kopierungsregel" für die Merkmale definiert wird, s.u.).

Die gewählten Merkmale zeigen eine Lösung der Probleme, die durch die Vorgabe einer strikt binären Klassifikation entstehen: An die Stelle einer skalierten Unterscheidung tritt eine mehrfache komplementäre Zerlegung; wie hier z.B. beim Vokalismus an die Stelle einer dreistufigen Skala *hoch / mittel / tief* die unabhängig spezifizierbaren Merkmale [±hoch) und [± tief] treten, mit denen [e] als [-hoch] [-tief] definierbar ist.

In der Matrix fehlt das problematische [ɛ:]; stattdessen wird hier im Sinne der norddt. Aussprache [e:] angenommen [be:ʀn̩] sowohl *Bären* wie *Beeren.* Die Matrix erlaubte allerdings auch die Spezifizierung von [ɛ], das jedenfalls als Langvokal mit [e] kontrastieren müßte: [-hoch] [+tief] [+vorn] [-labial]; beim Kurzvokal wäre diese Differenzierung von [e] durch [±tief] redundant.

Merkmale \ Phoneme	i	e	a	y	ø	o	u
Konsonant	-	-	-	-	-	-	-
hoch	+	-	-	+	-	-	+
tief	-	-	+	-	-	-	-
vorn	+	+	-	+	+	-	-
labial	-	-	-	+	+	+	+

Der Vokal der Reduktionssilbe wird durch diese Matrix deutlich als negativer Grenzwert ausgedrückt: er wäre für alle Merkmale negativ markiert ([ə]: [-hoch] [-tief] [-vorn] [-labial]), so daß er mit keinem Vokal positiv kontrastiert, wie es ja der Qualität der Reduktionssilbe entspricht. Wäre insofern [ə], die verschiedenen Silbenstrukturen übergreifend, noch in der Matrix darstellbar, so gilt das für das [ɐ] nicht: es ist von [ə] durch den Vektor [-hoch] [+tief] [-vorn] [-labial] unterschieden, der identisch mit dem für [a] ist, was den phonetischen Verhältnissen nicht entspricht: [ɐ] ist kein hinterer Vokal, wie die assimilatorischen Konsequenzen bei der Artikulation des folgenden dorsalen Frikativs zeigen: [ˈdax] *Dach*, nicht [ˈdaç], aber bei der „r-Vokalisierung" [ˈbeɐç] *Berg*, nicht [ˈbeɐx], s. Kap. 8. Dieses Problem verdeutlicht letztlich nur die Grundstruktur meiner Argumentation, daß solche segmentalen Spezifizierungen eben nur als Artikulation einer bestimmten Silbenstruktur möglich sind: Die Matrix zeigt die Artikulation des Nukleus der unmarkierten und der prominenten Silbe, ihre Vektoren für /i/ /a/ /u/ sind zugleich die der erweiterten Reduktionssilbe (bei der das Merkmal [tief] oder spiegelverkehrt [hoch] sogar redundant ist, nicht spezifiziert zu werden braucht, s.u.).

Der Konsonantismus läßt sich mit der folgenden Matrix beschreiben:

Merkmale \ Phoneme	h	ʔ	m	n	ŋ	ʀ	l	p	b	f	v	t	d	s	z	ʃ	x	k	g
Konsonant	+	+	+	+	+	+	+	+	+	+	+	+	+	+	+	+	+	+	+
sonor	-	-	+	+	+	+	+	-	-	-	-	-	-	-	-	-	-	-	-
hinten	+	+	-	-	+	+	-	-	-	-	-	-	-	-	-	-	+	+	+
tief	+	+	-	-	-	-	-	-	-	-	-	-	-	-	-	-	-	-	-
hoch	-	-	-	-	+	-	-	-	-	-	-	-	-	-	-	+	+	+	+
labial	-	-	+	-	-	-	-	+	+	+	+	-	-	-	-	+	-	-	-
koronal	-	-	-	+	-	-	+	-	-	-	-	+	+	+	+	+	-	-	-
nasal	-	-	+	+	+	-	-	-	-	-	-	-	-	-	-	-	-	-	-
dauer	+	-	+	+	+	+	+	-	-	+	+	-	-	+	+	+	+	-	-
Glottis offen	+	-	-	-	-	-	-	-	-	-	-	-	-	-	-	-	-	-	-
Glottis vibriert	-	-	+	+	+	+	+	-	+	-	+	-	+	-	+	-	-	-	+

[dauer] ist hier auf die *orale* oder *nasale* Funktion bezogen: in Hinblick auf die nasale Resonanz sind die Nasallaute [m, n, ŋ] ebenfalls als [+dauer] zu spezifizieren. Die Matrix wäre formal äquivalent ausbalanciert, wenn die Nasale als (oral:) [-dauer] definiert würden, wie es üblicherweise geschieht. Distributionelle Beschränkungen in der Artikulation der Silbenstruktur lassen sich aber einfacher fassen, wenn Nasale, Liquide und Frikative in einer „natürlichen phonetischen Klasse" [+dauer] zusammengefaßt sind (s.u.). Um die segmentale Analyse der Affrikaten [ts] und [pf] aufzunehmen (s. Kap. 8.1.), benötigen wir ein weiteres Merkmal [± verzögerte Verschlußlösung], das bei diesen beiden positiv, allen anderen negativ spezifiziert ist. Deutlich wird in dieser Darstellung die Labilität von [h] und [ʔ]: [h] ist mit einem eigens für es angesetzten Merkmal [Glottis offen] von allen anderen differenziert, [h] und [ʔ] gemeinsam ebenso durch das Merkmal [+tief]; dieses wird ja auch in der Matrix für die Vokale benötigt, hat hier allerdings hier eine etwas andere Interpretation (nicht die Enge / Öffnung durch die Zunge im Mundaraum sondern die Tiefe im „Ansatzrohr").

Mit derartigen Merkmalsmatrizen werden phonetisch die Federn spezifiziert, die die Nuten der Silbenstruktur artikulieren. Insofern sind die Merkmale strikt *lokal* definiert, während globale lautliche Struktureigenschaften durch die Silbenstruktur definiert sind (konfigurationell in dem hier gewählten Konstituentenmodell der Silbe). Diese strikte Trennung der beiden Argumentationsebenen setzt sich allerdings erst in jüngster Zeit durch: ältere Arbeiten, insbesondere das für die neuere Phonologiediskussion grundlegende Werk von Chomsky-Halle (1968) und die daran orientierten Arbeiten auch zum Deutschen, operieren noch mit hybriden Merkmalsmatrizen, in denen z.B. ein Merkmal [±silbisch] figuriert (bei [ˈʀaːtən] ist in der zweiten Silbe [ə] [+silbisch], [n] [-silbisch], bei [ˈʀaːtn̩] ist [n] [+silbisch]). In Konsequenz dieser Klärung habe ich hier dann auch die Quantität als globales (silbenstrukturelles) Strukturmerkmal, nicht als lokales Merkmal behandelt.

Macht man sich die phonetischen Zusammenhänge klar, wird deutlich, daß diese Matrizen noch weitgehend redundant sind. Im Deutschen sind alle Vokale [+stimmhaft]: bei einer vollständigen Matrix braucht also bei einem Vektor mit [-konsonantisch] nicht noch ein Merkmal für [±Glottis vibriert] eingetragen zu werden; ebenso ist es bei [+konsonantisch] [+nasal]: stimmlose Nasale finden sich im Deutschen nicht. Entsprechende Bemühungen um eine Binnenstrukturierung (Optimierung) solcher Merkmalsmatrizen finden sich in vielen neueren Darstellungen unter dem Etikett der *Markiertheitstheorie*, die gewissermaßen eine Bewertungsfunktion für die Vektoren definiert:

z.B. ist [+Glottis vibriert] *unmarkiert* (also durch automatische Implementierung in die Matrix einzufügen), wenn dort [+konsonantisch] [+nasal] spezifiziert ist, dagegen ist es *markiert*, müßte also dort spezifiziert werden, wenn sich im Vektor [+konsonantisch] [-nasal] findet.[171]

Diese Bemühungen um eine Bestimmung der Binnenstruktur solcher Merkmalsanalysen hat in den letzten Jahren durch die phonetische Forschung einen neuen Anschub bekommen, die die Koppelung artikulatorischer Abläufe in Lautgesten untersucht (s. besonders Browman/Goldstein 1992). Offensichtlich bilden die Merkmale, die oben zur Differenzierung der lautlichen Artikulation im Deutschen in einer Matrix angeordnet sind, nicht einfach eine Menge: primär lassen sie sich als eine Reihe von implikationell geordneten Optionen zur Artikulation eines Segmentes (im Folgenden mit X repräsentiert - gewissermaßen als Zeittakt in der Äußerungsdauer) verstehen. In diesem Sinne lassen sich die oben genannten Merkmale beziehungsweise die Matrix nach solchen Abhängigkeiten wie folgt umordnen:

Schema A

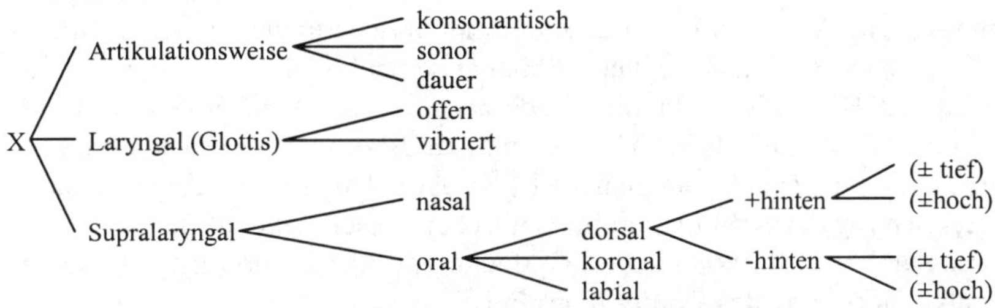

Eine systematische Darstellung, die sich auch im Sinne eines allgemeinen Erklärungszusammenhangs versteht (s.o. Abschnitt 1), wird versuchen, die möglichen Ressourcen zur Artikulation im Sinne eines Menüs (wie es Computerbenutzer kennen) zu ordnen; die einzelnen Sprachen nutzen eine bestimmte Auswahl aus den „universalen" Möglichkeiten. Für das Deutsche läßt sich so, ausgehend von der jetzt maßgeblichen Darstellung bei Ladefoged/Maddieson (1995) die folgende Abhängigkeitsstruktur der genutzten Artikulatoren geben, die die Spezifizierung eines jeden „Segmentes" erlaubt (für die Interpretation der hier benutzten Termini, s. Kap. 3):

[171] S. etwa Ramers/Vater 1995 für eine detaillierte Einführung in diese Diskussion.

Schema B

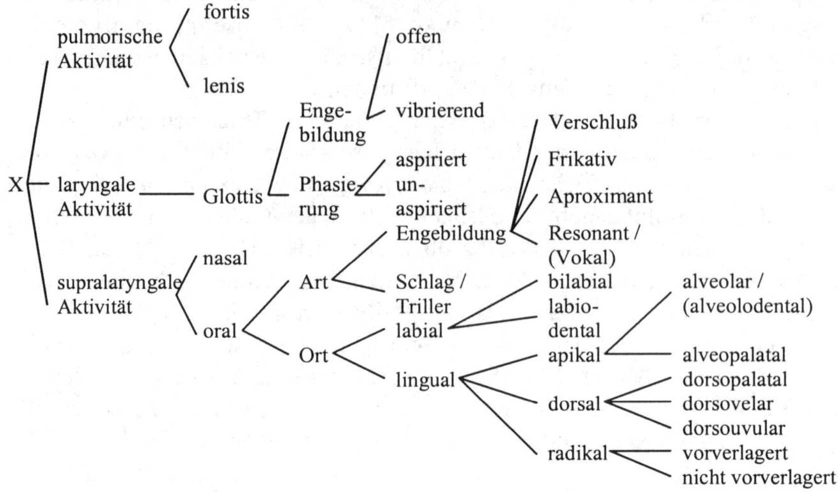

Phonologische Arbeiten, die in diesem Sinne ihre Struktur fundieren, firmieren oft unter dem Namen einer „Abhängigkeitsphonologie“, die ihre Darstellung mit Hilfe einer „Merkmalsgeometrie“ (mit oft noch sehr viel aufwendigeren Schemata als hier) bestreiten. Auf diese Weise werden systematische Strukturen elegant (und plausibel!) beschreibbar, z.B. die eingeschränkte Nutzung laryngaler Artikulation im Deutschen, beschränkt auf den silbischen Anfangsrand, und im erheblichen Umfange zur Artikulation der Akzentuierung als Markierung des Kopfes eines Fußes:

- nur als A von ˈS sind laryngale Segmente zugelassen ([ʔ h]),
- nur stimmlose Plosive als A von ˈS sind durch eine laryngale Modifikation (aspiriert) charakterisiert,
- nur in A ist die fortis/lenis Differenzierung durch ein laryngales Merkmal (stimmhaft/stimmlos) charakterisiert beziehungsweise nur hier sind distinktiv stimmhafte orale Engelaute (Verschluß/Frikativ) zugelassen.

12.2.1. Übungsaufgabe zu Abschnitt 12.2.

1) Stellen Sie die folgenden Wortformen mit der Merkmalsmatrix dieses Abschnitts dar (ersetzen Sie bei den Vokalen [+vorn] durch [-hinten] und dergl.; nicht spezifizierte Merkmale markieren Sie durch ∅ in der Matrix):
Forelle [foʀɛlə], *anecken* [ʔanʔɛkən]

12.3. Phonologische Grammatik (regelbasierte Ansätze)

Mit der Argumentation mit Merkmalen statt mit Segmenten wird die Argumentation auf eine abstraktere Ebene gehoben: die der *Spezifizierung* von Elementen der Darstellung. Das ist nun aber das Format der neueren sprachwissenschaftlichen Beschreibung generell, die versucht, mit so wenig spezifischen Analysen wie möglich zunächst eine größtmögliche Allgemeinheit ihrer Aussage zu erzielen, um die nötigen Spezifizierungen, die die konkreten Einzelfälle definieren, dann in systematischer Form durch *Regeln* einzuführen. Dieser Regelbegriff hat nichts mit dem alltagssprachlichen von *Vorschriften* zu tun, sondern bezeichnet eine Darstellungskonvention, die eine *abstraktere Darstellung A* durch eine *spezifischere B ersetzt*, wofür es in der Tradition der sogenannte generativen Grammatik üblich ist, das Regelschema

$$A \rightarrow B$$

(lies: ersetze [die Darstellungsform] A durch [die Darstellungsform] B) zu benutzen (s. E 1). Ein solches uneingeschränktes Regelschema (eine sog. *kontextfreie* Regel) kann durch die Festlegung auf bestimmte Umgebungsbedingungen, also *kontextbeschränkt*, spezifiziert werden. Dazu dient das Regelschema:

$$A \rightarrow B \,/\, C$$

Die hinter dem Schrägstrich angegebenen Bedingungen C für die Anwendung der Regel definieren eine Nute mit der Angabe von Bedingungen, an die die Ersetzung von A durch B gebunden ist.

In einem ersten Block einer formaler aufgebauten phonologischen Grammatik werden die oben in Kap. 5 skizzierten metrischen Strukturelemente des Wortes entwickelt, wobei eine ausführliche Analyse auch die hier einfach als Alternativen hingestellten verschiedenen Ersetzungsmöglichkeiten auf ihre eventuellen Determinanten hin zu bestimmen hätte (was aber nur im Rückgriff auf die Strukturen der zweiten Artikulation möglich ist): Die metrische Grundstruktur des Wortes (W) wird in Füßen (F) organisiert, bei komplexen Wörtern (Komposita) in mehreren Füßen; der einfacheren Argumentation halber wird hier an eine morphologische Bedingung gebunden: Der Kopf des Fußes ist die akzentuierte Silbe eines morphologisch einfachen Stammes; alle weiteren Silben eines solchen Stammes werden als Fußerweiterungen betrachtet. Die Füße selbst werden durch die verschiedenen Silbentypen ('S, S, °S) artikuliert.

(1) $\quad W \rightarrow \begin{cases} W + W \\ (°S +)\ \bar{\bar{F}} \end{cases}$

(2) $\quad \bar{\bar{F}} \rightarrow \begin{cases} S + \bar{F} \\ \bar{\bar{F}} \end{cases}$

(3) $\quad \bar{F} \rightarrow \begin{cases} \bar{F} + °S \\ F \end{cases}$

(4) $\quad F \rightarrow \begin{cases} F + S \\ 'S \end{cases}$

Für den Fall eines komplexen Wortes nach (1) muß noch die Abstufung mehrerer 'S im Wort zu Nebenakzenten durch eine Transformationsregel (5) definiert werden, die in Hinblick auf die Alternativen noch Kriterien der zweiten Artikulation heranziehen müßte: (x, y, z stehen für weitere silbische Sequenzen aus S oder °S; sie können auch leer sein.)

(5) $\quad x\text{ˈ}Sy\text{ˈ}Sz \rightarrow \begin{cases} x\text{ˈ}Sy\text{ˌ}Sz \\ x\text{ˌ}Sy\text{ˈ}Sz \end{cases}$

Alle Regeln ermöglichen fakultative Fußerweiterungen: Regel (2) führt eine um die vor der prominenten Silbe stehende unmarkierte Silbe ein, z.B.

S 'S °S

[fo ['Rɛ lə]$_{\bar{F}}$]$_{\bar{\bar{F}}\ (=W)}$ *Forelle*

1: (1)

2: (2)

3: (2)

4: (3)

5: (3)

6: (4)

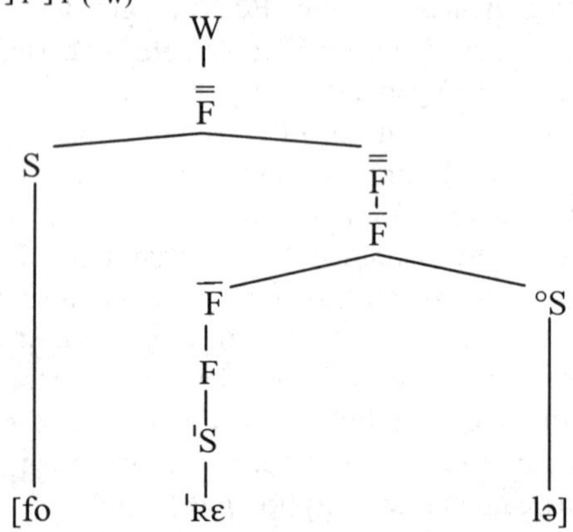

Die Erweiterung in (2) kann rekursiv[172] erfolgen; daher erscheint $\bar{F}$ auch auf der rechten Seite des Ersetzungspfeils:

[172] Im technischen Sinne eines solchen Regelsystems bedeutet *rekursiv*, daß ein Symbol, das links vor dem Pfeil einer Ersetzungsregel steht, auch rechts von diesem auftritt.

S S S ˈS

[ʔa [ka [de ˈmiː]$_{F=\bar{F}}$] $_{\bar{\bar{F}}}$] $_{\bar{\bar{F}}\,(=W)}$

[ʔakadeˈmiː] *Akademie*

1: (1)

2: (2)

3: (2)

4: (2)

5: (2)

6: (3)

7: (4)

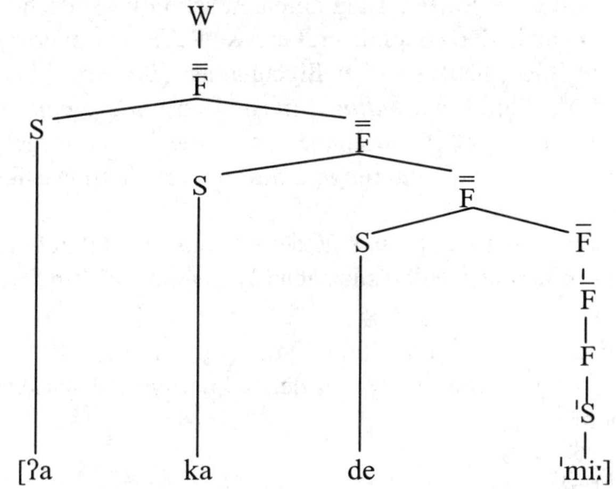

Die Links-Erweiterung um eine Reduktionssilbe in Regel (1) ist demgegenüber nicht rekursiv, vgl. *gekommen* [gəˈkɔmn̩] und *bekommen* [bəˈkɔmn̩] aber nicht **begekommen* [bəgəˈkɔmn̩]. Sie wird daher auch nicht als Erweiterung eines Fußes sondern eines Wortes eingeführt (s. auch Kap. 4 zur Frage eines *Auftaktes*).

[bəkɔmn̩] *bekommen*

1: (1)

2: (1)

3: (2)

4: (3)

5: (3)

6: (4)

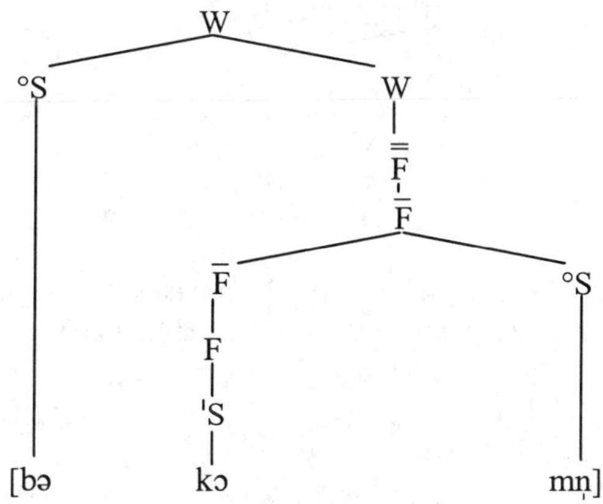

Anders ist es bei der Rechts-Erweiterung um eine Reduktionssilbe, die in Regel (3) rekursiv möglich ist, vgl. daktylischen Formen wie *laufende* [ˈlaʊfəndə], *wechselte* [ˈvɛksəltə] (also sowohl mit einer mehrfachen Suffigierung wie einer Suffigierung an einen schon trochäischen Stamm). Es gibt allerdings auch die ebenfalls rekursive Rechtserweiterung um eine nichtreduzierte Silbe, häufig so bei Eigennamen (*Barbara* [ˈbaʁbaʁa]), *maskulin* [ˈmaskulin], Plural *maskuline* [ˈmaskulinə], *Marzipan*, in einer Variante [ˈmaʁtsipan], Plural [maʁtsipanə] usw., die in (4) vorgesehen ist. Das gilt hier auch für Suffixerweiterungen, die keine Reduktionssilben sind[173], z.B. bei [ˈjʏŋlɪŋ]$_{\mathrm{F}}$ *Jüngling*.

Die silbische Erweiterung in der Flexion erfolgt fußbildend (trochäisch) von der prominenten Silbe aus nach (3), etwa bei einem Dativ Plural

S S S ˈS °S

(*mit seinen*) [ʔa [ka [de [ˈmiː]$_{\mathrm{F(='S)}}$ ən]$_{\bar{\mathrm{F}}=\bar{\bar{\mathrm{F}}}}$]$_{\bar{\bar{\mathrm{F}}}}$]$_{\bar{\bar{\mathrm{F}}}\,\mathrm{(=W)}}$

Als Beispiel kann die Ableitung der flektierten (daktylischen) Form Jünglinge dienen:

ˈS S °S

[[[ˈjʏŋ lɪŋ]$_{\mathrm{F}}$ ə]$_{\bar{\mathrm{F}}}$

[ˈjʏŋlɪŋə]

1: (1)

2: (2)

3: (3)

4: (4)

5: (4)

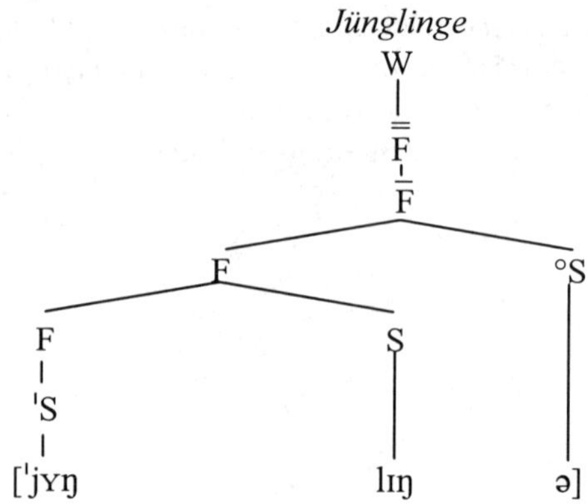

Schließlich noch ein Beispiel für ein komplexes Wort, das Kompositum Haustüren, das mit der rekursiven Ausbaumöglichkeit von (1) abgeleitet wird:

[173] Zu den Problemen dieses Vorschlags s. Kap. 9 und 10.

['haʊstyʀn̩] *Haustüren*

1: (1)

2: (2)

3: (3)

4: (3)

5: (3)

6: (4)

7: (5)

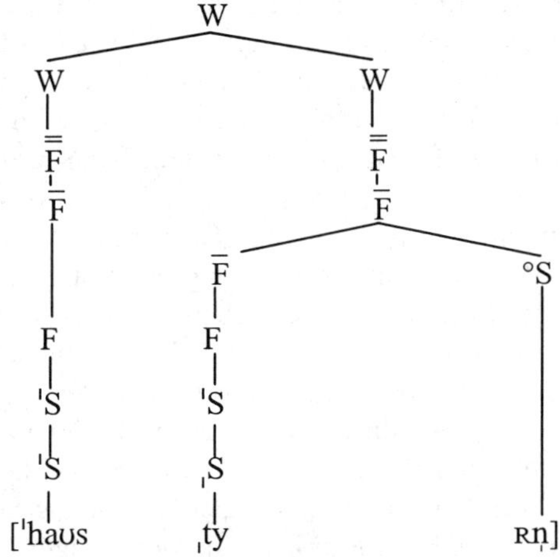

Ein Regelkomplex (im technischen Sinne *Grammatik* genannt) wie der von (1) bis (4) definiert eine Familie von Ableitungen. Damit sollen von einer Anfangsbedingung (hier W) aus alle Wortformen einer bestimmten Sprache abgeleitet werden. Bei der Anwendung dieser Regeln in einer solchen Ableitung stellt jeder Schritt, der bei den obigen Darstellungen durchnumeriert wird, eine Einschränkung über der Menge möglicher Formen in einer Sprache dar - bis im letzten Schritt die intendierte Form abgeleitet ist, bzw. in umgekehrter Blickrichtung: von der Grammatik als einem Analysemechanismus diese Form akzeptiert wird.

So sind bei dem ersten Beispiel oben (der Ableitung von *Forelle*) bei Schritt (1) nur noch einfüßige Formen abzuleiten (also z.B. auch noch *Haus, Häuser, Vater, Auto, Gebrüll, Veranda, Hornisse, Kommode...*, aber nicht mehr *Haustür, Fensterleder* u.ä.), bei Schritt (2) sind nur noch einfüßige Formen mit einem „Auftakt“ abzuleiten (also z.B. auch noch *Veranda, Hornisse, Kommode...*, aber nicht mehr *Haus, Häuser, Vater, Auto* u.ä.); außerdem ist der Auftakt festgelegt auf eine unmarkierte Silbe, also sind *Gebäude, Gebrüll* u.dgl. mit einer Reduktionssilbe als Auftakt auch nicht mehr abzuleiten. Bei Schritt (3) sind nur noch einfüßige Formen mit einem „Auftakt“ abzuleiten, bei denen im trochäischen Fuß eine Reduktionssilbe vorkommt (also auch noch *Hornisse, Kommode* aber nicht mehr *Veranda, Marzipan*).

Ein vollständiges derartiges Regelsystem charakterisiert die Formen einer Sprache: Formen, die ihnen nicht entsprechen (die so nicht ableitbar sind),

sind keine Formen dieser Sprache. Mit der schrittweisen Spezifizierung in Ableitungen wie in den Beispielen oben, wird die Menge der möglichen Formen in einer Sprache immer mehr eingeschränkt: Die Ableitungsschritte explizieren die Kontraste zwischen den Formen in einer Sprache – während die Regeln selbst der Formen einer gegebenen Sprache zu denen einer anderen definieren (oder die Differenz zu auch Unsinnsformen, die zu gar keiner Sprache gehören).

Nun ist das Fragment einer prosodischen Grammatik aus Regel (1) bis (5) viel zu mächtig, um die deskriptive Zielsetzung der Ableitung (bzw. Charakterisierung) genau der Formen des Deutschen einzulösen; die Erzeugungsmöglichkeiten sind durch die rekursiven Möglichkeiten der Regeln unbegrenzt. So können zwar die *möglichen* Wortformen des Deutschen erzeugt werden – aber eben nicht *nur* diese. Die deskriptiv notwendigen Beschränkungen über einem solchen Regelapparat zu definieren ist denn auch tatsächlich der schwierigste Teil bei der Aufgabe einer phonologischen Grammatik.

Hinzu kommen noch konkrete Probleme mit dem obigen Regelsystem. So werden Wörter wie *Akademie* mit der Regel (2) als einfüßig abgeleitet (entsprechend ihrer morphologischen Gliederung als nicht weiter analysierbaren Stämmen mit einer prominenten Silbe); das ist aber eine äußerst problematische prosodische Bestimmung (s. dazu Kap. 11), die hier nur zu Demonstrationszwecken mit dem Ziel, den Formalismus vorzustellen, durchgehen kann.

Um die Ableitung der phonologischen Grammatik zu vervollständigen, werden in einen zweiten Block die silbischen Binnenstrukturen entfaltet, wobei in den folgenden Regeln S* als Repräsentation für alle drei Silbentypen gilt, soweit nicht die Sonderformen durch 'S, S oder °S spezifiziert sind. (6) bis (9) fassen Regelkomplexe zusammen, die für die interne Silbenstruktur differenziert sind. Zu den verwendeten Siglen für die Konstituenten der Silbe s. Kap. 8.

(6) $$S^* \rightarrow \begin{cases} (A +) R & \text{in } {}^{\circ}S \\ A + R & \text{sonst} \end{cases}$$

(7) $$R \rightarrow \begin{cases} N + E & \text{in } {}'S \\ N\ (+ E) & \text{sonst} \end{cases}$$

(8) $$A \rightarrow \begin{cases} (\bar{A} +)\ A & \text{in } {}'S \\ A'\ (+ A'') & \text{sonst} \end{cases}$$

(9) $$E \rightarrow \begin{cases} E''\ (+ E') & \text{in } {}'S \text{ oder } S \\ E' & \text{in } S^* \end{cases}$$

In deskriptiver Hinsicht handelt es sich auch hier nur um eine erste Näherung. So erlauben Regel (6) und (7) die Ableitung einer Reduktionssilbe, die nur aus einem sonoren Kern besteht wie bei *gehe* [ˈgeː.ə], *gehen* [ˈgeː.n̩], aber diese Ableitung ist nicht auf das Vorkommen im Hiat beschränkt, sodaß auch Formen wie *[ə.ˈgɑːl] oder *[ˈgɛlt.n̩] abzuleiten sind. Regel (9) zeigt den Versuch, derartige distributionelle Beschränkungen beim Aufbau des Endrandes der Silbe zu fassen. Die vorgeschlagenen Formulierung zielt auf eine Varietät, die in Reduktionssilben aufgrund silbischer Nasale bzw. Liquiden keine komplexen Endränder zeigen (z.B. *laufend* [ˈlaʊ.fn̩t], aber so nicht zu erzeugen [ˈlaʊ.fənt]). Aber auch hier verblieben noch Probleme, z.B. bei Formen wie sagtest [ˈzɑk.təst]. In diesem Zusammenhang geht es aber nicht um eine (offensichtlich zwangsläufig sehr umfangreiche) deskriptiv vollständige Darstellung, sondern nur um die exemplarische Vorstellung des Verfahrens, das in empirischer Hinsicht nur zu einer Annäherung führt. Es ist eine äußerst lehrreiche Übung, die mit dieser Grammatik möglichen Formen abzuleiten und dann zu versuchen, die in den vorausgehenden Kapitel definierten Beschränkungen im Aufbau der verschiedenen Silbentypen und ihrer Konstituenten in die Regelformulierung hineinzunehmen. Der Zwang zu einer expliziten Formulierung in einem solchen Regelformat hat hier durchaus heuristische Funktionen.

In diese Grammatik sind schließlich noch die Silbenschnittstrukturen einzubauen, die bisher noch nicht vorgesehen sind (daher oben die unvollständige Spezifizierung z.B. von [fɔ.ˈʀɛ.lə] *Forelle*, das ja von (7) nicht akzeptiert wird). Beim Rückgriff auf die Matrixdarstellung des Vokalismus (s. Abschnitt 2) ist der lose Anschluß problemlos als segmentale Verdoppelung, gegebenenfalls mit Kopie der Merkmale des vorherigen Segmentes darzustellen. Zum Verständnis s. Kap. 8 zum spiegelbildlichen Aufbau der komplexen Anfangs- und Endränder (nach der ersten Alternative der Regel (9) lassen sich [ˈzaa] bzw. [ˈzaː] *sah*, wie [ˈzaat] bzw. [ˈzaːt] *Saat* ableiten ebenso wie [lɛnt] in [ˈʔeː.lɛnt] *Elend*, nach der zweiten Alternative lassen sich [ˈzat] *satt* ableiten ebenso wie die Reduktionssilbe [tət] in *betet*). Die Formalisierung der Anschlußkorrelation wird unten mit (15) fortgesetzt.

In einem dritten Block werden die segmentalen Artikulationen der silbischen Konstituenten durch (partielle) Vektoren der Merkmalsmatrizen spezifiziert, d.h. es werden Bedingungen für die Zulassung von phonetischen Merkmalskomplexen definiert. Solche Zulassungsbedingungen können auch negativ durch die Angabe von nicht zugelassenen Merkmalen beziehungsweise Merkmalskomplexen spezifiziert werden, etwa durch einen Ausschlußoperator:

NICHT [α]

ist zu lesen als: „Die Merkmalsspezifizierung [α] ist nicht zugelassen“. Für die Zwecke dieser Argumentation kann dieser Operator NICHT [α] mit der Umkehrung des Wertes von [α] gleichgesetzt werden (NICHT [+α] = [-α] usw.). Bei der Aufnahme der Argumentation zur Markiertheit der Spezifizierungen bzw. zur Unterspezifizierung (s. Ende von Abschnitt 2) müßte hier differenziert werden.

Die folgenden Regeln geben Bedingungen für die Spezifizierung der Segmente an. Dabei ist im folgenden zu lesen:

X → α

als: „Die Silbenkonstituente X wird segmental durch die Merkmale α artikuliert“; wenn nur eine partielle Spezifizierung der segmentalen Phoneme angegeben ist, wird von diesen also eine Klasse zugelassen.

(10) A* → [+kons][+hoch][+labial][+koronal][+dauer]

Durch (10) ist A* als [ʃ] vollständig spezifiziert.

(11) A‘ → {
([+nasal]⇒[-hoch]) / #__ und A*__
([-sonor]⇒[-Glottis vibr.]) / A*
[+kons][-tief] / sonst
}

Als A' sind alle Konsonanten möglich, die das Merkmal [-tief] haben; d.h. nicht [h] und [ʔ]; wenn sie das Merkmal [+nasal] haben, sind sie [-hoch], d.h. [ŋ] kommt nie im absoluten Anfangsrand vor und nicht nach A*.

(12) A“ → [+kons][+dauer]

(13) E‘ → [+kons][-tief]

Diese Regel kann modifiziert werden, um die „Auslautsverhärtung“ als Zulassungsbeschränkung zu integrieren:

(13’) E‘ → [+kons][-tief]([-sonor]⇒[-Glottis vibr.])

Ein nicht-sonorer Konsonant im Endrand kann nicht [+ Glottis vibr.] sein.

Sonore Konsonanten können im Endrand sowohl als E’ wie als E’’ erzeugt werden (in der hier gewählten Darstellung gilt das allerdings nicht für die Reduktionssilbe, in der sie ja nicht im Endrand vorkommen, sondern den Kern bilden); das kritische Potential bilden die hochmarkierten Artikulationen mit den Merkmalen [- sonor] [+ Glottis vibr.], die nur im Anfangsrand, also der „starken“ Silbennute für Konsonanten zugelassen sind (s.o. Kap. 8, Beispiele zu entsprechenden Ableitungen in den Übungsaufgaben).

(14) E” → {
[-kons] / in 'S
[+kons][-tief] / in S*
}

Die schwierigste Erweiterung der vorgestellten Grammatik ist die formale Explikation des festen Anschlusses. Für diesen ist eine Notation zu finden, die auf der segmentalen Ebene den Unterschied zwischen einem fehlenden Endrand (wie bei nicht-prominenten Silben) und einem leeren Endrand (wie gegebenenfalls bei der prominenten Silbe) repräsentiert. Ausgehend von der Diskussion in 8.2. schlage ich für den letzten Fall eine Ad-hoc-Spezifizierung [↵] vor. Ein so „spezifiziertes" Segment wird dann später getilgt, nachdem sein Merkmal (eben der feste Anschluß!) auf das vorausgehende Segment kopiert worden ist, wo es dessen fest angeschlossene Artikulation auslöst.[174] Entsprechend ist die Regel (14) zu erweitern:

(14') $$E'' \rightarrow \begin{cases} [\text{-kons}] \text{ oder } [\hookleftarrow] & / \text{ in } {}^{\prime}S \\ [\text{+kons}][\text{-tief}] & / \text{ in } S^{*} \end{cases}$$

(14') muß noch eingeschränkt werden: In dieser Form würde die Regel zwar alle möglichen vokalischen Reime erzeugen (Langvokale und Diphthonge), aber auch viele solche, die im Deutschen nicht vorkommen ([ʊə], [io] usw.). Eine eventuelle Beschränkung wäre:

$$([\text{-kons}] \Rightarrow [\text{+hoch}] \text{ oder } [\alpha]_{E''} = [\alpha]_N)$$

Hier wären die Überlegungen von Kap. 8.2. zur Darstellung der Diphthonge aufzunehmen.

Die entsprechende Transformation läßt sich als Operation über der Kette der Segmente (x_i) notieren, die in ihrer Abfolge von links nach rechts durch die Indizes repräsentiert werden (mit [α] für einen beliebigen Merkmalsvektor):

(15) $$\underset{[\alpha]}{x_i} \quad + \quad \underset{[\hookleftarrow]}{x_{i+1}} \quad \rightarrow \quad \underset{\begin{bmatrix} \hookleftarrow \\ \alpha \end{bmatrix}}{x_i} \quad + \quad \varnothing$$

(16) $$N \rightarrow \begin{cases} [\text{+kons}][\text{+sonor}] & / \text{ in } {}^{\circ}S \\ [\text{-kons}][\text{-hoch}][\text{-tief}][\text{-vorn}][\text{-labial}] & / \text{ in } {}^{\circ}S \\ [\text{-kons}] & / \text{ sonst} \end{cases}$$

Bei der Reduktionssilbe sind außer dem unmarkierten Zentralvokal [ə] alle sonoren Konsonanten als Nukleus zugelassen, in den anderen Silben nur die markierten Vokale.

In diesem Spezifizierungsformalismus sind nun auch die auf den verschiedenen Abstraktionsstufen angesprochenen Probleme zu explizieren. Eine Reihe der phonetischen Differenzierungen können mit kontextspezifischen

[174] Das ist also ein weiterer Fall von *Transformation* in dieser Grammatik (s. schon oben (6)) – höchst dubios aus systematischen Gründen! Aber hier geht es ja zunächst einmal nur darum, einen solchen Formalismus in den Griff zu bekommen.

Regeln eingeführt werden. Bei (17)[175] findet die definierte Ersetzung also in der prominenten oder der unmarkierten Silbe statt (d.h. nicht in der Reduktionssilbe).

$$(17) \qquad V_i \rightarrow \begin{cases} [\underset{\bullet}{\mathrm{V}}] & / \text{ in S, wenn E} = \varnothing \\ [\underset{\bullet}{\mathrm{v}}] & / \text{ in 'S, wenn E} = \mathrm{V} \\ [\underset{\smile}{\mathrm{V}}] & / \text{ sonst} \end{cases}$$

Bei *Kritik* liefert (17) /i/ → [i] im ersten Vokal, aber /i/ → [ɪ] im zweiten Vokal: [ˈkʀi.tɪk], ebenso wie /i/ → [i] in Biene [biː.nə] (bzw. [bii.nə]).

Für manche Fragen scheinen sich weitere Transformationsregeln anzubieten. So ist das /x/ bei *Bücher* [byː.çɐ] phonetisch nicht sinnvoll als [+hinten] zu beschreiben im Gegensatz zu dem bei *Buch* [buːx]; man könnte daher eine Regel einführen:

$$(18) \quad [+\text{hinten}] \rightarrow \left\{ [-\text{hinten}] \;/\; \mathrm{X} \; [-\text{hinten}] \; \overline{\begin{pmatrix} +\text{kons} \\ +\text{hoch} \\ +\text{dauer} \end{pmatrix}} \right.$$

Zu lesen als: Das Merkmal [+hinten] ist in [-hinten] zu ändern, wenn es in einem Merkmalsvektor vorkommt, der (u.a.) die Merkmale [+konsonant] [+hoch] [+dauer] aufweist und dem ein Segment mit der Spezifizierung [-hinten] vorausgeht. Für solche Fälle der Bindung der Spezifizierung eines Merkmals durch den Kontext ist es üblich, eine Variable α für die Werte + und - einzuführen, mit der (18) reformuliert werden kann:

$$(18') \quad [\alpha\text{hinten}] \rightarrow \left\{ [-\alpha\text{hinten}] \;/\; \mathrm{X} \; [-\alpha\text{hinten}] \; \overline{\begin{pmatrix} +\text{kons} \\ +\text{hoch} \\ +\text{dauer} \end{pmatrix}} \right.$$

Gegenüber solchen „Transformationen" ist Vorsicht angebracht: Obwohl eine Redeweise in Termen einer Veränderung („der Umlaut entsteht aus...", „u wird zu ü" und dergl.) umgangssprachlich (beziehungsweise in der Sprachdidaktik) üblich sind, ist phonetisch nicht klar, was sie besagt: Phonetisch sind die Vokale in [ˈbyː.çɐ] und [ˈbuːx] schlicht und einfach verschieden. Daß beide Formen paradigmatisch zusammengehören, ist ein Wissen über die zweite Artikulation. Deskriptiv angemessener ist es denn auch, von einer abstrakteren Darstellung auszugehen, die die Spezifizierung bestimmter Merkmale dem Kontext überläßt (und damit an eine dynamische Sicht der Lautproduktion anschließt wie sie in Kap. 3 entwickelt worden ist, s. insb. die

[175] Ṿ steht für eine geschlossene, [V̯] für eine offene Variante des Vokals, s. Kap. 8.1.

dort am Schluß vorgegebenen schematischen Darstellungen der Artikulationsgesten und ihrer Synchronisierung): Die [± vordere] Zungenposition bleibt in der hier fraglichen Lautung über die Spanne von Vokal und frikativen Konsonant hinweg konstant. Entsprechend wäre die Merkmalsmatrix für [x] zu modifizieren: bei [hinten] hätte sie keine Spezifizierung (etwa α), die Spezifizierung erfolgte dann durch den Kontext, unter Berücksichtigung der oben in Kap. 8 diskutierten distributionellen Beschränkungen:

$$(18``)\ [\alpha\text{hinten}] \rightarrow \begin{cases} [+\text{hinten}]\ /\quad X \\ \qquad\qquad [+\text{hinten}]\ \overline{\begin{pmatrix}+\text{kons}\\ +\text{hoch}\\ +\text{dauer}\end{pmatrix}} \\ [-\text{hinten}]\ /\quad \text{sonst}\end{cases}$$

Die „sonst"-Alternative in der Regel (18") ist als „bis auf weiteres"-Bedingung zu lesen (engl. *default*): Bis auf weiteres ist ein Segment mit dem Merkmal [+kons] [+hoch] [+dauer] als [-hinten] spezifiziert, vgl. auch *manch* [ˈmanç], *Chemie* [çe.ˈmi:] und dergleichen. Erst die Kontextbedingung eines [+hinten] spezifizierten vorausgehenden Elementes verlangt eine andere als diese Standardspezifizierung. In der Matrix oben in Abschnitt 2 wäre /x/ dann immer noch von dem „engsten" Phonem [ʃ] durch das Merkmal [-labial] differenziert.

Solche phonetisch nur partiell spezifizierten Segmente bilden relevante Einsichten ab, die bei der Rede von *Veränderungen* verloren gehen: So ist die Zusammenfassung der engen und relativ offeneren Vokale (z.B. [i] und [ɪ] in (18)) ja keineswegs trivial, wie die oben in Kap. 8 besprochenen Probleme der Schreibanfänger zeigen. Wo solche Zusammenfassungen Sinn machen, also phonologisch noch weiter differenzierte Phoneme zu einer *natürlichen Klasse* zusammenfassen (und nicht wie der oben besprochene Fall von [h] und [ŋ] zu einer willkürlichen Gruppe, die sich in der Matrix in sieben von zwölf Merkmalen unterscheiden – [ç] und [x] dagegen in einem von zwölf), eröffnen sie auch den Zugang zu Einsichten in die Dynamik der Sprachveränderungen beziehungsweise -variation.

Ähnlich wie bei der Variation [ç] / [x] ist die Rede von der „Auslautverhärtung" mystifizierend. Bei [hunt] wird phonetisch kein [d] zu [t] - es gibt einfach nur ein [t]. Diese Aussage artikuliert allerdings nur die halbe Wahrheit - denn es kann (im Deutschen!) in der entsprechenden Position ja kein [d] geben; dadurch unterscheidet sich das [t] in E von dem in A. Solche Probleme lassen sich im Rückgriff auf die Markiertheitskategorie fassen, s. Abschnitt 2: E liefert einen Kontext, in dem Konsonanten mit dem Merkmal [-

sonor] nicht für die Glottisvibration zu markieren sind - was mit einer „bis-auf-weiteres-Bedingung" als [-Glottisvibration] interpretiert wird, vgl. (14).

Auf ein weiteres Problem sei noch hingewiesen. Ein solcher Grammatikapparat ist ein Beschreibungsinstrument, das so gut ist, wie die Einsichten, die damit formuliert werden. Ein Beschreibungsapparat *erklärt* (entgegen den emphatischen Behauptungen vieler Vertreter solcher abstrakter Ansätze) nichts - er zeigt allerdings vieles in deutlicherem Licht. Gelegentlich verselbständigt sich aber der Beschreibungsformalismus.

So gibt es innerhalb der Variation des Deutschen eine deutliche Nord-Süd-Differenzierung:

Nord:	[laŋk]	lang	[laŋə]	lange
Süd:	[laŋ]		[laŋə]	

Hinzu kommt, daß das [ŋ] distributionell eine Sonderrolle spielt: es erlaubt keine vorausgehenden Langvokale, besetzt gewissermaßen einen komplexen Endrand. Man könnte versucht sein (die Orthographie suggeriert es zudem), [ŋ] als Ausdruck für eine „tiefer" liegende (abstrakte) Folge von zwei Konsonanten zu deuten [ŋ] < [ŋg] , von denen [g] dann später transformationell „getilgt" würde. Die Einzelheiten einer solchen Regel werden hier übergangen (s. dazu auch Kap. 11): Die „Tilgung" erfolgt nur, wenn das [g] im absoluten Auslaut (also als E') oder als Anfangsrand einer Reduktionssilbe steht, sonst nicht: vgl. *Inge* [ˈʔɪ.ŋə] aber *Ingo* [ˈʔɪŋ.go]. Die „Tilgung" erfolgt also auch bei erweiterten Reduktionssilben: *länger* [ˈlɛ.ŋɐ] *Längung* [ˈlɛ.ŋʊŋ] usw.

Nimmt man nun die vorher angesprochene Regel der Auslautverhärtung hinzu, könnte man die Differenz der beiden Varietäten durch verschiedene Reihenfolgen der Regelanwendungen beschreiben (wenn eine Regelanwendung die Eingabe nicht verändert, wird diese auf der entsprechenden Zeile eingeklammert wiederholt):

	Süd (=hochdeutsch)	
a) Tiefenstruktur (=Eingabe)	ˈlaŋg	ˈlɛŋgɐ
b) g-Tilgung	ˈlaŋ	ˈlɛŋɐ
c) Auslautverhärtung	(ˈlaŋ)	(ˈlɛŋɐ)
d) Oberflächenstruktur (=Ausgabe)	ˈlaŋ	ˈlɛŋɐ

Dagegen im Norden:

	Nord	
a) Tiefenstruktur (=Eingabe)	ˈlaŋg	ˈlɛŋgɐ
c) Auslautverhärtung	ˈlaŋk	(ˈlɛŋgɐ)
b) g-Tilgung	(ˈlaŋk)	ˈlɛŋɐ
d) Oberflächenstruktur (=Ausgabe)	ˈlaŋk	ˈlɛŋɐ

Von hier aus könnte man sogar noch einen Schritt weitergehen und die distributionelle Beschränkung des [ŋ] aufnehmen, das ja in A nicht vorkommt. Bei dieser Herleitung findet es sich nur vor velarem Verschluß. Man könnte also einen unterspezifizierten Nasal [-labial] einführen, der kontextspezifisch für [±hinten] spezifiziert wird (oder auch [±koronal]):

(19) $$[\alpha\text{hinten}] \rightarrow \begin{cases} [+\text{hinten}] \,/\, \dfrac{\_\_\_\_}{[+\text{nasal}]} \;\; \dfrac{X}{[+\text{hinten}]} \\ [-\text{hinten}] \,/\, \text{sonst} \end{cases}$$

Das spiegelt recht schön einige Regularitäten im Deutschen - darf aber nicht übersehen lassen, daß eine *Regelordnung* ein *deus ex machina* ist, mit dem Beliebiges gezeigt werden kann, weshalb denn auch neuere Darstellungen solchen Bühnenzauber vermeiden (darum rankt sich ein Großteil der Polemik um eine sogenannte „*natürliche* generative Grammatik“, die generell auf solche rein technischen Instrumente zugunsten von intuitiv plausiblen Annahmen zu verzichten vorgibt). Was in dem konkreten Fall [laŋk] versus [laŋ] vorliegt, sind offensichtlich unterschiedliche Präferenzen für die Silbenstruktur (Zulassung komplexer Endränder) in diesen Varietäten des Deutschen, die noch genauer zu explizieren sind.

Zum Abschluß dieses Abschnitts soll am Beispiel von *Becken* eine vollständige Ableitung vorgeführt werden – weitere Beispiele in den Übungsaufgaben. Dabei wird es nötig sein, die Grammatik noch weiter zu spezifizieren. Bei den von den Regeln eröffneten Alternativen wird im folgenden jeweils nur die einschlägig spezifizierte verfolgt - die Determination der jeweiligen Alternative geht über den Rahmen dieser Argumentation hinaus, sie verlangt die Berücksichtigung der zweiten Artikulation, was hier nicht dargestellt wird.

Becken zeigt einen festen Anschluß (s. 8.2.), was in dem Konstituentenmodell mit der eingeführten Symbolisierung wie folgt dargestellt werden kann:

[bɛkn̩] *Becken*

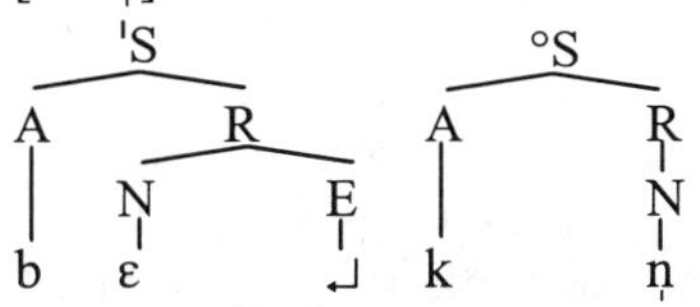

Die Konstituentenstruktur kann mit den oben definierten Ersetzungsregeln konstruiert werden[176]:

---

[176] Die Ableitung ist nur angedeutet (sie kann zur Übung ausbuchstabiert werden!).

1: (1)
2: (2)
3: (3)
4: (4)
5: (6)
6: (7)
7: (8)
…

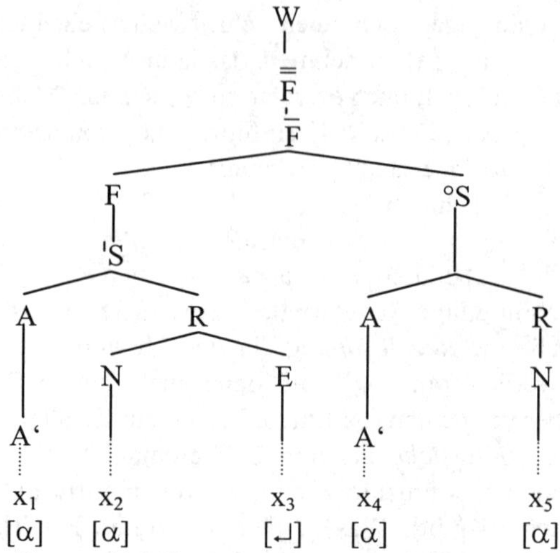

An dieser Stelle operiert die Transformation (17), ausgelöst von der „Spezifizierung" des Segments x_3, so daß die nächste Ableitungszeile ist:

x_1	x_2	x_3	x_4	x_5
[α]	[↵ α]	∅	[α]	[α]

Alle Segmente einer Struktur, die nicht durch eine lexikalische Vorgabe spezifiziert werden, werden in der weiteren Ableitung getilgt, hier also x_3. In Folge davon werden die Positionen der Kette (ihre Segmente) neu gezählt.:

x_1	x_2	x_3	x_4
[α]	[↵ α]	[α]	[α]

Die phonetische Spezifizierung der Segmente (oben mit [α] symbolisiert) kann wie folgt erfolgen (die Ableitungstiefe wird ab hier neu gezählt):

	x_1	x_2	x_3	x_4
1: (12)	(+kons -tief (+nasal ⇒+hoch))			
2: (16)	(+kons -tief (+nasal ⇒+hoch))	[-kons]		

3: (12)

$$x_1 \begin{pmatrix} +\text{kons} \\ -\text{tief} \\ (+\text{nasal} \\ \Rightarrow +\text{hoch}) \end{pmatrix} \quad x_2\ [-\text{kons}] \quad x_3 \begin{bmatrix} +\text{kons} \\ -\text{tief} \end{bmatrix} \quad x_4$$

4: (17)

$$x_1 \begin{pmatrix} +\text{kons} \\ -\text{tief} \\ (+\text{nasal} \\ \Rightarrow +\text{hoch}) \end{pmatrix} \quad x_2\ [-\text{kons}] \quad x_3 \begin{bmatrix} +\text{kons} \\ -\text{tief} \end{bmatrix} \quad x_4 \begin{bmatrix} +\text{kons} \\ +\text{sonor} \end{bmatrix}$$

Von (1) bis (4) werden die Segmente spezifiziert, die die Konsonanten der jeweiligen Silbe artikulieren, hier als Variable x_i notiert.

Dabei wird als Teilspezifizierung eine Filterkonvention benutzt, die bestimmte Spezifizierungen anschließt: So wird in Schritt (1) zugleich mit der positiven Spezifizierung [+kons] festgelegt, daß das Segment x_1 nicht die Merkmale [+nasal] [+hoch] haben kann - die anderen Merkmalspezifizierungen sind neben [+kons] zugelassen.

Der nächste Schritt ist die Auswahl von Merkmalsvektoren aus der phonologischen Matrix, die mit den von (1) bis (4) festgelegten Bedingungen verträglich sind (die diese Bedingungen als Teilvektoren enthalten). Diese Auswahl operiert innerhalb der phonologischen Grammatik – sie greift auf das *Lexikon* zu, und differenziert so zwischen den möglichen Formen einer Sprache.

x_1: [+kons][-sonor][-hint][-tief][-hoch][+labial][-kor][-nas][-dauer]
[-Glottis offen][+Glottis vibriert] → /b/

x_2: [- kons][-hoch][-tief][+vorn][-labial] → /e/

x_3: [+kons][-sonor][+hint][-tief][+hoch][-labial][-kor][-nas][-dauer]
[-Glottis offen][-Glottis vibriert] → /k/

x_4: [+kons][+sonor][-hint][-tief][-hoch][-labial][-kor][+nas][+dauer]
[-Glottis offen][+Glottis vibriert] → /n/

Eine derartig mit einem Regelkomplex aufgebaute phonologische Grammatik hat einige Eigenschaften, die in der jüngeren sprachwissenschaftlichen Diskussion, die nicht nur auf eine Beschreibung sondern auf eine Erklärung der beobachtbaren Verhältnisse zielt, zunehmend in Frage gestellt worden sind: Sie operiert mit Ableitungsschritten, die zunächst einmal ihre Rechtfertigung nur darin haben, daß sie von dem Anfangssymbol zu der intendierten Form führen. Die Grammatik enthält dazu eine große Menge von Symbolen und

Partialstrukturen, die kein unmittelbares Gegenstück in der Beobachtung haben. In formaler Hinsicht gilt das z.B. für die sog. „nicht-terminalen Symbole“: Die Diskussion kreisen um die Frage, ob diese aus unabhängigen Gründen zu rechtfertigen sind, etwa die Strukturierung mit der Kategorie R[eim]; in der gleichen Weise problematisch sind alle rein technischen Vorrichtungen, wie insbes. die rein formal festgelegte Regelordnung, Transformationen u.dgl.

Die phonetische Spezifizierung erfolgt bei zuvor abgeleiteten Segmenten in einer festen linearen Abfolge – weshalb diese Herangehensweise neuerdings auch als „*lineare Phonologie*“ angesprochen wird, gegen die sich Ansätze werden, die sich bemühen, den Status der segmentalen Artikulation explizit zu klären (in der sog. „*nicht-linearen Phonologie*“).

Damit ist angesprochen, wie sich aus dieser Modellierung der phonologischen Grammatik die im folgenden vorzustellenden Ansätze herausentwickelt haben.

12.3.1. Übungsaufgabe zu Abschnitt 12.3.

1) Vervollständigen Sie die phonetische Spezifizierung der im Text begonnenen Ableitung von *Forelle, Jünglinge, Haustüren, bekommen.*
Geben Sie die Ableitung der folgenden Formen:
a) *Strom,* b) *Bäckchen*, c) *Form.*

12.4. Autosegmentale Ansätze

Abgesehen von den unerfreulichen formalen Seiten des Ableitungsformates von Abschnitt (3), bei dem sachliche Probleme als technische Finessen verkleidet werden (etwa die strikte Ordnung der Regeln für ihre Anwendung), die sich vor allem beim effektiven Implementieren auf einem Rechner als Handicap erweisen, sind mit ihm auch konzeptuell problematische Prämissen verbunden. So sind hier bis auf die metrischen Verhältnisse und die davon kontrollierten Ausbautypen der Silben alle Strukturen strikt *lokal* definiert - das gilt insbesondere auch für die Silbenschnittdifferenzen die segmental (mit dem Merkmal /↲/ beziehungsweise /:/, dh. also /→/) interpretiert werden.

Die sogenannte „nicht-lineare" Phonologie radikalisiert nun die metrischen und silbenstrukturellen Analysen, indem sie strikt die Ebene der sequentiellen Organisation der Äußerung als ihrer Segmentierung in zeitlichen Nuten (engl. *time slots*)[177] und deren qualitative Spezifizierung trennt: der entscheidende Schritt, der sich mit dem Terminus eines autosegmentalen Ansatzes verbindet, bestand nun darin, die Organisation dieser Spezifizierung nicht mehr als kongruente Merkmalssäulen der Federn für diese Nuten zu verstehen, wie es die oben in Abschnitt 2 entwickelten Matrizen tun, also (α_i als Merkmalspezifizierung, x_i als zeitliche Nute):

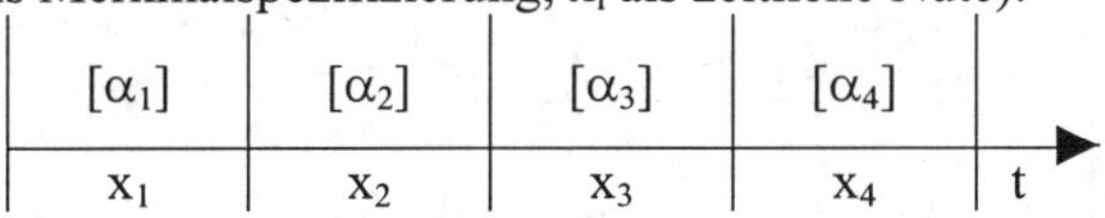

Vielmehr erfolgt die Organisation der qualitativen Struktur zunächst einmal ganz unabhängig (autonom, daher auto- in der Bezeichnung dieser Ansätze als *auto*segmental), um dann erst sekundär mit der zeitlichen Nute und damit der beobachtbaren Form der Äußerung verbunden zu werden:

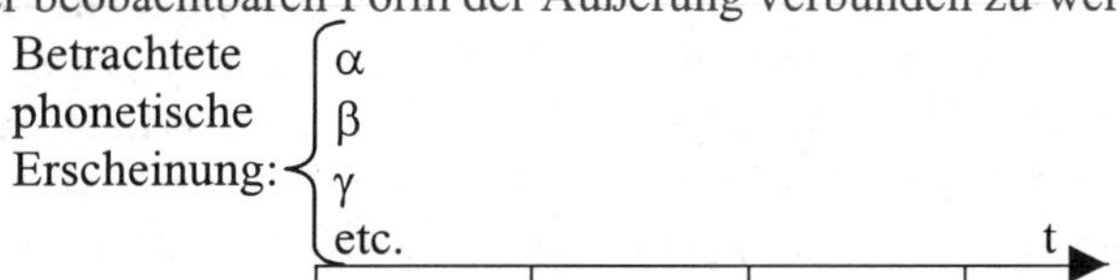

Es hängt von der Zielsetzung der Beschreibung ab, wieviel Ebenen (*tiers*) der qualitativen Beschreibung man definiert, die zur Spezifizierung der Segmente

---

[177] Da in der deutschsprachigen Literatur (leider) oft die englischen Termini zulasten der begrifflichen Transparenz einfach übernommen werden, werde ich diese im folgenden im Sinne der beabsichtigten Funktion dieser Abschnitte als Lesehilfe in Klammern aufführen.

x_i dienen (diese als „Wurzeln“ einer entsprechenden Baumstruktur für die Organisation der lautlichen Spezifizierung im Sinne von Abschnitt 2 verstanden, engl. *root*): Immer dann, wenn die Spezifizierung eine Eigenschaft α von einer Eigenschaft β unabhängig erfolgen kann, sind α und β in diesem Sinne als *Autosegmente* erwiesen.

Am offensichtlichsten ist der autosegmentale Ansatz bei den auch traditionell so verstandenen prosodischen Eigenschaften, und so ist der autosegmentale Formalismus auch zuerst für die Beschreibung von afrikanischen Tonsprachen entwickelt worden (s. Goldsmith 1990), s. auch E 2 für eine autosegmentale Reformulierung der skandinavischen Tonverläufe von 5: T 3. In gleicher Weise können aber alle unabhängig operierenden Artikulatoren behandelt werden. Das entspricht im übrigen dem Konstruktionsprinzip der Schematisierung der Sprechbewegungsabläufe von Kap. 3 war, die insofern unmittelbar „autosegmental“ reinterpretiert werden können. Als Beispiel *Gans* [ˈgans], in vereinfachter Darstellung (bei der Zunge: H = *Hoch*, E = *Eng*, M = *Mittel*, T = *Tief*; bei der Glottis: V = *Vibriert*, O = *Offen*).

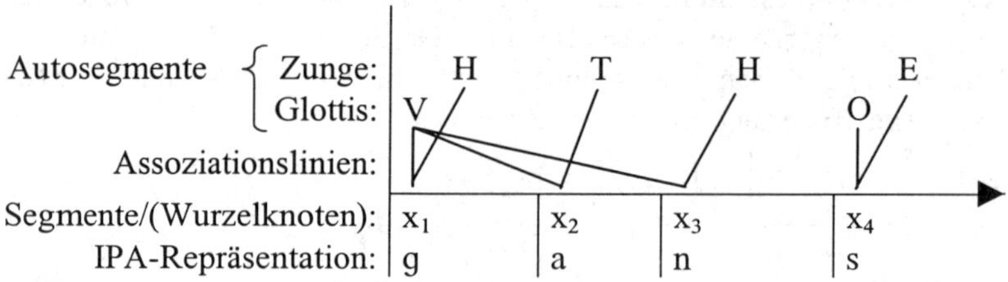

Wie bei diesem Beispiel wird die Artikulation der Äußerung als autosegmentale Spezifizierung der Segmentnuten (*roots*) verstanden, repräsentiert durch Verknüpfungslinien (*association*). Für diese Spezifizierung gilt nun die Konstruktionsbedingung der sequenziellen Zuordnung: eine autosegmentale Spezifizierung gilt auf ihrer Ebene so lange, bis eine gegenteilige erfolgt - es ist nicht nötig, die Glottisvibration mehrfach zu spezifizieren - sie erstreckt sich in diesem Beispiel qua Zuordnung über das ganze Wort, während die Zungenposition für jedes Segment anders spezifiziert wird.[178]

[178] Im autosegmentalen Jargon wird diese Konstruktionsbedingung manchmal als theoretische Behauptung vorgestellt: als „obligatorisches Konturprinzip“ (nebeneinander stehende Spezifizierungen auf einer autosegmentalen Ebene müssen verschieden sein) bzw. als nichtzugelassene überkreuzende „Assoziationslinien“ (jede autosegmentae Spezifizierung gilt eben für eine konnexe Strecke bis zur andersartigen Spezifizierung).

Verbreitet ist eine dynamische Modellierung, die von der Spezifizierung nur eines Kopfelementes in der Kette von „Wurzelknoten" ausgeht, von dem aus sie sich bis zu einem anders spezifizierten Knoten *ausbreitet* (*spreading*).

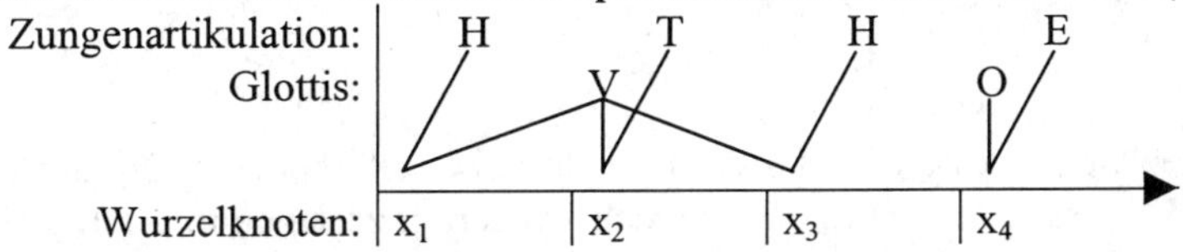

Im Sinne solcher unterschiedlich „langer Komponenten" (wie sie in der strukturalistischen Tradition genannt wurden) lassen sich so Quantitätendifferenzen darstellen, etwa Langvokale als gleiche Spezifizierung zweier „Wurzelknoten" wie etwa bei (er) geht ['geːt]:

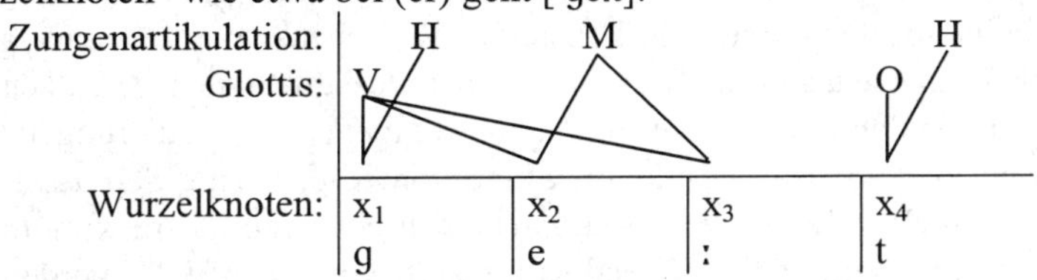

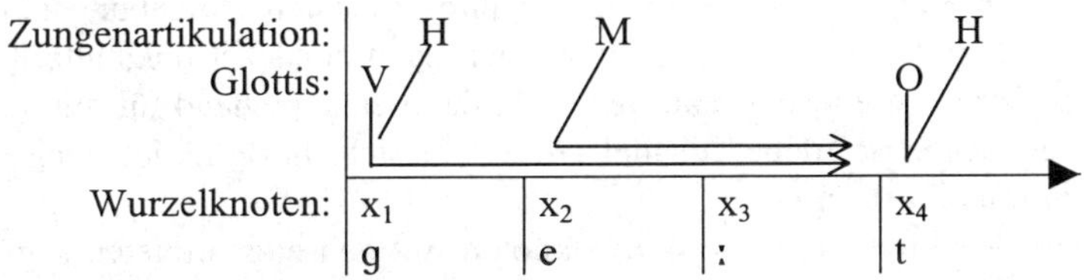

Die Glottisvibration bereitet sich von x_1 bis x_3 aus, die mittlere Zungenposition von x_2 nach x_3. x_4 ist jeweils anders spezifiziert.

Zur Spezifizierung gehören die metrische und die Silbenkontur, die als entsprechende autosegmentale Strukturen repräsentiert werden. In Hinblick auf die Silbenstruktur sind in autosegmentalen Darstellungen hybride Repräsentationen verbreitet (z.B. auch bei Wiese 1995), die statt einer rein zeitlichen Gliederung in temporale Segmente (hier also die x_i) und einer damit verknüpften Silbenstruktur (z.B. im Sinne des von mir oben verwendeten Konstitutentenmodells mit einer Konstituente Reim) die segmentalen Ebene gleich durch die funktionalen Kategorien Konsonant und Vokal (K und V, meist mit der englischen Etikettierung C und V) spezifizieren, sodaß ihre Silbenstruktur „flacher" erscheint (s. Kap. 6: E 2). Die beiden Notationen sind ineinander übersetzbar:

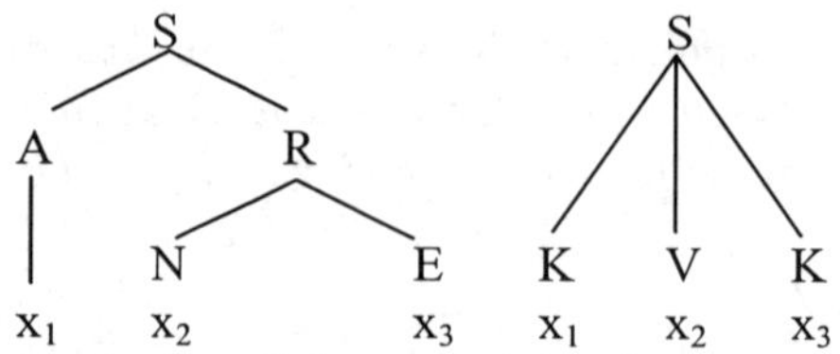

V im zweiten Schema (x_2) ist der Kern einer Silbe, alle anderen Segmente werden als K klassifiziert. Diese lassen sich wiederum zerlegen in die K vor V, also den silbischen Anfangsrand, und die K nach V, also den silbischen Endrand; V und K im Endrand bilden zusammengefaßt das Gegenstück zum Reim.

Der Sinn solcher Klassifikationen liegt darin, komplexere (globalere) Kategorien möglichst im Sinne eines radikalisierten Vorgehens „von unten nach oben" auf lokale zu reduzieren. So werden in autosegmentalen Ansätzen Silben mit einem Syllabierungsalgorithmus aus segmentalen „Kodierungen" berechnet, wobei die Sonoritäskontur im Sinne von Kap. 6 eine Schlüsselrolle hat, mit deren Hilfe Silben vom Kern aus als ihrem Sonoritätsmaximum zu den Rändern hin monoton abfallend aufgebaut werden. Mit V werden dabei die Segmente assoziiert, die relativ zu ihrer nächsten Umgebung ein Sonoritätsmaximum aufweisen; diesen V werden dann zunächst links alle K zugeordnet, so lange deren Sonoritätswert fällt, dann entsprechend für alle K auf der rechten Seite. Bei dem Beispiel *Gans* läßt sich die Funktionsweise dieses Algorithmus illustrieren:

Die segmentale Gliederung der Wurzelknoten mit den zugeordneten segmentalen Spezifizierungen (und ihren Sonoritätswerten) bildet die Ausgangsbasis (0.):

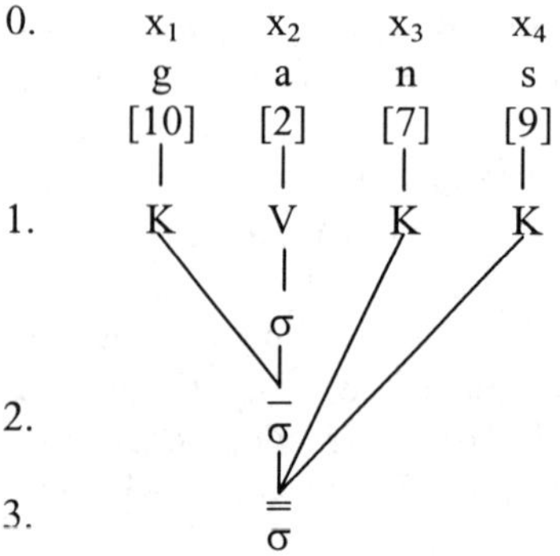

Auch die Grenzproblematik der Silben wird durch diesen Algorithmus gelöst, wie sich am Beispiel *Rate* [ˈʀɑːtə] zeigen läßt, bei der sich die Syllabierung im Sinne des losen Anschlusses relativ unproblematisch ergibt (zur Repräsentation von [ɑ:] = [ɑɑ], s. Abschnitt 2):

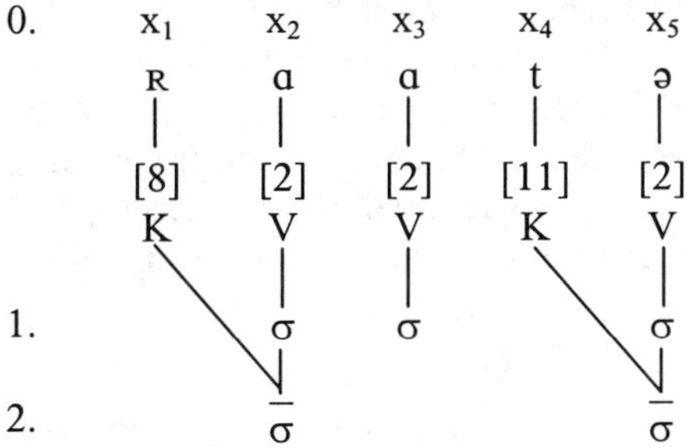

Hier gibt es mehrere Lösungen:

- im Sinne der Konturbeschränkung liegt bei [ɑ:] nur ein Silbenkern vor, der selbst allerdings komplex ist, was durch eine Verzweigung unterhalb des Wurzelknotens x_2 dargestellt werden kann:

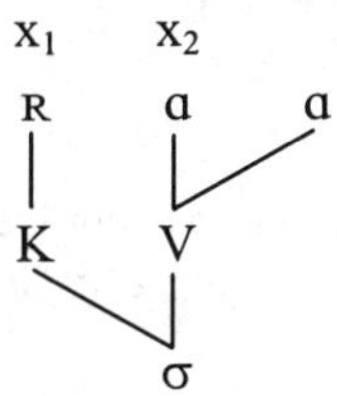

- oder jedes Segment, also auch ein gleichspezifiziertes Langsegment (Geminate) wird alternierend auf ein K oder ein V abgebildet; bei gleichbewerteten Segmenten wie hier bei den beiden Segmenten des Langvokals wird nur das erste als V klassifiziert, das zweite dagegen als K:

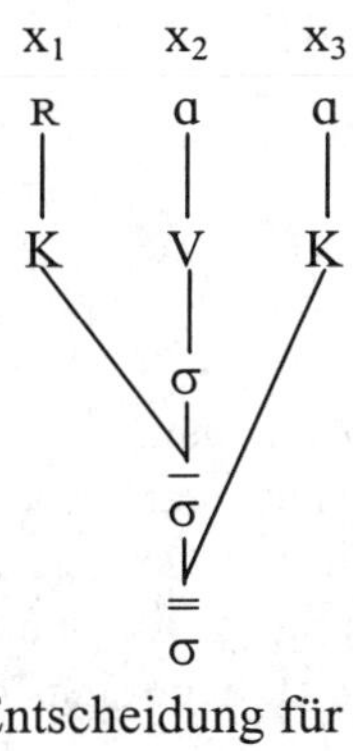

Die Entscheidung für einen der beiden Lösungswege hängt von der Annahme einer *kanonischen Silbenstruktur* ab. Dabei kommen die distributionellen

Argumente zur Geltung, die oben in Kap. 8 behandelt wurden, insbesondere die Beschränkungen über der Silbenstruktur im absoluten Auslaut. Die Interpretation des losen Anschlusses als Belegung von zwei Segmentpositionen rechtfertigt sich durch die entsprechende Beschränkung über die Struktur im absoluten Auslaut. Läßt sich so die Darstellung von Formen wie *Rate* ['ʀɑ→tə] (['ʀɑːtə]) phonetisch plausibel lösen, ist es anders beim festen Anschluß, also bei Formen wie *Ratte* ['ʀa↵tə]. Eine unmittelbare Umsetzung der Lautfolge führt hier zu einem Widerspruch mit der so angenommenen kanonischen Silbenstruktur:

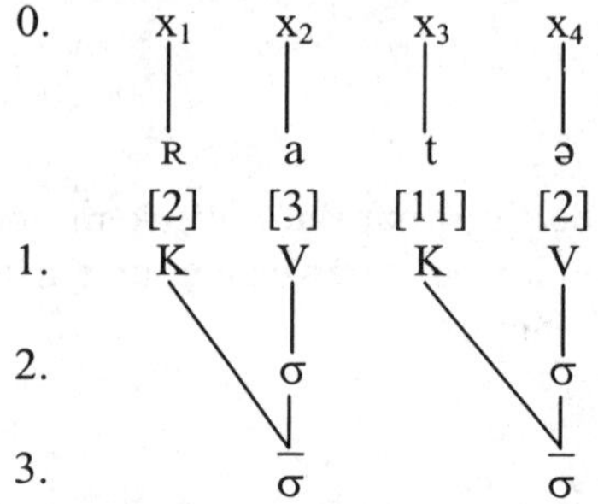

Um den festen Anschluß des [a] (x_2) an das folgende [t] (x_3) zu repräsentieren, geht die autosegmentale Analyse davon aus, daß die kanonische Silbenstruktur $[K\ V\ K]_\sigma$ in beiden Silben realisiert ist:

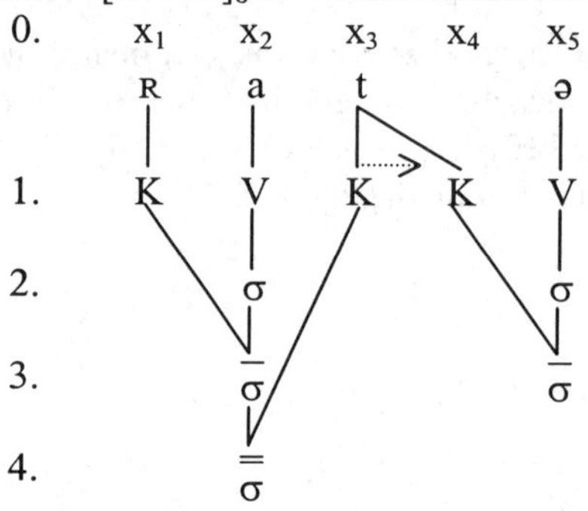

Das entspricht dem Vorliegen eines ambisyllabischen Konsonanten.

Analog zum „Ausbreiten" eines Autosegmentes auch sonst wäre eine solche Darstellung aber phonetisch als Quantität zu interpretieren, wie es ja auch bei den genauso dargestellten Geminaten in anderen Sprachen der Fall ist z.B. bei dem oben in Kap. 8.2. als Parallele diskutierten italienischen *fatto* „gemacht" ['fatːo]:

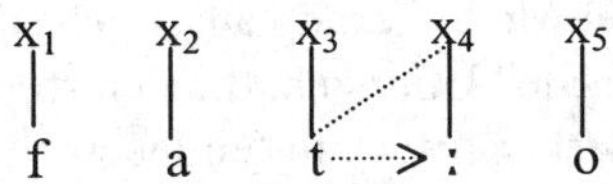

- und eben so ja auch bei den entsprechend dargestellten Langvokalen im losen Anschluß im Deutschen.

Die ambisyllabische Darstellung des fest angeschlossenen Konsonanten ist im Deutschen (außer in den südlichen Varietäten mit Konsonantenlängungen beziehungsweise Gemination, s. Anhang zum Kap. 9) nur um den Preis einer sekundären Filterregel möglich, die die so konstruierte Quantität bei Konsonanten phonetisch nicht zuläßt und daher wieder tilgt - eine aus systematischen Gründen unerfreuliche „Transformation" im Aufbau der Beschreibung (weshalb ich diese Darstellung in Kap. 8 auch nicht bemüht habe)[179].

Üblicher als eine Analyse, die wie hier von einer explizit zugrundegelegten Geminate ausgeht, ist denn auch eine, die die Ambisyllabizität nur als eine Strukturambiguität behandelt, bei der sich die kanonischen Strukturen $[K\ V\ K]_\sigma$ der beiden aufeinander folgenden Silben partiell überlagern:

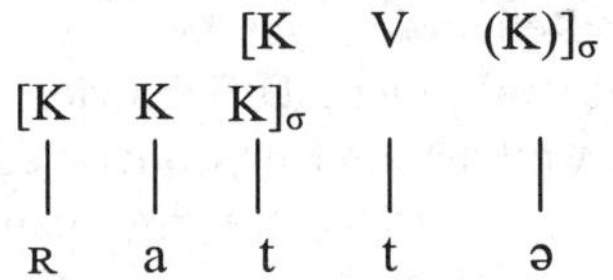

Ein entsprechender Syllabierungsalgorithmus muß also auf der segmentalen „KV-Ebene" eine Mehrfach"assoziation" zulassen; dabei ist festgelegt, daß der Algorithmus die Segmente von links nach rechts abarbeitet.

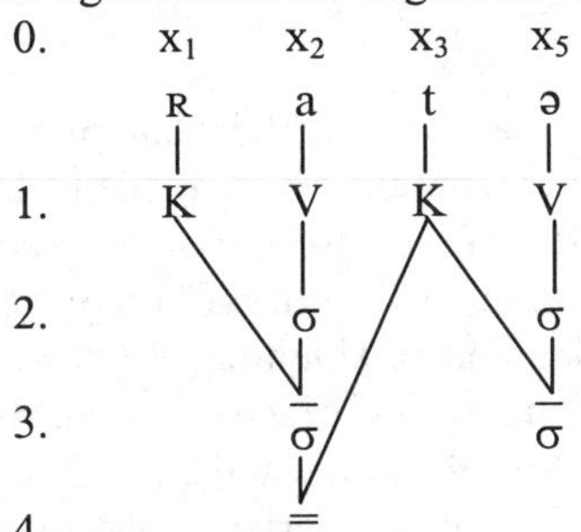

[179] Auch in der neueren phonologischen Diskussion ist die Annahme *ambisyllabischer* Konsonanten als Lösung solcher Syllabierungskonflikte nicht unumstritten, s. etwa Selkirk (1981) für eine Diskussion. Selkirk nimmt (ähnlich wie ich hier) die Interaktion von phonologisch fundierten Wahrnehmungs- und grammatischen Wissensstrukturen an; sie rekonstruiert dort die Ambisyllabizität als Ergebnis einer *Resyllabierung* im Verlauf der Ableitung.

(NB: Bei den Übungsaufgaben ist von dieser Modellierung auszugehen)

Wie in diesem Fall sind es meist „universale" Übungen, die derartige Vorgehensweisen begründen, auch wenn sie deskriptiv wenig einleuchten – wie hier die Behandlung der typologisch extrem seltenen Anschlußprobleme wie im Deutschen nach dem Muster häufiger Geminatenstrukturen. So sind autosegmentale Ansätze durchgehend von dem Versuch bestimmt, strukturelle Auffälligkeiten in einem universalen Strukturmuster unsichtbar zu machen und nur nach den Regeln solcher sprachspezifischer phonologischer Grammatiken zu erzeugen.

Ein solches Dilemma stellt sich schon bei der Definition der kanonischen Silbe [K V K]$_\sigma$, das oben übergangen wurde. Diese kanonische Struktur ist offensichtlich nicht operativ bei der zweiten Silbe von *Rate* beziehungsweise *Ratte*.

[K	K	K]$_\sigma$	[K	V]$_\sigma$
ʀ	a	(t)	t	ə

Das entspricht den unterschiedlichen Silbentypen des Deutschen, mit denen der Text oben operiert, hier insbesondere der Reduktionssilbe (s. Kap. 6). Autosegmentale Ansätze tun sich schwer damit, eine solche Differenzierung in ihre Prämissen aufzunehmen - nicht zuletzt, weil sie als Konsequenz eine sehr sprachidiosynkratische Modellierung hätten. So ist es für eine ganze Reihe von Arbeiten, die in diesem Rahmen entstanden sind, charakteristisch, daß sie eben auch Schwa-Silben kanonisch konstruieren:

[K V K]$_\sigma$

t ə

- und sie damit im metrischen Sinne *schwer* machen (vergleichbar prominenten Silben mit Langvokal). Vor allem dann, wenn aus einer solchen Modellierung auch die prosodischen (Betonungs-) Verhältnisse von unten nach oben berechnet werden sollen, führt das sehr schnell zu extrem komplexen und den Intuitionen eines Sprechers entgegenlaufenden Ableitungen (s. Wiese 1995 für eine Diskussion). Bei der Argumentation in diesem Kapitel, die das Ziel hat, den autosegmentalen Formalismus so vorzustellen, daß die Übersetzbarkeit mit anderen Formalismen deutlich wird, operiere ich demgegenüber mit dem Ansatz des Textes, lege die „kanonische Silbe" nur der prominenten (= betonten) Silbe zugrunde, wo sie epenthetische Prozesse und die Resyllabierung steuert; für die nicht-prominente Silbe gilt als kanonische Silbenstruktur [K V (K)]$_\sigma$, die eine Syllabierung mit einem (konsonantischen) Endrand möglich, aber nicht notwendig macht.

Ein anderes Beispiel dafür, wie der kanonische Silbentyp eine „Normalisierung“ der Modellierung bewirkt, ist die Behandlung des Glottisverschlusses [ʔ]. Wie oben in Kap. 8 diskutiert, gehört der Glottisverschluß bei universal orientierten Sprachwissenschaftlern zu den unerwünschten Strukturerscheinungen des Deutschen, die entsprechend meist auch nicht in die zugrunde gelegte Repräsentation (die „Lexikoneinträge“) aufgenommen werden. Das Wort *As* würde also im Lexikon als /as/ repräsentiert werden. Wird mit dieser lexikalischen Information eine Wortform aufgebaut, gerät sie in einen Widerspruch zu der kanonischen Silbenstruktur [K V K]$_{\sigma}$, der *epenthetisch* gelöst wird: der fehlende Anfangsrand wird durch einen Defaultkonsonanten [ʔ] artikuliert, wenn im Lexikon keine spezifische segmentale Artikulation vorgegeben ist. Um die Darstellung hier und im folgenden transparent zu halten, werden auch die epenthetischen Segmente auf der Ebene 0 der Wurzelknoten schon vorgesehen, allerdings nur als „Dummy-Segmente“ (x) im Gegensatz zu den lexikalisch spezifizierten und mit einem fortlaufenden Index versehenen „regulären“ Segmenten[180].

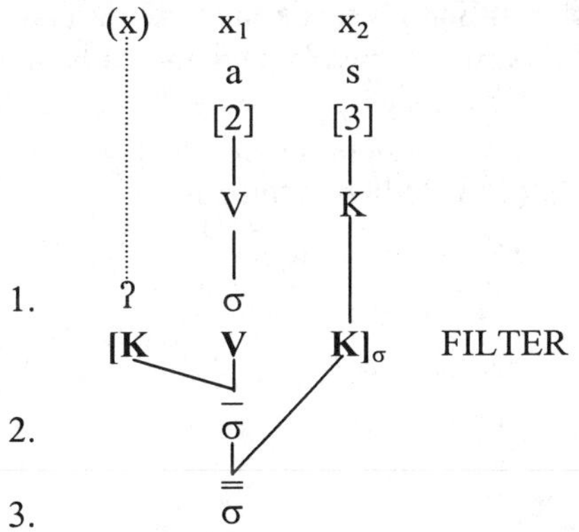

Das initiale Segment x = [ʔ] wird also im Syllabierungsschritt 2 erst geschaffen - es braucht nicht segmental repräsentiert zu sein. Der Vorteil einer solchen Epentheselösung für den Glottisverschluß ist zweifellos, daß so die oben in Kap. 8.1. besprochenen Auftretensbesonderheiten (gebunden an den Kopf eines Fußes; regional nur eingeschränkt in der Umgangssprache vorhanden und dergleichen.) so relativ elegant gefaßt werden können.

[180] In formaler Hinsicht bedeutet das, daß die segmentale Ebene als Kontinuum zu verstehen ist, bei der vor oder nach jedem lexikalisch spezifizierten Segment ein weiteres lexikalisch unspezfiziertes interpoliert werden kann.

Die Filterfunktion der kanonischen Silbenstruktur $[K\ V\ K]_\sigma$ wirft bei Schritt 2 und 3 auch das Problem der komplexen Ränder als „extrasyllabischer“ Segmente auf. Hier können mit Analysen, wie sie oben in Kap. 11 angedeutet sind, verschiedene Schichten im Aufbau der Silbe definiert werden:

- $[K\,V\,K]_\sigma$ als obligatorische Struktur der Kernsilbe ($_\sigma$)
- $[K\,[K\,V\,K]_\sigma\,K]_{\bar{\sigma}}$ als um eine Peripherie *erweiterte* Silbe ($_{\bar{\sigma}}$)
- $[\{K\}[K[K\ V\ K]_\sigma\ K]_{\bar{\sigma}}\ \{K\}]_{\bar{\bar{\sigma}}}$ als mit extrasyllabischen Rändern erweiterte Silbe ($_{\bar{\bar{\sigma}}}$)

Siehe Kap. 11 für eine Skizze der entsprechenden Analysen, insbesondere zur grammatischen Nutzung der „rechtsadjungierten“ extrasyllabischen Segmente.

Eine Epentheselösung ist auch für einen anderen Laut attraktiv, der notorisch große Beschreibungsprobleme aufwirft: das Schwa. Da er phonetisch ohnehin unspezifisch ist, kann man versuchen, ihn ebenfalls als Defaultsegment (d. h. also als einen Defaultvokal beziehungsweise -silbenkern) mit einer grammatischen Regel einzuführen, statt ihn im Lexikon zu repräsentieren. Am Beispiel der so darstellbaren lexikalischen Invariante /atm/ bei *atmen* genauso wie bei *Atem* ergibt sich für die Bühnenaussprache, die keine silbischen Nasale hat (also für den Silbenkern eine Sonorität in der Skala von Kap. 6 von mehr als $s < 5$ verlangt) die folgende Syllabierung.:

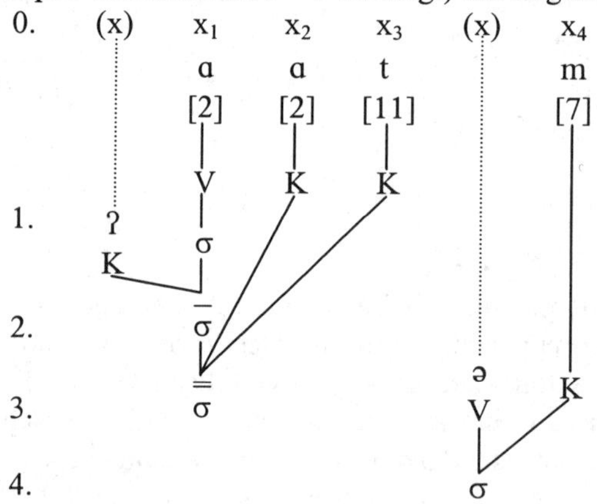

Das Segment x_4 kann nicht syllabiert werden, da die Sonorität rechts von x_2 (= V) zu ihm nicht stetig fällt, es aber selbst auch keinen Kern bilden kann. Die Sylabierung von x_4 wird erst möglich, wenn epenthetisch zwischen ihm und x_3 ein neues Segment, der Defaultsilbenkern [ə], geschaffen wird. Offensichtlich hat der Schritt 4 aber eine weitere Folge: die bis dahin aufgebaute Silbenstruktur

ʔ a a t ə m
$[[K\ V\ K]_{\sigma}\ K]_{\bar{\sigma}}\ [V\ K]_{\sigma}$

entspricht nicht der tatsächlichen Syllabierung. Vielmehr „sucht" der Kern der epenthetischen Silbe [ə] nun auch wieder einen Anfangsrand, den er findet, indem er die periphere Erweiterung [t] der vorausgehenden Silbe dissoziiert (durch Streichung der „Assoziationslinie" symbolisiert) und resyllabiert. Es folgt also noch der Schritt 5:

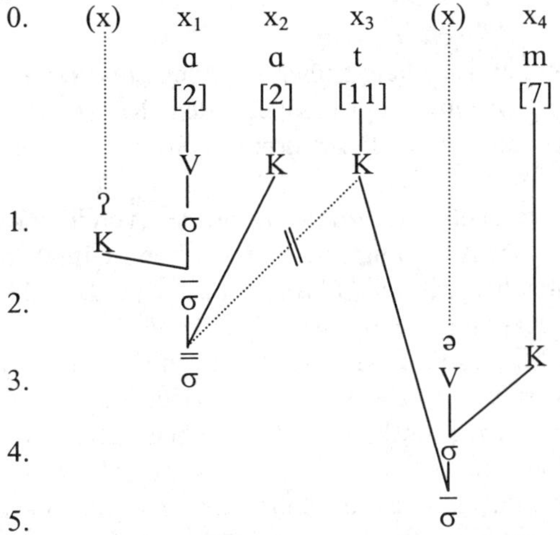

- also mit der endgültigen Form [ˈʔɑː.təm][181].

Die autosegmentale Modellierung ist, wie die Beispiele zeigen, mit einer Prozeßvorstellung der Ableitung verknüpft, die von den meisten Vertretern auch realistisch in einem zeitlichen Sinne eines psychisch-kognitiven Prozesses der Erzeugung der entsprechenden Form verstanden wird, was hier nicht weiter zu diskutieren ist (s. Abschnitt 1). Dem sind allerdings eine Reihe von argumentativen Konzepten geschuldet, die im Formalismus ihren Niederschlag finden, und daher noch zu erwähnen sind. Das gilt im Besonderen für den sogenannte *modularen* Aufbau der Modellierung, die in prinzipiell unabhängige Komponenten („Module") zerfällt, die bei der Ableitung aber interagieren. Auch für diese Interaktion wird meist eine zeitliche Ordnung angenommen, so daß in der Ableitung *Zyklen* unterschieden werden - ein Verfahren, das grundsätzlich von der regelbasierten Modellierung (s. Abschnitt

[181] Formulieren Sie zu Übung die Syllabierung der Reduktionssilbe mit silbischem [m̩]!

12.3.) geerbt ist. Das gilt so insbesondere für die Interaktion von Phonologie und Morphologie, deren Zyklen in etwa dem entsprechen, was traditionell mit Morphemgrenzen markiert wird:

$$\# \# \#\# x_1 + x_2 + \dots x_i \# + \dots + x_j \# + \dots + x_n \#$$

Zyklus A

Zyklus B

Zyklus C

Spätere Zyklen können grundsätzlich Resultate früherer Zyklen „überschreiben" - so daß im Grenzfall die Analyse mit „zugrundeliegenden" Konstrukten operiert, die die Ableitung der beobachtbaren Formen nur noch ermöglichen, selbst aber dort nicht mehr erscheinen.

Ein letztes Beispiel kann das verdeutlichen, zugleich mit der (vereinfachten) vollständigen Spezifizierung der Ableitung, die in den Übungsaufgaben weiter verfolgt werden kann. Für substantivische Pluralformen gilt i. d. R. die trochäische Zweisilbigkeit (s.o. Kap. 11) - hier symbolisiert mit $[...]_\tau$. Geht man von einer Epenthese des Schwa aus, läßt sich der Unterschied zwischen den Singular- und Pluralformen etwa von *Boot* abstrakt als [boot] gegenüber $[\text{boot}]_\tau$ repräsentieren. Die Pluralform $[\text{boot}]_\tau$ wird entsprechend abgeleitet aus der Grundform [boot] und in einem zweiten Zyklus entsprechend als $[[\text{boot}]]_\tau$ modifiziert. Als Darstellungskonvention sollen bei der folgenden Ableitung die prosodische Spezifizierung (Syllabierung) über der Segmentkette, die segmentale Spezifizierung selbst unter ihr dargestellt werden[182].

[182] Bei einer noch strikteren Handhabung wären auch nicht autonom spezifizierte Segmente wie die Länge des Vokals bei [ˈboːtə] als nicht lexikalisch spezifiziert darzustellen:

b o : t ə

$x_1\, x_2\, (x)\, x_3\, (x)$

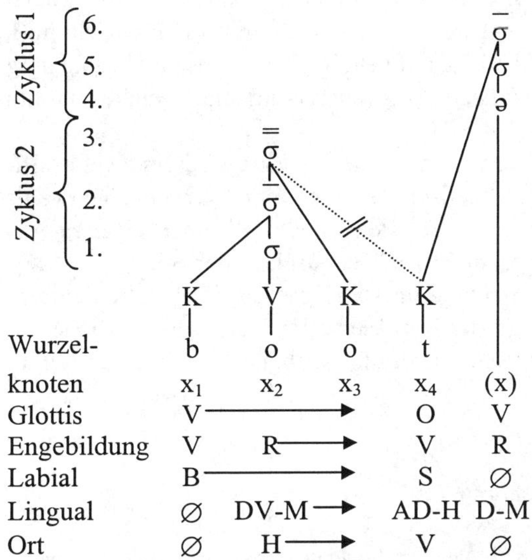

Legende (für die Artikulatoren s. Abschnitt 12.3.):

Glottis: V = Vibriert, O = Offen
Engebildung: V = Verschluß, R = Resonant
Labial: B = Bilabial, S = Spreizstellung
Lingual: D V = Dorso-Velar, A D = Alveolo-Dorsal
M = Mittlere, H = Hohe, T = Tiefe (Zungenhöhe)
Unspezifische Artikulation ∅

Bei der segmentalen Spezifizierung entsprechen die Pfeile auf der Ebene eines „Autosegmentes“ der „Mehrfachassoziierung“ der üblichen Darstellung, um zu vermeiden, daß diese durch die vielfachen Überschneidungen der Assoziationen der verschiedenen Autosegmente zu unübersichtlich geworden wird.

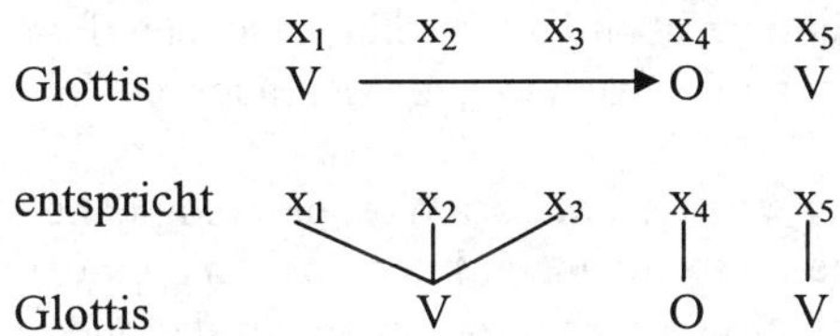

Dabei wird schematisch das am weitesten links stehende Segment zuerst assoziiert, das dann das Merkmal nach rechts weitergibt (s. Pfeilrichtung). Diese Richtungsfeslegung liegt nicht notwendig fest; sie ist u.U. abhängig davon, welche Segmente lexikalisch spezifiziert sind und welche erst im „Zyklus" spezifiziert werden.

Zur Erläuterung dieser Ableitung: Im zweiten Zyklus wird ein zweiter Silbenkern erforderlich, der nur epenthetisch als [ə] gebildet werden kann (x_5 als Folgesegment zu x_4). Dieser Kern sucht sich in x_4 = [t] einen eigenen Anfangsrand, was möglich ist, da x_4 nicht zur Kernstruktur der Silbe $[\ K\ V\ K]_\sigma$ gehört. Die Ausbreitung der Artikulationsspezifizierung der Artikulatorenspezifizierung ist hier eine Frage der Repräsentation: zu lesen im Sinne der Geltung bis zur gegenteiligen Spezifizierung, wobei diese Strukturen hier lexikalisch festliegen

12.4.1. Übungsaufgabe zu Abschnitt 12.4.

1) Leiten Sie nach dem Modell von *Boote* die folgenden Wortformen in der umgangssprachlichen Form ab[183]:

a) *Buch* [ˈbuːx] b) *Bücher* [ˈbyːçɐ]*

c) *Hacken* [ˈhakŋ] d) *unsre* [[ˈʔʊnzʁə]

*Hinweis: [ɐ] ist wie in diesen Arbeiten üblich aus [əʁ] abzuleiten.

12.5. Optimalitätstheorie

Die radikale Konsequenz aus den Schwierigkeiten der phonologischen Grammatik als Ableitung in der Tradition von Chomsky-Halle (1968) ziehen die Ansätze, die unter dem Etikett der *Optimalitätstheorie* firmieren. Sie grenzen sich denn auch auf der ästhetischen Seite durch eine ganz andere Symbolisierungsform von der Tradition ab - und durch eine ausgeprägte Vorliebe für arkane Abkürzungen, die nur noch Eingeweihten verständlich sind (angefangen bei *OT* als Bezeichnung der Richtung, die ich auch im folgenden übernehme).

Die Analyse der OT operiert (hier wieder auf die Wortphonologie beschränkt) nur noch mit der lexikalischen Information auf der einen und einem Filter für die Akzeptabilität der Artikulation dieser Information auf der ande-

[183] Eventuell auch die Explizitformen der Bühnenaussprache zum Vergleich !

ren Seite. Die lexikalische Information repräsentiert die Invariante einer Wortform, z.B. bei *Katze* /kac/ - als Artikulation dieser lexikalischen Information ist eine Wortform *Maus* [maʊs] nicht akzeptabel: sie ist keine Repräsentation dieser Information. Im folgenden gehe ich, wie allgemein die neueren Arbeiten im OT-Umfeld, von relativ konservativen Prämissen aus und „kodiere" die lexikalische Information segmental[184] (radikale neuere Ansätze der OT versuchen, ohne eine solche Prämisse auszukommen). Zur segmentalen Repräsentation gehört auch die sequenzielle Abfolge: /kac/ ist verschieden von /cak/ (vgl. *zack*). Grundsätzlich nicht im Lexikon ist die Syllabierung (und eventuelle damit verbundene weitere prosodische Information), die zu den zu bewertenden Eigenschaften der Kandidaten gerechnet wird.

Die Entscheidung darüber, ob ein Kadndidat akzeptabel ist, wird in Form eines Bewertungsmechanismus (*evaluation*) ausgedrückt, der für jedes Segment des Lexikons prüft, wieweit es in der vorliegenden Form repräsentiert ist (die geprüften Formen sind *Kandidaten* für die Artikulation der lexikalischen Form). Bei einer Prüfung nach der Frage, ob die lexikalische Information in den jeweiligen Kandidaten enthalten ist, ergibt sich die folgende schematische Bewertung:

Lexikon	k	a	c	
Kandidat	m	a	ʊ	s
Bewertung	*		*	

Die Bewertung erfolgt jeweils mit einem * als „Strafpunkt" für einen Verstoß. Vergleichen wir die Kandidaten [kacə] [maʊs] [kam], so zeigt sich eine unterschiedliche Bewertung, die in der OT-üblichen Matrixdarstellung wie folgt gezeigt werden kann:

Lexikon	kac	Bewertung
Kandidaten	maʊs	* *
	kacə	☜
	kam	*

Katze [kɑcə] ist der beste Kandidat (markiert durch das zeigende Händchen), da er keine Strafpunkte aufweist, *Kamm* [kam] ist der zweitbeste, *Maus* [maʊs] der schlechteste.

Die Bewertung ist abhängig von den gewählten Kriterien: in diesem Beispiel wurden die Formen danach bewertet, wie sie die lexikalische Informati-

[184] Um die segmentale Kodierung zu verdeutlichen, repräsentiere ich bei den folgenden Beispielen die Affrikate [ts] auch mit /c/. Bei späteren Beispielen, bei denen es um phonetische Details geht, verwende ich daneben auch [ts].

on repräsentieren, ob diese in den Kandidaten artikuliert ist (im OT-Jargon: *parse*). Das ist eine Art der *Treue*beziehung (*faithfullness*) zwischen lexikalischer Information und Kandidaten. Die spiegelverkehrte Treuebeziehung dazu fordert, daß die Kandidatenform *nur* mit der Information aus dem Lexikon artikuliert sein sollen (OT-Jargon: *fill*)[185]. Dieses Kriterium führt bei dem gleichen Beispiel zu einer anderen Bewertung (im folgenden notiere ich das Kriterium englisch *fill* mit NUR):

Lexikon	kac	Bewertung (NUR)
Kandidaten	maʊs	* * *
	kacə	*
	kam	*

Nach dem NUR-Kriterium weist sowohl *Katze* [kacə] wie *Kamm* [kam] ein nicht-lexikalisch vorgegebenes Segment auf (eine Epenthese): Sie sind in Hinblick auf NUR gleich schlecht. Anders ist es, wenn *beide* Kriterien, ALLE und NUR, genutzt werden (für *parse* notiere ich im folgenden ALLE [186]):

Lexikon	kac	ALLE	NUR	Bewertung (Rangliste)
Kandidaten	maʊs	**	***	3
	kacə		*	1 ☜
	kam	*	*	2

Hier wird der vielleicht wichtigste Unterschied von deklarativen Ansätzen wie der OT gegenüber den früheren „regelbasierten" Ansätzen deutlich: Die Analyse beruht hier nicht auf der Ableitung einer eindeutigen Strukturzuweisung nach dem Modell eines mathematischen Beweises[187], sondern sie operiert mit einer Menge von Filterbedingungen für wohlgeformte Formen, die untereinander im Widerspruch stehen können; d.h. diese Bedingungen sind prinzipiell verletzbar. Ergebnis der Analyse ist die Erklärung einer Form als *optimal* – nicht aber ihre Bestimmung als *richtig*.

[185] Die jüngsten Arbeiten der OT zeigen zum Teil schon wieder einen Stil- und Terminologiewandel (so sind z.B. die Treuebeschränkungen PARSE / *FILL* durch MAX / *DEP* ersetzt). Dahinter steht das Bemühen um eine systematische Unterscheidung von Beschränkungen, die auf das Verhältnis von lexikalischer Information (*input*) und Kandidaten für ihre Artikulation (*output*) zielen, und solchen, die zwischen unterschiedlichen optimalen Wortformen (*output-output*-Beziehungen) gelten.

[186] Lies: *ALLE* Information des Lexikons ist im jeweiligen Kandidaten artikuliert.

[187] Ableitungen wie in 12.3. beweisen gewissermaßen die akzeptablen („grammatischen") Formen auf der Basis der zugrundegelegten Axiome („Regeln") der Grammatik.

Nun besteht zwischen der Epenthese bei *Kamm* [kam] und bei *Katze* [kace] (relativ zu der lexikalischen Invariante /kac/) offensichtlich ein Unterschied: die Schwa-Epenthese bei *Katze* läßt sich durch eine Regularität der phonologischen Grammatik fassen, der Bildung eines Trochäus auf der Basis der lexikalischen Information, während die „Epenthese" bei *Kamm* ausschließlich ein Verstoß gegen die Treuebeziehung NUR ist. Wir können also ein Kriterium TROCH (*die Form ist ein Trochäus*) der Matrix hinzufügen; damit wird die Entscheidung für /kacə/ noch deutlicher:

Lexikon	kac	ALLE	NUR	TROCH	Bewertung (Rangliste)
Kandidaten	maʊs	**	***	*	3
	kacə		*		1 ☜
	kam	*	*	*	2

[kacə] zeigt sich als die optimale Form, obwohl auch sie einen Verstoß aufweist. Von dieser Art der Analyse durch eine *relative* Bewertung stammt der Terminus der *Optimalitäts*theorie.

Nun gibt es ja auch die Form [kac] (vgl. *Katz und Maus*). Wenn, entsprechend den südlichen Varietäten des Deutschen (s. Anhang zu Kap. 9), diese Form „gewinnen" soll, dann muß ein Verstoß gegen NUR stärker wiegen als einer gegen TROCH (NUR >> TROCH); wenn dagegen *Katze* wie in der Hochlautung gewinnen soll, muß die Gewichtung der Kriterien umgekehrt sein (TROCH >> NUR). Diese Gewichtung (*ranking*) läßt sich in der Matrix durch die Anordnung der Kriterien repräsentieren: ein links vorangestelltes Kriterium ist stärker als (es *dominiert*) ein rechts stehendes. In der Matrix oben dominiert NUR das Kriterium TROCH:

LEXION kac	ALLE	NUR	TROCH	Bewertung
Katz [kac]			*	☜
Katze [kacə]		* !		

Hier gewinnt also *Katz*. Es ist üblich, wie hier den Verstoß, der für das Verlieren einer Form ausschlaggebend ist, bei diesem mit einem ! zu markieren[188]. Aus Ökonomiegründen sind die Matrizen hier (wie bei OT-Darstellungen üblich) jeweils nur auf die relevanten Kandidaten für den Vergleich beschränkt - prinzipiell ist die Kandidatenliste ja unbeschränkt; aber es ist relativ sinnlos, die Darstellung hier etwa mit Kandidaten wie *Mimose*,

[188] Da ein „fataler" Verstoß gegen eine hochrangige Beschränkung Verstöße gegen niedrigrangigere unerheblich sein läßt, werden diese in vielen OT-Darstellungen nicht mehr bewertet und die entsprechenden Felder nur noch schraffiert.

Pipette und dergleichen. zu belasten, von denen jedes Segment einen Verstoß gegen NUR darstellt, die also keine Chance zu „gewinnen“ haben.

Vergleiche mit dieser Matrix nun eine mit einer anderen Gewichtung:

LEXIKON kac	ALLE	TROCH	NUR	Bewertung
Katz [kac]		* !		
Katze [kacə]			*	☜

Hier gewinnt die Hochlautungsform mit dem vollständigen Trochäus. Dialektunterschiede oder auch der historische Wandel in einer Sprache lassen sich so elegant durch ein Umgruppieren der Kriterien (ein anderes *ranking*) darstellen.

Statt von Beurteilungskriterien wie bisher ist es in der OT üblich, von *Beschränkungen* (*constraints*) zu sprechen, denen eine Form unterliegt. Diese Beschränkungen bilden ein universales Inventar, das es erlaubt, nicht nur die Formen einer Sprache zu untersuchen, sondern so auch Sprachen zu vergleichen: danach, welche Beschränkungen in ihnen genutzt werden beziehungsweise wie sie gewichtet sind. So läßt sich z.B. das sprachidiosynkratische Problem des Glottisverschlusses behandeln (s. 12.4.), das einen Unterschied zwischen Französisch und Deutsch markiert. Bei den üblichen OT-Darstellungen wird der Glottisverschluß im Deutschen epenthetisch definiert, als Konsequenz einer hochrangigen Beschränkung: des obligatorischen Anfangsrandes (A/ ˈS) in der prominenten Silbe, die das Französische nicht kennt, bzw. (im Sinne der meist vertretenen Universalitätsannahme für die Beschränkungen der OT) die im Französischen von allen anderen relevanten Beschränkungen dominiert wird. Vergleiche so die unterschiedliche Bewertung eines lautlichen Kandidaten [aɪs] im Deutschen (vergleiche *Eis*) und im Französischen [*que je*] *haïsse* „(daß ich) hasse“:

DEUTSCH

LEXIKON /ais/	ALLE	A / ˈS	NUR	
ʔais			*	☜
ais		* !		

FRANZÖSISCH

LEXIKON /ais/	ALLE	NUR	A / ˈS	Bewertung
ʔais		* !		
Ais			*	☜

Unterschiedliche Ordnungen der Beschränkungen definieren also unterschiedliche Sprachen (Dialekte). Eine einmal gewählte Ordnung ist bei der

Analyse verschiedener Formen einer Sprache konstant zu halten. Wenn so oben *Katze* [kacə] bei der Bewertung der Kandidaten sich als optimal für die Artikulation einer lexikalischen Invarianten /kac/ gezeigt hat, weil [kacə] der Beschränkung auf trochäische Formen genügte, dann geht es nicht an, bei der Analyse von Wörtern wie *Maus*, *Kamm* diese Beschränkung zu „vergessen“ oder anders zu gewichten. Die Fülle solcher schwa-loser Formen („degenerierter“ Trochäen) erlaubt es nun im Deutschen kaum, das Schwa in *Katze* mit einer derartigen kategorischen Trochäus-Beschränkung wie oben zu bestimmen. Wie in Kap. 9 diskutiert ist der Trochäus vielmehr morphologisch beschränkt, z.B. als Pluralmorphem bei Substantiven, vgl. *Mäuse*, *Kämme*, auch eventuell als Markierung in der Wortbildung, so bei femininen Formen vgl. mit *Katze* noch *Pflanze*, *Grenze*, *Kerze*, *Hetze* gegenüber maskulinen und Neutrumsformen wie *Salz*, *Satz*, *Harz*, *Herz* oder *Holz*[189].

In diesem Sinne lassen sich alle Regularitäten der „phonologischen“ Grammatik als Beschränkung über den möglichen Formen einer Sprache (als *Wohlgeformtheitsbedingungen*) fassen; es gibt keine Ableitung mehr mit Zwischenschritten und „Tiefenstrukturen“, die transformationell verändert werden. In den OT-Arbeiten gibt es entsprechend eine Instanz GEN (= *generation*), die die für die Bewertung herangezogenen Kandidaten „erzeugt“. Die Bezeichnung ist etwas mißlich, da sie eine prozedurale Argumentation nahelegt (ebenso wie die damit in Verbindung stehenden Redeweisen von einer *Eingabe* [*input*] und einer *Ausgabe* [*output*]). Tatsächlich handelt es sich bei GEN um eine Auswahloperation auf der Menge der möglichen Ausdrücke, die allerdings für die Bewertung als Repräsentanten der lexikalischen Information symbolisch aufbereitet werden müssen. Definitionsgemäß muß jeder Kandidat diese Information aufweisen – er kann sie allerdings nur partiell artikulieren (dann handelt es sich um einen Verstoß gegen ALLE) und er kann zusätzliche Information artikulieren (dann handelt es sich um einen Verstoß gegen NUR). Eine explizitere Darstellung, die diese Funktion von GEN zeigt, kann in den Kandidaten die Segmente, die gegen ALLE verstoßen (also Tilgungen) mit { } markieren, diejenigen, die gegen NUR verstoßen, mit < >. Nimmt in diesem Sinne GEN den Ausdruck [kino] als Kandidat für die Artikulation des Lexikonelements /kac/, müßte er explizit mit *k<ino>{ac}* repräsentiert werden. Die folgende Matrix zeigt eine solche Darstellung mit den Kandidaten *Katze* [katsə], *Kino* [kino], *Oma* [ʔoːma], *Karzer* [kaʁtsɐ]; bei denen [ts] als ein Segment (= /c/ gewertet wird:

[189] Eine deskriptiv adäquate Analyse ist komplexer, vgl. noch Maskulina wie *Schütze*, Feminina wie *Differenz*, *Instanz* und dergleichen.

/kac/		ALLE	NUR
[katsə]	kats<ə>		*
[kino]	k<ino>{ats}	**	***
[ʔoːma]	<ʔoːm>{k}a>{ts}	**	***
[kaʁtsɐ]	ka<ʁ>ts<ɐ>		**

Eine solche explizite Darstellung ist offensichtlich redundant: Aus der Zuteilung von Strafpunkten relativ zu der lexikalischen Information folgt die vollständige Repräsentation der Kandidaten. Daher gebe ich weiterhin (wie in der OT üblich) nur noch die implizite Darstellung, bei der die gegenüber der lexikalischen Information epenthetischen Segmente bei den Kandidaten nicht eigens markiert und die getilgten nicht repräsentiert werden.

Auch die oben in Abschnitt 4 diskutierten Probleme der Interaktion von Phonologie und Morphologie lassen sich so in OT behandeln. So läßt sich die hochsprachlich geforderte morphologische Transparenz der Formen (s. Kap. 11) als eine der *Ausrichtung* (*alignment*) der verschiedenen Ebenen der Artikulation einer Form darstellen. Eine Morphemgrenze muß mindestens mit einer Segmentgrenze kongruent sein (an ihr ausgerichtet werden, im folgenden AUSR-M: SEGM): das ist bei [nɛnən] *nennen* der Fall, aber nicht bei [nɛn] ([nɛn̩])*nennen,* bei *haben* [haː.bən] aber nicht bei [ham] *haben*, bei *annehmen* [ʔan.neː.mn̩] aber nicht bei [ʔa.neː.m̩] *annehmen* und dergl. Offensichtlich gilt auch hier, daß eine solche Beschränkung je nach Sprache und Sprachstil unterschiedlich gewichtet werden kann: im Deutschen können im Presto-Register solche Formen zu Lasten einer anderen Gewichtung „gewinnen“, s.u. - andere Sprachen gewichten solche Beschränkungen auch schon im Lento-Register gering.

Ein komplexer Fall für eine solche Ausrichtungsbeschränkung ist die Variation der Silbengrenze, die im Kapitel 8 schon angesprochen wurde: *trocknen* [tʀɔ.kn̩n̩] gegenüber *trocknen* [tʀɔk.nn̩] . Hier gibt es unterschiedliche dialektale (sprecheridiosynkratische) Präferenzen:

	ˈS °S
trocken	[tʀɔ.kŋ̍]
trocknen (Dialekt A)	[tʀɔ.knn̩]
trocknen (Dialekt B)	[tʀɔk.nn̩]

Die Differenz zwischen Dialekt A und B läßt sich durch das Verhältnis zweier Beschränkungen fassen lassen, mit denen zugleich deutlich wird, wie die Syllabierung als eine Eigenschaft der Kandidaten behandelt wird:

- eine Beschränkung über der komplexen Silbenstruktur: die Forderung nach möglichst einfachen Rändern (sowohl A wie E): EINF: Rand,
- einer paradigmatischen Konstanzforderung der Syllabierung: die Anfangsränder der verschiedenen Formen in einem Paradigma sollen kongruent sein: AUSR: A.

Im Folgenden beschränke ich mich wieder auf die Bewertung allein nach den kritischen Kriterien[190]:

Dialekt A

LEXIKON /tʀoknn/	AUSR: A	EINF: RAND	
tʀɔ.knn̩		*	☜
tʀɔk.nn̩	* !		

Dialekt B

LEXIKON /tʀoknn/	EINF: RAND	AUSR: A	
tʀɔ.knn̩	* !		
tʀɔk.nn̩		*	☜

In der gleichen Weise lassen sich auch subsegmentale Strukturen als Beschränkungen über (Wort-) Formen fassen. Das gilt für syntagmatische Strukturen ebenso wie für paradigmatische. Die Auslautverhärtung läßt im Endrand kein distinktiv stimmhaftes Segment zu (E: [-st]). Nimmt man die Stimmhaftigkeit stammauslautender Konsonanten in die lexikalische Information hinein (/hund/ wie [ˈhʊndə]), wird die Treuebeziehung ALLE (hier jetzt interpretiert in Hinblick auf die lautlichen Merkmale) im Deutschen offensichtlich von E: [-st] dominiert:

LEXIKON /hund/	E: [-st]	ALLE	
[hʊnd]	*!		
[hʊnt]		*	☜

Geht man nun davon aus, daß solche Beschränkungen nicht nur ein universales Instrumentarium bilden, mit dem alle Sprachen beschreibbar sind, sondern, wie es tatsächlich die meisten OT-Vertreter tun, realistisch so zu verstehen ist, daß diese Beschränkungen bei den Sprechern aller Sprachen wirksam sind, so wäre eine Sprache wie das Englische dadurch charakterisiert, daß in ihr anders als im Deutschen ALLE die Beschränkung E: [-st] domi-

---

[190] Zur Übung sollten Sie die Matrix mit allen bisher diskutierten Beschränkungen vervollständigen.

niert, vgl. Englisch *hound* [haʊnd] (s. auch E 3 für die Frage der Universalität der Beschränkungen).

Auch hier können wieder verschiedene Ebenen der Analyse interagieren, z.B. der Ausgleich mit anderen Formen eines Paradigmas (einer Wortfamilie). Die Neutralisierung in der Artikulationsstelle von Nasalen (s. Kap. 8) läßt sich als ein spezieller Fall der Beschränkung der Artikulationsmöglichkeiten einer konsonantischen Abfolge fassen. Wir können eine allgemeine Beschränkung definieren: Konsonantenfolgen sollten in der Artikulationsstelle gleich spezifiziert werden (GLEICH-A: KK) - im Deutschen offensichtlich bei den meisten konsonantischen Merkmalen eine dominierte Beschränkung, außer bei Nasalen, vgl. (mit der Majuskel N ist wieder die Neutralisierung notiert, also ein Segment, das nur für [nasal], nicht aber für den Artikulationsort spezifiziert ist):

LEXIKON	/baNk/			GLEICH-A: KK
[bank]	(ba)	K [dent]	K [velar]	*
[bamk]	(ba)	K [labial]	K [velar]	*
[baŋk]	(ba)	K [velar]	K [velar]	☜

Im Allegro-Register gilt diese Beschränkung auch über die Morphemgrenze hinweg für Nasale, deren Artikulationsort im Lexikon spezifiziert ist wie z.B. bei *Angabe* [ˈʔaŋ.ˌgɑː.bə] - nicht jedoch im Lento-Register bzw. bei Explizitformen (s. Kap. 11), die die Treue zur lexikalischen Information dominant sein lassen (hier der Kürze halber jetzt als ALLE: NASAL notiert):

LEXIKON /an + gab/	ALLE: NASAL	GLEICH: KK	
[ʔan.gɑː.bə]		*	☜
[ʔaŋ.gɑː.bə]	* !		

Beschränkungen über der paradigmatischen Struktur der Segmente können an die Überlegungen von 12.2. über die Markiertheit bestimmter artikulatorischer Komplexe vor der Folie der Merkmalsgeometrie definiert werden. So läßt sich z.B. eine Beschränkung definieren wie VOKAL: [+vorne] ⇒ [-rund][191], die innerhalb des Deutschen die südlichen dialektnahen Varietäten charakterisiert, aber eben nicht das Hochdeutsche; *Gemüt* [gəˈmyːt] verstößt gegen diese Beschränkung, die offensichtlich von ALLE dominiert wird -

[191] Lies: Wenn ein Vokal [+vorne] ist, ist er [-rund], s. schon oben, Abschnitt 12.3.

anders als in der südlichen dialektalen Aussprache [g(ə)ˈmiːt]. Die spiegelverkehrte Beschränkung VOKAL: [+hinten] ⇒ [+rund] gilt dagegen im Deutschen kategorisch, anders als in Sprachen wie z.B. dem Türkischen (Kap. 8: T 2).

Beschränkungen können skalar abgestufte Verletzungen zulassen, wie bei dem segmentweisen Abgleich der Treuebeschränkungen: in der entsprechenden Stelle der Matrix stehen dann u.U. mehrere Strafpunkte. Auf diese Weise kann für die Reduktionssilbe eine Beschränkung auf ein segmentales Minimum (°S MIN = einsegmentig) formuliert werden, die z.B. bei *Rehe* erfüllt ist [ʀeː.ə] und auch bei *Rehen* [ʀeː.n̩], vgl. (+ markiert die Morphemgrenze):

/ʀeː + n/	°S MIN
[ʀeː .ən]	*
☞ [ʀeː.n̩]	

Ähnlich ist es bei *leben*: [leːbən] gegenüber [[leːbm̩] und [leːm̩] (s. Kap. 11 zu dieser satzphonetischen Variation)[192]:

Lentoregister

/leːb + n/	ALLE	°S MIN
☞ [leː.bən]		**
[leː.bm̩]	* !	*
[leː.m̩]	** !	

Das Allegroregister gewichtet die Beschränkungen anders: Hier dominiert °S MIN >> ALLE, vgl.

Allegroregister

/leːb + n/	°S MIN	ALLE
[leː.b ən]	** !	
[leː. bm̩]	* !	*
☞ [leː.m̩]		**

Soll die Form [leː.bm̩] gewinnen, muß die oben diskutierte AUSRichtungsbeschränkung AUSR M: SEGM den Ausschlag geben, die Morphemgrenzen segmental auszurichten verlangt, also einem größeren Grad an Monitor-Anstrengung entspricht:

---

192 Die Assimilation der Artikulationsstelle des silbischen Nasals wird hier als Verstoß gegen ALLE gewertet, s. Kap. 9.

Allegroregister (monitoriert)

/le:b + n/	AUSR M:Segm	°S MIN	ALLE
[le:.b ən]		** !	
☞ [le:. bm̩]		*	*
[le:.m̩]	* !		**

Schließlich könnte noch das Prestoregister mit der einsilbigen Form [le:m] modelliert werden (s. Kap. 11, Übung 3). Mit den bisher herangezogenen Beschränkungen könnte [le:m] als ein Verstoß gegen die Trochäusforderung analysiert werden, die [le:.m̩] bevorzugt, was aber bei solchen Verbformen wenig plausibel ist (vgl. einsilbig *(er) lebt, (du) lebst*). Vielmehr kommt bei wenig monitorierten Registern die „Abneigung" gegen Hiate zum Tragen, also die Beschränkung durch einen geforderten postvokalischen Anfangsrand für jeden Silbenkern (*HIAT[193]):

Prestoregistermonitoriert)

/le:b + n/	A / V__	°S MIN	AUSR M:Segm	ALLE
[le:.b ən]		** !		
[le:. bm̩]		* !		*
[le:.m̩]	* !		*	
☞ [le:m]			*	**

Es ist deutlich, daß im OT-Format relativ elegant alle bisher behandelten Probleme der Phonologie reformuliert werden können. Dabei ist es allerdings nötig, die angeführten Beschränkungen systematisch zu begründen und plausible zu machen – worum es bei diesen einführenden Bemerkungen, die ein erster Linie die Notationskonventionenen vorstellen sollten, nicht gehen konnte.

12.5.1. Übungsaufgabe zu Abschnitt 12.5.

1) Stellen Sie die folgenden Formen als optimal in einer Matrix mit Hilfe der genannten Beschränkungen dar.

a) *liegen*: lexikalisch |lig+n|, Kandidaten: [ˈli:.gən], [ˈli:.gn̩], [ˈli:.gŋ], [ˈli:.ŋ], [ˈli:ŋ]. Nehmen sie außer diesen Kandidaten zum Kontrast auch noch [kacə] hinzu. Benutzen Sie die im Text einfgeführten Beschrän-

[193] Lies: Kein Hiat.

kungen und stellen die Unterschiede auf den verschiedenen sprechstilisitssschen Ebenen dar: Lento (Explizitform), Allegro, Presto!

b) *eignen*: lexikalisch |aign+n|, Kandidaten ['ʔaik.nn̩], ['ʔai.gnn̩] und *['ʔaig.nn̩]
Die paradigmatische Beschränkung AUSR: A ist zu beziehen auf Formen wie *eigen*.

12.6. Ergänzende Kommentare

E 1: Zum Regelschema

Das Regelschema ist in der Phonologie das gleiche wie in der Syntax. Für diejenigen, die mit solchen Formalismen nicht vertraut sind, mag der Rückgriff auf die vielleicht vertrauteren syntaktischen Beschreibungen hilfreich sein. Ich kann z.B. im Deutschen die folgenden verschiedenen Sätze betrachten:

(1) *Emma liebt ihren Hans.*
(2) *Ihren Hans liebt Emma.*
(3) *Der Vulkan speit Feuer.*

Mit der gängigen Klassifizierung kann das Gemeinsame dieser Sätze (im folgenden S) schematisiert werden als

NG + V + NG.

Die Differenz der Sätze (1)-(3) läßt sich durch die unterschiedliche *Spezifizierung* der abstrakten Symbole dieser Schematisierung beschreiben. Etwas formaler erfolgt das in Form einer *Grammatik* mit dem Anfangssymbol S (für *Satz*):

(a) S	→	NG + V + NG
(b) NG	→	{ Art + N N'
(c) Art	→	*der, ihren*
(d) N	→	*Vulkan*
(e) N'	→	*Hans, Emma, Feuer*
(f) V	→	*liebt,speit*

Es geht hier selbstverständlich nur um die Form der Argumentation. Daß (a)-(f) keine empirisch sehr sinnvolle Beschreibung des Deutschen ist, versteht sich hier und im folgenden von selbst - zu ihr käme man aber durch die Modifizierung dieser „Teilgrammatik" (solche Modifikationen, ausgehend von beliebigen Beispielsätzen, sind eine gute Übung!).

Eine Spezifizierung („Ableitung"), die von dem allgemeinen Schema (a) zu dem Satz (3) führt, sieht wie folgt aus: (links steht mit jedem Ableitungsschritt die jeweils angewendete Regel vermerkt: in jedem Schritt wird nur *eine* Regel angewendet):

(1)		S	
(2)/(a)	NG	+ V	+NG
(3)/(b)	Art + N	+ V	+NG
(4)/(c)	*der* + N	+ V	+NG
(5)/(d)	*der* + *Vulkan*	+ V	+NG
(6)/(f)	*der* + *Vulkan*	+ *speit*	+NG
(7)/(b)	*der* + *Vulkan*	+ *speit*	+N'
(8)/(e)	*der* + *Vulkan*	+ *speit*	+*Feuer*

Es ist offensichtlich, daß mit jeder Spezifizierung das Schema weniger allgemein wird (auf eine kleinere Menge von Sätzen zutrifft): (5) ist auch noch verträglich z.B. mit *der Vulkan liegt im Meer*, *der Vulkan ist ein Berg* usw. Das eingezeichnete Baumdiagramm spiegelt die Ableitungsbeziehungen der Grammatik.

Andererseits ist die Ausgangsstruktur (a) zu speziell, um für alle (möglichst viele) Sätze des Deutschen eine Strukturbeschreibung zu liefern, z.B. läßt sich damit nicht

(4) *Emma träumt.*

ableiten. Das ist mit Hilfe einer Modifizierung möglich, die Prädikate mit einem transitiven Verb und seinem Objekt als Alternative zu einem intransitiven Verb einführt:

(a') S → NG + VG

(a'') VG → $\left\{ \begin{array}{l} \text{V} \quad + \text{NG} \\ \text{V'} \end{array} \right.$

damit benötigen wir noch

(g) V' → *träumt*

um auch dieses erweiterte Corpus beschreiben (ableiten) zu können.

Nebenbei sind die Strukturen jetzt auch binär geworden, wie es aus anderen Gründen wünschenswert ist, s.u..

Solche Erscheinungen sind (zumindest zum großen Teil) nur kontextbeschränkt definierbar: z.B. ist eine Spezifierung (f) *V* → *liebt* nicht möglich, wenn das mit dem Verb kongruierende Subjekt unbelebt ist (z.B. also *der Vulkan*). Insofern benötigen wir in der Beschreibung noch Kontextbeschränkungen wie z.B.

(g) V → liebt / NG ______
[+belebt]

Vorausgesetzt ist, daß die Elemente der Ersetzungsregel mit Merkmalen wie [± belebt] spezifiziert sind - und daß eventuell auch noch (anders als bei der rein auf die Reihenfolge abstellenden Regel (g)) syntaktische Funktionen berücksichtigt werden, wie Subjekt, Objekt etc..

Ein weiterer Schritt zur Verallgemeinerung läßt sich erreichen, wenn mit der Spezifizierung in den Ersetzungsregeln auch Veränderungen („*Transformationen*“) der Ausgangsdarstellung A zugelassen sind. Wenn in meinem Corpus auch komplexe

Sätze vorkommen, z.B. *weil Emma ihren Hans liebt, schenkt sie ihm Blumen*, fügen wir dem Corpus den Satz 4 an:

(4) *[weil] Emma ihren Hans liebt,*

wobei ich der Einfachheit halber die Konjunktion *weil* unberücksichtigt lasse (und auch den „Folgesatz“ *schenkt sie ihm Blumen).* Ich kann jetzt die ja in gewisser Weise auch synonymen (4) und (1) und (2) mit einer Transformationsregel beschreiben, etwa indem ich die beiden möglichen Hauptsatzwortstellungen (1) und (2) durch Umformung aus (4) entwickele.

(4) hat offensichtlich die abstrakte Konstituentenstruktur (h), bei der ich der Einfachheit halber die syntaktischen Funktionen als Merkmale verzeichne:

(h) S → NG + NG + V
[Subj] [Obj] [Präd]]

Wenn ich (4) nun auch als eine Reihenfolgenstruktur verstehe, etwa durch numerische Indizes angedeutet:

(h') S → NG + NG + V
[Subj] [Obj] [Präd]]
1 2 3

kann ich die folgenden Transformationsregel formulieren, bei der die numerischen Indizes auf die entsprechende Konstituente verweisen, die zugleich an die Kontextbedeutung *Aussagesatz* gebunden ist:

(i) 1-2-3 → 2-3-1 / ____________
[Aussagesatz]

Transformationen sind ein heikles Instrument - ihm gegenüber ist unter Sprachwissenschaftlern die Vorsicht in den letzten Jahren gewachsen (deshalb sprechen auch die Anhänger dieser Richtung nicht mehr von einer (*generativen) Transformationsgrammatik*, sondern nur noch von einer *generativen Grammatik*).

Diese Hinweise genügen, um zu zeigen, daß der im Abschnitt (3) vorgesetellte regelbasierte Ansatz einer phonologischen Grammatik die gleiche Struktur hat wie die neueren grammatischen Argumentationen generell.

E 2: Zur Formalisierung phonologischer Theorien

Formale Repräsentationen spielen in der Entwicklung der Sprachwissenschaft eine kritische Rolle: Als heuristisches Instrument der Konzeptualisierung bzw. Modellierung sind sie schon in der Sprachwissenschaft des 19. Jhd. üblich; systematisch werden sie dann im Strukturalismus genutzt, zunehmend auch im Rückgriff auf algebraische Symbolisierungen. Die Entwicklung elektronischer Rechner gab dem seit den 50er Jahren einen neuen Kontext: Formale Repräsentationen sind ein notwendiger Schritt auf dem Weg zu einer rechnergestützten Problemlösung, die im computerlinguistischen Jargon deren *Implementierung* heißt. Beides ist zu unterscheiden: Die neuere Sprachwissenschaft, insbesondere ihre generativistischen Richtungen, und die Computerwissenschaft haben sich nebeneinander entwickelt.

Aus dieser parallelen Anlage beider Wissenschaften erklärt sich auch eine gewisse Phasenverschiebung in der wechselseitigen Zurkenntisnahme. Die rasche Entwicklung formaler phonologischer Theorien bis hin zur OT seit den generativen Ansätzen der 60er Jahre (ausgehend von Chomsky/ Halle 1968, SPE) verlief ohne Bezug zur Computerlingusitik – arbeitet diese überwiegend bis heute mit den Konzepten der regelbasierten Ansätze (s. 12.3.) weiter, weil (soweit) sie ein relativ effizientes Programmieren ermöglichen. Entwicklungen wie die autosegmentalen Ansätze (s. 12.4.) haben in der Computerlinguistik keine sonderliche Rolle gespielt (s. Bird 1995 für einen guten Überblick).

Andererseits wirken aber die computerlinguistischen Entwicklungen auf die Sprachwissenschaft zurück. So gerieten die transformationellen Ansätze der 50er und 60er Jahre am Anfang der 70er Jahre systematisch durch den Nachweis in Diskredit, daß sie nicht als formale Entscheidungsverfahren „rechenbar" waren. Und die Entwicklungen hin zur OT sind explizit aus den computerlinguistischen Ansätzen der 80er Jahre hervorgegangen, die die enorm gewachsenen Potentiale der neuen Rechner mit stochastischen Programmiertechniken zu nutzen versuchen, die unter dem Namen des *Konnexionismus* firmieren.

Diese Zusammenhänge müssen bei einer systematischen Analyse der neueren Entwicklungen, die jenseits des Horizonts einer solchen Einführung ist, berücksichtigt werden. Eine ausgesprochen hilfreiche Darstellung dazu liefert Bird (1995).

E 3: Zur autosegmentalen Repräsentation der skandinavischen Tonverläufe

Mit dieser autosegmentalen Modellierung lassen sich auch die Tonkulturen der skandinavischen Sprachen (s. Kap. 5: T 3) darstellen. Geht man von einer Registerdarstellung aus: H = hoher Ton, M = mittlerer Ton, T = tiefer Ton, so ergibt sich als Darstellung einer fallenden Kontur HT, einer steigenden Kontur TH. Das altskandinavische Konturmuster eines Wortes wäre dann

M H T.

Dieses Konturmuster bildet eine eigene Schicht gegenüber den anderen phonetischen Schichten (die hier der Einfachheit halber in der orthographischen Notation angedeutet sind)

tonales Autosegment	M H T	
sonstige Autosegmente	*bur*	„(Vogel-)bauer"
	buran	„geboren"

Offensichtlich artikuliert die gleiche komplexe Tonkultur unterschiedlich umfangreiche segmentale Ketten. Tonverläufe sind definitionsgemäß nur in maximal sonoren Segmenten möglich (Vokalen, Sonoranten), nicht z.B. aber in stimmlosen Plosiven. Die Isolierung der Autosegmente, die ja als Repräsentation der jeweils ganzen Äußerung auf den verschiedenen Schichten (*tier*) zu verstehen ist, stellt also eine Idealisierung dar: während bei *buran* die gesamte Äußerung stimmhaft ist, so eine Modifikation der Grundfrequenz zeigen kann; ist das z.B. bei *stupad* „(ab)gefallen" nicht der Fall:

M H T
stupad
die kongruente Repräsentation auf den verschiedenen Ebenen ist also in einem schwachen Sinne zu verstehen: eine autosegmentale Spezifizierung gilt für ein zugeordnetes Äußerungssegment immer nur bis zur Spezifizierung des Gegenteils: wieweit sie phonetische Auswirkungen hat, hängt von der phonetischen Binnenstruktur der Spezifizierung ab (im Sinne des in Abschnitt 2 ausgeführten). Als formales Konstruktionsprinzip für autosegmentale Darstellungen liegt daher fest, daß bei der Zuordnung die segmentale Abfolge zu beachten ist, wobei die Töne primär mit den Vokalen assoziiert sind (durchgezogene Linien) und sekundär noch mit weiteren stimmhaften Segmenten (gepunktete Linien).

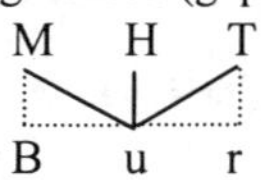

„(Vogel-)bauer“

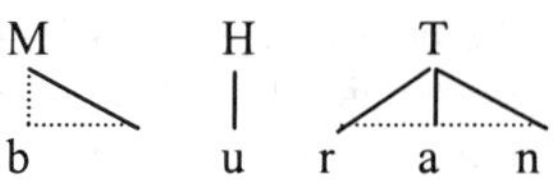

„geboren“

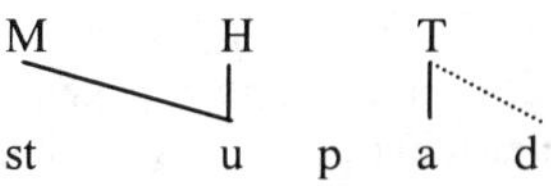

„gefallen“

Die oben in 5: T 3 angedeutete skandinavische Entwicklung lief darauf hinaus, daß in Folge des germanischen Akzents die Schwächung der zweiten Silbe im Trochäus zur Reduktionssilbe erfolgte, die keine Tonkontur mehr artikulieren konnte. Der tiefe Ton wurde also ebenfalls von der zweiten Silbe dissoziiert, mit der Folge, daß eine neuartige komplexe Kontur auf der prominenten Silbe zustande kam:

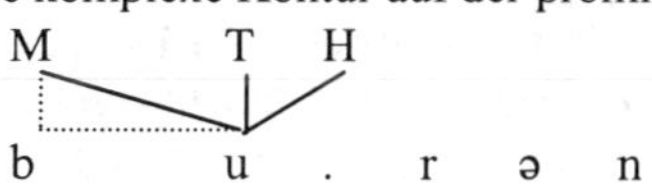

„geboren“

Dadurch war der formale Kontrast zu Formen gesichert, wie z.B. der mit einem Determinativsuffix *-en* markierten einsilbigen Form von *bur:*

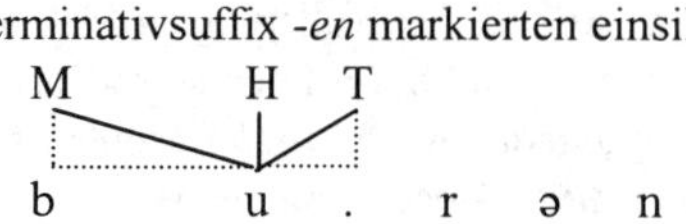

„der (Vogel-) bauer“

E 4: Zur Universalität phonologischer Beschränkungen (zugleich ein Epilog zu dieser Einführung)

Die Abkehr von rein artifiziellen Ableitungsmechanismen, wie sie SPE (Chomsky-Halle 1968 und die Folgen) charakterisieren, erfolgte bereits Ende der 60er Jahre mit dem Schlagwort einer natürlichen Phonologie (geknüpft an Namen wie David Stampe[194], Theo Vennemann u.a.). Eine ganze Reihe der neueren Argumentationsweisen, nicht zuletzt die OT, waren hier schon angelegt. Darauf baut auch der von mir hier vertretene Ansatz auf: Grundsätzlich ist zu unterscheiden zwischen physiologisch-kognitiven Randbedingungen des Sprachverhaltens, die als natürlich angesprochen werden können (und also solche universal sind), und der sprachspezifischen Nutzung dieser Bedingungen – etwas Drittes kann es nicht geben. Artefakte wie Regelordnungen u. dgl. haben demgegenüber keinerlei theoretische Rechtfertigung.

Die sprachspezifische Nutzung ist mit einem spezifischen artikulatorischen Aufwand verbunden, der gegen die Trägheit des Artikulationsapparates steht – insofern setzt sich die universale Struktur der Phonetik / Phonologie mit den weniger monitorierten Sprechregistern durch, deren Analyse insofern seit Stampe (1973) zum festen Bestand der neueren phonologischen Argumentation gehört; umgekehrt ist die maximale sprachspezifische Ausgestaltung der phonetischen Ressourcen in einer Sprachgemeinschaft auch im kulturellen Ausbau der sprachstrukturellen Potentiale zu finden. Von daher gelten orthographische Regularitäten in einer Sprache als Indikatoren für „synchrone" phonologische Strukturen (so schon in SPE – damals explizit gegen die Ausgrenzung der Orthographie aus dem Gegenstandsbereich der Sprachbeschreibung im älteren Strukturalismus gerichtet). Erhalten geblieben ist von dem Ableitungskonzept früherer generativistischer Arbeiten heute vor allem noch die Unterscheidung von verschiedenen Ebenen der Sprachstruktur, zwischen denen eine kalkülartig rekonstruierbare Beziehung besteht, die im OT-Format als Ausgleich von Bewertungsmechanismen expliziert wird. Die systematischen Bedingungen der Artikulation müssen aus der prosodischen Struktur entwickelt werden und sind daher z.B. davon abhängig, ob die Prosodie durch einen Wortakzent definiert ist oder nicht, ob die Syllabierung ggf. im Raster verschiedener Silbentypen erfolgt, die die Polarisierung A ↔ R artikulieren (wie etwa im Deutschen), oder nicht.

Die systematische Struktur einer Sprache (die Architektur ihres Systems) definiert die erste Artikulation der lexikalischen Information der Sprache – zu unterscheiden von den Bedingungen der Äußerung in der Zeit (im Ablauf der Äußerungsproduktion). Die Architektur sprachlicher Systeme kann unterschiedlich komplex sein: Sprachen, die lexikalische Formen mit einer Stimmhaftigkeitsopposition im Konsonantismus unterscheiden, sind komplexer als solche ohne diese Opposition (wie z.B. das erwähnte Pitjantjatjara). Auf der syntagmatischen Eben bedeutet Stimmhaftigkeit eines Konsonanten aber etwas anderes, wenn sie im Rahmen der silbischen Kontur A

[194] Einflußreich wurde vor allem Stampes Dissertation von 1973, die bereits seit 1972 mit dem schönen Titel „How I spent my summer vacation" in Umlauf war.

↔ R im sonoren Reim vorkommt, als auf dem Gegenpol, im Anfangsrand. So ergeben sich widersprüchliche Spannungen, durch die die phonologischen Bedingungen *verletzbar* sind – wie es die OT systematisch expliziert.

Im Bereich des Vokalismus sind Nasalvokale komplexer als orale (s. 12.2. zur Markiertheit von Merkmalskomplexen) – insofern bilden sie auch in den Sprachen der Welt eine seltenere lexikalische Ressource zur Formendifferenzierung als orale Vokale (im Muster der sprachtypologischen Argumentation formuliert: Das Vorkommen nasaler Vokale in einer Sprache setzt orale voraus – aber nicht umgekehrt). Andererseits ist die segmentale Differenzierung immer mit einem Aufwand verbunden, der vermieden wird, wo er nicht der Kontrastmaximierung dient: Das führt nun gerade in Sprachen ohne segmentale Nasalvokale im Lexikon bei Abfolgen von Vokal und Nasal im Reim zur Nasalierung des Vokals (wie im Deutschen *Tank* [t^{h}ãŋk], während in Sprachen mit phonologischen Nasalvokalen dieser Kontrast systematisch kontrolliert wird (frz. *bon* [bõ] vs. *bonne* [bon]).

Vieles von dem, was manche Sprache exotisch erscheinen läßt, wird in einer solchen Betrachtungsweise verstehbar als sprachspezifische Lösung derartiger Konflikte zwischen einer gesetzten systematischen (lexikalisch genutzten) Struktur und universalen phonetisch-phonologischen Randbedingungen der Sprachproduktion, z.B. die vom Deutschen her exotisch erscheinende Pränasaliserung von Plosiven, wie sie im Griechischen den plosiven (= nicht frikativen) Charakter stimmhafter Konsonanten im Anlaut, und damit eine Maximalisierung des Kontrastes A ↔ R sicherstellt[195]).

Der Motor der jüngeren sprachwissenschaftlichen Arbeiten, für die die OT hier exemplarisch angeführt wird, ist der Versuch, die Vielfalt der sprachlichen Erscheinungen verstehbar zu machen: Sich nicht mit einer langweiligen schulmeisterlichen Subsumtion des Beobachtbaren unter verschiedene Schemata zu begnügen, die doch immer nur das schon längst Bekannte entdeckt, wo in den „Tiefenstrukturen" alle Sprachen alle gleich aussehen (wie die Kühe in der von Hegel spöttisch angeführten Nacht), sondern zu zeigen, daß die Besonderheit der (menschlichen) Sprachfähigkeit darin besteht, die erstaunliche Vielfalt der strukturellen Ausprägungen möglich zu machen. In diesem Sinne ist der Horizont von Sprachwissenschaft (und so auch von Phonologie) notwendig Sprachtypologie – als Fenster auf diese habe ich denn auch versucht, diese Einführung anzulegen.

---

195 Z.B. [^{m}bo'ro] μπορϖ „ich kann", [^{n}do'mata] ντοματα „Tomate".

13. Anhänge

13.1. Anhang I: Literaturhinweise

(Einführende Werke sind mit * markiert, systematische Werke, die sich besonders zur Vertiefung eignen, mit **)

Auer, P.: *Phonologie der Alltagssprache*, Berlin: de Gruyter 1990

Auer, P./S. Uhmann: Silben- und akzentzählende Sprachen, in: *Zeitschrift f. Sprachwissenschaft* 7/1988: 214-259

Bannert, R.: *Mittelbairische Phonologie auf akustischer und perzeptorischer Grundlage*, Lund: Gleerup 1976

Becker, Th.: *Das Vokalsystem der deutschen Standardsprache*, Frankfurt/M usw.: Lang 1998

**Bird, S.: Computational Phonology, A constraint based approach, Cambridge: Cambridge university press 1995

Browman, C.P./L. Goldstein: Articulatory phonetics, in: *Phonetica* 49/1992: 219 - 252.

N. Chomsky/M. Halle: *The sound pattern of English*, New York usw.: Harper & Row 1968

Cutler, A./D.R. Ladd (Hgg.): *Prosody: Models and Measurements*, Berlin usw. Springer 1983

Eisenberg, P.: Syllabische Struktur und Wortakzent, in: *Zeitschrift für Sprachwissenschaft 10*/1991: 37-64

Eisenberg, P. u. a. (Hgg.): *Silbenphonologie des Deutschen*, Tübingen: Narr 1992

Eisenberg, P.: Der Laut und die Lautstruktur des Wortes, in: G. Drosdowski u.a., *DUDEN – Grammatik der deutschen Gegenwartssprache*, Mannheim usw.: Bibliographisches Institut 1995: 21-55

*von Essen, O.: *Grundzüge der hochdeutschen Satzintonation*, Ratingen: Henn 1964

Fonagy, I.: *La vive voix. Essays de psycho-phonétique*, Paris: Payot 1983

Giegerich, H.: *Metrical phonology and phonological structure. German and English.* Cambridge University Press 1985

Goldsmith, J.A.: *Autosegmental and metrical phonology*, Oxford: Blackwell 1990

**Goldsmith, J.A. (Hg.): *Handbook of Phonology*, London: Blackwell 1995

*Hakkarainen, H.J.: *Phonetik des Deutschen*, München: Fink 1995

Halle, M./ J-R. Vergnaud: *An Essay on Stress*, Cambridge, Mass.: MIT-Press 1987

**Hayes, B.: *Metrical stress theory*, Chicago: Chicago Univ. Press 1995

Jespersen, O.: *Lehrbuch der Phonetik*, Leipzig: Teuber 1913 (zuerst dänisch 1887-1899)

*Kenstowicz, M.: *Phonology in Generative Grammar*, London: Blackwell 1994

*König, W.: *dtv-Atlas zur deutschen Sprache*, München: dtv 1978 (überarbeitete Neuauflage 1997)

König, W.: *Atlas zur Aussprache des Schriftdeutschen in der Bundesrepublik Deutschland,* 2 Bände, München: Hueber 1989

*Kohler, K.J.: *Einführung in die Phonetik des Deutschen*, 2. Aufl., Berlin: Schmidt 1995

Kohler, K.J.: Glottal stops and glottalization in German, in: *Phonetica 51* / 1994: 38-51.

Krech, E.M.: *Sprachwissenschaftlich-phonetische Untersuchungen des Glottisschlageinsatzes*. Basel: Karger 1968

Krech, E.M (u.a.): *Großes Wörterbuch der deutschen Aussprache.* Leipzig: Bibliographisches Institut 1982 (zuerst 1964)

**Küper, Chr.: *Sprache und Metrum*, Tübingen: Niemeyer 1988

*Ladefoged, P. / I. Maddieson: *Sounds of the World's Languages,* London: Blackwell 1995

Lauf, R., „Regional markiert“: Großräumliche Umgangssprachen im niederdeutschen Raum, in: *Niederdt. Jahrbuch 119* / 1996: 193 – 218

van Lessem Kloeke, W.: *Deutsche Phonologie und Morphologie*, Tübingen: Niemeyer 1982

*Lieberman, Ph./ Sh. E. Blumstein: *Speech physiology, speech perception and acoustic phonetics*, Cambridge: Cambridge Univ. Press 1988

Lindner, G.: *Der Sprechbewegungsablauf*, Berlin-DDR: Akademie 1975

Lindner, G.: *Hören und Verstehen*, Berlin-DDR: Akademie 1977

Löhken, S.: *Deutsche Wortprosodie*, Tübingen: Stauffenburg 1997

Maas, U.: *Gründzüge der deutschen Orthographie*, Tübingen: Niemeyer 1992

Maas, U./ D.Tophinke: Loser und fester Anschluß, in: FS H.Lüdtke (*Sprachwandel und Sprachgeschichte*), Tübingen: Narr 1993: 133 - 155

Mangold, M.: *Duden Aussprachewörterbuch. Wörterbuch der deutschen Standardaussprache.* Mannheim: Bibliographisches Institut 1974 (zuerst 1962)

*Machelett, K. / H.G. Tillmann: Das Lesen von Sonagrammen [Begleitdokument zum Lehrgang], [Internet:] http: // www.phonetik.uni-muenchen.de/SGL/SGLHome.html

McCarthy, J./ A.Prince: *Prosodic Morphology I*, New Brunswick, N.J.: Rutgers University [Technical Report 3] 1993

Meinhold, G.: *Deutsche Standardaussprache. Lautschwächung und Formstufen*, Jena: F. Schiller Universität 1973

Neef, M.: *Wortdesign*, Tübingen: Stauffenburg 1996

**Neppert, J.M.H.: *Elemente einer Akustischen Phonetik*, 4. Aufl., Hamburg: Buske 1999 (frühere Auflagen gemeinsam von J.M.H. Neppert und M. Peturson)

Pike, K.: *Phonemics: A Technique for Reducing Languages to Writing*, Ann Arbor: Univ. of Michigan 1947
*Pompino-Marschall, B.: *Einführung in die Phonetik*, Berlin: de Gruyter 1995
Prince, A. / P.Smolensky: *Optimality Theory*, New Brunswick, N.J.: Rutgers University [Technical Report 2] 1993
Ramers, K.H.: *Vokalquantität und -qualität im Deutschen*. Tübingen: Niemeyer 1988
*Ramers, K.H. / H. Vater: *Einführung in die Phonologie*, Hürth: Gabel 1992 ([4]1995)
Reis, M.: *Lauttheorie und Lautgeschichte. Untersuchungen am Beispiel der Dehnungs- und Kürzungsvorgänge im Deutschen*, München: Fink 1974
Selkirk, E.: The syllable, in: H.van der Hulst / N.Smith (Hgg.), *The structure of phonological representations*, Bd. II, Dordrecht: Foris 1981: 336 - 383
Selkirk, E.: *Phonology and Syntax. The relation between Sound and Structure*, Cambridge/Mass: MIT Press 1984
Siebs, T.: *Deutsche Aussprache* (Hg. von H. de Boer). Berlin: de Gruyter [19]1969
Sievers, E.: *Grundzüge der Lautphysiologie zur Einführung in das Studium der Lautlehre der indogermanischen Sprachen*, Leipzig 1876, 5. Auflage 1901 (Nachdruck der Hildesheim: Olms)
Stampe, D.: *A Dissertation on Natural Phonology*, Ph.D. Thesis University Chicago 1973 (Nachdruck: New York: Garland 1979
Stetson, R.H.: *Motor phonetics*, Amsterdam: North Holland 1951
Trubetzkoy, N.S.: *Grundzüge der Phonologie*, Prag 1939 (Nachdruck: Göttingen: Vandenhoeck&Ruprecht 1958ff)
Vater, H. (Hg.): *Phonologische Probleme des Deutschen*, Tübingen: Narr 1979
Vennemann, T. (Hg.): *Silben, Segmente, Akzente*. Tübingen: Niemeyer 1982
Vennemann, T.: *Preference Laws for syllable structure and the explanation of sound change*, Berlin: Mouton 1988
Vennemann, T.: Syllable structure cut prosodies in Modern Standard German, in: P.M. Bertinetto u.a. (Hgg.): *Certamen phonologicum II*, Turin: Rosenberg u. Cellier 1991: 211-243
*Wängler, H.-H.: *Grundriß einer Phonetik des Deutschen*, Marburg: Elwert 3. Aufl. 1974
Wängler, H.-H.: *Atlas deutscher Sprachlaute*, Berlin-DDR: Akademie 1976
Wiese, R.: *Silbische und lexikalische Phonologie*. Tübingen: Niemeyer 1988
**Wiese, R.: *The Phonology of German*, Oxford: Oxford Univ. Press 1995
Wurzel, W.U.: *Studien zur deutschen Lautstruktur*. Berlin: Akademie 1970

13.2. Anhang II: Zur akustischen Analyse

Im folgenden gebe ich einige Beispiele für akustische Analyseverfahren. Die Abbildungen sind in vier untereinanderliegende Felder gegliedert, die ich im folgenden A, B, C und D nenne. In Feld A und C werden jeweils Oszillogramme gezeigt, bei denen die Kurvenausschläge (y-Achse) die zum jeweiligen Zeitpunkt (Zeitverlauf auf der x-Achse) vorhandene Energie im Signal darstellen: Maximaler Ausschlag = Vokale, kein Ausschlag (Mittellinie) = Pause beziehungsweise vollständiger Verschluß. Das zweite und das vierte Feld zeigen Sonagramme, die mit den jeweils darüberstehenden Oszillogrammen synchronisiert sind.

Sonagramme sind Darstellungen der Lautspektrographie, die ein Signal gewissermaßen dreidimensional repräsentieren:

- auf der x-Achse der Abbildungen in der zeitlichen Dauer wie bei den Oszillogrammen (bei dem ersten Beispiel also ein Signal mit der Dauer von 0,398 Sek. beziehungsweise 398 Millisek.),
- auf der y-Achse eine Frequenzanalyse, bei dem ersten Beispiel in einem Bereich von 0-4023 Hertz (1 Hz = 1 Zyklus/Sek. s.o. Kap. 1), im zweiten Beispiel im Bereich von 0-8046 Hz,
- eine dritte Dimension wird durch die Graustufen der Schwärzung repräsentiert (auf dem Bildschirm je nach Gerät auch durch eine Farbskala): Je stärker diese ist, desto mehr Energie ist in diesem Spektralbereich zum jeweiligen Zeitpunkt vorhanden (meßbar in Decibel).

In Hinblick auf das im Text besprochene Problem der Dauer der Segmente sollten diese Sonagramme ohne Problem "lesbar" sein: A und B beziehungsweise C und D der folgenden Abbildungen zeigen jeweils das gleiche Signal. Die beiden Signale A/B und C/D sind jeweils so übereinandermontiert, daß die spezifisch interessierenden Segmente übereinanderstehen und in ihrer Dauer unmittelbar verglichen werden können. Eine weitergehende Interpretation dieser Sonagramme kann hier nur angedeutet werden.

Sie zeigen den Unterschied zwischen einem Geräuschspektrum, etwa von Reibelauten, und einem periodischen Klang: der letztere hat balkenförmige Schwärzungen im Frequenzbereich, die als Vielfache der Grundfrequenz (sogenannte "Obertöne") vorgegeben sind, sogenannte "Formanten" (vgl. auch die regelmäßigen Rippenmuster im Oszillogramm mit der unregelmäßigen Kurve bei den Geräuschlauten). Die Lage dieser Formanten charakterisiert die Vokale (wobei in der Regel die ersten beiden Formanten - oberhalb der Grundfrequenz F_0 - für die Charakterisierung ausreichen, im Schema F_1

F_2). Im Deutschen liegen F_1 / F_2 für /a/ etwa bei 800/1300; für /i/ bei 300/2200; für /y/ bei 300/1700; für /o/ bei 300/700 usw. Schematisch sieht das so aus:

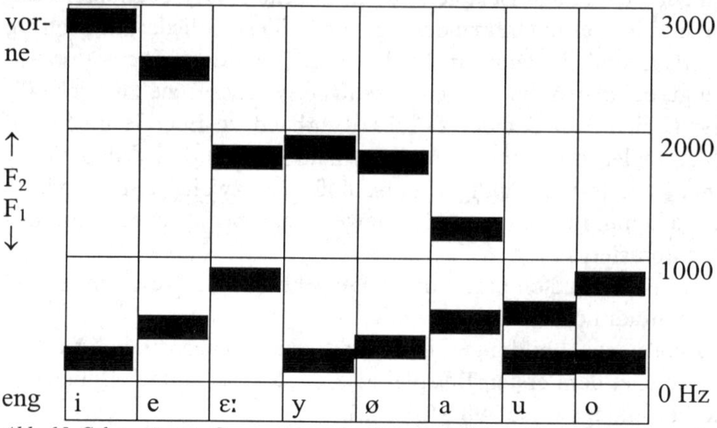

Abb. 15: Schematisierte Sonagramme der deutschen Vokale [iː eː ɛː aː oː uː yː øː] (nach Hakkarainen 1995: 43)

Sie zeigen, warum in akustisch orientierten Darstellungen Merkmale wie *kompakt* (*a*), *diffus* (*i*), *gesenkt* (*u*) und dergleichen. verwendet werden, vgl. auch den abgesenkten F_2 bei /*y*/ gegenüber /*i*/ (vgl. mit /*u*/).

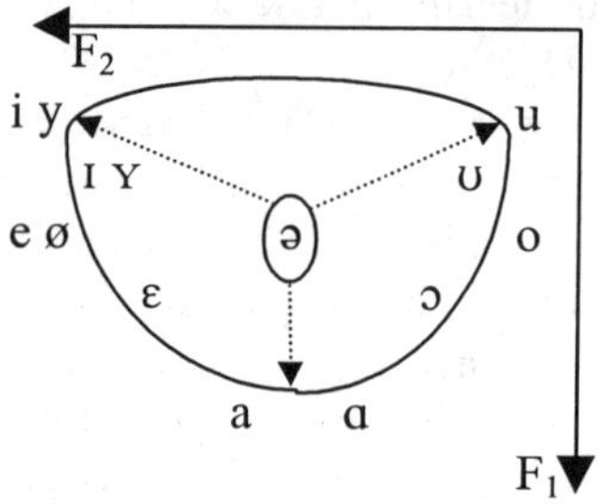

Alle neueren Phonetikdarstellungen enthalten zum Teil ausführliche Einführungen in die Lautspektrographie, meist auch zu deren technischer Seite (die Techniken der Filterung des Spektrums, durch die verschiedenen Frequenzzonen isoliert werden, fungieren im Prinzip nicht anders als eine Batterie von Stimmgabeln, die in den verschiedenen Tonhöhen ansprechen, deren Bewegung graphisch übertragen wird - der Einsatz von elektronischen Rechnern hat auch diese Meßverfahren revolutioniert: so einfach die Geräte neuerdings zu handhaben sind, umso mehr verlangen sie aber, sich der Prämissen zu vergewissern, unter denen die Messungen vorgenommen werden, beziehungsweise die Einstellungen zu wählen sind.

Eine ausgezeichnete Darstellung, die den spektrographisch sichtbar gemachten Befund einer akustischen Analyse auf andere phonetische Befunde abbildet und so auch als systematisches Nachschlagewerk zu nutzen ist, ist Ladefoged / Maddieson. Eine Einführung mit Illustrationen aus dem Deutschen zur Interpretation der Sonagramme (vokalische Spektren gegenüber konsonantischen, bei den Verschlüssen auch zu den Spuren der Koartikulation von Vokal und Konsonant in den "Formantenübergängen" und dergl.) ist als Dokument zu einem entsprechenden Lehrgang am Institut für Phonetik der Universität München im Internet zugänglich, s. Machelett / Tillmann 1996.

13.2.1. Konsonantische Dauer (Geminaten)

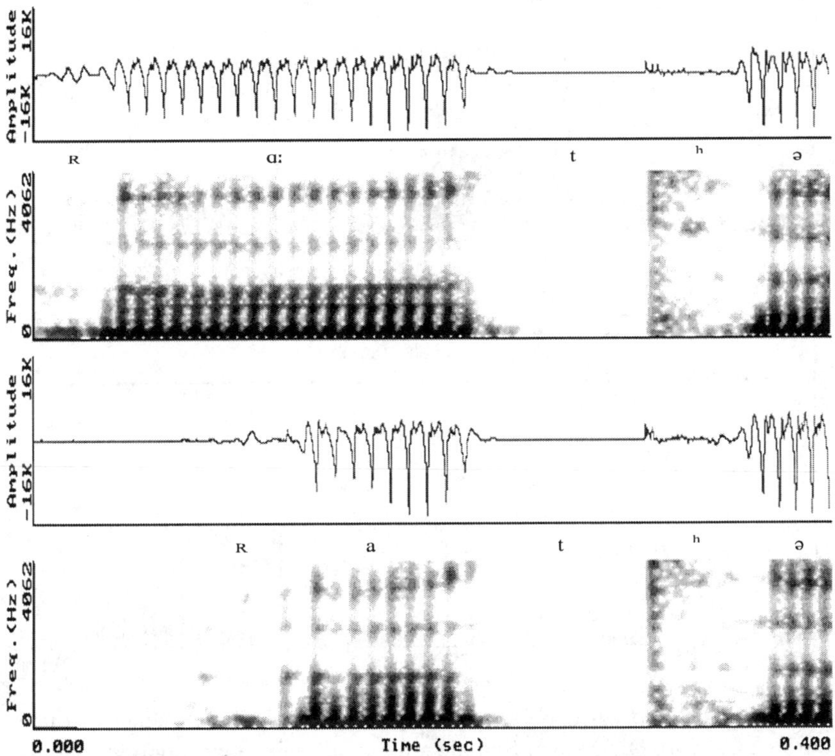

Deutsch *Ratte* versus *Rate*

Oszillogramm wie Sonagramm zeigen deutlich, daß der Kontrast nicht auf der konsonantischen Dauer beruht, die bei A/C und C/D nahezu gleich ist.

Demgegenüber ist die vokalische Dauer in der betonten Silbe erheblich verschieden.

Zum Vergleich mit dem Deutschen zwei finnische Beispiele, hier *Katto* „Dach“. Das Finnische hat eine Quantitätenharmonie: Vor einer folgenden geschlossenen Silbe „verschwindet“ die geminierende konsonantische Schließung der vorhergehenden Silbe.

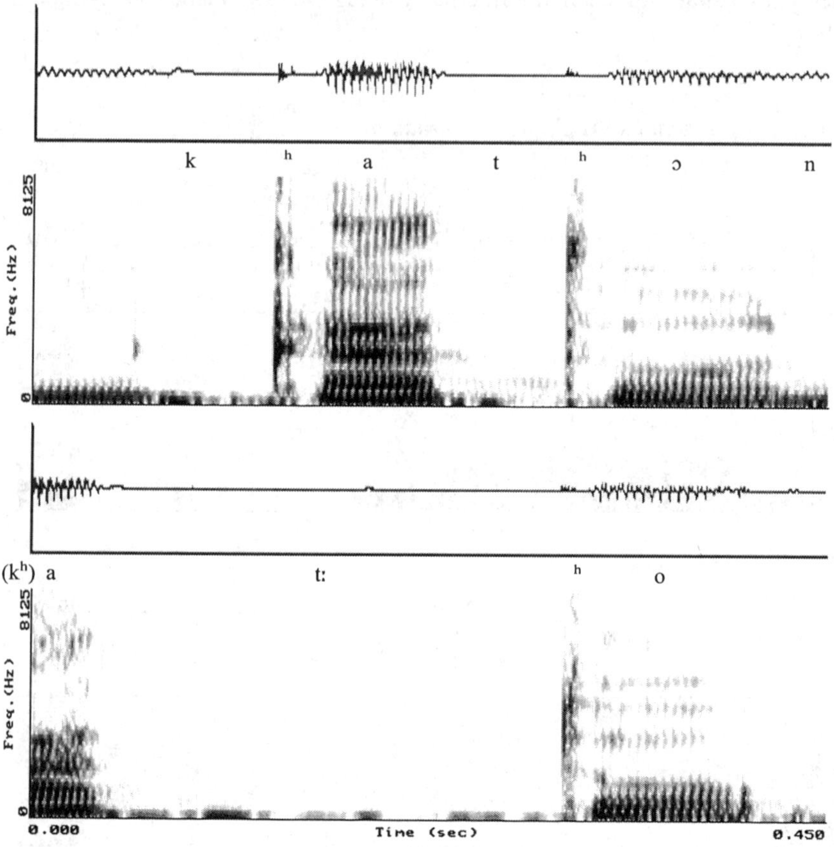

Hier findet sich also vor der Kasusendung *-n* nur noch ein einfacher medialer Konsonant *Katon.* Die beiden Signale sind so übereinander montiert, daß die Verschlußlösungen korrespondieren. Dadurch ist der Quantitätenkontrast bei der Verschlußhaltung unmittelbar abzulesen.

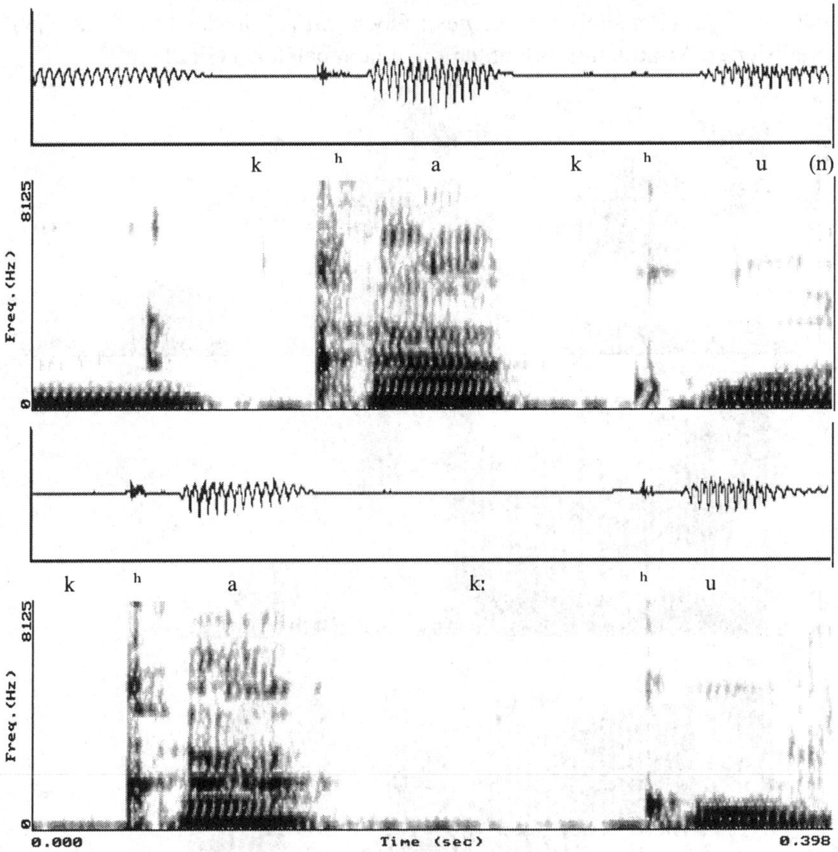

Finnisch *Kakku/Kakun* „Kuchen“, entsprechend dem vorherigen Beispiel, hier mit einem velaren Verschluß.

13.2.2. „Hiat-Tilgung“

Beispiele für unterschiedliche Möglichkeiten zur Stabilisierung des Anfangsrandes im Hiat (Beispielwort *Theater*): Oben mit [ʔ], in der Mitte mit einer glottalisierten Artikulation [a̰], unten mit einem palatalen Gleitlaut [j].

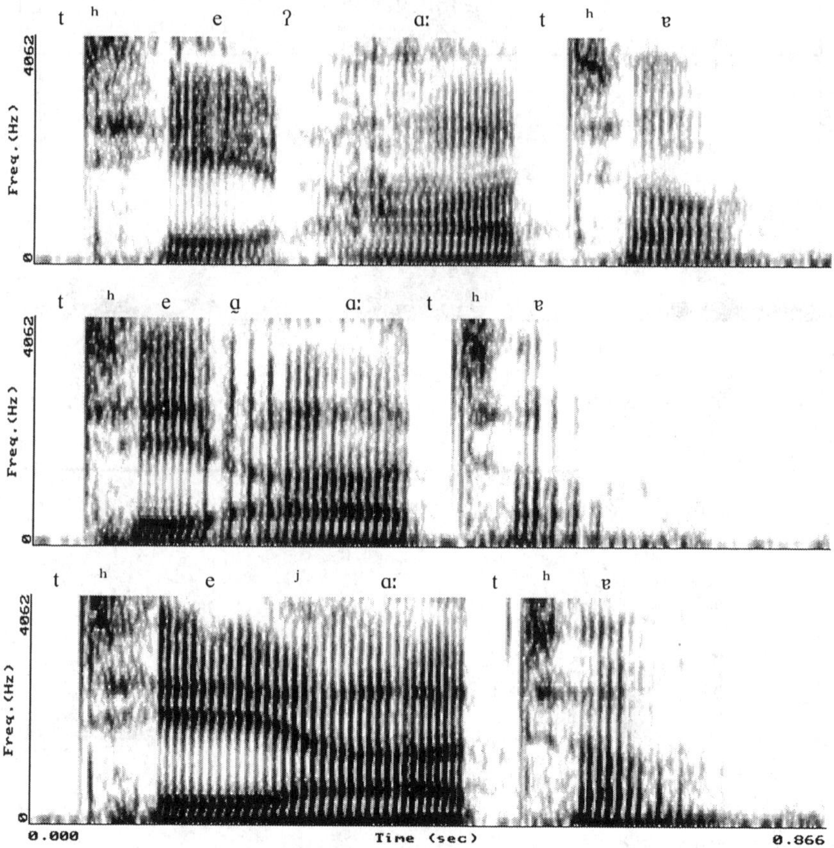

13.3. Anhang III: Lösungen (Vorschläge) zu den Übungsaufgaben

Lösung der Übungsaufgaben zu Kapitel 3:

1) **[b]** a) Verschluß des Artikulationskanals durch die *Lippen*, *Stimmbänder* durch den Druck des Luftstroms periodisch geöffnet (vibrierend), weitere Artikulatoren ohne Bedeutung;

b) Unterbrechung der Lautierung, gegebenenfalls bei Wiedereinsetzen der Lautierung sonores Geräusch (mit „[b]-Färbung").

[z] a) Engebildung im Mundraum durch die Zunge (Zungerand, koronal, oder Zungenspitze, apikal) an dem hinteren Zahnfleisch (Alveolen), eventuell (regional) auch an den Zähnen), *Stimmbänder geschlossen* , durch den Druck des Luftstroms periodisch geöffnet (vibrierend), weitere Artikulatoren ohne Bedeutung;

b) unperiodisches Geräusch, aber mit periodischen Anteilen („Stimme"), relativ hell („[z]-Färbung")

[o] a) offener oraler Resonanzraum mit großer vorderer Kammer und kleiner hinterer, gebildet durch eine zurückgezogene Zungenmasse (velare Position); Zunge auf mittlerer Höhe der Engbildung, Lippen vorgestülpt (gerundet)

b) Dauerlaut (Klang), relativ dunkel („[o]-Färbung")

[y] **a)** offener oraler Resonanzraum mit kleiner vorderer Kammer und großer hinterer, gebildet durch eine nach vorne gezogene Zungenmasse (palatale Position); Engbildung der Zunge, Lippen vorgestülpt (gerundet)

b) Dauerlaut (Klang), relativ hell („[y]-Färbung")

[ʔ] **a)** Verschluß des Artikulationskanals, Verschluß durch die Stimmlippen (Glottis), weitere Artikulatoren ohne Bedeutung;

b) Unterbrechung der Lautierung, gegebenenfalls bei Wiedereinsetzen der Lautierung Geräusch oder Klang entsprechend dem Folgelaut (im Deutschen meist des Volgevokals).

2) a) *Apfel* [ˈʔap.fəl]

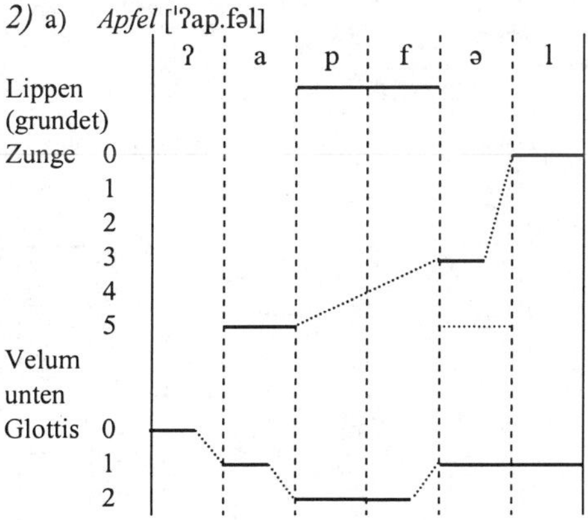

b) *Avocado* [ʔa.vo.ˈkɑː.do]

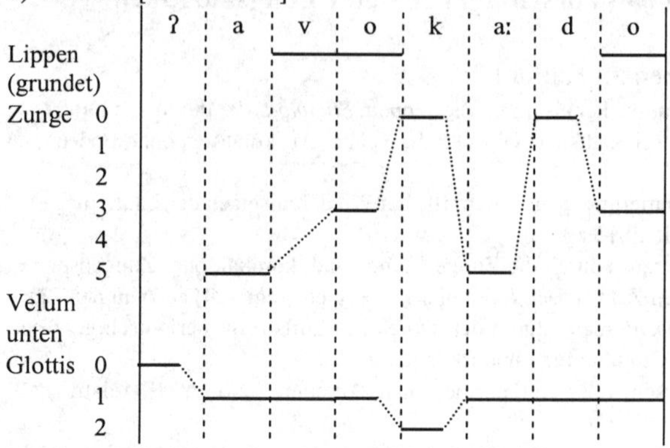

c) *Steilpaß* [ˈʃtaɪl.ˌpʰas]

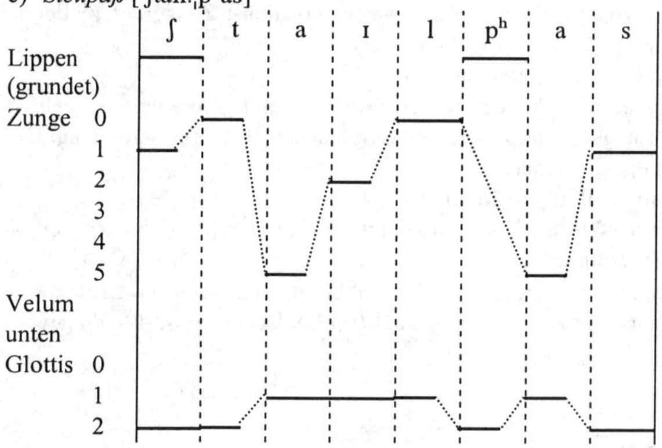

d) *Opa backt Kuchen* [ˈʔoː.pa ˈbakt ˈkʰuː.xən]

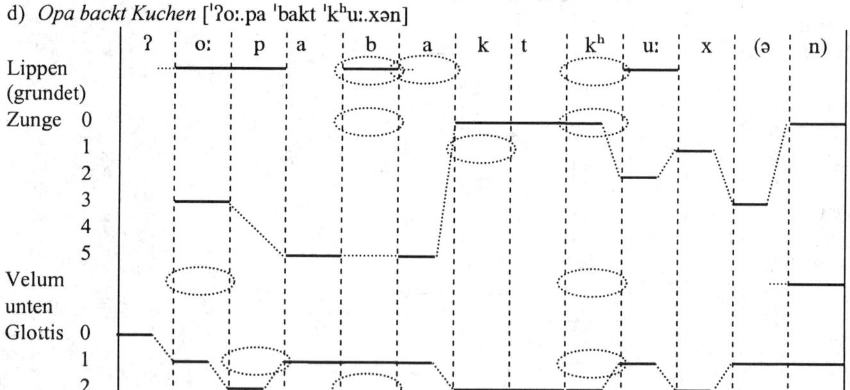

e) Unterschiede im Vergleich zu *Oma kocht Mus* sind durch Umkreisung gekennzeichnet.

3) In einer zweiten Zeile sind gegebenenfalls als Varianten unterschiedlich weit gehende „r-Vokalisierungen" notiert (weniger besonders in Süddeutschland, mehr in Norddeutschland).

Bevor	*wir*	*nach*	*und*	*nach*	*zu*	*unseren*	*Einsatz*	*orten*	*gefahren*
bə.ˈfoɐ	vɪɐ	ˈnɑːx	ʊnt	ˈnɑːx	tsʊ	ˈʔʊn.zə.ʁən	ˈʔaɪn.zats.	ˈʔɔʁ.tən	gə.ˈfɑː.ʁən
bə.ˈfɔʁ	viɐ							ˈʔɔɐ.tən	

werden	*sollen,*	*müssen*	*wir*	*in*	*einer*	*angrenzenden*
ˈveɐ.dən	ˈzɔ.lən	ˈmʏ.sən	vɪɐ	ʔɪn	ʔaɪnɐ	ˈʔan.gʁɛn.tsən.dən
ˈvɛʁ.dən			viɐ		ʔaɪnɐʁ	

Zwei-Zimmer-Wohnung	*warten,*	*die*	*als*	*Aufenthaltsraum*	*dient*	*und*	*mit*
ˌtsvaɪ..ˈtsɪ.mɐ.ˈvoː.nʊŋ	ˈvaʁ.tən	diː	ˈals	ˈʔaʊf.ʔɛnt.halts.ˈʁaʊm	ˈdiːnt	ʊnt	mɪt
	ˈvɑː.tən	dɪ	ˈʔals	ˈaʊf.ənt.halts.ˈʁaʊm			

herabhängenden	*Tapeten,*	*schmierigen*	*Fenstern*	*und*	*ohne*	*Toilette*	*auf*
hɛ.ˈʁap.hɛ.ŋən.dən	ta.ˈpeː.tən	ˈʃmiː.ʁɪ.gən	ˈfɛns.tɐʁn	ʊnt	ʔoː.nə	toa.ˈlɛ.tə	ʔaʊf
			ˈfɛns.tɐn				

ihre	*Art*	*signalisiert,*	*welchen*	*"Status"*	*wir*	*hier*	*einnehmen.*
ʔiː.ʁə	ˈʔaʁt	ˌzɪk.na.lɪˈziɐt	ˈvɛl.çən	ˈʃtɑː.tʊs	viɐ	hiɐ	ˈʔaɪn.neː.mən
							ˈʔaɪ.neː.mən

4) Bei der Glottis müßten vier Positionen differenziert werden: 0 = Verschluß, 1 = Ruhelage (nur passiv bewegt wie bei der Stimmlippenvibration), 2 = wie 1, aber steife Position, in der die Simmlippen nicht vibrieren (wie bei stimmlosen Konsonanten), 3 = Spreizung mit maximaler Aspiration: so bei der Verschlußlösung von Fortiskonsonanten, z.B. [kʰ] und auch ohne konsonantischen Verschluß wie bei [h].

a)

b)

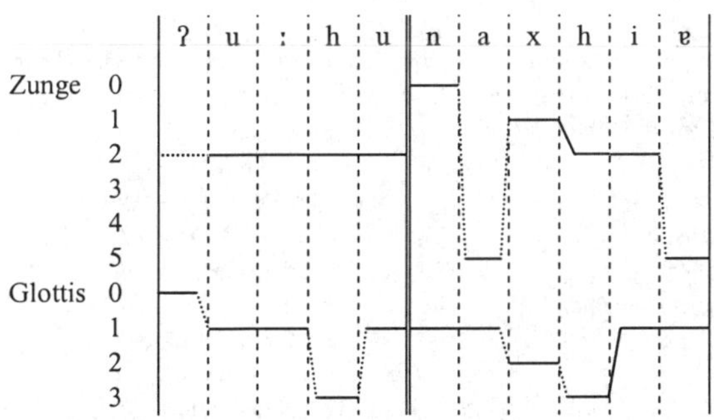

Lösung der Übungsaufgaben zu Kapitel 4:

1) Vor allem bei den freien Versstrukturen sind auch andere Sprechweisen möglich. Falls Sie einen anderen Vorschlag haben, probieren Sie einmal den hier gegebenen aus!

a) Dreifüßig, Trochäen, die ersten beiden immer katalektisch.

x - / x - / x - /
Ene mene mintzen,
x / x / x - /
wer backt Plinzen?
x / x / x - /
Wer backt Kuchen,
x / x / x - /
der muß suchen.

b) Dreifüßige Verse: zwei Trochäen, gefolgt von einem Daktylus.

x - / x - / x - - /
Pitsche patsche Küchelchen,
x - / x - / x - - /
mir und dir ein Krügelchen,
x - / x - / x - - /
mir und dir ein Tellerchen,
x - / x - / x - - /
sind wir zwei Gesellerchen.

c) Freies Metrum: keine regelmäßigen Füße; im ersten und im vierten Vers drei Takte (Hebungen), sonst zwei.

- x - / x - / x - - /
Grüß Gott, grüß Gott, was wollen Sie?
x - - / x - /
Zucker und Kaffee.
- x - - - / x - - /
Da haben Sie's, da haben Sie's.
- x / - x / - x /
Adje, adje, adje.
- x - - - / x - - /
So warten'S doch, so warten'S doch,
- x - - - / x /
Sie kriegen noch was raus!
- x - - - / x - - /
Behalten Sie's, behalten Sie's,
- x - - - / x /
wir müssen jetzt nachhaus.

d) Freies Versmaß; Alternativen zu dem hier vorgeschlagenen zweihebigen Vers sind denkbar!

x - - - / x - - - /
Pfannenflicken, Pfannenflicken
- - x - / x /
ist die schönste Kunst.
- x - - - / x - - /
die rechte Hand, die linke Hand,
- x - - - / x - - /
die geb ich dir als Unterpfand.
- x - - - / x - - /
da hast du sie, da nimmst du sie,
- x - - - / x /
da hast' sie allesamt.

e) Freies Metrum, aber wie hier vorgeschlagen eventuell mit fester Abfolge von dreihebigen und zweihebigen Versen.

x - / x - / x - /
Knusper, knusper, knäuschen,
- x - - / x - / x - /
wer knuspert an meinem Häuschen?
- x - / x /
Der Wind, der Wind,
- x - - / x /
das himmlische Kind.

f) Dreihebige Verse mit freiem Metrum.

x / x / x /
Eins zwei drei,
x - / x - / x /
backe backe bei,
x - / x - / x - - /
bicke backe Pfannenstiel,
x - / x - - - / x /
sitzt a Manderl auf der Mühl,
- - x - / x - / x /
hat a staubigs Hüterl auf,
- - - x - / x - / x /
mit ana großen Federn drauf.

g) Festes trochäisches Metrum, mit einer Steigerung von 2 - 3 - 4 Metren, dabei die letzten katalektisch gesprochen.

x -/ x -/
Itzen ditzen,
x -/ x -/
Silberschnitzen,
x -/ x -/ x /
itzen ditzen daus
x / x / x / x /
und du bist draus!

h) Trochäisches Metrum: zwei Füße bis zur Steigerung zu drei im letzten Vers (schneller gesprochen und katalektisch)

x -/ x -/
Schickle scheckle,
x -/ x -/
Bohnensteckle,
x -/ x -/
Schnellebelle,
x -/x -/
Trillebille,
x -/ x -/ x /
Gnuppe, Knolle, Knopf.

2) Fendrichs Dialektversion[196]:
[ˈvḁrˈ.a̰ɪŋ.ˈfla.mn̩.dɛ̈s.ɪ̰ŋˈfɛɐ.nɔ.ˈʃaʊp.ma.nɪ.mɐ.ˈv̥i.dɐ.ˈgɛɐ.nɔ], wobei [...ˈfɛɐ.nɔ] und [....ˈgɛɐ.nɔ] trochäische und reimende Versausgänge bilden.
Hochsprachlich: [ˈvaɪl ʔaɪn ˈfla.mn̩.dəs ʔɪnˈfɛʁ.no ˈʃaʊt man ˈʔɪ.mɐ ˈviː.dɐ ˈgɛʁn ˈan]

3) Die folgenden Muster sind oft nur Vorschläge: Die Sätze müssen nicht, können aber so gesprochen werden! Wenn Sie sie anders notiert haben, versuchen Sie zunächst die hier vorgeschlagene Notierung zu sprechen!
Bei e) und f) sollen die Kontraste markiert werden (das jeweils hervorgehobene Segment ist unterstrichen)

a) H ˈx
T - -
es regnet

b) H ˈx
T - -
benimm dich!

c) H ˈx↓
T -
du siehst's

d) H -↑
T ˈx -
regnet es?

e) H ˈx ... ˈx
T - - - - - ... - - - - -
<u>ver</u>laß dich nicht darauf ... *verlaß dich nicht <u>da</u>rauf*

f) H ˈx
M -
T - - - - - -
du kannst <u>kommen,</u> wenn du Lust hast

---

[196] Zu den sprechsprachlichen Assimilationen und bairischen Dialektzügen, s. Kap. 11.

H							ˈx	
M	-		-	-	-	-		
T		-						-
	du	*kannst*	*kom*	*men,*	*wenn*	*du*	*<u>Lust</u>*	*hast*

4) Die (weite) Transkription ist in beiden Fällen gleich: [ˈkaɪ nə ˈtats]. Die metrische Struktur unterscheidet sich:

„Kai,	ʼne taz!!“,	„Keine	taz“.
[ˈkaɪ	nə ˈtats]	[ˈkaɪnə	ˈtats].
[x ∧]	[< - > x ∧]	[x -]	[x ∧]

Eine „engere“ phonetische Transkription wird bei dem katalektischen [ˈkaɪ] auch eine (relative) Dehnung der Vokale feststellen: [ˈkaˑɪ].

Lösung der Übungsaufgaben zu Kapitel 5:

1) a) *Oberlehrer*

a) *Oberlehrer*	[ˈʔoː.	bɐ.	ˈleː.	ʀɐ]
W1 „Supertrochäus“	x			
W2 Trochäen	x		x	
S1 betonbare Silben	x	x	x	
S2 alle Siben	x	x	x	x

b) *rosarot* (kopulativ)	[ˈʀoː.	za.	ˈʀoːt]
W1 „Supertrochäus“	*kein Supertrochäus*		
W2 Trochäen	x		x
S1 betonbare Silben	x	x	x
S2 alle Siben	x	x	x

c) *Hemdhose* (kopulativ)	[ˈhɛmtʰ.	ˈhoː.	zə]
W1 „Supertrochäus“	*kein Supertrochäus*		
W2 Trochäen	x	x	
S1 betonbare Silben	x	x	
S2 alle Siben	x	x	x

2)

Gustav liebt nur seinen <u>Dackel</u>.	[ˈgʊs.	taf.	ˌliːpt.	ˌnuɐ.	ˌzaɪ.	nn̩.	ˈda.	kl̩]
A1 Fokus							x	
A2 Thema / Rhema	x						x	
B Worte	x		x	x	x		x	
C1 betonbare Silben	x	x	x	x	x		x	
C2 alle Silben	x	x	x	x	x	x	x	x

3) Bei Ellipsen sollte sowohl das bewahrte wie das weggelassene Segment Fußcharakter haben, mindestens einen degenerierten Fuß bilden.

a) *Haus- und Gartentüren.* [ˈhaʊs.ʔʊnt.ˈgaʁ.tn̩.ˈtyː.ʁn̩], elliptisch aus *Haustüren und Gartentüren* [ˈhaʊs.ˈtyː.ʁn̩.ʔʊnt.ˈgaʁ.tn̩.ˈtyː.ʁn̩], metrisch gilt:

- [ˈhaʊs] ein degenerierter Trochäus [x < - >]
- [.ˈtyː.ʁn̩] ein Trochäus [x -]

b) *Schwarzweiß- und rotgescheckte Kühe.* [ˌʃvaʁts.ˈvaɪs.ʔʊnt.ˈbʊnt.gə.ˈʃɛk.tə.ˈkyː.ə][197] elliptisch aus *schwarzweißgescheckte und rotgescheckte Kühe* [ˌʃvaʁts.ˈvaɪs.gə.ˈʃɛk.tə.ʔʊnt.ˈbʊnt.gə.ˈʃɛk.tə], metrisch gilt:

- [ˌʃvaʁts.ˈvaɪs] besteht aus zwei (degenerierten) Füßen;

[197] Zur Akzentverlagerung bei derartigen komplexen Wortbildungen s. etwa Wiese 1996: 296ff.

- [gə.ˈʃɛk.tə] aus einem Trochäus mit Auftakt [(-) x -]

c) *Gold- und silberne Medaillen.* [ˈgɔlt.ʔʊnt.ˈzɪl.bɐ.nə.me.ˈdal.ɹn̩]. Diese Bildung ist tatsächlich eine der seltenen Ausnahmen: Elliptisch eingespart wird die „Senkung" im ersten Trochäus der vollen Form: [ˈgɔl.dnə] – wobei der Bildung aber vermutlich eher der Parallelismus von zwei Daktylen zugrundezulegen ist: [ˈgɔl.də.nə] wie [ˈzɪl.bɐ.nə].

4) *Damendoppelfehler* [ˈˈdɑː.mn̩.ˈdɔ.pl̩.ˌfeː.lɐ] im Unterschied zu einem Doppelfehler bei den Herren, also mit einem kontrastiven Akzent.

```
x
x           x
x     x     x
x   x x  x  x  x
```

[ˈˈdaː.mn̩.ˈdɔ.pl̩.ˌfeː.lɐ]

5) [tsʊ.ˈza.m̩.gə.ˌʃʁiː.bm̩] ist offensichtlich eine sprachliche Fehlleistung (etwas zusammenschreiben so wie *zusammenschustern, zusammenstreichen* o.ä. also herabsetzend) für (expliziter) [tsʊ.ˌza.mən.ge.ˈʃʁiː.bən] *(sie haben es) zusammen geschrieben.*

Lösung der Übungsaufgaben zu Kapitel 6:

1) In den folgenden Lösungen ist die Reduktionssilbe im Sinne der Explizitformen mit [ə] notiert.

a) Knast k n a s t

b) Ei ʔ a ɪ

c) Kugel ˈk u ː . g ə l

d) Honig ˈh o ː . n ɪ ç

e) Sprache ˈʃ p ʁ a ː . x ə

f) Matrose m a . ˈt ʁ o ː . z ə

g) Dinosaurier d i . n o . ˈz a ʊ . ʁ ɪ . j ɐ

2) Bei den folgenden Transkriptionen ist die Reduktionssilbe alternativ mit einem silbischen Konsonanten oder mit einem Schwa notiert [Schwalaute ([ə ɐ]) erhalten den Wert 2].

a)	ˈb	r	ɑ	ʊ	n
	10	6	2	5	7
b)	ˈt	i	ː.	g	ɐ
	11	4	4	10	2
c)	ˈʃ	t	ʁ	ɪ	k
	9	11	6	5	11

d) ˈʔ ɑ ʊ. t o
12 2 5 11 2
< > <

e) ʃ l a. ˈm a. s ə l
9 6 2 7 2 9 2 6 oder:
> < < < >

ʃ l a. ˈm a. s l̩
9 6 2 7 2 9 6
> < < <

f) ˈg a n s
10 2 7 9
< >

g) ˈg a n t s
10 2 7 11 9
< > <

h) ˈv ʁ a k
8 6 2 11
< >

i) ˈd ʊ. s l̩
10 5 9 6
< <

j) ˈʔ ɑ ɪ. z n̩. ˌb ɑ ː n
12 2 5 8 7 10 2 2 7
< > < < >

k) ç tʰ o ː. n ɪ ʃ
9 11 3 3 7 5 9
> < < >

l) ˈʃ ɪ f. f ɑ ː ɐ t
9 5 9 9 2 2 2 11 oder:
< > < >

ˈʃ ɪ. f ɑ ː t
9 5 9 2 2 11
< < >

m) f ɐ. b ə. ˈʔ a m. t n̩
11 2 10 2 12 2 7 11 7
< < < > >

n) b ə. ʔ ɔ ʏ. g n̩
10 2 12 3 5 10 7
< < > <

Lösung der Übungsaufgaben zu Kapitel 7:

1) a) *Kritik* [kʁiˈtɪk]; b) *Büro* [byˈʁoː]; c) *Kurier* [kuˈʁiɐ];
d) *Kristall* [kʁɪsˈtal]; e) *Hypnose* [hʏpˈnoːzə]; f) *Burgund* [bʊʁˈgʊnt];
g) *lebendig* [leˈbɛndɪç] oder [leˈbɛndɪk]; h) *Ödem* [ʔøˈdeːm];
i) *Komitee* [komiˈteː]; j) *Hermelin* [hɛʁməˈliːn]; k) *Östrogen* [ʔœstʁoˈgeːn];
l) *Konsole* [kɔnˈzoːlə]; m) *fatal* [faˈtɑːl]

2) a) S ˈS °S [pa.ˈlɑː.vɐ] *Palaver,* b) S S ˈS S °S [ʔa.ka.ˈdeː.mi.kɐ] *Akademiker,* c) S ˈS °S [tʁi.ʔa.ŋl̩] *Triangel,* d) S S S ˈS [fi.lo.zo.ˈfiː] *Philosophie,*
e) S S S S ˈS [bi.bli.ʲo.te.ˈkɑː(ʁ)] *Bibliothekar,* f) S ˈS S [to.ˈbi.ʲas] *Tobias,* g) S S ˈS °S [di.ʲa.ˈgnoː.zə] oder [di.ʲak.ˈnoː.zə] *Diagnose.*

3) a) S S S ˈS [ʔa.de.a.ˈtseː] *ADAC* b) S ˈS S [ʔu.ˈnɛs.ko] *UNESCO* c) ˈS S S [ˈpeː.ka.ve] *PKW* d) S S ˈS [ʔu.ka.ˈveː] *UKW* e) ˈS S [ˈʔa.bi] *Abi*
f) S ˈS S [ʔa.ˈtsuː.bi] *Azubi* oder ˈS S S [ˈʔɑː.tsu.bi] *Azubi*

4) *Muttis* [ˈmʊtis], vgl. den Singular *Mutti* [ˈmʊti], *Moskitos* [mɔsˈkiːtos], vgl. den Singular [mɔsˈkiːto], *Epos* [ˈʔɛpɔs], *Heros* [ˈheːʀɔs], *Verzeichnis* [fɐˈtsaɪçnɪs], *Akropolis* [(ʔ)aˈkʁoːpolɪs], *Lassos* [ˈlasos], vgl. den Singular [ˈlaso], *Iltis* [ˈʔɪltɪs], *Nazis* [ˈnɑːtsis],vgl. den Singular [ˈnɑːtsi], *Adonis* [(ʔ)aˈdoːnɪs].

5) Für das Bestehen einer phonologischen Opposition ist zu prüfen, ob die registrierten lautlichen Unterschiede in der gleichen Umgebung (in der gleichen *Nute*) kontrastieren. Das ist hier nicht der Fall, sondern es liegt in diesen Varietäten des Deutschen eine besondere Art der Neutralisierung der Kontraste gespannt / ungespannt vor: In der unmarkierten Silbe mit einem verzweigenden Reim ist bei einem sonoren Endrand nur der gespannte Vokal zu finden: Es gibt keine Formen auf *[...fɔn] [...fɪm], [...bʊl] und dergleichen.

Lösung der Übungsaufgaben zu Kapitel 8:

1.1 a) *bieten* [ˈbiːtn̩] b) *rote* [ˈʀoːtə]
c) *Kartoffel* [ka(ʁ)ˈtɔfl̩] d) *Forelle* [foˈʀɛlə]
e) *bunte* [ˈbʊntə] f) *Mitte* [ˈmɪtə]
g) *Stühle* [ˈStyː.lə] h) *Tomate* [to.ˈmɑː.tə]
i) *Köche* [ˈkœçə] j) *Rösti* [ˈʀœstɪ]
k) *Ratten* [ˈʀatn̩] l) *Küche* [ˈkʏçə]
m) *Gäste* [ˈgɛstə] n) *Ähren* [ˈʔɛːʁn̩]
o) *Beeren* [ˈbeːʁn̩] oder auch [ˈʔeːʁn̩]

1.2 a) *Stein* [ˈʃtain] b) *bauen* [ˈbaʊn̩]
c) *Kairo* [ˈkaiʁo] d) *Läuse* [ˈlɔʏzə]
e) *blau* [ˈblaʊ] f) *Heu* [ˈh ɔʏ]
g) *Boiler* [ˈbɔʏlɐ] h) *Tor* [ˈtoɐ] ([ˈtoːɐ])
i) *Natur* [naˈtuɐ] ([naˈtuːɐ]) j) *Meer* [ˈmeɐ] ([ˈmeːɐ])
k) *Frisör* [fʁiˈzøɐ] ([fʁiˈzøːɐ]) l) *Bier* [ˈbiɐ] ([ˈbiːɐ])

2) *passiv* (Adjektiv): [paˈsiːf], *Passiv* (grammatische Kategorie): [ˈpasif], *Futur* (grammatische Kategorie) [ˈfuːtuɐ], *futurisch:* [fuˈtuːʁɪʃ], *indisch:* [ˈʔɪndɪʃ], *Indologie:* [ʔɪndoloˈgiː], *Genetiv:* [ˈgeːnetif], *generieren* [geneˈʁiːʁn̩], *Subjekt* (grammatische Kategorie): [ˈzʊpjɛkt], *Subjekt* (= Untertan): [zʊpˈjɛkt], *Kopula:* [ˈkoːpula], , *kopulieren:* [kopuˈliːʁn̩], *Objekt* (grammatische Kategorie): [ˈʔɔpjɛkt], *Objekt* (Gegenstand): [ʔɔpˈjɛkt], *Matrix:* [ˈmɑːtʁɪks], *Matrize:* [maˈtʁiːtsə] (Nebenform: [maˈtʁɪtsə]).

3) a) *Fallobst* [ˈfal.ˌʔoːpst], *Weinessig* [ˈvaɪn.ˌʔɛ.sɪk], *Festanlage* [ˈfɛst.ʔan.ˌlɑː.gə], *Handarbeit* [ˈhant.ʔaʁ.ˌbaɪt].

b) *Fallobst* [ˈfa.ˌloːpst], *Weinessig* [ˈvaɪ.ˌnɛ.sɪk], *Festanlage* [ˈfɛs.tan.ˌlɑː.gə], *Handarbeit* [ˈhan.taʁ.ˌbaɪt].

4) *Der be§amtete Ans §ißt eimlich ocherrschaftliche §äpfel mit dem Geäuse.*

5) [ˈheɐ] ([ˈheːɐ], älter [ˈheːʁ],) : [ˈmeɐ] ([ˈmeːɐ], älter [ˈmeːʁ])

6) [hu.ˈʀɑː hu.ˈʀɑː naˈdiːn vɪʁt (viɐt) ˈʔax.tseːn ˈʝɑː]

7) Bei durchgängig spirantisierenden Varietäten bleibt die Opposition erhalten als [ˈʔɑːç] *arg* vs. [ˈmɑːx] *mag*, [ˈʃnɑːçn̩] *schnarchen* vs. [ˈlɑːxə] *Lache.* Hier besteht also ein Kontrast zwischen [ç] und [x] ohne Sandhi-Bedingungen (wie die im Text angeführte Beschränkung auf eine Morphemgrenze). Will man der Konsequenz einer Komplikation des phonologischen Systems entgehen, müßte man bei *arg* und *schnarchen* auf die „Explizitformen" [ˈʔaɐç] und [ˈʃnaɐçn̩] zurückgreifen.

8) Die Silbenstruktur von *rings* [ʀɪŋs] oder *Dings* [dɪŋs] läßt sich im Konstituentenmodell darstellen:

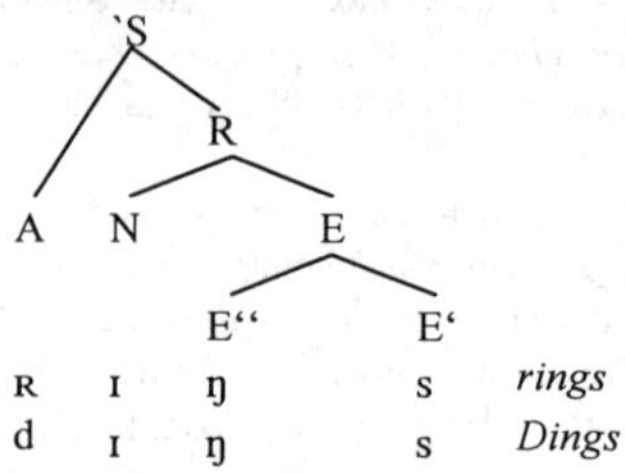

Die Annahme einer „zugrundeliegenden" Form */dɪŋgs/ widerspricht nicht nur einem solchen Silbenmodell, sie hat vor allem auch die theoretisch außerordentlich unbefriedigende Konsequenz, mit einer Struktur zu operieren, die es so nicht nur nicht gibt, sondern die auch keine Stütze auf der Ebene der zweiten Artikulation findet (wie z.B. eine angenommene Form /hʊnd/ eine Stütze im Stamm der Pluralform /hʊnd+ə/ hat). Die übliche Lösung dieses Dilemmas besteht im Postulieren einer „extrasyllabischen" Struktur:

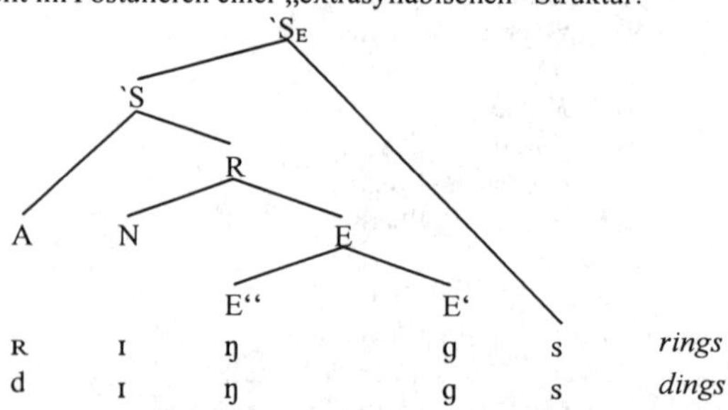

Bei solchen Lösungen besteht die Gefahr, die Analyse zu einem Glasperlenspiel werden zu lassen.

9)

Auslautverhärtung	__#	__V	__n̩ / __l̩
Adler [ˈʔɑː.dlɐ]			(*edel* [ˈʔeː.dl̩])
Glockner [ˈglɔk.nɐ]		*Glocke* [ˈglɔ.kə]	*Glocken* [ˈglɔ.kn̩]
Söldner [ˈzœlt.nɐ]	(*Sold* [ˈzɔlːt])	(*Soldat* [ˈzɔl.ˈdɑːt])	(be*solden* [bə.ˈzɔl.dn̩])

Rentner [ˈʁɛnt.nɐ]		*Rente* [ˈʁɛn.tə]	*Renten* [ˈʁɛn.tn̩]
Sportler [ˈʃpɔʁt.lɐ]	*Sport* [ˈʃpɔʁt]		
biblisch [ˈbiːp.lɪʃ]			*Bibel* [ˈbiː.bl̩]
Rodler [ˈʀoː.dlɐ]			*Rodel* [ˈʀoː.dl̩]
Partner [ˈpaʁt.nɐ]	*Part* [ˈpaʁt]		
Plattner [ˈplat.nɐ]	*platt* [ˈplat]	*Platt* [ˈpla.tə]	*Platten* [ˈpla.tn̩]
(Schu)Plattler [ˈplat.lɐ]			
Lügner [ˈlyː.gnɐ]	*lüg !* [ˈlyːk]	*Lüge* [ˈlyː.gə]	*Lügen* [ˈlyː.gn̩]
duslig			Dussel [ˈduː.sl̩]
im Wörterbuch [ˈduːs.lɪç]			
neben [ˈduː.zə.lɪç][198]			
zwieblig [ˈtsviː.blɪç]			*Zwiebel* [ˈtsviː.bl̩]
Regler [ˈʀeː.glɐ]			*Regel* [ˈʀeː.gl̩]
(Nach)zügler [ˈtsyː.glɐ]		*zügle !* [ˈtsyː.glə]	*Zügel !* [ˈtsyː.gl̩]
Wissenschaftler			*Wissenschaften*
[ˈvɪ.sn.ʃaf.tlɐ]			[ˈvɪ.sn.ʃaf.tn̩]
Dörfler [ˈdœʁf.lɐ]	*Dorf* [ˈdɔʁf]	*Dörfer* [ˈdœʁ.fɐ]	
Häusler [ˈhɔʏs.lɐ]	*Haus* [ˈhaʊs]	*Häuser* [ˈhɔʏ.zɐ]	
Künstler [ˈkʏnst.lɐ]	*Kunst* [ˈkʊnst]	*Künste* [ˈkʏns.tə]	
Ländler [ˈlɛnt.lɐ]	*Land* [ˈlant]	*Länder* [ˈlɛn.dɐ]	
Bastler [ˈbast.lɐ]	*Bast* [ˈbast]		*basteln* [ˈbas.tl̩n]
Eigner [ˈʔaɪ.gnɐ]			*eigen* [ˈʔaɪ.gn̩]
Segnung [ˈzeː.gnʊŋ]			*Segen* [ˈzeː.gn̩]
(es) regnet [ˈʀeː.gnət]			*Regen* [ˈʀeː.gn̩]
übler [ˈʔyː.blɐ]			*übel* [ˈʔyː.bl̩]
Schuldner [ˈʃʊlt.nɐ]	*Schuld* [ˈʃʊlt]	*schulde* [ˈʃʊl.də]	*schulden* [ˈʃʊl.dn̩]
Schaffner [ˈʃaf.nɐ]	(*Schaff* [ˈʃaf])	*schaffe* [ˈʃa.fə]	*schaffen* [ˈʃa.fn̩]
Bildner [ˈbɪlt.nɐ]	*Bild* [ˈbɪlt]	*Bilder* [ˈbɪl.dɐ]	*bilden* [ˈbɪl.dn̩]
Redner [ˈʀeː.dnɐ]	red! [ˈʀeːt]	*Rede* [ˈʀeː.də]	*reden* [ˈʀeː.dn̩]
Ordner [ˈʔɔʁt.nɐ]	(*Ort* [ˈʔɔʁt])		(*Orden* [ˈʔɔʁ.dn̩]
Händler [ˈhɛn.dlɐ]	(*Hand* [ˈhant])	*Hände* [ˈhɛn.də]	*Händel* [ˈhɛn.dl̩]
Radler [ˈʀɑː.dlɐ]	*Rad* [ˈʀɑːt]	*Räder* [ˈʀɛː.dɐ]	*radeln* [ˈʀɑː.dl̩n]

Die Zusammenstellung zeigt, daß medial auslautverhärtete Formen auch entsprechende Gegenstücke im absoluten Auslaut haben, solche mit stimmhaftem Konsonanten im komplexen Anfangsrand der Folgesilbe Gegenstücke mit entsprechendem einfachen Anfangsrand im Paradigma.

[198] Norddt. [ˈdʊs.lɪç] neben [ˈdʊ.zlɪç].

Lösung der Übungsaufgaben zu Abschnitt 8.3.

1)

ALT	NORD	SÜD	HOCH
fĭsk	fĭsk	fi:ʃ	fĭʃ
fĭlu > fĭlə („viel“) (später apokopiert)	fĭl	fi:l	fi:l
grăs („Gras“)	grăs	grɑ:s	grɑ:s
grăzən	grɑ:zən	grăzən	grɑ:zən
tăk („Tag“)	tăx / dăx	tɑ:k	tɑ:k
tăgə („Tage“)	tɑ:gə / dɑ:ɢə	tăgə	tɑ:gə
kŏpf	kɔ̆p	ko:pf	kɔ̆pf
gĕbən	ge:vən	gɛ̆bən	ge:bən
gĭp („gib!“)	gĭf	gi:p	gi:p
ʃpĭlən	spi:lən / spe:lən	ʃpĭlən	ʃpi:lən
ʃpĭl („Spiel“)	spĭl / spe:l	ʃpi:l	ʃpi:l
vĕk („Weg“) („[geh] weg!)	vɛ̆ç	ve:k	ve:k vɛ̆k

2)

ALT	HEUTE	DEHNUNGS-ZEICHEN?
ban(ə) „Bahn“	ba:n	<h>
sku'lə, ʃu:lə (< lat. scola)	ʃu:lə	--- (offene Silbe)
mel(ə) „Mehl“	me:l	<h>
rizə „Riese“	ʀi:zə	<e>
ka:nə (< ndl.) „Kahn“	kɑ:n	<h>
mo:r „Moor“ (vgl. engl. moor,dt. Meer)	mo:ʁ	<vv'>
tsehən (< texun) „zehn“	tse:n	<h>
liəf „(er) lief“	li:f	<e>
sun(ə),„Sohn“	zo:n	<h>
sta:t (<lat. sta:tus) „Staat“	ʃtɑ:t	<vv'>
sku:x (< skuox) „Schuh“	ʃu:	<h>
bo:t (< ndl.) „Boot“	bo:t	<vv'>
diərnə (< diorna) „Mädchen“ vgl. niederdt. deern	dɪʁnə	--- (Kürzung in geschl. Silbe!)
mer(ə),„Meer“	me:ʁ	<vv'>
liəxt(< lioxt) „Licht“	lɪχt	--- (Kürzung in geschl. Silbe!)

3)

ALT	HOCH	SCHÄRFUNG?
klad:ə „Kladde“	kla↲də	ja
ek:ə (<agjo:n) „Ecke“	ɛ↲kə	ja
mu:tər „Mutter“	mʊ↲tɐ	ja
hamər „Hammer“	ha↲mɐ	ja
eb:ə „Ebbe“	ɛ↲bə	ja
gəbra:xt „gebracht“	gəbra↲xt	nein
ri:tən „(sie) reiten“	ʁaɪtən	nein (loser A. !)
ritən „(sie) ritten“	ʁɪ↲tən	ja
fɪskə „Fische“	fɪ↲ʃə	nein
tretən „(sie) tretten“	tʁe:tən	nein (loser A.!)
tritə „Tritte (PL.)“	tʁɪ↲tə	ja
vidər		
= “wieder (nochmals)“	vi:dɐ	nein (loser A.!)
= “wider (gegen)“	vi:dɐ	nein (loser A.!)
kœpfə „Köpfe“	kœ↲pfə	nein
germ.: satjan (tj> t: t> ts) > mhd. se.tsen	zɛ↲tsən	nein

4)

ALT	Abbau der Geminaten	Quantitäten ausgleich
frummen [ˈfʀu↲m.mən] „nützen“	[ˈfʀu↲.mən]	[ˈfʀu:→.mən]
brinnen [ˈbʀi↲n.nən] „brennen“	[ˈbʀi↲.nən]	[ˈbʀi:→.nən]
bitten [ˈbi↲t.tən] „bitten“	[ˈbi↲.tən]	[ˈbi:→.tən]
griffes [ˈgʀi↲f.fəs] „Griff (Gen. Sg.)“	[ˈgʀi↲.fəs]	[ˈgʀi:→.fəs]

Lösung der Übungsaufgaben zu Kapitel 9:

1)

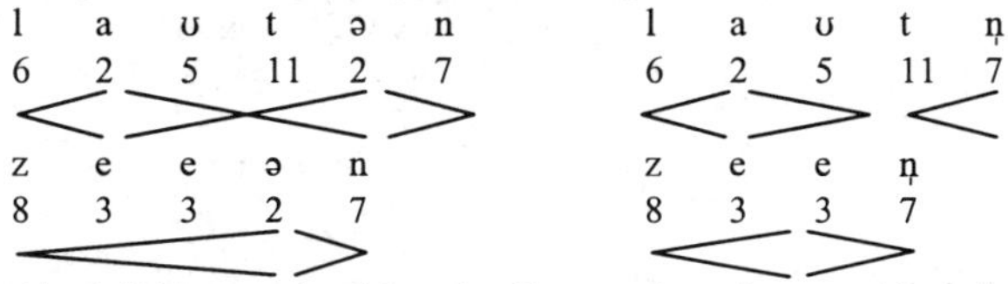

2) Die Syllabierung der folgenden Formen ist äußerst problematisch. Die Lösungsvorschläge hier entsprechen dem in der Literatur zu Findenden (wo sie oft eher postuliert als empirisch erhoben sind, s. Text). Wenn Sie andere Lösungen gefunden haben, muß das nicht falsch sein: Diskutieren Sie Ihre Vorschläge mit Kommilitonen!

STAMM	MORPHOLOG. FORM(EN)	
°dʊŋkl-°	ADJ (in einem ___ Zimmer)	d ʊ ŋ k l ə n (NEBEN dʊŋkl̩n)
°ʔu:r-° „Uhr“	NOM.SG.	ʔ u : ʁ (NEBEN ʔu:ɐ)
	NOM.PL.	ʔ u : ʀ ə n (NEBEN ʔu:ʀn̩)
°ro:t°	ADJ (ein ___ Kleid)	ʀ o : t ə s
	ADJ (eines ___ Kleides)	ʀ o : t ə n (NEBEN ʀo:tn̩)
°ze:gn° „Segen“	SUBST: NOM.SG	z e : g ə n (NEBEN ze:gn̩)
	SUBST.GEN.SG.	z e : g ə n s (NEBEN ze:gn̩s)
	VERB: PRÄS.1.SG.	z e : k n ə
°ʃtɔʏr° „Steuer“	SUBST.NOM.SG. (die ___)	ʃ t ɔ ʏ ə ʁ (NEBEN ʃtɔʏɐ)
	SUBST.NOM.PL.	ʃ t ɔ ʏ ə ʁ n (NEBEN ʃtɔʏɐn)
	VERB: PRÄS.1.SG.	ʃ t ɔ ʏ ʁ ə
°tsɪmr° „Zimmer“	NOM.SG.	t s ɪ ↲ m ə ʁ (NEBEN tsɪmɐ)
	NOM.PL.	t s ɪ ↲ m ə ʁ (NEBEN tsɪmɐ)
	DATIV.PL.	t s ɪ ↲ m ə ʁ n (NEBEN tsɪmɐn)
°fal-°	VERB: PRÄS.1.SG.	f a ↲ l ə
	VERB: PRÄS.3.SG.	f ɛ l t
	VERB: PRÄS.1. u. 3.PL.	f a ↲ l ə n

°te:r-" „teeren"	VERB: PRÄS.1.SG.	t e : ʁ ə
	VERB: PRÄS.3.SG.	t e : ʁ t (NEBEN te:ɐt)
	VERB: PRÄS.1. u. 3.PL..	t e : ʁ ə n (NEBEN te:ʁn̩)
°ru:dr-° „rudern"	VERB: PRÄS.1.SG.	ʀu : d ʁ ə
	VERB: PRÄS.3.SG.	ʀu : d ə ʁ t (NEBEN ʀu:dɐt)
	VERB: PRÄS.1. u. 3.PL.	ʀu : d ə ʁ n (NEBEN ʀu:dɐn)
°brau-°	VERB: PRÄS.1.SG.	b ʁ a ʊ ə
	VERB: PRÄS.3.SG.	b ʁ a ʊ t
	VERB: PRÄS.1. u. 3.PL.	b ʁa ʊ ə n (NEBEN bʁaʊn̩)
°braun-°	ADJ (das ___ Haus)	b ʁa ʊ n ə
	ADJ (in einem ___ Haus)	b ʁa ʊ n ə n (NEBEN bʁaʊnn̩)
°ze:gl-° „segeln"	VERB: PRÄS.1.SG	z e : g l ə
	VERB: PRÄS.3.SG.	z e : g ə l t (NEBEN ze:gl̩t)
	VERB: PRÄS.1. u. 3.PL..	z e : g ə l n (NEBEN ze:gl̩n)
°ra:z-° „rasen"	VERB: PRÄS.1.SG	ʀ ɑ : z ə
	VERB: PRÄS.3.SG. (= 2 SG. !)	ʀ ɑ : s t

°ra:z-° „rasen“	VERB: PRÄS.1. u. 3.PL..	ʀɑ : z ə n (NEBEN ʀɑ:zn̩)
°ʃne:-°	NOM.SG.	ʃ n e :
	GEN.SG.	ʃ n e : s (NEBEN ʃne:əs)

3) *Links Lametta, rechts Lametta / und der Bauch wird immer fetter ...*
['lɪŋks la'mɛta 'ʀɛçts la'mɛta 'ʔʊnt dɛɐ 'baʊx vɪʁt 'ʔɪmɐ 'fɛtɐ]
In der Berlinerischen Sprechweise von Claire Waldoff findet sich anstelle des [ɐ] ein offener Vokal [a], sodaß sich reimen [la'mɛta] : ['fɛta] (ähnlich ist es verbreitet in der norddeutschen Umgangssprache).

4) Kontrastkontur bei der Abfolge mehrerer Reduktionssilben (in deutlicher Sprache).

SILBENSTRUKTUR	ERKLÄRUNG
Ebene ʔ e : b ə n ə	ʔ e : b n̩ ə scheidet als Syllabierung aus, da da [n] ja Anfangsrand der folgenden Silbe sein kann (präferierte Syllabierung: [ə] als Silbe nur im Hiat!) ʔ e : b n ə ist möglich, gilt aber nicht als standardspachlich!
bindenden [b ɪ n d n̩] d ə n	X x X' X = starker Takt (Akzent) X' = schwächerer Takt (Nebenakzent) x = schwacher Akzent (unbetont) X und x alternieren: x' tritt gegebenenfalls für X ein! [b ɪ n d e n] d n̩ ergäbe einen nicht-alternierenden Rhythmus X X' x

5) Da das [ə] im Deutschen ein Reduktionsvokal ist, kann er keine eigene Silbenkontur aufbauen, die im Hiat durch einen Glottisverschluß stabilisiert würde. In Norddeutschland, bei Sprechern mit einem stabilen Glottisverschluß, findet sich bei Neuansatz einer Äußerung, nach einer Pause o.ä., durchaus auch [ʔə:] (allerdings nie so im Wortinnern). Im süddeutschen Raum treten in solchen Fällen andere („epenthetische“) Hiattilger auf, wie hier das [ʁ], das in diesem Fall sicherlich durch die Orthographie gestützt wird.

6) Bei **lilaes* ['lɪlaəs] steht das Schwa in einem Hiat. Das ist aber nur bei losem Anschluß an den Vokal einer offenen prominenten Silbe möglich, vgl. *Rehe* ['ʀe: ə], *Rahe* ['ʀɑ: ə]. Die flexionslose Form ebenso wie die konsonantische Epenthese bei ['lɪ.la.nəs] verhindern einen solchen Hiat im Kontakt mit einer nicht-prominenten Silbe. Das epenthetische [n] entspricht der Häufigkeit nasaler Formen bei der schwachen Adjektivflexion. Bei vorausgehendem palatalen Engevokal tilgt ein epenthetisches [j] den Hiat, vgl. *Studie* ['ʃtu: dijə] oder auch ['ʃtu: djə].

Lösung der Übungsaufgaben zu Kapitel 10:

1)

-s	*nominal*:	• Genitiv:	*(Hut –) Huts*
		• Plural:	*(Auto -) Autos*
-t	*verbal*:	• Personalendung der 3.SG u. 2.PL	*(er) läuft* *(ihr) lauft*
		• Markierung des Partizips II (bei schwachen Verben)	*gekauft*
	nominal:	• zum Teil in der Wortbildung	*(säen -) Saat* *(glühen -) Glut* *(fahren) Fahrt*
-st	*verbal:*	• Personalendung der 2.SG	*(du) läufst*
	nominal/adj:	• Superlativsuffix	*(schön -) schönst*
		• zum Teil in der Wortbildung	*(gönnen -) Gunst*
	nominal:		*(spinnen-) Gespinst*
-[ə]:	*nominal*:	• Plural, Dativ Sg. (≠ fem.)	*(Tag -) Tage* *(Mann -) Manne*
	verbal:	• 1 SG IND + 3 SG KONJ	*(daß er) laufe*
-[ən] / -[n̩]:	*nominal*:	• PL + obliquer Kasus („schwache Deklination")	*(Schmerz -) Schmerzen* *(Tag -) Tagen*
		• DAT PL sonst	
	verbal:	• 1 + 3 PL	*(wir) laufen*
		• Partizip II	*gelaufen*
-[əm] / -[m̩]:	*nominal*:	• DAT SG. (≠ F)	*(bei dem)guten*
-[əʁ] / -[ɐ]:	*nominal*:	• NOM SG M („starke Deklination" d. ADJ)	*(gut -) guter*
		• Komparativ	*(schön -) schöner*
-[əs]:	*nominal*:	• GEN SG (≠ F)	*(Tag -) Tages*
-[ənt]:	*verbal*:	• Partizip I	*laufend*

2) a)

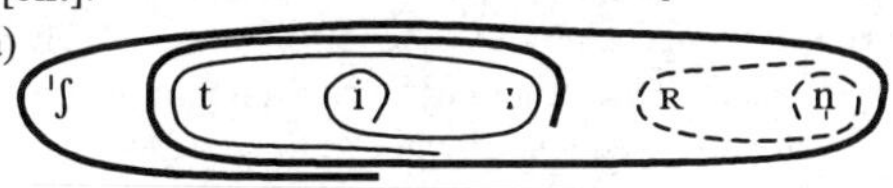

Da die Nebensilbe [ʀn̩] lose angeschlossen ist, ist die Anbindung von [ʃ]auch an [ti:] möglich: ((ʃti:)ʀn̩) statt (ʃ(ti:ʀn̩))

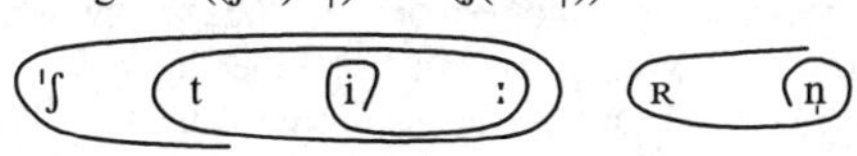

b)

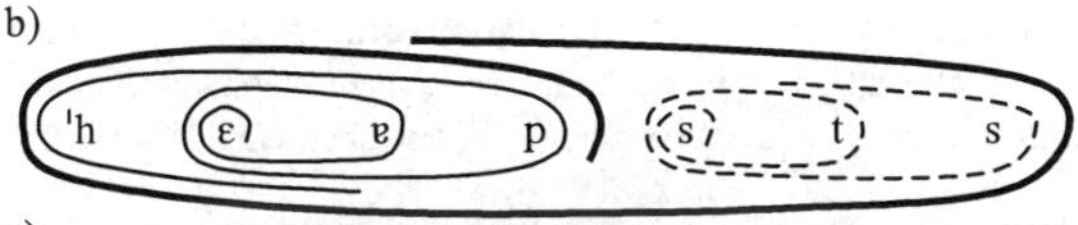

c)

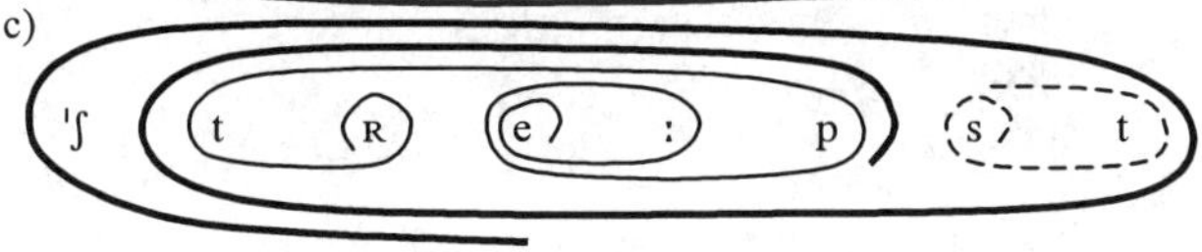

3) Die Pluralbildung muß eine trochäische Struktur aufweisen: Hat der Stamm bereits eine solche (phonologisch identisch mit dem endungslosen Nominativ Singular) tritt keine silbische Erweiterung im Plural auf, sonst doch:

	Auto/ Autos	*Bote/ Boten*	*Boot/ Boote*	*Koffer/ Koffer*	*Rose/ Rosen*	*Tag/ Tage*	*Rohr/ Rohre*
Singular variabel	['ʔaʊ.to] [x -]	['bo:.tə] [x -]	['bo:t] [x ^]	['kɔ.fɐ] [x -]	['ʀo:.zə] [x -]	['tɑ:k] [x ^]	['ʀoɐ] [x ^]
Plural: [x -] fest	['ʔaʊ.tos] [x -]	['bo:.tən] [x -]	['bo:.tə] [x -]	['kɔ.fɐ] [x -]	['ʀo:.zən] [x -]	['tɑ:.gə] [x -]	['ʀo:.ʁə] [x -]

4) *Moslems* ['mɔs.lɛms] enthält die produktive Pluralbildung für Neubildungen auf *–s*, die es ermöglicht, das trochäische Muster des Singulars zu bewahren *Moslem* ['mɔs.lɛm]. *Muslime* [mʊs.'li:.mə] ist demgegenüber die fremdmarkierte Form – trotz des unmarkierten Plurals auf [-ə]: Es repräsentiert die arabische Form (dort eine Partizipialbildung, vergl. die verwandten Form *Islam, Salam* usw.), allerdings mit einer Akzentverschiebung, die hier eine reine Fremdmarkierung ist, die das Arabische nicht kennt. Metrisch ist die Pluralform *Muslime* als Trochäus mit Auftakt zu bestimmen <->[x -].

5) a) Bei sog. „Fremdwörtern" gibt es eine Tendenz zur festen Betonung auf der vorletzten Silbe (paroxyton): Die Akzentposition muß also nicht vom Wortanfang (vom linken Rand her) sondern vom Wortende (vom rechten Rand her) gezählt werden, vgl. mit *Doktor (DOKtor)*, Plural *Doktoren (DokTOren), Doktorin, DokTOrin* usw. latein. DOCtor, docTOres.

b) Im nominalen Bereich z.B. die Ableitungen auf *–ei: backen (BAcken), Bäcker (BÄcker), Bäckerin (BÄckerin)* usw. aber *Bäckerei (BäckeREI).*

6)

	Limonade	*Abitur*	*Lokomotive*
Kurzwort	['lɪ↲mo]	['ʔa↲bi]	['lɔ↲k]
Langwort	[ˌlɪ↲mo'nɑ→də]	[ˌʔa↲bi'tuɐ]	[ˌlɔ↲komo'ti →və]
	neben [liˌmo'nɑ→də]	neben [(ʔa)bi'tuɐ]	neben [lokoˌmo'ti →və]

7) *Heroen* [he.'ʀo:.ən] (bzw. [he.'ʀo:.n̩]) ist die um die Flexionsendung *–en* erweiterte Form zu *Heroe* [he.'ʀo:.ə]. *Heroin* [he.'ʀo:.ɪn] zeigt dagegen einen erweiterten Stamm, an den noch Flexionsendungen treten können. Statt *Heroinnen* [he.'ʀo:.ɪn.n̩] dürfte allerdings *Heroinen* [he.ʀo.'ʔi:.nn̩] üblicher (?) sein (zu einem Singular *Heroine* [he.ʀo.'ʔi:.nə]), bei dem das Femininsuffix *–in* selbst den Kopf eines Trochäus bildet. Es handelt sich um keinen Kontrast, da beide Formen nicht in derselben syntaktischen Nute auftreten können.

8) ['haʊpt.vɔʁt.ˌʔaʁt] zeigt das metrische Muster eines Kompositums aus *Hauptwort* und *Art*. Es bedeutet also eine Art von Hauptwörtern. Im Sinne ihrer Prüfungsvorbereitung wollte die Kandidatin aber den schulgrammatisch üblichen Terminus für die „hauptsächlichen Wortarten" [ˌhaʊpt.'vɔʁt.(ˌʔ)aʁt] verwenden, bei dem *haupt-* als sog. „Halbpräfix" fungiert. Die Präferenz für die Anfangsbetonung bei komplexen Nominalkomposita führte in diesem Fall zu einem (in der Prüfungssituation allerdings schnell aufzulösenden) Mißverständnis.

9) Veränderungen in der Wortkontur vom Altdeutschen zum Neudeutschen (mit schematischer Angabe der Silbenstruktur).

ALT	NEU	ERKLÄRUNG
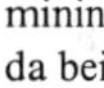 g a s t i „Gäste"	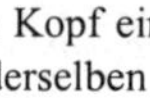 g ɛ s t ə	Schwächung der unbetonten Silbe / Umlaut

h e m ə d ə „Hemd"	h ɛ m t	Apokope/ Synkope/ Auslautverhärtung
ʔ a b b ə t „Abt"	ʔ a p t	Synkope/ Auslautverhärtung
w u r m i „Würmer"	v ʏ ʁ m ɐ	Umlaut (die Pluralendung ist eine Neuerung!)
ʔ o b ə s (t) „Obst"	ʔ o : p s t	Synkope/ Auslautverhärtung
k r u o̯ g i „Krüge"	kʁ y : g ə	Schwächung der Endsilbe,Umlaut
f r e m ə d ə „fremd"	f ʁ ɛ m t	Apokope/ Synkope/ Auslautverhärtung
ʔ a p f u l i „Äpfel"	ʔ ɛ p f ə l	Apokope / Synkope / Umlaut

Lösung der Übungsaufgaben zu Kapitel 11:

1) (a) *lebend* [le:mt] , *Beamten* [bə.ˈʔam.pm̩]

(b) *Ich bin mit dem Wagen gekommen* [çbɪmɪɱɑ:ɣŋkʰɔm̩]

ç	b	ɪ	m	ɪ	ɱ	ɑ	:	ɣ	ŋ	kʰ	ɔ	m̩
ʔɪç	b	ɪ	n m	ɪ	t de:m v	ɑ	:	g	ən	gək	ɔ	mən

2) Das folgende ist eine (norddeutsch geprägte) Lesevariante. Sie kann nur als Anhaltspunkt dienen: Überprüfen Sie, ob / wo Ihre Aussprache abweicht! (reduzierte Artikulationen durch Hochstellung markiert)

Bevor wir nach und nach zu unseren Einsatz orten gefahren werden
bə.ˈfoɐ vɪɐ ˈnɑ:x ʊn ˈnɑ:x tsʊ ˈʔʊn.zɐn ˈʔaˈn.zats.ˈʔɔɐ.tn̩ gə.ˈfɑ:n ˈveɐ.dn̩

sollen, müssen wir in einer angrenzenden Zwei-Zimmer-Wohnung warten, die
ˈzɔ.ln̩ ˈmʏ.sn̩ vɪɐ ʔɪn ʔaɪnɐ ˈʔaŋ.gʁɐn.tsn̩.dn̩ ˌtsvaɪ..ˈtsɪ.mɐ.ˈvo:.nʊŋ ˈvɑ:.tn̩ di:

als Aufenthaltsraum dient und mit herabhängenden Tapeten, schmierigen
ˈals ˈʔaʊ.fn̩t.halᵗs.ˈʁaʊm ˈdi:nt ʊm mɪt hɛ.ˈʁap.hɛ.ŋŋ.dn̩ ta.ˈpe:.tn̩ ˈʃmi:.ʁɪ.gŋ

Fenstern und ohne Toilette auf ihre Art signalisiert, welchen "Status" wir
ˈfɛns.tɐn ʊnt ʔo:.nə tøʏ.ˈlɛ.tə ʔaʊf ʔi:.ʁə ˈʔa:t ˌzɪk.na.lɪ.ˈziɐt ˈvɛl.çn̩ ˈʃtɑ:.tʊs vi

hier einnehmen.
hiᵉ ˈʔaɪ.ne:.m̩

3) Gegenüber den Explizitformen spart die Allegroform einen (katalektischen) Trochäus ein:

	[x ∧]	[x -]	[x -]
Explizitform	[ˈʔɪç]	[ˈle:. zə]	[ˈby:. çɐ]
Allegro		[ˈçle:. zə]	[ˈby:. çɐ]

In metrischer Hinsicht ist das auch bei der inakzeptablen Form der Fall:

	[x ∧]	[x -]	[x -]
Explizitform	[ˈʔɪç]	[ˈle:. zə]	[ˈby:. çɐ]
*Allegro		[ˈɪçl̩s]	[ˈby:. çɐ]

Die Nicht-Respektierung der lexikalischen Wortgrenzen bei der Syllabierung der Äußerung ist in diesem Register nur bei sog. Funktionswörtern (wie hier beim Subjektspronomen *ich*) möglich, die klitisiert werden, nicht bei lexikalisch vollen Wörtern wie hier bei der (finiten) Verbform *lese*.

Nur in wenig monitorierten Sprechweisen (bei Presto-Formen) findet sich die Syllabierung über die Wortgrenze hinweg auch bei lexikalische vollen Wörtern (wodurch auch andere phonetische Filterbedingungen greifen).

4) a) Explizitformen der Hochlautung (wortisolierend) [ˈʔɪç ˈmʊs gə.ˈhɔʁ.çən ˈfʀɔʏ.laɪn ˈleː.bən ˈziː ˈvoːl]

(b) Allegroformen (entsprechend der dialogischen Passage im Text!), dabei die jambishen Füße in Klammern abgesetzt: [(ʔ)ɪç ˈmʊs] [gə ˈhɔʁ] [çən ˈfʀɔʏ] [laɪn ˈleːm] [zi(zə) ˈvoːl]
Die Variationen im ersten und fünften Metrum, die in Klammern angedeutet sind, sind für die Metrik unerheblich.

5) (dialektale Besonderheiten des Bairischen werden nicht kommentiert)

(a) [ĩn vĩntɐ flieŋ[1] dɪ drukẽn[2] blaːl̩[3] ͂ɪndɐ lufd ũm ɐ̃ ñɔndɐ[4]]
hd. [ʔɪŋ ˈvɪntɐ ˈfliːg ŋ dɪ ˈtʁɔkn̩ ˈblɛtɐ ɪn dɐ ˈlʊft hɛˈʀʊm]
[1] Einsilbige Integration, hier von Pfalz auch bei losem Anschluß notiert.
[2] Keine Abfolge von „Langnasalen" im Bairischen!
[3] Keine einsilbige Integation bei losem Anschluß und Schwund des medialen Konsonanten (im Bairischen kein Umlaut im Plural *Blätter*)
[4] Wörtlich: *umeinander*.

(b) [s hɛɐkglai[1] aːuf dsuːn ʃnain nɔxɐ vieɐd is veːdɐ vidɐ besɐ]
hd. [ˈʔɛs ˈhøɐt ˈglaiç auf tsu ˈʃnain̩ ˈnɑːxˌheɐ vɪʁt das ˈvɛtɐ ˈviːdɐ ˈbɛsɐ]
[1] Assimilation in der velaren Artikulationsstelle über die Wortgrenze hinweg: t > k / _g

(c) [dɐ guːɐdɪ ɔːidi[1] mɔ̃ ɪs min[2] roːs duɐxs aːis broxɐ ũnd iːs ͂ɪns khɔːidɪ vɔsɐ gfɔin[1]]
hd. [dɐ ˈgutə ˈʔaltə ˈman ɪst mɪt dm̩ ˈpfeːɐt dʊʁç das ˈʔaɪs gəˈbʁɔxn̩
ʊnt ɪst ɪns ˈkaltə ˈvasɐ gəˈfaln̩]
[1] Vokalisierung des postvokalischen Liquids im Reim.
[2] Kontraktion *mit* + *dem*, der Nasal ist alveolar wie der folgende Liquid.

Lösung der Übungsaufgabe zu Abschnitt 12.2.:

1)

	f	o	ʀ	ɛ	l	ə	ʔ	a	n	ʔ	ɛ	k	ŋ
Konsonant	+	-	+	-	+	-	+	-	+	+	-	+	+
sonor	-	+	+	+	+	+	-	+	+	-	+	-	+
hinten	-	+	+	-	-	-	+	-	-	+	-	+	+
tief	-	-	-	-	-	-	+	+	-	+	-	-	-
hoch	-	-	-	-	-	-	-	-	-	-	-	+	+
labial	+	+	-	-	-	-	-	-	-	-	-	-	-
koronal	-	∅	-	∅	+	∅	-	∅	+	-	∅	-	-
nasal	-	-	-	-	-	-	-	-	+	-	-	-	+
Dauer	+	+	+	+	+	+	-	+	+	-	+	-	+
Glottis offen	-	-	-	-	-	-	-	-	-	-	-	-	-
Glottis vibriert	-	+	+	+	+	+	-	+	+	-	+	-	+

Lösung der Übungsaufgabe zu Abschnitt 12.3.:

1) a) [ʃtʀoːm] *Strom*

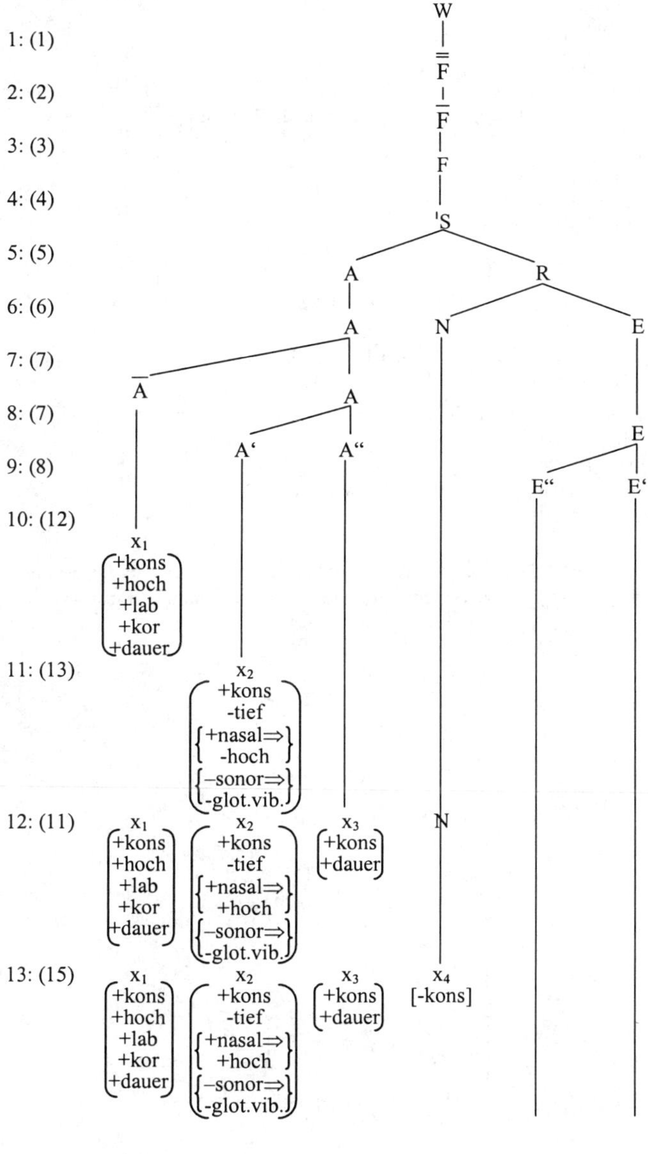

14: (13)

$$\begin{array}{cccccc} x_1 & x_2 & x_3 & x_4 & x_5 & E' \\ \begin{pmatrix}+\text{kons}\\+\text{hoch}\\+\text{lab}\\+\text{kor}\\+\text{dauer}\end{pmatrix} & \begin{pmatrix}+\text{kons}\\-\text{tief}\\ \left\{\begin{matrix}+\text{nasal}\Rightarrow\\+\text{hoch}\end{matrix}\right\}\\ \left\{\begin{matrix}-\text{sonor}\Rightarrow\\-\text{glot.vib}\end{matrix}\right\}\end{pmatrix} & \begin{pmatrix}+\text{kons}\\+\text{dauer}\end{pmatrix} & [-\text{kons}] & \begin{pmatrix}[-\text{kons}]\\ \text{oder}\\ [\lrcorner]\end{pmatrix} & \end{array}$$

15: (15)

$$\begin{array}{cccccc} x_1 & x_2 & x_3 & x_4 & x_5 & x_6 \\ \begin{pmatrix}+\text{kons}\\+\text{hoch}\\+\text{lab}\\+\text{kor}\\+\text{dauer}\end{pmatrix} & \begin{pmatrix}+\text{kons}\\-\text{tief}\\ \left\{\begin{matrix}+\text{nasal}\Rightarrow\\+\text{hoch}\end{matrix}\right\}\\ \left\{\begin{matrix}-\text{sonor}\Rightarrow\\-\text{glot.vib}\end{matrix}\right\}\end{pmatrix} & \begin{pmatrix}+\text{kons}\\+\text{dauer}\end{pmatrix} & [-\text{kons}] & \begin{pmatrix}[-\text{kons}]\\ \text{oder}\\ [\lrcorner]\end{pmatrix} & \begin{pmatrix}+\text{kons}\\-\text{tief}\end{pmatrix} \end{array}$$

- x_1 ist bereits vollständig spezifiziert als = /ʃ/
- x_2 ergänzt [[-sonor][-hint][-tief][-hoch][-lab][+kor][-nas][-dauer] [-Glottis offen][-Glottis vibriert]] = /t/
- x_3 ergänzt [[+sonor][+hint][-tief][-hoch][- lab][-kor][-nas][+dauer] [-Glottis offen][+Glottis vibriert]] = /ʀ/
- x_4 ergänzt [[-hoch][-tief][-hoch][-vorn][+ lab]] = /o/
- x_5 festgelegt auf [-kons] und ergänzt [[-hoch][-tief][-hoch][-vorn][+ lab]] = /o/
- x_6 ergänzt [[+sonor][-hint][-tief][-hoch][+lab][kor][+nas][+dauer] [-Glottis offen][+Glottis vibriert]] = /m/

b) [bɛk.çn̩] *Bäckchen*

Die Ableitung ist für den metrischen und silbenstrukturellen Teil nur angedeutet (selbst ausbuchstabieren!); Die Regeln für die Spezifizierung der Segmente werden nicht mehr angegeben.

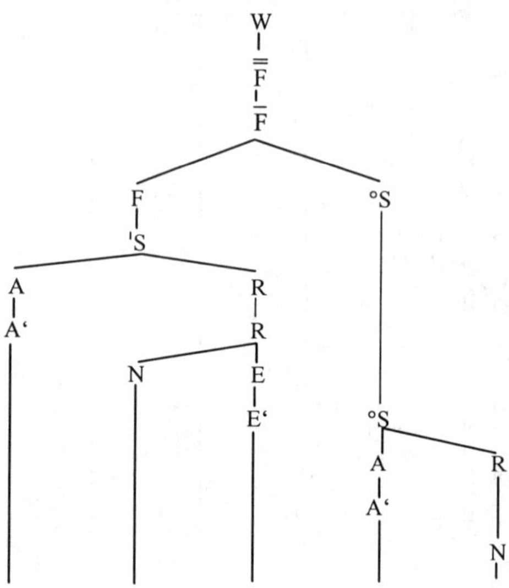

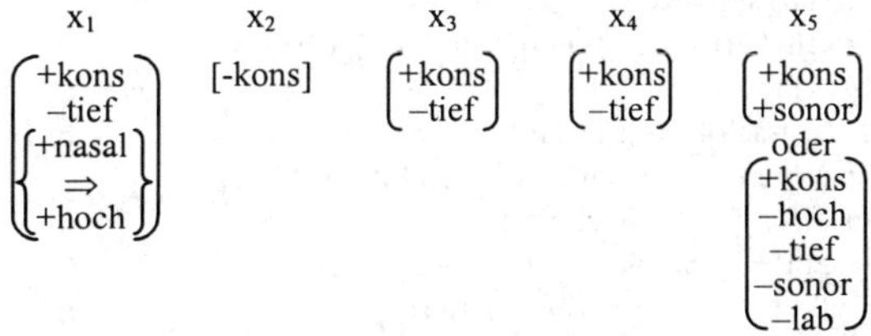

Die Auswahl von Merkmalsvektoren aus der phonologischen Matrix, die mit den festgelegten Bedingungen verträglich sind, ergibt:

- Bei x_1 [[+kons][-sonor][-hint][-tief][-hoch][+lab][-kor][-nas][-dauer] [-Glottis offen][+Glottis vibriert]] =/b/
- bei x_2 [[- kons][-hoch][-tief][+vorn][-labial]] =/e/
- bei x_3 [[+kons][-sonor][+hint][-tief][+hoch][-lab][-kor][-nas][-dauer] [-Glottis offen][-Glottis vibriert]] =/k/
- bei x_4 [[+kons][-sonor][-hint]*[-tief][+hoch][-lab][-kor][-nas][+dauer] [-Glottis offen][-Glottis vibriert]] =/ç/
- bei x_4 [[+kons][+sonor][-hint][-tief][-hoch][-lab][+kor][+nas][+dauer] [-Glottis offen][+Glottis vibriert]] =/n/

*Anm. zu x_4: Aufgrund von Regel (19) wird [+hint] der Matrix für /x/ zu [-hint] für /ç/

c) Die Ableitung von *Form* in abgekürzter Weise ohne Angabe der angewendeten Regeln (vgl. bei *Strom*):

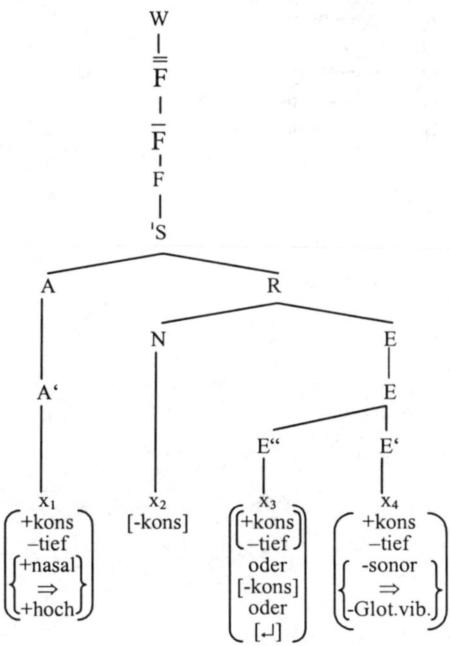

Die vollständige Spezifizierung ergänzt:

- x_1 ergänzt [[-sonor][-hint][-tief][-hoch][+lab][-kor][-nas][+dauer] [-Glottis offen][-Glottis vibriert]] = /f/
- x_2 ergänzt [[-hoch][-tief][-hoch][-vorn][+ lab]] = /o/
- x_3 festgelegt und ergänzt [[+sonor][+hint][-tief][-hoch][-lab][-kor] [-nas][+dauer][-Glottis offen][+Glottis vibriert]] = /ʀ/
- x_4 festgelegt und ergänzt [[+sonor][-hint][-tief][-hoch][+ lab] [-kor][+nas][+dauer][-Glottis offen][+Glottis vibriert]] = /m/

Lösung der Übungsaufgabe zu Abschnitt 12.4.:

1) a) Buch

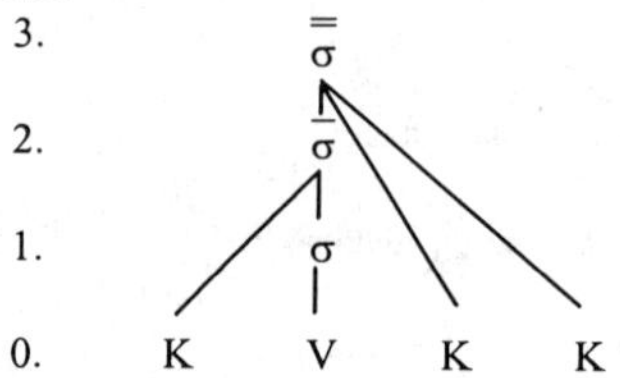

	b	u	u	x
	[10]	[4]	[4]	[9]
Wurzel-knoten	x_1	x_2	x_3	x_4
Glottis	V	⟶	⟶	O
Enge-bildung	V	R	⟶	F
Labial	B	⟶	⟶	∅
Lingual	∅	DV	⟶	⟶
Ort	∅	H	⟶	⟶

b) *Bücher*

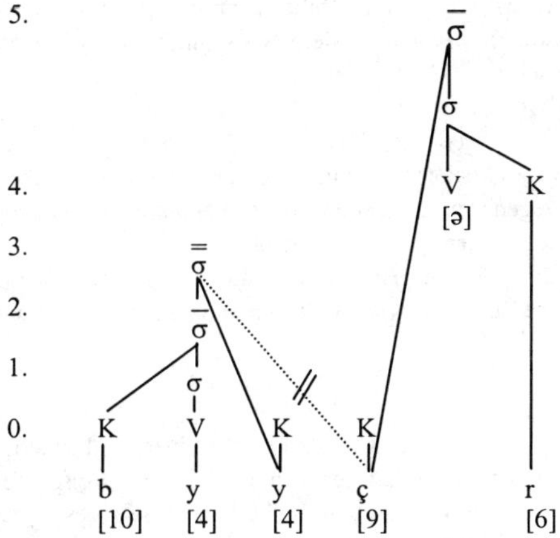

Wurzel-Knoten	x_1	x_2	x_3	x_4	(x)	x_5
Glottis	V →			O	V →	
Enge-bildung	V	R	→	F	R	A
Labial	B →			Ø		
Lingual	Ø	DP			Ø	DV
Ort	Ø	V	→		Ø	V

c) *Hacken*

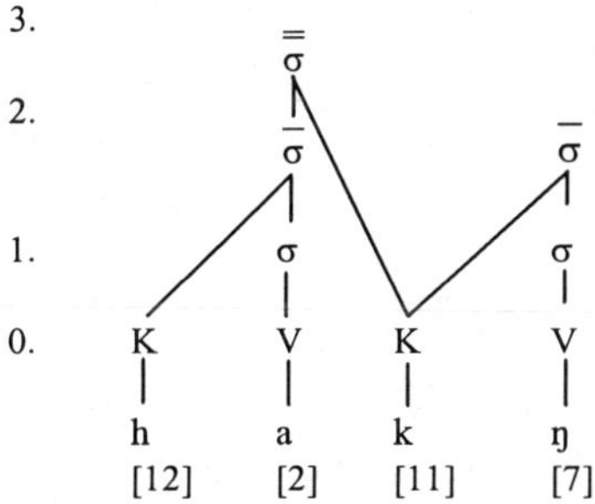

Wurzel-knoten	x_1	x_2	x_3	x_4
Glottis	g	V	O	V
Enge-bildung	F	R	V →	
Resonanz	Ø	O	→	N
Labial	Ø	S	Ø	Ø
Lingual	Ø	T	DV-H →	
Ort	Ø	V	H →	

Bemerkung: Auf der Syllabierungsebene (3.) verlangt das kanonische Silbenmodell $[K\ V\ K]_\sigma$ einen Endrand der ersten Silbe, also die Bindung von x_3. Daher kann dieses Segment nicht bei der Syllabierung der zweiten Silbe dissoziert werden, sondern wird durch die Syllabierung als Anfangsrand der Folgesilbe ambisyllabisch.

(e) *unsre* Ausgangsform: / ʊ n z ʀ /

ʊ	n	z	ʀ
x_1	x_2	x_3	x_4

Die epenthetische Syllabierung ist hier problematisch: x_3 und x_4 können nicht in den Endrand der ersten Silbe integriert werden: bei x_4 wegen der steigenden Sonoritätskontur, bei x_3 wegen der Stimmhaftigkeit, die im Endrand nicht zugelassen ist (vergleiche *uns* [ʔʊns]).[199]

Schwierigkeit macht die Position des Schwa [ə] bei der zweiten Silbe, vergleiche *unser* [ʔʊnzɐ] aus [ʔʊnzəʁ]; diese Form wäre als Defaultfall zu syllabieren (epenthetische Segmente in < > notiert):

x	x_1	x_2	x_3	x	x_4
<ʔ>	ʊ	n	z	<ə>	ʀ

Zugrundeliegend, auf der Ebene der lexikalischen Repräsentation mit einem Silbenkern ([ʊ] = x_1) ist also [ʊnzʀ]. Die Syllabierung [ʔʊnzʀə] wäre dagegen von einer morphologisch gesteuerten trochäischen Struktur $[ʊnzʀ]_\tau$ ausgelöst, die wie hier eine finale Epenthese eines Silbenkerns und damit die Syllabierung von x_3-x_4 als Anfangsrand determiniert.

Für die Diskussion solcher Probleme s. etwa Wiese (1995).

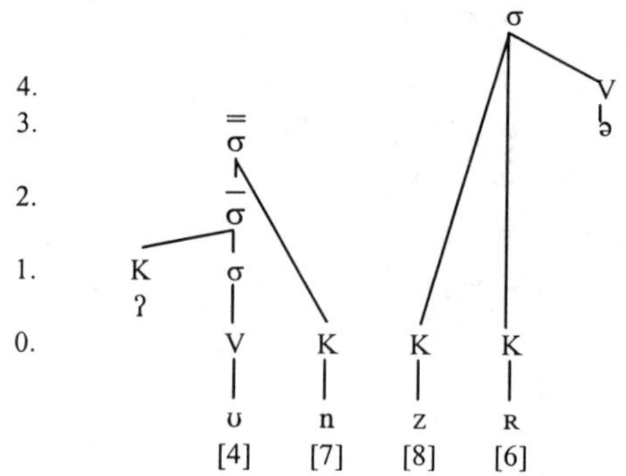

Wurzel-knoten	(x)	x_1	x_2	x_3	x_4	(x)
Glottis	Z	V ⟶				
Enge-bildung	V	R	V	F	A	R
Resonanz	∅	O	N	O ⟶		
Labial	∅	B	S ⟶			
Lingual	∅	DV-H	DA-H ⟶		∅	
Ort	∅	H	V ⟶			∅

[199] Das gibt ein Problem, wenn die Auslautverhärtung auch erst im postlexikalischen "Zyklus" aus /unz/ abgeleitet werden soll.

Lösung der Übungsaufgabe zu Abschnitt 12.5.:

1) a) liegen

Die Lösungsvorschläge operieren im Folgenden nur mit einigen Beschränkungen, wenn dadurch eine Diskriminierung gewährleistet ist. Sie sollten die Matritzen vervollständigen.

Explizitform

LEXIKON /lig + n/	ALLE	GLEICH-A: KK	MIN: °S
☞ [li:.gən]			**
[li:.gn̩]		* !	*
[li:.gŋ̍]	* !		*
[li:.ŋ]	** !		
[li:ŋ]	** !		
[kacə]	**** !		

Lento

LEXIKON /lig + n/	GLEICH-A: KK	AUSR-M: SEGM	MIN: °S	ALLE
[li:.gən]			** !	
[li:.gn̩]	* !		*	
☞ [li:.gŋ̍]			*	
[li:.ŋ]		* !		**
[li:ŋ]		* !		**
[kacə]		* !		****

Allegro

LEXIKON /lig + n/	GLEICH-A: KK	MIN: °S	TROCH	ALLE	AUSR-M: SEGM
[li:.gən]		** !			
[li:.gn̩]	* !	*			
[li:.gŋ̍]		* !		*	
☞ [li:.ŋ]				**	*
[li:ŋ]			* !	**	*
[kacə]				**** !	*

Presto

LEXIKON /lig + n/	GLEICH-A: KK	MIN: °S	*HIAT	ALLE	TROCH	AUSR-M: SEGM
[li:.gən]		** !				
[li:.gn̩]	* !	*				
[li:.gŋ̍]		* !		*		
[li:.ŋ]			* !	**		*
☞ [li:ŋ]				**	*	*
[kacə]				**** !		*

b) *eignen*

[ʔaɪk.nn̩] gewinnt:

LEXIKON /aign + n/	A / ‘S	E: [-st]	°S MIN	AUSR: A [ʔaɪ.gŋ̍]	NUR
☛[ʔaɪk.nn̩]			*	*	*
[ʔaɪ.gnn̩]			**!		*
[ʔaɪg.nn̩]		*!		*	*

[ʔaɪ.gnn̩] gewinnt:

LEXIKON /aign + n/	A / ‘S	E: [-st]	AUSR: A [ʔaɪ.gŋ̍]	°S MIN	NUR
[ʔaɪk.nn̩]			* !	*	*
☛[ʔaɪ.gnn̩]				**	*
[ʔaɪg.nn̩]		* !		*	

13.4. Anhang IV: Verwendete Abkürzungen

(außer Sprachen, s. Anhang VI)

1. Grammatische Termini

1., 2., 3.	Grammatische Personen	KONJ	Konjunktiv
ABL	Ablativ	M	maskulin
ADJ	Adjektiv	NOM	Nomen (/ Nominativ)
DAT	Dativ	PL	Plural
F	feminin	PRÄS	Präsens
GEN	Genitiv	PRÄT	Präteritum
IND	Indikativ	REL	Relativpronomen
INFIN	Infinitiv	SG	Singular
IPT	Imperativ	SUBST	Substantiv

2. Phonetisch / Phonologische Abkürzungen und Siglen

A	Anfangsrand
E	Endrand
N	Nukleus
R	Reim
S	Silbe
sth.	stimmhaft
stl.	stimmlos

3. Sonstige Abkürzungen

bzw.	beziehungsweise
insbs.	insbesondere
u.dgl.	und dergleichen
usw.	und so weiter
z.B.	zum Beispiel

13.5. Anhang V: Register über wichtige Begriffe / Termini

Das folgende ist kein vollständiges Register der in dieser Einführung vorkommenden Begriffe und Gegenstände, sondern soll nur eine Hilfestellung sein, die für den Gang der Argumentation wichtigen Termini an den Stellen wieder aufzufinden, an denen sie eingeführt beziehungsweise erläutert werden.

13.6. Anhang VI: erwähnte Sprachen

Für das Deutsche sind nur die Dialekte registriert. Substantivische und adjektivische Vewendung [Groß- und Kleinschreibung] wird grundsätzlich nicht unterschieden.

Studienliteratur zur Linguistik

Andreas Hepp
Cultural Studies und Medienanalyse
Eine Einführung
1999. ca. 307 S. (wv studium, Bd. 184)
Br. ca. DM 32,00
ISBN 3-531-22184-1

In „Cultural Studies und Medienanalyse – Eine Einführung" wird der medienanalytische Ansatz der Cultural Studies vorgestellt. Die Einführung eignet sich sowohl für Wissenschaftler als auch Studierende und interessierte Laien als ein fundierter Zugang zu dem vielschichtigen, medienanalytischen Ansatz der Cultural Studies.

Gisela Brünner, Reinhard Fiehler, Walther Kindt (Hrsg.)
Angewandte Diskursforschung
Band 1: Grundlagen und Beispielanalysen
1999. 232 S. Br. DM 49,80
ISBN 3-531-13076-5
Band 2: Methoden und Anwendungsbereiche
1999. 256 S. Br. DM 59,80
ISBN 3-531-13077-3

Die Beiträge der beiden Bände stellen die Arbeitsweise der linguistischen Diskursforschung vor und zeigen Möglichkeiten ihrer Anwendung in Kommunikationsberatung und Training. An praktischen Beispielen wird dargestellt, wie sich anhand von Aufzeichnungen und Transkriptionen authentischer Gespräche kommunikative Probleme herausarbeiten und bestimmen lassen und wie diese Analysen für diskursanalytische Trainings verwendet werden können.

Peter Schlobinski
Empirische Sprachwissenschaft
1996. 267 S. Br. DM 34,00
ISBN 3-531-22174-4

„Insgesamt ist Schlobinskis Empirische Empirische Sprachwissenschaft ein hochinformatives Buch, das durch die besonders kurzweilige, beispielreiche und präzise Darstellungsweise gegenüber anderen Werken ähnlicher Thematik wohltuend auffällt. Der Autor hat sein Ziel, dem Leser solides handwerkliches Rüstzeug zu geben, mit Sicherheit erreicht."

Dr. Baldur Neuber in: Muttersprache, 1/98

Änderungen vorbehalten. Stand: September 1999.

WESTDEUTSCHER VERLAG
Abraham-Lincoln-Str. 46 · D-65189 Wiesbaden
Fax (06 11) 78 78 - 400 · www.westdeutschervlg.de